净值型
资产管理产品
常用法规政策指引

GUIDELINES ON
COMMON REGULATIONS AND POLICIES FOR
NET ASSET MANAGEMENT PRODUCTS

张超　编著

法律出版社
LAW PRESS·CHINA
北京

资产管理产品因其金融产品属性，受到监管部门的严格监管。《资管新规》实施后，资产管理领域的法规及监管要求更是在短短几年间发生了翻天覆地的变化，需要时刻关注法规及政策的新变化和新动向。本书编写的目的是便于从业人员快速了解和检索不同细分领域净值型资产管理产品的相关法规规定和监管要求，为客户提供准确的专业意见及解答，在法律出版社的帮助下编辑出版，希望可以为资管行业的从业人员以及有兴趣了解相关法规的投资者朋友提供一点便利与帮助，不足之处在所难免也恳请大家批评指正。

笔者现执业于北京市君泽君律师事务所，君泽君于1995年创立，总部位于北京，现在上海、深圳、广州、天津、南京、成都、长沙、长春、珠海、海口、昆明、石家庄、郑州、南昌、济南、杭州和香港设有分所（香港分所与尼克松·郑林胡律师行联营）。君泽君拥有900余人的专业团队。

笔者作为君泽君金融市场部的合伙人，在金融市场特别是资产管理领域具备多年的专业从业经验，为多家知名银行、信托公司、基金资管公司等金融机构提供专业法律服务。在加入君泽君前，笔者曾经在国内知名央企信托公司、股份制商业银行总行、央企基金资管公司从事十余年与资产管理相关的法律合规及风险控制工作，具备丰富的一线实践经验，熟悉银保监会及证监会关于资产管理的相关法规及监管要求。

这本书源于一本自用工具书，希望可以为更多的朋友在净值型资产管理产品快速发展的浪潮中提供一点帮助，祝愿大家走上一条坦途。

如有具体的法律和专业问题交流讨论，欢迎与笔者联系，联系方式为邮箱：zhangchao@junzejun.com。

北京市君泽君律师事务所
张超律师
二〇二二年十月

净值型
资产管理产品
常用法规政策指引

GUIDELINES ON
COMMON REGULATIONS AND POLICIES FOR
NET ASSET MANAGEMENT PRODUCTS

张超　编著

法律出版社
LAW PRESS·CHINA
北京

图书在版编目(CIP)数据

净值型资产管理产品常用法规政策指引 / 张超编著. -- 北京 : 法律出版社, 2022
ISBN 978 - 7 - 5197 - 6695 - 5

Ⅰ. ①净… Ⅱ. ①张… Ⅲ. ①信托法－研究－中国②资产管理－研究－中国 Ⅳ. ①D922.282.4②F832.48

中国版本图书馆 CIP 数据核字(2022)第 068854 号

净值型资产管理产品常用法规政策指引
JINGZHIXING ZICHAN GUANLI CHANPIN CHANGYONG FAGUI ZHENGCE ZHIYIN

张　超　编著

责任编辑　慕雪丹　章　雯
装帧设计　李　瞻

出版发行　法律出版社
编辑统筹　法商出版分社
责任校对　赵明霞
责任印制　胡晓雅
经　　销　新华书店

开本　710 毫米×1000 毫米　1/16
印张　41.25　　**字数**　758 千
版本　2022 年 10 月第 1 版
印次　2022 年 10 月第 1 次印刷
印刷　固安华明印业有限公司

地址:北京市丰台区莲花池西里 7 号(100073)
网址:www.lawpress.com.cn
投稿邮箱:info@lawpress.com.cn
举报盗版邮箱:jbwq@lawpress.com.cn

销售电话:010 - 83938349
客服电话:010 - 83938350
咨询电话:010 - 63939796

书号:ISBN 978 - 7 - 5197 - 6695 - 5　　**定价**:99.00 元

序　言

——资管新规后时代的顺势而为

2018 年 4 月 27 日,《关于规范金融机构资产管理业务的指导意见》(以下简称《资管新规》)的颁布实施,标志着资产管理领域开启了新旧时代的更迭,打破刚兑、限制非标产品、消除多层嵌套、开展净值化管理……包括银行理财、信托产品、券商资管计划等在内的资产管理产品经历了一场前所未有的变革。2021 年 12 月 31 日,《资管新规》过渡期的正式结束,宣告着资产管理领域正式翻开了一个新的篇章。

《资管新规》生效后,银保监会以及证监会等监管部门陆续出台了多项法规及监管文件,推动着《资管新规》在大资管行业的各个细分领域和各类产品中得以落实和细化。在这个大的时代背景下,“净值型资产管理产品”成为市场的主流。净值型资产管理产品是指落实净值化管理要求,按照企业会计准则规定计量产品净值,及时反映资产的收益和风险的资产管理产品。《资管新规》明确规定金融机构应当对资产管理产品实行净值化管理,要求产品的净值准确反映资产的收益及风险,使投资者可能获得的收益与基础资产产生的收益及风险紧密相关,从而打破传统资产管理产品的刚兑预期,在“卖者尽责”的前提下实现“买者自负”。

关于净值型资产管理产品的边界,准确地说,并未限定于标准化产品,传统的非标产品通常会设定预期收益/业绩比较基准,可能存在投资者取得的收益脱离基础资产的收益和风险,使得投资者存在明显的刚兑预期,在估值方面通常简单地以成本法计量,从而不符合净值化管理的要求。近年来,随着《资管新规》逐步落实,非标产品规模逐步压缩,净值型产品特别是投资于标准化产品的净值型资产管理产品逐渐成为银行理财公司、信托公司、券商基金资管公司以及私募基金等各类资产管理机构的业务转型重点方向。

资产管理产品因其金融产品属性,受到监管部门的严格监管。《资管新规》实施后,资产管理领域的法规及监管要求更是在短短几年间发生了翻天覆地的变化,需要时刻关注法规及政策的新变化和新动向。本书编写的目的是便于从业人员快速了解和检索不同细分领域净值型资产管理产品的相关法规规定和监管要求,为客户提供准确的专业意见及解答,在法律出版社的帮助下编辑出版,希望可以为资管行业的从业人员以及有兴趣了解相关法规的投资者朋友提供一点便利与帮助,不足之处在所难免也恳请大家批评指正。

笔者现执业于北京市君泽君律师事务所,君泽君于1995年创立,总部位于北京,现在上海、深圳、广州、天津、南京、成都、长沙、长春、珠海、海口、昆明、石家庄、郑州、南昌、济南、杭州和香港设有分所(香港分所与尼克松·郑林胡律师行联营)。君泽君拥有900余人的专业团队。

笔者作为君泽君金融市场部的合伙人,在金融市场特别是资产管理领域具备多年的专业从业经验,为多家知名银行、信托公司、基金资管公司等金融机构提供专业法律服务。在加入君泽君前,笔者曾经在国内知名央企信托公司、股份制商业银行总行、央企基金资管公司从事十余年与资产管理相关的法律合规及风险控制工作,具备丰富的一线实践经验,熟悉银保监会及证监会关于资产管理的相关法规及监管要求。

这本书源于一本自用工具书,希望可以为更多的朋友在净值型资产管理产品快速发展的浪潮中提供一点帮助,祝愿大家走上一条坦途。

如有具体的法律和专业问题交流讨论,欢迎与笔者联系,联系方式为邮箱:zhangchao@ junzejun. com。

北京市君泽君律师事务所

张超律师

二〇二二年十月

目　录

导　读
——工欲善其事，必先利其器 …… 1

基础法规篇

中华人民共和国证券法（2019 年修订）（2019.12.28） …… 5
中华人民共和国证券投资基金法（2015 年修正）（2015.4.24） …… 44
中华人民共和国信托法（2001.4.28） …… 70
中国人民银行　中国银行保险监督管理委员会　中国证券监督管理委员会　国家外汇管理局关于规范金融机构资产管理业务的指导意见（2018.4.27） …… 80
中国人民银行办公厅关于进一步明确规范金融机构资产管理业务指导意见有关事项的通知（2018.7.20） …… 91
中国人民银行　中国银行保险监督管理委员会　中国证券监督管理委员会　国家外汇管理局关于进一步规范金融营销宣传行为的通知（2019.12.20） …… 92
标准化债权类资产认定规则（2020.7.3） …… 96
资产管理产品介绍要素　第 2 部分：证券期货资产管理计划及相关产品（2021.5.13） …… 97

银行理财篇

商业银行理财业务监督管理办法（2018.9.26） …… 113
商业银行理财子公司管理办法（2018.12.2） …… 137
理财公司理财产品销售管理暂行办法（2021.5.11） …… 149

中国银保监会　中国人民银行关于规范现金管理类理财产品管理有关事项的通知(2021.5.27) …… 167
理财公司理财产品流动性风险管理办法(2021.12.10) …… 177
银行业金融机构衍生产品交易业务管理暂行办法(2011年修订)(2011.1.5) …… 187
中国银监会办公厅关于《银行业金融机构衍生产品交易业务管理暂行办法》实施中有关问题的通知(2011.3.18) …… 198
中国人民银行金融市场司关于商业银行理财产品进入银行间债券市场有关事项的通知(2014.1.26) …… 199
中国证券登记结算有限责任公司关于商业银行理财产品开立证券账户有关事项的通知(2013.12.23) …… 204

信托法规篇

信托公司集合资金信托计划管理办法(2009年修订)(2009.2.4) …… 209
信托公司证券投资信托业务操作指引(2009.1.23) …… 218
信托公司参与股指期货交易业务指引(2011.6.27) …… 222
信托公司受托责任尽职指引(2018.9.18) …… 226
中国银行保险监督管理委员会　信托监督管理部关于加强规范资产管理业务过渡期内信托监管工作的通知(2018.8.17) …… 237
中国银监会关于加强信托公司结构化信托业务监管有关问题的通知(2010.2.5) …… 240
中国银监会办公厅关于加强信托公司房地产、证券业务监管有关问题的通知(2008.10.28) …… 242
中国银行业监督管理委员会办公厅关于规范信托投资公司证券业务经营与管理有关问题的通知(2004.11.16) …… 244
中国证券登记结算有限责任公司关于信托产品开户与结算有关问题的通知(2012.8.31) …… 246
中国银行业监督管理委员会　中国证券业监督管理委员会关于信托投资公司开设信托专用证券账户和信托专用资金账户有关问题的通知(2004.9.10) …… 248
关于信托公司信托产品专用证券账户有关事项风险提示的通知(2009.8.18) …… 249

券商资管篇

证券期货经营机构私募资产管理业务管理办法(2018.10.22) ………………… 253
证券期货经营机构私募资产管理计划运作管理规定(2018.10.22) …………… 272
《资管细则》适用相关问题解答(一) ……………………………………………… 282
《资管细则》适用相关问题解答(二) ……………………………………………… 284
《资管细则》适用相关问题解答(三) ……………………………………………… 286
证券期货经营机构私募资产管理业务运作管理暂行规定(2016.7.14) ……… 287
证券期货投资者适当性管理办法(2020 年修正)(2020.10.30) ………………… 297
证券期货经营机构管理人中管理人(MOM)产品指引(试行)(2019.12.6) …… 304
证券期货经营机构私募资产管理计划备案管理规范第 1 号——备案核查与自律管理(2016.10.21) ……………………………………………………… 309
证券期货经营机构私募资产管理计划备案管理规范第 2 号——委托第三方机构提供投资建议服务(2016.10.21) ………………………………………… 310
证券期货经营机构私募资产管理计划备案管理规范第 3 号——结构化资产管理计划(2016.10.21) ……………………………………………………… 313
基金管理公司及其子公司特定客户资产管理业务电子签名合同操作指引(试行)(2014.7.7) ………………………………………………………………… 314
单一资产管理计划资产管理合同内容与格式指引(试行)(2019.3.29) ……… 317
集合资产管理计划资产管理合同内容与格式指引(试行)(2019.3.29) ……… 334
资产管理计划风险揭示书内容与格式指引(试行)(2019.3.29) ……………… 355
证券期货经营机构私募资产管理计划备案管理办法(试行)(2019.6.3) ……… 358

私募基金篇

中国证券投资基金业协会关于私募基金管理人登记备案工作相关事宜的通知(2022.6.2) ………………………………………………………………… 369
关于加强私募投资基金监管的若干规定(2020.12.30) ………………………… 403
私募投资基金监督管理暂行办法(2014.8.21) ………………………………… 407
私募投资基金募集行为管理办法(2016.4.15) ………………………………… 413
私募投资基金服务业务管理办法(试行)(2017.3.1) ………………………… 423
私募投资基金服务机构登记法律意见书指引(2017.3.1) …………………… 431

私募投资基金管理人内部控制指引(2016.2.1) …… 434
中国基金业协会关于进一步规范私募基金管理人登记若干事项的公告(2016.2.5) …… 438
私募基金管理人登记须知(2018 年 12 月更新)(2018.12.7) …… 442
私募投资基金备案须知(2019.12.23) …… 451
私募投资基金信息披露管理办法(2016.2.4) …… 459
私募投资基金信息披露内容与格式指引 1 号——适用于私募证券投资基金(2016.2.4) …… 465
私募投资基金信息披露内容与格式指引 2 号——适用于私募股权(含创业)投资基金(2016.11.14) …… 479
中国证券登记结算有限责任公司关于加强私募投资基金等产品账户管理有关事项的通知(2018.1.19) …… 496
中国证券登记结算有限责任公司关于私募基金管理人开立证券账户有关事项的通知(2016.4.21) …… 499
中国基金业协会关于发布私募投资基金合同指引的通知(2016.4.18) …… 501
私募投资基金合同指引 1 号(契约型私募投资基金合同内容与格式指引)(2016.4.18) …… 509
私募投资基金合同指引 2 号(公司章程必备条款指引)(2016.4.18) …… 524
私募投资基金合同指引 3 号(合伙协议必备条款指引)(2016.4.18) …… 527
私募投资基金命名指引(2018.11.20) …… 530

估值核算篇

资产管理产品相关会计处理规定(2022.5.25) …… 535
中国证券监督管理委员会关于证券投资基金估值业务的指导意见(2017.9.5) …… 559
证券投资基金会计核算业务指引(2012.11.16) …… 561
公开募集证券投资基金侧袋机制指引(试行)(2020.7.10) …… 596
中国证券投资基金业协会估值核算工作小组关于 2015 年 1 季度固定收益品种的估值处理标准(2014.11.13) …… 599
私募投资基金非上市股权投资估值指引(试行)(2018.3.30) …… 602
基金中基金估值业务指引(试行)(2017.5.4) …… 609
证券投资基金投资流通受限股票估值指引(试行)(2017.9.4) …… 612
证券投资基金港股通投资资金清算和会计核算估值业务指引(试行)

（2015.11.11） …… 614
证券投资基金股指期货投资会计核算业务细则（试行）（2012 年修订）
（2012.11.16） …… 623
证券投资基金增值税核算估值参考意见及释义（2017.12.29） …… 638

导 读

——工欲善其事，必先利其器

本书编写的目的是方便读者快速了解并检索与净值型资产管理产品相关的常用法律、法规、规范性文件及监管政策，进而把握净值型资产管理产品的监管要求，对净值型资产管理产品的合法合规性进行准确判断。

本书的编写思路可以概括为以下三个特点：

第一，标准化资产属性。本书序言中提到，《资管新规》实施后，金融机构应当对资产管理产品进行净值化管理。传统非标产品通常会设定预期收益/业绩比较基准，可能存在投资者的收益脱离基础资产的收益与风险，使得投资者具有较强的刚兑预期，在估值方面通常简单地以成本法计量，从而不符合净值化管理的要求。另外，监管部门不断要求压降非标产品规模，多方面因素导致市场上常见的净值型资产管理产品多是投资于标准化资产的产品，所以本书以与标准化资产相关的净值型资产管理产品法规为主。

第二，侧重私募产品。众所周知，公募基金属于典型的净值型资产管理产品，但是因其与其他几大类资产管理产品相对而言另成体系，鉴于篇幅有限，本书未收录公募基金相关法规。本书重点覆盖的银行理财包括公募理财产品和私募理财产品，除此之外的信托产品、资产管理计划和私募基金均为通过非公开方式向合格投资者募集的私募资管产品。另，因篇幅原因，本书暂未收录与保险资管及期货资管产品相关的具体法规。

第三，涉及多个细分领域。在净值型资产管理产品领域，因各类资产管理机构发挥的作用各有所长，有的负责产品销售募集，有的侧重于产品运营管理，有的专注于提供投资建议，所以各类产品以及各类机构间的合作非常普遍。了解不同细分领域的法规及监管要求对于整体准确把握净值型资产管理产品的合规性显得尤为重要。笔者结合多年在银行、信托、券商基金资管以及私募基金领域的从业经验，系统梳理了净值型资产管理产品涉及的多个主要细分领域的常用法规及监管政策,便于读者对净值型资产管理产品的法规及监管要求进行全面的了解和检索。

本书作为一本工具书,希望可以为资管行业的从业人员以及有兴趣了解相关法规的投资者朋友提供一点便利与帮助。本书收录的法规及监管文件均来源于政府部门及相关机构公开信息,文件发布截止日期为2022年9月30日。

基础法规篇

净值型资管产品是指落实净值化管理要求，按照企业会计准则规定计量产品净值，及时反映资产的收益和风险的资产管理产品，其产品形式可以体现为理财产品、信托产品、资产管理计划、保险资管产品以及期货资管产品等。广义的净值型资管产品也可以包括私募投资基金。

“基础法规篇”收录了各细分领域的净值型资管产品均可能涉及适用的基础法律规范，涵盖证券、基金、信托等资产管理产品的基本法律关系、产品发行或设立、产品参与主体、各方权利义务、产品运作、交易方式、产品要素、信息披露、监督管理机构、法律责任等相关规定，以及金融营销宣传行为中需遵守的规范及标准化债权类资产的认定规则。本篇具体收录了以下法律法规及监管文件：

中华人民共和国证券法(2019 年修订)

中华人民共和国证券投资基金法(2015 年修正)

中华人民共和国信托法

中国人民银行　中国银行保险监督管理委员会　中国证券监督管理委员会　国家外汇管理局关于规范金融机构资产管理业务的指导意见

中国人民银行办公厅关于进一步明确规范金融机构资产管理业务指导意见有关事项的通知

中国人民银行　中国银行保险监督管理委员会　中国证券监督管理委员会　国家外汇管理局关于进一步规范金融营销宣传行为的通知

标准化债权类资产认定规则

资产管理产品介绍要素　第 2 部分：证券期货资产管理计划及相关产品

中华人民共和国证券法（2019年修订）

（2019年12月28日中华人民共和国主席令第37号公布，
自2020年3月1日起施行）

目　　录

第一章　总　　则
第二章　证券发行
第三章　证券交易
　第一节　一般规定
　第二节　证券上市
　第三节　禁止的交易行为
第四章　上市公司的收购
第五章　信息披露
第六章　投资者保护
第七章　证券交易场所
第八章　证券公司
第九章　证券登记结算机构
第十章　证券服务机构
第十一章　证券业协会
第十二章　证券监督管理机构
第十三章　法律责任
第十四章　附　　则

第一章　总　　则

第一条　为了规范证券发行和交易行为，保护投资者的合法权益，维护社会经济秩序和社会公共利益，促进社会主义市场经济的发展，制定本法。

第二条　在中华人民共和国境内，股票、公司债券、存托凭证和国务院依法认定的其他证券的发行和交易，适用本法；本法未规定的，适用《中华人民共和国公司法》和其他法律、行政法规的规定。

政府债券、证券投资基金份额的上市交易，适用本法；其他法律、行政法规另有规定的，适用其规定。

资产支持证券、资产管理产品发行、交易的管理办法，由国务院依照本法的原则规定。

在中华人民共和国境外的证券发行和交易活动，扰乱中华人民共和国境内市场秩序，损害境内投资者合法权益的，依照本法有关规定处理并追究法律责任。

第三条 证券的发行、交易活动，必须遵循公开、公平、公正的原则。

第四条 证券发行、交易活动的当事人具有平等的法律地位，应当遵守自愿、有偿、诚实信用的原则。

第五条 证券的发行、交易活动，必须遵守法律、行政法规；禁止欺诈、内幕交易和操纵证券市场的行为。

第六条 证券业和银行业、信托业、保险业实行分业经营、分业管理，证券公司与银行、信托、保险业务机构分别设立。国家另有规定的除外。

第七条 国务院证券监督管理机构依法对全国证券市场实行集中统一监督管理。

国务院证券监督管理机构根据需要可以设立派出机构，按照授权履行监督管理职责。

第八条 国家审计机关依法对证券交易场所、证券公司、证券登记结算机构、证券监督管理机构进行审计监督。

第二章 证券发行

第九条 公开发行证券，必须符合法律、行政法规规定的条件，并依法报经国务院证券监督管理机构或者国务院授权的部门注册。未经依法注册，任何单位和个人不得公开发行证券。证券发行注册制的具体范围、实施步骤，由国务院规定。

有下列情形之一的，为公开发行：

（一）向不特定对象发行证券；

（二）向特定对象发行证券累计超过二百人，但依法实施员工持股计划的员工人数不计算在内；

（三）法律、行政法规规定的其他发行行为。

非公开发行证券，不得采用广告、公开劝诱和变相公开方式。

第十条 发行人申请公开发行股票、可转换为股票的公司债券，依法采取承销方式的，或者公开发行法律、行政法规规定实行保荐制度的其他证券的，应当聘请证券公司担任保荐人。

保荐人应当遵守业务规则和行业规范，诚实守信，勤勉尽责，对发行人的申请文件和信息披露资料进行审慎核查，督导发行人规范运作。

保荐人的管理办法由国务院证券监督管理机构规定。

第十一条 设立股份有限公司公开发行股票，应当符合《中华人民共和国公司法》规定的条件和经国务院批准的国务院证券监督管理机构规定的其他条件，向国务院证券监督管理机构报送募股申请和下列文件：

（一）公司章程；

（二）发起人协议；

（三）发起人姓名或者名称，发起人认购的股份数、出资种类及验资证明；

（四）招股说明书；

（五）代收股款银行的名称及地址；

（六）承销机构名称及有关的协议。

依照本法规定聘请保荐人的，还应当报送保荐人出具的发行保荐书。

法律、行政法规规定设立公司必须报经批准的，还应当提交相应的批准文件。

第十二条 公司首次公开发行新股，应当符合下列条件：

（一）具备健全且运行良好的组织机构；

（二）具有持续经营能力；

（三）最近三年财务会计报告被出具无保留意见审计报告；

（四）发行人及其控股股东、实际控制人最近三年不存在贪污、贿赂、侵占财产、挪用财产或者破坏社会主义市场经济秩序的刑事犯罪；

（五）经国务院批准的国务院证券监督管理机构规定的其他条件。

上市公司发行新股，应当符合经国务院批准的国务院证券监督管理机构规定的条件，具体管理办法由国务院证券监督管理机构规定。

公开发行存托凭证的，应当符合首次公开发行新股的条件以及国务院证券监督管理机构规定的其他条件。

第十三条 公司公开发行新股，应当报送募股申请和下列文件：

（一）公司营业执照；

（二）公司章程；

（三）股东大会决议；

（四）招股说明书或者其他公开发行募集文件；

（五）财务会计报告；

（六）代收股款银行的名称及地址。

依照本法规定聘请保荐人的，还应当报送保荐人出具的发行保荐书。依照本法规定实行承销的，还应当报送承销机构名称及有关的协议。

第十四条 公司对公开发行股票所募集资金，必须按照招股说明书或者其他公开发行募集文件所列资金用途使用；改变资金用途，必须经股东大会作出决议。擅自改变用途，未作纠正的，或者未经股东大会认可的，不得公开发行新股。

第十五条 公开发行公司债券，应当符合下列条件：

（一）具备健全且运行良好的组织机构；

（二）最近三年平均可分配利润足以支付公司债券一年的利息；

（三）国务院规定的其他条件。

公开发行公司债券筹集的资金，必须按照公司债券募集办法所列资金用途使用；改变资金用途，必须经债券持有人会议作出决议。公开发行公司债券筹集的资金，不得用于弥补亏损和非生产性支出。

上市公司发行可转换为股票的公司债券，除应当符合第一款规定的条件外，还应当遵守本法第十二条第二款的规定。但是，按照公司债券募集办法，上市公司通过收购本公司股份的方式进行公司债券转换的除外。

第十六条 申请公开发行公司债券，应当向国务院授权的部门或者国务院证券监督管理机构报送下列文件：

（一）公司营业执照；

（二）公司章程；

（三）公司债券募集办法；

（四）国务院授权的部门或者国务院证券监督管理机构规定的其他文件。

依照本法规定聘请保荐人的，还应当报送保荐人出具的发行保荐书。

第十七条 有下列情形之一的，不得再次公开发行公司债券：

（一）对已公开发行的公司债券或者其他债务有违约或者延迟支付本息的事实，仍处于继续状态；

（二）违反本法规定，改变公开发行公司债券所募资金的用途。

第十八条 发行人依法申请公开发行证券所报送的申请文件的格式、报送方式，由依法负责注册的机构或者部门规定。

第十九条 发行人报送的证券发行申请文件，应当充分披露投资者作出价值判断和投资决策所必需的信息，内容应当真实、准确、完整。

为证券发行出具有关文件的证券服务机构和人员，必须严格履行法定职责，保证所出具文件的真实性、准确性和完整性。

第二十条 发行人申请首次公开发行股票的，在提交申请文件后，应当按照国务院证券监督管理机构的规定预先披露有关申请文件。

第二十一条 国务院证券监督管理机构或者国务院授权的部门依照法定条件负责证券发行申请的注册。证券公开发行注册的具体办法由国务院规定。

按照国务院的规定，证券交易所等可以审核公开发行证券申请，判断发行人是否符合发行条件、信息披露要求，督促发行人完善信息披露内容。

依照前两款规定参与证券发行申请注册的人员，不得与发行申请人有利害关系，不得直接或者间接接受发行申请人的馈赠，不得持有所注册的发行申请的证券，不得私下与发行申请人进行接触。

第二十二条 国务院证券监督管理机构或者国务院授权的部门应当自受理证券发行申请文件之日起三个月内，依照法定条件和法定程序作出予以注册或者不予注册的决定，发行人根据要求补充、修改发行申请文件的时间不计算在内。不予注册的，应当说明理由。

第二十三条 证券发行申请经注册后，发行人应当依照法律、行政法规的规定，在证券公开发行前公告公开发行募集文件，并将该文件置备于指定场所供公众查阅。

发行证券的信息依法公开前，任何知情人不得公开或者泄露该信息。

发行人不得在公告公开发行募集文件前发行证券。

第二十四条 国务院证券监督管理机构或者国务院授权的部门对已作出的证券发行注册的决定，发现不符合法定条件或者法定程序，尚未发行证券的，应当予以撤销，停止发行。已经发行尚未上市的，撤销发行注册决定，发行人应当按照发行价并加算银行同期存款利息返还证券持有人；发行人的控股股东、实际控制人以及保荐人，应当与发行人承担连带责任，但是能够证明自己没有过错的除外。

股票的发行人在招股说明书等证券发行文件中隐瞒重要事实或者编造重大虚假内容，已经发行并上市的，国务院证券监督管理机构可以责令发行人回购证券，或者责令负有责任的控股股东、实际控制人买回证券。

第二十五条 股票依法发行后，发行人经营与收益的变化，由发行人自行负责；由此变化引致的投资风险，由投资者自行负责。

第二十六条 发行人向不特定对象发行的证券，法律、行政法规规定应当由证券公司承销的，发行人应当同证券公司签订承销协议。证券承销业务采取代销或者包销方式。

证券代销是指证券公司代发行人发售证券，在承销期结束时，将未售出的证券全部退还给发行人的承销方式。

证券包销是指证券公司将发行人的证券按照协议全部购入或者在承销期结束时将售后剩余证券全部自行购入的承销方式。

第二十七条 公开发行证券的发行人有权依法自主选择承销的证券公司。

第二十八条 证券公司承销证券，应当同发行人签订代销或者包销协议，载明下列事项：

（一）当事人的名称、住所及法定代表人姓名；

（二）代销、包销证券的种类、数量、金额及发行价格；

（三）代销、包销的期限及起止日期；

（四）代销、包销的付款方式及日期；

（五）代销、包销的费用和结算办法；

（六）违约责任；

（七）国务院证券监督管理机构规定的其他事项。

第二十九条 证券公司承销证券，应当对公开发行募集文件的真实性、准确性、完整性进行核查。发现有虚假记载、误导性陈述或者重大遗漏的，不得进行销售活动；已经销售的，必须立即停止销售活动，并采取纠正措施。

证券公司承销证券，不得有下列行为：

（一）进行虚假的或者误导投资者的广告宣传或者其他宣传推介活动；

（二）以不正当竞争手段招揽承销业务；

（三）其他违反证券承销业务规定的行为。

证券公司有前款所列行为，给其他证券承销机构或者投资者造成损失的，应当依法承担赔偿责任。

第三十条 向不特定对象发行证券聘请承销团承销的，承销团应当由主承销和参与承销的证券公司组成。

第三十一条 证券的代销、包销期限最长不得超过九十日。

证券公司在代销、包销期内，对所代销、包销的证券应当保证先行出售给认购人，证券公司不得为本公司预留所代销的证券和预先购入并留存所包销的证券。

第三十二条 股票发行采取溢价发行的，其发行价格由发行人与承销的证券公司协商确定。

第三十三条 股票发行采用代销方式，代销期限届满，向投资者出售的股票数量未达到拟公开发行股票数量百分之七十的，为发行失败。发行人应当按照发行价并加算银行同期存款利息返还股票认购人。

第三十四条 公开发行股票，代销、包销期限届满，发行人应当在规定的期限内将股票发行情况报国务院证券监督管理机构备案。

第三章 证券交易

第一节 一般规定

第三十五条 证券交易当事人依法买卖的证券，必须是依法发行并交付的证券。

非依法发行的证券，不得买卖。

第三十六条 依法发行的证券，《中华人民共和国公司法》和其他法律对其转让期限有限制性规定的，在限定的期限内不得转让。

上市公司持有百分之五以上股份的股东、实际控制人、董事、监事、高级管理人员，以及其他持有发行人首次公开发行前发行的股份或者上市公司向特定对象发行的股份的股东，转让其持有的本公司股份的，不得违反法律、行政法规和国务院证券监督管理机构关于持有期限、卖出时间、卖出数量、卖出方式、信息披露等规定，并应当遵守证券交易所的业务规则。

第三十七条 公开发行的证券，应当在依法设立的证券交易所上市交易或者在国务院批准的其他全国性证券交易场所交易。

非公开发行的证券，可以在证券交易所、国务院批准的其他全国性证券交易场所、按照国务院规定设立的区域性股权市场转让。

第三十八条 证券在证券交易所上市交易，应当采用公开的集中交易方式或者国务院证券监督管理机构批准的其他方式。

第三十九条 证券交易当事人买卖的证券可以采用纸面形式或者国务院证券监督管理机构规定的其他形式。

第四十条 证券交易场所、证券公司和证券登记结算机构的从业人员，证券监督管理机构的工作人员以及法律、行政法规规定禁止参与股票交易的其他人员，在任期或者法定限期内，不得直接或者以化名、借他人名义持有、买卖股票或者其他具有股权性质的证券，也不得收受他人赠送的股票或者其他具有股权性质的证券。

任何人在成为前款所列人员时，其原已持有的股票或者其他具有股权性质的证券，必须依法转让。

实施股权激励计划或者员工持股计划的证券公司的从业人员，可以按照国务院证券监督管理机构的规定持有、卖出本公司股票或者其他具有股权性质的证券。

第四十一条 证券交易场所、证券公司、证券登记结算机构、证券服务机构及其工作人员应当依法为投资者的信息保密，不得非法买卖、提供或者公开投资者的信息。

证券交易场所、证券公司、证券登记结算机构、证券服务机构及其工作人员不得泄露所知悉的商业秘密。

第四十二条 为证券发行出具审计报告或者法律意见书等文件的证券服务机构和人员，在该证券承销期内和期满后六个月内，不得买卖该证券。

除前款规定外，为发行人及其控股股东、实际控制人，或者收购人、重大资产交易方出具审计报告或者法律意见书等文件的证券服务机构和人员，自接受委托之日起至上述文件公开后五日内，不得买卖该证券。实际开展上述有关工作之日早于接受委托之日的，自实际开展上述有关工作之日起至上述文件公开后五日内，不得买卖该证券。

第四十三条 证券交易的收费必须合理，并公开收费项目、收费标准和管理办法。

第四十四条 上市公司、股票在国务院批准的其他全国性证券交易场所交易的公司持有百分之五以上股份的股东、董事、监事、高级管理人员，将其持有的该公司的股票或者其他具有股权性质的证券在买入后六个月内卖出，或者在卖出后六个月内又买入，由此所得收益归该公司所有，公司董事会应当收回其所得收益。但是，证券公司因购入包销售后剩余股票而持有百分之五以上股份，以及有国务院证券监督管理机构规定的其他情形的除外。

前款所称董事、监事、高级管理人员、自然人股东持有的股票或者其他具有股权性质的证券，包括其配偶、父母、子女持有的及利用他人账户持有的股票或者其他具有股权性质的证券。

公司董事会不按照第一款规定执行的，股东有权要求董事会在三十日内执行。公司董事会未在上述期限内执行的，股东有权为了公司的利益以自己的名义直接向人民法院提起诉讼。

公司董事会不按照第一款的规定执行的，负有责任的董事依法承担连带责任。

第四十五条 通过计算机程序自动生成或者下达交易指令进行程序化交易的，应当符合国务院证券监督管理机构的规定，并向证券交易所报告，不得影响证券交易所系统安全或者正常交易秩序。

第二节 证券上市

第四十六条 申请证券上市交易，应当向证券交易所提出申请，由证券交易所依法审核同意，并由双方签订上市协议。

证券交易所根据国务院授权的部门的决定安排政府债券上市交易。

第四十七条 申请证券上市交易，应当符合证券交易所上市规则规定的上市条件。

证券交易所上市规则规定的上市条件，应当对发行人的经营年限、财务状况、最低公开发行比例和公司治理、诚信记录等提出要求。

第四十八条 上市交易的证券，有证券交易所规定的终止上市情形的，由证券交易所按照业务规则终止其上市交易。

证券交易所决定终止证券上市交易的，应当及时公告，并报国务院证券监督管理机构备案。

第四十九条 对证券交易所作出的不予上市交易、终止上市交易决定不服的，可以向证券交易所设立的复核机构申请复核。

第三节 禁止的交易行为

第五十条 禁止证券交易内幕信息的知情人和非法获取内幕信息的人利用内幕信息从事证券交易活动。

第五十一条 证券交易内幕信息的知情人包括：

（一）发行人及其董事、监事、高级管理人员；

（二）持有公司百分之五以上股份的股东及其董事、监事、高级管理人员，公司的实际控制人及其董事、监事、高级管理人员；

（三）发行人控股或者实际控制的公司及其董事、监事、高级管理人员；

（四）由于所任公司职务或者因与公司业务往来可以获取公司有关内幕信息的人员；

（五）上市公司收购人或者重大资产交易方及其控股股东、实际控制人、董事、监事和高级管理人员；

（六）因职务、工作可以获取内幕信息的证券交易场所、证券公司、证券登记结算机构、证券服务机构的有关人员；

（七）因职责、工作可以获取内幕信息的证券监督管理机构工作人员；

（八）因法定职责对证券的发行、交易或者对上市公司及其收购、重大资产交易进行管理可以获取内幕信息的有关主管部门、监管机构的工作人员；

（九）国务院证券监督管理机构规定的可以获取内幕信息的其他人员。

第五十二条 证券交易活动中，涉及发行人的经营、财务或者对该发行人证券的市场价格有重大影响的尚未公开的信息，为内幕信息。

本法第八十条第二款、第八十一条第二款所列重大事件属于内幕信息。

第五十三条 证券交易内幕信息的知情人和非法获取内幕信息的人，在内幕信息公开前，不得买卖该公司的证券，或者泄露该信息，或者建议他人买卖该证券。

持有或者通过协议、其他安排与他人共同持有公司百分之五以上股份的自然人、法人、非法人组织收购上市公司的股份，本法另有规定的，适用其规定。

内幕交易行为给投资者造成损失的，应当依法承担赔偿责任。

第五十四条 禁止证券交易场所、证券公司、证券登记结算机构、证券服务机构和其他金融机构的从业人员、有关监管部门或者行业协会的工作人员，利用因职务便利获取的内幕信息以外的其他未公开的信息，违反规定，从事与该信息相关的证券交易活动，或者明示、暗示他人从事相关交易活动。

利用未公开信息进行交易给投资者造成损失的，应当依法承担赔偿责任。

第五十五条 禁止任何人以下列手段操纵证券市场，影响或者意图影响证券交易价格或者证券交易量：

（一）单独或者通过合谋，集中资金优势、持股优势或者利用信息优势联合或者连续买卖；

（二）与他人串通，以事先约定的时间、价格和方式相互进行证券交易；

（三）在自己实际控制的账户之间进行证券交易；

（四）不以成交为目的，频繁或者大量申报并撤销申报；

（五）利用虚假或者不确定的重大信息，诱导投资者进行证券交易；

（六）对证券、发行人公开作出评价、预测或者投资建议，并进行反向证券交易；

（七）利用在其他相关市场的活动操纵证券市场；

（八）操纵证券市场的其他手段。

操纵证券市场行为给投资者造成损失的，应当依法承担赔偿责任。

第五十六条 禁止任何单位和个人编造、传播虚假信息或者误导性信息，扰乱证券市场。

禁止证券交易场所、证券公司、证券登记结算机构、证券服务机构及其从业人员，证券业协会、证券监督管理机构及其工作人员，在证券交易活动中作出虚假陈述或者信息误导。

各种传播媒介传播证券市场信息必须真实、客观，禁止误导。传播媒介及其从事证券市场信息报道的工作人员不得从事与其工作职责发生利益冲突的证券买卖。

编造、传播虚假信息或者误导性信息，扰乱证券市场，给投资者造成损失的，应当依法承担赔偿责任。

第五十七条 禁止证券公司及其从业人员从事下列损害客户利益的行为：

（一）违背客户的委托为其买卖证券；

（二）不在规定时间内向客户提供交易的确认文件；

（三）未经客户的委托，擅自为客户买卖证券，或者假借客户的名义买卖证券；

（四）为牟取佣金收入，诱使客户进行不必要的证券买卖；

（五）其他违背客户真实意思表示，损害客户利益的行为。

违反前款规定给客户造成损失的，应当依法承担赔偿责任。

第五十八条 任何单位和个人不得违反规定，出借自己的证券账户或者借用他人的证券账户从事证券交易。

第五十九条 依法拓宽资金入市渠道，禁止资金违规流入股市。

禁止投资者违规利用财政资金、银行信贷资金买卖证券。

第六十条 国有独资企业、国有独资公司、国有资本控股公司买卖上市交易的股票，必须遵守国家有关规定。

第六十一条 证券交易场所、证券公司、证券登记结算机构、证券服务机构及其从业人员对证券交易中发现的禁止的交易行为，应当及时向证券监督管理机构报告。

第四章 上市公司的收购

第六十二条 投资者可以采取要约收购、协议收购及其他合法方式收购上市公司。

第六十三条 通过证券交易所的证券交易，投资者持有或者通过协议、其他安排与他人共同持有一个上市公司已发行的有表决权股份达到百分之五时，应当在该事实发生之日起三日内，向国务院证券监督管理机构、证券交易所作出书面报告，通知该上市公司，并予公告，在上述期限内不得再行买卖该上市公司的股票，但国务院证券监督管理机构规定的情形除外。

投资者持有或者通过协议、其他安排与他人共同持有一个上市公司已发行的有表决权股份达到百分之五后，其所持该上市公司已发行的有表决权股份比例每增加或者减少百分之五，应当依照前款规定进行报告和公告，在该事实发生之日起至公告后三日内，不得再行买卖该上市公司的股票，但国务院证券监督管理机构规定的情形除外。

投资者持有或者通过协议、其他安排与他人共同持有一个上市公司已发行的有表决权股份达到百分之五后，其所持该上市公司已发行的有表决权股份比例每增加或者减少百分之一，应当在该事实发生的次日通知该上市公司，并予公告。

违反第一款、第二款规定买入上市公司有表决权的股份的，在买入后的三十六个月内，对该超过规定比例部分的股份不得行使表决权。

第六十四条 依照前条规定所作的公告，应当包括下列内容：

（一）持股人的名称、住所；

（二）持有的股票的名称、数额；

（三）持股达到法定比例或者持股增减变化达到法定比例的日期、增持股份的资金来源；

（四）在上市公司中拥有有表决权的股份变动的时间及方式。

第六十五条 通过证券交易所的证券交易，投资者持有或者通过协议、其他安排与他人共同持有一个上市公司已发行的有表决权股份达到百分之三十时，继续进行收购的，应当依法向该上市公司所有股东发出收购上市公司全部或者部分股份的要约。

收购上市公司部分股份的要约应当约定，被收购公司股东承诺出售的股份数额超过预定收购的股份数额的，收购人按比例进行收购。

第六十六条 依照前条规定发出收购要约，收购人必须公告上市公司收购报告书，并载明下列事项：

（一）收购人的名称、住所；

（二）收购人关于收购的决定；

（三）被收购的上市公司名称；

（四）收购目的；

（五）收购股份的详细名称和预定收购的股份数额；

（六）收购期限、收购价格；

（七）收购所需资金额及资金保证；

（八）公告上市公司收购报告书时持有被收购公司股份数占该公司已发行的股份总数的比例。

第六十七条 收购要约约定的收购期限不得少于三十日，并不得超过六十日。

第六十八条 在收购要约确定的承诺期限内，收购人不得撤销其收购要约。收购人需要变更收购要约的，应当及时公告，载明具体变更事项，且不得存在下列情形：

（一）降低收购价格；

（二）减少预定收购股份数额；

（三）缩短收购期限；

（四）国务院证券监督管理机构规定的其他情形。

第六十九条 收购要约提出的各项收购条件，适用于被收购公司的所有股东。

上市公司发行不同种类股份的，收购人可以针对不同种类股份提出不同的收购条件。

第七十条 采取要约收购方式的，收购人在收购期限内，不得卖出被收购公司的股票，也不得采取要约规定以外的形式和超出要约的条件买入被收购公司的股票。

第七十一条 采取协议收购方式的，收购人可以依照法律、行政法规的规定同被收购公司的股东以协议方式进行股份转让。

以协议方式收购上市公司时，达成协议后，收购人必须在三日内将该收购协议向国务院证券监督管理机构及证券交易所作出书面报告，并予公告。

在公告前不得履行收购协议。

第七十二条 采取协议收购方式的，协议双方可以临时委托证券登记结算机构保管协议转让的股票，并将资金存放于指定的银行。

第七十三条 采取协议收购方式的，收购人收购或者通过协议、其他安排与他人共同收购一个上市公司已发行的有表决权股份达到百分之三十时，继续进行收购的，应当依法向该上市公司所有股东发出收购上市公司全部或者部分股份的要约。但是，按照国务院证券监督管理机构的规定免除发出要约的除外。

收购人依照前款规定以要约方式收购上市公司股份，应当遵守本法第六十五条第二款、第六十六条至第七十条的规定。

第七十四条 收购期限届满，被收购公司股权分布不符合证券交易所规定的上市交易要求的，该上市公司的股票应当由证券交易所依法终止上市交易；其余仍持有被收购公司股票的股东，有权向收购人以收购要约的同等条件出售其股票，收购人应当收购。

收购行为完成后，被收购公司不再具备股份有限公司条件的，应当依法变更企业形式。

第七十五条 在上市公司收购中，收购人持有的被收购的上市公司的股票，在收购行为完成后的十八个月内不得转让。

第七十六条 收购行为完成后，收购人与被收购公司合并，并将该公司解散的，被解散公司的原有股票由收购人依法更换。

收购行为完成后，收购人应当在十五日内将收购情况报告国务院证券监督管理机构和证券交易所，并予公告。

第七十七条 国务院证券监督管理机构依照本法制定上市公司收购的具体

办法。

上市公司分立或者被其他公司合并,应当向国务院证券监督管理机构报告,并予公告。

第五章 信息披露

第七十八条 发行人及法律、行政法规和国务院证券监督管理机构规定的其他信息披露义务人,应当及时依法履行信息披露义务。

信息披露义务人披露的信息,应当真实、准确、完整,简明清晰,通俗易懂,不得有虚假记载、误导性陈述或者重大遗漏。

证券同时在境内境外公开发行、交易的,其信息披露义务人在境外披露的信息,应当在境内同时披露。

第七十九条 上市公司、公司债券上市交易的公司、股票在国务院批准的其他全国性证券交易场所交易的公司,应当按照国务院证券监督管理机构和证券交易场所规定的内容和格式编制定期报告,并按照以下规定报送和公告:

(一)在每一会计年度结束之日起四个月内,报送并公告年度报告,其中的年度财务会计报告应当经符合本法规定的会计师事务所审计;

(二)在每一会计年度的上半年结束之日起二个月内,报送并公告中期报告。

第八十条 发生可能对上市公司、股票在国务院批准的其他全国性证券交易场所交易的公司的股票交易价格产生较大影响的重大事件,投资者尚未得知时,公司应当立即将有关该重大事件的情况向国务院证券监督管理机构和证券交易场所报送临时报告,并予公告,说明事件的起因、目前的状态和可能产生的法律后果。

前款所称重大事件包括:

(一)公司的经营方针和经营范围的重大变化;

(二)公司的重大投资行为,公司在一年内购买、出售重大资产超过公司资产总额百分之三十,或者公司营业用主要资产的抵押、质押、出售或者报废一次超过该资产的百分之三十;

(三)公司订立重要合同、提供重大担保或者从事关联交易,可能对公司的资产、负债、权益和经营成果产生重要影响;

(四)公司发生重大债务和未能清偿到期重大债务的违约情况;

(五)公司发生重大亏损或者重大损失;

(六)公司生产经营的外部条件发生的重大变化;

(七)公司的董事、三分之一以上监事或者经理发生变动,董事长或者经理无法履行职责；

（八）持有公司百分之五以上股份的股东或者实际控制人持有股份或者控制公司的情况发生较大变化，公司的实际控制人及其控制的其他企业从事与公司相同或者相似业务的情况发生较大变化；

（九）公司分配股利、增资的计划，公司股权结构的重要变化，公司减资、合并、分立、解散及申请破产的决定，或者依法进入破产程序、被责令关闭；

（十）涉及公司的重大诉讼、仲裁，股东大会、董事会决议被依法撤销或者宣告无效；

（十一）公司涉嫌犯罪被依法立案调查，公司的控股股东、实际控制人、董事、监事、高级管理人员涉嫌犯罪被依法采取强制措施；

（十二）国务院证券监督管理机构规定的其他事项。

公司的控股股东或者实际控制人对重大事件的发生、进展产生较大影响的，应当及时将其知悉的有关情况书面告知公司，并配合公司履行信息披露义务。

第八十一条 发生可能对上市交易公司债券的交易价格产生较大影响的重大事件，投资者尚未得知时，公司应当立即将有关该重大事件的情况向国务院证券监督管理机构和证券交易场所报送临时报告，并予公告，说明事件的起因、目前的状态和可能产生的法律后果。

前款所称重大事件包括：

（一）公司股权结构或者生产经营状况发生重大变化；

（二）公司债券信用评级发生变化；

（三）公司重大资产抵押、质押、出售、转让、报废；

（四）公司发生未能清偿到期债务的情况；

（五）公司新增借款或者对外提供担保超过上年末净资产的百分之二十；

（六）公司放弃债权或者财产超过上年末净资产的百分之十；

（七）公司发生超过上年末净资产百分之十的重大损失；

（八）公司分配股利，作出减资、合并、分立、解散及申请破产的决定，或者依法进入破产程序、被责令关闭；

（九）涉及公司的重大诉讼、仲裁；

（十）公司涉嫌犯罪被依法立案调查，公司的控股股东、实际控制人、董事、监事、高级管理人员涉嫌犯罪被依法采取强制措施；

（十一）国务院证券监督管理机构规定的其他事项。

第八十二条 发行人的董事、高级管理人员应当对证券发行文件和定期报告签署书面确认意见。

发行人的监事会应当对董事会编制的证券发行文件和定期报告进行审核并提出书面审核意见。监事应当签署书面确认意见。

发行人的董事、监事和高级管理人员应当保证发行人及时、公平地披露信息，所披露的信息真实、准确、完整。

董事、监事和高级管理人员无法保证证券发行文件和定期报告内容的真实性、准确性、完整性或者有异议的，应当在书面确认意见中发表意见并陈述理由，发行人应当披露。发行人不予披露的，董事、监事和高级管理人员可以直接申请披露。

第八十三条 信息披露义务人披露的信息应当同时向所有投资者披露，不得提前向任何单位和个人泄露。但是，法律、行政法规另有规定的除外。

任何单位和个人不得非法要求信息披露义务人提供依法需要披露但尚未披露的信息。任何单位和个人提前获知的前述信息，在依法披露前应当保密。

第八十四条 除依法需要披露的信息之外，信息披露义务人可以自愿披露与投资者作出价值判断和投资决策有关的信息，但不得与依法披露的信息相冲突，不得误导投资者。

发行人及其控股股东、实际控制人、董事、监事、高级管理人员等作出公开承诺的，应当披露。不履行承诺给投资者造成损失的，应当依法承担赔偿责任。

第八十五条 信息披露义务人未按照规定披露信息，或者公告的证券发行文件、定期报告、临时报告及其他信息披露资料存在虚假记载、误导性陈述或者重大遗漏，致使投资者在证券交易中遭受损失的，信息披露义务人应当承担赔偿责任；发行人的控股股东、实际控制人、董事、监事、高级管理人员和其他直接责任人员以及保荐人、承销的证券公司及其直接责任人员，应当与发行人承担连带赔偿责任，但是能够证明自己没有过错的除外。

第八十六条 依法披露的信息，应当在证券交易场所的网站和符合国务院证券监督管理机构规定条件的媒体发布，同时将其置备于公司住所、证券交易场所，供社会公众查阅。

第八十七条 国务院证券监督管理机构对信息披露义务人的信息披露行为进行监督管理。

证券交易场所应当对其组织交易的证券的信息披露义务人的信息披露行为进行监督，督促其依法及时、准确地披露信息。

第六章 投资者保护

第八十八条 证券公司向投资者销售证券、提供服务时，应当按照规定充分了解投资者的基本情况、财产状况、金融资产状况、投资知识和经验、专业能力等相关信息;如实说明证券、服务的重要内容,充分揭示投资风险;销售、提供与投资者上述状况相匹配的证券、服务。

投资者在购买证券或者接受服务时,应当按照证券公司明示的要求提供前款所列真实信息。拒绝提供或者未按照要求提供信息的,证券公司应当告知其后果,并按照规定拒绝向其销售证券、提供服务。

证券公司违反第一款规定导致投资者损失的,应当承担相应的赔偿责任。

第八十九条 根据财产状况、金融资产状况、投资知识和经验、专业能力等因素,投资者可以分为普通投资者和专业投资者。专业投资者的标准由国务院证券监督管理机构规定。

普通投资者与证券公司发生纠纷的,证券公司应当证明其行为符合法律、行政法规以及国务院证券监督管理机构的规定,不存在误导、欺诈等情形。证券公司不能证明的,应当承担相应的赔偿责任。

第九十条 上市公司董事会、独立董事、持有百分之一以上有表决权股份的股东或者依照法律、行政法规或者国务院证券监督管理机构的规定设立的投资者保护机构(以下简称投资者保护机构),可以作为征集人,自行或者委托证券公司、证券服务机构,公开请求上市公司股东委托其代为出席股东大会,并代为行使提案权、表决权等股东权利。

依照前款规定征集股东权利的,征集人应当披露征集文件,上市公司应当予以配合。

禁止以有偿或者变相有偿的方式公开征集股东权利。

公开征集股东权利违反法律、行政法规或者国务院证券监督管理机构有关规定,导致上市公司或者其股东遭受损失的,应当依法承担赔偿责任。

第九十一条 上市公司应当在章程中明确分配现金股利的具体安排和决策程序,依法保障股东的资产收益权。

上市公司当年税后利润,在弥补亏损及提取法定公积金后有盈余的,应当按照公司章程的规定分配现金股利。

第九十二条 公开发行公司债券的,应当设立债券持有人会议,并应当在募集说明书中说明债券持有人会议的召集程序、会议规则和其他重要事项。

公开发行公司债券的,发行人应当为债券持有人聘请债券受托管理人,并订立债券受托管理协议。受托管理人应当由本次发行的承销机构或者其他经国务院证券监督管理机构认可的机构担任,债券持有人会议可以决议变更债券受托管理人。债券受托管理人应当勤勉尽责,公正履行受托管理职责,不得损害债券持有人利益。

债券发行人未能按期兑付债券本息的，债券受托管理人可以接受全部或者部分债券持有人的委托，以自己名义代表债券持有人提起、参加民事诉讼或者清算程序。

第九十三条 发行人因欺诈发行、虚假陈述或者其他重大违法行为给投资者造成损失的，发行人的控股股东、实际控制人、相关的证券公司可以委托投资者保护机构，就赔偿事宜与受到损失的投资者达成协议，予以先行赔付。先行赔付后，可以依法向发行人以及其他连带责任人追偿。

第九十四条 投资者与发行人、证券公司等发生纠纷的，双方可以向投资者保护机构申请调解。普通投资者与证券公司发生证券业务纠纷，普通投资者提出调解请求的，证券公司不得拒绝。

投资者保护机构对损害投资者利益的行为，可以依法支持投资者向人民法院提起诉讼。

发行人的董事、监事、高级管理人员执行公司职务时违反法律、行政法规或者公司章程的规定给公司造成损失，发行人的控股股东、实际控制人等侵犯公司合法权益给公司造成损失，投资者保护机构持有该公司股份的，可以为公司的利益以自己的名义向人民法院提起诉讼，持股比例和持股期限不受《中华人民共和国公司法》规定的限制。

第九十五条 投资者提起虚假陈述等证券民事赔偿诉讼时，诉讼标的是同一种类，且当事人一方人数众多的，可以依法推选代表人进行诉讼。

对按照前款规定提起的诉讼，可能存在有相同诉讼请求的其他众多投资者的，人民法院可以发出公告，说明该诉讼请求的案件情况，通知投资者在一定期间向人民法院登记。人民法院作出的判决、裁定，对参加登记的投资者发生效力。

投资者保护机构受五十名以上投资者委托，可以作为代表人参加诉讼，并为经证券登记结算机构确认的权利人依照前款规定向人民法院登记，但投资者明确表示不愿意参加该诉讼的除外。

第七章 证券交易场所

第九十六条 证券交易所、国务院批准的其他全国性证券交易场所为证券集中交易提供场所和设施，组织和监督证券交易，实行自律管理，依法登记，取得法人资格。

证券交易所、国务院批准的其他全国性证券交易场所的设立、变更和解散由国务院决定。

国务院批准的其他全国性证券交易场所的组织机构、管理办法等，由国务院规定。

第九十七条 证券交易所、国务院批准的其他全国性证券交易场所可以根据证券品种、行业特点、公司规模等因素设立不同的市场层次。

第九十八条 按照国务院规定设立的区域性股权市场为非公开发行证券的发行、转让提供场所和设施，具体管理办法由国务院规定。

第九十九条 证券交易所履行自律管理职能，应当遵守社会公共利益优先原则，维护市场的公平、有序、透明。

设立证券交易所必须制定章程。证券交易所章程的制定和修改，必须经国务院证券监督管理机构批准。

第一百条 证券交易所必须在其名称中标明证券交易所字样。其他任何单位或者个人不得使用证券交易所或者近似的名称。

第一百零一条 证券交易所可以自行支配的各项费用收入，应当首先用于保证其证券交易场所和设施的正常运行并逐步改善。

实行会员制的证券交易所的财产积累归会员所有，其权益由会员共同享有，在其存续期间，不得将其财产积累分配给会员。

第一百零二条 实行会员制的证券交易所设理事会、监事会。

证券交易所设总经理一人，由国务院证券监督管理机构任免。

第一百零三条 有《中华人民共和国公司法》第一百四十六条规定的情形或者下列情形之一的，不得担任证券交易所的负责人：

（一）因违法行为或者违纪行为被解除职务的证券交易场所、证券登记结算机构的负责人或者证券公司的董事、监事、高级管理人员，自被解除职务之日起未逾五年；

（二）因违法行为或者违纪行为被吊销执业证书或者被取消资格的律师、注册会计师或者其他证券服务机构的专业人员，自被吊销执业证书或者被取消资格之日起未逾五年。

第一百零四条 因违法行为或者违纪行为被开除的证券交易场所、证券公司、证券登记结算机构、证券服务机构的从业人员和被开除的国家机关工作人员，不得招聘为证券交易所的从业人员。

第一百零五条 进入实行会员制的证券交易所参与集中交易的，必须是证券交易所的会员。证券交易所不得允许非会员直接参与股票的集中交易。

第一百零六条 投资者应当与证券公司签订证券交易委托协议，并在证券公司实名开立账户，以书面、电话、自助终端、网络等方式，委托该证券公司代其买卖证券。

第一百零七条 证券公司为投资者开立账户，应当按照规定对投资者提供的身份信息进行核对。

证券公司不得将投资者的账户提供给他人使用。

投资者应当使用实名开立的账户进行交易。

第一百零八条 证券公司根据投资者的委托，按照证券交易规则提出交易申报，参与证券交易所场内的集中交易，并根据成交结果承担相应的清算交收责任。证券登记结算机构根据成交结果，按照清算交收规则，与证券公司进行证券和资金的清算交收，并为证券公司客户办理证券的登记过户手续。

第一百零九条 证券交易所应当为组织公平的集中交易提供保障，实时公布证券交易即时行情，并按交易日制作证券市场行情表，予以公布。

证券交易即时行情的权益由证券交易所依法享有。未经证券交易所许可，任何单位和个人不得发布证券交易即时行情。

第一百一十条 上市公司可以向证券交易所申请其上市交易股票的停牌或者复牌，但不得滥用停牌或者复牌损害投资者的合法权益。

证券交易所可以按照业务规则的规定，决定上市交易股票的停牌或者复牌。

第一百一十一条 因不可抗力、意外事件、重大技术故障、重大人为差错等突发性事件而影响证券交易正常进行时，为维护证券交易正常秩序和市场公平，证券交易所可以按照业务规则采取技术性停牌、临时停市等处置措施，并应当及时向国务院证券监督管理机构报告。

因前款规定的突发性事件导致证券交易结果出现重大异常，按交易结果进行交收将对证券交易正常秩序和市场公平造成重大影响的，证券交易所按照业务规则可以采取取消交易、通知证券登记结算机构暂缓交收等措施，并应当及时向国务院证券监督管理机构报告并公告。

证券交易所对其依照本条规定采取措施造成的损失，不承担民事赔偿责任，但存在重大过错的除外。

第一百一十二条 证券交易所对证券交易实行实时监控，并按照国务院证券监督管理机构的要求，对异常的交易情况提出报告。

证券交易所根据需要，可以按照业务规则对出现重大异常交易情况的证券账户的投资者限制交易，并及时报告国务院证券监督管理机构。

第一百一十三条 证券交易所应当加强对证券交易的风险监测，出现重大异常波动的，证券交易所可以按照业务规则采取限制交易、强制停牌等处置措施，并向国务院证券监督管理机构报告；严重影响证券市场稳定的，证券交易所可以按照业务规则采取临时停市等处置措施并公告。

证券交易所对其依照本条规定采取措施造成的损失，不承担民事赔偿责任，但存在重大过错的除外。

第一百一十四条 证券交易所应当从其收取的交易费用和会员费、席位费中提取一定比例的金额设立风险基金。风险基金由证券交易所理事会管理。

风险基金提取的具体比例和使用办法，由国务院证券监督管理机构会同国务院财政部门规定。

证券交易所应当将收存的风险基金存入开户银行专门账户，不得擅自使用。

第一百一十五条 证券交易所依照法律、行政法规和国务院证券监督管理机构的规定，制定上市规则、交易规则、会员管理规则和其他有关业务规则，并报国务院证券监督管理机构批准。

在证券交易所从事证券交易，应当遵守证券交易所依法制定的业务规则。违反业务规则的，由证券交易所给予纪律处分或者采取其他自律管理措施。

第一百一十六条 证券交易所的负责人和其他从业人员执行与证券交易有关的职务时，与其本人或者其亲属有利害关系的，应当回避。

第一百一十七条 按照依法制定的交易规则进行的交易，不得改变其交易结果，但本法第一百一十一条第二款规定的除外。对交易中违规交易者应负的民事责任不得免除；在违规交易中所获利益，依照有关规定处理。

第八章　证 券 公 司

第一百一十八条 设立证券公司，应当具备下列条件，并经国务院证券监督管理机构批准：

（一）有符合法律、行政法规规定的公司章程；

（二）主要股东及公司的实际控制人具有良好的财务状况和诚信记录，最近三年无重大违法违规记录；

（三）有符合本法规定的公司注册资本；

（四）董事、监事、高级管理人员、从业人员符合本法规定的条件；

（五）有完善的风险管理与内部控制制度；

（六）有合格的经营场所、业务设施和信息技术系统；

（七）法律、行政法规和经国务院批准的国务院证券监督管理机构规定的其他条件。

未经国务院证券监督管理机构批准，任何单位和个人不得以证券公司名义开展证券业务活动。

第一百一十九条 国务院证券监督管理机构应当自受理证券公司设立申请之日起六个月内，依照法定条件和法定程序并根据审慎监管原则进行审查，作出批准或者不予批准的决定，并通知申请人；不予批准的，应当说明理由。

证券公司设立申请获得批准的，申请人应当在规定的期限内向公司登记机关申请设立登记，领取营业执照。

证券公司应当自领取营业执照之日起十五日内，向国务院证券监督管理机构申请经营证券业务许可证。未取得经营证券业务许可证，证券公司不得经营证券业务。

第一百二十条 经国务院证券监督管理机构核准，取得经营证券业务许可证，证券公司可以经营下列部分或者全部证券业务：

（一）证券经纪；

（二）证券投资咨询；

（三）与证券交易、证券投资活动有关的财务顾问；

（四）证券承销与保荐；

（五）证券融资融券；

（六）证券做市交易；

（七）证券自营；

（八）其他证券业务。

国务院证券监督管理机构应当自受理前款规定事项申请之日起三个月内，依照法定条件和程序进行审查，作出核准或者不予核准的决定，并通知申请人；不予核准的，应当说明理由。

证券公司经营证券资产管理业务的，应当符合《中华人民共和国证券投资基金法》等法律、行政法规的规定。

除证券公司外，任何单位和个人不得从事证券承销、证券保荐、证券经纪和证券融资融券业务。

证券公司从事证券融资融券业务，应当采取措施，严格防范和控制风险，不得违反规定向客户出借资金或者证券。

第一百二十一条 证券公司经营本法第一百二十条第一款第（一）项至第（三）项业务的，注册资本最低限额为人民币五千万元；经营第（四）项至第（八）项业务之一的，注册资本最低限额为人民币一亿元；经营第（四）项至第（八）项业务中两项以上的，注册资本最低限额为人民币五亿元。证券公司的注册资本应当是实缴资本。

国务院证券监督管理机构根据审慎监管原则和各项业务的风险程度，可以调整注册资本最低限额，但不得少于前款规定的限额。

第一百二十二条 证券公司变更证券业务范围，变更主要股东或者公司的实际控制人，合并、分立、停业、解散、破产，应当经国务院证券监督管理机构核准。

第一百二十三条 国务院证券监督管理机构应当对证券公司净资本和其他风险控制指标作出规定。

证券公司除依照规定为其客户提供融资融券外，不得为其股东或者股东的关联人提供融资或者担保。

第一百二十四条 证券公司的董事、监事、高级管理人员，应当正直诚实、品行良好，熟悉证券法律、行政法规，具有履行职责所需的经营管理能力。证券公司任免董事、监事、高级管理人员，应当报国务院证券监督管理机构备案。

有《中华人民共和国公司法》第一百四十六条规定的情形或者下列情形之一的，不得担任证券公司的董事、监事、高级管理人员：

（一）因违法行为或者违纪行为被解除职务的证券交易场所、证券登记结算机构的负责人或者证券公司的董事、监事、高级管理人员，自被解除职务之日起未逾五年；

（二）因违法行为或者违纪行为被吊销执业证书或者被取消资格的律师、注册会计师或者其他证券服务机构的专业人员，自被吊销执业证书或者被取消资格之日起未逾五年。

第一百二十五条 证券公司从事证券业务的人员应当品行良好，具备从事证券业务所需的专业能力。

因违法行为或者违纪行为被开除的证券交易场所、证券公司、证券登记结算机构、证券服务机构的从业人员和被开除的国家机关工作人员，不得招聘为证券公司的从业人员。

国家机关工作人员和法律、行政法规规定的禁止在公司中兼职的其他人员，不得在证券公司中兼任职务。

第一百二十六条 国家设立证券投资者保护基金。证券投资者保护基金由证券公司缴纳的资金及其他依法筹集的资金组成，其规模以及筹集、管理和使用的具体办法由国务院规定。

第一百二十七条 证券公司从每年的业务收入中提取交易风险准备金，用于弥补证券经营的损失，其提取的具体比例由国务院证券监督管理机构会同国务院财政部门规定。

第一百二十八条 证券公司应当建立健全内部控制制度，采取有效隔离措施，防范公司与客户之间、不同客户之间的利益冲突。

证券公司必须将其证券经纪业务、证券承销业务、证券自营业务、证券做市业务和证券资产管理业务分开办理，不得混合操作。

第一百二十九条 证券公司的自营业务必须以自己的名义进行，不得假借他人名义或者以个人名义进行。

证券公司的自营业务必须使用自有资金和依法筹集的资金。

证券公司不得将其自营账户借给他人使用。

第一百三十条 证券公司应当依法审慎经营，勤勉尽责，诚实守信。

证券公司的业务活动，应当与其治理结构、内部控制、合规管理、风险管理以及风险控制指标、从业人员构成等情况相适应，符合审慎监管和保护投资者合法权益的要求。

证券公司依法享有自主经营的权利，其合法经营不受干涉。

第一百三十一条 证券公司客户的交易结算资金应当存放在商业银行，以每个客户的名义单独立户管理。

证券公司不得将客户的交易结算资金和证券归入其自有财产。禁止任何单位或者个人以任何形式挪用客户的交易结算资金和证券。证券公司破产或者清算时，客户的交易结算资金和证券不属于其破产财产或者清算财产。非因客户本身的债务或者法律规定的其他情形，不得查封、冻结、扣划或者强制执行客户的交易结算资金和证券。

第一百三十二条 证券公司办理经纪业务，应当置备统一制定的证券买卖委托书，供委托人使用。采取其他委托方式的，必须作出委托记录。

客户的证券买卖委托，不论是否成交，其委托记录应当按照规定的期限，保存于证券公司。

第一百三十三条 证券公司接受证券买卖的委托，应当根据委托书载明的证券名称、买卖数量、出价方式、价格幅度等，按照交易规则代理买卖证券，如实进行交易记录；买卖成交后，应当按照规定制作买卖成交报告单交付客户。

证券交易中确认交易行为及其交易结果的对账单必须真实，保证账面证券余额与实际持有的证券相一致。

第一百三十四条 证券公司办理经纪业务，不得接受客户的全权委托而决定证券买卖、选择证券种类、决定买卖数量或者买卖价格。

证券公司不得允许他人以证券公司的名义直接参与证券的集中交易。

第一百三十五条 证券公司不得对客户证券买卖的收益或者赔偿证券买卖的损失作出承诺。

第一百三十六条 证券公司的从业人员在证券交易活动中,执行所属的证券公司的指令或者利用职务违反交易规则的,由所属的证券公司承担全部责任。

证券公司的从业人员不得私下接受客户委托买卖证券。

第一百三十七条 证券公司应当建立客户信息查询制度,确保客户能够查询其账户信息、委托记录、交易记录以及其他与接受服务或者购买产品有关的重要信息。

证券公司应当妥善保存客户开户资料、委托记录、交易记录和与内部管理、业务经营有关的各项信息,任何人不得隐匿、伪造、篡改或者毁损。上述信息的保存期限不得少于二十年。

第一百三十八条 证券公司应当按照规定向国务院证券监督管理机构报送业务、财务等经营管理信息和资料。国务院证券监督管理机构有权要求证券公司及其主要股东、实际控制人在指定的期限内提供有关信息、资料。

证券公司及其主要股东、实际控制人向国务院证券监督管理机构报送或者提供的信息、资料,必须真实、准确、完整。

第一百三十九条 国务院证券监督管理机构认为有必要时,可以委托会计师事务所、资产评估机构对证券公司的财务状况、内部控制状况、资产价值进行审计或者评估。具体办法由国务院证券监督管理机构会同有关主管部门制定。

第一百四十条 证券公司的治理结构、合规管理、风险控制指标不符合规定的,国务院证券监督管理机构应当责令其限期改正;逾期未改正,或者其行为严重危及该证券公司的稳健运行、损害客户合法权益的,国务院证券监督管理机构可以区别情形,对其采取下列措施:

(一)限制业务活动,责令暂停部分业务,停止核准新业务;

(二)限制分配红利,限制向董事、监事、高级管理人员支付报酬、提供福利;

(三)限制转让财产或者在财产上设定其他权利;

(四)责令更换董事、监事、高级管理人员或者限制其权利;

(五)撤销有关业务许可;

(六)认定负有责任的董事、监事、高级管理人员为不适当人选;

(七)责令负有责任的股东转让股权,限制负有责任的股东行使股东权利。

证券公司整改后,应当向国务院证券监督管理机构提交报告。国务院证券监督管理机构经验收,治理结构、合规管理、风险控制指标符合规定的,应当自验收完毕之日起三日内解除对其采取的前款规定的有关限制措施。

第一百四十一条 证券公司的股东有虚假出资、抽逃出资行为的,国务院证券监督管理机构应当责令其限期改正,并可责令其转让所持证券公司的股权。

在前款规定的股东按照要求改正违法行为、转让所持证券公司的股权前，国务院证券监督管理机构可以限制其股东权利。

第一百四十二条 证券公司的董事、监事、高级管理人员未能勤勉尽责，致使证券公司存在重大违法违规行为或者重大风险的，国务院证券监督管理机构可以责令证券公司予以更换。

第一百四十三条 证券公司违法经营或者出现重大风险，严重危害证券市场秩序、损害投资者利益的，国务院证券监督管理机构可以对该证券公司采取责令停业整顿、指定其他机构托管、接管或者撤销等监管措施。

第一百四十四条 在证券公司被责令停业整顿、被依法指定托管、接管或者清算期间，或者出现重大风险时，经国务院证券监督管理机构批准，可以对该证券公司直接负责的董事、监事、高级管理人员和其他直接责任人员采取以下措施：

（一）通知出境入境管理机关依法阻止其出境；

（二）申请司法机关禁止其转移、转让或者以其他方式处分财产，或者在财产上设定其他权利。

第九章 证券登记结算机构

第一百四十五条 证券登记结算机构为证券交易提供集中登记、存管与结算服务，不以营利为目的，依法登记，取得法人资格。

设立证券登记结算机构必须经国务院证券监督管理机构批准。

第一百四十六条 设立证券登记结算机构，应当具备下列条件：

（一）自有资金不少于人民币二亿元；

（二）具有证券登记、存管和结算服务所必须的场所和设施；

（三）国务院证券监督管理机构规定的其他条件。

证券登记结算机构的名称中应当标明证券登记结算字样。

第一百四十七条 证券登记结算机构履行下列职能：

（一）证券账户、结算账户的设立；

（二）证券的存管和过户；

（三）证券持有人名册登记；

（四）证券交易的清算和交收；

（五）受发行人的委托派发证券权益；

（六）办理与上述业务有关的查询、信息服务；

（七）国务院证券监督管理机构批准的其他业务。

第一百四十八条 在证券交易所和国务院批准的其他全国性证券交易场所交易的证券的登记结算，应当采取全国集中统一的运营方式。

前款规定以外的证券，其登记、结算可以委托证券登记结算机构或者其他依法从事证券登记、结算业务的机构办理。

第一百四十九条 证券登记结算机构应当依法制定章程和业务规则，并经国务院证券监督管理机构批准。证券登记结算业务参与人应当遵守证券登记结算机构制定的业务规则。

第一百五十条 在证券交易所或者国务院批准的其他全国性证券交易场所交易的证券，应当全部存管在证券登记结算机构。

证券登记结算机构不得挪用客户的证券。

第一百五十一条 证券登记结算机构应当向证券发行人提供证券持有人名册及有关资料。

证券登记结算机构应当根据证券登记结算的结果，确认证券持有人持有证券的事实，提供证券持有人登记资料。

证券登记结算机构应当保证证券持有人名册和登记过户记录真实、准确、完整，不得隐匿、伪造、篡改或者毁损。

第一百五十二条 证券登记结算机构应当采取下列措施保证业务的正常进行：

（一）具有必备的服务设备和完善的数据安全保护措施；

（二）建立完善的业务、财务和安全防范等管理制度；

（三）建立完善的风险管理系统。

第一百五十三条 证券登记结算机构应当妥善保存登记、存管和结算的原始凭证及有关文件和资料。其保存期限不得少于二十年。

第一百五十四条 证券登记结算机构应当设立证券结算风险基金，用于垫付或者弥补因违约交收、技术故障、操作失误、不可抗力造成的证券登记结算机构的损失。

证券结算风险基金从证券登记结算机构的业务收入和收益中提取，并可以由结算参与人按照证券交易业务量的一定比例缴纳。

证券结算风险基金的筹集、管理办法，由国务院证券监督管理机构会同国务院财政部门规定。

第一百五十五条 证券结算风险基金应当存入指定银行的专门账户，实行专项管理。

证券登记结算机构以证券结算风险基金赔偿后，应当向有关责任人追偿。

第一百五十六条 证券登记结算机构申请解散，应当经国务院证券监督管理机构批准。

第一百五十七条 投资者委托证券公司进行证券交易，应当通过证券公司申请在证券登记结算机构开立证券账户。证券登记结算机构应当按照规定为投资者开立证券账户。

投资者申请开立账户，应当持有证明中华人民共和国公民、法人、合伙企业身份的合法证件。国家另有规定的除外。

第一百五十八条 证券登记结算机构作为中央对手方提供证券结算服务的，是结算参与人共同的清算交收对手，进行净额结算，为证券交易提供集中履约保障。

证券登记结算机构为证券交易提供净额结算服务时，应当要求结算参与人按照货银对付的原则，足额交付证券和资金，并提供交收担保。

在交收完成之前，任何人不得动用用于交收的证券、资金和担保物。

结算参与人未按时履行交收义务的，证券登记结算机构有权按照业务规则处理前款所述财产。

第一百五十九条 证券登记结算机构按照业务规则收取的各类结算资金和证券，必须存放于专门的清算交收账户，只能按业务规则用于已成交的证券交易的清算交收，不得被强制执行。

第十章 证券服务机构

第一百六十条 会计师事务所、律师事务所以及从事证券投资咨询、资产评估、资信评级、财务顾问、信息技术系统服务的证券服务机构，应当勤勉尽责、恪尽职守，按照相关业务规则为证券的交易及相关活动提供服务。

从事证券投资咨询服务业务，应当经国务院证券监督管理机构核准；未经核准，不得为证券的交易及相关活动提供服务。从事其他证券服务业务，应当报国务院证券监督管理机构和国务院有关主管部门备案。

第一百六十一条 证券投资咨询机构及其从业人员从事证券服务业务不得有下列行为：

（一）代理委托人从事证券投资；

（二）与委托人约定分享证券投资收益或者分担证券投资损失；

（三）买卖本证券投资咨询机构提供服务的证券；

（四）法律、行政法规禁止的其他行为。

有前款所列行为之一，给投资者造成损失的，应当依法承担赔偿责任。

第一百六十二条 证券服务机构应当妥善保存客户委托文件、核查和验证资料、工作底稿以及与质量控制、内部管理、业务经营有关的信息和资料，任何人不得泄露、隐匿、伪造、篡改或者毁损。上述信息和资料的保存期限不得少于十年，自业务委托结束之日起算。

第一百六十三条 证券服务机构为证券的发行、上市、交易等证券业务活动制作、出具审计报告及其他鉴证报告、资产评估报告、财务顾问报告、资信评级报告或者法律意见书等文件，应当勤勉尽责，对所依据的文件资料内容的真实性、准确性、完整性进行核查和验证。其制作、出具的文件有虚假记载、误导性陈述或者重大遗漏，给他人造成损失的，应当与委托人承担连带赔偿责任，但是能够证明自己没有过错的除外。

第十一章 证券业协会

第一百六十四条 证券业协会是证券业的自律性组织，是社会团体法人。

证券公司应当加入证券业协会。

证券业协会的权力机构为全体会员组成的会员大会。

第一百六十五条 证券业协会章程由会员大会制定，并报国务院证券监督管理机构备案。

第一百六十六条 证券业协会履行下列职责：

（一）教育和组织会员及其从业人员遵守证券法律、行政法规，组织开展证券行业诚信建设，督促证券行业履行社会责任；

（二）依法维护会员的合法权益，向证券监督管理机构反映会员的建议和要求；

（三）督促会员开展投资者教育和保护活动，维护投资者合法权益；

（四）制定和实施证券行业自律规则，监督、检查会员及其从业人员行为，对违反法律、行政法规、自律规则或者协会章程的，按照规定给予纪律处分或者实施其他自律管理措施；

（五）制定证券行业业务规范，组织从业人员的业务培训；

（六）组织会员就证券行业的发展、运作及有关内容进行研究，收集整理、发布证券相关信息，提供会员服务，组织行业交流，引导行业创新发展；

（七）对会员之间、会员与客户之间发生的证券业务纠纷进行调解；

（八）证券业协会章程规定的其他职责。

第一百六十七条 证券业协会设理事会。理事会成员依章程的规定由选举产生。

第十二章　证券监督管理机构

第一百六十八条　国务院证券监督管理机构依法对证券市场实行监督管理，维护证券市场公开、公平、公正，防范系统性风险，维护投资者合法权益，促进证券市场健康发展。

第一百六十九条　国务院证券监督管理机构在对证券市场实施监督管理中履行下列职责：

（一）依法制定有关证券市场监督管理的规章、规则，并依法进行审批、核准、注册，办理备案；

（二）依法对证券的发行、上市、交易、登记、存管、结算等行为，进行监督管理；

（三）依法对证券发行人、证券公司、证券服务机构、证券交易场所、证券登记结算机构的证券业务活动，进行监督管理；

（四）依法制定从事证券业务人员的行为准则，并监督实施；

（五）依法监督检查证券发行、上市、交易的信息披露；

（六）依法对证券业协会的自律管理活动进行指导和监督；

（七）依法监测并防范、处置证券市场风险；

（八）依法开展投资者教育；

（九）依法对证券违法行为进行查处；

（十）法律、行政法规规定的其他职责。

第一百七十条　国务院证券监督管理机构依法履行职责，有权采取下列措施：

（一）对证券发行人、证券公司、证券服务机构、证券交易场所、证券登记结算机构进行现场检查；

（二）进入涉嫌违法行为发生场所调查取证；

（三）询问当事人和与被调查事件有关的单位和个人，要求其对与被调查事件有关的事项作出说明；或者要求其按照指定的方式报送与被调查事件有关的文件和资料；

（四）查阅、复制与被调查事件有关的财产权登记、通讯记录等文件和资料；

（五）查阅、复制当事人和与被调查事件有关的单位和个人的证券交易记录、登记过户记录、财务会计资料及其他相关文件和资料；对可能被转移、隐匿或者毁损的文件和资料，可以予以封存、扣押；

（六）查询当事人和与被调查事件有关的单位和个人的资金账户、证券账户、银行账户以及其他具有支付、托管、结算等功能的账户信息，可以对有关文件和资料进行复制；对有证据证明已经或者可能转移或者隐匿违法资金、证券等涉案财产或者隐匿、伪造、毁损重要证据的，经国务院证券监督管理机构主要负责人或者其授权的其他负责人批准，可以冻结或者查封，期限为六个月；因特殊原因需要延长的，每次延长期限不得超过三个月，冻结、查封期限最长不得超过二年；

（七）在调查操纵证券市场、内幕交易等重大证券违法行为时，经国务院证券监督管理机构主要负责人或者其授权的其他负责人批准，可以限制被调查的当事人的证券买卖，但限制的期限不得超过三个月；案情复杂的，可以延长三个月；

（八）通知出境入境管理机关依法阻止涉嫌违法人员、涉嫌违法单位的主管人员和其他直接责任人员出境。

为防范证券市场风险，维护市场秩序，国务院证券监督管理机构可以采取责令改正、监管谈话、出具警示函等措施。

第一百七十一条 国务院证券监督管理机构对涉嫌证券违法的单位或者个人进行调查期间，被调查的当事人书面申请，承诺在国务院证券监督管理机构认可的期限内纠正涉嫌违法行为，赔偿有关投资者损失，消除损害或者不良影响的，国务院证券监督管理机构可以决定中止调查。被调查的当事人履行承诺的，国务院证券监督管理机构可以决定终止调查；被调查的当事人未履行承诺或者有国务院规定的其他情形的，应当恢复调查。具体办法由国务院规定。

国务院证券监督管理机构决定中止或者终止调查的，应当按照规定公开相关信息。

第一百七十二条 国务院证券监督管理机构依法履行职责，进行监督检查或者调查，其监督检查、调查的人员不得少于二人，并应当出示合法证件和监督检查、调查通知书或者其他执法文书。监督检查、调查的人员少于二人或者未出示合法证件和监督检查、调查通知书或者其他执法文书的，被检查、调查的单位和个人有权拒绝。

第一百七十三条 国务院证券监督管理机构依法履行职责，被检查、调查的单位和个人应当配合，如实提供有关文件和资料，不得拒绝、阻碍和隐瞒。

第一百七十四条 国务院证券监督管理机构制定的规章、规则和监督管理工作制度应当依法公开。

国务院证券监督管理机构依据调查结果，对证券违法行为作出的处罚决定，应当公开。

第一百七十五条 国务院证券监督管理机构应当与国务院其他金融监督管理机构建立监督管理信息共享机制。

国务院证券监督管理机构依法履行职责，进行监督检查或者调查时，有关部门应当予以配合。

第一百七十六条　对涉嫌证券违法、违规行为，任何单位和个人有权向国务院证券监督管理机构举报。

对涉嫌重大违法、违规行为的实名举报线索经查证属实的，国务院证券监督管理机构按照规定给予举报人奖励。

国务院证券监督管理机构应当对举报人的身份信息保密。

第一百七十七条　国务院证券监督管理机构可以和其他国家或者地区的证券监督管理机构建立监督管理合作机制，实施跨境监督管理。

境外证券监督管理机构不得在中华人民共和国境内直接进行调查取证等活动。未经国务院证券监督管理机构和国务院有关主管部门同意，任何单位和个人不得擅自向境外提供与证券业务活动有关的文件和资料。

第一百七十八条　国务院证券监督管理机构依法履行职责，发现证券违法行为涉嫌犯罪的，应当依法将案件移送司法机关处理；发现公职人员涉嫌职务违法或者职务犯罪的，应当依法移送监察机关处理。

第一百七十九条　国务院证券监督管理机构工作人员必须忠于职守、依法办事、公正廉洁，不得利用职务便利牟取不正当利益，不得泄露所知悉的有关单位和个人的商业秘密。

国务院证券监督管理机构工作人员在任职期间，或者离职后在《中华人民共和国公务员法》规定的期限内，不得到与原工作业务直接相关的企业或者其他营利性组织任职，不得从事与原工作业务直接相关的营利性活动。

第十三章　法律责任

第一百八十条　违反本法第九条的规定，擅自公开或者变相公开发行证券的，责令停止发行，退还所募资金并加算银行同期存款利息，处以非法所募资金金额百分之五以上百分之五十以下的罚款；对擅自公开或者变相公开发行证券设立的公司，由依法履行监督管理职责的机构或者部门会同县级以上地方人民政府予以取缔。对直接负责的主管人员和其他直接责任人员给予警告，并处以五十万元以上五百万元以下的罚款。

第一百八十一条　发行人在其公告的证券发行文件中隐瞒重要事实或者编造重大虚假内容，尚未发行证券的，处以二百万元以上二千万元以下的罚款；已经发行证券的，处以非法所募资金金额百分之十以上一倍以下的罚款。对直接负责的主管人员和其他直接责任人员，处以一百万元以上一千万元以下的罚款。

发行人的控股股东、实际控制人组织、指使从事前款违法行为的，没收违法所得，并处以违法所得百分之十以上一倍以下的罚款；没有违法所得或者违法所得不足二千万元的，处以二百万元以上二千万元以下的罚款。对直接负责的主管人员和其他直接责任人员，处以一百万元以上一千万元以下的罚款。

第一百八十二条 保荐人出具有虚假记载、误导性陈述或者重大遗漏的保荐书，或者不履行其他法定职责的，责令改正，给予警告，没收业务收入，并处以业务收入一倍以上十倍以下的罚款；没有业务收入或者业务收入不足一百万元的，处以一百万元以上一千万元以下的罚款；情节严重的，并处暂停或者撤销保荐业务许可。对直接负责的主管人员和其他直接责任人员给予警告，并处以五十万元以上五百万元以下的罚款。

第一百八十三条 证券公司承销或者销售擅自公开发行或者变相公开发行的证券的，责令停止承销或者销售，没收违法所得，并处以违法所得一倍以上十倍以下的罚款；没有违法所得或者违法所得不足一百万元的，处以一百万元以上一千万元以下的罚款；情节严重的，并处暂停或者撤销相关业务许可。给投资者造成损失的，应当与发行人承担连带赔偿责任。对直接负责的主管人员和其他直接责任人员给予警告，并处以五十万元以上五百万元以下的罚款。

第一百八十四条 证券公司承销证券违反本法第二十九条规定的，责令改正，给予警告，没收违法所得，可以并处五十万元以上五百万元以下的罚款；情节严重的，暂停或者撤销相关业务许可。对直接负责的主管人员和其他直接责任人员给予警告，可以并处二十万元以上二百万元以下的罚款；情节严重的，并处以五十万元以上五百万元以下的罚款。

第一百八十五条 发行人违反本法第十四条、第十五条的规定擅自改变公开发行证券所募集资金的用途的，责令改正，处以五十万元以上五百万元以下的罚款；对直接负责的主管人员和其他直接责任人员给予警告，并处以十万元以上一百万元以下的罚款。

发行人的控股股东、实际控制人从事或者组织、指使从事前款违法行为的，给予警告，并处以五十万元以上五百万元以下的罚款；对直接负责的主管人员和其他直接责任人员，处以十万元以上一百万元以下的罚款。

第一百八十六条 违反本法第三十六条的规定，在限制转让期内转让证券，或者转让股票不符合法律、行政法规和国务院证券监督管理机构规定的，责令改正，给予警告，没收违法所得，并处以买卖证券等值以下的罚款。

第一百八十七条 法律、行政法规规定禁止参与股票交易的人员，违反本法第四十条的规定，直接或者以化名、借他人名义持有、买卖股票或者其他具有股权性质的证券的，责令依法处理非法持有的股票、其他具有股权性质的证券，没收违法所得，并处以买卖证券等值以下的罚款；属于国家工作人员的，还应当依法给予处分。

第一百八十八条 证券服务机构及其从业人员，违反本法第四十二条的规定买卖证券的，责令依法处理非法持有的证券，没收违法所得，并处以买卖证券等值以下的罚款。

第一百八十九条 上市公司、股票在国务院批准的其他全国性证券交易场所交易的公司的董事、监事、高级管理人员、持有该公司百分之五以上股份的股东，违反本法第四十四条的规定，买卖该公司股票或者其他具有股权性质的证券的，给予警告，并处以十万元以上一百万元以下的罚款。

第一百九十条 违反本法第四十五条的规定，采取程序化交易影响证券交易所系统安全或者正常交易秩序的，责令改正，并处以五十万元以上五百万元以下的罚款。对直接负责的主管人员和其他直接责任人员给予警告，并处以十万元以上一百万元以下的罚款。

第一百九十一条 证券交易内幕信息的知情人或者非法获取内幕信息的人违反本法第五十三条的规定从事内幕交易的，责令依法处理非法持有的证券，没收违法所得，并处以违法所得一倍以上十倍以下的罚款；没有违法所得或者违法所得不足五十万元的，处以五十万元以上五百万元以下的罚款。单位从事内幕交易的，还应当对直接负责的主管人员和其他直接责任人员给予警告，并处以二十万元以上二百万元以下的罚款。国务院证券监督管理机构工作人员从事内幕交易的，从重处罚。

违反本法第五十四条的规定，利用未公开信息进行交易的，依照前款的规定处罚。

第一百九十二条 违反本法第五十五条的规定，操纵证券市场的，责令依法处理其非法持有的证券，没收违法所得，并处以违法所得一倍以上十倍以下的罚款；没有违法所得或者违法所得不足一百万元的，处以一百万元以上一千万元以下的罚款。单位操纵证券市场的，还应当对直接负责的主管人员和其他直接责任人员给予警告，并处以五十万元以上五百万元以下的罚款。

第一百九十三条 违反本法第五十六条第一款、第三款的规定，编造、传播虚假信息或者误导性信息，扰乱证券市场的，没收违法所得，并处以违法所得一倍以上十倍以下的罚款；没有违法所得或者违法所得不足二十万元的，处以二十万元以上二百万元以下的罚款。

违反本法第五十六条第二款的规定，在证券交易活动中作出虚假陈述或者信息误导的，责令改正，处以二十万元以上二百万元以下的罚款；属于国家工作人员的，还应当依法给予处分。

传播媒介及其从事证券市场信息报道的工作人员违反本法第五十六条第三款的规定，从事与其工作职责发生利益冲突的证券买卖的，没收违法所得，并处以买卖证券等值以下的罚款。

第一百九十四条 证券公司及其从业人员违反本法第五十七条的规定，有损害客户利益的行为的，给予警告，没收违法所得，并处以违法所得一倍以上十倍以下的罚款；没有违法所得或者违法所得不足十万元的，处以十万元以上一百万元以下的罚款；情节严重的，暂停或者撤销相关业务许可。

第一百九十五条 违反本法第五十八条的规定，出借自己的证券账户或者借用他人的证券账户从事证券交易的，责令改正，给予警告，可以处五十万元以下的罚款。

第一百九十六条 收购人未按照本法规定履行上市公司收购的公告、发出收购要约义务的，责令改正，给予警告，并处以五十万元以上五百万元以下的罚款。对直接负责的主管人员和其他直接责任人员给予警告，并处以二十万元以上二百万元以下的罚款。

收购人及其控股股东、实际控制人利用上市公司收购，给被收购公司及其股东造成损失的，应当依法承担赔偿责任。

第一百九十七条 信息披露义务人未按照本法规定报送有关报告或者履行信息披露义务的，责令改正，给予警告，并处以五十万元以上五百万元以下的罚款；对直接负责的主管人员和其他直接责任人员给予警告，并处以二十万元以上二百万元以下的罚款。发行人的控股股东、实际控制人组织、指使从事上述违法行为，或者隐瞒相关事项导致发生上述情形的，处以五十万元以上五百万元以下的罚款；对直接负责的主管人员和其他直接责任人员，处以二十万元以上二百万元以下的罚款。

信息披露义务人报送的报告或者披露的信息有虚假记载、误导性陈述或者重大遗漏的，责令改正，给予警告，并处以一百万元以上一千万元以下的罚款；对直接负责的主管人员和其他直接责任人员给予警告，并处以五十万元以上五百万元以下的罚款。发行人的控股股东、实际控制人组织、指使从事上述违法行为，或者隐瞒相关事项导致发生上述情形的，处以一百万元以上一千万元以下的罚款；对直接负责的主管人员和其他直接责任人员，处以五十万元以上五百万元以下的罚款。

第一百九十八条 证券公司违反本法第八十八条的规定未履行或者未按照规定履行投资者适当性管理义务的，责令改正，给予警告，并处以十万元以上一百万元以下的罚款。对直接负责的主管人员和其他直接责任人员给予警告，并处以二十万元以下的罚款。

第一百九十九条 违反本法第九十条的规定征集股东权利的，责令改正，给予警告，可以处五十万元以下的罚款。

第二百条 非法开设证券交易场所的，由县级以上人民政府予以取缔，没收违法所得，并处以违法所得一倍以上十倍以下的罚款；没有违法所得或者违法所得不足一百万元的，处以一百万元以上一千万元以下的罚款。对直接负责的主管人员和其他直接责任人员给予警告，并处以二十万元以上二百万元以下的罚款。

证券交易所违反本法第一百零五条的规定，允许非会员直接参与股票的集中交易的，责令改正，可以并处五十万元以下的罚款。

第二百零一条 证券公司违反本法第一百零七条第一款的规定，未对投资者开立账户提供的身份信息进行核对的，责令改正，给予警告，并处以五万元以上五十万元以下的罚款。对直接负责的主管人员和其他直接责任人员给予警告，并处以十万元以下的罚款。

证券公司违反本法第一百零七条第二款的规定，将投资者的账户提供给他人使用的，责令改正，给予警告，并处以十万元以上一百万元以下的罚款。对直接负责的主管人员和其他直接责任人员给予警告，并处以二十万元以下的罚款。

第二百零二条 违反本法第一百一十八条、第一百二十条第一款、第四款的规定，擅自设立证券公司、非法经营证券业务或者未经批准以证券公司名义开展证券业务活动的，责令改正，没收违法所得，并处以违法所得一倍以上十倍以下的罚款；没有违法所得或者违法所得不足一百万元的，处以一百万元以上一千万元以下的罚款。对直接负责的主管人员和其他直接责任人员给予警告，并处以二十万元以上二百万元以下的罚款。对擅自设立的证券公司，由国务院证券监督管理机构予以取缔。

证券公司违反本法第一百二十条第五款规定提供证券融资融券服务的，没收违法所得，并处以融资融券等值以下的罚款；情节严重的，禁止其在一定期限内从事证券融资融券业务。对直接负责的主管人员和其他直接责任人员给予警告，并处以二十万元以上二百万元以下的罚款。

第二百零三条 提交虚假证明文件或者采取其他欺诈手段骗取证券公司设立许可、业务许可或者重大事项变更核准的，撤销相关许可，并处以一百万元以上一千万元以下的罚款。对直接负责的主管人员和其他直接责任人员给予警告，并处以二十万元以上二百万元以下的罚款。

第二百零四条 证券公司违反本法第一百二十二条的规定，未经核准变更证券业务范围，变更主要股东或者公司的实际控制人，合并、分立、停业、解散、破产的，责令改正，给予警告，没收违法所得，并处以违法所得一倍以上十倍以下的罚款；没有违法所得或者违法所得不足五十万元的，处以五十万元以上五百万元以下的罚款；情节严重的，并处撤销相关业务许可。对直接负责的主管人员和其他直接责任人员给予警告，并处以二十万元以上二百万元以下的罚款。

第二百零五条 证券公司违反本法第一百二十三条第二款的规定，为其股东或者股东的关联人提供融资或者担保的，责令改正，给予警告，并处以五十万元以上五百万元以下的罚款。对直接负责的主管人员和其他直接责任人员给予警告，并处以十万元以上一百万元以下的罚款。股东有过错的，在按照要求改正前，国务院证券监督管理机构可以限制其股东权利；拒不改正的，可以责令其转让所持证券公司股权。

第二百零六条 证券公司违反本法第一百二十八条的规定，未采取有效隔离措施防范利益冲突，或者未分开办理相关业务、混合操作的，责令改正，给予警告，没收违法所得，并处以违法所得一倍以上十倍以下的罚款；没有违法所得或者违法所得不足五十万元的，处以五十万元以上五百万元以下的罚款；情节严重的，并处撤销相关业务许可。对直接负责的主管人员和其他直接责任人员给予警告，并处以二十万元以上二百万元以下的罚款。

第二百零七条 证券公司违反本法第一百二十九条的规定从事证券自营业务的，责令改正，给予警告，没收违法所得，并处以违法所得一倍以上十倍以下的罚款；没有违法所得或者违法所得不足五十万元的，处以五十万元以上五百万元以下的罚款；情节严重的，并处撤销相关业务许可或者责令关闭。对直接负责的主管人员和其他直接责任人员给予警告，并处以二十万元以上二百万元以下的罚款。

第二百零八条 违反本法第一百三十一条的规定，将客户的资金和证券归入自有财产，或者挪用客户的资金和证券的，责令改正，给予警告，没收违法所得，并处以违法所得一倍以上十倍以下的罚款；没有违法所得或者违法所得不足一百万元的，处以一百万元以上一千万元以下的罚款；情节严重的，并处撤销相关业务许可或者责令关闭。对直接负责的主管人员和其他直接责任人员给予警告，并处以五十万元以上五百万元以下的罚款。

第二百零九条 证券公司违反本法第一百三十四条第一款的规定接受客户的全权委托买卖证券的，或者违反本法第一百三十五条的规定对客户的收益或者赔偿客户的损失作出承诺的，责令改正，给予警告，没收违法所得，并处以违法所得一倍以上十倍以下的罚款；没有违法所得或者违法所得不足五十万元的，处以五十万元以上五百万元以下的罚款；情节严重的，并处撤销相关业务许可。对直接负责的主管人员和其他直接责任人员给予警告，并处以二十万元以上二百万元以下的罚款。

证券公司违反本法第一百三十四条第二款的规定，允许他人以证券公司的名义直接参与证券的集中交易的，责令改正，可以并处五十万元以下的罚款。

第二百一十条 证券公司的从业人员违反本法第一百三十六条的规定，私下接受客户委托买卖证券的，责令改正，给予警告，没收违法所得，并处以违法所得一倍以上十倍以下的罚款；没有违法所得的，处以五十万元以下的罚款。

第二百一十一条 证券公司及其主要股东、实际控制人违反本法第一百三十八条的规定，未报送、提供信息和资料，或者报送、提供的信息和资料有虚假记载、误导性陈述或者重大遗漏的，责令改正，给予警告，并处以一百万元以下的罚款；情节严重的，并处撤销相关业务许可。对直接负责的主管人员和其他直接责任人员，给予警告，并处以五十万元以下的罚款。

第二百一十二条 违反本法第一百四十五条的规定，擅自设立证券登记结算机构的，由国务院证券监督管理机构予以取缔，没收违法所得，并处以违法所得一倍以上十倍以下的罚款；没有违法所得或者违法所得不足五十万元的，处以五十万元以上五百万元以下的罚款。对直接负责的主管人员和其他直接责任人员给予警告，并处以二十万元以上二百万元以下的罚款。

第二百一十三条 证券投资咨询机构违反本法第一百六十条第二款的规定擅自从事证券服务业务，或者从事证券服务业务有本法第一百六十一条规定行为的，责令改正，没收违法所得，并处以违法所得一倍以上十倍以下的罚款；没有违法所得或者违法所得不足五十万元的，处以五十万元以上五百万元以下的罚款。对直接负责的主管人员和其他直接责任人员，给予警告，并处以二十万元以上二百万元以下的罚款。

会计师事务所、律师事务所以及从事资产评估、资信评级、财务顾问、信息技术系统服务的机构违反本法第一百六十条第二款的规定，从事证券服务业务未报备案的，责令改正，可以处二十万元以下的罚款。

证券服务机构违反本法第一百六十三条的规定，未勤勉尽责，所制作、出具的文件有虚假记载、误导性陈述或者重大遗漏的，责令改正，没收业务收入，并处以业务收入一倍以上十倍以下的罚款，没有业务收入或者业务收入不足五十万元的，处以五十万元以上五百万元以下的罚款；情节严重的，并处暂停或者禁止从事证券服务业务。对直接负责的主管人员和其他直接责任人员给予警告，并处以二十万元以上二百万元以下的罚款。

第二百一十四条 发行人、证券登记结算机构、证券公司、证券服务机构未按照规定保存有关文件和资料的，责令改正，给予警告，并处以十万元以上一百万元以下的罚款;泄露、隐匿、伪造、篡改或者毁损有关文件和资料的,给予警告,并处以二十万元以上二百万元以下的罚款;情节严重的,处以五十万元以上五百万元以下的罚款,并处暂停、撤销相关业务许可或者禁止从事相关业务。对直接负责的主管人员和其他直接责任人员给予警告,并处以十万元以上一百万元以下的罚款。

第二百一十五条 国务院证券监督管理机构依法将有关市场主体遵守本法的情况纳入证券市场诚信档案。

第二百一十六条 国务院证券监督管理机构或者国务院授权的部门有下列情形之一的,对直接负责的主管人员和其他直接责任人员,依法给予处分:

(一)对不符合本法规定的发行证券、设立证券公司等申请予以核准、注册、批准的;

(二)违反本法规定采取现场检查、调查取证、查询、冻结或者查封等措施的;

(三)违反本法规定对有关机构和人员采取监督管理措施的;

(四)违反本法规定对有关机构和人员实施行政处罚的;

(五)其他不依法履行职责的行为。

第二百一十七条 国务院证券监督管理机构或者国务院授权的部门的工作人员,不履行本法规定的职责,滥用职权、玩忽职守,利用职务便利牟取不正当利益,或者泄露所知悉的有关单位和个人的商业秘密的,依法追究法律责任。

第二百一十八条 拒绝、阻碍证券监督管理机构及其工作人员依法行使监督检查、调查职权,由证券监督管理机构责令改正,处以十万元以上一百万元以下的罚款,并由公安机关依法给予治安管理处罚。

第二百一十九条 违反本法规定,构成犯罪的,依法追究刑事责任。

第二百二十条 违反本法规定,应当承担民事赔偿责任和缴纳罚款、罚金、违法所得,违法行为人的财产不足以支付的,优先用于承担民事赔偿责任。

第二百二十一条 违反法律、行政法规或者国务院证券监督管理机构的有关规定,情节严重的,国务院证券监督管理机构可以对有关责任人员采取证券市场禁入的措施。

前款所称证券市场禁入,是指在一定期限内直至终身不得从事证券业务、证券服务业务,不得担任证券发行人的董事、监事、高级管理人员,或者一定期限内不得在证券交易所、国务院批准的其他全国性证券交易场所交易证券的制度。

第二百二十二条 依照本法收缴的罚款和没收的违法所得,全部上缴国库。

第二百二十三条 当事人对证券监督管理机构或者国务院授权的部门的处罚决定不服的,可以依法申请行政复议,或者依法直接向人民法院提起诉讼。

第十四章　附　　则

第二百二十四条　境内企业直接或者间接到境外发行证券或者将其证券在境外上市交易,应当符合国务院的有关规定。

第二百二十五条　境内公司股票以外币认购和交易的,具体办法由国务院另行规定。

第二百二十六条　本法自 2020 年 3 月 1 日起施行。

中华人民共和国证券投资基金法(2015 年修正)

(2015 年 4 月 24 日中华人民共和国主席令第 23 号公布施行)

目　　录

第一章　总　　则
第二章　基金管理人
第三章　基金托管人
第四章　基金的运作方式和组织
第五章　基金的公开募集
第六章　公开募集基金的基金份额的交易、申购与赎回
第七章　公开募集基金的投资与信息披露
第八章　公开募集基金的基金合同的变更、终止与基金财产清算
第九章　公开募集基金的基金份额持有人权利行使
第十章　非公开募集基金
第十一章　基金服务机构
第十二章　基金行业协会
第十三章　监督管理
第十四章　法律责任
第十五章　附　　则

第一章 总 则

第一条 为了规范证券投资基金活动，保护投资人及相关当事人的合法权益，促进证券投资基金和资本市场的健康发展，制定本法。

第二条 在中华人民共和国境内，公开或者非公开募集资金设立证券投资基金（以下简称基金），由基金管理人管理，基金托管人托管，为基金份额持有人的利益，进行证券投资活动，适用本法；本法未规定的，适用《中华人民共和国信托法》、《中华人民共和国证券法》和其他有关法律、行政法规的规定。

第三条 基金管理人、基金托管人和基金份额持有人的权利、义务，依照本法在基金合同中约定。

基金管理人、基金托管人依照本法和基金合同的约定，履行受托职责。

通过公开募集方式设立的基金（以下简称公开募集基金）的基金份额持有人按其所持基金份额享受收益和承担风险，通过非公开募集方式设立的基金（以下简称非公开募集基金）的收益分配和风险承担由基金合同约定。

第四条 从事证券投资基金活动，应当遵循自愿、公平、诚实信用的原则，不得损害国家利益和社会公共利益。

第五条 基金财产的债务由基金财产本身承担，基金份额持有人以其出资为限对基金财产的债务承担责任。但基金合同依照本法另有约定的，从其约定。

基金财产独立于基金管理人、基金托管人的固有财产。基金管理人、基金托管人不得将基金财产归入其固有财产。

基金管理人、基金托管人因基金财产的管理、运用或者其他情形而取得的财产和收益，归入基金财产。

基金管理人、基金托管人因依法解散、被依法撤销或者被依法宣告破产等原因进行清算的，基金财产不属于其清算财产。

第六条 基金财产的债权，不得与基金管理人、基金托管人固有财产的债务相抵销；不同基金财产的债权债务，不得相互抵销。

第七条 非因基金财产本身承担的债务，不得对基金财产强制执行。

第八条 基金财产投资的相关税收，由基金份额持有人承担，基金管理人或者其他扣缴义务人按照国家有关税收征收的规定代扣代缴。

第九条 基金管理人、基金托管人管理、运用基金财产，基金服务机构从事基金服务活动，应当恪尽职守，履行诚实信用、谨慎勤勉的义务。

基金管理人运用基金财产进行证券投资，应当遵守审慎经营规则，制定科学合理的投资策略和风险管理制度，有效防范和控制风险。

基金从业人员应当具备基金从业资格，遵守法律、行政法规，恪守职业道德和行为规范。

第十条 基金管理人、基金托管人和基金服务机构，应当依照本法成立证券投资基金行业协会（以下简称基金行业协会），进行行业自律，协调行业关系，提供行业服务，促进行业发展。

第十一条 国务院证券监督管理机构依法对证券投资基金活动实施监督管理；其派出机构依照授权履行职责。

第二章 基金管理人

第十二条 基金管理人由依法设立的公司或者合伙企业担任。

公开募集基金的基金管理人，由基金管理公司或者经国务院证券监督管理机构按照规定核准的其他机构担任。

第十三条 设立管理公开募集基金的基金管理公司，应当具备下列条件，并经国务院证券监督管理机构批准：

（一）有符合本法和《中华人民共和国公司法》规定的章程；

（二）注册资本不低于一亿元人民币，且必须为实缴货币资本；

（三）主要股东应当具有经营金融业务或者管理金融机构的良好业绩、良好的财务状况和社会信誉，资产规模达到国务院规定的标准，最近三年没有违法记录；

（四）取得基金从业资格的人员达到法定人数；

（五）董事、监事、高级管理人员具备相应的任职条件；

（六）有符合要求的营业场所、安全防范设施和与基金管理业务有关的其他设施；

（七）有良好的内部治理结构、完善的内部稽核监控制度、风险控制制度；

（八）法律、行政法规规定的和经国务院批准的国务院证券监督管理机构规定的其他条件。

第十四条 国务院证券监督管理机构应当自受理基金管理公司设立申请之日起六个月内依照本法第十三条规定的条件和审慎监管原则进行审查，作出批准或者不予批准的决定，并通知申请人；不予批准的，应当说明理由。

基金管理公司变更持有百分之五以上股权的股东，变更公司的实际控制人，或者变更其他重大事项，应当报经国务院证券监督管理机构批准。国务院证券监督管理机构应当自受理申请之日起六十日内作出批准或者不予批准的决定，并通知申请人;不予批准的,应当说明理由。

第十五条 有下列情形之一的,不得担任公开募集基金的基金管理人的董事、监事、高级管理人员和其他从业人员:

(一)因犯有贪污贿赂、渎职、侵犯财产罪或者破坏社会主义市场经济秩序罪,被判处刑罚的;

(二)对所任职的公司、企业因经营不善破产清算或者因违法被吊销营业执照负有个人责任的董事、监事、厂长、高级管理人员,自该公司、企业破产清算终结或者被吊销营业执照之日起未逾五年的;

(三)个人所负债务数额较大,到期未清偿的;

(四)因违法行为被开除的基金管理人、基金托管人、证券交易所、证券公司、证券登记结算机构、期货交易所、期货公司及其他机构的从业人员和国家机关工作人员;

(五)因违法行为被吊销执业证书或者被取消资格的律师、注册会计师和资产评估机构、验证机构的从业人员、投资咨询从业人员;

(六)法律、行政法规规定不得从事基金业务的其他人员。

第十六条 公开募集基金的基金管理人的董事、监事和高级管理人员,应当熟悉证券投资方面的法律、行政法规,具有三年以上与其所任职务相关的工作经历;高级管理人员还应当具备基金从业资格。

第十七条 公开募集基金的基金管理人的董事、监事、高级管理人员和其他从业人员,其本人、配偶、利害关系人进行证券投资,应当事先向基金管理人申报,并不得与基金份额持有人发生利益冲突。

公开募集基金的基金管理人应当建立前款规定人员进行证券投资的申报、登记、审查、处置等管理制度,并报国务院证券监督管理机构备案。

第十八条 公开募集基金的基金管理人的董事、监事、高级管理人员和其他从业人员,不得担任基金托管人或者其他基金管理人的任何职务,不得从事损害基金财产和基金份额持有人利益的证券交易及其他活动。

第十九条 公开募集基金的基金管理人应当履行下列职责:

(一)依法募集资金,办理基金份额的发售和登记事宜;

(二)办理基金备案手续;

(三)对所管理的不同基金财产分别管理、分别记账,进行证券投资;

(四)按照基金合同的约定确定基金收益分配方案,及时向基金份额持有人分配收益;

(五)进行基金会计核算并编制基金财务会计报告;

（六）编制中期和年度基金报告；

（七）计算并公告基金资产净值，确定基金份额申购、赎回价格；

（八）办理与基金财产管理业务活动有关的信息披露事项；

（九）按照规定召集基金份额持有人大会；

（十）保存基金财产管理业务活动的记录、账册、报表和其他相关资料；

（十一）以基金管理人名义，代表基金份额持有人利益行使诉讼权利或者实施其他法律行为；

（十二）国务院证券监督管理机构规定的其他职责。

第二十条 公开募集基金的基金管理人及其董事、监事、高级管理人员和其他从业人员不得有下列行为：

（一）将其固有财产或者他人财产混同于基金财产从事证券投资；

（二）不公平地对待其管理的不同基金财产；

（三）利用基金财产或者职务之便为基金份额持有人以外的人牟取利益；

（四）向基金份额持有人违规承诺收益或者承担损失；

（五）侵占、挪用基金财产；

（六）泄露因职务便利获取的未公开信息、利用该信息从事或者明示、暗示他人从事相关的交易活动；

（七）玩忽职守，不按照规定履行职责；

（八）法律、行政法规和国务院证券监督管理机构规定禁止的其他行为。

第二十一条 公开募集基金的基金管理人应当建立良好的内部治理结构，明确股东会、董事会、监事会和高级管理人员的职责权限，确保基金管理人独立运作。

公开募集基金的基金管理人可以实行专业人士持股计划，建立长效激励约束机制。

公开募集基金的基金管理人的股东、董事、监事和高级管理人员在行使权利或者履行职责时，应当遵循基金份额持有人利益优先的原则。

第二十二条 公开募集基金的基金管理人应当从管理基金的报酬中计提风险准备金。

公开募集基金的基金管理人因违法违规、违反基金合同等原因给基金财产或者基金份额持有人合法权益造成损失，应当承担赔偿责任的，可以优先使用风险准备金予以赔偿。

第二十三条 公开募集基金的基金管理人的股东、实际控制人应当按照国务院证券监督管理机构的规定及时履行重大事项报告义务，并不得有下列行为：

（一）虚假出资或者抽逃出资；

（二）未依法经股东会或者董事会决议擅自干预基金管理人的基金经营活动；

（三）要求基金管理人利用基金财产为自己或者他人牟取利益，损害基金份额持有人利益；

（四）国务院证券监督管理机构规定禁止的其他行为。

公开募集基金的基金管理人的股东、实际控制人有前款行为或者股东不再符合法定条件的，国务院证券监督管理机构应当责令其限期改正，并可视情节责令其转让所持有或者控制的基金管理人的股权。

在前款规定的股东、实际控制人按照要求改正违法行为、转让所持有或者控制的基金管理人的股权前，国务院证券监督管理机构可以限制有关股东行使股东权利。

第二十四条 公开募集基金的基金管理人违法违规，或者其内部治理结构、稽核监控和风险控制管理不符合规定的，国务院证券监督管理机构应当责令其限期改正；逾期未改正，或者其行为严重危及该基金管理人的稳健运行、损害基金份额持有人合法权益的，国务院证券监督管理机构可以区别情形，对其采取下列措施：

（一）限制业务活动，责令暂停部分或者全部业务；

（二）限制分配红利，限制向董事、监事、高级管理人员支付报酬、提供福利；

（三）限制转让固有财产或者在固有财产上设定其他权利；

（四）责令更换董事、监事、高级管理人员或者限制其权利；

（五）责令有关股东转让股权或者限制有关股东行使股东权利。

公开募集基金的基金管理人整改后，应当向国务院证券监督管理机构提交报告。国务院证券监督管理机构经验收，符合有关要求的，应当自验收完毕之日起三日内解除对其采取的有关措施。

第二十五条 公开募集基金的基金管理人的董事、监事、高级管理人员未能勤勉尽责，致使基金管理人存在重大违法违规行为或者重大风险的，国务院证券监督管理机构可以责令更换。

第二十六条 公开募集基金的基金管理人违法经营或者出现重大风险，严重危害证券市场秩序、损害基金份额持有人利益的，国务院证券监督管理机构可以对该基金管理人采取责令停业整顿、指定其他机构托管、接管、取消基金管理资格或者撤销等监管措施。

第二十七条 在公开募集基金的基金管理人被责令停业整顿、被依法指定托管、接管或者清算期间，或者出现重大风险时，经国务院证券监督管理机构批准，可以对该基金管理人直接负责的董事、监事、高级管理人员和其他直接责任人员采取下列措施：

（一）通知出境管理机关依法阻止其出境；

（二）申请司法机关禁止其转移、转让或者以其他方式处分财产，或者在财产上设定其他权利。

第二十八条 有下列情形之一的，公开募集基金的基金管理人职责终止：

（一）被依法取消基金管理资格；

（二）被基金份额持有人大会解任；

（三）依法解散、被依法撤销或者被依法宣告破产；

（四）基金合同约定的其他情形。

第二十九条 公开募集基金的基金管理人职责终止的，基金份额持有人大会应当在六个月内选任新基金管理人；新基金管理人产生前，由国务院证券监督管理机构指定临时基金管理人。

公开募集基金的基金管理人职责终止的，应当妥善保管基金管理业务资料，及时办理基金管理业务的移交手续，新基金管理人或者临时基金管理人应当及时接收。

第三十条 公开募集基金的基金管理人职责终止的，应当按照规定聘请会计师事务所对基金财产进行审计，并将审计结果予以公告，同时报国务院证券监督管理机构备案。

第三十一条 对非公开募集基金的基金管理人进行规范的具体办法，由国务院金融监督管理机构依照本章的原则制定。

第三章 基金托管人

第三十二条 基金托管人由依法设立的商业银行或者其他金融机构担任。

商业银行担任基金托管人的，由国务院证券监督管理机构会同国务院银行业监督管理机构核准；其他金融机构担任基金托管人的，由国务院证券监督管理机构核准。

第三十三条 担任基金托管人，应当具备下列条件：

（一）净资产和风险控制指标符合有关规定；

（二）设有专门的基金托管部门；

（三）取得基金从业资格的专职人员达到法定人数；

（四）有安全保管基金财产的条件；

（五）有安全高效的清算、交割系统；

（六）有符合要求的营业场所、安全防范设施和与基金托管业务有关的其他设施；

（七）有完善的内部稽核监控制度和风险控制制度；

（八）法律、行政法规规定的和经国务院批准的国务院证券监督管理机构、国务院银行业监督管理机构规定的其他条件。

第三十四条 本法第十五条、第十七条、第十八条的规定，适用于基金托管人的专门基金托管部门的高级管理人员和其他从业人员。

本法第十六条的规定，适用于基金托管人的专门基金托管部门的高级管理人员。

第三十五条 基金托管人与基金管理人不得为同一机构，不得相互出资或者持有股份。

第三十六条 基金托管人应当履行下列职责：

（一）安全保管基金财产；

（二）按照规定开设基金财产的资金账户和证券账户；

（三）对所托管的不同基金财产分别设置账户，确保基金财产的完整与独立；

（四）保存基金托管业务活动的记录、账册、报表和其他相关资料；

（五）按照基金合同的约定，根据基金管理人的投资指令，及时办理清算、交割事宜；

（六）办理与基金托管业务活动有关的信息披露事项；

（七）对基金财务会计报告、中期和年度基金报告出具意见；

（八）复核、审查基金管理人计算的基金资产净值和基金份额申购、赎回价格；

（九）按照规定召集基金份额持有人大会；

（十）按照规定监督基金管理人的投资运作；

（十一）国务院证券监督管理机构规定的其他职责。

第三十七条 基金托管人发现基金管理人的投资指令违反法律、行政法规和其他有关规定，或者违反基金合同约定的，应当拒绝执行，立即通知基金管理人，并及时向国务院证券监督管理机构报告。

基金托管人发现基金管理人依据交易程序已经生效的投资指令违反法律、行政法规和其他有关规定，或者违反基金合同约定的，应当立即通知基金管理人，并及时向国务院证券监督管理机构报告。

第三十八条 本法第二十条、第二十二条的规定，适用于基金托管人。

第三十九条 基金托管人不再具备本法规定的条件，或者未能勤勉尽责，在履行本法规定的职责时存在重大失误的，国务院证券监督管理机构、国务院银行业监督管理机构应当责令其改正；逾期未改正，或者其行为严重影响所托管基金的稳健运行、损害基金份额持有人利益的，国务院证券监督管理机构、国务院银行业监督管理机构可以区别情形，对其采取下列措施：

（一）限制业务活动，责令暂停办理新的基金托管业务；

（二）责令更换负有责任的专门基金托管部门的高级管理人员。

基金托管人整改后，应当向国务院证券监督管理机构、国务院银行业监督管理机构提交报告；经验收，符合有关要求的，应当自验收完毕之日起三日内解除对其采取的有关措施。

第四十条 国务院证券监督管理机构、国务院银行业监督管理机构对有下列情形之一的基金托管人，可以取消其基金托管资格：

（一）连续三年没有开展基金托管业务的；

（二）违反本法规定，情节严重的；

（三）法律、行政法规规定的其他情形。

第四十一条 有下列情形之一的，基金托管人职责终止：

（一）被依法取消基金托管资格；

（二）被基金份额持有人大会解任；

（三）依法解散、被依法撤销或者被依法宣告破产；

（四）基金合同约定的其他情形。

第四十二条 基金托管人职责终止的，基金份额持有人大会应当在六个月内选任新基金托管人；新基金托管人产生前，由国务院证券监督管理机构指定临时基金托管人。

基金托管人职责终止的，应当妥善保管基金财产和基金托管业务资料，及时办理基金财产和基金托管业务的移交手续，新基金托管人或者临时基金托管人应当及时接收。

第四十三条 基金托管人职责终止的，应当按照规定聘请会计师事务所对基金财产进行审计，并将审计结果予以公告，同时报国务院证券监督管理机构备案。

第四章 基金的运作方式和组织

第四十四条 基金合同应当约定基金的运作方式。

第四十五条 基金的运作方式可以采用封闭式、开放式或者其他方式。

采用封闭式运作方式的基金（以下简称封闭式基金），是指基金份额总额在基金合同期限内固定不变，基金份额持有人不得申请赎回的基金；采用开放式运作方式的基金（以下简称开放式基金），是指基金份额总额不固定，基金份额可以在基金合同约定的时间和场所申购或者赎回的基金。

采用其他运作方式的基金的基金份额发售、交易、申购、赎回的办法,由国务院证券监督管理机构另行规定。

第四十六条 基金份额持有人享有下列权利:

(一)分享基金财产收益;

(二)参与分配清算后的剩余基金财产;

(三)依法转让或者申请赎回其持有的基金份额;

(四)按照规定要求召开基金份额持有人大会或者召集基金份额持有人大会;

(五)对基金份额持有人大会审议事项行使表决权;

(六)对基金管理人、基金托管人、基金服务机构损害其合法权益的行为依法提起诉讼;

(七)基金合同约定的其他权利。

公开募集基金的基金份额持有人有权查阅或者复制公开披露的基金信息资料;非公开募集基金的基金份额持有人对涉及自身利益的情况,有权查阅基金的财务会计账簿等财务资料。

第四十七条 基金份额持有人大会由全体基金份额持有人组成,行使下列职权:

(一)决定基金扩募或者延长基金合同期限;

(二)决定修改基金合同的重要内容或者提前终止基金合同;

(三)决定更换基金管理人、基金托管人;

(四)决定调整基金管理人、基金托管人的报酬标准;

(五)基金合同约定的其他职权。

第四十八条 按照基金合同约定,基金份额持有人大会可以设立日常机构,行使下列职权:

(一)召集基金份额持有人大会;

(二)提请更换基金管理人、基金托管人;

(三)监督基金管理人的投资运作、基金托管人的托管活动;

(四)提请调整基金管理人、基金托管人的报酬标准;

(五)基金合同约定的其他职权。

前款规定的日常机构,由基金份额持有人大会选举产生的人员组成;其议事规则,由基金合同约定。

第四十九条 基金份额持有人大会及其日常机构不得直接参与或者干涉基金的投资管理活动。

第五章　基金的公开募集

第五十条　公开募集基金,应当经国务院证券监督管理机构注册。未经注册,不得公开或者变相公开募集基金。

前款所称公开募集基金,包括向不特定对象募集资金、向特定对象募集资金累计超过二百人,以及法律、行政法规规定的其他情形。

公开募集基金应当由基金管理人管理,基金托管人托管。

第五十一条　注册公开募集基金,由拟任基金管理人向国务院证券监督管理机构提交下列文件:

(一)申请报告;

(二)基金合同草案;

(三)基金托管协议草案;

(四)招募说明书草案;

(五)律师事务所出具的法律意见书;

(六)国务院证券监督管理机构规定提交的其他文件。

第五十二条　公开募集基金的基金合同应当包括下列内容:

(一)募集基金的目的和基金名称;

(二)基金管理人、基金托管人的名称和住所;

(三)基金的运作方式;

(四)封闭式基金的基金份额总额和基金合同期限,或者开放式基金的最低募集份额总额;

(五)确定基金份额发售日期、价格和费用的原则;

(六)基金份额持有人、基金管理人和基金托管人的权利、义务;

(七)基金份额持有人大会召集、议事及表决的程序和规则;

(八)基金份额发售、交易、申购、赎回的程序、时间、地点、费用计算方式,以及给付赎回款项的时间和方式;

(九)基金收益分配原则、执行方式;

(十)基金管理人、基金托管人报酬的提取、支付方式与比例;

(十一)与基金财产管理、运用有关的其他费用的提取、支付方式;

(十二)基金财产的投资方向和投资限制;

(十三)基金资产净值的计算方法和公告方式;

(十四)基金募集未达到法定要求的处理方式;

（十五）基金合同解除和终止的事由、程序以及基金财产清算方式；

（十六）争议解决方式；

（十七）当事人约定的其他事项。

第五十三条 公开募集基金的基金招募说明书应当包括下列内容：

（一）基金募集申请的准予注册文件名称和注册日期；

（二）基金管理人、基金托管人的基本情况；

（三）基金合同和基金托管协议的内容摘要；

（四）基金份额的发售日期、价格、费用和期限；

（五）基金份额的发售方式、发售机构及登记机构名称；

（六）出具法律意见书的律师事务所和审计基金财产的会计师事务所的名称和住所；

（七）基金管理人、基金托管人报酬及其他有关费用的提取、支付方式与比例；

（八）风险警示内容；

（九）国务院证券监督管理机构规定的其他内容。

第五十四条 国务院证券监督管理机构应当自受理公开募集基金的募集注册申请之日起六个月内依照法律、行政法规及国务院证券监督管理机构的规定进行审查，作出注册或者不予注册的决定，并通知申请人；不予注册的，应当说明理由。

第五十五条 基金募集申请经注册后，方可发售基金份额。

基金份额的发售，由基金管理人或者其委托的基金销售机构办理。

第五十六条 基金管理人应当在基金份额发售的三日前公布招募说明书、基金合同及其他有关文件。

前款规定的文件应当真实、准确、完整。

对基金募集所进行的宣传推介活动，应当符合有关法律、行政法规的规定，不得有本法第七十七条所列行为。

第五十七条 基金管理人应当自收到准予注册文件之日起六个月内进行基金募集。超过六个月开始募集，原注册的事项未发生实质性变化的，应当报国务院证券监督管理机构备案；发生实质性变化的，应当向国务院证券监督管理机构重新提交注册申请。

基金募集不得超过国务院证券监督管理机构准予注册的基金募集期限。基金募集期限自基金份额发售之日起计算。

第五十八条 基金募集期限届满，封闭式基金募集的基金份额总额达到准予注册规模的百分之八十以上，开放式基金募集的基金份额总额超过准予注册的最低募集份额总额，并且基金份额持有人人数符合国务院证券监督管理机构规定的，基金管理人应当自募集期限届满之日起十日内聘请法定验资机构验资，自收到验资报告之日起十日内，向国务院证券监督管理机构提交验资报告，办理基金备案手续，并予以公告。

第五十九条 基金募集期间募集的资金应当存入专门账户，在基金募集行为结束前，任何人不得动用。

第六十条 投资人交纳认购的基金份额的款项时，基金合同成立；基金管理人依照本法第五十八条的规定向国务院证券监督管理机构办理基金备案手续，基金合同生效。

基金募集期限届满，不能满足本法第五十八条规定的条件的，基金管理人应当承担下列责任：

（一）以其固有财产承担因募集行为而产生的债务和费用；

（二）在基金募集期限届满后三十日内返还投资人已交纳的款项，并加计银行同期存款利息。

第六章 公开募集基金的基金份额的交易、申购与赎回

第六十一条 申请基金份额上市交易，基金管理人应当向证券交易所提出申请，证券交易所依法审核同意的，双方应当签订上市协议。

第六十二条 基金份额上市交易，应当符合下列条件：

（一）基金的募集符合本法规定；

（二）基金合同期限为五年以上；

（三）基金募集金额不低于二亿元人民币；

（四）基金份额持有人不少于一千人；

（五）基金份额上市交易规则规定的其他条件。

第六十三条 基金份额上市交易规则由证券交易所制定，报国务院证券监督管理机构批准。

第六十四条 基金份额上市交易后，有下列情形之一的，由证券交易所终止其上市交易，并报国务院证券监督管理机构备案：

（一）不再具备本法第六十二条规定的上市交易条件；

（二）基金合同期限届满；

（三）基金份额持有人大会决定提前终止上市交易；

（四）基金合同约定的或者基金份额上市交易规则规定的终止上市交易的其他情形。

第六十五条 开放式基金的基金份额的申购、赎回、登记，由基金管理人或者其委托的基金服务机构办理。

第六十六条 基金管理人应当在每个工作日办理基金份额的申购、赎回业务；基金合同另有约定的，从其约定。

投资人交付申购款项，申购成立；基金份额登记机构确认基金份额时，申购生效。

基金份额持有人递交赎回申请，赎回成立；基金份额登记机构确认赎回时，赎回生效。

第六十七条 基金管理人应当按时支付赎回款项，但是下列情形除外：

（一）因不可抗力导致基金管理人不能支付赎回款项；

（二）证券交易场所依法决定临时停市，导致基金管理人无法计算当日基金资产净值；

（三）基金合同约定的其他特殊情形。

发生上述情形之一的，基金管理人应当在当日报国务院证券监督管理机构备案。

本条第一款规定的情形消失后，基金管理人应当及时支付赎回款项。

第六十八条 开放式基金应当保持足够的现金或者政府债券，以备支付基金份额持有人的赎回款项。基金财产中应当保持的现金或者政府债券的具体比例，由国务院证券监督管理机构规定。

第六十九条 基金份额的申购、赎回价格，依据申购、赎回日基金份额净值加、减有关费用计算。

第七十条 基金份额净值计价出现错误时，基金管理人应当立即纠正，并采取合理的措施防止损失进一步扩大。计价错误达到基金份额净值百分之零点五时，基金管理人应当公告，并报国务院证券监督管理机构备案。

因基金份额净值计价错误造成基金份额持有人损失的，基金份额持有人有权要求基金管理人、基金托管人予以赔偿。

第七章 公开募集基金的投资与信息披露

第七十一条 基金管理人运用基金财产进行证券投资，除国务院证券监督管理机构另有规定外，应当采用资产组合的方式。

资产组合的具体方式和投资比例，依照本法和国务院证券监督管理机构的规定在基金合同中约定。

第七十二条 基金财产应当用于下列投资：

（一）上市交易的股票、债券；

（二）国务院证券监督管理机构规定的其他证券及其衍生品种。

第七十三条 基金财产不得用于下列投资或者活动：

（一）承销证券；

（二）违反规定向他人贷款或者提供担保；

（三）从事承担无限责任的投资；

（四）买卖其他基金份额，但是国务院证券监督管理机构另有规定的除外；

（五）向基金管理人、基金托管人出资；

（六）从事内幕交易、操纵证券交易价格及其他不正当的证券交易活动；

（七）法律、行政法规和国务院证券监督管理机构规定禁止的其他活动。

运用基金财产买卖基金管理人、基金托管人及其控股股东、实际控制人或者与其有其他重大利害关系的公司发行的证券或承销期内承销的证券，或者从事其他重大关联交易的，应当遵循基金份额持有人利益优先的原则，防范利益冲突，符合国务院证券监督管理机构的规定，并履行信息披露义务。

第七十四条 基金管理人、基金托管人和其他基金信息披露义务人应当依法披露基金信息，并保证所披露信息的真实性、准确性和完整性。

第七十五条 基金信息披露义务人应当确保应予披露的基金信息在国务院证券监督管理机构规定时间内披露，并保证投资人能够按照基金合同约定的时间和方式查阅或者复制公开披露的信息资料。

第七十六条 公开披露的基金信息包括：

（一）基金招募说明书、基金合同、基金托管协议；

（二）基金募集情况；

（三）基金份额上市交易公告书；

（四）基金资产净值、基金份额净值；

（五）基金份额申购、赎回价格；

（六）基金财产的资产组合季度报告、财务会计报告及中期和年度基金报告；

（七）临时报告；

（八）基金份额持有人大会决议；

（九）基金管理人、基金托管人的专门基金托管部门的重大人事变动；

（十）涉及基金财产、基金管理业务、基金托管业务的诉讼或者仲裁；

（十一）国务院证券监督管理机构规定应予披露的其他信息。

第七十七条 公开披露基金信息，不得有下列行为：

（一）虚假记载、误导性陈述或者重大遗漏；
（二）对证券投资业绩进行预测；
（三）违规承诺收益或者承担损失；
（四）诋毁其他基金管理人、基金托管人或者基金销售机构；
（五）法律、行政法规和国务院证券监督管理机构规定禁止的其他行为。

第八章　公开募集基金的基金合同的变更、终止与基金财产清算

第七十八条　按照基金合同的约定或者基金份额持有人大会的决议，基金可以转换运作方式或者与其他基金合并。

第七十九条　封闭式基金扩募或者延长基金合同期限，应当符合下列条件，并报国务院证券监督管理机构备案：

（一）基金运营业绩良好；
（二）基金管理人最近二年内没有因违法违规行为受到行政处罚或者刑事处罚；
（三）基金份额持有人大会决议通过；
（四）本法规定的其他条件。

第八十条　有下列情形之一的，基金合同终止：

（一）基金合同期限届满而未延期；
（二）基金份额持有人大会决定终止；
（三）基金管理人、基金托管人职责终止，在六个月内没有新基金管理人、新基金托管人承接；
（四）基金合同约定的其他情形。

第八十一条　基金合同终止时，基金管理人应当组织清算组对基金财产进行清算。

清算组由基金管理人、基金托管人以及相关的中介服务机构组成。

清算组作出的清算报告经会计师事务所审计，律师事务所出具法律意见书后，报国务院证券监督管理机构备案并公告。

第八十二条　清算后的剩余基金财产，应当按照基金份额持有人所持份额比例进行分配。

第九章　公开募集基金的基金份额持有人权利行使

第八十三条　基金份额持有人大会由基金管理人召集。基金份额持有人大会

设立日常机构的，由该日常机构召集；该日常机构未召集的，由基金管理人召集。基金管理人未按规定召集或者不能召集的，由基金托管人召集。

代表基金份额百分之十以上的基金份额持有人就同一事项要求召开基金份额持有人大会，而基金份额持有人大会的日常机构、基金管理人、基金托管人都不召集的，代表基金份额百分之十以上的基金份额持有人有权自行召集，并报国务院证券监督管理机构备案。

第八十四条 召开基金份额持有人大会，召集人应当至少提前三十日公告基金份额持有人大会的召开时间、会议形式、审议事项、议事程序和表决方式等事项。

基金份额持有人大会不得就未经公告的事项进行表决。

第八十五条 基金份额持有人大会可以采取现场方式召开，也可以采取通讯等方式召开。

每一基金份额具有一票表决权，基金份额持有人可以委托代理人出席基金份额持有人大会并行使表决权。

第八十六条 基金份额持有人大会应当有代表二分之一以上基金份额的持有人参加，方可召开。

参加基金份额持有人大会的持有人的基金份额低于前款规定比例的，召集人可以在原公告的基金份额持有人大会召开时间的三个月以后、六个月以内，就原定审议事项重新召集基金份额持有人大会。重新召集的基金份额持有人大会应当有代表三分之一以上基金份额的持有人参加，方可召开。

基金份额持有人大会就审议事项作出决定，应当经参加大会的基金份额持有人所持表决权的二分之一以上通过；但是，转换基金的运作方式、更换基金管理人或者基金托管人、提前终止基金合同、与其他基金合并，应当经参加大会的基金份额持有人所持表决权的三分之二以上通过。

基金份额持有人大会决定的事项，应当依法报国务院证券监督管理机构备案，并予以公告。

第十章 非公开募集基金

第八十七条 非公开募集基金应当向合格投资者募集，合格投资者累计不得超过二百人。

前款所称合格投资者，是指达到规定资产规模或者收入水平，并且具备相应的风险识别能力和风险承担能力、其基金份额认购金额不低于规定限额的单位和个人。

合格投资者的具体标准由国务院证券监督管理机构规定。

第八十八条 除基金合同另有约定外，非公开募集基金应当由基金托管人托管。

第八十九条 担任非公开募集基金的基金管理人，应当按照规定向基金行业协会履行登记手续，报送基本情况。

第九十条 未经登记，任何单位或者个人不得使用“基金”或者“基金管理”字样或者近似名称进行证券投资活动；但是，法律、行政法规另有规定的除外。

第九十一条 非公开募集基金，不得向合格投资者之外的单位和个人募集资金，不得通过报刊、电台、电视台、互联网等公众传播媒体或者讲座、报告会、分析会等方式向不特定对象宣传推介。

第九十二条 非公开募集基金，应当制定并签订基金合同。基金合同应当包括下列内容：

（一）基金份额持有人、基金管理人、基金托管人的权利、义务；

（二）基金的运作方式；

（三）基金的出资方式、数额和认缴期限；

（四）基金的投资范围、投资策略和投资限制；

（五）基金收益分配原则、执行方式；

（六）基金承担的有关费用；

（七）基金信息提供的内容、方式；

（八）基金份额的认购、赎回或者转让的程序和方式；

（九）基金合同变更、解除和终止的事由、程序；

（十）基金财产清算方式；

（十一）当事人约定的其他事项。

基金份额持有人转让基金份额的，应当符合本法第八十七条、第九十一条的规定。

第九十三条 按照基金合同约定，非公开募集基金可以由部分基金份额持有人作为基金管理人负责基金的投资管理活动，并在基金财产不足以清偿其债务时对基金财产的债务承担无限连带责任。

前款规定的非公开募集基金，其基金合同还应载明：

（一）承担无限连带责任的基金份额持有人和其他基金份额持有人的姓名或者名称、住所；

（二）承担无限连带责任的基金份额持有人的除名条件和更换程序；

（三）基金份额持有人增加、退出的条件、程序以及相关责任；

（四）承担无限连带责任的基金份额持有人和其他基金份额持有人的转换程序。

第九十四条 非公开募集基金募集完毕，基金管理人应当向基金行业协会备案。对募集的资金总额或者基金份额持有人的人数达到规定标准的基金，基金行业协会应当向国务院证券监督管理机构报告。

非公开募集基金财产的证券投资，包括买卖公开发行的股份有限公司股票、债券、基金份额，以及国务院证券监督管理机构规定的其他证券及其衍生品种。

第九十五条 基金管理人、基金托管人应当按照基金合同的约定，向基金份额持有人提供基金信息。

第九十六条 专门从事非公开募集基金管理业务的基金管理人，其股东、高级管理人员、经营期限、管理的基金资产规模等符合规定条件的，经国务院证券监督管理机构核准，可以从事公开募集基金管理业务。

第十一章 基金服务机构

第九十七条 从事公开募集基金的销售、销售支付、份额登记、估值、投资顾问、评价、信息技术系统服务等基金服务业务的机构，应当按照国务院证券监督管理机构的规定进行注册或者备案。

第九十八条 基金销售机构应当向投资人充分揭示投资风险，并根据投资人的风险承担能力销售不同风险等级的基金产品。

第九十九条 基金销售支付机构应当按照规定办理基金销售结算资金的划付，确保基金销售结算资金安全、及时划付。

第一百条 基金销售结算资金、基金份额独立于基金销售机构、基金销售支付机构或者基金份额登记机构的自有财产。基金销售机构、基金销售支付机构或者基金份额登记机构破产或者清算时，基金销售结算资金、基金份额不属于其破产财产或者清算财产。非因投资人本身的债务或者法律规定的其他情形，不得查封、冻结、扣划或者强制执行基金销售结算资金、基金份额。

基金销售机构、基金销售支付机构、基金份额登记机构应当确保基金销售结算资金、基金份额的安全、独立，禁止任何单位或者个人以任何形式挪用基金销售结算资金、基金份额。

第一百零一条 基金管理人可以委托基金服务机构代为办理基金的份额登记、核算、估值、投资顾问等事项，基金托管人可以委托基金服务机构代为办理基金的核算、估值、复核等事项，但基金管理人、基金托管人依法应当承担的责任不因委托而免除。

第一百零二条 基金份额登记机构以电子介质登记的数据，是基金份额持有人权利归属的根据。基金份额持有人以基金份额出质的，质权自基金份额登记机构办理出质登记时设立。

基金份额登记机构应当妥善保存登记数据，并将基金份额持有人名称、身份信息及基金份额明细等数据备份至国务院证券监督管理机构认定的机构。其保存期限自基金账户销户之日起不得少于二十年。

基金份额登记机构应当保证登记数据的真实、准确、完整，不得隐匿、伪造、篡改或者毁损。

第一百零三条 基金投资顾问机构及其从业人员提供基金投资顾问服务，应当具有合理的依据，对其服务能力和经营业绩进行如实陈述，不得以任何方式承诺或者保证投资收益，不得损害服务对象的合法权益。

第一百零四条 基金评价机构及其从业人员应当客观公正，按照依法制定的业务规则开展基金评价业务，禁止误导投资人，防范可能发生的利益冲突。

第一百零五条 基金管理人、基金托管人、基金服务机构的信息技术系统，应当符合规定的要求。国务院证券监督管理机构可以要求信息技术系统服务机构提供该信息技术系统的相关资料。

第一百零六条 律师事务所、会计师事务所接受基金管理人、基金托管人的委托，为有关基金业务活动出具法律意见书、审计报告、内部控制评价报告等文件，应当勤勉尽责，对所依据的文件资料内容的真实性、准确性、完整性进行核查和验证。其制作、出具的文件有虚假记载、误导性陈述或者重大遗漏，给他人财产造成损失的，应当与委托人承担连带赔偿责任。

第一百零七条 基金服务机构应当勤勉尽责、恪尽职守，建立应急等风险管理制度和灾难备份系统，不得泄露与基金份额持有人、基金投资运作相关的非公开信息。

第十二章　基金行业协会

第一百零八条 基金行业协会是证券投资基金行业的自律性组织，是社会团体法人。

基金管理人、基金托管人应当加入基金行业协会，基金服务机构可以加入基金行业协会。

第一百零九条 基金行业协会的权力机构为全体会员组成的会员大会。

基金行业协会设理事会。理事会成员依章程的规定由选举产生。

第一百一十条 基金行业协会章程由会员大会制定,并报国务院证券监督管理机构备案。

第一百一十一条 基金行业协会履行下列职责:

(一)教育和组织会员遵守有关证券投资的法律、行政法规,维护投资人合法权益;

(二)依法维护会员的合法权益,反映会员的建议和要求;

(三)制定和实施行业自律规则,监督、检查会员及其从业人员的执业行为,对违反自律规则和协会章程的,按照规定给予纪律处分;

(四)制定行业执业标准和业务规范,组织基金从业人员的从业考试、资质管理和业务培训;

(五)提供会员服务,组织行业交流,推动行业创新,开展行业宣传和投资人教育活动;

(六)对会员之间、会员与客户之间发生的基金业务纠纷进行调解;

(七)依法办理非公开募集基金的登记、备案;

(八)协会章程规定的其他职责。

第十三章 监督管理

第一百一十二条 国务院证券监督管理机构依法履行下列职责:

(一)制定有关证券投资基金活动监督管理的规章、规则,并行使审批、核准或者注册权;

(二)办理基金备案;

(三)对基金管理人、基金托管人及其他机构从事证券投资基金活动进行监督管理,对违法行为进行查处,并予以公告;

(四)制定基金从业人员的资格标准和行为准则,并监督实施;

(五)监督检查基金信息的披露情况;

(六)指导和监督基金行业协会的活动;

(七)法律、行政法规规定的其他职责。

第一百一十三条 国务院证券监督管理机构依法履行职责,有权采取下列措施:

(一)对基金管理人、基金托管人、基金服务机构进行现场检查,并要求其报送有关的业务资料;

（二）进入涉嫌违法行为发生场所调查取证；

（三）询问当事人和与被调查事件有关的单位和个人，要求其对与被调查事件有关的事项作出说明；

（四）查阅、复制与被调查事件有关的财产权登记、通讯记录等资料；

（五）查阅、复制当事人和与被调查事件有关的单位和个人的证券交易记录、登记过户记录、财务会计资料及其他相关文件和资料；对可能被转移、隐匿或者毁损的文件和资料，可以予以封存；

（六）查询当事人和与被调查事件有关的单位和个人的资金账户、证券账户和银行账户；对有证据证明已经或者可能转移或者隐匿违法资金、证券等涉案财产或者隐匿、伪造、毁损重要证据的，经国务院证券监督管理机构主要负责人批准，可以冻结或者查封；

（七）在调查操纵证券市场、内幕交易等重大证券违法行为时，经国务院证券监督管理机构主要负责人批准，可以限制被调查事件当事人的证券买卖，但限制的期限不得超过十五个交易日；案情复杂的，可以延长十五个交易日。

第一百一十四条 国务院证券监督管理机构工作人员依法履行职责，进行调查或者检查时，不得少于二人，并应当出示合法证件；对调查或者检查中知悉的商业秘密负有保密的义务。

第一百一十五条 国务院证券监督管理机构工作人员应当忠于职守，依法办事，公正廉洁，接受监督，不得利用职务牟取私利。

第一百一十六条 国务院证券监督管理机构依法履行职责时，被调查、检查的单位和个人应当配合，如实提供有关文件和资料，不得拒绝、阻碍和隐瞒。

第一百一十七条 国务院证券监督管理机构依法履行职责，发现违法行为涉嫌犯罪的，应当将案件移送司法机关处理。

第一百一十八条 国务院证券监督管理机构工作人员在任职期间，或者离职后在《中华人民共和国公务员法》规定的期限内，不得在被监管的机构中担任职务。

第十四章 法律责任

第一百一十九条 违反本法规定，未经批准擅自设立基金管理公司或者未经核准从事公开募集基金管理业务的，由证券监督管理机构予以取缔或者责令改正，没收违法所得，并处违法所得一倍以上五倍以下罚款；没有违法所得或者违法所得不足一百万元的，并处十万元以上一百万元以下罚款。对直接负责的主管人员和其他直接责任人员给予警告，并处三万元以上三十万元以下罚款。

基金管理公司违反本法规定，擅自变更持有百分之五以上股权的股东、实际控制人或者其他重大事项的，责令改正，没收违法所得，并处违法所得一倍以上五倍以下罚款；没有违法所得或者违法所得不足五十万元的，并处五万元以上五十万元以下罚款。对直接负责的主管人员给予警告，并处三万元以上十万元以下罚款。

第一百二十条 基金管理人的董事、监事、高级管理人员和其他从业人员，基金托管人的专门基金托管部门的高级管理人员和其他从业人员，未按照本法第十七条第一款规定申报的，责令改正，处三万元以上十万元以下罚款。

基金管理人、基金托管人违反本法第十七条第二款规定的，责令改正，处十万元以上一百万元以下罚款；对直接负责的主管人员和其他直接责任人员给予警告，暂停或者撤销基金从业资格，并处三万元以上三十万元以下罚款。

第一百二十一条 基金管理人的董事、监事、高级管理人员和其他从业人员，基金托管人的专门基金托管部门的高级管理人员和其他从业人员违反本法第十八条规定的，责令改正，没收违法所得，并处违法所得一倍以上五倍以下罚款；没有违法所得或者违法所得不足一百万元的，并处十万元以上一百万元以下罚款；情节严重的，撤销基金从业资格。

第一百二十二条 基金管理人、基金托管人违反本法规定，未对基金财产实行分别管理或者分账保管，责令改正，处五万元以上五十万元以下罚款；对直接负责的主管人员和其他直接责任人员给予警告，暂停或者撤销基金从业资格，并处三万元以上三十万元以下罚款。

第一百二十三条 基金管理人、基金托管人及其董事、监事、高级管理人员和其他从业人员有本法第二十条所列行为之一的，责令改正，没收违法所得，并处违法所得一倍以上五倍以下罚款；没有违法所得或者违法所得不足一百万元的，并处十万元以上一百万元以下罚款；基金管理人、基金托管人有上述行为的，还应当对其直接负责的主管人员和其他直接责任人员给予警告，暂停或者撤销基金从业资格，并处三万元以上三十万元以下罚款。

基金管理人、基金托管人及其董事、监事、高级管理人员和其他从业人员侵占、挪用基金财产而取得的财产和收益，归入基金财产。但是，法律、行政法规另有规定的，依照其规定。

第一百二十四条 基金管理人的股东、实际控制人违反本法第二十三条规定的，责令改正，没收违法所得，并处违法所得一倍以上五倍以下罚款；没有违法所得或者违法所得不足一百万元的，并处十万元以上一百万元以下罚款；对直接负责的主管人员和其他直接责任人员给予警告，暂停或者撤销基金或证券从业资格，并处三万元以上三十万元以下罚款。

第一百二十五条 未经核准，擅自从事基金托管业务的，责令停止，没收违法所得，并处违法所得一倍以上五倍以下罚款；没有违法所得或者违法所得不足一百万元的，并处十万元以上一百万元以下罚款；对直接负责的主管人员和其他直接责任人员给予警告，并处三万元以上三十万元以下罚款。

第一百二十六条 基金管理人、基金托管人违反本法规定，相互出资或者持有股份的，责令改正，可以处十万元以下罚款。

第一百二十七条 违反本法规定，擅自公开或者变相公开募集基金的，责令停止，返还所募资金和加计的银行同期存款利息，没收违法所得，并处所募资金金额百分之一以上百分之五以下罚款。对直接负责的主管人员和其他直接责任人员给予警告，并处五万元以上五十万元以下罚款。

第一百二十八条 违反本法第五十九条规定，动用募集的资金的，责令返还，没收违法所得，并处违法所得一倍以上五倍以下罚款；没有违法所得或者违法所得不足五十万元的，并处五万元以上五十万元以下罚款；对直接负责的主管人员和其他直接责任人员给予警告，并处三万元以上三十万元以下罚款。

第一百二十九条 基金管理人、基金托管人有本法第七十三条第一款第一项至第五项和第七项所列行为之一，或者违反本法第七十三条第二款规定的，责令改正，处十万元以上一百万元以下罚款；对直接负责的主管人员和其他直接责任人员给予警告，暂停或者撤销基金从业资格，并处三万元以上三十万元以下罚款。

基金管理人、基金托管人有前款行为，运用基金财产而取得的财产和收益，归入基金财产。但是，法律、行政法规另有规定的，依照其规定。

第一百三十条 基金管理人、基金托管人有本法第七十三条第一款第六项规定行为的，除依照《中华人民共和国证券法》的有关规定处罚外，对直接负责的主管人员和其他直接责任人员暂停或者撤销基金从业资格。

第一百三十一条 基金信息披露义务人不依法披露基金信息或者披露的信息有虚假记载、误导性陈述或者重大遗漏的，责令改正，没收违法所得，并处十万元以上一百万元以下罚款；对直接负责的主管人员和其他直接责任人员给予警告，暂停或者撤销基金从业资格，并处三万元以上三十万元以下罚款。

第一百三十二条 基金管理人或者基金托管人不按照规定召集基金份额持有人大会的，责令改正，可以处五万元以下罚款；对直接负责的主管人员和其他直接责任人员给予警告，暂停或者撤销基金从业资格。

第一百三十三条 违反本法规定，未经登记，使用“基金”或者“基金管理”字样或者近似名称进行证券投资活动的，没收违法所得，并处违法所得一倍以上五倍以下罚款；没有违法所得或者违法所得不足一百万元的，并处十万元以上一百万元以下罚款。对直接负责的主管人员和其他直接责任人员给予警告，并处三万元以上三十万元以下罚款。

第一百三十四条 违反本法规定，非公开募集基金募集完毕，基金管理人未备案的，处十万元以上三十万元以下罚款。对直接负责的主管人员和其他直接责任人员给予警告，并处三万元以上十万元以下罚款。

第一百三十五条 违反本法规定，向合格投资者之外的单位或者个人非公开募集资金或者转让基金份额的，没收违法所得，并处违法所得一倍以上五倍以下罚款；没有违法所得或者违法所得不足一百万元的，并处十万元以上一百万元以下罚款。对直接负责的主管人员和其他直接责任人员给予警告，并处三万元以上三十万元以下罚款。

第一百三十六条 违反本法规定，擅自从事公开募集基金的基金服务业务的，责令改正，没收违法所得，并处违法所得一倍以上五倍以下罚款；没有违法所得或者违法所得不足三十万元的，并处十万元以上三十万元以下罚款。对直接负责的主管人员和其他直接责任人员给予警告，并处三万元以上十万元以下罚款。

第一百三十七条 基金销售机构未向投资人充分揭示投资风险并误导其购买与其风险承担能力不相当的基金产品的，处十万元以上三十万元以下罚款；情节严重的，责令其停止基金服务业务。对直接负责的主管人员和其他直接责任人员给予警告，撤销基金从业资格，并处三万元以上十万元以下罚款。

第一百三十八条 基金销售支付机构未按照规定划付基金销售结算资金的，处十万元以上三十万元以下罚款；情节严重的，责令其停止基金服务业务。对直接负责的主管人员和其他直接责任人员给予警告，撤销基金从业资格，并处三万元以上十万元以下罚款。

第一百三十九条 挪用基金销售结算资金或者基金份额的，责令改正，没收违法所得，并处违法所得一倍以上五倍以下罚款；没有违法所得或者违法所得不足一百万元的，并处十万元以上一百万元以下罚款。对直接负责的主管人员和其他直接责任人员给予警告，并处三万元以上三十万元以下罚款。

第一百四十条 基金份额登记机构未妥善保存或者备份基金份额登记数据的，责令改正，给予警告，并处十万元以上三十万元以下罚款；情节严重的，责令其停止基金服务业务。对直接负责的主管人员和其他直接责任人员给予警告，撤销基金从业资格，并处三万元以上十万元以下罚款。

基金份额登记机构隐匿、伪造、篡改、毁损基金份额登记数据的，责令改正，处十万元以上一百万元以下罚款，并责令其停止基金服务业务。对直接负责的主管人员和其他直接责任人员给予警告，撤销基金从业资格，并处三万元以上三十万元以下罚款。

第一百四十一条 基金投资顾问机构、基金评价机构及其从业人员违反本法规定开展投资顾问、基金评价服务的，处十万元以上三十万元以下罚款；情节严重的，责令其停止基金服务业务。对直接负责的主管人员和其他直接责任人员给予警告，撤销基金从业资格，并处三万元以上十万元以下罚款。

第一百四十二条 信息技术系统服务机构未按照规定向国务院证券监督管理机构提供相关信息技术系统资料，或者提供的信息技术系统资料虚假、有重大遗漏的，责令改正，处三万元以上十万元以下罚款。对直接负责的主管人员和其他直接责任人员给予警告，并处一万元以上三万元以下罚款。

第一百四十三条 会计师事务所、律师事务所未勤勉尽责，所出具的文件有虚假记载、误导性陈述或者重大遗漏的，责令改正，没收业务收入，暂停或者撤销相关业务许可，并处业务收入一倍以上五倍以下罚款。对直接负责的主管人员和其他直接责任人员给予警告，并处三万元以上十万元以下罚款。

第一百四十四条 基金服务机构未建立应急等风险管理制度和灾难备份系统，或者泄露与基金份额持有人、基金投资运作相关的非公开信息的，处十万元以上三十万元以下罚款；情节严重的，责令其停止基金服务业务。对直接负责的主管人员和其他直接责任人员给予警告，撤销基金从业资格，并处三万元以上十万元以下罚款。

第一百四十五条 违反本法规定，给基金财产、基金份额持有人或者投资人造成损害的，依法承担赔偿责任。

基金管理人、基金托管人在履行各自职责的过程中，违反本法规定或者基金合同约定，给基金财产或者基金份额持有人造成损害的，应当分别对各自的行为依法承担赔偿责任；因共同行为给基金财产或者基金份额持有人造成损害的，应当承担连带赔偿责任。

第一百四十六条 证券监督管理机构工作人员玩忽职守、滥用职权、徇私舞弊或者利用职务上的便利索取或者收受他人财物的，依法给予行政处分。

第一百四十七条 拒绝、阻碍证券监督管理机构及其工作人员依法行使监督检查、调查职权未使用暴力、威胁方法的，依法给予治安管理处罚。

第一百四十八条 违反法律、行政法规或者国务院证券监督管理机构的有关规定，情节严重的，国务院证券监督管理机构可以对有关责任人员采取证券市场禁入的措施。

第一百四十九条 违反本法规定，构成犯罪的，依法追究刑事责任。

第一百五十条 违反本法规定，应当承担民事赔偿责任和缴纳罚款、罚金，其财产不足以同时支付时，先承担民事赔偿责任。

第一百五十一条 依照本法规定，基金管理人、基金托管人、基金服务机构应当承担的民事赔偿责任和缴纳的罚款、罚金，由基金管理人、基金托管人、基金服务机构以其固有财产承担。

依法收缴的罚款、罚金和没收的违法所得，应当全部上缴国库。

第十五章　附　　则

第一百五十二条 在中华人民共和国境内募集投资境外证券的基金，以及合格境外投资者在境内进行证券投资，应当经国务院证券监督管理机构批准，具体办法由国务院证券监督管理机构会同国务院有关部门规定，报国务院批准。

第一百五十三条 公开或者非公开募集资金，以进行证券投资活动为目的设立的公司或者合伙企业，资产由基金管理人或者普通合伙人管理的，其证券投资活动适用本法。

第一百五十四条 本法自 2013 年 6 月 1 日起施行。

中华人民共和国信托法

（2001 年 4 月 28 日中华人民共和国主席令第 50 号公布，
自 2001 年 10 月 1 日起施行）

目　　录

第一章　总　　则
第二章　信托的设立
第三章　信托财产
第四章　信托当事人
　第一节　委托人
　第二节　受托人
　第三节　受益人
第五章　信托的变更与终止
第六章　公益信托
第七章　附　　则

第一章 总 则

第一条 为了调整信托关系，规范信托行为，保护信托当事人的合法权益，促进信托事业的健康发展，制定本法。

第二条 本法所称信托，是指委托人基于对受托人的信任，将其财产权委托给受托人，由受托人按委托人的意愿以自己的名义，为受益人的利益或者特定目的，进行管理或者处分的行为。

第三条 委托人、受托人、受益人（以下统称信托当事人）在中华人民共和国境内进行民事、营业、公益信托活动，适用本法。

第四条 受托人采取信托机构形式从事信托活动，其组织和管理由国务院制定具体办法。

第五条 信托当事人进行信托活动，必须遵守法律、行政法规，遵循自愿、公平和诚实信用原则，不得损害国家利益和社会公共利益。

第二章 信托的设立

第六条 设立信托，必须有合法的信托目的。

第七条 设立信托，必须有确定的信托财产，并且该信托财产必须是委托人合法所有的财产。

本法所称财产包括合法的财产权利。

第八条 设立信托，应当采取书面形式。

书面形式包括信托合同、遗嘱或者法律、行政法规规定的其他书面文件等。

采取信托合同形式设立信托的，信托合同签订时，信托成立。采取其他书面形式设立信托的，受托人承诺信托时，信托成立。

第九条 设立信托，其书面文件应当载明下列事项：

（一）信托目的；

（二）委托人、受托人的姓名或者名称、住所；

（三）受益人或者受益人范围；

（四）信托财产的范围、种类及状况；

（五）受益人取得信托利益的形式、方法。

除前款所列事项外，可以载明信托期限、信托财产的管理方法、受托人的报酬、新受托人的选任方式、信托终止事由等事项。

第十条 设立信托，对于信托财产，有关法律、行政法规规定应当办理登记手续的，应当依法办理信托登记。

未依照前款规定办理信托登记的，应当补办登记手续；不补办的，该信托不产生效力。

第十一条 有下列情形之一的，信托无效：

（一）信托目的违反法律、行政法规或者损害社会公共利益；

（二）信托财产不能确定；

（三）委托人以非法财产或者本法规定不得设立信托的财产设立信托；

（四）专以诉讼或者讨债为目的设立信托；

（五）受益人或者受益人范围不能确定；

（六）法律、行政法规规定的其他情形。

第十二条 委托人设立信托损害其债权人利益的，债权人有权申请人民法院撤销该信托。

人民法院依照前款规定撤销信托的，不影响善意受益人已经取得的信托利益。

本条第一款规定的申请权，自债权人知道或者应当知道撤销原因之日起一年内不行使的，归于消灭。

第十三条 设立遗嘱信托，应当遵守继承法关于遗嘱的规定。

遗嘱指定的人拒绝或者无能力担任受托人的，由受益人另行选任受托人；受益人为无民事行为能力人或者限制民事行为能力人的，依法由其监护人代行选任。遗嘱对选任受托人另有规定的，从其规定。

第三章　信 托 财 产

第十四条 受托人因承诺信托而取得的财产是信托财产。

受托人因信托财产的管理运用、处分或者其他情形而取得的财产，也归入信托财产。

法律、行政法规禁止流通的财产，不得作为信托财产。

法律、行政法规限制流通的财产，依法经有关主管部门批准后，可以作为信托财产。

第十五条 信托财产与委托人未设立信托的其他财产相区别。设立信托后，委托人死亡或者依法解散、被依法撤销、被宣告破产时，委托人是唯一受益人的，信托终止，信托财产作为其遗产或者清算财产；委托人不是唯一受益人的，信托存续，信托财产不作为其遗产或者清算财产；但作为共同受益人的委托人死亡或者依法解散、被依法撤销、被宣告破产时，其信托受益权作为其遗产或者清算财产。

第十六条 信托财产与属于受托人所有的财产（以下简称固有财产）相区别，不得归入受托人的固有财产或者成为固有财产的一部分。

受托人死亡或者依法解散、被依法撤销、被宣告破产而终止，信托财产不属于其遗产或者清算财产。

第十七条 除因下列情形之一外，对信托财产不得强制执行：

（一）设立信托前债权人已对该信托财产享有优先受偿的权利，并依法行使该权利的；

（二）受托人处理信托事务所产生债务，债权人要求清偿该债务的；

（三）信托财产本身应担负的税款；

（四）法律规定的其他情形。

对于违反前款规定而强制执行信托财产，委托人、受托人或者受益人有权向人民法院提出异议。

第十八条 受托人管理运用、处分信托财产所产生的债权，不得与其固有财产产生的债务相抵销。

受托人管理运用、处分不同委托人的信托财产所产生的债权债务，不得相互抵销。

第四章 信托当事人

第一节 委 托 人

第十九条 委托人应当是具有完全民事行为能力的自然人、法人或者依法成立的其他组织。

第二十条 委托人有权了解其信托财产的管理运用、处分及收支情况，并有权要求受托人作出说明。

委托人有权查阅、抄录或者复制与其信托财产有关的信托帐目以及处理信托事务的其他文件。

第二十一条 因设立信托时未能预见的特别事由，致使信托财产的管理方法不利于实现信托目的或者不符合受益人的利益时，委托人有权要求受托人调整该信托财产的管理方法。

第二十二条 受托人违反信托目的处分信托财产或者因违背管理职责、处理信托事务不当致使信托财产受到损失的，委托人有权申请人民法院撤销该处分行为,并有权要求受托人恢复信托财产的原状或者予以赔偿;该信托财产的受让人明知是违反信托目的而接受该财产的,应当予以返还或者予以赔偿。

前款规定的申请权,自委托人知道或者应当知道撤销原因之日起一年内不行使的,归于消灭。

第二十三条 受托人违反信托目的处分信托财产或者管理运用、处分信托财产有重大过失的,委托人有权依照信托文件的规定解任受托人,或者申请人民法院解任受托人。

第二节 受 托 人

第二十四条 受托人应当是具有完全民事行为能力的自然人、法人。

法律、行政法规对受托人的条件另有规定的,从其规定。

第二十五条 受托人应当遵守信托文件的规定,为受益人的最大利益处理信托事务。

受托人管理信托财产,必须恪尽职守,履行诚实、信用、谨慎、有效管理的义务。

第二十六条 受托人除依照本法规定取得报酬外,不得利用信托财产为自己谋取利益。

受托人违反前款规定,利用信托财产为自己谋取利益的,所得利益归入信托财产。

第二十七条 受托人不得将信托财产转为其固有财产。受托人将信托财产转为其固有财产的,必须恢复该信托财产的原状;造成信托财产损失的,应当承担赔偿责任。

第二十八条 受托人不得将其固有财产与信托财产进行交易或者将不同委托人的信托财产进行相互交易,但信托文件另有规定或者经委托人或者受益人同意,并以公平的市场价格进行交易的除外。

受托人违反前款规定,造成信托财产损失的,应当承担赔偿责任。

第二十九条 受托人必须将信托财产与其固有财产分别管理、分别记帐,并将不同委托人的信托财产分别管理、分别记帐。

第三十条 受托人应当自己处理信托事务,但信托文件另有规定或者有不得已事由的,可以委托他人代为处理。

受托人依法将信托事务委托他人代理的,应当对他人处理信托事务的行为承担责任。

第三十一条 同一信托的受托人有两个以上的,为共同受托人。

共同受托人应当共同处理信托事务，但信托文件规定对某些具体事务由受托人分别处理的，从其规定。

共同受托人共同处理信托事务，意见不一致时，按信托文件规定处理；信托文件未规定的，由委托人、受益人或者其利害关系人决定。

第三十二条 共同受托人处理信托事务对第三人所负债务，应当承担连带清偿责任。第三人对共同受托人之一所作的意思表示，对其他受托人同样有效。

共同受托人之一违反信托目的处分信托财产或者因违背管理职责、处理信托事务不当致使信托财产受到损失的，其他受托人应当承担连带赔偿责任。

第三十三条 受托人必须保存处理信托事务的完整记录。

受托人应当每年定期将信托财产的管理运用、处分及收支情况，报告委托人和受益人。

受托人对委托人、受益人以及处理信托事务的情况和资料负有依法保密的义务。

第三十四条 受托人以信托财产为限向受益人承担支付信托利益的义务。

第三十五条 受托人有权依照信托文件的约定取得报酬。信托文件未作事先约定的，经信托当事人协商同意，可以作出补充约定；未作事先约定和补充约定的，不得收取报酬。

约定的报酬经信托当事人协商同意，可以增减其数额。

第三十六条 受托人违反信托目的处分信托财产或者因违背管理职责、处理信托事务不当致使信托财产受到损失的，在未恢复信托财产的原状或者未予赔偿前，不得请求给付报酬。

第三十七条 受托人因处理信托事务所支出的费用、对第三人所负债务，以信托财产承担。受托人以其固有财产先行支付的，对信托财产享有优先受偿的权利。

受托人违背管理职责或者处理信托事务不当对第三人所负债务或者自己所受到的损失，以其固有财产承担。

第三十八条 设立信托后，经委托人和受益人同意，受托人可以辞任。本法对公益信托的受托人辞任另有规定的，从其规定。

受托人辞任的，在新受托人选出前仍应履行管理信托事务的职责。

第三十九条 受托人有下列情形之一的，其职责终止：

（一）死亡或者被依法宣告死亡；

（二）被依法宣告为无民事行为能力人或者限制民事行为能力人；

（三）被依法撤销或者被宣告破产；

（四）依法解散或者法定资格丧失；

（五）辞任或者被解任；

（六）法律、行政法规规定的其他情形。

受托人职责终止时，其继承人或者遗产管理人、监护人、清算人应当妥善保管信托财产，协助新受托人接管信托事务。

第四十条 受托人职责终止的，依照信托文件规定选任新受托人；信托文件未规定的，由委托人选任；委托人不指定或者无能力指定的，由受益人选任；受益人为无民事行为能力人或者限制民事行为能力人的，依法由其监护人代行选任。

原受托人处理信托事务的权利和义务，由新受托人承继。

第四十一条 受托人有本法第三十九条第一款第（三）项至第（六）项所列情形之一，职责终止的，应当作出处理信托事务的报告，并向新受托人办理信托财产和信托事务的移交手续。

前款报告经委托人或者受益人认可，原受托人就报告中所列事项解除责任。但原受托人有不正当行为的除外。

第四十二条 共同受托人之一职责终止的，信托财产由其他受托人管理和处分。

第三节 受 益 人

第四十三条 受益人是在信托中享有信托受益权的人。受益人可以是自然人、法人或者依法成立的其他组织。

委托人可以是受益人，也可以是同一信托的唯一受益人。

受托人可以是受益人，但不得是同一信托的唯一受益人。

第四十四条 受益人自信托生效之日起享有信托受益权。信托文件另有规定的，从其规定。

第四十五条 共同受益人按照信托文件的规定享受信托利益。信托文件对信托利益的分配比例或者分配方法未作规定的，各受益人按照均等的比例享受信托利益。

第四十六条 受益人可以放弃信托受益权。

全体受益人放弃信托受益权的，信托终止。

部分受益人放弃信托受益权的，被放弃的信托受益权按下列顺序确定归属：

（一）信托文件规定的人；

（二）其他受益人；

（三）委托人或者其继承人。

第四十七条 受益人不能清偿到期债务的,其信托受益权可以用于清偿债务,但法律、行政法规以及信托文件有限制性规定的除外。

第四十八条 受益人的信托受益权可以依法转让和继承,但信托文件有限制性规定的除外。

第四十九条 受益人可以行使本法第二十条至第二十三条规定的委托人享有的权利。受益人行使上述权利,与委托人意见不一致时,可以申请人民法院作出裁定。

受托人有本法第二十二条第一款所列行为,共同受益人之一申请人民法院撤销该处分行为的,人民法院所作出的撤销裁定,对全体共同受益人有效。

第五章 信托的变更与终止

第五十条 委托人是唯一受益人的,委托人或者其继承人可以解除信托。信托文件另有规定的,从其规定。

第五十一条 设立信托后,有下列情形之一的,委托人可以变更受益人或者处分受益人的信托受益权:

(一)受益人对委托人有重大侵权行为;

(二)受益人对其他共同受益人有重大侵权行为;

(三)经受益人同意;

(四)信托文件规定的其他情形。

有前款第(一)项、第(三)项、第(四)项所列情形之一的,委托人可以解除信托。

第五十二条 信托不因委托人或者受托人的死亡、丧失民事行为能力、依法解散、被依法撤销或者被宣告破产而终止,也不因受托人的辞任而终止。但本法或者信托文件另有规定的除外。

第五十三条 有下列情形之一的,信托终止:

(一)信托文件规定的终止事由发生;

(二)信托的存续违反信托目的;

(三)信托目的已经实现或者不能实现;

(四)信托当事人协商同意;

(五)信托被撤销;

(六)信托被解除。

第五十四条 信托终止的,信托财产归属于信托文件规定的人;信托文件未规定的，按下列顺序确定归属：

（一）受益人或者其继承人；

（二）委托人或者其继承人。

第五十五条 依照前条规定，信托财产的归属确定后，在该信托财产转移给权利归属人的过程中，信托视为存续，权利归属人视为受益人。

第五十六条 信托终止后，人民法院依据本法第十七条的规定对原信托财产进行强制执行的，以权利归属人为被执行人。

第五十七条 信托终止后，受托人依照本法规定行使请求给付报酬、从信托财产中获得补偿的权利时，可以留置信托财产或者对信托财产的权利归属人提出请求。

第五十八条 信托终止的，受托人应当作出处理信托事务的清算报告。受益人或者信托财产的权利归属人对清算报告无异议的，受托人就清算报告所列事项解除责任。但受托人有不正当行为的除外。

第六章 公益信托

第五十九条 公益信托适用本章规定。本章未规定的，适用本法及其他相关法律的规定。

第六十条 为了下列公共利益目的之一而设立的信托，属于公益信托：

（一）救济贫困；

（二）救助灾民；

（三）扶助残疾人；

（四）发展教育、科技、文化、艺术、体育事业；

（五）发展医疗卫生事业；

（六）发展环境保护事业，维护生态环境；

（七）发展其他社会公益事业。

第六十一条 国家鼓励发展公益信托。

第六十二条 公益信托的设立和确定其受托人，应当经有关公益事业的管理机构（以下简称公益事业管理机构）批准。

未经公益事业管理机构的批准，不得以公益信托的名义进行活动。

公益事业管理机构对于公益信托活动应当给予支持。

第六十三条 公益信托的信托财产及其收益，不得用于非公益目的。

第六十四条 公益信托应当设置信托监察人。

信托监察人由信托文件规定。信托文件未规定的,由公益事业管理机构指定。

第六十五条 信托监察人有权以自己的名义,为维护受益人的利益,提起诉讼或者实施其他法律行为。

第六十六条 公益信托的受托人未经公益事业管理机构批准,不得辞任。

第六十七条 公益事业管理机构应当检查受托人处理公益信托事务的情况及财产状况。

受托人应当至少每年一次作出信托事务处理情况及财产状况报告,经信托监察人认可后,报公益事业管理机构核准,并由受托人予以公告。

第六十八条 公益信托的受托人违反信托义务或者无能力履行其职责的,由公益事业管理机构变更受托人。

第六十九条 公益信托成立后,发生设立信托时不能预见的情形,公益事业管理机构可以根据信托目的,变更信托文件中的有关条款。

第七十条 公益信托终止的,受托人应当于终止事由发生之日起十五日内,将终止事由和终止日期报告公益事业管理机构。

第七十一条 公益信托终止的,受托人作出的处理信托事务的清算报告,应当经信托监察人认可后,报公益事业管理机构核准,并由受托人予以公告。

第七十二条 公益信托终止,没有信托财产权利归属人或者信托财产权利归属人是不特定的社会公众的,经公益事业管理机构批准,受托人应当将信托财产用于与原公益目的相近似的目的,或者将信托财产转移给具有近似目的的公益组织或者其他公益信托。

第七十三条 公益事业管理机构违反本法规定的,委托人、受托人或者受益人有权向人民法院起诉。

第七章 附　　则

第七十四条 本法自2001年10月1日起施行。

中国人民银行　中国银行保险监督管理委员会 中国证券监督管理委员会　国家外汇管理局 关于规范金融机构资产管理业务的指导意见

（2018年4月27日银发〔2018〕106号发布施行）

近年来，我国资产管理业务快速发展，在满足居民和企业投融资需求、改善社会融资结构等方面发挥了积极作用，但也存在部分业务发展不规范、多层嵌套、刚性兑付、规避金融监管和宏观调控等问题。按照党中央、国务院决策部署，为规范金融机构资产管理业务，统一同类资产管理产品监管标准，有效防控金融风险，引导社会资金流向实体经济，更好地支持经济结构调整和转型升级，经国务院同意，现提出以下意见：

一、规范金融机构资产管理业务主要遵循以下原则：

（一）坚持严控风险的底线思维。把防范和化解资产管理业务风险放到更加重要的位置，减少存量风险，严防增量风险。

（二）坚持服务实体经济的根本目标。既充分发挥资产管理业务功能，切实服务实体经济投融资需求，又严格规范引导，避免资金脱实向虚在金融体系内部自我循环，防止产品过于复杂，加剧风险跨行业、跨市场、跨区域传递。

（三）坚持宏观审慎管理与微观审慎监管相结合、机构监管与功能监管相结合的监管理念。实现对各类机构开展资产管理业务的全面、统一覆盖，采取有效监管措施，加强金融消费者权益保护。

（四）坚持有的放矢的问题导向。重点针对资产管理业务的多层嵌套、杠杆不清、套利严重、投机频繁等问题，设定统一的标准规制，同时对金融创新坚持趋利避害、一分为二，留出发展空间。

（五）坚持积极稳妥审慎推进。正确处理改革、发展、稳定关系，坚持防范风险与有序规范相结合，在下决心处置风险的同时，充分考虑市场承受能力，合理设置过渡期，把握好工作的次序、节奏、力度，加强市场沟通，有效引导市场预期。

二、资产管理业务是指银行、信托、证券、基金、期货、保险资产管理机构、金融资产投资公司等金融机构接受投资者委托，对受托的投资者财产进行投资和管理的金融服务。金融机构为委托人利益履行诚实信用、勤勉尽责义务并收取相应的管理费用,委托人自担投资风险并获得收益。金融机构可以与委托人在合同中事先约定收取合理的业绩报酬,业绩报酬计入管理费,须与产品一一对应并逐个结算,不同产品之间不得相互串用。

资产管理业务是金融机构的表外业务,金融机构开展资产管理业务时不得承诺保本保收益。出现兑付困难时,金融机构不得以任何形式垫资兑付。金融机构不得在表内开展资产管理业务。

私募投资基金适用私募投资基金专门法律、行政法规,私募投资基金专门法律、行政法规中没有明确规定的适用本意见,创业投资基金、政府出资产业投资基金的相关规定另行制定。

三、资产管理产品包括但不限于人民币或外币形式的银行非保本理财产品,资金信托,证券公司、证券公司子公司、基金管理公司、基金管理子公司、期货公司、期货公司子公司、保险资产管理机构、金融资产投资公司发行的资产管理产品等。依据金融管理部门颁布规则开展的资产证券化业务,依据人力资源社会保障部门颁布规则发行的养老金产品,不适用本意见。

四、资产管理产品按照募集方式的不同,分为公募产品和私募产品。公募产品面向不特定社会公众公开发行。公开发行的认定标准依照《中华人民共和国证券法》执行。私募产品面向合格投资者通过非公开方式发行。

资产管理产品按照投资性质的不同,分为固定收益类产品、权益类产品、商品及金融衍生品类产品和混合类产品。固定收益类产品投资于存款、债券等债权类资产的比例不低于80%,权益类产品投资于股票、未上市企业股权等权益类资产的比例不低于80%,商品及金融衍生品类产品投资于商品及金融衍生品的比例不低于80%,混合类产品投资于债权类资产、权益类资产、商品及金融衍生品类资产且任一资产的投资比例未达到前三类产品标准。非因金融机构主观因素导致突破前述比例限制的,金融机构应当在流动性受限资产可出售、可转让或者恢复交易的15个交易日内调整至符合要求。

金融机构在发行资产管理产品时,应当按照上述分类标准向投资者明示资产管理产品的类型,并按照确定的产品性质进行投资。在产品成立后至到期日前,不得擅自改变产品类型。混合类产品投资债权类资产、权益类资产和商品及金融衍生品类资产的比例范围应当在发行产品时予以确定并向投资者明示,在产品成立后至到期日前不得擅自改变。产品的实际投向不得违反合同约定,如有改变,除高风险类型的产品超出比例范围投资较低风险资产外,应当先行取得投资者书面同意,并履行登记备案等法律法规以及金融监督管理部门规定的程序。

五、资产管理产品的投资者分为不特定社会公众和合格投资者两大类。合格投资者是指具备相应风险识别能力和风险承担能力，投资于单只资产管理产品不低于一定金额且符合下列条件的自然人和法人或者其他组织。

（一）具有2年以上投资经历，且满足以下条件之一：家庭金融净资产不低于300万元，家庭金融资产不低于500万元，或者近3年本人年均收入不低于40万元。

（二）最近1年末净资产不低于1000万元的法人单位。

（三）金融管理部门视为合格投资者的其他情形。

合格投资者投资于单只固定收益类产品的金额不低于30万元，投资于单只混合类产品的金额不低于40万元，投资于单只权益类产品、单只商品及金融衍生品类产品的金额不低于100万元。

投资者不得使用贷款、发行债券等筹集的非自有资金投资资产管理产品。

六、金融机构发行和销售资产管理产品，应当坚持“了解产品”和“了解客户”的经营理念，加强投资者适当性管理，向投资者销售与其风险识别能力和风险承担能力相适应的资产管理产品。禁止欺诈或者误导投资者购买与其风险承担能力不匹配的资产管理产品。金融机构不得通过拆分资产管理产品的方式，向风险识别能力和风险承担能力低于产品风险等级的投资者销售资产管理产品。

金融机构应当加强投资者教育，不断提高投资者的金融知识水平和风险意识，向投资者传递“卖者尽责、买者自负”的理念，打破刚性兑付。

七、金融机构开展资产管理业务，应当具备与资产管理业务发展相适应的管理体系和管理制度，公司治理良好，风险管理、内部控制和问责机制健全。

金融机构应当建立健全资产管理业务人员的资格认定、培训、考核评价和问责制度，确保从事资产管理业务的人员具备必要的专业知识、行业经验和管理能力，充分了解相关法律法规、监管规定以及资产管理产品的法律关系、交易结构、主要风险和风险管控方式，遵守行为准则和职业道德标准。

对于违反相关法律法规以及本意见规定的金融机构资产管理业务从业人员，依法采取处罚措施直至取消从业资格，禁止其在其他类型金融机构从事资产管理业务。

八、金融机构运用受托资金进行投资，应当遵守审慎经营规则，制定科学合理的投资策略和风险管理制度，有效防范和控制风险。

金融机构应当履行以下管理人职责：

（一）依法募集资金，办理产品份额的发售和登记事宜。

（二）办理产品登记备案或者注册手续。

（三）对所管理的不同产品受托财产分别管理、分别记账，进行投资。

（四）按照产品合同的约定确定收益分配方案，及时向投资者分配收益。

（五）进行产品会计核算并编制产品财务会计报告。

（六）依法计算并披露产品净值或者投资收益情况，确定申购、赎回价格。

（七）办理与受托财产管理业务活动有关的信息披露事项。

（八）保存受托财产管理业务活动的记录、账册、报表和其他相关资料。

（九）以管理人名义，代表投资者利益行使诉讼权利或者实施其他法律行为。

（十）在兑付受托资金及收益时，金融机构应当保证受托资金及收益返回委托人的原账户、同名账户或者合同约定的受益人账户。

（十一）金融监督管理部门规定的其他职责。

金融机构未按照诚实信用、勤勉尽责原则切实履行受托管理职责，造成投资者损失的，应当依法向投资者承担赔偿责任。

九、金融机构代理销售其他金融机构发行的资产管理产品，应当符合金融监督管理部门规定的资质条件。未经金融监督管理部门许可，任何非金融机构和个人不得代理销售资产管理产品。

金融机构应当建立资产管理产品的销售授权管理体系，明确代理销售机构的准入标准和程序，明确界定双方的权利与义务，明确相关风险的承担责任和转移方式。

金融机构代理销售资产管理产品，应当建立相应的内部审批和风险控制程序，对发行或者管理机构的信用状况、经营管理能力、市场投资能力、风险处置能力等开展尽职调查，要求发行或者管理机构提供详细的产品介绍、相关市场分析和风险收益测算报告，进行充分的信息验证和风险审查，确保代理销售的产品符合本意见规定并承担相应责任。

十、公募产品主要投资标准化债权类资产以及上市交易的股票，除法律法规和金融管理部门另有规定外，不得投资未上市企业股权。公募产品可以投资商品及金融衍生品，但应当符合法律法规以及金融管理部门的相关规定。

私募产品的投资范围由合同约定，可以投资债权类资产、上市或挂牌交易的股票、未上市企业股权（含债转股）和受（收）益权以及符合法律法规规定的其他资产，并严格遵守投资者适当性管理要求。鼓励充分运用私募产品支持市场化、法治化债转股。

十一、资产管理产品进行投资应当符合以下规定：

（一）标准化债权类资产应当同时符合以下条件：

1. 等分化，可交易。

2. 信息披露充分。

3. 集中登记，独立托管。

4. 公允定价,流动性机制完善。

5. 在银行间市场、证券交易所市场等经国务院同意设立的交易市场交易。

标准化债权类资产的具体认定规则由中国人民银行会同金融监督管理部门另行制定。

标准化债权类资产之外的债权类资产均为非标准化债权类资产。金融机构发行资产管理产品投资于非标准化债权类资产的,应当遵守金融监督管理部门制定的有关限额管理、流动性管理等监管标准。金融监督管理部门未制定相关监管标准的,由中国人民银行督促根据本意见要求制定监管标准并予以执行。

金融机构不得将资产管理产品资金直接投资于商业银行信贷资产。商业银行信贷资产受(收)益权的投资限制由金融管理部门另行制定。

(二)资产管理产品不得直接或者间接投资法律法规和国家政策禁止进行债权或股权投资的行业和领域。

(三)鼓励金融机构在依法合规、商业可持续的前提下,通过发行资产管理产品募集资金投向符合国家战略和产业政策要求、符合国家供给侧结构性改革政策要求的领域。鼓励金融机构通过发行资产管理产品募集资金支持经济结构转型,支持市场化、法治化债转股,降低企业杠杆率。

(四)跨境资产管理产品及业务参照本意见执行,并应当符合跨境人民币和外汇管理有关规定。

十二、金融机构应当向投资者主动、真实、准确、完整、及时披露资产管理产品募集信息、资金投向、杠杆水平、收益分配、托管安排、投资账户信息和主要投资风险等内容。国家法律法规另有规定的,从其规定。

对于公募产品,金融机构应当建立严格的信息披露管理制度,明确定期报告、临时报告、重大事项公告、投资风险披露要求以及具体内容、格式。在本机构官方网站或者通过投资者便于获取的方式披露产品净值或者投资收益情况,并定期披露其他重要信息:开放式产品按照开放频率披露,封闭式产品至少每周披露一次。

对于私募产品,其信息披露方式、内容、频率由产品合同约定,但金融机构应当至少每季度向投资者披露产品净值和其他重要信息。

对于固定收益类产品,金融机构应当通过醒目方式向投资者充分披露和提示产品的投资风险,包括但不限于产品投资债券面临的利率、汇率变化等市场风险以及债券价格波动情况,产品投资每笔非标准化债权类资产的融资客户、项目名称、剩余融资期限、到期收益分配、交易结构、风险状况等。

对于权益类产品,金融机构应当通过醒目方式向投资者充分披露和提示产品的投资风险,包括产品投资股票面临的风险以及股票价格波动情况等。

对于商品及金融衍生品类产品，金融机构应当通过醒目方式向投资者充分披露产品的挂钩资产、持仓风险、控制措施以及衍生品公允价值变化等。

对于混合类产品，金融机构应当通过醒目方式向投资者清晰披露产品的投资资产组合情况，并根据固定收益类、权益类、商品及金融衍生品类资产投资比例充分披露和提示相应的投资风险。

十三、主营业务不包括资产管理业务的金融机构应当设立具有独立法人地位的资产管理子公司开展资产管理业务，强化法人风险隔离，暂不具备条件的可以设立专门的资产管理业务经营部门开展业务。

金融机构不得为资产管理产品投资的非标准化债权类资产或者股权类资产提供任何直接或间接、显性或隐性的担保、回购等代为承担风险的承诺。

金融机构开展资产管理业务，应当确保资产管理业务与其他业务相分离，资产管理产品与其代销的金融产品相分离，资产管理产品之间相分离，资产管理业务操作与其他业务操作相分离。

十四、本意见发布后，金融机构发行的资产管理产品资产应当由具有托管资质的第三方机构独立托管，法律、行政法规另有规定的除外。

过渡期内，具有证券投资基金托管业务资质的商业银行可以托管本行理财产品，但应当为每只产品单独开立托管账户，确保资产隔离。过渡期后，具有证券投资基金托管业务资质的商业银行应当设立具有独立法人地位的子公司开展资产管理业务，该商业银行可以托管子公司发行的资产管理产品，但应当实现实质性的独立托管。独立托管有名无实的，由金融监督管理部门进行纠正和处罚。

十五、金融机构应当做到每只资产管理产品的资金单独管理、单独建账、单独核算，不得开展或者参与具有滚动发行、集合运作、分离定价特征的资金池业务。

金融机构应当合理确定资产管理产品所投资资产的期限，加强对期限错配的流动性风险管理，金融监督管理部门应当制定流动性风险管理规定。

为降低期限错配风险，金融机构应当强化资产管理产品久期管理，封闭式资产管理产品期限不得低于90天。资产管理产品直接或者间接投资于非标准化债权类资产的，非标准化债权类资产的终止日不得晚于封闭式资产管理产品的到期日或者开放式资产管理产品的最近一次开放日。

资产管理产品直接或者间接投资于未上市企业股权及其受（收）益权的，应当为封闭式资产管理产品，并明确股权及其受（收）益权的退出安排。未上市企业股权及其受（收）益权的退出日不得晚于封闭式资产管理产品的到期日。

金融机构不得违反金融监督管理部门的规定，通过为单一融资项目设立多只资产管理产品的方式，变相突破投资人数限制或者其他监管要求。同一金融机构发行多只资产管理产品投资同一资产的,为防止同一资产发生风险波及多只资产管理产品,多只资产管理产品投资该资产的资金总规模合计不得超过300亿元。如果超出该限额,需经相关金融监督管理部门批准。

十六、金融机构应当做到每只资产管理产品所投资资产的风险等级与投资者的风险承担能力相匹配,做到每只产品所投资资产构成清晰,风险可识别。

金融机构应当控制资产管理产品所投资资产的集中度:

(一)单只公募资产管理产品投资单只证券或者单只证券投资基金的市值不得超过该资产管理产品净资产的10%。

(二)同一金融机构发行的全部公募资产管理产品投资单只证券或者单只证券投资基金的市值不得超过该证券市值或者证券投资基金市值的30%。其中,同一金融机构全部开放式公募资产管理产品投资单一上市公司发行的股票不得超过该上市公司可流通股票的15%。

(三)同一金融机构全部资产管理产品投资单一上市公司发行的股票不得超过该上市公司可流通股票的30%。

金融监督管理部门另有规定的除外。

非因金融机构主观因素导致突破前述比例限制的,金融机构应当在流动性受限资产可出售、可转让或者恢复交易的10个交易日内调整至符合相关要求。

十七、金融机构应当按照资产管理产品管理费收入的10%计提风险准备金,或者按照规定计量操作风险资本或相应风险资本准备。风险准备金余额达到产品余额的1%时可以不再提取。风险准备金主要用于弥补因金融机构违法违规、违反资产管理产品协议、操作错误或者技术故障等给资产管理产品财产或者投资者造成的损失。金融机构应当定期将风险准备金的使用情况报告金融管理部门。

十八、金融机构对资产管理产品应当实行净值化管理,净值生成应当符合企业会计准则规定,及时反映基础金融资产的收益和风险,由托管机构进行核算并定期提供报告,由外部审计机构进行审计确认,被审计金融机构应当披露审计结果并同时报送金融管理部门。

金融资产坚持公允价值计量原则,鼓励使用市值计量。符合以下条件之一的,可按照企业会计准则以摊余成本进行计量:

(一)资产管理产品为封闭式产品,且所投金融资产以收取合同现金流量为目的并持有到期。

(二)资产管理产品为封闭式产品,且所投金融资产暂不具备活跃交易市场,或者在活跃市场中没有报价、也不能采用估值技术可靠计量公允价值。

金融机构以摊余成本计量金融资产净值,应当采用适当的风险控制手段,对金融资产净值的公允性进行评估。当以摊余成本计量已不能真实公允反映金融资产净值时，托管机构应当督促金融机构调整会计核算和估值方法。金融机构前期以摊余成本计量的金融资产的加权平均价格与资产管理产品实际兑付时金融资产的价值的偏离度不得达到5%或以上，如果偏离5%或以上的产品数超过所发行产品总数的5%，金融机构不得再发行以摊余成本计量金融资产的资产管理产品。

十九、经金融管理部门认定，存在以下行为的视为刚性兑付：

（一）资产管理产品的发行人或者管理人违反真实公允确定净值原则，对产品进行保本保收益。

（二）采取滚动发行等方式，使得资产管理产品的本金、收益、风险在不同投资者之间发生转移，实现产品保本保收益。

（三）资产管理产品不能如期兑付或者兑付困难时，发行或者管理该产品的金融机构自行筹集资金偿付或者委托其他机构代为偿付。

（四）金融管理部门认定的其他情形。

经认定存在刚性兑付行为的，区分以下两类机构进行惩处：

（一）存款类金融机构发生刚性兑付的，认定为利用具有存款本质特征的资产管理产品进行监管套利，由国务院银行保险监督管理机构和中国人民银行按照存款业务予以规范，足额补缴存款准备金和存款保险保费，并予以行政处罚。

（二）非存款类持牌金融机构发生刚性兑付的，认定为违规经营，由金融监督管理部门和中国人民银行依法纠正并予以处罚。

任何单位和个人发现金融机构存在刚性兑付行为的，可以向金融管理部门举报，查证属实且举报内容未被相关部门掌握的，给予适当奖励。

外部审计机构在对金融机构进行审计时，如果发现金融机构存在刚性兑付行为的，应当及时报告金融管理部门。外部审计机构在审计过程中未能勤勉尽责，依法追究相应责任或依法依规给予行政处罚，并将相关信息纳入全国信用信息共享平台，建立联合惩戒机制。

二十、资产管理产品应当设定负债比例（总资产/净资产）上限，同类产品适用统一的负债比例上限。每只开放式公募产品的总资产不得超过该产品净资产的140%，每只封闭式公募产品、每只私募产品的总资产不得超过该产品净资产的200%。计算单只产品的总资产时应当按照穿透原则合并计算所投资资产管理产品的总资产。

金融机构不得以受托管理的资产管理产品份额进行质押融资，放大杠杆。

二十一、公募产品和开放式私募产品不得进行份额分级。

分级私募产品的总资产不得超过该产品净资产的140%。分级私募产品应当根据所投资资产的风险程度设定分级比例(优先级份额/劣后级份额,中间级份额计入优先级份额)。固定收益类产品的分级比例不得超过3:1,权益类产品的分级比例不得超过1:1,商品及金融衍生品类产品、混合类产品的分级比例不得超过2:1。发行分级资产管理产品的金融机构应当对该资产管理产品进行自主管理,不得转委托给劣后级投资者。

分级资产管理产品不得直接或者间接对优先级份额认购者提供保本保收益安排。

本条所称分级资产管理产品是指存在一级份额以上的份额为其他级份额提供一定的风险补偿,收益分配不按份额比例计算,由资产管理合同另行约定的产品。

二十二、金融机构不得为其他金融机构的资产管理产品提供规避投资范围、杠杆约束等监管要求的通道服务。

资产管理产品可以再投资一层资产管理产品,但所投资的资产管理产品不得再投资公募证券投资基金以外的资产管理产品。

金融机构将资产管理产品投资于其他机构发行的资产管理产品,从而将本机构的资产管理产品资金委托给其他机构进行投资的,该受托机构应当为具有专业投资能力和资质的受金融监督管理部门监管的机构。公募资产管理产品的受托机构应当为金融机构,私募资产管理产品的受托机构可以为私募基金管理人。受托机构应当切实履行主动管理职责,不得进行转委托,不得再投资公募证券投资基金以外的资产管理产品。委托机构应当对受托机构开展尽职调查,实行名单制管理,明确规定受托机构的准入标准和程序、责任和义务、存续期管理、利益冲突防范机制、信息披露义务以及退出机制。委托机构不得因委托其他机构投资而免除自身应当承担的责任。

金融机构可以聘请具有专业资质的受金融监督管理部门监管的机构作为投资顾问。投资顾问提供投资建议指导委托机构操作。

金融监督管理部门和国家有关部门应当对各类金融机构开展资产管理业务实行平等准入、给予公平待遇。资产管理产品应当在账户开立、产权登记、法律诉讼等方面享有平等的地位。金融监督管理部门基于风险防控考虑,确实需要对其他行业金融机构发行的资产管理产品采取限制措施的,应当充分征求相关部门意见并达成一致。

二十三、运用人工智能技术开展投资顾问业务应当取得投资顾问资质,非金融机构不得借助智能投资顾问超范围经营或者变相开展资产管理业务。

金融机构运用人工智能技术开展资产管理业务应当严格遵守本意见有关投资者适当性、投资范围、信息披露、风险隔离等一般性规定,不得借助人工智能业务夸大宣传资产管理产品或者误导投资者。金融机构应当向金融监督管理部门报备人工智能模型的主要参数以及资产配置的主要逻辑，为投资者单独设立智能管理账户，充分提示人工智能算法的固有缺陷和使用风险，明晰交易流程，强化留痕管理，严格监控智能管理账户的交易头寸、风险限额、交易种类、价格权限等。金融机构因违法违规或者管理不当造成投资者损失的，应当依法承担损害赔偿责任。

金融机构应当根据不同产品投资策略研发对应的人工智能算法或者程序化交易，避免算法同质化加剧投资行为的顺周期性，并针对由此可能引发的市场波动风险制定应对预案。因算法同质化、编程设计错误、对数据利用深度不够等人工智能算法模型缺陷或者系统异常，导致羊群效应、影响金融市场稳定运行的，金融机构应当及时采取人工干预措施，强制调整或者终止人工智能业务。

二十四、金融机构不得以资产管理产品的资金与关联方进行不正当交易、利益输送、内幕交易和操纵市场，包括但不限于投资于关联方虚假项目、与关联方共同收购上市公司、向本机构注资等。

金融机构的资产管理产品投资本机构、托管机构及其控股股东、实际控制人或者与其有其他重大利害关系的公司发行或者承销的证券，或者从事其他重大关联交易的，应当建立健全内部审批机制和评估机制，并向投资者充分披露信息。

二十五、建立资产管理产品统一报告制度。中国人民银行负责统筹资产管理产品的数据编码和综合统计工作，会同金融监督管理部门拟定资产管理产品统计制度，建立资产管理产品信息系统，规范和统一产品标准、信息分类、代码、数据格式，逐只产品统计基本信息、募集信息、资产负债信息和终止信息。中国人民银行和金融监督管理部门加强资产管理产品的统计信息共享。金融机构应当将含债权投资的资产管理产品信息报送至金融信用信息基础数据库。

金融机构于每只资产管理产品成立后 5 个工作日内，向中国人民银行和金融监督管理部门同时报送产品基本信息和起始募集信息；于每月 10 日前报送存续期募集信息、资产负债信息，于产品终止后 5 个工作日内报送终止信息。

中央国债登记结算有限责任公司、中国证券登记结算有限公司、银行间市场清算所股份有限公司、上海票据交易所股份有限公司、上海黄金交易所、上海保险交易所股份有限公司、中保保险资产登记交易系统有限公司于每月 10 日前向中国人民银行和金融监督管理部门同时报送资产管理产品持有其登记托管的金融工具的信息。

在资产管理产品信息系统正式运行前，中国人民银行会同金融监督管理部门依据统计制度拟定统一的过渡期数据报送模板；各金融监督管理部门对本行业金融机构发行的资产管理产品，于每月 10 日前按照数据报送模板向中国人民银行提供数据，及时沟通跨行业、跨市场的重大风险信息和事项。

中国人民银行对金融机构资产管理产品统计工作进行监督检查。资产管理产品统计的具体制度由中国人民银行会同相关部门另行制定。

二十六、中国人民银行负责对资产管理业务实施宏观审慎管理，会同金融监督管理部门制定资产管理业务的标准规制。金融监督管理部门实施资产管理业务的市场准入和日常监管，加强投资者保护，依照本意见会同中国人民银行制定出台各自监管领域的实施细则。

本意见正式实施后，中国人民银行会同金融监督管理部门建立工作机制，持续监测资产管理业务的发展和风险状况，定期评估标准规制的有效性和市场影响，及时修订完善，推动资产管理行业持续健康发展。

二十七、对资产管理业务实施监管遵循以下原则：

（一）机构监管与功能监管相结合，按照产品类型而不是机构类型实施功能监管，同一类型的资产管理产品适用同一监管标准，减少监管真空和套利。

（二）实行穿透式监管，对于多层嵌套资产管理产品，向上识别产品的最终投资者，向下识别产品的底层资产（公募证券投资基金除外）。

（三）强化宏观审慎管理，建立资产管理业务的宏观审慎政策框架，完善政策工具，从宏观、逆周期、跨市场的角度加强监测、评估和调节。

（四）实现实时监管，对资产管理产品的发行销售、投资、兑付等各环节进行全面动态监管，建立综合统计制度。

二十八、金融监督管理部门应当根据本意见规定，对违规行为制定和完善处罚规则，依法实施处罚，并确保处罚标准一致。资产管理业务违反宏观审慎管理要求的，由中国人民银行按照法律法规实施处罚。

二十九、本意见实施后，金融监督管理部门在本意见框架内研究制定配套细则，配套细则之间应当相互衔接，避免产生新的监管套利和不公平竞争。按照“新老划断”原则设置过渡期，确保平稳过渡。过渡期为本意见发布之日起至 2020 年底，对提前完成整改的机构，给予适当监管激励。过渡期内，金融机构发行新产品应当符合本意见的规定；为接续存量产品所投资的未到期资产，维持必要的流动性和市场稳定，金融机构可以发行老产品对接，但应当严格控制在存量产品整体规模内，并有序压缩递减，防止过渡期结束时出现断崖效应。金融机构应当制定过渡期内的资产管理业务整改计划，明确时间进度安排，并报送相关金融监督管理部门，由其认可并监督实施，同时报备中国人民银行。过渡期结束后，金融机构的资产管理产品按照本意见进行全面规范（因子公司尚未成立而达不到第三方独立托管要求的情形除外），金融机构不得再发行或存续违反本意见规定的资产管理产品。

三十、资产管理业务作为金融业务，属于特许经营行业，必须纳入金融监管。非金融机构不得发行、销售资产管理产品，国家另有规定的除外。

非金融机构违反上述规定，为扩大投资者范围、降低投资门槛，利用互联网平台等公开宣传、分拆销售具有投资门槛的投资标的、过度强调增信措施掩盖产品风险、设立产品二级交易市场等行为，按照国家规定进行规范清理，构成非法集资、非法吸收公众存款、非法发行证券的，依法追究法律责任。非金融机构违法违规开展资产管理业务的，依法予以处罚；同时承诺或进行刚性兑付的，依法从重处罚。

三十一、本意见自发布之日起施行。

本意见所称"金融管理部门"是指中国人民银行、国务院银行保险监督管理机构、国务院证券监督管理机构和国家外汇管理局。"发行"是指通过公开或者非公开方式向资产管理产品的投资者发出认购邀约，进行资金募集的活动。"销售"是指向投资者宣传推介资产管理产品，办理产品申购、赎回的活动。"代理销售"是指接受合作机构的委托，在本机构渠道向投资者宣传推介、销售合作机构依法发行的资产管理产品的活动。

中国人民银行办公厅关于进一步明确规范金融机构资产管理业务指导意见有关事项的通知

（2018 年 7 月 20 日发布实施）

中国人民银行上海总部，各分行、营业管理部、省会（首府）城市中心支行、副省级城市中心支行；国家开发银行，各政策性银行、国有商业银行、股份制商业银行，中国邮政储蓄银行；各证券公司、基金公司、期货公司、私募投资基金管理机构；各保险资产管理机构：

《关于规范金融机构资产管理业务的指导意见》（银发〔2018〕106 号文，以下简称《指导意见》）自 2018 年 4 月 27 日发布实施以来，对于规范资产管理市场秩序、防范金融风险发挥了积极作用。为了指导金融机构更好地贯彻执行《指导意见》，确保规范资产管理业务工作平稳过渡，为实体经济创造良好的货币金融环境，经人民银行、银保监会、证监会共同研究，现将有关事项进一步明确如下：

一、按照《指导意见》第十条的规定，公募资产管理产品除主要投资标准化债权类资产和上市交易的股票，还可以适当投资非标准化债权类资产，但应当符合《指导意见》关于非标准化债权类资产投资的期限匹配、限额管理、信息披露等监管要求。

二、过渡期内，金融机构可以发行老产品投资新资产，优先满足国家重点领域和重大工程建设续建项目以及中小微企业融资需求，但老产品的整体规模应当控制在《指导意见》发布前存量产品的整体规模内，且所投资新资产的到期日不得晚于2020年底。

三、过渡期内，对于封闭期在半年以上的定期开放式资产管理产品，投资以收取合同现金流量为目的并持有到期的债券，可使用摊余成本计量，但定期开放式产品持有资产组合的久期不得长于封闭期的1.5倍；银行的现金管理类产品在严格监管的前提下，暂参照货币市场基金的“摊余成本+影子定价”方法进行估值。

四、对于通过各种措施确实难以消化、需要回表的存量非标准化债权类资产，在宏观审慎评估（MPA）考核时，合理调整有关参数，发挥其逆周期调节作用，支持符合条件的表外资产回表。

支持有非标准化债权类资产回表需求的银行发行二级资本债补充资本。

五、过渡期结束后，对于由于特殊原因而难以回表的存量非标准化债权类资产，以及未到期的存量股权类资产，经金融监管部门同意，采取适当安排妥善处理。

六、过渡期内，由金融机构按照自主有序方式确定整改计划，经金融监管部门确认后执行。

请将本通知转发至辖区内分支机构和金融机构执行，同时抄送银保监会、证监会当地派出机构。

中国人民银行　中国银行保险监督管理委员会
中国证券监督管理委员会　国家外汇管理局
关于进一步规范金融营销宣传行为的通知

（2019年12月20日银发〔2019〕316号发布，
自2020年1月25日起执行）

为贯彻落实党中央、国务院决策部署和全国金融工作会议要求，进一步规范市场主体金融营销宣传行为，保障金融消费者合法权益，促进金融行业健康平稳发展，根据《中华人民共和国中国人民银行法》、《中华人民共和国银行业监督管理法》、《中华人民共和国证券法》、《中华人民共和国证券投资基金法》、《中华人民共和国保险法》、《国务院办公厅关于加强金融消费者权益保护工作的指导意见》（国办发〔2015〕81号）等相关规定，现就有关事项通知如下：

一、金融营销宣传资质要求

银行业、证券业、保险业金融机构以及其他依法从事金融业务或与金融相关业务的机构（以下统称金融产品或金融服务经营者）应当在国务院金融管理部门和地方金融监管部门许可的金融业务范围内开展金融营销宣传，不得开展超出业务许可范围的金融营销宣传活动。

金融行业属于特许经营行业，不得无证经营或超范围经营金融业务。金融营销宣传是金融经营活动的重要环节，未取得相应金融业务资质的市场经营主体，不得开展与该金融业务相关的营销宣传活动。但信息发布平台、传播媒介等依法接受取得金融业务资质的金融产品或金融服务经营者的委托，为其开展金融营销宣传活动的除外。

二、监管部门职责分工

国务院金融管理部门及其分支机构或派出机构应当按照法定职责分工，切实做好金融营销宣传行为监督管理工作。国务院金融管理部门分支机构或派出机构应当以金融产品或金融服务经营者住所地为基础，以问题导向为原则，对违法违规金融营销宣传线索依法进行甄别处理，并将金融产品或金融服务经营者的金融营销宣传监督管理情况纳入金融消费者权益保护评估评价中。国务院金融管理部门对属地监督管理另有明确规定的，从其规定。

国务院金融管理部门分支机构或派出机构要与地方政府有关部门加强合作，建立健全协调机制，并根据各自的法定职责分工，监管辖区内的金融营销宣传行为。对于未取得相应金融业务资质以及未依法作为受托人的市场经营主体开展与金融业务相关的营销宣传活动的，根据其所涉及的金融业务，相关国务院金融管理部门分支机构或派出机构应当与地方政府相关部门加强沟通配合，依法、依职责做好相关监测处置工作。

对于涉及金融营销宣传的重大突发事件，按照相关国务院金融管理部门和地方政府的应急管理制度要求进行处置。

三、金融营销宣传行为规范

本通知所称金融营销宣传行为，是指金融产品或金融服务经营者利用各种宣传工具或方式，就金融产品或金融服务进行宣传、推广的行为。

（一）建立健全金融营销宣传内控制度和管理机制。金融产品或金融服务经营者应当完善金融营销宣传工作制度，指定牵头部门，明确人员职责，建立健全金融营销宣传内控制度，并将金融营销宣传管理纳入金融消费者权益保护工作，加强金融营销宣传合规专题教育和培训，健全金融营销宣传管理长效机制。

（二）建立健全金融营销宣传行为监测工作机制。金融产品或金融服务经营者应当对本机构金融营销宣传活动进行监测，并配合国务院金融管理部门相关工作。如在监测过程中发现金融营销宣传行为违反本通知规定，金融产品或金融服务经营者应当及时改正。

（三）加强对业务合作方金融营销宣传行为的监督。金融产品或金融服务经营者应当依法审慎确定与业务合作方的合作形式，明确约定本机构与业务合作方在金融营销宣传中的责任，共同确保相关金融营销宣传行为合法合规。金融产品或金融服务经营者应当监督业务合作方作出的与本机构相关的营销宣传活动。除法律、法规、规章另有规定外，金融产品或金融服务经营者不得以业务合作方金融营销宣传行为非本机构作出为由，转移、减免应承担的责任。

（四）不得非法或超范围开展金融营销宣传活动。金融产品或金融服务经营者进行金融营销宣传，应当具有能够证明合法经营资质的材料，以便相关金融消费者或业务合作方等进行查验。证明材料包括但不限于经营许可证、备案文件、行业自律组织资格等与金融产品或金融服务相关的身份资质信息。金融产品或金融服务经营者应当确保金融营销宣传在形式和实质上未超出上述证明材料载明的业务许可范围。

（五）不得以欺诈或引人误解的方式对金融产品或金融服务进行营销宣传。金融营销宣传不得引用不真实、不准确的数据和资料；不得隐瞒限制条件；不得对过往业绩进行虚假或夸大表述；不得对资产管理产品未来效果、收益或相关情况作出保证性承诺，明示或暗示保本、无风险或保收益；不得使用偷换概念、不当类比、隐去假设等不当营销宣传手段。

（六）不得以损害公平竞争的方式开展金融营销宣传活动。金融营销宣传不得以捏造、散布虚假事实等手段恶意诋毁竞争对手，损害同业信誉；不得通过不当评比、不当排序等方式进行金融营销宣传；不得冒用、擅自使用与他人相同或近似等有可能使金融消费者混淆的注册商标、字号、宣传册页。

（七）不得利用政府公信力进行金融营销宣传。金融营销宣传不得利用国务院金融管理部门或地方金融监管部门对金融产品或金融服务的审核或备案程序，误导金融消费者认为国务院金融管理部门或地方金融监管部门对该金融产品或金融服务提供保证，并应当提供对该金融产品或金融服务相关信息的查询方式；不得对未经国务院金融管理部门或地方金融监管部门审核或备案的金融产品或金融服务进行预先宣传或促销。相关法律、法规、规章另有规定的，从其规定。

（八）不得损害金融消费者知情权。金融营销宣传应当通过足以引起金融消费者注意的文字、符号、字体、颜色等特别标识对限制金融消费者权利和加重金融消费者义务的事项进行说明。通过视频、音频方式开展金融营销宣传活动的，应当采取能够使金融消费者足够注意和易于接收理解的适当形式披露告知警示、免责类信息。

（九）不得利用互联网进行不当金融营销宣传。利用互联网开展金融营销宣传活动，不得影响他人正常使用互联网和移动终端，不得提供或利用应用程序、硬件等限制他人合法经营的广告，干扰金融消费者自主选择；以弹出页面等形式发布金融营销宣传广告的，应当显著标明关闭标志，确保一键关闭；不得允许从业人员自行编发或转载未经相关金融产品或金融服务经营者审核的金融营销宣传信息。

（十）不得违规向金融消费者发送金融营销宣传信息。未经金融消费者同意或请求，不得向其住宅、交通工具等发送金融营销信息，也不得以电子信息方式向其发送金融营销信息。以电子信息方式发送金融营销信息的，应当明确发送者的真实身份和联系方式，并向接收者提供拒绝继续接收的方式。

（十一）金融产品或金融服务经营者不得开展法律法规和国务院金融管理部门认定的其他违法违规金融营销宣传活动。

四、其他规定

金融产品或金融服务经营者开展金融营销宣传活动违反上述规定但情节轻微的，国务院金融管理部门及其分支机构或派出机构可依职责对其进行约谈告诫、风险提示并责令限期改正；逾期未改正或其行为侵害金融消费者合法权益的，可依职责责令其暂停开展金融营销宣传活动。对于明确违反相关法律规定的，由国务院金融管理部门及其分支机构、派出机构或相关监管部门依法采取相应措施。

本通知由人民银行、银保监会、证监会、外汇局负责解释。

本通知自 2020 年 1 月 25 日起执行。

请人民银行上海总部，各分行、营业管理部、省会（首府）城市中心支行、副省级城市中心支行会同所在地省（区、市）银保监会、证监会派出机构将本通知转发至辖区内相关机构。

标准化债权类资产认定规则

（2020年7月3日中国人民银行、中国银行保险监督管理委员会、
中国证券监督管理委员会、国家外汇管理局公告
〔2020〕第5号发布，自2020年8月3日起施行）

为规范金融机构资产管理产品投资，强化投资者保护，促进直接融资健康发展，有效防控金融风险，根据《中国人民银行　中国银行保险监督管理委员会　中国证券监督管理委员会　国家外汇管理局关于规范金融机构资产管理业务的指导意见》要求，现就标准化债权类资产的认定制定本规则：

一、本规则所称的标准化债权类资产是指依法发行的债券、资产支持证券等固定收益证券，主要包括国债、中央银行票据、地方政府债券、政府支持机构债券、金融债券、非金融企业债务融资工具、公司债券、企业债券、国际机构债券、同业存单、信贷资产支持证券、资产支持票据、证券交易所挂牌交易的资产支持证券，以及固定收益类公开募集证券投资基金等。

二、其他债权类资产被认定为标准化债权类资产的，应当同时符合以下条件：

（一）等分化，可交易。以簿记建档或招标方式非公开发行，发行与存续期间有2个（含）以上合格投资者，以票面金额或其整数倍作为最小交易单位，具有标准化的交易合同文本。

（二）信息披露充分。发行文件对信息披露方式、内容、频率等具体安排有明确约定，信息披露责任主体确保信息披露真实、准确、完整、及时。

发行文件中明确发行人有义务通过提供现金或金融工具等偿付投资者，或明确以破产隔离的基础资产所产生的现金流偿付投资者，并至少包含发行金额、票面金额、发行价格或利率确定方式、期限、发行方式、承销方式等要素。

（三）集中登记，独立托管。在人民银行和金融监督管理部门认可的债券市场登记托管机构集中登记、独立托管。

（四）公允定价，流动性机制完善。采用询价、双边报价、竞价撮合等交易方式，有做市机构、承销商等积极提供做市、估值等服务。买卖双方优先依据近期成交价格或做市机构、承销商报价确定交易价格。若该资产无近期成交价格或报价，可参考其他第三方估值。提供估值服务的其他第三方估值机构具备完善的公司治理结构，能够有效处理利益冲突，同时通过合理的质量控制手段确保估值质量，并公开

估值方法、估值流程，确保估值透明。

（五）在银行间市场、证券交易所市场等国务院同意设立的交易市场交易。为其提供登记托管、清算结算等基础设施服务的机构，已纳入银行间、交易所债券市场基础设施统筹监管，按照分层有序、有机互补、服务多元的原则与债券市场其他基础设施协调配合，相关业务遵循债券和资产支持证券统一规范安排。

三、符合本规则第二条第五项所列相关要求的机构，可向人民银行提出标准化债权类资产认定申请。人民银行会同金融监督管理部门根据本规则第二条所列条件及有关规定进行认定。

四、不符合本规则第一条、第二条、第三条所列条件的债权类资产，为非标准化债权类资产，但存款（包括大额存单）以及债券逆回购、同业拆借等形成的资产除外。

银行业理财登记托管中心有限公司的理财直接融资工具，银行业信贷资产登记流转中心有限公司的信贷资产流转和收益权转让相关产品，北京金融资产交易所有限公司的债权融资计划，中证机构间报价系统股份有限公司的收益凭证，上海保险交易所股份有限公司的债权投资计划、资产支持计划，以及其他未同时符合本规则第二条所列条件的为单一企业提供债权融资的各类金融产品，是非标准化债权类资产。

未被纳入本规则发布前金融监督管理部门非标准化债权类资产统计范围的资产，在《指导意见》过渡期内，可豁免《指导意见》关于非标准化债权类资产投资的期限匹配、限额管理、集中度管理、信息披露等监管要求。过渡期结束后尚在存续期内的，按照有关规定妥善处理。

五、本规则自 2020 年 8 月 3 日起施行。此前有关规定与《指导意见》及本规则相关要求不一致的，以《指导意见》和本规则为准。

资产管理产品介绍要素　第 2 部分：证券期货资产管理计划及相关产品

（2021 年 5 月 13 日中国证券监督管理委员会公告〔2021〕10 号公布施行）

1　范围

本文件规定了证券期货资产管理计划及相关产品介绍的通用要求、各级要素及内容要求,并给出了《证券期货资产管理计划及相关产品介绍》模板的样式。

本文件适用于契约型证券公司及其子公司资产管理计划、期货公司及其子公司资产管理计划、基金管理公司及其子公司私募资产管理计划、公募基金、私募证券投资基金等资产管理产品介绍文件的编制。

本文件不适用于收益凭证产品、私募股权产品。

注:如法律法规、行业规范性文件有另行规定的,遵循相关规定,无需适用文本件。

2 规范性引用文件

本文件没有规范性引用文件。

3 术语和定义

下列术语和定义适用于本文件。

3.1 证券期货资产管理计划及相关产品 asset management plan and related product offered by security and future operator

证券期货经营机构资产管理产品以及私募基金管理人管理的私募证券投资基金。

注:具体包括公开或非公开募集资金或者接受财产委托,为投资者的利益进行投资活动而设立的契约型证券公司及其子公司资产管理计划、期货公司及其子公司资产管理计划、基金管理公司及其子公司私募资产管理计划、公募基金、私募证券投资基金。

3.2 产品的风险等级 risk level of product

按照证券期货资产管理计划及相关产品(3.1)的不同风险特征而确定的高低不同的差异级别。

3.3 风险承受能力等级 risk tolerance level

依据投资者收入来源、资产状况、债务、投资知识和经验、风险偏好、诚信状况等因素,对投资者承受风险的能力进行评估而确定的高低不同的差异级别。

4 通用要求

4.1 总体要求

《证券期货资产管理计划及相关产品介绍》(模板应符合附录的规定)是产品合同内容的提炼,是产品销售材料的重要组成部分,要求如下:

a)应公正、准确地介绍证券期货资产管理计划及相关产品的有关信息,概括合同的主要条款及产品的主要风险。

b)应清晰说明:所载全部内容仅提供给投资者作参考之用,并不构成对投资者的直接投资建议,亦非作为买卖、认购或申赎证券或其他金融工具及产品的邀请或保证。产品具体信息以相关法律文件为准。产品有风险,投资须谨慎。

4.2 内容要求

4.2.1 《证券期货资产管理计划及相关产品介绍》中应列明一级要素及二级要素。

4.2.2 一级要素及其内容应满足如下要求:

——重要提示:给投资者的提示。

——产品概要:介绍产品名称(简称)、产品代码、资料发布日期、发售规模/产品规模、交易币种、成立到期日、存续期限、合同签署方式、购买起点、运作方式、业绩比较基准及确定依据等与产品相关基本信息;管理人、托管人、销售机构、投资顾问、投资经理等产品相关方信息。

——产品具体信息:介绍产品类型、投资目标、投资范围及比例、投资策略、挂钩标的和收益结构、结构化安排等投资相关信息;产品风险等级及目标客户群体等适当性信息。

——产品风险收益:介绍产品的主要风险及可能带来的损失、预警止损风险以及分红、派息等收益相关信息。

——产品费用:投资过程中产生的全部费用种类及费率,包括产品销售/交易及运作过程中的相关费用。

——购买和退出安排:介绍投资者购买产品的时间、方式、资金要求和产品的退出、转让以及冷静期、冷静期后回访等安排。

——投资者权益维护:介绍投资者进行投诉的渠道及方式。

——信息披露:介绍产品信息披露的相关信息。

——其他信息:包括产品关联关系、备案情况查询地址等其他需要向投资者披露的事项。

——管理人免责声明:披露管理人免责条款。

4.2.3 各一级要素应包含的二级要素及其内容要求见5.1~5.9。

4.3 展示要求

4.3.1 内容展示要求

内容展示要求如下:

a)应清晰、易懂:

1)使用宋体、楷体、黑体等清晰、易识别的字体,不使用方正舒体、华文行楷等容易造成投资者识别困难的字体或过小字体,以免妨碍投资者了解产品的相关信息。标题及内容字号要求见表1。

表1 《证券期货资产管理计划及相关产品介绍》标题及内容字号要求

项目	字号要求	是否加粗
文件标题	小三号字	是
一级标题	四号字	是
二级标题	小四号字	是
其他内容	小四号字	否

2)日期采用“××××年××月××日”格式,如:“2021年01月21日”。

3)对于产品合同中未涉及到的二级要素,填写“不涉及”。

4)向投资者披露的信息,使用通俗易懂的语言,并以便于投资者理解的方式陈述。

5)使用的专业术语通过脚注向投资者充分解释说明。

b)应客观、不片面:

1)产品类型、投资目标、产品的主要风险及收益情况、产品费用以及适当性等重要信息及警示信息,以醒目方式出现并解释清楚。

2)二级要素中无法依据产品合同完全披露信息时,标明“详见产品合同或其他法律文件××章××条”。

3)充分揭示风险,确保产品的关键风险披露声明能够引起投资者的关注。关键风险披露,尤其是涉及投资者重大权益或免除发行机构责任、加大投资者责任的内容应当加黑加粗,或单独作为一段进行表述,其醒目程度应当不低于投资收益内容的醒目程度。

c)应准确、真实、不误导:

1)在表达意见或观点的地方,需要指出合理依据并表达准确,不模棱两可。

2)产品合同有变化时,及时更新相应信息。

4.3.2 页面展示要求

页面展示要求如下:

——应以A4纸的纸张类型提供,提供形式可为纸质形式或电子形式。

——通过电脑、手机等电子显示设备展现时,可采用电子形式进行。

——页数宜控制在6页以内(可根据实际情况进行调整)。

——应在首页的显著位置展示编制单位及其商标或徽标。

5 证券期货资产管理计划及相关产品介绍二级要素要求

5.1 产品概要

“产品概要”中应包含下列要素:

——产品名称：产品的全称。

——产品代码：产品的代码。

——资料发布日期：制作日期或修订日期。

——产品简称（如有）：场内简称及场内代码。

——发售规模/产品规模：拟发售的产品展示发售规模上限，已成立的产品展示距资料发布日期最近一次公布的保有规模，单位应与投资及收益币种相符。

——交易币种：人民币、美元等进行产品投资及获取收益的具体币种。

——成立日期：产品成立的日期。无法确定具体成立日期的，应填写“以实际成立日期为准”。

——存续期限：产品的存续期限。

——到期日期（如有）：产品到期的日期。无法确定具体到期日期的，应填写“以实际到期日期为准”。

——合同签署方式：纸质合同、电子合同。

——购买起点：购买产品的最小金额（或份额）要求。如为金额要求，单位应与投资及收益币种相符。如为份额要求，单位应为“份”。

——运作方式：封闭式、开放式（普通开放式、定期开放式、其他开放式）、其他方式。

——管理人：产品管理人的全称。

——销售机构：产品销售机构的全称。如产品存在多个销售机构，应根据推介过程中的实际销售机构分别填写。

——托管人（如有）：产品托管人的全称。

——投资顾问（如有）：产品投资顾问的全称。投资顾问如为境外机构应在机构名称后特别注明“（境外）”。

——投资经理及介绍（如有）：产品投资经理及简要介绍。

——业绩比较基准及确定依据（如有）：业绩比较基准原则上不得为固定值。

5.2　产品具体信息

应以“这是什么样的产品”展示，包含下列要素：

——产品类型：产品类型分为固定收益类、权益类、商品及金融衍生品类、混合类产品，按照产品具体类别填写。

——产品的风险等级：销售机构经过审慎评估后确定的产品风险等级。产品风险等级按照风险由低到高顺序描述应为R1（低风险）、R2（中低风险）、R3（中风险）、R4（中高风险）、R5（高风险）。

——投资目标：产品的投资目标是什么。

——需要满足什么样的条件才可以购买本产品:产品目标客户群体,包括投资者类型及风险承受能力等级要求。投资者类型分为非特定对象、私募基金合格投资者(可视情况细分为私募基金合格投资者 - 个人、私募基金合格投资者 - 机构、私募基金合格投资者 - 产品)、私募资产管理计划合格投资者(可视情况细分为私募资产管理计划合格投资者 - 个人、私募资产管理计划合格投资者 - 机构、私募资产管理计划合格投资者 - 产品)。风险承受能力等级由低到高顺序描述为,普通投资者(C1、C2、C3、C4、C5)和专业投资者。

——投资范围:产品所涉及的全部投资范围,指数型产品应披露标的指数。

——投资比例:各类资产的投资比例限制。

——投资策略:简明扼要地概述产品主要投资策略。

——挂钩标的和收益结构(如有):产品若为挂钩类产品则应披露产品挂钩标的及收益结构安排。

——产品的结构化安排是什么样的(如有):产品若为结构化产品则应披露产品的结构化安排。

——管理人是否以自有资金参与产品(如有):管理人自有资金参与金额或比例以及管理人自有资金参与的收益分配和退出条件。

注:普通投资者的风险承受能力等级由销售机构根据国家主管部门的相关规定划分为五个等级 C1、C2、C3、C4、C5,等级的评估标准由销售机构自行定义。

5.3 产品风险收益

应以“产品的主要风险和收益情况如何”展示,包含下列要素:

——预警止损安排(如有):预警止损线及预警止损时的安排。

——产品的主要风险及可能带来的损失:产品合同中风险揭示部分主要风险及可能带来的损失的概括描述。

——产品中需要特殊关注的风险(如有):单一投资标的情况、关联交易情况等。

——产品的收益分配安排:产品收益分配、分红、派息方式及安排。结构化产品应说明各类份额收益分配安排。

5.4 产品费用

应以“产品的费用有哪些”展示,包含下列要素:

——产品销售/交易相关费用:投资者因购买或交易产品所需主动承担的认购费、申购费、赎回费及转让费(如有)等费用及费率。

——产品运作相关费用:产品运作过程中由投资者被动承担的费用,包括管理费、托管费、基金服务费、业绩报酬(如有)、投资顾问费(如有)、应缴税费等全部费用及费率。

5.5 购买和退出安排

应以“我应该如何购买和退出”展示,包含下列要素:

——产品成立前应该如何购买:产品的认购安排。

——产品的封闭及开放安排:产品的封闭期以及开放期安排。

——产品开放时应该如何购买(如有):产品的申购安排。

——何时可以退出产品:产品开放期、临时开放期的赎回安排、转让安排以及产品终止条款、条件。

——购买产品的其他安排(如有):对于设置了冷静期及冷静期后回访安排的产品应披露相关安排。

5.6 投资者权益维护

应以“我应该如何维护自己的权益”展示,包含下列要素:

——销售机构投诉渠道及方式:投资者向其购买产品的销售机构进行投诉时可使用的渠道及方式,包括电话、电子邮箱或邮寄地址等联系方式。

——管理人投诉渠道及方式:投资者向管理人进行投诉时可使用的渠道及方式,包括电话、电子邮箱或邮寄地址等联系方式。

——行业协会投诉渠道及方式:投资者向行业协会进行投诉时可使用的渠道及方式,包括电话、电子邮箱或邮寄地址等联系方式。

——监管机构投诉渠道及方式:投资者向监管机构进行投诉时可使用的渠道及方式,包括电话、电子邮箱或邮寄地址等联系方式。

5.7 信息披露

应以“购买产品后,我如何获取产品的信息”展示,应包含产品合同中约定的管理人进行信息披露的内容、方式和频率。

5.8 其他信息

应以“我还需要知道哪些信息”展示,应至少包含下列要素:

——关联关系(销售机构与合同当事人的关联关系):如销售机构与管理人、托管人等合同当事人存在关联关系,应进行相关披露。

——资产管理产品备案情况及其他信息查询方式及网址:列明资产管理产品备案情况查询方式及网址以及产品资料等投资者可查询的相关信息(如有)的查询方式、网址、客服电话。

——其他信息(如有)。

5.9 管理人免责声明

“管理人免责声明”中应披露管理人的免责内容,充分揭示风险。

附　录

（规范性）

《证券期货资产管理计划及相关产品介绍》模板

《证券期货资产管理计划及相关产品介绍》模板示例如下：

证券期货资产管理计划及相关产品介绍

产品有风险，投资须谨慎。

<table>
<tr><td colspan="6">重要提示</td></tr>
<tr><td colspan="6">《证券期货资产管理计划及相关产品介绍》概括了本产品的主要条款及风险，本产品具体信息以相关法律文件为准。本介绍所载全部内容仅供您作参考之用，并不构成对您的直接投资建议，亦非作为买卖、认购或申赎证券或其他金融工具及产品的邀请或保证。在您决定是否参与本产品前，您应当先阅读产品合同（说明书），并重点关注本产品的主要风险。若您不了解本产品或无法承受投资本产品伴随的风险，请您不要投资。
管理人应按照产品类别向国务院证券监督管理机构或基金行业协会进行证券期货资产管理计划及相关产品的备案。</td></tr>
<tr><td colspan="6">产品概要</td></tr>
<tr><td>产品名称</td><td></td><td>产品代码</td><td></td><td>资料发布日期</td><td></td></tr>
<tr><td>产品简称（如有）</td><td></td><td>发售规模/产品规模</td><td></td><td>交易币种</td><td></td></tr>
<tr><td>成立日期</td><td></td><td>存续期限</td><td></td><td>到期日期（如有）</td><td></td></tr>
<tr><td>合同签署方式</td><td></td><td>购买起点</td><td></td><td>运作方式</td><td></td></tr>
<tr><td>管理人</td><td colspan="2"></td><td>销售机构</td><td colspan="2"></td></tr>
<tr><td>托管人（如有）</td><td colspan="2"></td><td>投资顾问（如有）</td><td colspan="2"></td></tr>
<tr><td>投资经理及介绍（如有）</td><td colspan="5"></td></tr>
<tr><td>业绩比较基准及确定依据（如有）</td><td colspan="5"></td></tr>
</table>

续表

<table>
<tr><td colspan="4">这是什么样的产品?</td></tr>
<tr><td>产品类型</td><td></td><td>产品的风险等级
(由低到高顺序为 R1、R2、R3、R4、R5)</td><td></td></tr>
<tr><td>投资目标</td><td colspan="3"></td></tr>
<tr><td colspan="4">我需要满足什么样的条件才可以购买本产品?</td></tr>
<tr><td>投资者类型</td><td></td><td>风险承受能力等级要求
[由低到高顺序为普通投资者(C1、C2、C3、C4、C5)和专业投资者]</td><td></td></tr>
<tr><td colspan="4">投资范围</td></tr>
<tr><td colspan="3">1.
2.
3.</td><td>详见产品合同或其他法律文件××章××条。</td></tr>
<tr><td colspan="4">投资比例</td></tr>
<tr><td colspan="3">1.
2.
3.</td><td>详见产品合同或其他法律文件××章××条。</td></tr>
<tr><td colspan="4">投资策略</td></tr>
<tr><td colspan="3">1.
2.
3.</td><td>详见产品合同或其他法律文件××章××条。</td></tr>
<tr><td colspan="4">挂钩标的和收益结构(如有)</td></tr>
<tr><td colspan="3">1.
2.
3.</td><td>详见产品合同或其他法律文件××章××条。</td></tr>
<tr><td colspan="4">产品的结构化安排是什么样的?(如有)</td></tr>
<tr><td colspan="3">1.
2.
3.</td><td>详见产品合同或其他法律文件××章××条。</td></tr>
<tr><td colspan="4">管理人是否以自有资金参与产品?(如有)</td></tr>
<tr><td colspan="3">1. 管理人自有资金参与金额或比例:
2. 管理人自有资金参与的收益分配和退出条件:
3. ……</td><td>详见产品合同或其他法律文件××章××条。</td></tr>
</table>

续表

<table>
<tr><td colspan="2">产品的主要风险和收益情况如何？</td></tr>
<tr><td colspan="2">预警止损安排（如有）</td></tr>
<tr><td>1. 预警止损线：
2. 预警安排：
3. 止损安排：
4. ……</td><td>详见产品合同或其他法律文件××章××条。</td></tr>
<tr><td colspan="2">产品的主要风险及可能带来的损失</td></tr>
<tr><td>1.
2.
3.</td><td>详见产品合同或其他法律文件××章××条。</td></tr>
<tr><td colspan="2">产品中需要特殊关注的风险（如有）</td></tr>
<tr><td>1. 单一投资标的情况：
2. 关联交易情况：
3. ……</td><td>详见产品合同或其他法律文件××章××条。</td></tr>
<tr><td colspan="2">产品的收益分配安排</td></tr>
<tr><td>1.
2.
3.</td><td>详见产品合同或其他法律文件××章××条。</td></tr>
<tr><td colspan="2">产品的费用有哪些？</td></tr>
<tr><td colspan="2">与产品销售/交易相关的费用有哪些？</td></tr>
<tr><td>1. 认购费：
2. 申购费：
3. 赎回费：
4. 转让费：
5. ……</td><td>详见产品合同或其他法律文件××章××条。</td></tr>
<tr><td colspan="2">与产品运作相关的费用有哪些？</td></tr>
<tr><td>1. 管理费：
2. 托管费：
3. 基金服务费：
4. 业绩报酬（如有）：
5. 投资顾问费（如有）：
6. 应缴税费：
7. ……</td><td>详见产品合同或其他法律文件××章××条。</td></tr>
</table>

续表

<table>
<tr><td colspan="4">我应该如何购买和退出？</td></tr>
<tr><td colspan="4">产品成立前我应该如何购买？</td></tr>
<tr><td colspan="3">1. 认购金额要求：
2. 认购安排：
3. ……</td><td>详见产品合同或其他法律文件××章××条。</td></tr>
<tr><td colspan="4">产品的封闭及开放安排</td></tr>
<tr><td colspan="3">1.
2.
3.</td><td>详见产品合同或其他法律文件××章××条。</td></tr>
<tr><td colspan="4">产品开放时我应该如何购买？（如有）</td></tr>
<tr><td colspan="3">1. 申购金额要求：
2. 申购安排：
3. ……</td><td>详见产品合同或其他法律文件××章××条。</td></tr>
<tr><td colspan="4">我何时可以退出产品？</td></tr>
<tr><td colspan="3">1. 开放期退出方式：
2. 临时开放的退出方式：
3. 可否转让及方式：
4. 产品终止条款、条件（如自动终止条件）：
5. ……</td><td>详见产品合同或其他法律文件××章××条。</td></tr>
<tr><td colspan="4">购买产品的其他安排（如有）</td></tr>
<tr><td colspan="3">1. 冷静期安排
2. 冷静期后回访安排
3. ……</td><td>详见产品合同或其他法律文件××章××条。</td></tr>
<tr><td colspan="4">我应该如何维护自己的权益？</td></tr>
<tr><td>销售机构投诉渠道及方式</td><td>管理人投诉渠道及方式</td><td>行业协会投诉渠道及方式</td><td>监管机构投诉渠道及方式</td></tr>
<tr><td></td><td></td><td></td><td></td></tr>
<tr><td colspan="4">购买产品后，我如何获取产品的信息？</td></tr>
<tr><td colspan="3">1. 信息披露的内容、方式和频率：
2. ……</td><td>详见产品合同或其他法律文件××章××条。</td></tr>
</table>

续表

我还需要知道哪些信息?
关联关系(销售机构与合同当事人的关联关系)
1. 2. 3.
资产管理产品备案情况及其他信息查询方式及网址
1. 资产管理产品备案情况查询方式及网址: 2. 产品资料信息查询方式及网址:
其他信息(如有)
管理人免责声明

参考文献

[1]GB/T 32319—2015 银行业产品说明书描述规范

[2]GB/T 35964—2018 证券及相关金融工具　金融工具分类(CFI 编码)

[3]中国证券监督管理委员会. 证券公司代销金融产品管理规定(中国证监会公告〔2012〕34 号),2012 年 11 月 12 日

[4]中国证券监督管理委员会. 证券期货投资者适当性管理办法(中国证监会令第 130 号),2016 年 12 月 12 日

[5]中国证券监督管理委员会. 证券期货经营机构私募资产管理业务管理办法(中国证监会令第 151 号),2018 年 10 月 22 日

[6]中国证券监督管理委员会. 证券期货经营机构私募资产管理计划运作管理规定(中国证监会公告〔2018〕31 号),2018 年 10 月 22 日

[7]中国证券监督管理委员会. 公开募集证券投资基金信息披露管理办法(中国证监会令第 158 号公布,中国证监会令第 166 号修订),2020 年 03 月 20 日

[8]中国证券监督管理委员会. 公开募集证券投资基金信息披露 XBRL 模板第 5 号《基金产品资料概要》(中国证监会公告〔2019〕18 号),2019 年 07 月 26 日

[9]中国证券监督管理委员会. 关于加强私募投资基金监管的若干规定(中国证监会公告〔2020〕71 号),2020 年 12 月 30 日

[10]中国证券投资基金业协会. 私募投资基金募集行为管理办法(中基协发〔2016〕7 号文印发),2016 年 04 月 15 日
[11]中国证券投资基金业协会. 基金募集机构投资者适当性管理实施指引(试行)(中基协发〔2017〕4 号文印发),2017 年 06 月 28 日
[12]中国人民银行、中国银行保险监督管理委员会、中国证券监督管理委员会、国家外汇管理局. 关于规范金融机构资产管理业务的指导意见(银发〔2018〕106 号文),2018 年 04 月 27 日
[13]香港证券及期货事务监察委员会. 证监会有关单位信托及互惠基金、与投资有关的人寿保险计划及非上市结构性投资产品的手册,2019 年 01 月 01 日
[14]香港证券及期货事务监察委员会. 产品资料概要,2020 年 02 月 28 日
[15]香港证券及期货事务监察委员会. 适用于根据产品守则获认可的集体投资计划的广告宣传指引,2013 年 04 月 01 日
[16]香港证券及期货事务监察委员会. 证券及期货事务监察委员会持牌人或注册人操守准则,2020 年 09 月 01 日
[17]香港证券及期货事务监察委员会. 集体投资计划互联网指引,2013 年 04 月 01 日
[18]香港证券及期货事务监察委员会. 网上分销及投资咨询平台指引,2019 年 07 月 06 日
[19]香港金融管理局. 销售投资产品指引及通告,2011 年 08 月 01 日
[20]The European Parliament and the Council of EU. Regulation (EU) No 1286/2014 of the European Parliament and of the Council of 26 November 2014 on Key Information Documents for Packaged Retail and Insurance - based Investment Products(PRIIPs),2019 年 08 月 01 日
[21]EC. Markets in Financial Instruments Directive,2014 年 6 月 12 日
[22]EC. Undertakings for Collective Investment in Transferable Securities,2009 年 11 月 17 日
[23]EC. Alternative Investment Funds Directives,2011 年 07 月 01 日
[24]MAS. Financial Advisers Act,2020 年 07 月 30 日
[25]MAS. Financial Advisers Act (Chapter 110) Notice on Information to Clients and Product Information Disclosure,2018 年 10 月 5 日
[26]MAS. Financial Advisers Act (Chapter 110) Financial Advisers(Amendment) Regulations,2019 年 01 月 07 日
[27]IMAS. Code of Best Practices in Advertising Collective Investment Schemes and Investment - Linked Life Insurance Policies of Investment Management Association of Singapore and Life Insurance Association,2006 年 08 月 30 日
[28]OECD. White Paper on Governance of Collective Investment Schemes,2005 年

银行理财篇

理财业务是指商业银行或理财公司接受投资者委托，按照与投资者事先约定的投资策略、风险承担和收益分配方式，对受托的投资者财产进行投资和管理的金融服务。理财产品是指商业银行或理财公司按照约定条件和实际投资收益情况向投资者支付收益、不保证本金支付和收益水平的非保本理财产品。

"银行理财篇"涵盖了与理财产品特别是净值型理财产品相关的主要规定及监管规范。资管新规实施后，理财产品的运作体系以及产品运营管理均产生了较大的变化，本篇有助于比较系统地了解资管新规实施后理财产品的相关监管要求。本篇具体收录了以下规定及监管文件：

商业银行理财业务监督管理办法

商业银行理财子公司管理办法

理财公司理财产品销售管理暂行办法

中国银保监会　中国人民银行关于规范现金管理类理财产品管理有关事项的通知

理财公司理财产品流动性风险管理办法

银行业金融机构衍生产品交易业务管理暂行办法(2011 年修订)

中国银监会办公厅关于《银行业金融机构衍生产品交易业务管理暂行办法》实施中有关问题的通知

中国人民银行金融市场司关于商业银行理财产品进入银行间债券市场有关事项的通知

中国证券登记结算有限责任公司关于商业银行理财产品开立证券账户有关事项的通知

商业银行理财业务监督管理办法

（2018 年 9 月 26 日中国银行保险监督管理委员会令
2018 年第 6 号公布施行）

目　录

第一章　总　　则
第二章　分类管理
第三章　业务规则与风险管理
第四章　监督管理
第五章　法律责任
第六章　附　　则

第一章　总　　则

第一条　为加强对商业银行理财业务的监督管理，促进商业银行理财业务规范健康发展，依法保护投资者合法权益，根据《中华人民共和国银行业监督管理法》《中华人民共和国商业银行法》等法律、行政法规以及《关于规范金融机构资产管理业务的指导意见》（以下简称《指导意见》），制定本办法。

第二条　本办法适用于在中华人民共和国境内设立的商业银行，包括中资商业银行、外商独资银行、中外合资银行。

第三条　本办法所称理财业务是指商业银行接受投资者委托，按照与投资者事先约定的投资策略、风险承担和收益分配方式，对受托的投资者财产进行投资和管理的金融服务。

本办法所称理财产品是指商业银行按照约定条件和实际投资收益情况向投资者支付收益、不保证本金支付和收益水平的非保本理财产品。

第四条　商业银行理财产品财产独立于管理人、托管机构的自有资产，因理财产品财产的管理、运用、处分或者其他情形而取得的财产，均归入银行理财产品财产。

商业银行理财产品管理人、托管机构不得将银行理财产品财产归入其自有资产，因依法解散、被依法撤销或者被依法宣告破产等原因进行清算的，银行理财产品财产不属于其清算财产。

第五条 商业银行理财产品管理人管理、运用和处分理财产品财产所产生的债权，不得与管理人、托管机构因自有资产所产生的债务相抵销；管理人管理、运用和处分不同理财产品财产所产生的债权债务，不得相互抵销。

第六条 商业银行开展理财业务，应当按照《指导意见》第八条的相关规定，诚实守信、勤勉尽职地履行受人之托、代人理财职责，投资者自担投资风险并获得收益。

商业银行开展理财业务，应当遵守成本可算、风险可控、信息充分披露的原则，严格遵守投资者适当性管理要求，保护投资者合法权益。

第七条 银行业监督管理机构依法对商业银行理财业务活动实施监督管理。

银行业监督管理机构应当对理财业务实行穿透式监管，向上识别理财产品的最终投资者，向下识别理财产品的底层资产，并对理财产品运作管理实行全面动态监管。

第二章 分类管理

第八条 商业银行应当根据募集方式的不同，将理财产品分为公募理财产品和私募理财产品。

本办法所称公募理财产品是指商业银行面向不特定社会公众公开发行的理财产品。公开发行的认定标准按照《中华人民共和国证券法》执行。

本办法所称私募理财产品是指商业银行面向合格投资者非公开发行的理财产品。合格投资者是指具备相应风险识别能力和风险承受能力，投资于单只理财产品不低于一定金额且符合下列条件的自然人、法人或者依法成立的其他组织：

（一）具有 2 年以上投资经历，且满足家庭金融净资产不低于 300 万元人民币，或者家庭金融资产不低于 500 万元人民币，或者近 3 年本人年均收入不低于 40 万元人民币；

（二）最近 1 年末净资产不低于 1000 万元人民币的法人或者依法成立的其他组织；

（三）国务院银行业监督管理机构规定的其他情形。

私募理财产品的投资范围由合同约定，可以投资于债权类资产和权益类资产等。权益类资产是指上市交易的股票、未上市企业股权及其受（收）益权。

第九条 商业银行应当根据投资性质的不同，将理财产品分为固定收益类理财产品、权益类理财产品、商品及金融衍生品类理财产品和混合类理财产品。固定收益类理财产品投资于存款、债券等债权类资产的比例不低于80%；权益类理财产品投资于权益类资产的比例不低于80%；商品及金融衍生品类理财产品投资于商品及金融衍生品的比例不低于80%；混合类理财产品投资于债权类资产、权益类资产、商品及金融衍生品类资产且任一资产的投资比例未达到前三类理财产品标准。

非因商业银行主观因素导致突破前述比例限制的，商业银行应当在流动性受限资产可出售、可转让或者恢复交易的15个交易日内将理财产品投资比例调整至符合要求，国务院银行业监督管理机构规定的特殊情形除外。

第十条 商业银行应当根据运作方式的不同，将理财产品分为封闭式理财产品和开放式理财产品。

本办法所称封闭式理财产品是指有确定到期日，且自产品成立日至终止日期间，投资者不得进行认购或者赎回的理财产品。开放式理财产品是指自产品成立日至终止日期间，理财产品份额总额不固定，投资者可以按照协议约定，在开放日和相应场所进行认购或者赎回的理财产品。

第十一条 商业银行发行投资衍生产品的理财产品的，应当具有衍生产品交易资格，并遵守国务院银行业监督管理机构关于衍生产品业务管理的有关规定。

商业银行开展理财业务涉及外汇业务的，应当具有开办相应外汇业务的资格，并遵守外汇管理的有关规定。

第十二条 商业银行总行应当按照以下要求，在全国银行业理财信息登记系统对理财产品进行集中登记：

（一）商业银行发行公募理财产品的，应当在理财产品销售前10日，在全国银行业理财信息登记系统进行登记；

（二）商业银行发行私募理财产品的，应当在理财产品销售前2日，在全国银行业理财信息登记系统进行登记；

（三）在理财产品募集和存续期间，按照有关规定持续登记理财产品的募集情况、认购赎回情况、投资者信息、投资资产、资产交易明细、资产估值、负债情况等信息；

（四）在理财产品终止后5日内完成终止登记。

商业银行应当确保本行理财产品登记信息的真实性、准确性、完整性和及时性。信息登记不齐全或者不符合要求的，应当进行补充或者重新登记。

商业银行不得发行未在全国银行业理财信息登记系统进行登记并获得登记编码的理财产品。商业银行应当在理财产品销售文件的显著位置列明该产品在全国银行业理财信息登记系统获得的登记编码，并提示投资者可以依据该登记编码在中国理财网查询产品信息。

银行业理财登记托管中心应当在国务院银行业监督管理机构的指导下，履行下列职责：

（一）持续加强全国银行业理财信息登记系统的建设和管理，确保系统独立、安全、高效运行；

（二）完善理财信息登记业务规则、操作规程和技术标准规范等，加强理财信息登记质量监控；

（三）向国务院银行业监督管理机构报告理财业务、理财信息登记质量和系统运行等有关情况；

（四）提供必要的技术支持、业务培训和投资者教育等服务；

（五）依法合规使用信息，建立保密制度并采取相应的保密措施，确保信息安全；

（六）国务院银行业监督管理机构规定的其他职责。

第三章　业务规则与风险管理

第一节　管理体系与管理制度

第十三条　商业银行董事会和高级管理层应当充分了解理财业务及其所面临的各类风险，根据本行的经营目标、投资管理能力、风险管理水平等因素，确定开展理财业务的总体战略和政策，确保具备从事理财业务和风险管理所需要的专业人员、业务处理系统、会计核算系统和管理信息系统等人力、物力资源。

第十四条　商业银行应当通过具有独立法人地位的子公司开展理财业务。暂不具备条件的，商业银行总行应当设立理财业务专营部门，对理财业务实行集中统一经营管理。

商业银行设立理财子公司的监管规定由国务院银行业监督管理机构另行制定。

第十五条　商业银行开展理财业务，应当确保理财业务与其他业务相分离，理财产品与其代销的金融产品相分离，理财产品之间相分离，理财业务操作与其他业务操作相分离。

第十六条　商业银行应当根据理财业务性质和风险特征，建立健全理财业务管理制度，包括产品准入管理、风险管理与内部控制、人员管理、销售管理、投资管理、合作机构管理、产品托管、产品估值、会计核算和信息披露等。

商业银行应当针对理财业务的风险特征,制定和实施相应的风险管理政策和程序,确保持续有效地识别、计量、监测和控制理财业务的各类风险,并将理财业务风险管理纳入其全面风险管理体系。商业银行应当按照国务院银行业监督管理机构关于内部控制的相关规定,建立健全理财业务的内部控制体系,作为银行整体内部控制体系的有机组成部分。

商业银行内部审计部门应当按照国务院银行业监督管理机构关于内部审计的相关规定,至少每年对理财业务进行一次内部审计,并将审计报告报送审计委员会及董事会。董事会应当针对内部审计发现的问题,督促高级管理层及时采取整改措施。内部审计部门应当跟踪检查整改措施的实施情况,并及时向董事会提交有关报告。

商业银行应当按照国务院银行业监督管理机构关于外部审计的相关规定,委托外部审计机构至少每年对理财业务和公募理财产品进行一次外部审计,并针对外部审计发现的问题及时采取整改措施。

第十七条 商业银行应当建立理财产品的内部审批政策和程序,在发行新产品之前充分识别和评估各类风险。理财产品由负责风险管理、法律合规、财务会计管理和消费者保护等相关职能部门进行审核,并获得董事会、董事会授权的专门委员会、高级管理层或者相关部门的批准。

第十八条 商业银行开展理财业务,应当确保每只理财产品与所投资资产相对应,做到每只理财产品单独管理、单独建账和单独核算,不得开展或者参与具有滚动发行、集合运作、分离定价特征的资金池理财业务。

本办法所称单独管理是指对每只理财产品进行独立的投资管理。单独建账是指为每只理财产品建立投资明细账,确保投资资产逐项清晰明确。单独核算是指对每只理财产品单独进行会计账务处理,确保每只理财产品具有资产负债表、利润表、产品净值变动表等财务会计报表。

第十九条 商业银行开展理财业务,应当按照《企业会计准则》和《指导意见》等关于金融工具估值核算的相关规定,确认和计量理财产品的净值。

第二十条 商业银行开展理财业务,应当遵守市场交易和公平交易原则,不得在理财产品之间、理财产品投资者之间或者理财产品投资者与其他市场主体之间进行利益输送。

第二十一条 商业银行理财产品投资于本行或托管机构,其主要股东、控股股东、实际控制人、一致行动人、最终受益人,其控股的机构或者与其有重大利害关系的公司发行或者承销的证券,或者从事其他重大关联交易的,应当符合理财产品的投资目标、投资策略和投资者利益优先原则,按照商业原则,以不优于对非关联方同类交易的条件进行,并向投资者充分披露信息。

商业银行应当按照金融监督管理部门关于关联交易的相关规定,建立健全理财业务关联交易内部评估和审批机制。理财业务涉及重大关联交易的,应当提交有权审批机构审批,并向银行业监督管理机构报告。

商业银行不得以理财资金与关联方进行不正当交易、利益输送、内幕交易和操纵市场,包括但不限于投资于关联方虚假项目、与关联方共同收购上市公司、向本行注资等。

第二十二条 商业银行开展理财业务,应当按照《商业银行资本管理办法(试行)》的相关规定计提操作风险资本。

第二十三条 商业银行应当建立有效的理财业务投资者投诉处理机制,明确受理和处理投资者投诉的途径、程序和方式,根据法律、行政法规、金融监管规定和合同约定妥善处理投资者投诉。

第二十四条 商业银行应当建立健全理财业务人员的资格认定、培训、考核评价和问责制度,确保理财业务人员具备必要的专业知识、行业经验和管理能力,充分了解相关法律、行政法规、监管规定以及理财产品的法律关系、交易结构、主要风险及风险管控方式,遵守行为准则和职业道德标准。

商业银行的董事、监事、高级管理人员和其他理财业务人员不得有下列行为:

(一)将自有财产或者他人财产混同于理财产品财产从事投资活动;

(二)不公平地对待所管理的不同理财产品财产;

(三)利用理财产品财产或者职务之便为理财产品投资者以外的人牟取利益;

(四)向理财产品投资者违规承诺收益或者承担损失;

(五)侵占、挪用理财产品财产;

(六)泄露因职务便利获取的未公开信息,利用该信息从事或者明示、暗示他人从事相关的交易活动;

(七)玩忽职守,不按照规定履行职责;

(八)法律、行政法规和国务院银行业监督管理机构规定禁止的其他行为。

第二节 销售管理

第二十五条 商业银行理财产品销售是指商业银行将本行发行的理财产品向投资者进行宣传推介和办理认购、赎回等业务活动。

第二十六条 商业银行销售理财产品,应当加强投资者适当性管理,向投资者充分披露信息和揭示风险,不得宣传或承诺保本保收益,不得误导投资者购买与其风险承受能力不相匹配的理财产品。

商业银行理财产品宣传销售文本应当全面、如实、客观地反映理财产品的重要特性,充分披露理财产品类型、投资组合、估值方法、托管安排、风险和收费等重要信息,所使用的语言表述必须真实、准确和清晰。

商业银行发行理财产品,不得宣传理财产品预期收益率,在理财产品宣传销售文本中只能登载该理财产品或者本行同类理财产品的过往平均业绩和最好、最差业绩,并以醒目文字提醒投资者“理财产品过往业绩不代表其未来表现,不等于理财产品实际收益,投资须谨慎”。

第二十七条 商业银行应当采用科学合理的方法,根据理财产品的投资组合、同类产品过往业绩和风险水平等因素,对拟销售的理财产品进行风险评级。

理财产品风险评级结果应当以风险等级体现,由低到高至少包括一级至五级,并可以根据实际情况进一步细分。

第二十八条 商业银行应当对非机构投资者的风险承受能力进行评估,确定投资者风险承受能力等级,由低到高至少包括一级至五级,并可以根据实际情况进一步细分。

商业银行不得在风险承受能力评估过程中误导投资者或者代为操作,确保风险承受能力评估结果的真实性和有效性。

第二十九条 商业银行只能向投资者销售风险等级等于或低于其风险承受能力等级的理财产品,并在销售文件中明确提示产品适合销售的投资者范围,在销售系统中设置销售限制措施。

商业银行不得通过对理财产品进行拆分等方式,向风险承受能力等级低于理财产品风险等级的投资者销售理财产品。

其他资产管理产品投资于商业银行理财产品的,商业银行应当按照穿透原则,有效识别资产管理产品的最终投资者。

第三十条 商业银行应当根据理财产品的性质和风险特征,设置适当的期限和销售起点金额。

商业银行发行公募理财产品的,单一投资者销售起点金额不得低于1万元人民币。

商业银行发行私募理财产品的,合格投资者投资于单只固定收益类理财产品的金额不得低于30万元人民币,投资于单只混合类理财产品的金额不得低于40万元人民币,投资于单只权益类理财产品、单只商品及金融衍生品类理财产品的金额不得低于100万元人民币。

第三十一条 商业银行只能通过本行渠道(含营业网点和电子渠道)销售理财

产品，或者通过其他商业银行、农村合作银行、村镇银行、农村信用合作社等吸收公众存款的银行业金融机构代理销售理财产品。

第三十二条 商业银行通过营业场所向非机构投资者销售理财产品的，应当按照国务院银行业监督管理机构的相关规定实施理财产品销售专区管理，并在销售专区内对每只理财产品销售过程进行录音录像。

第三十三条 商业银行应当按照国务院银行业监督管理机构的相关规定，妥善保存理财产品销售过程涉及的投资者风险承受能力评估、录音录像等相关资料。

商业银行应当依法履行投资者信息保密义务，建立投资者信息管理制度和保密制度，防范投资者信息被不当采集、使用、传输和泄露。商业银行与其他机构共享投资者信息的，应当在理财产品销售文本中予以明确，征得投资者书面授权或者同意，并要求其履行投资者信息保密义务。

第三十四条 商业银行应当建立理财产品销售授权管理体系，制定统一的标准化销售服务规程，建立清晰的报告路线，明确分支机构业务权限，并采取定期核对、现场核查、风险评估等方式加强对分支机构销售活动的管理。

第三节 投资运作管理

第三十五条 商业银行理财产品可以投资于国债、地方政府债券、中央银行票据、政府机构债券、金融债券、银行存款、大额存单、同业存单、公司信用类债券、在银行间市场和证券交易所市场发行的资产支持证券、公募证券投资基金、其他债权类资产、权益类资产以及国务院银行业监督管理机构认可的其他资产。

第三十六条 商业银行理财产品不得直接投资于信贷资产，不得直接或间接投资于本行信贷资产，不得直接或间接投资于本行或其他银行业金融机构发行的理财产品，不得直接或间接投资于本行发行的次级档信贷资产支持证券。

商业银行面向非机构投资者发行的理财产品不得直接或间接投资于不良资产、不良资产支持证券，国务院银行业监督管理机构另有规定的除外。

商业银行理财产品不得直接或间接投资于本办法第三十五条所列示资产之外，由未经金融监督管理部门许可设立、不持有金融牌照的机构发行的产品或管理的资产，金融资产投资公司的附属机构依法依规设立的私募股权投资基金以及国务院银行业监督管理机构另有规定的除外。

第三十七条 理财产品销售文件应当载明产品类型、投资范围、投资资产种类及其投资比例，并确保在理财产品成立后至到期日前，投资比例按照销售文件约定合理浮动，不得擅自改变理财产品类型。

金融市场发生重大变化导致理财产品投资比例暂时超出浮动区间且可能对理财产品收益产生重大影响的，商业银行应当及时向投资者进行信息披露。

商业银行应当根据市场情况调整投资范围、投资资产种类或投资比例，并按照有关规定事先进行信息披露。超出销售文件约定比例的，除高风险类型的理财产品超出比例范围投资较低风险资产外，应当先取得投资者书面同意，并在全国银行业理财信息登记系统做好理财产品信息登记；投资者不接受的，应当允许投资者按照销售文件约定提前赎回理财产品。

第三十八条 商业银行理财产品投资资产管理产品的，应当符合以下要求：

（一）准确界定相关法律关系，明确约定各参与主体的责任和义务，并符合法律、行政法规、《指导意见》和金融监督管理部门对该资产管理产品的监管规定；

（二）所投资的资产管理产品不得再投资于其他资产管理产品（公募证券投资基金除外）；

（三）切实履行投资管理职责，不得简单作为资产管理产品的资金募集通道；

（四）充分披露底层资产的类别和投资比例等信息，并在全国银行业理财信息登记系统登记资产管理产品及其底层资产的相关信息。

第三十九条 商业银行理财产品投资于非标准化债权类资产的，应当符合以下要求：

（一）确保理财产品投资与审批流程相分离，比照自营贷款管理要求实施投前尽职调查、风险审查和投后风险管理，并纳入全行统一的信用风险管理体系；

（二）商业银行全部理财产品投资于单一债务人及其关联企业的非标准化债权类资产余额，不得超过本行资本净额的10%；

（三）商业银行全部理财产品投资于非标准化债权类资产的余额在任何时点均不得超过理财产品净资产的35%，也不得超过本行上一年度审计报告披露总资产的4%。

第四十条 商业银行理财产品不得直接或间接投资于本行信贷资产受（收）益权，面向非机构投资者发行的理财产品不得直接或间接投资于不良资产受（收）益权。

商业银行理财产品投资于信贷资产受（收）益权的，应当审慎评估信贷资产质量和风险，按照市场化原则合理定价，必要时委托会计师事务所、律师事务所、评级机构等独立第三方机构出具专业意见。

商业银行应当向投资者及时、准确、完整地披露理财产品所投资信贷资产受（收）益权的相关情况，并及时披露对投资者权益或投资收益等产生重大影响的突发事件。

第四十一条 商业银行理财产品直接或间接投资于银行间市场、证券交易所市场或者国务院银行业监督管理机构认可的其他证券的，应当符合以下要求：

（一）每只公募理财产品持有单只证券或单只公募证券投资基金的市值不得超过该理财产品净资产的10%；

（二）商业银行全部公募理财产品持有单只证券或单只公募证券投资基金的市值，不得超过该证券市值或该公募证券投资基金市值的30%；

（三）商业银行全部理财产品持有单一上市公司发行的股票，不得超过该上市公司可流通股票的30%。

国务院银行业监督管理机构另有规定的除外。

非因商业银行主观因素导致突破前述比例限制的，商业银行应当在流动性受限资产可出售、可转让或者恢复交易的10个交易日内调整至符合要求，国务院银行业监督管理机构规定的特殊情形除外。

商业银行理财产品投资于国债、地方政府债券、中央银行票据、政府机构债券、政策性金融债券以及完全按照有关指数的构成比例进行投资的除外。

第四十二条 商业银行不得发行分级理财产品。

本办法所称分级理财产品是指商业银行按照本金和收益受偿顺序的不同，将理财产品划分为不同等级的份额，不同等级份额的收益分配不按份额比例计算，而是由合同另行约定、按照优先与劣后份额安排进行收益分配的理财产品。

商业银行每只开放式公募理财产品的杠杆水平不得超过140%，每只封闭式公募理财产品、每只私募理财产品的杠杆水平不得超过200%。

本办法所称杠杆水平是指理财产品总资产/理财产品净资产。商业银行计算理财产品总资产时，应当按照穿透原则合并计算理财产品所投资的底层资产。理财产品投资资产管理产品的，应当按照理财产品持有资产管理产品的比例计算底层资产。

第四十三条 商业银行应当建立健全理财业务流动性风险管理制度，加强理财产品及其所投资资产期限管理，专业审慎、勤勉尽责地管理理财产品流动性风险，确保投资者的合法权益不受损害并得到公平对待。

商业银行应当在理财产品设计阶段，综合评估分析投资策略、投资范围、投资资产流动性、销售渠道、投资者类型与风险偏好等因素，审慎决定是否采取开放式运作。

商业银行发行的封闭式理财产品的期限不得低于90天；开放式理财产品所投资资产的流动性应当与投资者赎回需求相匹配，确保持有足够的现金、活期存款、国债、中央银行票据、政策性金融债券等具有良好流动性的资产，以备支付理财产品投资者的赎回款项。开放式公募理财产品应当持有不低于该理财产品资产净值5%的现金或者到期日在一年以内的国债、中央银行票据和政策性金融债券。

第四十四条 商业银行理财产品直接或间接投资于非标准化债权类资产的，非标准化债权类资产的终止日不得晚于封闭式理财产品的到期日或者开放式理财产品的最近一次开放日。

商业银行理财产品直接或间接投资于未上市企业股权及其受（收）益权的，应当为封闭式理财产品，并明确股权及其受（收）益权的退出安排。未上市企业股权及其受（收）益权的退出日不得晚于封闭式理财产品的到期日。

第四十五条 商业银行应当加强理财产品开展同业融资的流动性风险、交易对手风险和操作风险等风险管理，做好期限管理和集中度管控，按照穿透原则对交易对手实施尽职调查和准入管理，设置适当的交易限额并根据需要进行动态调整。

商业银行应当建立健全买入返售交易质押品的管理制度，采用科学合理的质押品估值方法，审慎确定质押品折扣系数，确保其能够满足正常和压力情景下融资交易的质押品需求，并且能够及时向相关交易对手履行返售质押品的义务。

第四十六条 商业银行应当建立健全理财产品压力测试制度。理财产品压力测试应当至少符合以下要求：

（一）针对单只理财产品，合理审慎设定并定期审核压力情景，充分考虑理财产品的规模、投资策略、投资者类型等因素，审慎评估各类风险对理财产品的影响，压力测试的数据应当准确可靠并及时更新，压力测试频率应当与商业银行理财产品的规模和复杂程度相适应；

（二）针对每只公募理财产品，压力测试应当至少每季度进行一次，出现市场剧烈波动等情况时，应当提高压力测试频率；

（三）在可能情况下，应当参考以往出现的影响理财产品的外部冲击，对压力测试结果实施事后检验，压力测试结果和事后检验应当有书面记录；

（四）在理财产品投资运作和风险管理过程中应当充分考虑压力测试结果，必要时根据压力测试结果进行调整；

（五）制定有效的理财产品应急计划，确保其可以应对紧急情况下的理财产品赎回需求。应急计划的制定应当充分考虑压力测试结果，内容包括但不限于触发应急计划的各种情景、应急资金来源、应急程序和措施，董事会、高级管理层及相关部门实施应急程序和措施的权限与职责等；

（六）由专门的团队负责压力测试的实施与评估，该团队应当与投资管理团队保持相对独立。

第四十七条 商业银行应当加强对开放式公募理财产品认购环节的管理，合理控制理财产品投资者集中度，审慎确认大额认购申请，并在理财产品销售文件中对拒绝或暂停接受投资者认购申请的情形进行约定。

当接受认购申请可能对存量开放式公募理财产品投资者利益构成重大不利影响时，商业银行可以采取设定单一投资者认购金额上限或理财产品单日净认购比例上限、拒绝大额认购、暂停认购等措施，切实保护存量理财产品投资者的合法权益。

在确保投资者得到公平对待的前提下，商业银行可以按照法律、行政法规和理财产品销售文件约定，综合运用设置赎回上限、延期办理巨额赎回申请、暂停接受赎回申请、收取短期赎回费等方式，作为压力情景下开放式公募理财产品流动性风险管理的辅助措施。商业银行应当按照理财产品销售文件中约定的信息披露方式，在 3 个交易日内通知投资者相关处理措施。

本办法所称巨额赎回是指商业银行开放式公募理财产品单个开放日净赎回申请超过理财产品总份额的 10% 的赎回行为，国务院银行业监督管理机构另有规定的除外。

第四十八条 商业银行应当对理财投资合作机构的资质条件、专业服务能力和风险管理水平等开展尽职调查，实行名单制管理，明确规定理财投资合作机构的准入标准和程序、责任与义务、存续期管理、利益冲突防范机制、信息披露义务及退出机制，理财投资合作机构的名单应当至少由总行高级管理层批准并定期评估，必要时进行调整。商业银行应当以书面方式明确界定双方的权利义务和风险责任承担方式，切实履行投资管理职责，不因委托其他机构投资而免除自身应当承担的责任。

本办法所称理财投资合作机构包括但不限于商业银行理财产品所投资资产管理产品的发行机构、根据合同约定从事理财产品受托投资的机构以及与理财产品投资管理相关的投资顾问等。理财投资合作机构应当是具有专业资质并受金融监督管理部门依法监管的金融机构或国务院银行业监督管理机构认可的其他机构。

商业银行聘请理财产品投资顾问的，应当审查投资顾问的投资建议，不得由投资顾问直接执行投资指令，不得向未提供实质服务的投资顾问支付费用或者支付与其提供的服务不相匹配的费用。

商业银行首次与理财投资合作机构合作的，应当提前 10 日将该合作机构相关情况报告银行业监督管理机构。

第四十九条 商业银行不得用自有资金购买本行发行的理财产品，不得为理财产品投资的非标准化债权类资产或权益类资产提供任何直接或间接、显性或隐性的担保或回购承诺，不得用本行信贷资金为本行理财产品提供融资和担保。

第四节 理财托管

第五十条 商业银行应当选择具有证券投资基金托管业务资格的金融机构、银行业理财登记托管机构或者国务院银行业监督管理机构认可的其他机构托管所发行的理财产品。

第五十一条 从事理财产品托管业务的机构应当履行下列职责,确保实现实质性独立托管:

(一)安全保管理财产品财产;

(二)为每只理财产品开设独立的托管账户,不同托管账户中的资产应当相互独立;

(三)按照托管协议约定和理财产品发行银行的投资指令,及时办理清算、交割事宜;

(四)建立与理财产品发行银行的对账机制,复核、审查理财产品资金头寸、资产账目、资产净值、认购和赎回价格等数据,及时核查认购、赎回以及投资资金的支付和到账情况;

(五)监督理财产品投资运作,发现理财产品违反法律、行政法规、规章规定或合同约定进行投资的,应当拒绝执行,及时通知理财产品发行银行并报告银行业监督管理机构;

(六)办理与理财产品托管业务活动相关的信息披露事项,包括披露理财产品托管协议、对理财产品信息披露文件中的理财产品财务会计报告等出具意见,以及在公募理财产品半年度和年度报告中出具理财托管机构报告等;

(七)理财托管业务活动的记录、账册、报表和其他相关资料保存15年以上;

(八)对理财产品投资信息和相关资料承担保密责任,除法律、行政法规、规章规定、审计要求或者合同约定外,不得向任何机构或者个人提供相关信息和资料;

(九)国务院银行业监督管理机构规定的其他职责。

从事理财产品托管业务机构的董事、监事、高级管理人员和其他托管业务人员不得有本办法第二十四条第二款所列行为。

第五十二条 商业银行有下列情形之一的,国务院银行业监督管理机构可以要求其发行的理财产品由指定的机构进行托管:

(一)理财产品未实现实质性独立托管的;

(二)未按照穿透原则,在全国银行业理财信息登记系统中,向上穿透登记最终

投资者信息,向下穿透登记理财产品投资的底层资产信息,或者信息登记不真实、准确、完整和及时的;

(三)国务院银行业监督管理机构规定的其他情形。

第五节 信息披露

第五十三条 商业银行应当按照国务院银行业监督管理机构关于信息披露的有关规定,每半年披露其从事理财业务活动的有关信息,披露的信息应当至少包括以下内容:当期发行和到期的理财产品类型、数量和金额、期末存续理财产品数量和金额,列明各类理财产品的占比及其变化情况,以及理财产品直接和间接投资的资产种类、规模和占比等信息。

第五十四条 商业银行应当在本行营业网点或官方网站建立理财产品信息查询平台,收录全部在售及存续期内公募理财产品的基本信息。

第五十五条 商业银行应当及时、准确、完整地向理财产品投资者披露理财产品的募集信息、资金投向、杠杆水平、收益分配、托管安排、投资账户信息和主要投资风险等内容。

第五十六条 商业银行发行公募理财产品的,应当在本行官方网站或者按照与投资者约定的方式,披露以下理财产品信息:

(一)在全国银行业理财信息登记系统获取的登记编码;

(二)销售文件,包括说明书、销售协议书、风险揭示书和投资者权益须知;

(三)发行公告,包括理财产品成立日期和募集规模等信息;

(四)定期报告,包括理财产品的存续规模、收益表现,并分别列示直接和间接投资的资产种类、投资比例、投资组合的流动性风险分析,以及前十项资产具体名称、规模和比例等信息;

(五)到期公告,包括理财产品的存续期限、终止日期、收费情况和收益分配情况等信息;

(六)重大事项公告;

(七)临时性信息披露;

(八)国务院银行业监督管理机构规定的其他信息。

商业银行应当在理财产品成立之后 5 日内披露发行公告,在理财产品终止后 5 日内披露到期公告,在发生可能对理财产品投资者或者理财产品收益产生重大影响的事件后 2 日内发布重大事项公告。

商业银行应当在每个季度结束之日起 15 日内、上半年结束之日起 60 日内、每年结束之日起 90 日内,编制完成理财产品的季度、半年和年度报告等定期报告。理财产品成立不足 90 日或者剩余存续期不超过 90 日的,商业银行可以不编制理财产品当期的季度、半年和年度报告。

第五十七条 商业银行应当在每个开放日结束后 2 日内,披露开放式公募理财产品在开放日的份额净值、份额累计净值、认购价格和赎回价格,在定期报告中披露开放式公募理财产品在季度、半年和年度最后一个市场交易日的份额净值、份额累计净值和资产净值。

商业银行应当至少每周向投资者披露一次封闭式公募理财产品的资产净值和份额净值。

第五十八条 商业银行应当在公募理财产品的存续期内,至少每月向投资者提供其所持有的理财产品账单,账单内容包括但不限于投资者持有的理财产品份额、认购金额、份额净值、份额累计净值、资产净值、收益情况、投资者理财交易账户发生的交易明细记录等信息。

第五十九条 商业银行发行私募理财产品的,应当按照与合格投资者约定的方式和频率,披露以下理财产品信息:

(一)在全国银行业理财信息登记系统获取的登记编码;

(二)销售文件,包括说明书、销售协议书、风险揭示书和投资者权益须知;

(三)至少每季度向合格投资者披露理财产品的资产净值、份额净值和其他重要信息;

(四)定期报告,至少包括季度、半年和年度报告;

(五)到期报告;

(六)重大事项报告;

(七)临时性信息披露;

(八)国务院银行业监督管理机构规定的其他信息。

第六十条 商业银行理财产品终止后的清算期原则上不得超过 5 日;清算期超过 5 日的,应当在理财产品终止前,根据与投资者的约定,在指定渠道向理财产品投资者进行披露。

第六十一条 商业银行应当在理财产品销售文件中明确约定与投资者联络和信息披露的方式、渠道和频率,以及在信息披露过程中各方的责任,确保投资者及时获取信息。

商业银行在未与投资者明确约定的情况下,在其官方网站公布理财产品相关信息,不能视为向投资者进行了信息披露。

第四章 监督管理

第六十二条 从事理财业务的商业银行应当按照规定，向银行业监督管理机构报送与理财业务有关的财务会计报表、统计报表、外部审计报告和银行业监督管理机构要求报送的其他材料，并于每年度结束后2个月内报送理财业务年度报告。

第六十三条 理财托管机构应当按照规定，向银行业监督管理机构报送与理财产品托管有关的材料，并于每年度结束后2个月内报送理财产品年度托管报告。

第六十四条 从事理财业务的商业银行在理财业务中出现重大风险和损失时，应当及时向银行业监督管理机构报告，并提交应对措施。

第六十五条 银行业监督管理机构应当定期对商业银行理财业务进行现场检查。

第六十六条 银行业监督管理机构应当基于非现场监管和现场检查情况，定期对商业银行理财业务进行评估，并将其作为监管评级的重要依据。

第六十七条 商业银行违反本办法规定从事理财业务活动的，应当根据国务院银行业监督管理机构或者其省一级派出机构提出的整改要求，在规定的时限内向国务院银行业监督管理机构或者其省一级派出机构提交整改方案并采取整改措施。

第六十八条 对于在规定的时限内未能采取有效整改措施的商业银行，或者其行为严重危及本行稳健运行、损害投资者合法权益的，国务院银行业监督管理机构或者其省一级派出机构有权按照《中华人民共和国银行业监督管理法》第三十七条的规定，采取下列措施：

（一）责令暂停发行理财产品；

（二）责令暂停开展理财产品托管等业务；

（三）责令调整董事、高级管理人员或者限制其权利；

（四）《中华人民共和国银行业监督管理法》第三十七条规定的其他措施。

第六十九条 商业银行开展理财业务，根据《指导意见》经认定存在刚性兑付行为的，应当足额补缴存款准备金和存款保险保费，按照国务院银行业监督管理机构的相关规定，足额计提资本、贷款损失准备和其他各项减值准备，计算流动性风险和大额风险暴露等监管指标。

第五章 法律责任

第七十条 商业银行从事理财业务活动，有下列情形之一的，由银行业监督管理机构依照《中华人民共和国银行业监督管理法》第四十六条的规定，予以处罚。

（一）提供虚假的或者隐瞒重要事实的报表、报告等文件、资料的；

（二）未按照规定进行风险揭示或者信息披露的；

（三）根据《指导意见》经认定存在刚性兑付行为的；

（四）拒绝执行本办法第六十八条规定的措施的；

（五）严重违反本办法规定的其他情形。

第七十一条 商业银行从事理财业务活动，未按照规定向银行业监督管理机构报告或者报送有关文件、资料的，由银行业监督管理机构依照《中华人民共和国银行业监督管理法》第四十七条的规定，予以处罚。

第七十二条 商业银行从事理财业务活动的其他违法违规行为，由银行业监督管理机构依照《中华人民共和国银行业监督管理法》《中华人民共和国商业银行法》等法律法规予以处罚。

第七十三条 商业银行从事理财业务活动，违反有关法律、行政法规以及国家有关银行业监督管理规定的，银行业监督管理机构除依照本办法第七十条至第七十二条规定处罚外，还可以依照《中华人民共和国银行业监督管理法》第四十八条和《金融违法行为处罚办法》的相关规定，对直接负责的董事、高级管理人员和其他直接责任人员进行处理；涉嫌犯罪的，依法移送司法机关处理。

第六章 附 则

第七十四条 政策性银行、农村合作银行、农村信用合作社等其他银行业金融机构开展理财业务，适用本办法规定。外国银行分行开展理财业务，参照本办法执行。

第七十五条 商业银行已经发行的保证收益型和保本浮动收益型理财产品应当按照结构性存款或者其他存款进行规范管理。

本办法所称结构性存款是指商业银行吸收的嵌入金融衍生产品的存款，通过与利率、汇率、指数等的波动挂钩或者与某实体的信用情况挂钩，使存款人在承担一定风险的基础上获得相应收益的产品。

结构性存款应当纳入商业银行表内核算，按照存款管理，纳入存款准备金和存款保险保费的缴纳范围，相关资产应当按照国务院银行业监督管理机构的相关规定计提资本和拨备。衍生产品交易部分按照衍生产品业务管理，应当有真实的交易对手和交易行为。

商业银行发行结构性存款应当具备相应的衍生产品交易业务资格。

商业银行销售结构性存款，应当参照本办法第三章第二节和本办法附件的相关规定执行。

第七十六条 具有代客境外理财业务资格的商业银行开展代客境外理财业务，参照本办法执行，并应当遵守法律、行政法规和金融监督管理部门的相关规定。

第七十七条 本办法中“以上”均含本数；“日”指工作日；“收益率”指年化收益率。

第七十八条 本办法附件《商业银行理财产品销售管理要求》是本办法的组成部分。

第七十九条 本办法由国务院银行业监督管理机构负责解释。

第八十条 本办法自公布之日起施行。《商业银行个人理财业务管理暂行办法》（中国银行业监督管理委员会令2005年第2号）、《商业银行个人理财业务风险管理指引》（银监发〔2005〕63号）、《中国银行业监督管理委员会办公厅关于商业银行开展个人理财业务风险提示的通知》（银监办发〔2006〕157号）、《中国银监会办公厅关于调整商业银行个人理财业务管理有关规定的通知》（银监办发〔2007〕241号）、《中国银监会办公厅关于进一步规范商业银行个人理财业务有关问题的通知》（银监办发〔2008〕47号）、《中国银监会办公厅关于进一步规范商业银行个人理财业务报告管理有关问题的通知》（银监办发〔2009〕172号）、《中国银监会关于进一步规范商业银行个人理财业务投资管理有关问题的通知》（银监发〔2009〕65号）、《中国银监会关于规范信贷资产转让及信贷资产类理财业务有关事项的通知》（银监发〔2009〕113号）、《商业银行理财产品销售管理办法》（中国银行业监督管理委员会令2011年第5号）、《中国银监会关于进一步加强商业银行理财业务风险管理有关问题的通知》（银监发〔2011〕91号）、《中国银监会关于规范商业银行理财业务投资运作有关问题的通知》（银监发〔2013〕8号）、《中国银监会关于完善银行理财业务组织管理体系有关事项的通知》（银监发〔2014〕35号）同时废止。本办法实施前出台的有关规章及规范性文件如与本办法不一致的，按照本办法执行。

第八十一条 本办法过渡期为施行之日起至2020年底。过渡期内，商业银行新发行的理财产品应当符合本办法规定；对于存量理财产品，商业银行可以发行老产品对接存量理财产品所投资的未到期资产，但应当严格控制在存量产品的整体规模内，并有序压缩递减。

商业银行应当制定本行理财业务整改计划，明确时间进度安排和内部职责分工，经董事会审议通过并经董事长签批后，报送银行业监督管理机构认可，同时报备中国人民银行。银行业监督管理机构监督指导商业银行实施整改计划，对于提前完成整改的商业银行，给予适当监管激励；对于未严格执行整改计划或者整改不到位的商业银行,适时采取相关监管措施。

过渡期结束之后,商业银行理财产品按照本办法和《指导意见》进行全面规范管理,因子公司尚未成立而达不到第三方独立托管要求的情形除外;商业银行不得再发行或者存续不符合《指导意见》和本办法规定的理财产品。

附件

商业银行理财产品销售管理要求

一、宣传销售文本管理

(一)宣传销售文本分为两类。

1. 宣传材料,指商业银行为宣传推介理财产品向投资者分发或者发布,使投资者可以获得的书面、电子或其他介质的信息。

2. 销售文件,包括:理财产品销售协议书、理财产品说明书、风险揭示书、投资者权益须知等;经投资者签字确认的销售文件,商业银行和投资者双方均应留存。

(二)商业银行应当加强对理财产品宣传销售文本制作和发放的管理,宣传销售文本应当由商业银行总行统一管理和授权,分支机构未经总行授权不得擅自制作和分发宣传销售文本。

(三)理财产品宣传销售文本应当全面、客观反映理财产品的重要特性和与产品有关的重要事实,语言表述应当真实、准确和清晰,不得有下列情形:

1. 虚假记载、误导性陈述或者重大遗漏;

2. 违规承诺收益或者承担损失;

3. 夸大或者片面宣传理财产品,违规使用"安全""保证""承诺""保险""避险""有保障""高收益""无风险"等与产品风险收益特性不匹配的表述;

4. 登载单位或者个人的推荐性文字;

5. 在未提供客观证据的情况下,使用"业绩优良""名列前茅""位居前列""最有价值""首只""最大""最好""最强""唯一"等夸大过往业绩的表述;

6. 其他易使投资者忽视风险的情形。

(四)理财产品宣传销售文本只能登载商业银行开发设计的该款理财产品或本行同类理财产品过往平均业绩及最好、最差业绩,同时应当遵守下列规定:

1. 引用的统计数据、图表和资料应当真实、准确、全面,并注明来源,不得引用未经核实的数据;

2. 真实、准确、合理地表述理财产品业绩和商业银行管理水平;

3. 在宣传销售文本中应当以醒目文字提醒投资者“理财产品过往业绩不代表其未来表现,不等于理财产品实际收益,投资须谨慎”。

如理财产品宣传销售文本中使用模拟数据的,必须注明模拟数据。

(五)理财产品宣传销售文本提及第三方专业机构评价结果的,应当列明第三方专业评价机构名称及刊登或发布评价的渠道与日期。

(六)理财产品销售文件应当载明理财产品的认购和赎回安排、估值原则、估值方法、份额认购、赎回价格的计算方式,拟投资市场和资产的风险评估。

(七)理财产品销售文件应当载明理财产品的托管机构、理财投资合作机构的基本信息和主要职责等。

(八)理财产品宣传材料应当在醒目位置提示投资者,“理财非存款、产品有风险、投资须谨慎”。

(九)理财产品销售文件应当包含专页风险揭示书,风险揭示书应当使用通俗易懂的语言,并至少包含以下内容:

1. 在醒目位置提示投资者,“理财非存款、产品有风险、投资须谨慎”;

2. 提示投资者,“如影响您风险承受能力的因素发生变化,请及时完成风险承受能力评估”;

3. 提示投资者注意投资风险,仔细阅读理财产品销售文件,了解理财产品具体情况;

4. 本理财产品类型、期限、风险评级结果、适合购买的投资者,并配以示例说明最不利投资情形下的投资结果;

5. 理财产品的风险揭示应当至少包含本理财产品不保证本金和收益,并根据理财产品风险评级结果提示投资者可能会因市场变动而蒙受损失的程度,以及需要充分认识投资风险,谨慎投资等;

6. 投资者风险承受能力评级结果,由投资者填写;

7. 投资者风险确认语句抄录,包括确认语句栏和签字栏,确认语句栏应当完整载明的风险确认语句“本人已经阅读风险揭示,愿意承担投资风险”,并在此语句下预留足够空间供投资者完整抄录和签名确认。

(十)理财产品销售文件应当包含投资者权益须知的专页,投资者权益须知应当至少包括以下内容:

1. 投资者办理理财产品的流程;

2. 投资者风险承受能力评估流程、评级具体含义以及适合购买的理财产品等相关内容;

3. 商业银行向投资者进行信息披露的方式、渠道和频率等;

4. 投资者向商业银行投诉的方式和程序；

5. 商业银行联络方式及其他需要向投资者说明的内容。

（十一）理财产品销售文件应当载明收取销售费、托管费、投资管理费等相关收费项目、收费条件、收费标准和收费方式。销售文件未载明的收费项目，不得向投资者收取。

商业银行根据相关法律和国家政策规定，需要对已约定的收费项目、条件、标准和方式进行调整时，应当按照有关规定进行信息披露后方可调整；投资者不接受的，应当允许投资者按照销售文件的约定提前赎回理财产品。

（十二）理财产品名称应当恰当反映产品属性，不得使用带有诱惑性、误导性和承诺性的称谓以及易引发争议的模糊性语言。理财产品名称中含有拟投资资产名称的，拟投资该资产的比例须达到该理财产品规模的80%以上。

（十三）理财产品宣传销售文本的内容发生变化时，商业银行应当及时更新，并确保投资者及时知晓。

二、非机构投资者风险承受能力评估

（一）商业银行应当在投资者首次购买理财产品前在本行网点进行风险承受能力评估。风险承受能力评估依据至少应当包括投资者年龄、财务状况、投资经验、投资目的、收益预期、风险偏好、流动性要求、风险认识以及风险损失承受程度等。

商业银行对超过65岁的投资者进行风险承受能力评估时，应当充分考虑投资者年龄、相关投资经验等因素。

商业银行完成投资者风险承受能力评估后应当将风险承受能力评估结果告知投资者，由投资者签名确认后留存。

（二）商业银行应当定期或不定期地在本行网点或采用网上银行方式对投资者进行风险承受能力持续评估。

超过一年未进行风险承受能力评估或发生可能影响自身风险承受能力情况的投资者，再次购买理财产品时，应当在商业银行网点或其网上银行完成风险承受能力评估，评估结果应当由投资者签名确认；未进行评估的，商业银行不得再次向其销售理财产品。

（三）商业银行应当制定本行统一的投资者风险承受能力评估书。

商业银行应当在投资者风险承受能力评估书中明确提示，如投资者发生可能影响其自身风险承受能力的情形，再次购买理财产品时应当主动要求商业银行对其进行风险承受能力评估。

（四）商业银行分支机构理财产品销售部门负责人或经授权的业务主管人员应当定期对已完成的投资者风险承受能力评估书进行审核。

（五）商业银行应当建立投资者风险承受能力评估信息管理系统，用于测评、记录和留存投资者风险承受能力评估内容和结果。

三、理财产品销售管理

（一）商业银行应当制定理财产品销售业务基本规程，对认购、赎回以及开户、销户、资料变更等业务作出规定。

（二）商业银行从事理财产品销售活动，不得有下列情形：

1. 将存款作为理财产品销售，将理财产品作为存款销售，将理财产品与存款进行强制性搭配销售，将理财产品与其他产品进行捆绑销售；

2. 采取抽奖、回扣或者赠送实物等方式销售理财产品；

3. 销售人员代替投资者签署文件；

4. 挪用投资者资金；

5. 国务院银行业监督管理机构规定禁止的其他情形。

（三）商业银行不得通过电视、电台、互联网等渠道对具体理财产品进行宣传，本行渠道（含营业网点和电子渠道）除外。

（四）商业银行通过电话、传真、短信、邮件等方式开展理财产品宣传时，如投资者明确表示不同意，商业银行不得再通过此种方式向投资者宣传理财产品。

（五）商业银行通过本行网上银行销售理财产品时，应当遵守本附件关于非机构投资者风险承受能力评估的相关规定；销售过程应有醒目的风险提示，风险确认等环节工作要求不得低于网点标准，销售过程应当保留完整记录。

（六）商业银行通过本行电话银行销售理财产品时，应当遵守本附件关于非机构投资者风险承受能力评估的相关规定；销售人员应当是具有理财从业资格的银行人员，销售过程应当使用统一的规范用语，妥善保管投资者信息，履行相应的保密义务。

商业银行通过本行电话银行向投资者销售理财产品应当征得投资者同意，明确告知投资者销售的是理财产品，不得误导投资者；销售过程中风险确认等环节工作要求不得低于网点标准，销售过程应当录音并妥善保存。

（七）商业银行销售风险评级为四级以上理财产品时，除非与投资者书面约定，否则应当在商业银行网点进行。

（八）对于单笔投资金额较大的投资者，商业银行应当在完成销售前将销售文件至少报经商业银行分支机构销售部门负责人审核或其授权的业务主管人员审核；单笔金额标准和审核权限，由商业银行根据理财产品特性和本行风险管理要求制定。

已经完成销售的理财产品销售文件，应至少报经商业银行分支机构理财产品销售部门负责人或其授权的业务主管人员定期审核。

（九）商业银行应当在私募理财产品的销售文件中约定不少于二十四小时的投资冷静期，并载明投资者在投资冷静期内的权利。在投资冷静期内，如果投资者改变决定，商业银行应当遵从投资者意愿，解除已签订的销售文件，并及时退还投资者的全部投资款项。投资冷静期自销售文件签字确认后起算。

（十）商业银行应当建立异常销售的监控、记录、报告和处理制度，重点关注理财产品销售业务中的不当销售和误导销售行为，至少应当包括以下异常情况：

1. 投资者频繁开立、撤销理财账户；

2. 投资者风险承受能力与理财产品风险不匹配；

3. 商业银行超过约定时间进行资金划付；

4. 其他应当关注的异常情况。

（十一）商业银行应当建立和完善理财产品销售质量控制制度，制定实施内部监督和独立审核措施，配备必要的人员，对本行理财产品销售人员的操守资质、服务合规性和服务质量等进行内部调查和监督。

内部调查应当采用多样化的方式进行。对理财产品销售质量进行调查时，内部调查监督人员还应当亲自或委托适当的人员，以投资者身份进行调查。

内部调查监督人员应当在审查销售服务记录、合同和其他材料等基础上，重点检查是否存在不当销售的情况。

四、销售人员管理

（一）销售人员是指商业银行面向投资者从事理财产品宣传推介、销售、办理认购和赎回等相关活动的人员。

（二）销售人员从事理财产品销售活动，应当遵循以下原则：

1. 勤勉尽职原则。销售人员应当以对投资者高度负责的态度执业，认真履行各项职责。

2. 诚实守信原则。销售人员应当以诚实、公正的态度、合法的方式执业，如实告知投资者可能影响其利益的重要情况和理财产品风险评级情况。

3. 公平对待投资者原则。在理财产品销售活动中发生分歧或矛盾时，销售人员应当公平对待投资者，不得损害投资者合法权益。

4. 专业胜任原则。销售人员应当具备理财产品销售的专业资格和技能，胜任理财产品销售工作。

（三）销售人员在向投资者宣传销售理财产品时，应当先做自我介绍，尊重投资者意愿，不得在投资者不愿或不便的情况下进行宣传销售。

（四）销售人员在为投资者办理购买理财产品手续前，应当遵守本附件规定，特别注意以下事项：

1. 有效识别投资者身份；

2. 向投资者介绍理财产品销售业务流程、收费标准及方式等；

3. 了解投资者风险承受能力评估情况、投资期限和流动性要求；

4. 提醒投资者阅读销售文件，特别是风险揭示书和投资者权益须知；

5. 确认投资者抄录了风险确认语句。

（五）销售人员从事理财产品销售活动，不得有下列情形：

1. 在销售活动中为自己或他人牟取不正当利益，承诺进行利益输送，通过给予他人财物或利益，或接受他人给予的财物或利益等形式进行商业贿赂；

2. 诋毁其他机构的理财产品或销售人员；

3. 散布虚假信息，扰乱市场秩序；

4. 违规接受投资者全权委托，私自代理投资者进行理财产品认购、赎回等交易；

5. 违规对投资者做出盈亏承诺，或与投资者以口头或书面形式约定利益分成或亏损分担；

6. 挪用投资者交易资金或理财产品；

7. 擅自更改投资者交易指令；

8. 其他可能有损投资者合法权益和所在机构声誉的行为。

（六）商业银行应当建立健全销售人员资格考核、继续培训、跟踪评价等管理制度，不得对销售人员采用以销售业绩作为单一考核和奖励指标的考核方法，并应当将投资者投诉情况、误导销售以及其他违规行为纳入考核指标体系。

商业银行应当对销售人员在销售活动中出现的违规行为进行问责处理，将其纳入本行人力资源评价考核内容，持续跟踪考核。

对于频繁被投资者投诉、投诉事项查证属实的销售人员，应当将其调离销售岗位；情节严重的，应当按照规定承担相应法律责任。

五、理财产品信息登记要求

（一）商业银行总行在全国银行业理财信息登记系统进行销售前信息登记，应当包括以下内容：

1. 理财产品的可行性评估报告，主要内容包括：产品基本特性、目标投资者、拟销售时间和规模、拟销售地区、理财资金投向、投资组合安排、估值方法、产品风险评估及管控措施等；

2. 内部审核文件；

3. 对理财投资合作机构、理财托管机构等相关方的尽职调查文件；

4. 与理财投资合作机构、理财托管机构等相关方签署的法律文件；

5. 理财产品销售文件,包括理财产品销售协议书、理财产品说明书、风险揭示书、投资者权益须知等;

6. 报告材料联络人的具体联系方式;

7. 国务院银行业监督管理机构要求的其他材料。

(二)商业银行分支机构应当在开始发售理财产品之日起5日内,将以下材料向银行业监督管理机构报告:

1. 总行理财产品发售授权书;

2. 理财产品销售文件,包括理财产品协议书、理财产品说明书、风险揭示书、投资者权益须知等;

3. 报告材料联络人的具体联系方式;

4. 银行业监督管理机构要求的其他材料。

商业银行理财子公司管理办法

(2018年12月2日中国银行保险监督管理委员会令2018年第7号公布施行)

第一章 总 则

第一条 为加强对商业银行理财子公司的监督管理,依法保护投资者合法权益,根据《中华人民共和国银行业监督管理法》等法律、行政法规以及《关于规范金融机构资产管理业务的指导意见》(以下简称《指导意见》)、《商业银行理财业务监督管理办法》(以下简称《理财业务管理办法》),制定本办法。

第二条 本办法所称银行理财子公司是指商业银行经国务院银行业监督管理机构批准,在中华人民共和国境内设立的主要从事理财业务的非银行金融机构。

本办法所称理财业务是指银行理财子公司接受投资者委托,按照与投资者事先约定的投资策略、风险承担和收益分配方式,对受托的投资者财产进行投资和管理的金融服务。

第三条 银行理财子公司开展理财业务,应当诚实守信、勤勉尽职地履行受人之托、代人理财职责,遵守成本可算、风险可控、信息充分披露的原则,严格遵守投资者适当性管理要求,保护投资者合法权益。

第四条 银行业监督管理机构依法对银行理财子公司及其业务活动实施监督管理。

银行业监督管理机构应当与其他金融管理部门加强监管协调和信息共享,防范跨市场风险。

第二章 设立、变更与终止

第五条 设立银行理财子公司,应当采取有限责任公司或者股份有限公司形式。银行理财子公司名称一般为"字号+理财+组织形式"。未经国务院银行业监督管理机构批准,任何单位不得在其名称中使用"理财有限责任公司"或"理财股份有限公司"字样。

第六条 银行理财子公司应当具备下列条件:

(一)具有符合《中华人民共和国公司法》和国务院银行业监督管理机构规章规定的章程;

(二)具有符合规定条件的股东;

(三)具有符合本办法规定的最低注册资本;

(四)具有符合任职资格条件的董事、高级管理人员,并具备充足的从事研究、投资、估值、风险管理等理财业务岗位的合格从业人员;

(五)建立有效的公司治理、内部控制和风险管理体系,具备支持理财产品单独管理、单独建账和单独核算等业务管理的信息系统,具备保障信息系统有效安全运行的技术与措施;

(六)具有与业务经营相适应的营业场所、安全防范措施和其他设施;

(七)国务院银行业监督管理机构规章规定的其他审慎性条件。

第七条 银行理财子公司应当由在中华人民共和国境内注册成立的商业银行作为控股股东发起设立。作为控股股东的商业银行应当符合以下条件:

(一)具有良好的公司治理结构、内部控制机制和健全的风险管理体系;

(二)主要审慎监管指标符合监管要求;

(三)财务状况良好,最近3个会计年度连续盈利;

(四)监管评级良好,最近2年内无重大违法违规行为,已采取有效整改措施并经国务院银行业监督管理机构认可的除外;

(五)银行理财业务经营规范稳健;

(六)设立理财业务专营部门,对理财业务实行集中统一经营管理;理财业务专营部门连续运营3年以上,具有前中后台相互分离、职责明确、有效制衡的组织架构;

(七)具有明确的银行理财子公司发展战略和业务规划;

（八）入股资金为自有资金，不得以债务资金和委托资金等非自有资金入股；

（九）在银行理财子公司章程中承诺5年内不转让所持有的股权，不将所持有的股权进行质押或设立信托，经国务院银行业监督管理机构批准的除外；

（十）国务院银行业监督管理机构规章规定的其他审慎性条件。

第八条 境内外金融机构作为银行理财子公司股东的，应当具备以下条件：

（一）具有良好的公司治理结构；

（二）具有良好的社会声誉、诚信记录和纳税记录；

（三）经营管理良好，最近2年内无重大违法违规经营记录；

（四）财务状况良好，最近2个会计年度连续盈利；

（五）入股资金为自有资金，不得以债务资金和委托资金等非自有资金入股；

（六）在银行理财子公司章程中承诺5年内不转让所持有的股权，不将所持有的股权进行质押或设立信托，经国务院银行业监督管理机构批准的除外；

（七）符合所在地有关法律法规和相关监管规定要求；境外金融机构作为股东的，其所在国家或地区金融监管当局已经与国务院金融监督管理部门建立良好的监督管理合作机制；

（八）国务院银行业监督管理机构规章规定的其他审慎性条件。

第九条 境内非金融企业作为银行理财子公司股东的，应当具备以下条件：

（一）具有良好的公司治理结构；

（二）具有良好的社会声誉、诚信记录和纳税记录；

（三）经营管理良好，最近2年内无重大违法违规经营记录；

（四）财务状况良好，最近2个会计年度连续盈利；

（五）入股资金为自有资金，不得以债务资金和委托资金等非自有资金入股；

（六）在银行理财子公司章程中承诺5年内不转让所持有的股权，不将所持有的股权进行质押或设立信托，经国务院银行业监督管理机构批准的除外；

（七）最近1年年末总资产不低于50亿元人民币，最近1年年末净资产不得低于总资产的30%，权益性投资余额原则上不超过其净资产的50%（含本次投资资金，合并会计报表口径）；

（八）国务院银行业监督管理机构规章规定的其他审慎性条件。

第十条 有以下情形之一的企业不得作为银行理财子公司的股东：

（一）公司治理结构与机制存在明显缺陷；

（二）关联企业众多、股权关系复杂且不透明、关联交易频繁且异常；

（三）核心主业不突出且其经营范围涉及行业过多；

（四）现金流量波动受经济景气影响较大；

（五）资产负债率、财务杠杆率明显高于行业平均水平；

（六）代他人持有银行理财子公司股权；

（七）其他可能对银行理财子公司产生重大不利影响的情况。

第十一条 银行理财子公司的注册资本应当为一次性实缴货币资本，最低金额为10亿元人民币或等值自由兑换货币。

国务院银行业监督管理机构根据审慎监管的要求，可以调整银行理财子公司最低注册资本要求，但不得少于前款规定的金额。

第十二条 同一投资人及其关联方、一致行动人参股银行理财子公司的数量不得超过2家，或者控股银行理财子公司的数量不得超过1家。

第十三条 银行理财子公司机构设立须经筹建和开业两个阶段。

第十四条 筹建银行理财子公司，应当由作为控股股东的商业银行向国务院银行业监督管理机构提交申请，由国务院银行业监督管理机构按程序受理、审查并决定。国务院银行业监督管理机构应当自收到完整申请材料之日起4个月内作出批准或不批准的书面决定。

第十五条 银行理财子公司的筹建期为批准决定之日起6个月。未能按期完成筹建的，应当在筹建期限届满前1个月向国务院银行业监督管理机构提交筹建延期报告。筹建延期不得超过一次，延长期限不得超过3个月。

申请人应当在前款规定的期限届满前提交开业申请，逾期未提交的，筹建批准文件失效，由决定机关注销筹建许可。

第十六条 银行理财子公司开业，应当由作为控股股东的商业银行向银行业监督管理机构提交申请，由银行业监督管理机构受理、审查并决定。银行业监督管理机构自受理之日起2个月内作出核准或不予核准的书面决定。

第十七条 银行理财子公司应当在收到开业核准文件并领取金融许可证后，办理工商登记，领取营业执照。

银行理财子公司应当自领取营业执照之日起6个月内开业。不能按期开业的，应当在开业期限届满前1个月向国务院银行业监督管理机构提交开业延期报告。开业延期不得超过一次，延长期限不得超过3个月。

未在前款规定期限内开业的，开业核准文件失效，由决定机关注销开业许可，发证机关收回金融许可证，并予以公告。

第十八条 银行理财子公司董事和高级管理人员实行任职资格核准制度，由银行业监督管理机构参照《中国银监会非银行金融机构行政许可事项实施办法》规定的行政许可范围、条件和程序对银行理财子公司董事和高级管理人员任职资格进行审核，国务院银行业监督管理机构另有规定的除外。

第十九条 银行理财子公司应当严格控制分支机构的设立。根据需要设立分支机构的，应当具备以下条件：

（一）具有有效的公司治理、内部控制和风险管理体系，具备支持理财产品单独管理、单独建账和单独核算等业务管理的信息系统，具备保障信息系统有效安全运行的技术与措施；

（二）理财业务经营规范稳健，最近 2 年内无重大违法违规行为；

（三）具备拨付营运资金的能力；

（四）国务院银行业监督管理机构规章规定的其他审慎性条件。

银行理财子公司设立分支机构，由银行业监督管理机构受理、审查并决定，相关程序应当符合《中国银监会非银行金融机构行政许可事项实施办法》相关规定，国务院银行业监督管理机构另有规定的除外。

第二十条 银行理财子公司有下列变更事项之一的，应当报经国务院银行业监督管理机构批准：

（一）变更公司名称；

（二）变更注册资本；

（三）变更股权或调整股权结构；

（四）调整业务范围；

（五）变更公司住所或营业场所；

（六）修改公司章程；

（七）变更组织形式；

（八）合并或分立；

（九）国务院银行业监督管理机构规章规定的其他变更事项。

银行理财子公司股权变更后持股 5% 以上的股东应当经股东资格审核。银行理财子公司变更持股 1% 以上、5% 以下股东的，应当在 10 个工作日内向银行业监督管理机构报告。变更股权后的股东应当符合本办法规定的股东资质条件。

第二十一条 银行理财子公司有下列情况之一的，经国务院银行业监督管理机构批准后可以解散：

（一）公司章程规定的营业期限届满或者公司章程规定的其他解散事由出现；

（二）股东会议决议解散；

（三）因公司合并或者分立需要解散；

（四）依法被吊销营业执照、责令关闭或者被撤销；

（五）其他法定事由。

第二十二条 银行理财子公司因解散、依法被撤销或被宣告破产而终止的，其清算事宜按照国家有关法律法规办理。银行理财子公司不得将理财产品财产归入其自有资产,因依法解散、被依法撤销或者被依法宣告破产等原因进行清算的,理财产品财产不属于其清算财产。

第二十三条 银行理财子公司的机构变更和终止、调整业务范围及增加业务品种等行政许可事项由国务院银行业监督管理机构受理、审查并决定,相关许可条件和程序应符合《中国银监会非银行金融机构行政许可事项实施办法》相关规定,国务院银行业监督管理机构另有规定的除外。

第三章 业务规则

第二十四条 银行理财子公司可以申请经营下列部分或者全部业务:

(一)面向不特定社会公众公开发行理财产品,对受托的投资者财产进行投资和管理;

(二)面向合格投资者非公开发行理财产品,对受托的投资者财产进行投资和管理;

(三)理财顾问和咨询服务;

(四)经国务院银行业监督管理机构批准的其他业务。

第二十五条 银行理财子公司开展业务,应当遵守《指导意见》和《理财业务管理办法》的总则、分类管理、业务规则与风险管理、附则以及附件《商业银行理财产品销售管理要求》的相关规定,本办法另有规定的除外。

银行理财子公司开展理财业务,不适用《理财业务管理办法》第二十二条、第三十条第二款、第三十一条、第三十六条第一款、第三十九条、第四十条第一款、第四十二条第一款、第四十八条第二款、第四十九条、第七十四条至第七十七条、附件《商业银行理财产品销售管理要求》第三条第(三)项的规定。

第二十六条 银行理财子公司发行公募理财产品的,应当主要投资于标准化债权类资产以及上市交易的股票,不得投资于未上市企业股权,法律、行政法规和国务院银行业监督管理机构另有规定的除外。

第二十七条 银行理财子公司销售理财产品的,应当在非机构投资者首次购买理财产品前通过本公司渠道(含营业场所和电子渠道)进行风险承受能力评估;通过营业场所向非机构投资者销售理财产品的,应当按照国务院银行业监督管理机构的相关规定实施理财产品销售专区管理,在销售专区内对每只理财产品销售过程进行录音录像。银行理财子公司不得通过电视、电台、互联网等渠道对私募理财产品进行公开宣传。

银行理财子公司可以通过商业银行、农村合作银行、村镇银行、农村信用合作社等吸收公众存款的银行业金融机构，或者国务院银行业监督管理机构认可的其他机构代理销售理财产品。代理销售银行理财子公司理财产品的机构应当遵守国务院银行业监督管理机构关于代理销售业务的相关规定。

第二十八条 银行理财子公司理财产品不得直接投资于信贷资产，不得直接或间接投资于主要股东的信贷资产及其受(收)益权，不得直接或间接投资于主要股东发行的次级档资产支持证券，面向非机构投资者发行的理财产品不得直接或间接投资于不良资产受(收)益权。

银行理财子公司发行的理财产品不得直接或间接投资于本公司发行的理财产品，国务院银行业监督管理机构另有规定的除外。银行理财子公司发行的理财产品可以再投资一层由受金融监督管理部门依法监管的其他机构发行的资产管理产品，但所投资的资产管理产品不得再投资公募证券投资基金以外的资产管理产品。

银行理财子公司主要股东是指持有或控制银行理财子公司5%以上股份或表决权，或持有资本总额或股份总额不足5%但对银行理财子公司经营管理有重大影响的股东。

前款所称“重大影响”包括但不限于向银行理财子公司派驻董事、监事或高级管理人员，通过协议或其他方式影响银行理财子公司的财务和经营管理决策以及国务院银行业监督管理机构认定的其他情形。

第二十九条 银行理财子公司理财产品投资于非标准化债权类资产的，应当实施投前尽职调查、风险审查和投后风险管理。银行理财子公司全部理财产品投资于非标准化债权类资产的余额在任何时点均不得超过理财产品净资产的35%。

第三十条 同一银行理财子公司全部开放式公募理财产品持有单一上市公司发行的股票，不得超过该上市公司可流通股票的15%。

第三十一条 银行理财子公司发行分级理财产品的，应当遵守《指导意见》第二十一条相关规定。

分级理财产品的同级份额享有同等权益、承担同等风险，产品名称中应包含“分级”或“结构化”字样。

银行理财子公司不得违背风险收益相匹配原则，利用分级理财产品向特定一个或多个劣后级投资者输送利益。分级理财产品不得投资其他分级资产管理产品，不得直接或间接对优先级份额投资者提供保本保收益安排。

银行理财子公司应当向投资者充分披露理财产品的分级设计及相应风险、收益分配、风险控制等信息。

第三十二条 银行理财子公司的理财投资合作机构包括但不限于银行理财子公司理财产品所投资资产管理产品的发行机构、根据合同约定从事理财产品受托投资的机构以及与理财产品投资管理相关的投资顾问等。

银行理财子公司公募理财产品所投资资产管理产品的发行机构、根据合同约定从事理财产品受托投资的机构应当是具有专业资质并受金融监督管理部门依法监管的金融机构,其他理财投资合作机构应当是具有专业资质,符合法律、行政法规、《指导意见》和金融监督管理部门相关监管规定并受金融监督管理部门依法监管的机构。

银行理财子公司可以选择符合以下条件的私募投资基金管理人担任理财投资合作机构:

(一)在中国证券投资基金业协会登记满1年、无重大违法违规记录的会员;

(二)担任银行理财子公司投资顾问的,应当为私募证券投资基金管理人,其具备3年以上连续可追溯证券、期货投资管理业绩且无不良从业记录的投资管理人员应当不少于3人;

(三)金融监督管理部门规定的其他条件。

银行理财子公司所发行分级理财产品的投资顾问及其关联方不得以其自有资金或者募集资金投资于该分级理财产品的劣后级份额。

第三十三条 银行理财子公司可以运用自有资金开展存放同业、拆放同业等业务,投资国债、其他固定收益类证券以及国务院银行业监督管理机构认可的其他资产,其中持有现金、银行存款、国债、中央银行票据、政策性金融债券等具有较高流动性资产的比例不低于50%。

银行理财子公司以自有资金投资于本公司发行的理财产品,不得超过其自有资金的20%,不得超过单只理财产品净资产的10%,不得投资于分级理财产品的劣后级份额。

银行理财子公司应当确保理财业务与自营业务相分离,理财业务操作与自营业务操作相分离,其自有资产与发行的理财产品之间不得进行利益输送。

银行理财子公司不得为理财产品投资的非标准化债权类资产或权益类资产提供任何直接或间接、显性或隐性的担保或回购承诺。

第三十四条 银行理财子公司发行投资衍生产品的理财产品的,应当按照《银行业金融机构衍生产品交易业务管理暂行办法》获得相应的衍生产品交易资格,并遵守国务院银行业监督管理机构关于衍生产品业务管理的有关规定。

银行理财子公司开展理财业务涉及外汇业务的,应当具有开办相应外汇业务的资格,并遵守外汇管理的有关规定。

第三十五条 银行理财子公司发行理财产品的，应当在全国银行业理财信息登记系统对理财产品进行集中登记。

银行理财子公司不得发行未在全国银行业理财信息登记系统进行登记并获得登记编码的理财产品。

第四章 风险管理

第三十六条 银行理财子公司应当建立组织健全、职责清晰、有效制衡、激励约束合理的公司治理结构，明确股东（大）会、董事会、监事会、高级管理层、业务部门、风险管理部门和内部审计部门风险管理职责分工，建立相互衔接、协调运转的管理机制。

第三十七条 银行理财子公司董事会对理财业务的合规管理和风险管控有效性承担最终责任。董事会应当充分了解理财业务及其所面临的各类风险，根据本公司经营目标、投资管理能力、风险管理水平等因素，审核批准理财业务的总体战略和重要业务管理制度并监督实施。董事会应当监督高级管理层履行理财业务管理职责，评价理财业务管理的全面性、有效性和高级管理层的履职情况。

董事会可以授权其下设的专门委员会履行以上部分职能。

第三十八条 银行理财子公司高级管理层应当充分了解理财业务及其所面临的各类风险，根据本公司经营目标、投资管理能力、风险管理水平等因素，制定、定期评估并实施理财业务的总体战略和业务管理制度，确保具备从事理财业务及其风险管理所需要的专业人员、业务处理系统、会计核算系统和管理信息系统等人力、物力资源。

第三十九条 银行理财子公司监事会应当对董事会和高级管理层的履职情况进行监督评价并督促整改。监事长（监事会主席）应当由专职人员担任。

第四十条 银行理财子公司应当根据理财业务性质和风险特征，建立健全理财业务管理制度，包括产品准入管理、风险管理和内部控制、人员管理、销售管理、投资管理、合作机构管理、产品托管、产品估值、会计核算和信息披露等。

第四十一条 银行理财子公司与其主要股东之间，同一股东控股、参股或实际控制的其他机构之间，以及国务院银行业监督管理机构认定需要实施风险隔离的其他机构之间，应当建立有效的风险隔离机制，通过隔离资金、业务、管理、人员、系统、营业场所和信息等措施，防范风险传染、内幕交易、利益冲突和利益输送，防止利用未公开信息交易。风险隔离机制应当至少包括以下内容：

（一）确保机构名称、产品和服务名称、对外营业场所、品牌标识、营销宣传等有

效区分,避免投资者混淆,防范声誉风险;

(二)对银行理财子公司的董事会成员和监事会成员的交叉任职进行有效管理,防范利益冲突;

(三)严格隔离投资运作等关键敏感信息传递,不得提供存在潜在利益冲突的投资、研究、客户敏感信息等资料。

第四十二条 银行理财子公司发行的理财产品投资于本公司或托管机构的主要股东、实际控制人、一致行动人、最终受益人,托管机构,同一股东或托管机构控股的机构,或者与本公司或托管机构有重大利害关系的机构发行或承销的证券,或者从事其他关联交易的,应当符合理财产品投资目标、投资策略和投资者利益优先原则,按照商业原则,以不优于对非关联方同类交易的条件进行,并向投资者充分披露信息。

银行理财子公司应当遵守法律、行政法规和金融监督管理部门关于关联交易的相关规定,全面准确识别关联方,建立健全理财业务关联交易内部评估和审批机制。理财业务涉及重大关联交易的,应当提交有权审批机构审批,并向银行业监督管理机构报告。

银行理财子公司不得以理财资金与关联方进行不正当交易、利益输送、内幕交易和操纵市场,包括但不限于投资于关联方虚假项目、与关联方共同收购上市公司、向本公司注资等。

第四十三条 银行理财子公司应当将投资管理职能与交易执行职能相分离,实行集中交易制度。

银行理财子公司应当建立公平交易制度和异常交易监控机制,对投资交易行为进行监控、分析、评估、核查,监督投资交易的过程和结果,不得开展可能导致不公平交易和利益输送的交易行为。

银行理财子公司应当对不同理财产品之间发生的同向交易和反向交易进行监控。同一理财产品不得在同一交易日内进行反向交易。确因投资策略或流动性等需要发生同日反向交易的,应当要求相关人员提供决策依据,并留存书面记录备查。国务院银行业监督管理机构另有规定的除外。

第四十四条 银行理财子公司应当按照理财产品管理费收入的10%计提风险准备金,风险准备金余额达到理财产品余额的1%时可以不再提取。风险准备金主要用于弥补因银行理财子公司违法违规、违反理财产品合同约定、操作错误或者技术故障等给理财产品财产或者投资者造成的损失。

第四十五条 银行理财子公司应当遵守净资本监管要求。相关监管规定由国务院银行业监督管理机构另行制定。

第四十六条 银行理财子公司应当建立健全内部控制和内外部审计制度，完善内部控制措施，提高内外部审计有效性，持续督促提升业务经营、风险管理、内控合规水平。

银行理财子公司应当按照国务院银行业监督管理机构关于内部审计的相关规定，至少每年对理财业务进行一次内部审计，并将审计报告报送董事会。董事会应当针对内部审计发现的问题，督促高级管理层及时采取整改措施。内部审计部门应当跟踪检查整改措施的实施情况，并及时向董事会提交有关报告。

银行理财子公司应当按照国务院银行业监督管理机构关于外部审计的相关规定，委托外部审计机构至少每年对理财业务和公募理财产品进行一次外部审计，并针对外部审计发现的问题及时采取整改措施。

第四十七条 银行理财子公司应当建立健全从业人员的资格认定、培训、考核评价和问责制度，确保理财业务人员具备必要的专业知识、行业经验和管理能力，充分了解相关法律法规、监管规定以及理财产品的法律关系、交易结构、主要风险及风险管控方式，遵守行为准则和职业道德标准。

银行理财子公司的董事、监事、高级管理人员和其他理财业务人员，其本人、配偶、利害关系人进行证券投资，应当事先向银行理财子公司申报，并不得与投资者发生利益冲突。银行理财子公司应当建立上述人员进行证券投资的申报、登记、审查、处置等管理制度，并报银行业监督管理机构备案。

银行理财子公司的董事、监事、高级管理人员和其他理财业务人员不得有下列行为：

（一）将自有财产或者他人财产混同于理财产品财产从事投资活动；

（二）不公平地对待所管理的不同理财产品财产；

（三）利用理财产品财产或者职务之便为理财产品投资者以外的人牟取利益；

（四）向理财产品投资者违规承诺收益或者承担损失；

（五）侵占、挪用理财产品财产；

（六）泄露因职务便利获取的未公开信息，利用该信息从事或者明示、暗示他人从事相关的交易活动；

（七）玩忽职守，不按照规定履行职责；

（八）法律、行政法规和国务院银行业监督管理机构规定禁止的其他行为。

第四十八条 银行理财子公司应当建立有效的投资者保护机制，设置专职岗位并配备与业务规模相匹配的人员，根据法律、行政法规、金融监管规定和合同约定妥善处理投资者投诉。

第五章　监督管理

第四十九条　银行理财子公司应当按照规定，向银行业监督管理机构报送与理财业务有关的财务会计报表、统计报表、外部审计报告、风险准备金使用情况和银行业监督管理机构要求报送的其他材料，并于每年度结束后2个月内报送理财业务年度报告。

第五十条　银行理财子公司在理财业务中出现或者可能出现重大风险和损失时，应当及时向银行业监督管理机构报告，并提交应对措施。

第五十一条　银行业监督管理机构应当按照规定对银行理财子公司业务进行现场检查。

第五十二条　银行业监督管理机构应当基于非现场监管和现场检查情况，定期对银行理财子公司业务进行评估。

第五十三条　银行理财子公司违反本办法规定从事理财业务活动的，应当根据国务院银行业监督管理机构或者其省一级派出机构提出的整改要求，在规定的时限内向国务院银行业监督管理机构或者其省一级派出机构提交整改方案并采取整改措施。

第五十四条　对于在规定的时限内未能采取有效整改措施的银行理财子公司，或者其行为严重危及本公司稳健运行、损害投资者合法权益的，国务院银行业监督管理机构或者其省一级派出机构有权按照《中华人民共和国银行业监督管理法》第三十七条的规定，采取下列措施：

（一）责令暂停发行理财产品；

（二）责令调整董事、高级管理人员或限制其权利；

（三）《中华人民共和国银行业监督管理法》第三十七条规定的其他措施。

第五十五条　银行理财子公司从事理财业务活动，有下列情形之一的，由银行业监督管理机构依照《中华人民共和国银行业监督管理法》第四十六条的规定，予以处罚：

（一）提供虚假的或者隐瞒重要事实的报表、报告等文件、资料的；

（二）未按照规定进行风险揭示或者信息披露的；

（三）根据《指导意见》经认定存在刚性兑付行为的；

（四）拒绝执行本办法第五十四条规定的措施的；

（五）严重违反本办法规定的其他情形。

第五十六条　银行理财子公司从事理财业务活动，未按照规定向银行业监督管理机构报告或者报送有关文件、资料的，由银行业监督管理机构依照《中华人民共和国银行业监督管理法》第四十七条的规定，予以处罚。

第五十七条 银行理财子公司从事理财业务活动的其他违法违规行为，由银行业监督管理机构依照《中华人民共和国银行业监督管理法》等法律法规予以处罚。

第五十八条 银行理财子公司从事理财业务活动，违反有关法律、行政法规以及国家有关银行业监督管理规定的，银行业监督管理机构除依照本办法第五十五条至第五十七条规定处罚外，还可以依照《中华人民共和国银行业监督管理法》第四十八条和《金融违法行为处罚办法》的相关规定，对直接负责的董事、高级管理人员和其他直接责任人员进行处理；涉嫌犯罪的，依法移送司法机关处理。

第六章 附 则

第五十九条 本办法中"以上"均含本数，"以下"不含本数。

第六十条 本办法所称控股股东是指根据《中华人民共和国公司法》第二百一十六条规定，其出资额占有限责任公司资本总额50%以上，或其持有的股份占股份有限公司股本总额50%以上的股东；出资额或者持有股份的比例虽然不足50%，但依其出资额或者持有的股份所享有的表决权已足以对股东（大）会的决议产生重大影响的股东。

第六十一条 本办法由国务院银行业监督管理机构负责解释。

第六十二条 本办法自公布之日起施行。

理财公司理财产品销售管理暂行办法

（2021年5月11日中国银行保险监督管理委员会令
2021年第4号公布，自2021年6月27日起施行）

第一章 总 则

第一条 根据《中华人民共和国银行业监督管理法》《中华人民共和国商业银行法》等法律、行政法规，以及《关于规范金融机构资产管理业务的指导意见》《商业银行理财业务监督管理办法》《商业银行理财子公司管理办法》等，制定本办法。

第二条 本办法所称理财业务是指理财公司接受投资者委托，按照与投资者事先约定的投资策略、风险承担和收益分配方式，对受托的投资者财产进行投资和管理的金融服务。

本办法所称理财公司是指在中华人民共和国境内依法设立的商业银行理财子公司，以及中国银行保险监督管理委员会（以下简称银保监会）批准设立的其他主要从事理财业务的非银行金融机构。

本办法所称理财产品是指理财公司按照约定条件和实际投资收益情况向投资者支付收益、不保证本金支付和收益水平的非保本理财产品。

本办法所称理财产品销售包括面向投资者开展的以下部分或全部业务活动：

（一）以展示、介绍、比较单只或多只理财产品部分或全部特征信息并直接或间接提供认购、申购、赎回服务等方式宣传推介理财产品；

（二）提供单只或多只理财产品投资建议；

（三）为投资者办理理财产品认购、申购和赎回；

（四）银保监会认定的其他业务活动。

从事以上部分或全部业务活动的机构为理财产品销售机构。

理财产品销售机构中从事以上部分或全部业务活动的人员为理财产品销售人员。

第三条 理财产品销售机构包括：

（一）销售本公司发行理财产品的理财公司；

（二）接受理财公司委托销售其发行理财产品的代理销售机构，包括其他理财公司，商业银行、农村合作银行、村镇银行、农村信用合作社等吸收公众存款的银行业金融机构，以及银保监会规定的其他机构。

第四条 从事理财产品销售业务活动，应当遵守法律法规、监管规定、合作协议及理财产品销售文件的约定，诚实守信，谨慎勤勉，恪守职业道德和行为规范，向投资者充分披露信息和揭示风险，打破刚性兑付，不得直接或变相宣传、承诺保本保收益，不得损害国家利益、社会公共利益和投资者的合法权益。

理财公司和代理销售机构应当根据法律法规、监管规定和合作协议的约定，合理划分双方权责，共同承担理财产品销售管理责任。

第五条 理财产品销售结算资金属于理财产品投资者，理财产品销售机构、提供理财产品销售结算资金划转结算等服务的机构不得将理财产品销售结算资金归入自有资产。禁止任何单位或者个人以任何形式挪用理财产品销售结算资金。理财产品销售机构、提供理财产品销售结算资金划转结算等服务的机构因依法解散、被依法撤销或者被依法宣告破产等原因进行清算的，理财产品销售结算资金不属于其清算财产。

理财产品销售机构、提供理财产品销售结算资金划转结算等服务的机构应当按照法律、行政法规以及银保监会的相关规定，存放和管理理财产品销售结算资金。

第六条 银保监会及其派出机构依据法律、行政法规和本办法的规定，对理财产品销售业务活动实施监督管理。

第二章 理财产品销售机构

第七条 理财产品销售机构从事理财产品销售业务活动，应当持续具备下列条件：

（一）财务状况良好，运作规范稳定；

（二）具备与独立开展理财产品销售业务活动相适应的自有渠道（含营业网点或电子渠道）、信息系统等设施和销售流程自主管控能力；具备安全、高效的办理理财产品认（申）购和赎回等业务的技术设施和销售系统；代理销售机构与理财公司实施信息系统联网，能够满足数据传输需要；

（三）具备安全可靠的理财产品销售数据保障能力、管理机制和配套设施，能够持续满足理财产品销售和交易行为记录、保存、回溯检查的需要；能够持续满足在全国银行业理财信息登记系统登记以及银保监会及其派出机构实施非现场监管、现场检查等的数据需要；

（四）具备完善的防火墙、入侵检测、数据加密以及灾难恢复等信息安全管理体系和设施；

（五）具备完善的理财产品销售投资者适当性管理、投资者权益保护、销售人员执业操守、应急处理等制度，以及满足理财产品销售管理需要的组织体系、操作流程和监测机制；

（六）具备完善的理财产品销售结算资金管理制度；

（七）具备完善的反洗钱、反恐怖融资及非居民金融账户涉税信息尽职调查内部控制制度；

（八）主要监管指标符合金融监督管理部门的规定；

（九）银保监会规定的其他条件。

第八条 未经金融监督管理部门许可，任何非金融机构和个人不得代理销售理财产品。

理财产品销售机构不得以理财名义或使用“理财”字样开展其他金融产品销售

业务活动。

第九条 理财公司应当对拟委托销售的本公司理财产品建立适合性调查、评估和审批制度，审慎选择代理销售机构，切实履行对代理销售机构的管理责任。理财公司应当对代理销售机构理财产品销售业务活动情况至少每年开展一次规范性评估。

理财公司开展规范性评估，需要调阅理财产品销售录音录像、交易记录以及相关制度文件等资料的，代理销售机构应当予以配合。代理销售机构应当按照法律、法规以及合作协议约定，及时、准确向理财公司提供理财产品销售相关的数据、信息和资料等。

第十条 理财公司应当对代理销售机构的条件要求、专业服务能力和风险管理水平等开展尽职调查，实行专门的名单制管理，明确规定准入标准和程序、责任与义务、存续期管理、利益冲突防范机制、信息披露义务及退出机制等。代理销售机构的名单应当至少由理财公司高级管理层批准并定期评估，并根据实际情况对名单及时调整。理财公司不得因其他机构代理销售而免除自身应当承担的责任。

第十一条 代理销售机构总部和理财公司应当以书面形式签订代理销售合作协议，至少包括以下内容：

（一）理财公司对拟委托销售理财产品和本公司制订的宣传销售文本出具的合规性承诺；

（二）双方在风险承担、信息披露、风险揭示、客户信息传递及信息保密、投诉处理、应急处置、业务中止及后续服务安排等方面的责任和义务；

（三）双方业务管理系统职责边界和运营服务接口；

（四）理财产品投资者敏感信息等资料的保存权限、责任和方式；

（五）反洗钱、反恐怖融资及非居民金融账户涉税信息尽职调查义务履行及责任划分；

（六）双方就在理财产品销售过程中违反投资者适当性管理的行为，各自应当依法承担的法律责任；

（七）理财产品销售信息交换及资金交收权利义务；

（八）代理销售机构和理财公司暂停或中止合作的触发条件及程序；

（九）代理销售机构承诺配合理财公司接受银保监会及其派出机构针对理财产品销售业务活动实施的非现场监管、现场检查等，并完整、准确、及时提供相关数据、信息和资料等；

（十）代理销售机构承诺依据本办法规定接受理财公司对理财产品销售业务活动定期开展的规范性评估，完整、准确、及时向理财公司提供理财产品销售相关资料。

第十二条 理财公司与代理销售机构合作，理财公司与代理销售机构应当在代理销售合作协议签订10个工作日内，至少通过本公司、代理销售机构的官方渠道予以公告。理财公司与代理销售机构应当于每年度结束后2个月内分别向银保监会或其派出机构报告本机构理财产品销售合作情况年度报告。

第十三条 代理销售机构总部应当对拟销售的理财产品开展尽职调查，并承担审批职责，纳入本机构统一专门名单管理，不得仅以理财公司相关产品资料或其出具意见作为审批依据；通过分支机构销售的，应当以书面形式对分支机构进行明确授权，载明该分支机构可销售的理财产品范围。

第十四条 代理销售机构不符合本办法第七条规定条件的，或代理销售机构未按规定接受理财公司对理财产品销售业务活动定期规范性评估的，理财公司应当按照代理销售合作协议约定暂停或中止与代理销售机构的业务合作，并在5个工作日内至少通过本公司、代理销售机构的官方渠道予以公告。

理财公司发现代理销售机构存在本办法第二十五条规定的禁止行为或认定代理销售机构销售行为严重损害投资者合法权益的，应当及时予以纠正。代理销售机构未采取有效纠正措施的，理财公司应当按照代理销售合作协议约定中止与代理销售机构的部分或全部业务合作，并在5个工作日内至少通过本公司、代理销售机构的官方渠道予以公告。

代理销售机构不得因业务暂停或中止而弱化、减免本机构应当承担的责任。代理销售机构不得将接受委托销售的理财产品直接或间接委托给其他机构销售，银保监会另有规定的除外。

第三章 风险管理与内部控制

第十五条 理财产品销售机构应当具备并有效执行理财产品销售业务制度，制定与本机构发展战略相适应的产品准入、风险管理与内部控制、投资者适当性管理、业务操作、资金清算、客户服务、信息披露、合作机构管理、人员及行为管理、投诉和应急处理、保密管理等制度，及时评估和完善相关制度，确保制度有效性。

第十六条 理财产品销售机构董事会负责审核批准理财产品销售重要策略、制度和程序；高级管理层负责根据董事会批准的理财产品销售策略、制度和程序，对理财产品销售业务风险进行管理，制定并监督执行有关投资者权益保护与内部控制制度，向董事会定期报告理财产品销售总体情况、重大事项及潜在风险，确保风险管理的有效性。

第十七条 理财产品销售机构应当指定专门部门和人员负责对理财产品销售业务活动的合法合规性进行审查、监督和检查,并确保该部门和人员独立、有效履行职责。该部门人员不得兼任经营管理等与岗位职责存在利益冲突的职务。

该部门应当对理财产品销售准入、产品合规及风险评估的标准和流程等销售业务内部制度以及新销售产品、新业务方案等进行合规审查,并出具合规审查意见。

该部门发现本机构存在与理财产品销售相关的重大风险或违法违规行为,应当提出处理意见,并督促整改。理财产品销售机构应当就重大风险或违法违规行为及时向银保监会或其派出机构报告,并视情况告知相关合作机构。

第十八条 理财产品销售机构应当对拟向特定对象销售的理财产品实施专门的尽职调查和风险评估,充分了解拟销售产品的投资方向、策略、风险以及投资者适当性要求等,出具专项合规意见并留存备查。

第十九条 理财产品销售机构应当对分支机构从事理财产品销售业务活动实行统一管理,不得通过与他人合资、合作经营管理分支机构,或将分支机构承包或者委托给他人等方式开展理财产品销售业务。

第二十条 理财产品销售机构应当建立健全业务范围管控制度,审慎评估理财产品销售业务与其依法开展或拟开展的其他业务之间可能存在的利益冲突,建立严格的利益冲突防范机制并确保有效实施。

第二十一条 理财产品销售机构应当加强信息科技风险管理,建立网络安全监测和应急响应体系,保障网络和信息系统安全可靠、可持续服务。理财产品销售机构应当采取可靠的技术措施,确保客户信息安全。

理财产品销售机构应当充分利用科技手段,加强对伪冒网站、伪冒产品等监测,有效防范各类欺诈风险。

理财公司委托代理销售机构销售理财产品的,代理销售机构和理财公司应当建立联防联控的反欺诈体系,共同承担反欺诈的责任。

第二十二条 理财产品销售机构应当完整记录和保存销售业务活动信息,确保记录信息全面、准确和不可篡改,并持续满足银保监会及其派出机构依法实施信息采集、核查、取证等监管行为的要求。记录信息应当至少包括:投资者身份证明资料、宣传销售文本、产品风险及其他关键信息提示、交易记录与确认信息等。

第二十三条 理财产品销售机构应当建立健全档案管理制度,妥善保管投资者理财产品销售相关资料,保管年限不得低于20年。

第二十四条 理财产品销售机构及其分支机构的理财产品销售部门负责人以及承担本办法第十七条规定职责的部门负责人离任的,应当进行审计。

第四章　理财产品销售管理

第二十五条　理财产品销售机构及其销售人员从事理财产品销售业务活动，不得有下列情形：

（一）误导投资者购买与其风险承受能力不相匹配的理财产品；

（二）虚假宣传、片面或者不当宣传，夸大过往业绩，预测理财产品的投资业绩，或者出具、宣传理财产品预期收益率；

（三）使用未说明选择原因、测算依据或计算方法的业绩比较基准，单独或突出使用绝对数值、区间数值展示业绩比较基准；

（四）将销售的理财产品与存款或其他产品进行混同；

（五）在理财产品销售过程中强制捆绑、搭售其他服务或产品；

（六）提供抽奖、回扣、馈赠实物、代金权益及金融产品等销售理财产品；

（七）违背投资者利益优先原则，为谋取机构或人员的利益，诱导投资者进行短期、频繁购买和赎回操作；

（八）由销售人员违规代替投资者签署销售业务相关文件，或者代替投资者进行风险承受能力评估、理财产品购买等操作，代替投资者持有或安排他人代替投资者持有本机构销售的理财产品；

（九）为理财产品提供直接或间接、显性或隐性担保，包括部分或全部承诺本金或收益保障；

（十）利用或者承诺利用理财产品和理财产品销售业务进行利益输送或利益交换；

（十一）给予、收取或索要理财产品销售合作协议约定以外的利益；

（十二）恶意诋毁、贬低其他理财产品销售机构或者其他理财产品；

（十三）截留、挪用理财产品销售结算资金；

（十四）违法违规提供理财产品投资者相关信息；

（十五）未经授权或超越授权范围开展销售业务，私自推介、销售未经本机构审批的理财产品，通过营业网点或电子渠道提供未经本机构审批的理财产品销售相关文件和资料；

（十六）未按规定或者协议约定的时间发行理财产品，或者擅自变更理财产品的发行日期；

（十七）在全国银行业理财信息登记系统对理财产品进行登记并获得登记编码前，办理理财产品销售业务，发布理财产品宣传推介材料；

(十八)银保监会规定禁止的其他情形。

第二十六条 理财产品销售机构通过营业网点向非机构投资者销售理财产品的,应当按照银保监会的相关规定实施理财产品销售专区管理,面向投资者严格有效区分理财产品与其他金融产品。理财产品销售机构应当在销售专区内对每只理财产品销售过程进行录音录像,销售专区应当具有明显标识。

除非与非机构投资者当面书面约定,评级为四级以上理财产品销售,应当在营业网点进行。

理财产品销售机构通过电子渠道向非机构投资者销售理财产品的,应当积极采取有效措施和技术手段完整客观记录营销推介、产品风险和关键信息提示、投资者确认和反馈等重点销售环节,确保能够满足回溯检查和核查取证的需要。理财产品销售机构进行上述记录行为的,应当征得投资者同意,否则不得向其销售理财产品。

第二十七条 理财产品宣传销售文本包括宣传推介材料和销售文件。

宣传推介材料是指理财产品销售机构为宣传推介理财产品向投资者分发或者发布,使投资者可以获得的文字、图片、音频、视频以及其他形式的信息。

销售文件包括理财产品投资协议书、销售(代理销售)协议书、理财产品说明书、风险揭示书、投资者权益须知等,应当严谨清晰界定理财公司、代理销售机构以及投资者之间关于投资和销售等权责关系;经投资者签字确认的销售文件,理财产品销售机构和投资者双方均应留存。

第二十八条 理财公司应当对本公司理财产品的全部宣传推介材料内容承担管理责任。

未经理财公司授权和审核同意,代理销售机构不得擅自设计、修改、增减任何理财公司理财产品宣传推介材料的文字、数据、公式、表格、示意图等内容信息要素,不得制作分发。

第二十九条 理财公司应当统一编制本公司理财产品投资协议书和理财产品说明书。代理销售机构可以接受理财公司委托编制代理销售协议书、风险揭示书、投资者权益须知等销售文件,并应当对其编制的销售文件进行合规性审核,使用前向理财公司备案。

理财产品销售文件应当载明理财产品销售机构和托管机构的基本信息和主要职责等。

第三十条 理财公司、代理销售机构应当设置科学合理的理财产品风险评级的方式和方法,根据理财产品的投资组合、同类产品过往业绩和风险状况等因素,对理财产品进行评级。理财产品风险评级结果应当以风险等级体现,由低到高至少包括一级至五级,并可以根据实际情况进一步细分。

理财公司应当对本公司发行的理财产品进行产品评级,代理销售机构应当根据本机构的方式和方法,独立、审慎地对代理销售的理财产品进行销售评级,并向理财公司及时、准确提供本机构销售评级结果等信息。

销售评级与理财公司产品评级结果不一致的,代理销售机构应当采用对应较高风险等级的评级结果并予以披露。理财公司应当在宣传销售文本等材料和理财产品登记信息中标明“该产品通过代理销售机构渠道销售的,理财产品评级应当以代理销售机构最终披露的评级结果为准”。

第三十一条 理财产品销售机构应当对非机构投资者的风险承受能力进行评估,制定投资者风险承受能力评估书,确定投资者风险承受能力等级,建立将投资者和理财产品进行匹配的方法。风险承受能力评估依据至少应当包括投资者年龄、财务状况、投资经验、投资目的、收益期望、风险偏好、流动性要求、风险认识及风险损失承受程度等。

理财产品销售机构应当定期或不定期地在本机构营业场所(含电子渠道)对非机构投资者进行风险承受能力持续评估,确保投资者风险承受能力评估的客观性、及时性和有效性。

超过一年未进行风险承受能力评估或发生可能影响自身风险承受能力情况的非机构投资者,再次购买理财产品时,应当在理财产品销售机构营业场所(含电子渠道)完成风险承受能力评估,评估结果应当由投资者签字确认。

理财公司委托代理销售机构销售理财产品的,代理销售机构应当将投资者风险承受能力评估结果以及投资者与理财产品进行匹配的方法,及时、准确提供给理财公司。

第三十二条 理财产品销售机构应当根据反洗钱、反恐怖融资及非居民金融账户涉税信息尽职调查等相关法律法规要求识别客户身份。

代理销售机构应当配合理财公司开展反洗钱、反恐怖融资及非居民金融账户涉税信息尽职调查等工作,并向理财公司提供投资者身份信息及法律法规规定的其他信息。

第三十三条 理财产品销售机构应当充分了解面向特定对象销售的理财产品的投资者信息,收集、核验投资者金融资产证明、收入证明或纳税凭证等材料,对非机构投资者风险识别能力和风险承受能力进行持续评估,并要求投资者承诺投资资金为自有资金。

理财产品销售机构应当完善合格投资者尽职调查流程并履行投资者签字确认程序,包括但不限于:合格投资者确认、投资者适当性匹配、风险揭示、自有资金投资承诺。

理财产品销售机构不得向不特定社会公众销售私募理财产品。

第三十四条 理财产品销售协议生效后,理财产品销售机构应当按照法律、行政法规、监管规定和理财产品投资协议、销售协议的约定,办理理财产品的认(申)购、赎回,不得擅自拒绝接受投资者的认(申)购、赎回申请。理财公司暂停或者开放认(申)购、赎回等业务的,应当按照相关规定和投资协议、销售协议约定说明具体原因和依据。

第三十五条 投资者认(申)购理财产品必须全额交付认(申)购款项,银保监会另有规定的除外;投资者按规定提交认(申)购申请并全额交付款项的,认(申)购申请成立;认(申)购申请是否生效以理财公司发出的确认信息为准。

第三十六条 理财产品销售机构应当通过投资者指定的银行账户办理理财产品认(申)购和赎回的款项收付,制作、留存款项收付的有效凭证。

理财公司委托代理销售机构销售理财产品的,代理销售机构应当至少每日向理财公司提供销售明细和相关有效凭证信息。

第三十七条 理财产品销售机构应当按照法律法规规定、理财产品销售协议约定归集、划转理财产品销售结算资金,确保理财产品销售结算资金安全、及时划付,并将赎回、分红及认(申)购不成功的相应款项划入投资者认(申)购时使用的银行账户。

理财公司委托代理销售机构销售理财产品的,理财公司应当至少每日与代理销售机构进行对账,确保销售结算资金的安全性和双方客户交易明细的一致性。

提供理财产品销售结算资金划转结算等服务的机构应当建立与理财公司的对账机制,复核、审查理财产品销售结算资金的交易情况。

第三十八条 理财产品销售机构应当按照法律法规、监管规定、理财产品投资协议书、理财产品说明书、理财产品销售(代理销售)协议书等的约定收取销售费用,并如实核算、记账;未经载明,不得对不同投资者适用不同费率。

理财公司根据相关法律和国家政策规定,需要对已约定的收费项目、条件、标准和方式进行调整时,应当按照有关规定进行信息披露后方可调整;投资者不接受的,应当允许投资者按照销售协议的约定提前赎回理财产品。

第三十九条 理财产品销售机构应当做好投资者持续信息服务,包括但不限于以下方面:

(一)及时向投资者告知认(申)购、赎回理财产品的确认日期、确认份额和金额等信息;

(二)定期向投资者提供其所持有的理财产品基本信息,及时向投资者告知对其决策有重大影响的信息。

理财公司应当及时将上述信息提供给理财产品销售机构。理财产品销售机构应当做好信息传递工作,通过与投资者约定的方式向投资者提供前述信息。

第四十条 理财公司应当通过本公司和代理销售机构官方渠道、行业统一信息披露渠道或与投资者约定的其他渠道披露全部在售及存续的理财产品相关信息,并保证投资者能够按照销售协议约定的时间和方式及时获取披露信息。

理财公司委托代理销售机构销售理财产品的,双方应当按照法律、行政法规、监管规定及合作协议约定,确认信息披露义务人,真实、准确、完整进行信息披露。

第四十一条 理财产品销售机构销售关联方管理的面向特定对象销售的理财产品,应当建立健全关联方产品销售管理制度,在风险揭示书的醒目位置向投资者披露关联方及关联关系,揭示关联关系可能产生的不利影响和投资风险,并由投资者签字确认。

第五章 销售人员管理

第四十二条 理财产品销售机构应当建立健全理财产品销售人员的上岗资格、持续培训、信息公示与查询核实等制度,确保理财产品销售人员具备必要的专业知识、行业经验和管理能力,熟悉相关法律、行政法规、监管规定,充分了解理财产品的法律关系、交易结构、主要风险及风险管控方式,遵守行为准则和职业道德标准。

理财产品销售机构应当承担本机构理财产品销售人员管理的主体责任,加强对本机构理财产品销售人员行为的持续监督和排查,严格防范私自销售。

第四十三条 理财产品销售人员应当至少具备下列条件:

(一)具有完全民事行为能力;

(二)具有高中以上文化程度;

(三)从事金融工作1年以上;

(四)具备良好的诚信记录及职业操守;

(五)熟悉理财业务活动及理财产品销售相关的法律法规;

(六)银保监会规定的其他条件。

未经理财产品销售机构进行上岗资格认定并签订劳动合同,任何人员不得从事理财产品销售业务活动,银保监会另有规定的除外。

第四十四条 理财产品销售机构应当有效执行理财产品销售人员的持续培训制度,通过内外部培训、考核等方式,确保销售人员熟悉理财产品销售政策法规及理财产品业务知识，具备与理财产品销售相匹配的专业技能。

理财产品销售机构应当对理财产品销售人员培训情况进行记录并存档。每个销售人员每年接受本机构组织或认可的培训时间不得少于20小时。

第四十五条 理财产品销售机构应当在营业网点和电子渠道显著位置对理财产品销售人员信息进行公示。

理财产品销售人员在向投资者宣传销售理财产品前，应当进行自我介绍并告知理财产品销售人员信息查询和核实渠道，尊重投资者意愿，不得在投资者不愿或不便的情况下进行宣传销售。

第六章 投资者合法权益保护

第四十六条 理财产品销售机构应当建立健全投资者权益保护管理体系，严格实施事前协调、事中管控和事后监督，持续加强投资者适当性管理，确保理财产品销售业务活动各环节有效落实投资者权益保护。

第四十七条 理财产品销售机构在销售产品过程中，应当对投资者身份信息的真实性进行验证。结合非机构投资者年龄、地区和行业背景，充分了解投资者基本信息、收入来源、财务状况、投资经验、投资目标和风险偏好等，严谨客观实施风险承受能力评估，审慎使用评估结果。根据投资者的风险承受能力销售不同风险等级的产品，把合适的理财产品销售给合适的投资者。

第四十八条 理财产品销售机构应当要求投资者真实提供信息，自主作出认（申）购和赎回等决定，独立对销售文件进行签字确认，自主承担投资风险。投资者拒绝提供或者未按照要求提供信息的，理财产品销售机构应当告知投资者相应的后果及责任，并可拒绝向其提供销售服务。

第四十九条 理财产品销售文件应当包含风险揭示书的专页，风险揭示书应当使用通俗易懂的语言，并至少包含以下内容：

（一）在醒目位置提示投资者，“理财非存款、产品有风险、投资须谨慎”；

（二）提示投资者，“如影响您风险承受能力的因素发生变化，请及时完成风险承受能力评估”；

（三）提示投资者注意投资风险，仔细阅读理财产品销售文件，了解理财产品具体情况；

（四）本理财产品类型、期限、评级结果、适合购买的投资者，并配以示例说明最不利投资情形下的投资结果；

（五）理财产品的风险揭示应当至少包含本理财产品不保证本金和收益，并根据理财产品评级结果提示投资者可能会因市场变动而蒙受损失的程度，以及需要充分认识投资风险，谨慎投资等；

（六）投资者风险承受能力评估结果，由投资者填写；

（七）投资者风险确认语句抄录，包括确认语句栏和签字栏，确认语句栏应当完整载明的风险确认语句"本人已经阅读风险揭示，愿意承担投资风险"，并在此语句下预留足够空间供投资者完整抄录和签字确认。

第五十条 理财产品销售机构收集、使用个人信息，应当按照法律法规规定，遵循正当、必要的原则，保证信息采集、处理及使用的安全性和合法性。未经客户专门授权，不得将客户个人信息及相关理财产品销售信息提供其他第三方机构和个人，法律、行政法规和银保监会另有规定的除外。

第五十一条 理财公司和代理销售机构应当建立有效的理财产品销售业务投资者投诉处理机制，明确受理和处理投资者投诉的途径、程序和方式。

理财公司和代理销售机构应当根据法律、行政法规、监管规定和协议约定，明确划分双方责任和义务，及时、妥善处理投资者投诉。

因电子渠道销售业务产生投诉纠纷的，理财产品销售机构应当在处理过程中提供投资者交易记录和确认信息等。因机构自身原因不能提供交易记录等历史信息的，应当按照有利于投资者的原则处理投资者诉求。

第五十二条 理财公司和代理销售机构应当至少每半年开展一次投资者投诉处理情况自查和投资者权益保护工作评估，形成报告留存备查。理财公司和代理销售机构的高级管理层应当定期审议投资者投诉及权益保护工作情况，审视业务风险并督促整改，持续完善内控制度。

第七章 监督管理与法律责任

第五十三条 理财产品销售机构应当按照规定，定期向银保监会或其派出机构报送与理财产品销售有关的统计报表和相关报告等，并确保报送信息的真实性、准确性、完整性和及时性。

第五十四条 理财公司与代理销售机构合作，理财公司应当按照登记要求，向全国银行业理财信息登记系统登记，并提交如下材料：

（一）在代理销售合作协议签订10个工作日内，提交与代理销售机构签订的协议文本；对代理销售机构的尽职调查情况，包括信息系统、财务管理等内控制度情况、合规风控管理和投资者权益保护机制等；银保监会规定的其他材料。

（二）在确定委托代理销售机构所销售理财产品后3个工作日内，提交相关理财产品名称及全国银行业理财信息登记编码目录。

上述登记信息发生变更的，理财公司应当自变化发生之日起 3 个工作日内办理变更登记。理财公司应当确保登记信息真实、准确和完整。

第五十五条 提供理财产品销售结算资金划转结算等服务的机构应当将理财产品销售结算资金的交易情况及时向全国银行业理财信息登记系统进行登记和更新，确保登记信息真实、准确和完整。

第五十六条 理财产品销售机构应当在全国银行业理财信息登记系统登记本机构理财产品销售人员信息并及时更新，确保登记信息真实、准确和完整。

第五十七条 银保监会及其派出机构应当对理财产品销售业务活动及其相关数据信息和资料报送进行现场检查。

第五十八条 银保监会及其派出机构应当基于非现场监管和现场检查情况，定期对理财产品销售业务活动进行评估。

第五十九条 理财产品销售机构违反本办法规定从事理财产品销售业务活动的，应当根据银保监会及其派出机构提出的整改要求，在规定的时限内提交整改方案并采取整改措施。

第六十条 对于在规定的时限内未能采取有效整改措施的理财产品销售机构，或者其行为严重危及理财业务稳健运行、损害投资者合法权益的，银保监会及其派出机构有权依照法律法规采取监管措施。

第六十一条 理财产品销售机构从事理财产品销售业务活动，有下列情形之一的，由银保监会及其派出机构依照法律法规予以处罚：

（一）提供虚假的或者隐瞒重要事实的报表、报告等文件、资料的；

（二）未按照规定进行风险揭示或者信息披露的；

（三）误导投资者购买与其风险承受能力不相匹配的理财产品的；

（四）截留、挪用理财产品销售结算资金的；

（五）未按照本办法要求建立风险管理制度和相关信息系统，或者风险管理制度落实不到位、存在重大风险隐患或者引发较大风险事件的；

（六）违法违规提供与理财产品持有人、理财产品投资运作相关非公开信息的；

（七）拒绝执行本办法第六十条规定的措施的；

（八）严重违反本办法规定的其他情形。

第六十二条 理财公司与不具备本办法第七条规定条件的机构合作开办理财产品销售业务活动，以及代理销售机构直接或间接委托其他机构销售理财产品的，由银保监会及其派出机构依照法律法规予以处罚。

理财公司未按照本办法要求对代理销售机构开展规范性评估，有效履行管理职责的，由银保监会及其派出机构依照法律法规予以处罚。

第六十三条 理财产品销售机构从事理财产品销售业务活动，未按照规定向银保监会及其派出机构报告或者报送有关文件、资料的，由银保监会及其派出机构责令改正，逾期不改正的，由银保监会及其派出机构依照法律法规予以处罚。

第六十四条 理财产品销售机构从事理财产品销售业务活动，违反有关法律、行政法规以及国家有关银行业监督管理规定的，银保监会及其派出机构除依照本办法第六十一条至第六十三条规定处罚外，还可以依照法律法规对直接负责的董事、高级管理人员和其他直接责任人员进行处理；涉嫌犯罪的，依法移送司法机关处理。

第六十五条 银保监会认可的自律组织可以依据法律法规和自律规则，对其成员从事的理财产品销售业务活动进行自律管理。

第八章 附 则

第六十六条 理财产品销售机构应当遵守法律、行政法规以及《关于规范金融机构资产管理业务的指导意见》《商业银行理财业务监督管理办法》《商业银行理财子公司管理办法》《关于规范商业银行代理销售业务的通知》《银行业金融机构销售专区录音录像管理暂行规定》等有关理财产品销售的规定，本办法另有规定的除外。

其他银行业金融机构理财产品的销售业务活动参照执行本办法。

第六十七条 本办法中“以上”均含本数。

第六十八条 本办法由银保监会负责解释。

第六十九条 本办法自2021年6月27日起施行。本办法施行前的理财产品销售业务活动不符合本办法相关要求的，理财公司与代理销售机构应当在本办法施行之日起6个月内完成整改。

中国银保监会有关部门负责人就《理财公司理财产品销售管理暂行办法》答记者问

为规范理财公司理财产品销售业务活动，保护投资者合法权益，促进理财业务健康发展，银保监会发布实施《理财公司理财产品销售管理暂行办法》（以下简称《办法》）。银保监会有关部门负责人就相关问题回答了记者提问。

一、《办法》公开征求意见的情况如何？

2020年12月25日至2021年1月29日，银保监会就《办法》向社会公开征求意见。从反馈意见来看,各方对《办法》总体支持。银保监会就各方反馈意见逐条予以认真研究,进一步完善了《办法》。

《办法》充分吸收采纳科学合理的建议,主要包括:一是进一步明确适用机构范围。《办法》名称从原来的《商业银行理财子公司理财产品销售管理暂行办法》修改为《理财公司理财产品销售管理暂行办法》,并明确理财公司包括商业银行理财子公司和银保监会批准设立的其他理财公司,从而将外方控股的合资理财公司纳入适用机构范围。同时,结合现阶段银行理财业务实际,《办法》明确其他银行业金融机构理财产品的销售业务活动参照执行,有助于维护监管标准一致性。二是进一步完善禁止性规定。禁止单独或突出使用绝对数值、区间数值展示业绩比较基准,防止变相宣传预期收益率,更好促进产品净值化转型,推进打破刚兑预期。三是设置《办法》实施过渡期。为机构做好业务制度、系统建设、信息登记和披露等准备工作预留时间。此外,还对部分文字表述进行了调整完善。

二、制定出台《办法》的背景和总体思路是什么?

制定《办法》的背景:一是进一步完善理财公司制度规则体系的需要。目前理财公司主要沿用商业银行理财、代销等监管规则,全面性和适用性存在不足。二是适应理财产品销售法律关系变化的需要。理财公司设立后,产品销售的相关法律主体扩展为理财公司、代理销售机构和投资者三方。各方在理财产品销售过程中的法律定位、权责关系、风险预期均发生变化,需要进一步细化明确相关规范。三是对标看齐资管行业统一标准的需要。充分研究借鉴国内外资管产品销售已有的成熟监管标准和实践经验,积极推进监管规则一致,避免制度洼地。

制定《办法》的总体思路:落实资管新规、理财新规和《商业银行理财子公司管理办法》等制度规则,针对理财公司特点,加强理财产品销售机构和行为监管规范,压实理财产品销售和管理责任,强化投资者适当性管理,切实保护投资者合法权益,推进公平竞争,打破刚性兑付,为理财业务健康发展创造良好的制度环境。开展理财公司产品销售业务活动需要同时遵守资管新规、理财新规、《商业银行理财子公司管理办法》和《办法》等制度规定。

三、《办法》的总体结构是什么?

《办法》共八章69条。第一章"总则",明确了立法依据、基本概念、机构范围、基本原则、监督管理等。第二章"理财产品销售机构",规范了从事理财产品销售业务活动应当具备的条件要求等。第三章"风险管理与内部控制",主要从销售机构的维度,规范了理财产品销售的制度框架、董事会和高管层责任、信息系统要求、反欺诈要求、档案管理等。第四章"理财产品销售管理",主要结合理财产品销售流程,对宣传销售文本、认赎安排、资金交付与管理、对账制度、持续信息服务等主要环节提出要求。第五章“销售人员管理”,对机构和员工分别提出管理要求。第六章“投资者合法权益保护”,提出了适当性管理、客户信息保护以及投资者投诉等要求。第七章“监督管理与法律责任”。第八章“附则”。

四、《办法》对理财产品销售机构及其销售业务活动做出了哪些规定?

一是界定理财产品销售活动概念范畴。《办法》明确理财公司理财产品销售包括面向投资者开展的以下部分或全部业务活动:(一)以展示、介绍、比较单只或多只理财产品部分或全部特征信息并直接或间接提供认购、申购、赎回服务等方式宣传推介理财产品;(二)提供单只或多只理财产品投资建议;(三)为投资者办理理财产品认购、申购和赎回;(四)银保监会认定的其他业务活动。同时,《办法》与资管新规统一要求紧密衔接,明确规定未经金融监督管理部门许可,任何非金融机构和个人不得代理销售理财产品。

二是明确理财产品销售机构范围。《办法》将理财产品销售机构分为两类:一类是销售本公司发行理财产品的理财公司;一类是接受理财公司委托销售其发行理财产品的代理销售机构。《办法》现阶段允许理财公司和吸收公众存款的银行业金融机构作为代理销售机构,保持了现有理财产品销售制度的连续性和平稳性。理财公司属于新型非银行金融机构,机构类型、产品属性、品牌声誉等处于起步培育阶段,区分辨识度需要逐步提升。现有销售机构范围总体延续了银行理财产品销售的成熟渠道模式,便于投资者识别。下一步,银保监会将根据银行理财产品的转型发展情况,适时将理财产品销售机构范围扩展至其他金融机构和专业机构。

三是提出从事销售业务活动应当持续具备的条件。具体包括:财务状况良好,运作规范稳定,具备与独立开展理财产品销售业务活动相适应的自有渠道、信息系统等设施和销售流程自主管控能力,安全可靠的数据保障能力、管理体系和配套设施,完善的管理制度、组织体系、操作流程、监测机制等方面的要求。

五、《办法》对理财公司和代理销售机构的销售责任是如何规定的?

《办法》坚持理财公司和代理销售机构共同承担销售责任。理财公司设计发行理财产品,代理销售机构面向投资者实施销售行为,共同承担理财产品的合规销售和投资者合法权益保护义务。

理财公司是理财产品的设计发行方,主要责任是确定如实反映产品属性的统一信息内容和披露标准(即“是什么产品”),筛选合格的代理销售机构并实施持续有效管理(即“由谁来卖”),明确规范销售的执行标准和约束机制(即“如何管理卖方”)。代理销售机构面向投资者实施销售行为,主要责任是选择适宜本机构特点和目标客群的理财产品(即“卖什么产品”),履行投资者适当性义务评估筛选合适的投资者(即“卖给谁”),以及依法依规和按协议约定确保本机构及人员持续履行合规销售的管控义务(即"该怎么卖")。

《办法》对理财公司和代理销售机构分别提出机构和产品尽职调查要求。例如,针对理财公司一方,要求其对代理销售机构的条件要求、专业服务能力和风险管理水平等开展尽职调查,明确规定准入标准和程序、责任与义务、存续期管理、利益冲突防范机制、信息披露义务及退出机制。针对代理销售机构一方,要求对拟销售的理财产品开展尽职调查,承担审批职责,并纳入本机构统一专门名单管理,不得仅以理财公司相关产品资料或其出具意见作为审批依据。

六、《办法》对从事理财产品销售业务活动规定了哪些禁止性要求?

《办法》规定了理财产品销售机构及其销售人员从事理财产品销售业务活动的禁止行为,具体包括误导销售、虚假宣传、不当展示业绩比较基准、与存款或其他产品进行混同、强制捆绑和搭售其他服务或产品、诱导投资者短期频繁操作、违规代客操作、强化产品刚兑、私售"飞单"产品等方面,着力针对资管产品销售面临的突出问题,进一步明确规则要求,强化行为规范。

七、《办法》对理财产品销售机构通过营业网点和电子渠道销售理财产品做出了哪些规定?

理财产品销售机构可以通过营业网点销售理财公司理财产品,也可以通过官方网站、移动金融客户端应用软件(手机银行 APP)等自有的电子渠道销售理财产品。

对于通过营业网点向非机构投资者销售理财产品的,《办法》要求理财产品销售机构按照监管规定实施理财产品销售专区管理,对销售专区设置明显标识,并在销售专区内对每只理财产品销售过程进行录音录像。除非与非机构投资者当面书面约定,评级为四级以上理财产品销售,应当在营业网点进行。

对于通过电子渠道向非机构投资者销售理财产品的,《办法》要求理财产品销售机构积极采取有效措施和技术手段完整客观记录营销推介、产品风险和关键信息提示、投资者确认和反馈等重点销售环节,确保能够满足回溯检查和核查取证的需要。

八、《办法》在理财产品宣传销售文本方面做出了哪些规定?

《办法》与理财新规保持一致,将理财产品宣传销售文本分为两类,一是宣传推介材料,二是销售文件。《办法》注重强化宣传销售文本的集中统一管理责任,明确制作分发、授权管理及委托编制的主体,厘清各方的权利义务和责任承担。在宣传推介材料方面,理财公司对本公司所有产品宣传推介信息实行集中统一的管理和授权,是宣传推介材料最终责任承担者。在销售文件方面,理财产品投资协议书和理财产品说明书由理财公司统一编制;代理销售协议书、风险揭示书、投资者权益须知可以由理财公司委托代理销售机构进行编制，代理销售机构应当对其编制的销售文件进行合规性审核，并向理财公司备案。

九、《办法》在理财产品销售人员管理方面做出了哪些规定？

《办法》从机构和员工两个层面分别提出理财产品销售人员管理要求。在机构层面压实责任。要求理财产品销售机构建立健全上岗资格、持续培训、信息公示与查询核实等制度并有效执行。未经理财产品销售机构进行上岗资格认定并签订劳动合同，任何人员不得从事理财产品销售业务活动。同时要求理财产品销售机构对所有销售人员信息进行登记和公示。在员工层面强化约束。要求销售人员在向投资者宣传销售理财产品前进行自我介绍并告知信息查询和核实渠道，便于投资者查询核实，防止伪冒身份和虚假宣传。

十、《办法》在投资者合法权益保护方面做出了哪些规定？

《办法》坚持"卖者尽责"与"买者自负"的有机统一，推进有序打破刚性兑付，强化信息全面登记。一是厘清压实各方责任。《办法》进一步厘清理财公司、代理销售机构和投资者三方权责，明确投资者义务与信息确认责任，压实理财公司和代理销售机构在理财产品评级、投资者风险承受能力评估、宣传销售文件制作、投资者与产品进行匹配以及信息披露等方面的责任，提高投资者适当性管理水平。二是强化销售行为记录。强化销售过程中买卖双方行为的记录和回溯，如：要求采取有效措施和技术手段完整客观记录电子渠道销售的重点环节，有利于在出现争议时厘清投资者与理财公司、代理销售机构之间的责任，保护各方合法权益。三是加强信息全面登记。依托银行业理财登记托管中心，强化销售过程信息的匹配和登记，便利投资者通过银行业理财登记托管中心权威渠道查询核实，防范伪冒机构和人员销售虚假理财产品。

中国银保监会　中国人民银行关于规范现金管理类理财产品管理有关事项的通知

（2021年5月27日银保监发〔2021〕20号发布施行）

各银保监局；中国人民银行上海总部，各分行、营业管理部，各省会（首府）城市中心支行，各副省级城市中心支行；各政策性银行、大型银行、股份制银行、外资银行、理财公司：

为加强对商业银行、理财公司现金管理类理财产品(以下简称现金管理类产品)的监督管理,促进现金管理类产品业务规范健康发展,依法保护投资者合法权益,现就规范现金管理类产品管理有关事项通知如下:

一、本通知所称现金管理类产品是指仅投资于货币市场工具,每个交易日可办理产品份额认购、赎回的商业银行或者理财公司理财产品。在产品名称中使用"货币""现金""流动"等类似字样的理财产品视为现金管理类产品,适用本通知。

本通知所称理财公司是指在中华人民共和国境内依法设立的商业银行理财子公司,以及中国银行保险监督管理委员会(以下简称银保监会)批准设立的其他主要从事理财业务的非银行金融机构。

银保监会、中国人民银行依照法律、行政法规、本通知的规定和审慎监管原则,对现金管理类产品运作实施监督管理。

二、现金管理类产品应当投资于以下金融工具:

(一)现金;

(二)期限在1年以内(含1年)的银行存款、债券回购、中央银行票据、同业存单;

(三)剩余期限在397天以内(含397天)的债券、在银行间市场和证券交易所市场发行的资产支持证券;

(四)银保监会、中国人民银行认可的其他具有良好流动性的货币市场工具。

现金管理类产品不得投资于以下金融工具:

(一)股票;

(二)可转换债券、可交换债券;

(三)以定期存款利率为基准利率的浮动利率债券,已进入最后一个利率调整期的除外;

(四)信用等级在AA+以下的债券、资产支持证券;

(五)银保监会、中国人民银行禁止投资的其他金融工具。

前款所述债券的信用等级应当主要参照最近一个会计年度的主体信用评级,如果对发行人同时有两家以上境内评级机构评级的,应当选择使用评级较低、违约概率较大的外部评级结果。商业银行、理财公司不应完全依赖外部评级机构的评级结果,还需结合内部评级进行独立判断和认定。

三、现金管理类产品投资于相关金融工具的,应当符合以下要求:

(一)每只现金管理类产品投资于同一机构发行的债券及其作为原始权益人的资产支持证券的比例合计不得超过该产品资产净值的10%,投资于国债、中央银行票据、政策性金融债券的除外。

（二）每只现金管理类产品投资于所有主体信用评级低于 AAA 的机构发行的金融工具的比例合计不得超过该产品资产净值的 10%，其中单一机构发行的金融工具的比例合计不得超过该产品资产净值的 2%；本款所称金融工具包括债券、银行存款、同业存单、相关机构作为原始权益人的资产支持证券及银保监会认可的其他金融工具。

（三）每只现金管理类产品投资于有固定期限银行存款的比例合计不得超过该产品资产净值的 30%，投资于有存款期限，根据协议可提前支取的银行存款除外；每只现金管理类产品投资于主体信用评级为 AAA 的同一商业银行的银行存款、同业存单占该产品资产净值的比例合计不得超过 20%。

（四）全部现金管理类产品投资于同一商业银行的存款、同业存单和债券，不得超过该商业银行最近一个季度末净资产的 10%。

（五）商业银行、理财公司现金管理类产品拟投资于主体信用评级低于 AA + 的商业银行的银行存款与同业存单的，应当经本机构董事会审议批准，相关交易应当事先告知托管机构，并作为重大事项履行信息披露程序。

非主观因素导致突破前款各项比例限制的，商业银行、理财公司应当在 10 个交易日内调整至符合要求，银保监会规定的特殊情形除外。

四、现金管理类产品应当确保持有足够的具有良好流动性的资产，其投资组合应当符合以下要求：

（一）每只现金管理类产品持有不低于该产品资产净值 5% 的现金、国债、中央银行票据、政策性金融债券；

（二）每只现金管理类产品持有不低于该产品资产净值 10% 的现金、国债、中央银行票据、政策性金融债券以及五个交易日内到期的其他金融工具；

（三）每只现金管理类产品投资到期日在 10 个交易日以上的债券买入返售、银行定期存款（含协议约定有条件提前支取的银行存款），以及资产支持证券、因发行人债务违约无法进行转让或者交易的债券等由于法律法规、合同或者操作障碍等原因无法以合理价格予以变现的流动性受限资产，合计不得超过该产品资产净值的 10%；

（四）每只现金管理类产品的杠杆水平不得超过 120%，发生巨额赎回、连续 3 个交易日累计赎回 20% 以上或者连续 5 个交易日累计赎回 30% 以上的情形除外。

非主观因素导致突破前款第（二）（四）项比例限制的，商业银行、理财公司应当在 10 个交易日内调整至符合要求；非主观因素导致突破前款第（三）项比例限制的，商业银行、理财公司不得主动新增流动性受限资产的投资。

五、商业银行、理财公司每只现金管理类产品投资组合的平均剩余期限不得超过120天,平均剩余存续期限不得超过240天。

本通知所称现金管理类产品投资组合平均剩余期限的计算公式为:

$$\frac{\sum 现金管理类产品的资产\times 剩余期限-\sum 现金管理类产品的负债\times 剩余期限+债券卖出回购\times 剩余期限}{现金管理类产品的资产-现金管理类产品的负债+债券卖出回购}$$

现金管理类产品投资组合平均剩余存续期限的计算公式为:

$$\frac{\sum 现金管理类产品的资产\times 剩余存续期限-\sum 现金管理类产品的负债\times 剩余存续期限+债券卖出回购\times 剩余存续期限}{现金管理类产品的资产-现金管理类产品的负债+债券卖出回购}$$

投资组合中债券的剩余期限和剩余存续期限是指计算日至债券到期日为止所剩余的天数,以下情况除外:

允许投资的可变利率或者浮动利率债券的剩余期限以计算日至下一个利率调整日的实际剩余天数计算。

允许投资的可变利率或者浮动利率债券的剩余存续期限以计算日至债券到期日的实际剩余天数计算。

六、商业银行、理财公司应当按照《企业会计准则》和《关于规范金融机构资产管理业务的指导意见》关于金融资产估值核算的相关规定,确认和计量现金管理类产品的净值。在确保现金管理类产品资产净值能够公允地反映投资组合价值的前提下,可采用摊余成本法对持有的投资组合进行会计核算,但应当在销售文件中披露该核算方法及其可能对产品净值波动带来的影响;估值核算方法在特殊情形下不能公允反映现金管理类产品价值的,可以采用其他估值方法,该特殊情形及采用的估值方法应当在销售文件中约定。

现金管理类产品采用摊余成本法进行核算的,应当采用影子定价的风险控制手段,对摊余成本法计算的资产净值的公允性进行评估。

当影子定价确定的现金管理类产品资产净值与摊余成本法计算的资产净值正偏离度绝对值达到0.5%时,商业银行、理财公司应当暂停接受认购并在5个交易日内将正偏离度绝对值调整到0.5%以内。当负偏离度绝对值达到0.25%时,商业银行、理财公司应当在5个交易日内将负偏离度绝对值调整到0.25%以内。当负偏离度绝对值达到0.5%时,商业银行、理财公司应当采取相应措施,将负偏离度绝对值控制在0.5%以内。当负偏离度绝对值连续两个交易日超过0.5%时,商业银行、理财公司应当采用公允价值估值方法对持有投资组合的账面价值进行调整,或者采取暂停接受所有赎回申请并终止产品合同进行财产清算等措施。

前款所述情形及其处理方法应当事先在销售文件中约定并进行信息披露。影子定价与摊余成本法确定的现金管理类产品资产净值的偏离度 $=\frac{NAV_S-NAV_a}{NAV_a}$。其中,NAVs为影子定价确定的现金管理类产品资产净值,NAVa为摊余成本法确定的现金管理类产品资产净值。

七、为保护投资者的合法权益,商业银行、理财公司可以依照相关法律法规以及销售文件的约定,在特定市场条件下暂停或者拒绝接受一定金额以上的资金认购。

当日认购的现金管理类产品份额应当自下一个交易日起享有该产品的分配权益;当日赎回的现金管理类产品份额自下一个交易日起不享有该产品的分配权益,银保监会认定的特殊现金管理类产品品种除外。

商业银行、理财公司应当建立健全内部流动性风险控制制度,细化流动性风险管理措施。在满足相关流动性风险管理要求的前提下,当现金管理类产品持有的现金、国债、中央银行票据、政策性金融债券以及5个交易日内到期的其他金融工具占产品资产净值的比例合计低于5%且偏离度为负时,商业银行、理财公司应当对当日单个产品投资者申请赎回份额超过现金管理类产品总份额1%以上的赎回申请征收1%的强制赎回费用,并将上述赎回费用全额计入该现金管理类产品财产。商业银行、理财公司与托管机构协商确认上述做法无益于现金管理类产品利益最大化的情形除外。上述情形及处理方法应当事先在销售文件中约定。

为公平对待不同类别产品投资者的合法权益,商业银行、理财公司应当在现金管理类产品的销售文件中约定,单个产品投资者在单个开放日申请赎回份额超过该产品总份额10%的,商业银行、理财公司可以采取延期办理部分赎回申请或者延缓支付赎回款项的措施。

八、商业银行、理财公司现金管理类产品允许单一投资者持有份额超过该产品总份额50%的,应当符合以下要求:

(一)在销售文件中进行充分披露及标识;

(二)不得向个人投资者公开发售;

(三)不得采用摊余成本法进行会计核算,或者80%以上的资产应当投资于现金、国债、中央银行票据、政策性金融债券以及5个交易日内到期的其他金融工具。

商业银行、理财公司应当对现金管理类产品的投资者集中度实施严格的监控与管理,根据投资者集中度情况对投资组合实施调整,并遵守以下要求:

(一)当前10名投资者的持有份额合计超过现金管理类产品总份额的50%时,投资组合的平均剩余期限不得超过60天,平均剩余存续期限不得超过120天,投资组合中现金、国债、中央银行票据、政策性金融债券以及5个交易日内到期的其他金融工具占该产品资产净值的比例合计不得低于30%;

(二)当前10名投资者的持有份额合计超过现金管理类产品总份额的20%时,投资组合的平均剩余期限不得超过90天,平均剩余存续期限不得超过180天,投资组合中现金、国债、中央银行票据、政策性金融债券以及5个交易日内到期的其他金融工具占该产品资产净值的比例合计不得低于20%。

商业银行、理财公司应当在每个交易日10:00前将现金管理类产品前一交易日前10名投资者合计持有比例等信息报送托管机构,托管机构依法履行投资监督职责。非因商业银行、理财公司主观因素导致突破前款第(一)(二)项比例限制的,商业银行、理财公司应当在10个交易日内调整至符合要求,银保监会规定的特殊情形除外。

商业银行、理财公司单只现金管理类产品前10名投资者的持有份额合计超过该产品总份额50%的,当投资组合中现金、国债、中央银行票据、政策性金融债券以及5个交易日内到期的其他金融工具占该产品资产净值的比例合计低于10%且偏离度为负时,商业银行、理财公司应当对投资者超过该产品总份额1%以上的赎回申请征收1%的强制赎回费用。

商业银行、理财公司应当在现金管理类产品的半年和年度报告中,披露每只现金管理类产品前10名投资者的类别、持有份额及占总份额的比例等信息。

现金管理类产品存续期间,如出现单一投资者持有产品份额达到或者超过该产品总份额20%的情形,为保障其他投资者的权益,商业银行、理财公司应当在定期报告中披露该投资者的类别、持有份额及占比、持有份额变化情况及产品风险等信息,银保监会认定的特殊情形除外。

九、商业银行、理财公司销售现金管理类产品,应当加强投资者适当性管理,向投资者充分披露信息和揭示风险,不得宣传或者承诺保本保收益,不得夸大或者片面宣传现金管理类产品的投资收益或者过往业绩。

十、商业银行、理财公司应当根据现金管理类产品的业务性质和风险特征,建立健全现金管理类产品的业务管理制度,制定和实施相应的风险管理政策和程序,确保持续有效地识别、计量、监测和控制相关业务的各类风险,确保现金管理类产品管理规模与自身的人员储备、投研和客户服务能力、风险管理和内部控制水平相匹配。

商业银行、理财公司应当建立健全现金管理类产品压力测试制度,针对单只现金管理类产品,合理审慎设定并定期审核压力情景,审慎评估各类风险对现金管理类产品的影响,压力测试的数据应当准确可靠并及时更新,压力测试频率应当与现金管理类产品的规模和复杂程度相适应,并制定有效的现金管理类产品应急计划,确保其可以应对紧急情况下的产品赎回需求。

商业银行、理财公司应当对采用摊余成本法进行核算的现金管理类产品实施规模控制。同一商业银行采用摊余成本法进行核算的现金管理类产品的月末资产净值,合计不得超过其全部理财产品月末资产净值的30%。同一理财公司采用摊余成本法进行核算的现金管理类产品的月末资产净值,合计不得超过其风险准备金月末余额的200倍。银保监会可结合现金管理类产品的合规运作情况、风险管理水平与认购赎回机制安排等,适时调整上述比例。

商业银行、理财公司应当审慎设定投资者在提交现金管理类产品赎回申请当日取得赎回金额的额度,对单个投资者在单个销售渠道持有的单只产品单个自然日的赎回金额设定不高于1万元的上限。

十一、商业银行、理财公司应当加强现金管理类产品开展同业融资的流动性风险、交易对手风险和操作风险等风险管理,做好期限管理和集中度管控,按照穿透原则对交易对手实施尽职调查和准入管理,设置适当的交易限额并根据需要进行动态调整。

商业银行、理财公司应当建立健全买入返售交易质押品的管理制度,采用科学合理的质押品估值方法,审慎确定质押品折扣系数,确保其能够满足正常和压力情景下融资交易的质押品需求,并且能够及时向相关交易对手履行返售质押品的义务。现金管理类产品与相关交易对手开展买入返售交易的,可接受的合格质押品应当与销售文件约定的投资范围保持一致。

十二、本通知自发布之日起施行。过渡期自本通知施行之日起至2022年底。

过渡期内,新发行的现金管理类产品应当符合本通知规定;对于不符合本通知规定的存量产品,商业银行、理财公司应当按照《关于规范金融机构资产管理业务的指导意见》《商业银行理财业务监督管理办法》和本通知相关要求实施整改。

过渡期结束之后,商业银行、理财公司不得再发行或者存续不符合本通知规定的现金管理类产品。

十三、农村合作银行、农村信用合作社、外国银行分行等其他银行业金融机构开展现金管理类产品业务,适用本通知规定。

中国银保监会、中国人民银行有关部门负责人就《关于规范现金管理类理财产品管理有关事项的通知》答记者问

为加强对商业银行及理财公司现金管理类理财产品(以下简称现金管理类产品)的监督管理,促进现金管理类产品业务规范健康发展,依法保护投资者合法权益,中国银保监会、人民银行发布了《关于规范现金管理类理财产品管理有关事项

的通知》（以下简称《通知》）。中国银保监会、中国人民银行有关部门负责人就相关问题回答了记者提问。

一、《通知》公开征求意见的情况如何？

《通知》于2019年12月27日至2020年1月13日向社会公开征求意见。征求意见过程中，金融机构、行业自律组织、专业机构和社会公众给予了广泛关注。银保监会对反馈意见逐条进行分析研究，充分吸收科学合理意见，并对相关条款进行修改完善。

在投资集中度方面，采纳市场机构反馈意见，结合监管实践和货币市场基金监管规定，将每只现金管理类产品投资于主体信用评级为AAA的同一商业银行的银行存款、同业存单占该产品资产净值的比例，从"合计不得超过10%"调整为"合计不得超过20%"。在过渡期设置方面，比照《关于规范金融机构资产管理业务的指导意见》（以下简称资管新规）过渡期顺延1年的精神，将过渡期截止日设定为2022年底，促进相关业务平稳过渡。

对于市场机构提出的扩大投资范围、放宽估值核算规定、降低监管标准等意见，考虑到不符合资管新规、理财新规要求，并且与货币市场基金监管要求不一致，为维护市场公平竞争、防范监管套利，此类意见未予采纳。

二、制定出台《通知》的背景是什么？

现金管理类产品是指仅投资于货币市场工具，每个交易日可办理产品份额认购、赎回的银行或理财公司理财产品。2018年4月27日，人民银行、银保监会、证监会、外汇局联合发布资管新规，明确了资管产品的统一监管规则，要求资管产品坚持公允价值计量原则，鼓励使用市值计量。2018年7月20日，人民银行发布《关于进一步明确规范金融机构资产管理业务指导意见有关事项的通知》（以下简称补充通知），规定"过渡期内，银行的现金管理类产品在严格监管的前提下，暂参照货币市场基金的'摊余成本+影子定价'方法进行估值"，首次提出现金管理类产品概念，要求进行严格监管，并允许此类产品在一定条件下采用摊余成本计量。

根据资管新规及其补充通知、《商业银行理财业务监督管理办法》（以下简称理财新规）、《商业银行理财子公司管理办法》（以下简称《理财子公司办法》）等相关规定，银保监会、人民银行专门制定现金管理类产品监管规定，细化监管要求。与货币市场基金相似，现金管理类产品面向社会公众公开发行，允许投资者每日认购赎回，容易因大规模集中赎回引发流动性风险，风险外溢性强。自2018年7月补充通知发布以来，现金管理类产品规模增长较快。

制定《通知》是落实资管新规、理财新规和《理财子公司办法》等制度要求的具体举措，有利于规范现金管理类产品业务运作，防止不规范产品无序增长和风险累积，稳定市场预期，推动业务规范可持续发展。

三、《通知》制定的总体原则是什么？

《通知》制定主要遵循了以下原则：一是充分借鉴国内外同类资管产品的监管制度，确保与货币市场基金等同类产品监管标准保持一致，促进公平竞争，防范监管套利。二是明确长期制度安排，促进相关业务和金融市场平稳运行。《通知》充分考虑机构承受能力，审慎设置过渡期，有利于稳定市场预期，消除不确定性，防范银行在过渡期结束前集中抛售资产出现断崖效应。三是细化现金管理类产品管理要求，防范单体机构和系统性风险。《通知》明确现金管理类产品监管标准，强化业务规范管理，增强银行及理财公司经营的合规性和稳健性，推动银行存量业务有序整改和理财公司"洁净起步"，避免业务无序发展，防范潜在系统性风险。

四、《通知》在现金管理类产品的投资管理方面有哪些规定？

一是规定产品投资范围。现金管理类产品应当投资于现金，期限在1年以内（含1年）的银行存款、债券回购、中央银行票据、同业存单，剩余期限在397天以内（含397天）的债券（包括非金融企业债务融资工具）、在银行间市场和证券交易所市场发行的资产支持证券等货币市场工具。不得投资于股票；可转换债券、可交换债券；以定期存款利率为基准利率的浮动利率债券，已进入最后一个利率调整期的除外；信用等级在AA+以下的债券、资产支持证券等金融工具。

二是规定投资集中度要求。分别对每只现金管理类产品投资于同一机构的金融工具、有固定期限银行存款、主体评级低于AAA机构发行的金融工具，以及全部现金管理类产品投资于同一银行存款、同业存单和债券等，提出了比例限制。

五、《通知》在流动性和杠杆管控方面有何规定？

一是加强投资组合流动性管理。规定现金管理类产品持有高流动性资产比例下限和流动性受限资产比例上限。二是加强杠杆管控。要求现金管理类产品的杠杆水平不得超过120%。三是加强久期管理。限制投资组合的平均剩余期限不得超过120天，平均剩余存续期限不得超过240天。四是强化投资者分散程度。对单一投资者持有份额超过50%的现金管理类产品，要求在销售文件中进行充分披露及标识，不得向个人投资者公开发售，避免不公平对待个人投资者；对前10名投资者集中度超过20%及50%的现金管理类产品，进一步提高投资组合久期、流动性资产持有比例等监管要求。五是加强融资交易管理。要求加强产品同业融资的流动性、交易对手和操作风险管理，针对买入返售交易质押品采用科学合理估值方法，审慎确定质押品折扣系数等。

六、《通知》在估值核算方面有哪些规定，对采用摊余成本法进行核算的现金管理类产品的规模有何规定？

《通知》明确了现金管理类产品"摊余成本+影子定价"的估值核算要求，要求银行及理财公司按照公允价值进行影子定价，对摊余成本法计算的资产净值公允性进行评估，并根据影子定价和摊余成本法确定的资产净值之间的偏离程度，采取相应调整措施。

《通知》充分借鉴货币市场基金规模与其风险准备金挂钩的做法，同时结合理财业务现实情况，合理设定使用摊余成本法核算的现金管理类产品规模上限。银行方面，同一商业银行采用摊余成本法进行核算的现金管理类产品的月末资产净值，合计不得超过其全部理财产品月末资产净值的30%。理财公司方面，同一理财公司采用摊余成本法进行核算的现金管理类产品的月末资产净值，合计不得超过其风险准备金月末余额的200倍。理财公司成立初期，未积累足够风险准备金之前开展的现金管理类产品业务规模，银保监会将采取措施妥善安排。上述政策安排充分参考了目前银行及理财公司业务现状，避免对现有业务运作产生重大影响。

七、《通知》在认购赎回和销售管理方面有哪些规定？

一是加强认购赎回管理。对于产品认购，要求审慎确认大额认购申请，合理控制产品投资者结构；对于产品赎回，要求加强对巨额赎回的管控，针对具体情形明确强制赎回费用、延期办理部分赎回申请或者延缓支付赎回款项等措施。二是加强销售管理。销售现金管理类产品，应加强投资者适当性管理，充分披露信息和揭示风险，不得宣传或者承诺保本保收益，不得夸大或者片面宣传现金管理类产品的投资收益或者过往业绩。

八、《通知》在支持银行补充资本方面有何政策安排？

《通知》允许现金管理类产品依法合规投资银行资本补充债券。对于存量，银行及理财公司应以《通知》发布日为基准时点，按照"新老划断"原则，严格锁定现金管理类产品投资的存量银行永续债、二级资本债，允许持有至到期，但不得再新增投资不合规资产。对于增量，依据会计准则界定为债性，且剩余期限、评级等满足《通知》各项要求的银行资本补充债券，现金管理类产品可以合规投资。此外，《标准化债权类资产认定规则》已将债性的银行永续债认定为标准化债权类资产，银行及理财公司发行的理财产品均可合规投资。

下一步，金融管理部门将继续在完善银行资本补充债券市场化机制建设等方面加强协作，形成合力，优化市场定价机制，引导保险资管、养老理财等长期资金合理对接银行资本补充债券增量发行需求，提升市场广度和深度。

九、《通知》关于过渡期有何安排？

为确保平稳过渡，《通知》充分考虑对银行、理财公司经营和金融市场的潜在影响，合理设置过渡期，根据存量现金管理类产品资产组合实际情况，比照资管新规过渡期顺延1年的精神，明确过渡期自《通知》施行之日起至2022年底，促进相关业务平稳过渡。

过渡期内,新发行的现金管理类产品应当符合《通知》规定;对于不符合《通知》规定的存量产品,银行及理财公司应当按照资管新规、理财新规和《通知》要求实施整改。过渡期结束之后,银行及理财公司不得再发行或者存续不符合《通知》规定的现金管理类产品。

《通知》发布实施后,银保监会、人民银行将督促银行及理财公司根据资管新规、理财新规和《通知》要求,推进合规新产品发行,促进新老产品有序衔接,实现现金管理类产品业务规范转型和平稳过渡。

理财公司理财产品流动性风险管理办法

(2021 年 12 月 10 日中国银行保险监督管理委员会令
2021 年第 14 号公布,自 2022 年 5 月 10 日起施行)

第一章　总　　则

第一条　根据《中华人民共和国银行业监督管理法》等法律、行政法规,以及《关于规范金融机构资产管理业务的指导意见》《商业银行理财业务监督管理办法》《商业银行理财子公司管理办法》,制定本办法。

第二条　本办法所称理财公司是指在中华人民共和国境内依法设立的商业银行理财子公司,以及银保监会批准设立的其他主要从事理财业务的非银行金融机构。

本办法适用于理财公司及其发行的理财产品。

第三条　本办法所称流动性风险是指理财产品无法通过变现资产等途径以合理成本及时获得充足资金,用于满足该理财产品的投资者赎回需求、履行其他支付义务的风险。

第四条　理财公司承担理财产品流动性风险管理的主体责任,应当按照本办法建立健全理财产品流动性风险管理体系,专业审慎、勤勉尽责地管理理财产品流动性风险,确保理财产品投资运作稳健、净值计价公允,保障投资者的合法权益不受损害并得到公平对待。

理财公司开展理财产品流动性风险管理,应当建立有效风险隔离机制,防范流动性风险传染。理财公司应当按照公平交易和价格公允原则,严格本公司理财产品之间、理财产品与本公司及其关联方之间的交易管理,并对相关交易行为实施专门的监控、分析、评估、授权、审批和核查,有效识别、监测、预警和防范各类不正当交易。

第五条 银保监会及其派出机构依法对理财公司的理财产品流动性风险管理活动实施监督管理。

第二章 治理架构与管理措施

第六条 理财公司应当建立组织健全、职责清晰、有效制衡、激励约束合理的理财产品流动性风险管理治理结构,指定部门设立专门岗位,配备充足的具备胜任能力的人员负责理财产品的流动性风险评估与监测,监督流动性风险管理制度的执行情况。理财产品流动性风险管理相关部门、岗位与人员应当独立于投资管理部门,具有明确且独立的报告路径。

第七条 理财公司中承担理财产品投资运作管理职责的部门负责人应当对该理财产品的流动性风险管理承担主要责任。

第八条 理财公司应当针对理财产品流动性风险管理建立严格的考核问责机制,将流动性风险管理状况纳入该理财产品投资运作管理人员的考核评价标准。

第九条 理财公司应当根据理财产品性质和风险特征,建立健全理财产品流动性风险管理制度,并定期评估完善,包括但不限于:

(一)投资者集中度管理,认购和赎回限制,出现对投资者重大不利影响事项时的应对措施,对巨额赎回的监测、管控和评估;

(二)投资组合的事前评估,对高流动性资产的投资比例设定下限,对低流动性资产的投资比例设定上限,投资资产的集中度限制,高风险资产的投资限制;

(三)压力测试;

(四)应急计划。

第十条 理财公司可以依照法律法规及理财产品合同的约定,综合运用以下理财产品流动性风险应对措施:

(一)认购风险应对措施,包括:设定单一投资者认购金额上限、设定理财产品单日净认购比例上限、拒绝大额认购、暂停认购,以及银保监会规定的其他措施。

(二)赎回风险应对措施,包括:设置赎回上限、延期办理巨额赎回申请、暂停接受赎回申请、延缓支付赎回款项、收取短期赎回费、暂停理财产品估值、摆动定价,以及银保监会规定的其他措施。

理财公司应当明确各类流动性风险应对措施的实施条件、发起部门、决策程序、业务流程等事项，确保相关措施实施的及时、有序、透明及公平。

第十一条 理财公司运用延缓支付赎回款项、暂停理财产品估值、摆动定价等措施后，应当在3个工作日内向银保监会或其派出机构报告，说明面临的赎回压力情况、市场流动性状况、已采取的措施、恢复正常业务所需的时间、采取相关措施对理财产品的影响等。

理财公司运用本办法第十条所列流动性风险应对措施的，应当在当月结束后5个工作日内，在全国银行业理财信息登记系统提交相关信息。

第十二条 理财公司应当指定部门负责理财产品流动性风险压力测试的实施与评估。相关部门应当与投资管理部门保持相对独立。

理财公司在设置压力测试情景时，应当充分考虑不同压力情景下各类资产投资策略和方式对资产变现能力的影响、变现所需时间和可能的价格折损，以及除投资者赎回外对债权人、交易对手及其他第三方的支付义务，并关注市场风险、声誉风险等对理财产品流动性风险的影响。

理财公司针对开放式理财产品还应专门建立以压力测试为核心的流动性风险监测与预警框架。

第十三条 理财公司应当制定并定期测试、完善理财产品流动性风险应急计划，审慎评估各类流动性风险应对措施的可行性、有效性和可能影响。应急计划的内容包括但不限于触发应急计划的各种情景、应急资金来源、应急程序和措施，董事会、高级管理层及相关部门实施应急程序和措施的权限与职责等。

第十四条 理财公司应当依照理财产品信息披露相关规定，向投资者披露理财产品面临的主要流动性风险及其管理方法。

（一）在理财产品销售文件中披露开放式理财产品认购、赎回安排，主要拟投资市场、资产的流动性风险评估等信息。

（二）针对理财产品特点确定拟运用的流动性风险应对措施，并在理财产品销售文件中与投资者事先约定相关措施的使用情形、处理方法、程序及对投资者的潜在影响等，确保相关措施在必要时能够及时、有效运用。

（三）理财产品持续运作过程中，应当在理财产品季度、半年和年度报告中披露理财产品组合资产情况及其流动性风险分析等；在发生涉及理财产品认购、赎回事项调整或潜在影响投资者赎回等事项时，及时发布临时公告。

（四）理财公司应当按照理财产品销售文件中约定的信息披露方式，在运用收取短期赎回费、摆动定价等措施后，3个交易日内告知该理财产品的相关投资者；在运用暂停认购、延期办理巨额赎回申请、暂停接受赎回申请、延缓支付赎回款项、暂停理财产品估值等措施后,3 个交易日内告知该理财产品的投资者,并说明运用相关措施的原因、拟采取的应对安排等。

第三章 投资交易管理

第十五条 理财公司应当在理财产品设计阶段,在综合评估投资策略、投资范围、投资资产流动性、投资限制、销售渠道、投资者类型与风险偏好、投资者结构等因素的基础上,审慎确定开放式、封闭式等产品运作方式,合理设计认购和赎回安排,制定相应的流动性风险应对措施。

理财产品拟采用开放式运作的,组合资产的流动性应当与理财产品合同约定的认购、赎回安排相匹配,投资策略应当能够满足不同市场情形下投资者的赎回需求,理财产品投资者结构、估值计价等方面安排能够充分保障投资者得到公平对待。

理财公司应当按照本办法规定评估每只开放式理财产品的流动性风险,评估结论至少经相关高级管理人员同意,由承担该理财产品投资运作管理职责的部门负责人签字,并在全国银行业理财信息登记系统对理财产品进行集中登记时同步提交。

第十六条 理财公司应当持续监测开放式理财产品流动性风险,审慎评估该产品所投资各类资产的估值计价和变现能力,充分考虑声誉风险、信用风险、市场风险、交易对手风险等的可能影响,并提前作出流动性风险应对安排。

第十七条 单只理财产品同时存在以下情形的,应当采用封闭或定期开放运作方式,且定期开放周期不得低于 90 天,该理财产品销售文件还应当作出充分披露和显著标识:

(一)计划投资不存在活跃交易市场,并且需要采用估值技术确定公允价值的资产;

(二)计划投资上述资产的比例达到理财产品净资产 50% 以上。

对于其他理财产品,非因理财公司主观因素导致突破前款规定比例限制的,该理财产品不得新增投资上述资产。

第十八条 单只开放式公募理财产品和每个交易日开放的私募理财产品直接投资于流动性受限资产的市值在开放日不得超过该产品资产净值的 15%。单只定期开放式私募理财产品直接投资于流动性受限资产的市值在开放日不得超过该产品资产净值的 20%。

面向单一投资者发行的私募理财产品可不受前款比例限制。

因证券市场波动、上市公司股票停牌、理财产品规模变动等因素导致理财产品不符合本条规定比例限制的，该理财产品不得主动新增投资流动性受限资产。

第十九条 开放式理财产品所投资资产的流动性应当与投资者赎回需求相匹配，确保持有足够具有良好流动性的资产，以备支付理财产品投资者的赎回款项。

定期开放周期不低于 90 天的公募理财产品，应当在开放日及开放日前 7 个工作日内持有不低于该理财产品资产净值 5% 的现金或者到期日在一年以内的国债、中央银行票据和政策性金融债券。

其他开放式公募理财产品均应当持续符合前款比例要求。

第二十条 单只理财产品允许单一投资者持有份额超过总份额 50% 的，应当采用封闭或定期开放运作方式，定期开放周期不得低于 90 天（现金管理类理财产品除外）。该理财产品销售文件应当作出充分披露和显著标识，不得向个人投资者公开发售。

对于其他理财产品，非因理财公司主观因素导致突破前款规定比例限制的，在单一投资者持有比例降至 50% 以下之前，理财公司不得再接受该投资者对该理财产品的认购申请。

第二十一条 定期开放周期低于 90 天的私募理财产品应当主要投资于标准化债权类资产以及上市交易的股票，法律、行政法规和银保监会另有规定的除外。

对于每个交易日开放的私募理财产品，其投资范围、投资比例、认购和赎回安排等参照银保监会关于开放式公募理财产品的相关规定执行。

第二十二条 理财公司应当加强理财产品同业融资的流动性风险、交易对手风险等风险管理，做好期限管理和集中度管控，按照穿透原则对交易对手实施尽职调查和准入管理，设置适当的交易限额并根据需要进行动态调整。

理财公司理财产品可以按照国务院金融管理部门相关规定开展回购业务，但应当事先在理财产品销售文件中与投资者作出明确约定。

第二十三条 理财公司应当建立健全理财产品买入返售交易押品的管理制度，与交易对手开展买入返售交易的，可接受押品的资质要求应当与理财产品合同约定的投资范围保持一致。

第四章 认购与赎回管理

第二十四条 理财公司应当加强理财产品认购管理，合理控制投资者集中度，审慎分析评估大额认购申请。当接受认购申请可能对理财产品存量投资者利益构成重大不利影响时，或者基于投资运作与风险控制需要，理财公司可以采取本办法

第十条所列认购风险应对措施。

第二十五条 理财公司应当对开放式理财产品7个工作日可变现资产的可变现价值进行审慎评估与测算,确保每日确认且需当日支付的净赎回申请不超过前一工作日该理财产品7个工作日可变现资产的可变现价值,银保监会另有规定的除外。

在开放日前一工作日内,开放式理财产品7个工作日可变现资产的可变现价值应当不低于该产品资产净值的10%。

面向单一投资者发行的私募理财产品可不受本条规定限制。

第二十六条 理财公司应当强化开放式理财产品巨额赎回的事前监测、事中管控与事后评估。当开放式理财产品发生巨额赎回且现金类资产不足以支付赎回款项时,应当在充分评估该产品组合资产变现能力、投资比例变动与理财产品单位份额净值波动的基础上,审慎接受、确认赎回申请。

开放式理财产品发生巨额赎回的,理财公司当日办理的赎回份额不得低于前一日终理财产品总份额的10%,对其余赎回申请可以暂停接受或延期办理。对该产品单个份额持有人的赎回申请,可以按照其申请占当日申请赎回总份额的比例,确定该份额持有人当日办理的赎回份额。

理财产品份额持有人可以在申请赎回时选择将当日未获办理部分予以撤销。理财产品份额持有人未选择撤销的,理财公司可以延迟至下一个开放日办理,赎回价格为下一个开放日的价格。

第二十七条 开放式理财产品连续2个以上开放日发生巨额赎回的,除采取本办法第二十六条措施外,对于已经接受的赎回申请,理财公司还可以延缓支付赎回款项,但延缓期限不得超过20个工作日。

第二十八条 开放式理财产品的单个份额持有人在单个开放日申请赎回理财产品份额超过该理财产品总份额合同约定比例的,理财公司可以暂停接受其赎回申请;已经接受的赎回申请可以延缓支付赎回款项,但延缓期限不得超过20个工作日。

第二十九条 理财公司可以按照事先约定,向连续持有少于7日的开放式理财产品(现金管理类理财产品除外)投资者收取赎回费,并将上述赎回费全额计入理财产品财产。

第三十条 理财公司应当按照相关规定开展理财产品估值,加强极端市场条件下的估值管理。

开放式理财产品在前一估值日内,产品资产净值50%以上的资产不具备活跃交易市场或者在活跃市场中无报价,且不能采用估值技术可靠计量公允价值的,理财公司应当暂停该产品估值，并采取延缓支付赎回款项或暂停接受理财产品认购、赎回申请等措施。

第三十一条 开放式公募理财产品（现金管理类理财产品除外）发生大额认购或赎回时，理财公司可以采用摆动定价机制。

理财公司应当在理财产品销售文件中与投资者事先约定摆动定价机制的相关原理与操作方法，并履行相关信息披露义务。

第五章 合作机构管理

第三十二条 理财公司应当采取有效措施确保各方合作行为持续满足理财产品流动性风险管理需要。

本办法所称合作机构包括理财投资合作机构和理财产品代销机构。理财投资合作机构应当符合《商业银行理财子公司管理办法》等规定。理财产品代销机构应当符合银保监会关于理财公司理财产品销售的相关规定。

第三十三条 理财公司理财产品投资合作机构发行的资产管理产品，理财公司应当及时、充分了解该理财产品所投资资产管理产品的认购、赎回安排和流动性风险状况，合理评估理财产品所投资资产管理产品底层资产的流动性风险。

第三十四条 理财公司应当采取有效措施督促理财产品受托投资机构按照合同约定开展理财产品受托投资活动，确保理财产品受托投资机构的相关业务行为持续满足理财产品流动性风险管理要求，其受托投资资产的管理符合理财产品的投资策略、目标和赎回安排。

第三十五条 理财公司应当自主审慎判断理财产品投资顾问的投资管理建议与理财产品投资策略和目标、认购和赎回安排的一致性，有效评估相关建议对理财产品流动性风险管理的影响。

第三十六条 理财公司通过代销机构销售理财产品的，应当充分考虑代销行为和销售渠道对理财产品流动性的影响，要求代销机构充分、准确提供与该产品流动性风险管理相关的投资者信息和变化情况，包括但不限于投资者数量、类型、结构、风险承受能力等级等。

第六章 监督管理

第三十七条 理财公司应当按照规定，向银保监会或其派出机构报送与理财产品流动性风险有关的统计报表、外部审计报告和银保监会及其派出机构要求报送的其他材料。

银行业理财登记托管中心应当加强对理财产品流动性风险情况的监测分析，并定期向银保监会报送。

第三十八条 理财公司应当将理财产品总体流动性风险管理情况纳入理财业务年度报告，于每年度结束后2个月内向银保监会或其派出机构报送。

理财公司对理财产品流动性风险管理制度、程序和措施进行重大调整的，应当在1个月内向银保监会或其派出机构书面报告调整情况。

第三十九条 理财公司的理财产品出现或者可能出现重大流动性风险时，应当及时向银保监会或其派出机构报告，并提交应对措施。

第四十条 理财公司违反本办法规定的，银保监会及其派出机构可依照法律法规提出整改要求，采取相关监管措施或者进行处罚。

第七章 附 则

第四十一条 其他银行业金融机构发行理财产品，参照本办法执行。

第四十二条 除本办法规定外，现金管理类理财产品还应当符合《关于规范现金管理类理财产品管理有关事项的通知》等规制要求。

第四十三条 本办法中“以上”均含本数，“以下”不含本数。

本办法所称巨额赎回，是指理财公司开放式理财产品单个开放日净赎回申请超过前一日终理财产品总份额的10%的赎回行为，银保监会另有规定的除外。

本办法所称摆动定价机制，是指当开放式公募理财产品遭遇大额认购或赎回时，通过调整理财产品份额净值的方式，将理财产品调整投资组合的市场冲击成本分配给实际认购、赎回的投资者，从而减少对存量理财产品份额持有人利益的不利影响。

本办法所称定期开放式理财产品，是指自产品成立日至终止日期间，理财产品份额总额不固定，具有多个确定开放期，开放期内投资者可以按照协议约定进行认购或者赎回，其他时间内产品封闭运作的理财产品。本办法所称定期开放周期是指定期开放式理财产品2个开放期的最短间隔天数。

本办法所称流动性受限资产，是指由于法律法规、监管、合同或操作障碍等原因无法以合理价格予以变现的资产，包括到期日在10个交易日以上的逆回购与银行定期存款（含协议约定有条件提前支取的银行存款）、距可赎回日在10个交易日以上的资产管理产品、停牌股票、流通受限的新股及非公开发行股票、资产支持证券（票据），因发行人债务违约无法进行转让或交易的债券和非金融企业债务融资工具,以及其他流动性受限资产。

本办法所称7个工作日可变现资产,包括可在交易所、银行间市场正常交易的股票、债券、非金融企业债务融资工具、期货及期权合约以及同业存单,7个工作日内到期或可支取的买入返售、银行存款,7个工作日内能够确认收到的各类应收款项等。

第四十四条 本办法由银保监会负责解释。

第四十五条 本办法自2022年5月10日起施行。

本办法施行前存续的开放式理财产品不符合本办法第二十条要求的,在单一投资者持有份额占理财产品总份额比例降至50%以下之前,理财公司不得再接受该单一投资者对该理财产品的认购申请。

中国银保监会有关部门负责人就《理财公司理财产品流动性风险管理办法》答记者问

为加强理财产品流动性管理,保护投资者合法权益,中国银保监会制定了《理财公司理财产品流动性风险管理办法》(以下简称《办法》)。中国银保监会有关部门负责人就相关问题回答了记者提问。

一、《办法》公开征求意见的情况如何?

答:2021年9月8日至10月9日,银保监会就《办法》向社会公开征求意见,并对反馈意见逐条进行认真研究,进一步完善了《办法》。

《办法》充分吸收采纳合理建议,主要包括:一是按照同类资管产品监管一致性原则,考虑部分理财产品特殊性,在一些条款中进一步细化相关规定。例如,明确面向单一投资者发行的私募理财产品可不受流动性受限资产比例要求、7个工作日可变现资产管理要求等限制。二是进一步明确具体操作性要求。例如,明确巨额赎回规定中计算理财产品总份额的时间基准为前一日终,定期开放周期不低于90天的公募理财产品应当在开放日及开放日前7个工作日内符合高流动性资产比例要求等。三是对部分表述进行了调整完善。

二、制定出台《办法》的背景和总体思路是什么?

答:制定《办法》的背景:一是进一步完善理财公司制度规则体系的需要。根据《关于规范金融机构资产管理业务的指导意见》有关"金融监督管理部门应当制定流动性风险管理规定"的要求,进一步明确细化理财产品流动性风险管理规则。二是保护投资者合法权益的需要。规范理财产品流动性管理,提高资金兑付能力,防范被动变现资产降低产品净值,既有利于保障投资者申赎产品的权利,也有利于保障投资者合法权益不受损害并得到公平对待。三是维护金融市场稳定的需要。理财产品正在推进净值化转型,对产品流动性管理提出更高要求。出台《办法》,有助于督促机构加强产品流动性管理,更好防范风险跨市场、跨产品传染。

制定《办法》的总体思路:充分借鉴国内外监管实践,注重与国内外监管规则保持一致,对理财产品流动性管控重点进行明确与规范,并结合理财产品转型特点,强化信息透明度、合作机构管理等要求。

三、《办法》的总体结构是什么?

答:第一章"总则",明确了立法依据、适用范围、相关定义、基本要求、监督管理等。第二章"治理架构与管理措施",规定了流动性风险管理部门职责、投资管理部门职责及考核问责机制,提出了流动性风险管理制度与措施、信息披露等要求。第三章"投资交易管理",提出了审慎确定产品运作方式、持续监测产品流动性风险、审慎评估资产的估值计价和变现能力、加强同业融资和押品管理等具体要求。第四章"认购与赎回管理",明确了认购和赎回风险应对措施的使用情形、处理方法等。第五章"合作机构管理",明确了合作机构管理主体责任,以及对不同合作机构的管理要求。第六章为"监督管理"。第七章为"附则"。

四、《办法》关于理财公司管理责任主要提出了哪些要求?

答:《办法》要求理财公司建立有效的公司治理和管控机制,健全各项管理制度并有效实施。一是理财公司应当建立健全理财产品流动性风险管理制度与治理结构,指定部门设立专门岗位、配备充足具备胜任能力的人员负责理财产品流动性风险管理。二是承担理财产品投资运作管理职责的部门负责人对该理财产品的流动性风险管理承担主要责任。三是理财公司应当指定部门负责理财产品流动性风险压力测试,并与投资管理部门保持相对独立。四是理财公司应当采取有效措施加强第三方合作管理,确保及时充分获取相关信息,满足理财产品流动性风险管理需要。

五、《办法》对理财产品投资交易管理主要做了哪些规定?

答:《办法》强调将流动性风险管理贯穿于理财业务运行的全流程。一是理财公司应当在理财产品设计阶段,综合评估投资资产流动性、投资者类型与风险偏好等因素,审慎确定开放式、封闭式等产品运作方式,合理设计认购和赎回安排。二是理财公司应当持续做好低流动性资产、流动性受限资产和高流动性资产的投资管理,提高资产流动性与产品运作方式的匹配程度。三是理财公司应当持续监测理财产品流动性风险,审慎评估产品所投资各类资产的估值计价和变现能力,充分考虑声誉风险、信用风险、市场风险、交易对手风险等的可能影响,并提前作出应对安排。

六、《办法》对理财公司运用理财产品流动性管理措施主要提出了哪些要求?

答:《办法》要求理财公司加强理财产品认购、赎回管理,依照法律法规及理财产品合同的约定,合理运用理财产品流动性管理措施,以更好维护投资者合法权益。合理运用管理措施还有助于保持投资策略的相对稳定,为投资者获取长期投资、价值投资收益。

《办法》同时强化了事先约定和信息披露要求。明确理财公司应当在合同中与投资者事先约定理财产品未来可能运用的流动性管理措施,并按规定向投资者披露理财产品面临的主要流动性风险及管理方法、实际运用措施情况,维护投资者知情权,促进其形成合理预期、作出理性决策。

七、关于《办法》实施时间有何考虑?

答:为便于机构做好业务制度、系统建设、产品整改等各项工作准备,《办法》自发布之日起五个月后施行。

银行业金融机构衍生产品交易业务管理暂行办法(2011年修订)

(2011年1月5日中国银行业监督管理委员会令2011年第1号公布施行)

第一章 总 则

第一条 为规范银行业金融机构衍生产品业务,有效控制银行业金融机构衍生产品业务风险,根据《中华人民共和国银行业监督管理法》、《中华人民共和国商业银行法》及其他有关法律法规,制定本办法。

第二条 本办法所称银行业金融机构是指依法设立的商业银行、城市信用合作社、农村信用合作社等吸收公众存款的金融机构以及政策性银行。依法设立的金融资产管理公司、信托公司、企业集团财务公司、金融租赁公司,以及经中国银行业监督管理委员会(以下简称中国银监会)批准设立的其他银行业金融机构从事衍生产品业务,适用本办法。

第三条 本办法所称衍生产品是一种金融合约,其价值取决于一种或多种基础资产或指数,合约的基本种类包括远期、期货、掉期(互换)和期权。衍生产品还包括具有远期、期货、掉期(互换)和期权中一种或多种特征的混合金融工具。

第四条 本办法所称银行业金融机构衍生产品交易业务按照交易目的分为两类:

(一)套期保值类衍生产品交易。即银行业金融机构主动发起,为规避自有资产、负债的信用风险、市场风险或流动性风险而进行的衍生产品交易。此类交易需符合套期会计规定,并划入银行账户管理。

(二)非套期保值类衍生产品交易。即除套期保值类以外的衍生产品交易。包括由客户发起,银行业金融机构为满足客户需求提供的代客交易和银行业金融机构为对冲前述交易相关风险而进行的交易;银行业金融机构为承担做市义务持续提供市场买、卖双边价格,并按其报价与其他市场参与者进行的做市交易;以及银行业金融机构主动发起,运用自有资金,根据对市场走势的判断,以获利为目的进行的自营交易。此类交易划入交易账户管理。

第五条 本办法所称客户是指除金融机构以外的个人客户和机构客户。银行业金融机构向客户销售的理财产品若具有衍生产品性质,其产品设计、交易、管理适用本办法,客户准入以及销售环节适用中国银监会关于理财业务的相关规定。对个人衍生产品交易的风险评估和销售环节适用个人理财业务的相关规定。

第六条 银行业金融机构开办衍生产品交易业务,应当经中国银监会批准,接受中国银监会的监督与检查。

获得衍生产品交易业务资格的银行业金融机构,应当从事与其自身风险管理能力相适应的业务活动。

第七条 银行业金融机构从事与外汇、商品、能源和股权有关的衍生产品交易以及场内衍生产品交易,应当具有中国银监会批准的衍生产品交易业务资格,并遵守国家外汇管理及其他相关规定。

第二章 市场准入管理

第八条 银行业金融机构开办衍生产品交易业务的资格分为以下两类:

(一)基础类资格:只能从事套期保值类衍生产品交易;

(二)普通类资格:除基础类资格可以从事的衍生产品交易之外,还可以从事非套期保值类衍生产品交易。根据银行业金融机构的风险管理能力,监管部门可以对其具体的业务模式、产品种类等实施差别化资格管理。

第九条 银行业金融机构申请基础类资格,应当具备以下条件:

(一)有健全的衍生产品交易风险管理制度和内部控制制度;

（二）具有接受相关衍生产品交易技能专门培训半年以上、从事衍生产品或相关交易 2 年以上的交易人员至少 2 名，相关风险管理人员至少 1 名，风险模型研究人员或风险分析人员至少 1 名，熟悉套期会计操作程序和制度规范的人员至少 1 名，以上人员均需专岗专人，相互不得兼任，且无不良记录；

（三）有适当的交易场所和设备；

（四）具有处理法律事务和负责内控合规检查的专业部门及相关专业人员；

（五）满足中国银监会审慎监管指标要求；

（六）中国银监会规定的其他条件。

第十条 银行业金融机构申请普通类资格，除具备上述基础类资格条件以外还需具备以下条件：

（一）完善的衍生产品交易前、中、后台自动联接的业务处理系统和实时风险管理系统；

（二）衍生产品交易业务主管人员应当具备 5 年以上直接参与衍生产品交易活动或风险管理的资历，且无不良记录；

（三）严格的业务分离制度，确保套期保值类业务与非套期保值类业务的市场信息、风险管理、损益核算有效隔离；

（四）完善的市场风险、操作风险、信用风险等风险管理框架；

（五）中国银监会规定的其他条件。

第十一条 外资银行开办衍生产品交易业务，应当向当地监管机构提交由授权签字人签署的申请材料，经审查同意后，报中国银监会审批。外商独资银行、中外合资银行应当由总行统一向当地监管机构提交申请材料；外国银行拟在中国境内两家以上分行开办衍生产品交易业务的，应当由其在华管理行统一向当地监管机构提交申请材料，经审查同意后，报中国银监会审批。

外国银行分行申请开办衍生产品交易业务，应当获得其总行（地区总部）的正式授权，其母国应当具备对衍生产品交易业务进行监管的法律框架，其母国监管当局应当具备相应的监管能力。

申请开办衍生产品交易业务的外国银行分行，如果不具备第九条或第十条所列条件，其总行（地区总部）应当具备上述条件。同时该分行还应当具备以下条件：

（一）其总行（地区总部）对该分行从事衍生产品交易等方面的正式授权对交易品种和限额作出明确规定；

（二）除总行另有明确规定外，该分行的全部衍生产品交易统一通过对其授权的总行（地区总部）系统进行实时平盘，并由其总行（地区总部）统一进行平盘、敞口管理和风险控制。

其他由属地监管的银行业金融机构应当先向当地监管机构提交申请材料，经审查同意后，报中国银监会审批；其他由中国银监会直接监管的银行业金融机构直接向中国银监会提交申请材料，报中国银监会审批。

第十二条 银行业金融机构申请开办衍生产品交易业务，应当向中国银监会或其派出机构报送以下文件和资料（一式三份）：

（一）开办衍生产品交易业务的申请报告、可行性报告及业务计划书或展业计划；

（二）衍生产品交易业务内部管理规章制度；

（三）衍生产品交易会计制度；

（四）主管人员和主要交易人员名单、履历；

（五）衍生产品交易风险管理制度，包括但不限于：风险敞口量化规则或风险限额授权管理制度；

（六）交易场所、设备和系统的安全性和稳定性测试报告；

（七）中国银监会要求的其他文件和资料。

外国银行分行申请开办衍生产品交易业务，若不具备第九条或第十条所列条件，该分行除报送其总行（地区总部）的上述文件和资料外，同时还应当向所在地银监局报送以下文件：

（一）其总行（地区总部）对该分行从事衍生产品交易品种和限额等方面的正式书面授权文件；

（二）除其总行另有明确规定外，其总行（地区总部）出具的确保该分行全部衍生产品交易通过总行（地区总部）交易系统进行实时平盘，并由其总行（地区总部）负责进行平盘、敞口管理和风险控制的承诺函。

第十三条 银行业金融机构提交的衍生产品交易会计制度，应当符合我国有关会计标准。我国未规定的，应当符合有关国际标准。外国银行分行可以遵从其母国/总行会计标准。

第十四条 银行业金融机构按本办法规定提交的交易场所、设备和系统的安全性测试报告，原则上应当由第三方独立做出。

第十五条 银行业金融机构开办衍生产品交易业务内部管理规章制度应当至少包括以下内容：

（一）衍生产品交易业务的指导原则、业务操作规程（业务操作规程应当体现交易前台、中台与后台分离的原则）和针对突发事件的应急计划；

（二）新业务、新产品审批制度及流程；

（三）交易品种及其风险控制制度；

（四）衍生产品交易的风险模型指标及量化管理指标；

（五）风险管理制度和内部审计制度；

（六）衍生产品交易业务研究与开发的管理制度及后评价制度；

（七）交易员守则；

（八）交易主管人员岗位责任制度，对各级主管人员与交易员的问责制度和激励约束机制；

（九）对前、中、后台主管人员及工作人员的培训计划；

（十）中国银监会规定的其他内容。

第十六条 中国银监会自收到银行业金融机构按照本办法提交的完整申请资料之日起三个月内予以批复。

第十七条 银行业金融机构法人授权其分支机构办理衍生产品交易业务，须对其风险管理能力进行严格审核，并出具有关交易品种和限额等方面的正式书面授权文件；境内分支机构办理衍生产品交易业务须统一通过其总行（部）系统进行实时平盘，并由总行（部）统一进行平盘、敞口管理和风险控制。

上述分支机构应当在收到其总行（部）授权或授权发生变动之日起30日内，持其总行（部）的授权文件向当地银监局报告。

外国银行分行所获授权发生变动时，应当及时主动向中国银监会报告。

第三章 风险管理

第十八条 银行业金融机构应当根据本机构的经营目标、资本实力、管理能力和衍生产品的风险特征，确定是否适合从事衍生产品交易及适合从事的衍生产品交易品种和规模。

银行业金融机构从事衍生产品交易业务，在开展新的业务品种、开拓新市场等创新前，应当书面咨询监管部门意见。

银行业金融机构应当逐步提高自主创新能力、交易管理能力和风险管理水平，谨慎涉足自身不具备定价能力的衍生产品交易。银行业金融机构不得自主持有或向客户销售可能出现无限损失的裸卖空衍生产品，以及以衍生产品为基础资产或挂钩指标的再衍生产品。

第十九条 银行业金融机构应当按照第四条所列衍生产品交易业务的分类，建立与所从事的衍生产品交易业务性质、规模和复杂程度相适应的、完善的、可靠的市场风险、信用风险、操作风险以及法律合规风险管理体系和制度、内部控制制度和业务处理系统，并配备履行上述风险管理、内部控制和业务处理职责所需要的具备相关业务知识和技能的工作人员。

第二十条 银行业金融机构董事会或其授权专业委员会应当定期对现行的衍生产品业务情况、风险管理政策和程序进行评价，确保其与机构的资本实力、管理水平相一致。新产品推出频繁或系统发生重大变化时，应当相应增加评估频度。

第二十一条 银行业金融机构高级管理人员应当了解所从事的衍生产品交易风险；审核评估和批准衍生产品交易业务经营及其风险管理的原则、程序、组织、权限的综合管理框架；并能通过独立的风险管理部门和完善的检查报告系统，随时获取有关衍生产品交易风险状况的信息，进行相应的监督与指导。在此基础上，银行业金融机构应当每年一次对其自身衍生产品业务情况进行评估，并将上一年度评估报告一式两份于每年一月底之前报送监管机构。

第二十二条 银行业金融机构要根据本机构的整体实力、自有资本、盈利能力、业务经营方针、衍生产品交易目的及对市场走向的预测，选择与本机构业务相适应的测算衍生产品交易风险敞口的指标和方法。

银行业金融机构应当建立并严格执行授权和止损制度，制定并定期审查更新各类衍生产品交易的风险敞口限额、止损限额、应急计划和压力测试的制度和指标，制定限额监控和超限额处理程序。

在进行衍生产品交易时，必须严格执行分级授权和敞口风险管理制度，任何重大交易或新的衍生产品业务都应当经由董事会或其授权的专业委员会或高级管理层审批。在因市场变化或决策失误出现账面浮亏时，应当严格执行止损制度。

对在交易活动中有越权或违规行为的交易员及其主管，要实行严格问责和惩处。

第二十三条 银行业金融机构应当加强对分支机构衍生产品交易业务的授权与管理。对于衍生产品经营能力较弱、风险防范及管理水平较低的分支机构，应当适当上收其衍生产品的交易权限。银行业金融机构应当在相应的风险管理制度中明确重大交易风险的类别特征，并规定取消交易权限的程序。对于发生重大衍生产品交易风险的分支机构，应当及时取消其衍生产品的交易权限。

第二十四条 银行业金融机构从事风险计量、监测和控制的工作人员必须与从事衍生产品交易或营销的人员分开，不得相互兼任；风险计量、监测或控制人员可以直接向高级管理层报告风险状况。根据本办法第四条所列的分类标准，银行业金融机构负责从事套期保值类与非套期保值类衍生产品交易的交易人员不得相互兼任。银行业金融机构应当确保其所从事的上述不同类别衍生产品交易的相关信息相互隔离。

第二十五条 银行业金融机构应当制定明确的交易员、分析员、销售人员等从业人员资格认定标准，根据衍生产品交易及风险管理的复杂性对业务销售人员及其他有关业务人员进行培训，确保其具备必要的技能和资格。

第二十六条 银行业金融机构要制定合理的成本和资产分析测算制度和科学规范的激励约束机制，不得将衍牛产品交易和风险管理人员的收入与当期绩效简单挂钩，避免其过度追求利益，增加交易风险。

第二十七条 银行业金融机构应当对衍生产品交易主管和交易员实行定期轮岗和强制带薪休假。

第二十八条 银行业金融机构内审部门要定期对衍生产品交易业务风险管理制度的执行情况进行检查。对于衍生产品交易制度和业务的内审应当具有以下要素：

（一）确保配备数量充足且具备相关经验和技能的内审人员；

（二）建立内审部门向董事会的独立报告路线。

第二十九条 银行业金融机构应当建立健全控制法律风险的机制和制度，严格审查交易对手的法律地位和交易资格。银行业金融机构与交易对手签订衍生产品交易合约时应当参照国际及国内市场惯例，充分考虑发生违约事件后采取法律手段追索保全的可操作性等因素，采取有效措施防范交易合约起草、谈判和签订等过程中的法律风险。

第三十条 银行业金融机构应当制定完善针对衍生产品交易合同等法律文本的评估及管理制度，至少每年根据交易对手的情况，对涉及到的衍生产品交易合同文本的效力、效果进行评估，加深理解和掌握，有效防范法律风险。

第三十一条 银行业金融机构应当制定评估交易对手适当性的相关政策：包括评估交易对手是否充分了解合约的条款以及履行合约的责任，识别拟进行的衍生交易是否符合交易对手本身从事衍生交易的目的。在履行本条要求时，银行业金融机构可以根据诚实信用原则合理地依赖交易对手提供的正式书面文件。

第三十二条 银行业金融机构应当制定完善的交易对手信用风险管理制度，选择适当的方法和模型对交易对手信用风险进行评估，并采取适当的风险缓释措施。

银行业金融机构应当以适当的方式向交易对手明示相关的信用风险缓释措施可能对其产生的影响。

第三十三条 银行业金融机构应当运用适当的风险评估方法或模型对衍生产品交易的市场风险进行评估，按市价原则管理市场风险（衍生产品的市值评估可以合理利用第三方独立估值报价），调整交易规模、类别及风险敞口水平。

第三十四条 银行业金融机构从事套期保值类衍生产品交易，应当由资产负债管理部门根据本机构的真实需求背景决定发起交易和进行交易决策。

第三十五条 银行业金融机构从事非套期保值类衍生产品交易,应当计提此类衍生产品交易敞口的市场风险资本,市场风险资本计算方法按照《商业银行资本充足率管理办法》和《商业银行市场风险资本计量内部模型法监管指引》的相关规定执行。

第三十六条 银行业金融机构从事非套期保值类衍生产品交易,其标准法下市场风险资本不得超过银行业金融机构核心资本的3%。监管部门可根据银行业金融机构的经营情况在该资本比例上限要求内实施动态差异化管理。标准法下市场风险资本的计算方法按照《商业银行资本充足率管理办法》的相关规定执行。

第三十七条 银行业金融机构应当根据衍生产品交易的规模与类别,建立完善的流动性风险监控与预警系统,做好充分的流动性安排,确保在市场交易异常情况下,具备足够的履约能力。

第三十八条 银行业金融机构应当建立健全控制操作风险的机制和制度,明确衍生产品交易操作和监控中的各项责任,包括但不限于:交易文件的生成和录入、交易确认、轧差交割、交易复核、市值重估、异常报告、会计处理等。衍生产品交易过程中的文件和录音记录应当统一纳入档案系统管理,由职能部门定期检查。

第三十九条 银行业金融机构应当按照中国银监会的规定对从事的衍生产品交易进行清算,确保履行交割责任,规范处理违约及终止事件,及时识别并控制操作风险。

第四十条 银行业金融机构应当建立完善衍生产品交易管理信息系统,确保按产品、交易对手等进行分类的管理信息完整、有效。

第四十一条 银行业金融机构应当按照中国银监会的规定报送与衍生产品交易有关的会计、统计报表及其他报告。

银行业金融机构应当按照中国银监会关于信息披露的规定,对外披露从事衍生产品交易的风险状况、损失状况、利润变化及异常情况。

第四十二条 银行业金融机构从事衍生产品交易出现重大业务风险或重大业务损失时,应当迅速采取有效措施,制止损失继续扩大,同时将有关情况及时主动向中国银监会报告。

银行业金融机构所从事的衍生产品交易、运行系统、风险管理系统等发生重大变动时,应当及时主动向中国银监会报告具体情况。

第四十三条 中国银监会可以检查银行业金融机构有关衍生产品交易业务的资料和报表、风险管理制度、内部控制制度和业务处理系统是否与其从事的衍生产品交易业务种类相适应。

第四章　产品营销与后续服务

第四十四条　银行业金融机构应当高度重视衍生产品交易的风险管理工作，制定完善客户适合度评估制度，在综合考虑衍生产品分类和客户分类的基础上，对衍生产品交易进行充分的适合度评估：

（一）评估衍生产品的风险及复杂程度，对衍生产品进行相应分类，并至少每年复核一次其合理性，进行动态管理；

（二）根据客户的业务性质、衍生产品交易经验等评估其成熟度，对客户进行相应分类，并至少每年复核一次其合理性，进行动态管理。

第四十五条　银行业金融机构应当根据客户适合度评估结果，与有真实需求背景的客户进行与其风险承受能力相适应的衍生产品交易，并获取由客户提供的声明、确认函等能够证明其真实需求背景的书面材料，内容包括但不限于：

（一）与衍生产品交易直接相关的基础资产或基础负债的真实性；

（二）客户进行衍生产品交易的目的或目标；

（三）是否存在与本条第一项确认的基础资产或基础负债相关的尚未结清的衍生产品交易敞口。

第四十六条　银行业金融机构与客户交易的衍生产品的主要风险特征应当与作为真实需求背景的基础资产或基础负债的主要风险特征具有合理的相关度，在营销与交易时应当首先选择基础的、简单的、自身具备定价估值能力的衍生产品。

第四十七条　银行业金融机构应当制定完善衍生产品销售人员的内部培训、资格认定及授权管理制度，加强对销售人员的持续专业培训和职业操守教育，及时跟进针对新产品新业务的培训和资格认定，并建立严格的管理制度。通过资格认定并获得有效授权的销售人员方可向客户介绍、营销衍生产品。在向客户介绍衍生产品时，销售人员应当以适当的方式向客户明示其已通过内部资格认定并获得有效授权。

第四十八条　银行业金融机构应当以清晰易懂、简明扼要的文字表述向客户提供衍生产品介绍和风险揭示的书面资料，相关披露以单独章节、明白清晰的方式呈现，不得以页边、页底或脚注以及小字体等方式说明，内容包括但不限于：

（一）产品结构及基本交易条款的完整介绍和该产品的完整法律文本；

（二）与产品挂钩的指数、收益率或其他参数的说明；

（三）与交易相关的主要风险披露；

（四）产品现金流分析、压力测试、在一定假设和置信度之下最差可能情况的模拟情景分析与最大现金流亏损以及该假设和置信度的合理性分析；

（五）应当向客户充分揭示的其他信息。

第四十九条 在衍生产品销售过程中，银行业金融机构应当客观公允地陈述所售衍生产品的收益与风险，不得误导客户对市场的看法，不得夸大产品的优点或缩小产品的风险，不得以任何方式向客户承诺收益。

第五十条 银行业金融机构应当充分尊重客户的独立自主决策，不得将交易衍生产品作为与客户开展其他业务的附加条件。

第五十一条 银行业金融机构应当建立客户的信用评级制度，并结合客户的信用评级、财务状况、盈利能力、净资产水平、现金流量等因素，确定相关的信用风险缓释措施，限制与一定信用评级以下客户的衍生产品交易。

第五十二条 与客户达成衍生产品交易之前，银行业金融机构应当获取由客户提供的声明、确认函等形式的书面材料，内容包括但不限于：

（一）客户进行该笔衍生产品交易的合规性；

（二）衍生产品交易合同、交易指令等协议文本的签署人员是否获得有效的授权；

（三）客户是否已经完全理解该笔衍生产品交易的条款、相关风险，以及该笔交易是否符合第四十五条第二项确认的交易目的或目标；

（四）客户对于该笔衍生产品交易在第四十八条第四项所述最差可能情况下是否具备足够的承受能力；

（五）需要由客户声明或确认的其他事项。

第五十三条 银行业金融机构应当及时向客户提供已交易的衍生产品的市场信息，定期将与客户交易的衍生产品的市值重估结果以评估报告、风险提示函等形式，通过信件、电子邮件、传真等可记录的方式向客户书面提供，并确保相关材料及时送达客户。当市场出现较大波动时，应当适当提高市值重估频率，并及时向客户书面提供市值重估结果。银行业金融机构应当至少每年对上述市值重估的频率和质量进行评估。

第五十四条 银行业金融机构对于自身不具备定价估值能力的衍生产品交易，应当向报价方获取关键的估值参数及相关信息，并通过信件、电子邮件、传真等可记录的方式向客户书面提供此类信息，以提高衍生产品市值重估的透明度。

第五十五条 银行业金融机构应当针对与客户交易的衍生产品业务种类确定科学合理的利润目标，制定科学合理的考核评价与长效激励约束机制，引导相关部门和人员诚实守信、合规操作，不得过度追求盈利，不得将与客户交易衍生产品的相关收益与员工薪酬及其所在部门的利润目标及考核激励机制简单挂钩。

第五十六条 银行业金融机构应当制定完善衍生产品交易业务的定期后评价制度，包括对合规销售、风险控制、考核激励机制等内部管理制度的定期后评价。

银行业金融机构应当通过实地访问、电子邮件、传真、电话录音等可记录的方式建立完善对客户的定期回访制度，针对合规销售与风险揭示等内容认真听取客户的意见，并及时反馈。

第五章 罚 则

第五十七条 银行业金融机构未经批准擅自开办衍生产品交易业务的，依据《中华人民共和国银行业监督管理法》的规定进行处罚。

第五十八条 对未能有效执行衍生产品交易风险管理和内部控制制度的银行业金融机构，可以暂停或终止其衍生产品交易资格，并进行经济处罚。

第五十九条 银行业金融机构未按照本办法或者中国银监会的要求报送有关报表、资料以及披露衍生产品交易情况的，根据其性质分别按照《中华人民共和国银行业监督管理法》、《中华人民共和国商业银行法》、《中华人民共和国外资银行管理条例》等法律法规及相关规定，予以处罚。

第六十条 银行业金融机构的衍生产品交易人员（包括主管、风险管理人员、分析师、交易人员等）、机构违反本办法有关规定违规操作，造成本机构或者客户重大经济损失的，该银行业金融机构应当对直接负责的高级管理人员、主管人员和直接责任人给予记过直至开除的纪律处分；构成犯罪的，移交司法机关依法追究刑事责任。

第六章 附 则

第六十一条 本办法由中国银监会负责解释。

第六十二条 此前公布的有关银行业金融机构衍生产品交易的规定，与本办法相抵触的，以本办法为准。对于本办法规定的内容，法律或行政法规另有规定的，从其规定。

中国银监会办公厅关于《银行业金融机构衍生产品交易业务管理暂行办法》实施中有关问题的通知

（2011 年 3 月 18 日银监办发〔2011〕70 号发布实施）

各银监局，各政策性银行、国有商业银行、股份制商业银行，各金融资产管理公司，中国邮政储蓄银行，银监会直接监管的信托公司、企业集团财务公司、金融租赁公司：

为有效防范风险，促进银行业金融机构衍生产品业务健康有序发展，银监会在充分调研和广泛征求意见的基础上，于 2011 年 1 月修订发布了《银行业金融机构衍生产品交易业务管理暂行办法》（以下简称《办法》）。现就银行业金融机构在执行《办法》过程中的有关工作提出以下要求：

一、《办法》适用于在中华人民共和国境内设立的银行业金融机构，包括其境内外分支机构。各银行业金融机构在执行《办法》有关规定过程中，总行（部）应负责对包括境外分支机构在内的全部分支机构的情况统一进行汇总，确保汇总后的衍生产品业务开展情况满足《办法》的相关要求。

二、尚未获得但计划申请衍生产品交易业务资格的银行业金融机构，应根据自身业务需求和风险管理能力申请相应类别的衍生产品交易业务资格。各申请机构应按照《办法》的有关规定，达到相应资格类别所要求的条件，并按规定向中国银监会或其派出机构报送相关材料。

三、已获得衍生产品交易业务资格的银行业金融机构，其资格将自动转为《办法》中规定的普通类资格，无需重新申请，但需在过渡期内（过渡期为《办法》实施之日起至 2011 年 6 月 30 日）完成以下工作，并于 2011 年 7 月 20 日之前将完成情况及《银行业金融机构衍生产品业务情况表》（见附件）一式两份书面报告银监会：

（一）按照《办法》中普通类资格的要求进一步完善系统、制度、人员等方面的设置，具体内容包括但不限于：配备熟悉套期会计操作程序和制度规范的人员至少 1 名；配备处理法律事务和负责内控合规检查的专业部门及相关专业人员；设立新业务、新产品内部审批制度及流程；设立严格的业务分离制度，确保套期保值类业务与非套期保值类业务的市场信息、风险管理、损益核算有效隔离；完善市场风险、操作风险、信用风险等风险管理框架，使其满足中国银监会审慎监管要求。

（二）按照《办法》规定将现有衍生产品交易分为两类。一类是套期保值类交易。此类交易需符合套期会计规定和要求，并划入银行账户管理。另一类是非套期保值类交易，包括除套期保值交易之外的所有交易。此类交易划入交易账户管理。应对上述两类业务在市场信息、风险管理、损益核算方面实施有效隔离。

（三）对于非套期保值类交易，应按照《商业银行资本充足率管理办法》和《商业银行市场风险资本计量内部模型法监管指引》的相关规定计算交易敞口市场风险资本。所有非套期保值类交易均应计提市场风险资本。

（四）应确保将衍生产品交易规模控制在风险暴露指导性上限之内，确保非套期保值类交易在标准法下市场风险资本不超过银行业金融机构核心资本的3%，或监管机构确定的其他标准。衍生产品交易规模已超过此上限的银行业金融机构，应在过渡期内完成规模调整。

（五）已经从事无限风险的产品以及再衍生产品等高杠杆业务的银行业金融机构，应立即停止此类新增业务，并在过渡期内将存续交易平盘或终止合约。

四、银行业金融机构从事衍生产品交易业务，在开展新的业务品种、开拓新市场等创新前，应当及时与监管部门沟通并书面咨询监管部门意见。从事本机构此前未开展过的含有新标的类别、新合约种类或任何标的与合约的新组合的产品均属于新的业务品种，涉及本机构以前未开展过业务的地区或领域的市场均属于新市场。

请各银监局将本通知转发至辖内各法人银行业金融机构和外国银行分行的管理行及单一分行。

附件：（略）

中国人民银行金融市场司关于商业银行理财产品进入银行间债券市场有关事项的通知

（2014年1月26日银市场〔2014〕1号发布施行）

中国人民银行上海总部金融市场管理部，各分行、营业管理部，各省会（首府）城市中心支行、副省级城市中心支行货币信贷管理处；中国银行间市场交易商协会；全国银行间同业拆借中心，中央国债登记结算有限责任公司，银行间市场清算所股份有限公司；中国工商银行，中国农业银行，中国银行，中国建设银行，交通银行，中信银行，中国光大银行，华夏银行，平安银行，招商银行，上海浦东发展银行，兴业银行，中国民生银行，北京银行，南京银行，宁波银行：

为规范商业银行理财产品投资银行间债券市场的行为，保护相关各方的合法权益，根据《全国银行间债券市场债券交易管理办法》（中国人民银行令〔2000〕第2号）、《银行间债券市场债券登记托管结算管理办法》（中国人民银行令〔2009〕第1号）等规定，现就商业银行理财产品进入银行间债券市场有关事项通知如下：

一、本通知所称商业银行理财产品（以下简称“理财产品”），是指商业银行作为资产管理人（以下简称“管理人”），在依法合规的前提下，接受客户（以下简称“委托人”）的委托和授权，为按照与委托人约定的投资计划和方式开展资产管理和投资业务，并由托管人进行独立托管的理财产品。

二、申请在银行间债券市场开立理财产品债券账户的管理人，应符合以下条件：

（一）熟悉全国银行间债券市场有关法律制度和管理政策，具有银行间债券市场做市、结算代理等相关投资经验；

（二）具有专门的理财投资管理部门，且与自营投资管理业务在资产、人员、系统、制度等方面完全分离；

（三）与理财投资管理业务相对应的交易前台、风险控制、清算结算后台的岗位设置完全分离，每一岗位至少配备2名熟悉银行间债券市场的专职人员；

（四）按照成本可算、风险可控、信息充分披露的原则开展理财投资管理业务，实现每只理财产品与所投资资产（标的物）的对应，每只理财产品单独管理、建账和核算；

（五）负责理财投资管理的机构分管负责人、部门负责人、业务人员等相关人员已参加银行间债券市场自律组织或中介机构组织的相关培训并获得相应的资格证书；

（六）理财业务制度健全，具有完备的理财业务管理办法、业务操作规程、风险管理制度、员工行为规范、会计核算办法等；

（七）具备开展理财业务所需的信息技术设施、技术支持人员、信息系统管理制度等；

（八）最近三年无违法和重大违规行为，且相关人员（包括离职人员在本机构工作期间）不存在债券业务涉案情形；

（九）中国人民银行规定的其他条件。

三、为申请在银行间债券市场开立债券账户的理财产品提供服务的托管人，应符合以下条件：

（一）具有金融监管机构批准的托管业务资格；

（二）托管业务制度健全，具有完备的托管业务管理办法、业务操作规程、风险管理制度、员工行为规范、会计核算办法等；

（三）具备开展托管业务所需的信息技术设施、技术支持人员、信息系统管理制度等；

（四）最近三年无违法和重大违规行为，且相关人员（包括离职人员在本机构工作期间）不存在债券业务涉案情形；

（五）中国人民银行规定的其他条件。

四、申请在银行间债券市场开立债券账户的理财产品，应符合以下条件：

（一）该理财产品的设立符合有关法律法规和行业监管规定要求，并已完成向银行业监督管理部门报备；

（二）该理财产品实行独立的投资管理并进行单独核算，且理财资金已委托托管人独立托管；

（三）该理财产品发行说明书、销售合同或协议规定的投资范围明确列示包括银行间债券市场；

（四）中国人民银行规定的其他条件。

五、申请在银行间债券市场开立债券账户的理财产品应以单只理财产品的名义开户，但理财产品由非本行的第三方托管人独立托管的，也可以理财产品系列或理财产品组合的名义开户。

六、申请在银行间债券市场开立债券账户的理财产品，管理人和托管人应根据有关规定为理财产品向中国人民银行上海总部备案，备案时应提交以下材料：

（一）理财产品的基本情况说明，包括但不限于：设立情况、募集方式、产品（计划）规模、（计划）成立日、（计划）到期日、投资范围、托管人等；

（二）管理人与托管人签订的理财资金托管协议等证明文件；

（三）管理人与委托人签订的理财合同或协议、理财产品说明书以及理财产品销售文件；

（四）管理人关于理财产品符合相关法律法规及监管规定，并已完成向银行业监督管理部门报备的承诺函等证明文件；

（五）管理人关于实现每个理财产品与所投资资产（标的物）的对应，做到每个产品单独管理、建账和核算的说明；

（六）为理财产品提供资产管理和托管服务的有关业务人员情况，包括但不限于：个人简历及其参加银行间债券市场中介机构组织的相关培训获得的资格证书复印件，业务人员是否存在涉案情况以及最近三年是否因违法违规行为受到处罚、通报批评、诫勉谈话、警告、调查等；

（七）中国人民银行要求的其他材料。

拟以理财产品系列或理财产品组合名义开户的，可按理财产品系列或理财产品组合提交相关备案材料，并在每月结束后的10个工作日内，向中国人民银行上海总部提交上月已完成向银行业监督管理部门报备、新进入理财产品系列或组合的单只理财产品基本情况清单。

管理人每年度内首次为理财产品备案的，还应同时提交以下材料：

（一）企业法人营业执照副本复印件、组织机构代码证副本复印件和相关金融业务许可证副本复印件；

（二）公司基本情况，包括但不限于：是否做市商或结算代理人、成立时间、股东或出资人情况、直接或间接控制的相关机构、总体组织架构、财务状况、人员情况、相关金融市场经验、管理的各类产品明细、业绩、规模等；

（三）内控机制和相关制度，包括但不限于：自营和理财投资管理业务在资产、人员、系统、制度等方面的完全分离情况，自营和理财投资管理业务操作中前、中、后台的完全分离情况，理财投资管理相应岗位分离以及岗位职责、权限、操作规程等，理财投资管理风险控制制度，员工行为规范，会计核算办法等；

（四）机构分管负责人和部门负责人情况，包括但不限于：个人简历及其参加银行间债券市场自律组织组织的相关培训获得的资格证书复印件，是否存在涉案情况以及最近三年是否因违法违规行为受到处罚、通报批评、诫勉谈话、警告、调查等；

（五）为该产品提供投资管理服务所需的信息技术设施、技术支持人员、信息系统管理制度等情况；

（六）关于对备案提供材料的真实性、准确性、完整性负责，无虚假记载、误导性陈述或重大遗漏的承诺书；

（七）中国人民银行要求的其它材料。

托管人每年度内首次为理财产品备案的，还应同时提交以下材料：

（一）企业法人营业执照副本复印件、组织机构代码证副本复印件和相关金融业务许可证副本复印件；

（二）金融监管机构核发的托管业务资格证明文件复印件；

（三）公司基本情况，包括但不限于：是否做市商或结算代理人、成立时间、股东或出资人情况、直接或间接控制的相关机构、总体组织架构、财务状况、人员情况、相关金融市场经验、托管的各类产品明细、业绩、规模等；

（四）内控机制和相关制度，包括但不限于：与托管业务相关的岗位职责、权限、业务操作规程、风险管理制度、员工行为规范，会计核算办法等；

（五）相关分管负责人和部门负责人情况，包括但不限于：个人简历，是否存在涉案情况以及最近三年是否因违法违规行为受到处罚、通报批评、诫勉谈话、警告、调查等；

（六）为该产品提供托管服务所需的信息技术设施、技术支持人员、信息系统管理制度等情况；

（七）关于备案提供材料的真实性、准确性、完整性负责，无虚假记载、误导性陈述或重大遗漏的承诺书；

（八）中国人民银行要求的其它材料。

七、中国人民银行上海总部对备案材料审核合格后，向理财产品发放备案通知书，并抄送全国银行间同业拆借中心（以下简称同业拆借中心）、中央国债登记结算有限责任公司（以下简称中央结算公司）、银行间市场清算所股份有限公司（以下简称上海清算所）和中国银行间市场交易商协会（以下简称交易商协会）。

八、理财产品应直接进行债券交易和结算，并应在备案通知书发放后3个月内，由其管理人凭备案通知书等相关材料向同业拆借中心申请办理债券交易联网手续，由其托管人向中央结算公司和上海清算所申请开立债券账户。

理财产品办理交易联网和开立债券账户应遵守同业拆借中心、中央结算公司和上海清算所的业务规则。

九、理财产品有关重要信息发生变更时，应按照有关规定向人民银行上海总部重新备案，相关当事人应及时与同业拆借中心、中央结算公司和上海清算所联系，办理相应的变更手续。

十、管理人开展理财产品相关业务时，应遵守有关法律法规和行业监管规定要求，以及与委托人之间的约定，不得投资于超出约定范围或委托人风险承受能力的债券产品。

十一、管理人和托管人开展理财产品的债券交易、清算、结算等相关业务时，应严格遵守银行间债券市场相关管理规定。中国人民银行可根据需要对管理人和托管人在银行间市场开展理财产品债券交易、清算、结算等相关业务进行现场和非现场检查，发生重大风险事件的，将根据有关规定暂停或取消其相关业务资格。

十二、管理人的自营债券账户与理财产品债券账户之间，以及同一管理人管理的不同债券账户之间不得进行交易。

十三、理财产品终止时，同业拆借中心、上海清算所和中央结算公司应在理财产品到期后的第三个工作日日终自动为该理财产品办理终止联网及账户注销，如有异常情况应及时处理并向中国人民银行报告。

十四、同业拆借中心、上海清算所和中央结算公司应根据本通知等相关规定为理财产品提供交易、清算、托管、结算等有关服务，并制定相应的业务规则，报中国人民银行备案后实施。

同业拆借中心、上海清算所和中央结算公司应及时披露理财产品投资银行间债券市场的有关信息，并做好理财产品债券交易、清算、托管、结算的一线监测工作，如有异常情况应及时处理并向中国人民银行报告。交易商协会应加强对市场参与者的自律管理，维护市场秩序，保护投资者合法权益。

同业拆借中心、上海清算所和中央结算公司应在每月结束后10个工作日内向中国人民银行上海总部报告上月账户开立、变更、注销、联网及终止联网等情况，并抄送交易商协会。

十五、中国人民银行上海总部应根据本通知制定相应的实施细则，建立健全相关工作机制，进一步规范理财产品进入银行间债券市场的相关工作，并定期向中国人民银行总行报告上期理财产品备案的情况。

十六、符合本通知第二、三、四条要求的理财产品，已在银行间债券市场开户的，应在一年内根据本通知的要求重新备案，并根据情况办理变更手续或重新开户。原账户内的债券资产应在过渡期内通过非交易过户的方式转至新账户。过渡期结束后，未办理相关手续或原账户仍有托管余额的，同业拆借中心、上海清算所、中央结算公司应对原账户的债券交易、清算、托管、结算等进行限制处理，除履行未到期结算合同、卖出或转托管已经持有的债券之外，不得进行其他操作；原账户托管余额为零的，同业拆借中心、上海清算所、中央结算公司应自动为原账户办理终止联网及账户注销。

十七、本通知自发布之日起施行。银行间债券市场现行规定与本通知不相符的，以本通知为准。

中国证券登记结算有限责任公司关于商业银行理财产品开立证券账户有关事项的通知

（2013年12月23日发布实施）

各市场参与主体：

为了支持商业银行理财产品参与证券交易所标准化债券、信贷资产支持证券、优先股等固定收益类产品的投资，现将商业银行理财产品开户有关事项通知如下：

一、商业银行理财产品开立证券账户由资产托管人到本公司上海分公司、深圳分公司办理。

二、每一个商业银行理财产品可以在沪、深市场各开立一个证券账户。

三、商业银行理财产品在开户时应出具承诺函。承诺所开立的证券账户仅用于参与证券交易所标准化债券、信贷资产支持证券、优先股等固定收益类产品的投资，不得用于法律、行政法规、部门规章禁止或限制的证券投资行为。

四、商业银行理财产品开立证券账户的名称为"商业银行名称－理财产品名称"，身份证明文件号码为该商业银行营业执照中的注册号，组织机构代码为该商业银行组织机构代码证中的代码。

五、申请开立证券账户时，需提交以下材料：

(1)机构证券账户注册申请表；

(2)商业银行营业执照复印件(加盖银行公章)；

(3)商业银行组织机构代码证复印件(加盖银行公章)；

(4)商业银行《金融机构营业许可证》复印件(加盖银行公章)；

(5)理财产品说明书、资金到账证明文件、成立公告、相关机构出具的理财产品登记信息等材料(加盖银行公章)；

(6)承诺函(格式见附件)；

(7)银行对资产托管人的授权委托书(加盖银行公章)；

(8)资产托管人营业执照复印件(加盖资产托管人公章)；

(9)资产托管人法定代表人证明书(加盖资产托管人公章)及法定代表人有效身份证明文件复印件；

(10)资产托管人法定代表人对经办人的授权委托书(加盖资产托管人公章和负责人签章)；

(11)资产托管人经办人有效身份证明文件原件及复印件。资产托管人再次申请开立此类账户，第(2)、(3)、(4)、(8)、(9)项材料未发生变更的，无需再次提供。

六、资产托管人为银行理财产品申请开立证券账户时，需登记银行理财产品存续期。银行理财产品延期的，应提交延期公告(需加盖银行公章)，及时申请办理变更登记。

七、商业银行理财产品名称发生变更的，除需提交本公司证券账户业务规则规定的材料外，还应提供能够证明属银行理财产品名称变更的相关证明文件原件及复印件。

八、银行理财产品到期或被主管机关依法终止的，托管人应于上述情形发生后15个工作日内办理证券账户注销手续。托管人未及时注销证券账户的，在账户内资产处置完毕的情况下，本公司有权直接予以注销。

九、本公司将按照监管部门的要求对商业银行理财产品证券账户开立及使用情况进行统计监测。

十、农村合作银行、城市信用社、农村信用社等其他银行类金融机构发行的理财产品，参照本通知执行。

十一、本通知未作规定的，按照本公司《证券账户管理规则》等相关业务规定办理。

十二、本通知自发布之日起实施。

附件：

承　诺　函

中国证券登记结算有限责任公司分公司：

为规范银行理财产品证券账户的使用，加强银行理财产品证券账户管理，根据有关法规的规定，我行做出如下承诺：

一、在贵公司开立的银行理财产品证券账户仅限于参与证券交易所标准化债券、信贷资产支持证券、优先股等固定收益类产品的投资。

二、本行所提供的开户资料真实、准确、完整。

三、当发生银行理财产品到期或被主管机关依法终止等情形，本行将督促托管人于上述情形发生后15个工作日内办理证券账户注销手续。托管人未及时注销证券账户的，在账户内资产处置完毕的情况下，贵公司有权直接予以注销。

四、本行不利用该证券账户从事法律、行政法规、部门规章所禁止的行为，因不当使用该证券账户而产生的一切法律责任由本行承担。

银行盖章：

法定代表人（或分行负责人）签字：

日期：　　　年　　月　　日

信托法规篇

信托是指委托人基于对受托人的信任，将其财产权委托给受托人，由受托人按委托人的意愿以自己的名义，为受益人的利益或者特定目的，进行管理或者处分的行为。其中集合资金信托计划（简称信托计划），是指由信托公司担任受托人，按照委托人意愿，为受益人的利益，将两个以上（含两个）委托人交付的资金进行集中管理、运用或处分的资金信托业务活动。

"信托法规篇"涵盖了信托计划投资于证券、期货等标准化资产的常用规定及监管文件。因传统信托产品构成中非标占比较高，资管新规实施后，信托行业面临压降非标产品规模、大力发展标准化产品的转型压力。同时，随着国家大力发展资本市场引导资金规范投资资本市场，投资于标准化产品的净值型信托产品迎来了前所未有的市场发展机遇，了解净值型信托产品的监管要求，将为信托公司的合规展业奠定基础。本篇具体收录了以下规定及监管文件：

信托公司集合资金信托计划管理办法（2009 年修订）

信托公司证券投资信托业务操作指引

信托公司参与股指期货交易业务指引

信托公司受托责任尽职指引

中国银行保险监督管理委员会　信托监督管理部关于加强规范资产管理业务过渡期内信托监管工作的通知

中国银监会关于加强信托公司结构化信托业务监管有关问题的通知

中国银监会办公厅关于加强信托公司房地产、证券业务监管有关问题的通知

中国银行业监督管理委员会办公厅关于规范信托投资公司证券业务经营与管理有关问题的通知

中国证券登记结算有限责任公司关于信托产品开户与结算有关问题的通知

中国银行业监督管理委员会　中国证券业监督管理委员会关于信托投资公司开设信托专用证券账户和信托专用资金账户有关问题的通知

关于信托公司信托产品专用证券账户有关事项风险提示的通知

信托公司集合资金信托计划管理办法(2009年修订)

(2009年2月4日中国银行业监督管理委员会令2009年第1号公布施行)

第一章 总 则

第一条 为规范信托公司集合资金信托业务的经营行为,保障集合资金信托计划各方当事人的合法权益,根据《中华人民共和国信托法》、《中华人民共和国银行业监督管理法》等法律法规,制定本办法。

第二条 在中华人民共和国境内设立集合资金信托计划(以下简称信托计划),由信托公司担任受托人,按照委托人意愿,为受益人的利益,将两个以上(含两个)委托人交付的资金进行集中管理、运用或处分的资金信托业务活动,适用本办法。

第三条 信托计划财产独立于信托公司的固有财产,信托公司不得将信托计划财产归入其固有财产;信托公司因信托计划财产的管理、运用或者其他情形而取得的财产和收益,归入信托计划财产;信托公司因依法解散、被依法撤销或者被依法宣告破产等原因进行清算的,信托计划财产不属于其清算财产。

第四条 信托公司管理、运用信托计划财产,应当恪尽职守,履行诚实信用、谨慎勤勉的义务,为受益人的最大利益服务。

第二章 信托计划的设立

第五条 信托公司设立信托计划,应当符合以下要求:

(一)委托人为合格投资者;

(二)参与信托计划的委托人为惟一受益人;

(三)单个信托计划的自然人人数不得超过50人,但单笔委托金额在300万元以上的自然人投资者和合格的机构投资者数量不受限制;

(四)信托期限不少于1年;

(五)信托资金有明确的投资方向和投资策略,且符合国家产业政策以及其他有关规定;

(六)信托受益权划分为等额份额的信托单位;

（七）信托合同应约定受托人报酬，除合理报酬外，信托公司不得以任何名义直接或间接以信托财产为自己或他人牟利；

（八）中国银行业监督管理委员会规定的其他要求。

第六条 前条所称合格投资者，是指符合下列条件之一，能够识别、判断和承担信托计划相应风险的人：

（一）投资一个信托计划的最低金额不少于100万元人民币的自然人、法人或者依法成立的其他组织；

（二）个人或家庭金融资产总计在其认购时超过100万元人民币，且能提供相关财产证明的自然人；

（三）个人收入在最近3年内每年收入超过20万元人民币或者夫妻双方合计收入在最近3年内每年收入超过30万元人民币，且能提供相关收入证明的自然人。

第七条 信托公司推介信托计划，应有规范和详尽的信息披露材料，明示信托计划的风险收益特征，充分揭示参与信托计划的风险及风险承担原则，如实披露专业团队的履历、专业培训及从业经历，不得使用任何可能影响投资者进行独立风险判断的误导性陈述。

信托公司异地推介信托计划的，应当在推介前向注册地、推介地的中国银行业监督管理委员会省级派出机构报告。

第八条 信托公司推介信托计划时，不得有以下行为：

（一）以任何方式承诺信托资金不受损失，或者以任何方式承诺信托资金的最低收益；

（二）进行公开营销宣传；

（三）委托非金融机构进行推介；

（四）推介材料含有与信托文件不符的内容，或者存在虚假记载、误导性陈述或重大遗漏等情况；

（五）对公司过去的经营业绩作夸大介绍，或者恶意贬低同行；

（六）中国银行业监督管理委员会禁止的其他行为。

第九条 信托公司设立信托计划，事前应进行尽职调查，就可行性分析、合法性、风险评估、有无关联方交易等事项出具尽职调查报告。

第十条 信托计划文件应当包含以下内容：

（一）认购风险申明书；

（二）信托计划说明书；

（三）信托合同；

（四）中国银行业监督管理委员会规定的其他内容。

第十一条 认购风险申明书至少应当包含以下内容：

（一）信托计划不承诺保本和最低收益，具有一定的投资风险，适合风险识别、评估、承受能力较强的合格投资者。

（二）委托人应当以自己合法所有的资金认购信托单位，不得非法汇集他人资金参与信托计划。

（三）信托公司依据信托计划文件管理信托财产所产生的风险，由信托财产承担。信托公司因违背信托计划文件、处理信托事务不当而造成信托财产损失的，由信托公司以固有财产赔偿；不足赔偿时，由投资者自担。

（四）委托人在认购风险申明书上签字，即表明已认真阅读并理解所有的信托计划文件，并愿意依法承担相应的信托投资风险。

认购风险申明书一式二份，注明委托人认购信托单位的数量，分别由信托公司和受益人持有。

第十二条 信托计划说明书至少应当包括以下内容：

（一）信托公司的基本情况；

（二）信托计划的名称及主要内容；

（三）信托合同的内容摘要；

（四）信托计划的推介日期、期限和信托单位价格；

（五）信托计划的推介机构名称；

（六）信托经理人员名单、履历；

（七）律师事务所出具的法律意见书；

（八）风险警示内容；

（九）中国银行业监督管理委员会规定的其他内容。

第十三条 信托合同应当载明以下事项：

（一）信托目的；

（二）受托人、保管人的姓名（或者名称）、住所；

（三）信托资金的币种和金额；

（四）信托计划的规模与期限；

（五）信托资金管理、运用和处分的具体方法或安排；

（六）信托利益的计算、向受益人交付信托利益的时间和方法；

（七）信托财产税费的承担、其他费用的核算及支付方法；

（八）受托人报酬计算方法、支付期间及方法；

（九）信托终止时信托财产的归属及分配方式；

（十）信托当事人的权利、义务；

（十一）受益人大会召集、议事及表决的程序和规则；

（十二）新受托人的选任方式；

（十三）风险揭示；

（十四）信托当事人的违约责任及纠纷解决方式；

（十五）信托当事人约定的其他事项。

第十四条 信托合同应当在首页右上方用醒目字体载明下列文字：信托公司管理信托财产应恪尽职守，履行诚实、信用、谨慎、有效管理的义务。信托公司依据本信托合同约定管理信托财产所产生的风险，由信托财产承担。信托公司因违背本信托合同、处理信托事务不当而造成信托财产损失的，由信托公司以固有财产赔偿；不足赔偿时，由投资者自担。

第十五条 委托人认购信托单位前，应当仔细阅读信托计划文件的全部内容，并在认购风险申明书中签字，申明愿意承担信托计划的投资风险。

信托公司应当提供便利，保证委托人能够查阅或者复制所有的信托计划文件，并向委托人提供信托合同文本原件。

第十六条 信托公司推介信托计划时，可与商业银行签订信托资金代理收付协议。委托人以现金方式认购信托单位，可由商业银行代理收付。信托公司委托商业银行办理信托计划收付业务时，应明确界定双方的权利义务关系，商业银行只承担代理资金收付责任，不承担信托计划的投资风险。

信托公司可委托商业银行代为向合格投资者推介信托计划。

第十七条 信托计划推介期限届满，未能满足信托文件约定的成立条件的，信托公司应当在推介期限届满后 30 日内返还委托人已缴付的款项，并加计银行同期存款利息。由此产生的相关债务和费用，由信托公司以固有财产承担。

第十八条 信托计划成立后，信托公司应当将信托计划财产存入信托财产专户，并在 5 个工作日内向委托人披露信托计划的推介、设立情况。

第三章 信托计划财产的保管

第十九条 信托计划的资金实行保管制。对非现金类的信托财产，信托当事人可约定实行第三方保管，但中国银行业监督管理委员会另有规定的，从其规定。

信托计划存续期间，信托公司应当选择经营稳健的商业银行担任保管人。信托财产的保管账户和信托财产专户应当为同一账户。

信托公司依信托计划文件约定需要运用信托资金时，应当向保管人书面提供信托合同复印件及资金用途说明。

第二十条 保管协议至少应包括以下内容：

（一）受托人、保管人的名称、住所；

（二）受托人、保管人的权利义务；

（三）信托计划财产保管的场所、内容、方法、标准；

（四）保管报告内容与格式；

（五）保管费用；

（六）保管人对信托公司的业务监督与核查；

（七）当事人约定的其他内容。

第二十一条 保管人应当履行以下职责：

（一）安全保管信托财产；

（二）对所保管的不同信托计划分别设置账户，确保信托财产的独立性；

（三）确认与执行信托公司管理运用信托财产的指令，核对信托财产交易记录、资金和财产账目；

（四）记录信托资金划拨情况，保存信托公司的资金用途说明；

（五）定期向信托公司出具保管报告；

（六）当事人约定的其他职责。

第二十二条 遇有信托公司违反法律法规和信托合同、保管协议操作时，保管人应当立即以书面形式通知信托公司纠正；当出现重大违法违规或者发生严重影响信托财产安全的事件时，保管人应及时报告中国银行业监督管理委员会。

第四章 信托计划的运营与风险管理

第二十三条 信托公司管理信托计划，应设立为信托计划服务的信托资金运用、信息处理等部门，并指定信托经理及其相关的工作人员。

每个信托计划至少配备一名信托经理。担任信托经理的人员，应当符合中国银行业监督管理委员会规定的条件。

第二十四条 信托公司对不同的信托计划，应当建立单独的会计账户分别核算、分别管理。

第二十五条 信托资金可以进行组合运用，组合运用应有明确的运用范围和投资比例。

信托公司运用信托资金进行证券投资，应当采用资产组合的方式，事先制定投资比例和投资策略，采取有效措施防范风险。

第二十六条 信托公司可以运用债权、股权、物权及其他可行方式运用信托资金。

信托公司运用信托资金,应当与信托计划文件约定的投资方向和投资策略相一致。

第二十七条 信托公司管理信托计划,应当遵守以下规定:

(一)不得向他人提供担保;

(二)向他人提供贷款不得超过其管理的所有信托计划实收余额的30%,但中国银行业监督管理委员会另有规定的除外;

(三)不得将信托资金直接或间接运用于信托公司的股东及其关联人,但信托资金全部来源于股东或其关联人的除外;

(四)不得以固有财产与信托财产进行交易;

(五)不得将不同信托财产进行相互交易;

(六)不得将同一公司管理的不同信托计划投资于同一项目。

第二十八条 信托公司管理信托计划而取得的信托收益,如果信托计划文件没有约定其他运用方式的,应当将该信托收益交由保管人保管,任何人不得挪用。

第五章 信托计划的变更、终止与清算

第二十九条 信托计划存续期间,受益人可以向合格投资者转让其持有的信托单位。信托公司应为受益人办理受益权转让的有关手续。

信托受益权进行拆分转让的,受让人不得为自然人。机构所持有的信托受益权,不得向自然人转让或拆分转让。

第三十条 有下列情形之一的,信托计划终止:

(一)信托合同期限届满;

(二)受益人大会决定终止;

(三)受托人职责终止,未能按照有关规定产生新受托人;

(四)信托计划文件约定的其他情形。

第三十一条 信托计划终止,信托公司应当于终止后10个工作日内做出处理信托事务的清算报告,经审计后向受益人披露。信托文件约定清算报告不需要审计的,信托公司可以提交未经审计的清算报告。

第三十二条 清算后的剩余信托财产,应当依照信托合同约定按受益人所持信托单位比例进行分配。分配方式可采取现金方式、维持信托终止时财产原状方式或者两者的混合方式。

采取现金方式的,信托公司应当于信托计划文件约定的分配日前或者信托期

满日前变现信托财产,并将现金存入受益人账户。

采取维持信托终止时财产原状方式的,信托公司应于信托期满后的约定时间内,完成与受益人的财产转移手续。信托财产转移前,由信托公司负责保管。保管期间,信托公司不得运用该财产。保管期间的收益归属于信托财产,发生的保管费用由被保管的信托财产承担。因受益人原因导致信托财产无法转移的,信托公司可以按照有关法律法规进行处理。

第三十三条 信托公司应当用管理信托计划所产生的实际信托收益进行分配,严禁信托公司将信托收益归入其固有财产,或者挪用其他信托财产垫付信托计划的损失或收益。

第六章 信息披露与监督管理

第三十四条 信托公司应当依照法律法规的规定和信托计划文件的约定按时披露信息,并保证所披露信息的真实性、准确性和完整性。

第三十五条 受益人有权向信托公司查询与其信托财产相关的信息,信托公司应在不损害其他受益人合法权益的前提下,准确、及时、完整地提供相关信息,不得拒绝、推诿。

第三十六条 信托计划设立后,信托公司应当依信托计划的不同,按季制作信托资金管理报告、信托资金运用及收益情况表。

第三十七条 信托资金管理报告至少应包含以下内容:

(一)信托财产专户的开立情况;

(二)信托资金管理、运用、处分和收益情况;

(三)信托经理变更情况;

(四)信托资金运用重大变动说明;

(五)涉及诉讼或者损害信托计划财产、受益人利益的情形;

(六)信托计划文件约定的其他内容。

第三十八条 信托计划发生下列情形之一的,信托公司应当在获知有关情况后3个工作日内向受益人披露,并自披露之日起7个工作日内向受益人书面提出信托公司采取的应对措施:

(一)信托财产可能遭受重大损失;

(二)信托资金使用方的财务状况严重恶化;

(三)信托计划的担保方不能继续提供有效的担保。

第三十九条 信托公司应当妥善保存管理信托计划的全部资料,保存期自信托计划结束之日起不得少于 15 年。

第四十条 中国银行业监督管理委员会依法对信托公司管理信托计划的情况实施现场检查和非现场监管,并要求信托公司提供管理信托计划的相关资料。

中国银行业监督管理委员会在现场检查或非现场监管中发现信托公司存在违法违规行为的,应当根据《中华人民共和国银行业监督管理法》等法律法规的规定,采取暂停业务、限制股东权利等监管措施。

第七章 受益人大会

第四十一条 受益人大会由信托计划的全体受益人组成,依照本办法规定行使职权。

第四十二条 出现以下事项而信托计划文件未有事先约定的,应当召开受益人大会审议决定:

(一)提前终止信托合同或者延长信托期限;

(二)改变信托财产运用方式;

(三)更换受托人;

(四)提高受托人的报酬标准;

(五)信托计划文件约定需要召开受益人大会的其他事项。

第四十三条 受益人大会由受托人负责召集,受托人未按规定召集或不能召集时,代表信托单位 10% 以上的受益人有权自行召集。

第四十四条 召集受益人大会,召集人应当至少提前 10 个工作日公告受益人大会的召开时间、会议形式、审议事项、议事程序和表决方式等事项。

受益人大会不得就未经公告的事项进行表决。

第四十五条 受益人大会可以采取现场方式召开,也可以采取通讯等方式召开。

每一信托单位具有一票表决权,受益人可以委托代理人出席受益人大会并行使表决权。

第四十六条 受益人大会应当有代表 50% 以上信托单位的受益人参加,方可召开;大会就审议事项作出决定,应当经参加大会的受益人所持表决权的 2/3 以上通过;但更换受托人、改变信托财产运用方式、提前终止信托合同,应当经参加大会的受益人全体通过。

受益人大会决定的事项,应当及时通知相关当事人,并向中国银行业监督管理委员会报告。

第八章 罚 则

第四十七条 信托公司设立信托计划不遵守本办法有关规定的,由中国银行业监督管理委员会责令改正;逾期不改正的,处10万元以上30万元以下罚款;情节特别严重的,可以责令停业整顿或者吊销其金融许可证。

第四十八条 信托公司推介信托计划违反本办法有关规定的,由中国银行业监督管理委员会责令停止,返还所募资金并加计银行同期存款利息,并处20万元以上50万元以下罚款;构成犯罪的,依法追究刑事责任。

第四十九条 信托公司管理信托计划违反本办法有关规定的,由中国银行业监督管理委员会责令改正;有违法所得的,没收违法所得,并处违法所得1倍以上5倍以下罚款;没有违法所得的,处20万元以上50万元以下罚款;情节特别严重或者逾期不改正的,可以责令停业整顿或者吊销其金融许可证;构成犯罪的,依法追究刑事责任。

第五十条 信托公司不依本办法进行信息披露或者披露的信息有虚假记载、误导性陈述或者重大遗漏的,由中国银行业监督管理委员会责令改正,并处20万元以上50万元以下罚款;给受益人造成损害的,依法承担赔偿责任。

第五十一条 信托公司设立、管理信托计划存在其他违法违规行为的,中国银行业监督管理委员会可以根据《中华人民共和国银行业监督管理法》等法律法规的规定,采取相应的处罚措施。

第九章 附 则

第五十二条 两个以上(含两个)单一资金信托用于同一项目的,委托人应当为符合本办法规定的合格投资者,并适用本办法规定。

第五十三条 动产信托、不动产信托以及其他财产和财产权信托进行受益权拆分转让的,应当遵守本办法的相关规定。

第五十四条 本办法由中国银行业监督管理委员会负责解释。

第五十五条 本办法自2007年3月1日起施行,原《信托投资公司资金信托管理暂行办法》(中国人民银行令〔2002〕第7号)不再适用。

信托公司证券投资信托业务操作指引

（2009 年 1 月 23 日银监发〔2009〕11 号印发施行）

第一条 为进一步规范信托公司证券投资信托业务的经营行为，保障证券投资信托各方当事人的合法权益，根据《中华人民共和国银行业监督管理法》、《中华人民共和国信托法》和《信托公司管理办法》等法律、法规和规章，制定本指引。

第二条 本指引所称证券投资信托业务，是指信托公司将集合信托计划或者单独管理的信托产品项下资金投资于依法公开发行并在符合法律规定的交易场所公开交易的证券的经营行为。

第三条 信托公司从事证券投资信托业务，应当符合以下规定：

（一）依据法律法规和监管规定建立了完善的公司治理结构、内部控制和风险管理机制，且有效执行。

（二）为证券投资信托业务配备相适应的专业人员，直接从事证券投资信托的人员 5 人以上，其中至少 3 名具备 3 年以上从事证券投资业务的经历。

（三）建立前、中、后台分开的业务操作流程。

（四）具有满足证券投资信托业务需要的 IT 系统。

（五）固有资产状况和流动性良好，符合监管要求。

（六）最近一年没有因违法违规行为受到行政处罚。

（七）中国银监会规定的其他条件。

第四条 信托公司开展证券投资信托业务，应当有清晰的发展规划，制定符合自身特点的证券投资信托业务发展战略、业务流程和风险管理制度，并经董事会批准后执行。

风险管理制度包括但不限于投资管理、授权管理、营销推介管理和委托人风险适应性调查、证券交易经纪商选择、合规审查管理、市场风险管理、操作风险管理、IT 系统和信息安全、估值与核算、信息披露管理等内容。

第五条 信托公司应当选择符合以下要求的中资商业银行、农村合作银行、外商独资银行、中外合资银行作为证券投资信托财产的保管人：

（一）具有独立的资产托管业务部门，配备熟悉证券投资信托业务的专业人员。

（二）有保管信托财产的条件。

（三）有安全高效的清算、交割和估值系统。

(四)有满足保管业务需要的场所、配备独立的监控系统。

(五)中国银监会规定的其他要求。

第六条 证券投资信托财产保管人应履行以下职责:

(　)安全保管信托财产。

(二)监督和核查信托财产管理运用是否符合法律法规和合同约定。

(三)复核信托公司核算的信托单位净值和信托财产清算报告。

(四)监督和核实信托公司报酬和费用的计提和支付。

(五)核实信托利益分配方案。

(六)对信托资金管理定期报告和信托资金运用及收益情况表出具意见。

(七)定期向信托公司出具保管报告,由信托公司提供给委托人。

(八)法律法规规定及当事人约定的其他职责。

第七条 信托公司应当对证券投资信托委托人进行风险适合性调查,了解委托人的需求和风险偏好,向其推介适宜的证券投资信托产品,并保存相关记录。

前款所称委托人,应当符合《信托公司集合资金信托计划管理办法》的有关规定。

第八条 信托公司拟推出的证券投资信托产品应当具备明确的风险收益特征,并进行详尽、易懂的描述,便于委托人甄别风险,同时声明"信托公司、证券投资信托业务人员等相关机构和人员的过往业绩不代表该信托产品未来运作的实际效果"。

第九条 信托公司在推介证券投资信托产品时,应当制作详细的推介计划书,制定统一的推介流程,并对推介人员进行上岗前培训。信托公司应当要求推介人员充分揭示证券投资产品风险,保留推介人员的相关推介记录。

第十条 信托文件应当明确约定信托资金投资方向、投资策略、投资比例限制等内容,明确约定是否设置止损线和设置原则。

信托文件约定设置止损线的,应明确止损的具体条件、操作方式等事项。

第十一条 信托公司应当在证券投资信托成立后10个工作日内向中国银监会或其派出机构报告,报告应当包括但不限于产品可行性分析、信托文件、风险申明书、信托资金运用方向和投资策略、主要风险及风险管理措施说明、信托资金管理报告主要内容及格式、推介方案及主要推介内容、证券投资信托团队简介及人员简历等内容。

第十二条 信托公司开展证券投资信托业务,应当与公司固有财产证券投资业务建立严格的"防火墙"制度,实施人员、操作和信息的独立运作,严格禁止各种形式的利益输送。

第十三条 信托公司应当对信托经理的投资权限进行书面授权,并监督信托经理严格按照信托合同约定的投资方向、投资策略和相应的投资权限运作证券投资信托财产。

第十四条 信托公司应当根据市场情况以及不同业务的特点,确定适当的预警线,并逐日盯市。

信托公司管理信托文件约定设置止损线的信托产品,应根据盯市结果和信托文件约定,及时采取相应措施。

第十五条 信托公司办理证券投资信托业务,应当依据法律法规规定和信托文件约定,及时、准确、完整地进行信息披露。

第十六条 信托公司办理集合管理的证券投资信托业务,应当按以下要求披露信托单位净值:

(一)至少每周一次在公司网站公布信托单位净值。

(二)至少每30日一次向委托人、受益人寄送信托单位净值书面材料。

(三)随时应委托人、受益人要求披露上一个交易日信托单位净值。

第十七条 证券投资信托有下列情形之一的,信托公司应当在两个工作日内编制临时报告向委托人、受益人披露,并向监管机关报告。

(一)受益人大会的召开。

(二)提前终止信托合同。

(三)更换第三方顾问、保管人、证券交易经纪人。

(四)信托公司的法定名称、住所发生变更。

(五)信托公司的董事长、总经理及信托经理发生变动。

(六)涉及信托公司管理职责、信托财产的诉讼。

(七)信托公司、第三方顾问受到中国银监会或其派出机构或其他监管部门的调查。

(八)信托公司及其董事长、总经理、信托经理受到行政处罚。

(九)关联交易事项。

(十)收益分配事项。

(十一)信托财产净值计价错误达百分之零点五(含)以上。

(十二)中国银监会规定的其他事项。

第十八条 信托公司管理证券投资信托,可收取管理费和业绩报酬,除管理费和业绩报酬外,信托公司不得收取任何其他费用;信托公司收取管理费和业绩报酬的方式和比例,须在信托文件中事先约定,但业绩报酬仅在信托计划终止且实现盈利时提取。

第十九条 信托公司应当严格按照财政部印发的《信托业务会计核算办法》处理证券投资信托的收入和支出,不得扩大费用列支范围。

第二十条 信托公司应建立与证券投资信托业务相适应的员工约束和激励机制。

第二十一条 证券投资信托设立后，信托公司应当亲自处理信托事务，自主决策，并亲自履行向证券交易经纪机构下达交易指令的义务，不得将投资管理职责委托他人行使。

信托文件事先另有约定的，信托公司可以聘请第三方为证券投资信托业务提供投资顾问服务，但投资顾问不得代为实施投资决策。聘请第三方顾问的费用由信托公司从收取的管理费和业绩报酬中支付。

第二十二条 信托公司聘请的第三方顾问应当符合以下条件：

（一）依法设立的公司或合伙企业，且没有重大违法违规记录。

（二）实收资本金不低于人民币1000万元。

（三）有合格的证券投资管理和研究团队，团队主要成员通过证券从业资格考试，从业经验不少于3年，且在业内具有良好的声誉，无不良从业记录，并有可追溯的证券投资管理业绩证明。

（四）有健全的业务管理制度、风险控制体系，有规范的后台管理制度和业务流程。

（五）有固定的营业场所和与所从事业务相适应的软硬件设施。

（六）与信托公司没有关联关系。

（七）中国银监会规定的其他条件。

第二十三条 信托公司应当就第三方顾问的管理团队基本情况、从业记录和过往业绩等开展尽职调查，并在信托文件中载明有关内容。

信托公司应当制定第三方顾问选聘规程，并向中国银监会或其派出机构报告。

第二十四条 信托公司开展证券投资信托业务不得有以下行为：

（一）以任何方式承诺信托资金不受损失，或者以任何方式承诺信托资金的最低收益。

（二）为证券投资信托产品设定预期收益率。

（三）不公平地对待其管理的不同证券投资信托。

（四）利用所管理的信托财产为信托公司，或者为委托人、受益人之外的第三方谋取不正当利益或进行利益输送。

（五）从事内幕交易、操纵证券交易价格及其他违法违规证券活动。

（六）法律法规和中国银监会禁止的其他行为。

第二十五条 本指引由中国银监会负责解释。

第二十六条 本指引自印发之日起施行。

信托公司参与股指期货交易业务指引

（2011 年 6 月 27 日银监发〔2011〕70 号印发施行）

第一条 为规范信托公司参与股指期货交易行为，有效防范风险，根据《中华人民共和国信托法》、《中华人民共和国银行业监督管理法》、《信托公司管理办法》和《银行业金融机构衍生产品交易业务管理暂行办法》等法律法规，制定本指引。

第二条 信托公司直接或间接参与股指期货交易，应当经中国银监会批准，并取得股指期货交易业务资格。

信托公司参与股指期货交易应当遵守期货交易所有关规则。

第三条 信托公司固有业务不得参与股指期货交易。

信托公司集合信托业务可以套期保值和套利为目的参与股指期货交易。信托公司单一信托业务可以套期保值、套利和投机为目的开展股指期货交易。

第四条 信托公司申请股指期货交易业务资格，应当具备下列条件：

（一）最近年度监管评级达到 3C 级（含）以上。

申请以投机为目的开展股指期货交易，最近年度监管评级应当达到 2C 级（含）以上，且已开展套期保值或套利业务一年以上；

（二）具有完善有效的股指期货交易内部控制制度和风险管理制度；

（三）具有接受相关期货交易技能专门培训半年以上、通过期货从业资格考试、从事相关期货交易 1 年以上的交易人员至少 2 名，相关风险分析和管理人员至少 1 名，熟悉套期会计操作程序和制度规范的人员至少 1 名，以上人员相互不得兼任，且无不良记录；

期货交易业务主管人员应当具备 2 年以上直接参与期货交易活动或风险管理的资历，且无不良记录；

（四）具有符合本指引第六条要求的 IT 系统；

（五）具有从事交易所需要的营业场所、安全防范设施和其他相关设施；

（六）具有严格的业务分离制度，确保套期保值类业务与非套期保值类业务的市场信息、风险管理、损益核算有效隔离；

（七）银监会规定的其他条件。

第五条 信托公司申请股指期货业务资格，由属地银监局初审，报送银监会审批。

银监会直接监管的信托公司直接报送银监会审批。

第六条 信托公司开展股指期货信托业务，IT 系统应当符合以下要求：

（一）具备可靠、稳定、高效的股指期货交易管理系统及股指期货估值系统，能够满足股指期货交易及估值的需要；

（二）具备风险控制系统和风险控制模块，能够实现对股指期货交易的实时监控；

（三）将股指期货交易系统纳入风险控制指标动态监控系统，确保各项风险控制指标符合规定标准；

（四）信托公司与其合作的期货公司 IT 系统至少铺设一条专线连接，并建立备份通道。

第七条 信托公司开展股指期货信托业务，应当制定相应的业务流程和风险管理等制度，经公司董事会批准后执行。

第八条 信托公司以套期保值、套利为目的参与股指期货交易，应当制定详细的套期保值、套利方案。套期保值方案中应当明确套期保值工具、对象、规模、期限以及有效性等内容；套利方案中应当明确套利工具、对象、规模、套利方法、风险控制方法等内容。

第九条 信托公司风险管理部门应当对套期保值或套利交易的可行性、有效性进行充分研究、及时评估、实时监控并督促信托业务管理部门及时调整风险敞口，确保套期保值或套利交易的可行性、有效性。

第十条 信托公司开展股指期货信托业务，应当选择适当的客户，审慎进行股指期货投资。

信托公司在与客户签订参与股指期货交易的信托合同前，应当了解客户的资产情况，审慎评估客户的诚信状态、客户对产品的认知水平和风险承受能力，向客户进行充分的风险揭示，并将风险揭示书交客户签字确认。

第十一条 信托公司开展股指期货信托业务，应当在信托合同中明确约定参与股指期货交易的目的、比例限制、估值方法、信息披露、风险控制、责任承担等事项。

第十二条 信托公司、托管机构应当根据交易所的相关规定，确定信托资金参与股指期货交易的交易结算模式，明确交易执行、资金划拨、资金清算、会计核算、保证金存管等业务中的权利和义务，建立资金安全保障机制。

第十三条 信托公司在开展股指期货信托业务时，应当依据法律法规规定和信托文件约定，及时、准确、完整地进行信息披露。

信托公司应当在信托资产管理报告中充分披露参与股指期货交易的有关情

况，如投资目的、持仓情况、损益情况等，并充分说明投资股指期货对信托资产总体风险的影响情况以及是否符合既定的投资目的。

第十四条 信托公司集合信托计划参与股指期货交易，应当遵守下列规则：

（一）信托公司集合信托计划参与套期保值交易时，在任何交易日日终持有的卖出股指期货合约价值总额不得超过集合信托计划持有的权益类证券总市值的20%；在任何交易日日终持有的买入股指期货合约价值总额不得超过信托资产净值的10%；

（二）信托公司集合信托计划参与股指期货交易须符合交易所相关规则；

（三）信托公司集合信托计划参与股指期货交易时，在任何交易日日终所持有的权益类证券市值和买入股指期货合约价值总额的合计价值，应当符合信托文件关于权益类证券投资比例的有关约定；

（四）银信合作业务视同为集合信托计划管理；

（五）结构化集合信托计划不得参与股指期货交易。

第十五条 信托公司单一信托参与股指期货交易，在任何交易日日终持有股指期货的风险敞口不得超过信托资产净值的80%，并符合交易所相关规则。

第十六条 因证券期货市场波动、信托规模变动等信托公司之外的原因致使股指期货投资比例不符合规定的，在该情形发生之日起2个工作日内，信托公司应当向银监会或属地银监局报告，并应当在10个工作日内调整完毕。调整完毕后2个工作日内应当再次向银监会或属地银监局报告。

第十七条 信托公司股指期货信托业务终止的，应当在清算结束后3个工作日内申请注销股指期货交易编码，并在5个工作日内向银监会或属地银监局报告。

第十八条 信托公司开展股指期货信托业务选择的合作保管银行应具备下列条件：

（一）具有独立的资产托管业务部门，配备熟悉股指期货业务的专业人员；

（二）有保管信托财产的条件；

（三）有安全高效的针对股指期货业务的清算、交割和估值系统；

（四）有满足保管业务需要的场所、配备独立的监控系统；

（五）银监会规定的其他条件。

第十九条 信托公司开展股指期货交易业务选择的合作期货公司应当具备下列条件：

（一）按照中金所的会员分级制度，具备全面结算会员或者交易结算会员资格；

（二）最近年度监管评级达到B级（含）以上；

（三）具备二类或二类以上的技术资格；

（四）有与业务规模相匹配的风险准备金余额。

第二十条 信托公司开展股指期货信托业务时,应当亲自处理信托事务,自主决策。信托文件事先另有约定的,信托公司可以聘请第三方为信托业务提供投资顾问服务。

第二十一条 前条所称投资顾问,应当满足以下条件:

(一)依法设立,没有重大违法违规记录;

(二)实收资本金不低于人民币1000万元;

(三)有合格的股指期货投资管理和研究团队,团队主要成员通过证券、期货从业资格考试,在业内具有良好的声誉,无不良从业记录,并有可追溯的证券或期货投资管理业绩证明;

(四)有健全的业务管理制度、风险控制体系、规范的后台管理制度和业务流程;

(五)有固定的营业场所和与所从事业务相适应的软硬件设施;

(六)银监会规定的其他条件。

第二十二条 信托公司应当就第三方投资顾问管理团队的基本情况、从业记录和过往业绩等开展尽职调查。信托公司应当制定第三方顾问选聘规程,并向银监会或其派出机构报告。

第二十三条 信托公司聘请第三方开展股指期货交易时,要做好交易实时监控和与第三方的即时风险通报。信托公司应该建立与第三方的多渠道联系方式,保证能够即时传达风险指令,并具有盘中按照净值管理要求进行自主调仓的管理能力。

第二十四条 信托公司开展股指期货交易信托业务不得有以下行为:

(一)以任何方式承诺信托资金不受损失,或者以任何方式承诺信托资金的最低收益;

(二)为股指期货信托产品设定预期收益率;

(三)利用所管理的信托财产为信托公司,或者为委托人、受益人之外的第三方谋取不正当利益或进行利益输送;

(四)从事内幕交易、操纵股指期货价格及其他违法违规活动;

(五)法律法规和银监会、中金所及其他监管机构禁止的其他行为。

第二十五条 本指引实施前,信托公司已开展的信托业务未明确约定可以参与股指期货交易的,不得投资股指期货。变更合同投资股指期货的,应按照约定的方式取得委托人(受益人)的同意,同时对相关后续事项做出合理安排。

第二十六条 本指引由银监会负责解释。

第二十七条 本指引自印发之日起施行。

信托公司受托责任尽职指引

（2018 年 9 月 18 日中国信托业协会发布实施）

第一章　总　　则

第一条　为进一步规范信托公司的经营行为，明确信托公司开展信托业务的受托责任尽职要求，促进信托公司认真履行受托人义务，保障信托各方当事人的合法权益，维护信托业健康有序发展，根据《中华人民共和国信托法》、《信托公司管理办法》、《信托公司集合资金信托计划管理办法》、《关于规范金融机构资产管理业务的指导意见》等法律、行政法规、部门规章及其他规范性文件，制定本指引。

第二条　成为中国信托业协会会员单位的信托公司开展信托业务，适用本指引。

信托文件另有约定的，从其约定，但相关约定不得违背法律、行政法规、部门规章及其他规范性文件和本指引的强制性规定。

第三条　信托公司开展信托业务，应当以受益人合法利益最大化为宗旨。

信托公司开展信托业务，应当遵循卖者尽责、买者自负原则，按照信托文件约定的信托目的，恪尽职守，履行诚实、信用、谨慎、有效管理的义务。

信托公司开展信托业务不得为委托人、受益人违法违规提供便利。

第四条　信托公司可以将本指引作为信托文件附件，或在信托合同中援引本指引有关内容，向委托人、受益人明示受托人的尽责准则。

信托公司开展信托业务，应当制定符合本指引要求的信托业务操作规程，并按照法律、行政法规、部门规章及其他规范性文件的规定及时修订。信托公司制定的信托业务操作规程应当涵盖尽职调查与审批管理、产品营销与信托设立、运营管理、合同规范、终止清算、信息披露、业务创新等信托业务的各个环节。

第二章　尽职调查与审批管理

第五条　信托公司设立信托，应当在对信托财产进行管理、运用之前进行尽职调查。

第六条 信托公司应当结合业务开展情况，根据委托人意愿以及信托财产运用的不同特点，严格按照公司信托业务操作规程开展尽职调查。

第七条 尽职调查过程中，信托公司可以委托会计师事务所、律师事务所、资产评估机构等第三方机构出具专业意见并在项目审议时予以参考。

信托公司无论是自行尽职调查还是委托第三方尽职调查，都应承担与尽职调查相关的风险及责任。

第八条 尽职调查完成后，信托公司应当出具尽职调查报告，真实、准确、完整地反映所实施的尽职调查工作。尽职调查报告包括但不限于以下内容：

（一）尽职调查工作简要介绍，包括但不限于调查人员、调查对象、调查时间、调查地点、调查方法等。

（二）调查内容。

（三）调查结论。

尽职调查报告的内容可以由信托公司根据信托财产运用的方式进行适当调整。尽职调查报告、制作尽职调查报告所依据的资料、文件，以及尽职调查报告所采信和确认的资料、文件，均应一并妥善保存。

第九条 信托公司办理信托业务原则上应当制作项目的可行性研究报告，从交易结构、交易对手、风险控制措施等方面评估项目的可行性、合法合规性、关联方交易等事项。可行性报告由信托经理、合规风控人员等确认并注明报告日期。尽职调查报告已经包含前述内容的，信托公司可以不另行出具可行性报告，但尽职调查报告应由信托经理、合规风控人员等确认并注明报告日期。

可行性报告的内容可以由信托公司根据信托财产运用的方式进行适当调整。可行性报告、制作可行性报告所依据的资料、文件，以及可行性报告所采信和确认的资料、文件，均应存档。

第十条 信托公司应当根据信托项目业务类型及开展业务的实际需要，制定切实可行的项目审批制度，完善项目审批流程，明确项目审批权限及时限。

第十一条 信托公司应当按照公司规范，结合尽职调查报告及可行性报告（如有）对拟设信托项目进行审议。审议过程中形成的重要文件及审议结果应以书面形式予以保存。

第十二条 信托公司应当在信托文件中向委托人充分揭示可能影响信托财产安全的重大风险以及拟采取的风险防控措施。

第三章 产品营销与信托设立

第十三条 信托公司营销信托产品，应当坚持“了解产品”和“了解客户”的经营理念,遵循风险匹配原则、审慎合规原则,加强信托产品、营销行为合法性、合规性审查管理,加强信托产品风险等级评定,在有效评估投资者风险承受能力和投资需求的基础上,向投资者销售与其风险识别能力和风险承担能力相匹配的信托产品,不得误导投资者,不得通过对信托产品进行拆分等方式,向风险识别能力和风险承担能力低于产品风险等级的投资者销售信托产品,应当采取有效措施依法保护投资者合法权益。

第十四条 信托公司应当加强投资者教育,不断提高投资者的金融知识水平和风险意识,向投资者传递"卖者尽责,买者自负"的理念。

第十五条 信托公司向自然人委托人首次推介信托产品或与其签署信托文件之前,应当告知投资者如实提供身份证明文件,要求其填写包括调查问卷、风险揭示书等形式的书面文件或在身份认证后通过法律认可的电子形式等方式,评估其风险承担能力,并要求其在信托文件中或者以其他书面形式承诺信托财产来源的合法性。

信托公司进行问卷调查时,调查事项至少应包括如下内容:投资者的年龄、学历、职业等个人基本信息;投资信托的目的;信托资金来源;过往投资经验;家庭可支配年收入及可投资资产状况;可承受的最大投资损失;对金融相关法律、行政法规、部门规章及其他规范性文件、金融投资市场及信托、基金等金融产品是否有一定的了解;是否清楚信托等金融产品的风险。

信托公司进行问卷调查时,应当要求投资者以书面形式或在身份认证后通过法律认可的电子形式等方式确认其提供的相关信息及资料真实、准确、完整、有效,并自愿承担由此产生的法律风险。

信托公司向自然人委托人推介信托产品时,信托公司作出的委托人风险评估结论有效期不得超过两年,否则应重新进行评估。

第十六条 信托公司或代理推介机构推介信托产品,应当遵守法律、行政法规、部门规章及其他规范性文件的规定,根据信托产品的不同特点,对委托人资格和推介范围进行明确界定。信托公司或代理推介机构应当根据所了解的委托人情况推介适当的信托产品,并保存相关记录。

信托公司或代理推介机构推介信托产品时,应当遵守法律、行政法规、部门规章及其他规范性文件的规定,按照分类标准向投资者明示信托产品的类型,并按照确定的产品性质进行投资。产品的实际投向不得违反信托文件约定,如有改变,除高风险类型的产品超出比例范围投资较低风险资产外,应当先行取得投资者书面同意,并履行法律法规以及金融监督管理部门规定的登记备案等程序。

除法律、行政法规、部门规章及其他规范性文件、银行业监督管理部门许可的公开发行的信托产品外，信托公司或代理推介机构不得通过报刊、电台、电视台、互联网等公众传播媒体或者讲座、报告会、分析会等方式向不特定对象进行产品推介。但信托公司或代理推介机构可以通过讲座、报告会、分析会以及官方网站等官方电子系统，向合格投资者进行产品推介。

第十七条 信托公司可以自行推介信托产品，也可以委托符合法律、行政法规、部门规章及其他规范性文件规定的其他机构代理推介。信托公司委托其他代理机构代理推介时，相关的推介材料应由信托公司提供，且信托公司应保证推介材料的真实性、准确性，信托公司应当将关于信托产品推介的监管要求体现落实在与代理推介机构的合同约定中，对代理机构代理推介行为进行监控，及时纠正不当代理推介行为，并对代理推介中的违规行为承担责任。

信托公司应当建立信托产品的委托推介授权管理体系，明确代理推介机构的准入标准和程序，制定完善的代理推介内控规范，并应当与代理推介机构以书面的形式明确约定权利与义务以及相关风险的责任承担和转移方式。

信托公司委托其他机构代理推介时，代理推介机构应充分审核投资人的资格，向投资人详尽介绍信托产品并充分揭示风险；不得违反私募原则，进行公开宣传，法律、行政法规、部门规章及其他规范性文件、银行业监督管理部门许可的公开发行的信托产品除外；不得超越推介材料，进行虚假、夸大宣传；不得承诺或变相承诺保本保收益；不得以推介信托产品为名，误导投资人购买其他产品。

信托公司委托其他机构代理推介时，代理推介机构应负责自然人投资者问卷调查及风险承担能力评估等相关事宜，并将最终的调查结果、评估结果及投资人完整、有效的联系方式提交给信托公司。

第十八条 委托人认购信托产品、签署信托文件时，信托公司或代理推介机构应当核实签字人的身份。

委托人认购信托产品、签署信托文件时，应当全过程录音录像。录音录像资料应至少保留到信托产品终止日起6个月或信托关系解除日起6个月，产生纠纷的要保留至纠纷最终解决之日。

委托人通过代理推介机构的客户服务端采用电子合同认购信托产品、签署信托文件的，代理推介机构应当通过其客户端对委托人的认购和签约过程进行录音录像。

第十九条 信托公司签署主要交易文件时，应当指派不少于两名工作人员见证签署过程，但法律、行政法规、部门规章及其他规范性文件认可的第三方机构在场公证、见证或委托人另有要求的除外。在委托人见证面签的情况下，信托公司应当与委托人签署书面文件确认与面签相关的风险和责任的承担主体。

本指引所称“主要交易文件”，是指信托公司因管理、运用、处分信托财产而与债务人、融资人、被投资方、担保方（如有）等相关方签署的协议、合同及其他书面文件，具体范围可以由信托公司根据信托财产运用的方式进行适当调整。

第二十条 信托公司设立信托，应当遵守法律、行政法规、部门规章及其他规范性文件及本指引规定。

信托的设立，应当有合法的信托目的和确定的信托财产，并且该信托财产必须是委托人合法所有的财产。

第二十一条 信托公司设立信托时，不得有以下行为：

（一）以任何方式承诺信托财产不受损失，或者以任何方式承诺最低收益；

（二）进行虚假宣传、夸大预期收益；

（三）夸大公司经营业绩或者恶意贬低同行；

（四）法律、行政法规、部门规章及其他规范性文件所禁止的其他行为。

第二十二条 信托公司开展信托业务，应当依法办理信托登记备案手续。

信托公司应当对其所提供的信托登记备案相关文件和信息的真实性、准确性、完整性和及时性负责。

第四章 运营管理

第二十三条 信托公司应当按照职责分离的原则设立相应工作岗位，保证信托公司对信托业务的风险能够进行事前防范、事中控制、事后监督和纠正，形成健全的内部约束机制和监督机制。

第二十四条 信托公司应当建立符合法律、行政法规、部门规章及其他规范性文件、信托行业自律公约规定的信托业务人员的资格认定、培训、考核评价和问责制度，确保从事信托业务的人员具备必要的专业知识、行业经验和管理能力，充分了解相关法律、行政法规、部门规章及其他规范性文件以及信托产品的法律关系、交易结构、主要风险和风险管控方式，遵守行为准则和职业道德标准。

第二十五条 信托公司应当建立健全公司内部问责制度，明确各部门、各岗位的职责，对因下列情形导致的风险进行责任认定，并按规定对有关责任人进行责任追究：

（一）违反法律、行政法规、部门规章及其他规范性文件规定的；

（二）违反信托文件约定的；

（三）违反公司制度规定的。

第二十六条 信托公司的信托业务部门应当独立于公司的其他部门，其人员不得与公司其他部门的人员相互兼职。

第二十七条 信托公司应当将信托财产与其固有财产分别管理、分别记账，并将不同信托文件项下的信托财产分别管理、分别记账。

信托公司不得开展或者参与具有滚动发行、集合运作、分离定价特征的资金池业务。

第二十八条 信托公司应当按照法律、行政法规、部门规章及其他规范性文件的规定对信托产品实行净值化管理。

第二十九条 法律、行政法规、部门规章及其他规范性文件规定或信托文件约定信托财产应当交由第三方进行保管的，信托公司应当将信托财产交由该保管人进行保管。

第三十条 信托公司应当按照信托文件的约定确定收益分配方案，及时向投资者分配收益。

信托公司收取受托人报酬和费用，应当在信托文件中约定收费的具体标准及计算方法。除按信托文件约定收取报酬和费用外，信托公司不得以任何名义直接或间接以信托财产为自己或他人牟利。

信托公司违反法律、行政法规、部门规章及其他规范性文件的规定或信托文件的约定，利用信托财产为自己谋取利益的，所得利益归入信托财产。

信托公司违反信托目的处分信托财产或者因违背管理职责、处理信托事务不当致使信托财产受到损失的，在未恢复信托财产的原状或者未予赔偿前，不得请求给付报酬。

第三十一条 信托公司管理、运用、处分信托财产，不得有以下行为：

（一）将信托财产转为其固有财产；

（二）将其管理、运用、处分信托财产所产生的债权与其固有财产产生的债务相抵销，或者将其管理、运用、处分不同委托人的信托财产所产生的债权债务相互抵销；

（三）信托产品成立后至到期日前，擅自改变产品类型及投资资产的比例范围；

（四）将信托财产挪用于非信托目的的用途；

（五）以信托财产提供担保；

（六）以固有财产与信托财产进行交易或者将不同委托人的信托财产进行相互交易，但信托文件另有约定或者经委托人或者受益人同意，并以公允的市场价格进行交易的除外；

（七）为自己或者他人牟取不正当利益或者进行商业贿赂；

（八）法律、行政法规、部门规章及其他规范性文件禁止的其他行为。

信托公司违背管理职责或者处理信托事务不当对第三人所负债务或自己所受的损失,以其固有财产承担。

第三十二条 信托公司在运营管理中,应当按照信托文件的约定亲自处理信托事务,委托人或受益人指定信托公司委托第三方代为处理的除外。

信托文件另有约定或有不得已事由时,信托公司可委托会计师事务所、律师事务所、资产评估机构、投资顾问、专业服务管理机构等第三方代为处理。

信托公司依法将信托事务委托他人代理的,应当对他人处理信托事务的行为承担责任。

第三十三条 信托公司将信托产品投资于其他机构发行的资产管理产品,从而将信托产品资金委托给其他机构("受托机构")进行投资的,应当符合法律、行政法规、部门规章及其他规范性文件的规定。信托公司应与受托机构明确约定,受托机构接受委托后,应切实履行主动管理职责,不得进行转委托。

信托公司应当对受托机构开展尽职调查,实行名单制管理,明确规定受托机构的准入标准和程序、责任和义务、存续期管理、利益冲突防范机制、信息披露义务以及退出机制。信托公司不得因委托其他机构投资而免除自身应当承担的责任。

信托公司不得违反法律、行政法规、部门规章及其他规范性文件的规定接受委托方直接或间接提供的担保,不得与委托人签订抽屉协议,不得为委托人规避监管规定或第三方机构违法违规提供通道服务。

第三十四条 信托公司运用人工智能技术开展信托业务应当严格遵守法律、行政法规、部门规章及其他规范性文件有关投资人适当性、投资范围、信息披露、风险隔离等一般性规定,不得借助人工智能业务夸大宣传信托产品或者误导投资人。

第三十五条 信托设立后,受益人将其持有的信托受益权依法予以转让或进行其他处置的,信托公司应当予以配合,并可要求受益人承担由此发生的费用。法律、行政法规、部门规章及其他规范性文件另有规定或者信托文件另有约定的除外。

第三十六条 信托公司应当根据信托业务的特点,建立信托项目存续期管理规范。信托设立后,信托公司原则上应当至少每季度收集一次相关资料及信息,但信托文件另有约定的,从其约定。信托公司应当依法保存信托财产管理、运用、处分的记录、账册、报表和其他相关资料。

第三十七条 信托公司发现信托项目发生或可能发生风险的,应针对具体风险,按照相关文件的约定采取行使诉讼权利或者实施其他法律行为等化解风险手段;相关文件没有约定的,信托公司应当根据具体情况,按照受益人利益最大化的原则采取合理应对措施。

第五章　合同规范

第三十八条　信托公司应当根据业务实际开展情况，建立完善合同管理制度，根据信托业务类别，明确合同管理的流程及各部门的职责、权限及责任，切实防范合同风险。

第三十九条　信托公司应当采取书面形式设立信托。

信托文件应当载明法律、行政法规、部门规章及其他规范性文件规定的必备事项，并就信托当事人在尽职调查、信托设立、信托财产管理、运用和处分中的权利义务及风险责任承担作出明确约定。

信托公司制作信托文件时，对信托文件中免除或限制信托公司责任的条款及风险揭示条款，应当采用足以引起委托人、受益人注意的文字、符号、字体等特别标识或采取其他合理的方式提请委托人、受益人注意。

本指引所称"信托文件"，是指确定信托当事人之间权利义务关系的书面文件。

第四十条　信托公司应当按照公司制度制作、审核、签署交易文件，确保交易文件不违反法律、行政法规、部门规章及其他规范性文件的规定，亦不违反信托文件的约定。

交易文件签署后，信托公司应当以自己的名义，依法按照信托文件及交易文件的约定行使相关权利、履行相关义务。

本指引所称"交易文件"，是指信托公司因管理、运用、处分信托财产而与债务人、融资人、被投资方、服务方（包括但不限于提供保管服务、投资顾问服务、财务顾问服务等服务的主体，如有）、担保方（如有）等相关方签署的协议、合同及其他书面文件，具体范围可以由信托公司根据信托财产运用的方式进行适当调整。

第四十一条　信托公司应当建立合同保管制度，明确合同保管的流程、部门、权限及责任。

第四十二条　信托公司与银行等金融机构开展各项业务合作时，应当签署书面文件明确各参与方的责任。

第六章　终止清算

第四十三条　出现法律、行政法规、部门规章及其他规范性文件规定的或者信托文件约定的终止情形的，信托终止。

信托终止后，信托公司应当作出处理信托事务的清算报告。清算报告至少应当包括以下内容：

（一）信托的基本信息；

（二）信托财产的管理、运用及处分情况；

（三）信托收益情况及分配情况；

（四）清算报告异议期限及受托人解除责任声明；

（五）法律、行政法规、部门规章及其他规范性文件规定及信托文件约定应当披露的其他内容。

第四十四条 信托公司作出清算报告后，可以根据信托文件的约定进行审计。信托文件约定清算报告不需要审计的，信托公司可以提交未经审计的清算报告。

第四十五条 信托公司应当按照信托文件约定的时限和方式向受益人或信托财产的权利归属人提交清算报告。信托文件没有约定的，应当在信托终止后十个工作日内提交本指引第四十二条规定的清算报告，但法律、行政法规、部门规章及其他规范性文件另有规定的除外。

受益人或信托财产的权利归属人在异议期限内对清算报告无异议的，信托公司就清算报告所列事项解除责任，但信托公司有不正当行为的除外。

第四十六条 对于清算后的剩余信托财产，信托公司应当依法按照信托文件的约定转移给信托财产的权利归属人。

信托财产转移前，由信托公司负责保管。保管期间的收益归属于信托财产，发生的保管费用由被保管的信托财产承担，但信托文件另有约定的除外。

第四十七条 信托公司应当为不同信托文件项下的信托分别建档，真实、准确、完整地保存处理信托事务的完整记录，保存期限应当符合法律、行政法规、部门规章及其他规范性文件的规定及信托文件的约定。

第四十八条 信托公司对委托人、受益人以及处理信托事务的情况和资料负有依法保密的义务，但法律、行政法规、部门规章及其他规范性文件另有规定或者信托文件另有约定的除外。

第七章 信息披露

第四十九条 信托公司应当依照法律、行政法规、部门规章及其他规范性文件及信托文件的约定，按时向委托人、受益人披露信息，并保证所披露信息的真实性、准确性和完整性，不得有虚假记载、误导性陈述和重大遗漏。

第五十条 除信托文件另有约定外，信托公司应当向委托人充分披露如下信息：

（一）信托基本信息，包括但不限于信托名称、规模、期限、管理运用方式、风控措施、收益分配等；

（二）信托可能涉及的风险及风险承担原则；

（三）信托产品的推介、设立、资金募集情况；

（四）信托公司办理信托业务的资格，代表信托公司与委托人联系的信托经理姓名、联系地址、电话；

（五）法律、行政法规、部门规章及其他规范性文件规定应当披露的其他信息。

第五十一条 信托公司应当在信托文件中明确约定受托人报酬、各项信托费用及支付方式，并向委托人充分披露。信托文件签署后，如需调整受托人报酬或各项信托费用的，应当按照法律、行政法规、部门规章及其他规范性文件的规定及信托文件的约定办理。

第五十二条 信托成立后，信托公司应当按照信托文件的约定，定期制作信托财产管理报告，并向委托人、受益人进行披露。信托财产管理报告至少应当包括以下内容：

（一）信托财产管理运用、处分及收支情况；

（二）信托经理变更情况；

（三）信托财产运用重大变动说明；

（四）对信托财产可能构成重大影响的诉讼、仲裁以及其他可能损害信托财产、受益人利益的情形。

信托文件对信托财产管理报告的编制及披露另有约定的，从其约定，但相关约定不得违反法律、行政法规、部门规章及其他规范性文件的规定。

第五十三条 信托成立后，发生法律、行政法规、部门规章及其他规范性文件规定及信托文件约定应当予以披露的情形的，信托公司应当及时向委托人、受益人披露。

第五十四条 信托公司应当在信托文件中明确约定信息披露的具体方式，并按约定的方式进行披露。信托文件没有约定的，信托公司可以采取下列任一方式进行披露：

（一）邮寄；

（二）传真；

（三）电子邮件；

（四）在信托公司官方网站等官方电子系统上披露；

（五）在信托公司的办公场所存放备查；

（六）其他有效方式。

第五十五条 委托人、受益人依据法律、行政法规、部门规章及其他规范性文件的规定向信托公司查阅、抄录或者复制与其信托财产有关的信托帐目以及处理信托事务的其他文件的,在不违反委托人意愿、亦不损害其他受益人合法权益的前提下,信托公司应当予以接待。信托文件对委托人、受益人的查询条件或查询范围另有约定的,从其约定。

已开立信托受益权账户的委托人、受益人可以通过中国信托登记有限责任公司信托登记系统查询与其权利、义务直接相关且不违背信托文件约定的信托登记信息。当委托人、受益人出现民事行为能力丧失、死亡等情形时,信托财产法定继承人或者承继人等利害关系人,可以凭具有法律效力的文件申请查询与其权利、义务直接相关的信托登记信息。

第五十六条 信托公司应当建立健全信息披露管理制度,指定专人负责管理信息披露事务。

信息披露管理制度包括但不限于以下事项:

(一)信托公司向投资者进行信息披露的内容、披露频度、披露方式、披露责任以及披露渠道等事项;

(二)信息披露相关文件、资料的档案管理;

(三)信息披露管理部门、流程、渠道、应急预案及责任;

(四)未按规定披露信息的责任追究机制,对违反规定人员的处理措施。

信息披露管理制度的具体内容由信托公司自行确定,信托公司开展信托业务时,应当明确风险责任,充分做好信息披露和风险揭示。

信托公司应当妥善保管信息披露的相关文件资料,保存期限自信托结束之日起不得少于15年。

第八章 业务创新

第五十七条 信托公司应当以市场为导向,不断提高自主创新能力和风险管理能力,有效提升核心竞争力,更好地满足合格投资者日益增长的需求,实现信托公司的可持续发展。

信托公司开展创新活动,应当坚持合法合规的原则,遵守法律、行政法规、部门规章及其他规范性文件的规定。信托公司不得以业务创新为名,违反法律、行政法规、部门规章及其他规范性文件的规定或变相逃避监管。

第五十八条 在开展创新业务前,信托公司应当对创新业务可行性进行充分研究并出具可行性报告,研究内容包括但不限于创新业务合法合规性、交易结构合理性、风险控制措施有效性、产品风险属性等方面。

第五十九条 信托公司应当建立开展创新业务的业务标准、操作规程及审批决策机制。

第六十条 在开展创新业务时，信托公司可以在信托文件醒目位置对创新业务进行标识，并对创新业务风险进行特别提示。

第九章 自律管理

第六十一条 信托公司应当自觉执行本指引，若出现违反本指引的行为，中国信托业协会可以根据其情节，给予责令改正、内部通报批评、暂停行使会员权利、取消会员资格等自律惩戒措施。

在给予自律惩戒的同时，中国信托业协会有权将有关处理情况抄报银行业监督管理部门，并有权建议银行业监督管理部门采取审慎监管措施或实施行政处罚。

第六十二条 中国信托业协会负责信托公司涉嫌违反本指引行为的受理及调查。

中国信托业协会在发现信托公司有违反本指引的行为后，可以先对信托公司进行约谈。

协会查证属实后，应及时将处罚意见提交会员大会表决，并可同时出具预处罚通知书。

在自律监管及处罚过程中，涉案信托公司有陈述和申辩的权利。

第十章 附则

第六十三条 本指引经中国信托业协会会员大会审议通过后生效。

第六十四条 本指引由中国信托业协会负责解释和修订。

中国银行保险监督管理委员会 信托监督管理部关于加强规范资产管理业务过渡期内信托监管工作的通知

（2018年8月17日信托函〔2018〕37号发布实施）

各银监局信托监管相关处室：

为落实《关于规范金融机构资产管理业务的指导意见》（银发〔2018〕106号，以下简称《指导意见》)要求,进一步加强信托业务监管,稳妥有序推进过渡期内整改工作,切实防范信托业风险,维护金融和社会稳定,现将有关工作要求通知如下:

一、统筹《指导意见》贯彻落实工作

规范金融机构资产管理业务,统一同类资产管理产品监管标准,是贯彻党中央、国务院“服务实体经济、防控金融风险、深化金融改革”要求的重要举措。各银监局信托监管处室要深刻认识《指导意见》发布实施的重要意义,增强大局意识,强化责任担当,将积极稳妥推进《指导意见》落实与防范化解信托业风险三年攻坚战、引导信托公司转型发展、更好地支持实体经济发展相结合,进一步统筹规划信托监管工作,稳妥化解信托业务存量风险,严密防范信托业务增量风险,避免规范发展中发生次生风险,坚决守住不发生系统性金融风险的底线。

二、严格落实《指导意见》要求

各银监局信托监管处室要严格落实《指导意见》各项要求。资金信托业务严格按照《指导意见》要求予以规范。过渡期内,资金信托负债比例按照现行相关信托监管规章执行。

公益(慈善)信托、家族信托不适用《指导意见》相关规定。家族信托是指信托公司接受单一个人或者家庭的委托,以家庭财富的保护、传承和管理为主要信托目的,提供财产规划、风险隔离、资产配置、子女教育、家族治理、公益(慈善)事业等定制化事务管理和金融服务的信托业务。家族信托财产金额或价值不低于1000万元,受益人应包括委托人在内的家庭成员,但委托人不得为惟一受益人。单纯以追求信托财产保值增值为主要信托目的,具有专户理财性质和资产管理属性的信托业务不属于家族信托。

各银监局信托监管处室要按照“实质重于形式”的原则,加强对各类信托业务及创新产品监管,还原其业务和风险实质,同类业务适用同一监管标准。对事务管理类信托业务要区别对待,严把信托目的、信托资产来源及用途的合法合规性,严控为委托人监管套利、违法违规提供便利的事务管理类信托业务,支持信托公司开展符合监管要求、资金投向实体经济的事务管理类信托业务。要督促信托公司依法合规开展财产权信托业务,以财产权信托的名义开展资金信托业务的,适用于《指导意见》。以信托产品或其他资产管理产品作为受让方受让信托受益权的业务,视同资产管理产品嵌套业务,投资于依据金融管理部门颁布规则发行的资产证券化产品除外。

各银监局信托监管处室要严格执行《指导意见》过渡期有关规定。信托公司在《指导意见》发布后发行的资金信托新产品,应当符合《指导意见》相关规定。资金信托新产品以发出认购邀约进行资金募集日期为准。为接续存量产品所投资的未到期资产，维持必要的流动性和市场稳定，信托公司可以发行存量老产品对接，也可以发行老产品投资到期日不晚于2020年底的新资产，优先满足国家重点领域和重大工程建设续建项目以及中小微企业融资需求，但老产品的整体规模应当控制在截至2018年4月30日的存量产品整体规模内。不符合《指导意见》相关要求的存量信托产品应当在过渡期内逐步有序压缩递减至符合监管要求。过渡期结束后，不得再发行或存续违反《指导意见》规定的信托产品。

三、认真制定过渡期整改计划

各银监局信托监管处室要督促信托公司对不符合《指导意见》要求的存量信托产品全面摸底排查，按照产品类别逐笔建立台账，自主有序确定整改计划，明确整改清理目标、步骤、进度、责任人及具体整改措施，审慎评估风险影响，认真制定过渡期内整改计划。信托公司整改计划应由经营管理主要负责人和合规部门负责人签字确认后，于2018年9月15日前报送至属地银监局。各银监局信托监管处室要对辖内信托公司整改计划进行逐项审核，于2018年9月30日前报送至信托部。

四、持续监督整改计划落实到位

各银监局信托监管处室要按月监测辖内信托公司过渡期内整改计划落实情况，确保信托公司按时完成各项整改工作任务。对整改不到位、以各种方式规避监管要求的信托公司要依法处罚机构和责任人，并实行罚管挂钩，将处罚结果运用于市场准入和监管评级中。各银监局信托监管处室要于每季季后10个工作日内，汇总辖内信托公司上季整改情况报送至信托部。

五、严密防范过渡期内各类风险

各银监局信托监管处室要将引导信托公司规范发展与防范风险相结合，把握好监管工作的节奏和力度，严密防范信托公司规范资产管理业务中可能产生的信用风险、流动性风险以及相关次生风险。要督促信托公司切实履行风险防控主体责任，区分不同业务种类和风险类别，评估过渡期内的潜在风险，制定清晰、可行的风险防控预案。信托公司风险防控预案应由董事长和经营管理主要负责人签字确认后，于2018年10月15日前报送至属地银监局。各银监局信托监管处室要审核辖内信托公司风险防控预案，于2018年10月30日前报送至信托部。

各银监局信托监管处室在过渡期内要持续监测分析辖内信托公司风险变化趋势，审慎判断单体机构风险状况，发现风险隐患要及早采取相应监管措施。辖内信托公司发生重大风险和突发事件，各银监局信托监管处室要妥善应对和处置相关风险，并按要求及时上报信托部。

请各银监局信托监管处室将本通知相关要求传达至辖内信托公司。

中国银监会关于加强信托公司结构化信托业务监管有关问题的通知

（2010年2月5日银监通〔2010〕2号发布，
自2010年2月10日起实施）

各银监局，银监会直接监管的信托公司：

为规范信托公司开展结构化信托业务，保护信托当事人的合法权益，鼓励信托公司依法进行业务创新和培养自主管理能力，确保结构化信托业务健康、有序发展，根据《中华人民共和国信托法》、《信托公司管理办法》、《信托公司集合资金信托计划管理办法》等法律法规的规定，现就信托公司开展结构化信托业务的有关问题通知如下：

一、结构化信托业务是指信托公司根据投资者不同的风险偏好对信托受益权进行分层配置，按照分层配置中的优先与劣后安排进行收益分配，使具有不同风险承担能力和意愿的投资者通过投资不同层级的受益权来获取不同的收益并承担相应风险的集合资金信托业务。

本通知中，享有优先受益权的信托产品投资者称为优先受益人，享有劣后受益权的信托产品投资者称为劣后受益人。

二、信托公司开展结构化信托业务，应当严格遵循以下原则：

（一）依法合规原则。

（二）风险与收益相匹配原则。

（三）充分信息披露原则。

（四）公平公正，注重保护优先受益人合法利益原则。

三、信托公司开展结构化信托业务，应当培养并建立与业务发展相适应的专业团队及保障系统，完善规章制度，加强IT系统建设，不断提高结构化信托产品的设计水平、管理水平和风险控制能力，打造结构化信托产品品牌。

四、结构化信托产品的投资者应是具有风险识别和承担能力的机构或个人。

信托公司在开展结构化信托业务前应对信托投资者进行风险适应性评估，了解其风险偏好和承受能力，并对本金损失风险等各项投资风险予以充分揭示。

信托公司应对劣后受益人就强制平仓、本金发生重大损失等风险进行特别揭示。

五、结构化信托业务中的劣后受益人，应当是符合《信托公司集合资金信托计划管理办法》规定的合格投资者，且参与单个结构化信托业务的金额不得低于100万元人民币。

六、结构化信托业务的产品设计：

（一）结构化信托业务产品的优先受益人与劣后受益人投资资金配置比例大小应与信托产品基础资产的风险高低相匹配，但劣后受益权比重不宜过低。

（二）信托公司进行结构化信托业务产品设计时，应对每一只信托产品撰写可行性研究报告。报告应对受益权的结构化分层、风险控制措施、劣后受益人的尽职调查过程和结论、信托计划推介方案等进行详细说明。

（三）信托公司应当合理安排结构化信托业务各参与主体在投资管理中的地位与职责，明确委托人、受益人、受托人、投资顾问（若有）等参与主体的权限、责任和风险。

（四）结构化信托业务运作过程中，信托公司可以允许劣后受益人在信托文件约定的情形出现时追加资金。

七、信托公司开展结构化信托业务不得有以下行为：

（一）利用受托人的专业优势为自身谋取不当利益，损害其他信托当事人的利益。

（二）利用受托人地位从事不当关联交易或进行不当利益输送。

（三）信托公司股东或实际控制人利用信托业务的结构化设计谋取不当利益。

（四）以利益相关人作为劣后受益人，利益相关人包括但不限于信托公司及其全体员工、信托公司股东等。

（五）以商业银行个人理财资金投资劣后受益权。

（六）银监会禁止的其他行为。

八、结构化信托业务劣后受益人不得有以下行为：

（一）为他人代持劣后受益权。

（二）通过内幕信息交易、不当关联交易等违法违规行为牟取利益。

（三）将享有的信托受益权在风险或收益确定后向第三方转让。

九、信托公司开展结构化证券投资信托业务时，应遵守以下规定：

（一）明确证券投资的品种范围和投资比例。可根据各类证券投资品种的流动性差异设置不同的投资比例限制，但单个信托产品持有一家公司发行的股票最高不得超过该信托产品资产净值的20%。

（二）科学合理地设置止损线。止损线的设置应当参考受益权分层结构的资金配比，经过严格的压力测试，能够在一定程度上防范优先受益权受到损失的风险。

（三）配备足够的证券交易操作人员并逐日盯市。当结构化证券投资信托产品净值跌至止损线或以下时，应按照信托合同的约定进行平仓处理。

十、信托公司应就结构化信托产品的开发与所在地银行业监督管理机构建立沟通机制，并按季报送上季度开展的结构化信托产品情况报告，报告至少包括每个结构化信托产品的规模、分层设计情况、投资范围、投资策略和比例限制以及每个劣后受益人的名称及认购金额等。

十一、各银监局应切实加强对信托公司开展结构化信托业务的监管。对未按有关法规和本通知要求开展结构化信托业务的信托公司，应责令其改正，并限制或暂停其开展结构化信托业务；情节严重的，应依法予以行政处罚。

十二、中国信托业协会可根据信托公司开展结构化信托业务的实际情况，制订相关行业标准和自律公约。

本通知自2010年2月10日起实施。

请各银监局及时将本通知转发至辖内相关银监分局及信托公司。

中国银监会办公厅关于加强信托公司房地产、证券业务监管有关问题的通知

（2008年10月28日银监办发〔2008〕265号发布实施）

各银监局，银监会直接监管的信托公司：

为有效防范和化解信托公司房地产、证券等敏感类业务风险，防止信托公司出现流动性问题，提高信托公司风险防范意识和风险控制能力，现就有关事项通知如下：

一、信托公司要严格按照《中国银行业监督管理委员会关于进一步加强房地产信贷管理的通知》（银监发〔2006〕54号）等有关法规从事房地产业务。

（一）严禁向未取得国有土地使用证、建设用地规划许可证、建设工程规划许可证、建筑工程施工许可证（“四证”）的房地产项目发放贷款，严禁以投资附加回购承诺、商品房预售回购等方式间接发放房地产贷款。申请信托公司贷款（包括以投资附加回购承诺、商品房预售回购等方式的间接贷款）的房地产开发企业资质应不低于国家建设行政主管部门核发的二级房地产开发资质，开发项目资本金比例应不低于35%（经济适用房除外）。

（二）严禁向房地产开发企业发放流动资金贷款，严禁以购买房地产开发企业

资产附回购承诺等方式变相发放流动资金贷款，不得向房地产开发企业发放用于缴交土地出让价款的贷款。要严格防范对建筑施工企业、集团公司等的流动资金贷款用于房地产开发。

（三）应充分认识土地储备贷款风险，审慎发放此类贷款。对政府土地储备机构的贷款应以抵押贷款方式发放，所购土地应具有合法的土地使用证，贷款额度不得超过所收购土地评估值的70%，贷款期限最长不得超过2年。

（四）信托公司开展房地产贷款、房地产投资等房地产业务应高度重视风险控制。要建立健全房地产贷款审批标准、操作流程和风险管理政策，并加大执行力度；进行尽职调查，深入了解房地产企业的资质、财务状况、信用状况、以往开发经历，以及房地产项目的资本金、“四证”、开发前景等情况，确保房地产业务的合法性、合规性和可行性；严格落实房地产贷款担保，确保担保真实、合法、有效；密切监控贷款及投资情况，加强项目管理。

二、信托公司要继续严格执行《中国银行业监督管理委员会关于信托投资公司证券投资业务风险提示的通知》（银监通〔2007〕1号）、《中国银行业监督管理委员会办公厅关于规范信托投资公司证券业务经营与管理有关问题的通知》（银监办通〔2004〕265号）等规定，合规、审慎开展证券投资业务。在开展证券投资信托业务时，应遵循组合投资、分散风险的原则，必须事前在信托文件中制订投资范围、投资比例、投资策略、投资程序及相应的投资权限，确立风险止损点，并在信托文件中约定信托管理期间如改变投资策略及相关内容时，是否需征得委托人、受益人同意以及向委托人、受益人的报告方式。

信托公司要严格控制仓位，实时监控净值及敞口风险，密切关注经济形势和证券市场的具体变化情况，及时调整投资策略，保持投资的灵活性。要认真制定业务应急预案，并保证各项处理方案在紧急情况下的顺利实施，防范各种可能的风险。

三、各银监局应加强对信托公司房地产、证券业务的风险监测，及时了解业务开展情况，有效防范风险。

（一）要进一步加强对信托公司房地产业务的风险监控，每季逐笔排查房地产业务风险，并在必要时安排现场检查。在排查中应逐笔分析业务的合规性和风险状况，一旦发现问题，应立即采取措施予以纠正，并专项报告银监会。

（二）要督促指导信托公司（已宣布停业整顿或撤销的除外）认真按时地填报《信托公司证券业务情况表》（附件一）。从2008年11月3日开始，要求信托公司每周一下午报送上周收盘后数据。同时，应加强对证券业务的监测，对信托公司上报数据进行分析整理，并填报《信托公司证券投资监测结果统计表》（附件二），连同《信托公司证券业务情况表》，于每周二下午下班前通过内网电子邮件上报银监会。

各银监局要注重数据质量和对监测结果的分析,对数据填报质量不高的信托公司要加强督促和指导。

四、在加强对信托公司房地产、证券等专项业务风险监测的基础上,各银监局要重视信托公司的流动性风险。对集合信托项目和银信合作信托项目,各银监局应在项目到期前两个月介入,督促信托公司做好兑付资金准备工作。对可能存在兑付风险的信托项目,应及时制定风险处置预案,并专项报告银监会。

各银监局要充分认识当前宏观经济形势下做好风险防范工作的重要性,扎实工作,认真履责。银监会将加大监督问责力度,对监管不力,工作失职的,将予以通报,并追究监管责任。

请各银监局及时将本通知转发至辖内银监分局和信托公司。

附件:一、信托公司证券业务情况表(略)

二、信托公司证券投资监测结果统计表(略)

中国银行业监督管理委员会办公厅关于规范信托投资公司证券业务经营与管理有关问题的通知

(2004 年 11 月 16 日银监办通〔2004〕265 号发布实施)

为规范信托投资公司的证券业务,切实做好风险防范工作,进一步贯彻落实《关于信托投资公司开设信托专用证券账户和信托专用资金账户有关问题的通知》(银监发〔2004〕61 号),现就信托投资公司从事证券业务的有关事项通知如下:

一、信托投资公司运用信托资金从事证券投资时,应当严格遵守《中华人民共和国信托法》、《信托投资公司管理办法》、《信托投资公司资金信托管理暂行办法》的规定,将信托资金与固有资金分别管理、分别记账,并将不同委托人交付的资金分别管理、分别记账。同时,根据《关于信托投资公司人民币银行结算账户开立和使用有关事项的通知》(银发〔2003〕232 号)和《关于信托投资公司开设信托专用证券账户和信托专用资金账户有关问题的通知》(银监发〔2004〕61 号),为信托资金在商业银行开设信托财产专户,在中国证券登记结算有限责任公司上海或深圳分公司开设信托专用证券账户,在经中国证监会批准的证券公司开设信托专用资金账户。

委托人约定信托投资公司单独管理、运用信托资金的，信托投资公司应按一个信托文件设置一个账户的原则，为该信托资金开立单独账户。委托人约定信托投资公司按某一集合信托计划管理运用信托资金的，信托投资公司应按一个计划设置一个账户的原则，为该计划开立单独账户。

信托投资公司应当将开立专户的情况及时向委托人、受益人进行披露，并将开立信托专用证券账户和信托专用资金账户的情况向直接监管的银行业监督管理部门报告。对原证券业务逾期未开立专户的，应当报告未开立的原因和事由。

二、信托投资公司应当建立和完善公司治理和内控机制，增强内审部门的独立性和有效性，切实防止控股股东和实际控制人的干预，提高证券投资业务人员的管理水平，形成证券投资的科学决策机制和长效机制。

三、信托投资公司运用固有资金或者信托资金进行证券投资，应当遵循组合投资、分散风险的原则，并依据《关于进一步加强信托投资公司监管的通知》（银监发〔2004〕46号）等规定，必须事先制定投资比例和投资策略，确立风险止损点。

四、信托投资公司运用固有资金从事证券投资时，其投资于上市流通的股票、企业债和证券投资基金的日均市值总余额之和不得超过净资产的50%（含）。

五、各级银行业监管部门应加强对辖内信托投资公司所从事证券业务的监管。对未按本通知和有关法规要求从事证券业务的信托投资公司，责令改正，并限制其开办新的证券业务；情节严重的，暂停其证券投资业务。

六、本通知下发后，信托投资公司从事新的证券投资，应当严格遵守有关法律法规和本通知的规定。

信托投资公司在本通知下发前已从事的证券投资业务不符合本通知规定的，应当于2004年12月31日前认真规范完毕。

本通知自下发之日起施行。各银监局在执行中如发现问题，请及时向银监会报告。

中国证券登记结算有限责任公司关于信托产品开户与结算有关问题的通知

（2012年8月31日发布实施）

各市场参与主体：

为了给市场参与主体提供公平参与证券市场的机会，丰富投资渠道，现将信托产品开户与结算有关事项通知如下：

一、关于信托产品开立信托专用证券账户问题

（一）信托公司为信托产品开立信托专用证券账户，由本公司上海、深圳分公司办理。

（二）信托公司申请开立信托专用证券账户时须提交设立信托的证明文件（合同或其他书面文件，需加盖信托公司公章）。

（三）信托产品开立信托专用证券账户时，证券账户注册申请表中“持有人名称”为“信托公司全称－信托产品名称”，“身份证明文件号码”为信托公司营业执照中的注册号。

（四）信托公司为信托产品申请开立信托专用证券账户时，需登记信托产品存续期。信托产品延期的，应提交延期公告或其他延期证明文件（需加盖信托公司公章），及时办理变更登记。

（五）当发生证券账户开立后六个月内没有进行交易、信托产品终止等情形时，信托公司应于上述情形发生后15个工作日内办理证券账户注销手续；信托公司未按要求注销信托专用证券账户的，本公司有权注销或限制该账户的使用。

二、关于信托产品开立证券公司定向资产管理专用证券账户、基金管理公司特定客户资产管理专用证券账户问题

（一）信托产品开立证券公司定向资产管理专用证券账户的，由证券公司到本公司上海、深圳分公司办理；信托产品开立基金管理公司特定客户资产管理专用证券账户的，由资产托管人到本公司上海、深圳分公司办理。

（二）一个信托产品每委托一家证券公司或基金管理公司进行资产管理，可以在沪、深市场各开立一个专用账户。

（三）信托产品申请开立证券公司定向资产管理专用证券账户、基金管理公司特定客户资产管理专用证券账户时,需提交设立信托的证明文件(合同或其他书面文件,需加盖信托公司公章)。

(四)开立证券公司定向资产管理专用证券账户的,证券账户注册申请表中“持有人名称”为“委托人名称”,“身份证明文件号码”为信托公司营业执照中的注册号;开立基金管理公司特定客户资产管理专用证券账户的,证券账户注册申请表中的“持有人名称”为“基金管理公司名称－托管人名称－委托人名称”,“身份证明文件号码”为基金管理公司营业执照中的注册号。

委托人名称应含有信托产品名称信息。

(五)证券公司、资产托管人申请开立证券公司定向资产管理专用证券账户、基金管理公司特定客户资产管理专用证券账户时,需申报登记信托产品存续期。信托产品延期的,应提交延期公告或其他延期证明文件(需加盖信托公司公章),及时办理变更登记。

(六)当发生证券账户开立后六个月内没有进行交易、计划终止等情形时,证券公司、资产托管人应于上述情形发生后15个工作日内办理证券账户注销手续;证券公司、资产托管人未按要求注销信托专用证券账户的,本公司有权注销或限制该账户的使用。

(七)信托产品开立的证券公司定向资产管理账户不得转换为普通证券账户。

三、关于信托产品证券交易结算问题

(一)信托产品通过信托专用证券账户直接参与证券投资的,采用证券公司结算模式。由证券公司通过其在本公司开立的客户结算备付金账户,完成包括信托产品证券交易在内的全部客户证券交易的资金结算。

(二)信托产品通过证券公司定向资产管理业务、基金管理公司特定客户资产管理业务参与证券投资的,按照《中国证券登记结算有限责任公司证券公司定向资产管理登记结算业务指南》、《中国证券登记结算有限责任公司基金管理公司特定客户资产管理登记结算业务指南》办理相关结算事宜。

四、信托产品证券账户名称应恰当反映产品属性。信托公司应加强自律,不得为专门申购新股、炒作风险警示股票(ST股)的产品申请开立证券账户。

本公司按照监管部门的要求对信托产品证券账户开立及使用情况进行统计监测。

五、本通知未作规定的,按照本公司《证券账户管理规则》等相关业务规定办理。

六、本通知自发布之日起实施。

中国银行业监督管理委员会
中国证券业监督管理委员会
关于信托投资公司开设信托专用证券账户和信托专用资金账户有关问题的通知

(2004年9月10日银监发〔2004〕61号发布,
自2004年10月1日起施行)

中国银监会各监管局,中国证监会各省、自治区、直辖市、计划单列市监管局,上海、深圳证券交易所,中国证券登记结算有限责任公司,各信托投资公司、证券公司:

为规范信托投资公司的业务活动,维护信托各方当事人的合法权益,根据《中华人民共和国信托法》、《中华人民共和国证券法》及其他法律、法规,现就信托投资公司开设信托专用证券账户和信托专用资金账户的有关事项通知如下:

一、信托投资公司运用信托资金进行证券投资时,应该使用单独开设的信托专用证券账户和信托专用资金账户。

二、信托投资公司应当按照《中国证券登记结算有限责任公司证券账户管理规则》和本通知要求,以信托投资公司的名义申请在中国证券登记结算有限责任公司上海、深圳分公司(以下简称中国证券登记结算公司)开设信托专用证券账户,证券账户名称由"信托投资公司全称加信托产品名称"组成。同一个信托投资公司所开设的证券账户之间必须遵守《中华人民共和国证券法》第七十一条的规定。

信托投资公司应当根据本通知和信托文件的约定,申请在中国证券监督管理委员会批准的证券公司开设信托专用资金账户,资金账户名称由"信托投资公司全称加信托产品名称"组成。

三、经中国银行业监督管理委员会认可的信托投资公司在中国证券登记结算公司开立信托专用证券账户时,除按《中国证券登记结算有限责任公司证券账户管理规则》要求提交必要的开户材料外,还应提供设立信托的证明文件(信托合同或其他书面文件)及复印件。信托投资公司应当保证其所提供文件的真实性、准确性和完整性。

信托投资公司在证券公司开设信托专用资金账户时,应提供设立信托的证明文件(信托合同或其他书面文件)及复印件。

四、信托投资公司应于信托专用证券账户和信托专用资金账户开设后的三个工作日内，将所开账户的开户材料报送中国银行业监督管理委员会或其派出机构备案。

五、中国证券登记结算公司和证券公司受理开立有关专用账户后，应遵照《中华人民共和国信托法》、《中华人民共和国证券法》等法律、法规的规定，为信托当事人保密，并配合信托投资公司接受委托人和受益人对其信托资金的检查、查询，配合监管部门对专用账户的检查、查询。

六、信托投资公司将信托财产投资于证券市场时，应当严格遵守法律、法规中有关信息披露的规定，履行信息披露义务。

七、信托终止的，信托投资公司应当及时将信托专用证券账户中的证券资产予以变现，并及时到中国证券登记结算公司和有关证券公司办理信托专用证券账户和信托专用资金账户的注销手续，并妥善保存账户的全部会计资料。

八、信托投资公司违反本通知规定或者提供虚假开户证明材料的，由国家监管部门按照《中华人民共和国银行业监督管理法》、《中华人民共和国证券法》等法律法规的规定进行处理。对直接负责的董事、高级管理人员和其他直接责任人员，处5万元以上50万元以下罚款，并可取消其一定期限直至终身的任职资格和相关从业资格；构成犯罪的，依法追究刑事责任。

九、本通知自2004年10月1日起施行，由中国银行业监督管理委员会和中国证券监督管理委员会负责解释。

关于信托公司信托产品专用证券账户有关事项风险提示的通知

（2009年8月18日非银部函〔2008〕113号发布实施）

各银监局信托公司监管处室，银监会直接监管的信托公司：

近期，出于对个别信托公司不审慎行为可能对新股发行制度改革造成损害的担心，证监会和中证登暂停了信托产品开立证券投资股东账户。根据中证登提供的数据，截至2009年7月17日，信托产品累计开立证券账户13056户，其中已注销2766户，剩余10290户。剩余账户中有余额的账户1472户，无余额账户8818户，占剩余信托产品证券账户的85.6%。无余额账户中近一年无交易账户5884户，占剩余信托产品证券账户的57.2%,近三年无交易账户3346户,占剩余信托产品证券账户的32.5%。

目前,我部正与证监会有关部门就重启信托产品开户问题积极磋商。针对现有信托产品证券账户的开立状况,为控制风险,促进信托行业的健康、稳定发展,现就有关事项通知如下:

一、信托公司应对现有信托产品证券投资账户进行筛查,对已经清算结束的信托产品证券投资账户要按照有关规定及时销户,存在应销未销账户的信托公司不得再申请新开信托产品证券投资账户。

二、信托公司信托产品进行证券投资不得有以下行为:

(一)将一个信托产品拆分后申请开立多个证券账户;

(二)利用其他信托产品开立的证券投资账户进行证券投资;

(三)将已清算但未销户的信托产品证券账户重新启用。

请各银监局加强对所辖信托公司证券投资信托业务的合规性监管,督促信托公司依法合规经营,维护信托行业良好的声誉和形象。对个别不顾大局、扰乱信托行业正常经营秩序或涉嫌违规的信托公司,应依法予以处罚。

券商资管篇

所谓"券商资管",是指证券期货经营机构非公开募集资金或者接受财产委托,设立私募资产管理计划并担任管理人,由托管机构担任托管人,依照法律法规和资产管理合同的约定,为投资者的利益进行的投资活动。其中证券期货经营机构,是指证券公司、基金管理公司、期货公司及前述机构依法设立的从事私募资产管理业务的子公司。

"券商资管篇"涵盖与证券期货经营机构开展净值型资产管理业务相关的规定及监管规范,不仅包括了资管新规的配套细则及问题解答,也包括了投资者适当性、MOM 产品、资产管理计划备案以及资产管理合同相关内容,对净值型资管计划合规运营相关的监管法规进行了比较全面的系统梳理。本篇具体收录了以下规定及监管文件:

证券期货经营机构私募资产管理业务管理办法

证券期货经营机构私募资产管理计划运作管理规定

《资管细则》适用相关问题解答(一)

《资管细则》适用相关问题解答(二)

《资管细则》适用相关问题解答(三)

证券期货经营机构私募资产管理业务运作管理暂行规定

证券期货投资者适当性管理办法(2020 年修正)

证券期货经营机构管理人中管理人(MOM)产品指引(试行)

证券期货经营机构私募资产管理计划备案管理规范第 1 号——备案核查与自律管理

证券期货经营机构私募资产管理计划备案管理规范第 2 号——委托第三方机构提供投资建议服务

证券期货经营机构私募资产管理计划备案管理规范第 3 号——结构化资产管理计划

基金管理公司及其子公司特定客户资产管理业务电子签名合同操作指引(试行)

单一资产管理计划资产管理合同内容与格式指引(试行)

集合资产管理计划资产管理合同内容与格式指引(试行)

资产管理计划风险揭示书内容与格式指引(试行)

证券期货经营机构私募资产管理计划备案管理办法(试行)

证券期货经营机构私募资产管理业务管理办法

（2018年10月22日中国证券监督管理委员会令第151号公布施行）

目　录

第一章　总　　则
第二章　业务主体
第三章　业务形式
第四章　非公开募集
第五章　投资运作
第六章　信息披露
第七章　变更、终止与清算
第八章　风险管理与内部控制
第九章　监督管理与法律责任
第十章　附　　则

第一章　总　　则

第一条　为规范证券期货经营机构私募资产管理业务，保护投资者及相关当事人的合法权益，维护证券期货市场秩序，根据《中华人民共和国证券法》、《中华人民共和国证券投资基金法》（以下简称《证券投资基金法》）、《证券公司监督管理条例》、《期货交易管理条例》、《关于规范金融机构资产管理业务的指导意见》（银发〔2018〕106号，以下简称《指导意见》）及相关法律法规，制定本办法。

第二条　在中华人民共和国境内，证券期货经营机构非公开募集资金或者接受财产委托，设立私募资产管理计划（以下简称资产管理计划）并担任管理人，由托管机构担任托管人，依照法律法规和资产管理合同的约定，为投资者的利益进行投资活动，适用本办法。

本办法所称证券期货经营机构，是指证券公司、基金管理公司、期货公司及前述机构依法设立的从事私募资产管理业务的子公司。

证券期货经营机构非公开募集资金开展资产证券化业务，由中国证券监督管理委员会(以下简称中国证监会)另行规定。

第三条 证券期货经营机构从事私募资产管理业务,应当遵循自愿、公平、诚实信用和客户利益至上原则,恪尽职守,谨慎勤勉,维护投资者合法权益,服务实体经济,不得损害国家利益、社会公共利益和他人合法权益。

证券期货经营机构应当遵守审慎经营规则,制定科学合理的投资策略和风险管理制度,有效防范和控制风险,确保业务开展与资本实力、管理能力及风险控制水平相适应。

第四条 证券期货经营机构不得在表内从事私募资产管理业务,不得以任何方式向投资者承诺本金不受损失或者承诺最低收益。

投资者参与资产管理计划,应当根据自身能力审慎决策,独立承担投资风险。

第五条 证券期货经营机构从事私募资产管理业务,应当实行集中运营管理,建立健全内部控制和合规管理制度,采取有效措施,将私募资产管理业务与公司其他业务分开管理,控制敏感信息的不当流动和使用,防范内幕交易、利用未公开信息交易、利益冲突和利益输送。

第六条 资产管理计划财产的债务由资产管理计划财产本身承担,投资者以其出资为限对资产管理计划财产的债务承担责任。但资产管理合同依照《证券投资基金法》另有约定的,从其约定。

资产管理计划财产独立于证券期货经营机构和托管人的固有财产,并独立于证券期货经营机构管理的和托管人托管的其他财产。证券期货经营机构、托管人不得将资产管理计划财产归入其固有财产。

证券期货经营机构、托管人因资产管理计划财产的管理、运用或者其他情形而取得的财产和收益,归入资产管理计划财产。

证券期货经营机构、托管人因依法解散、被依法撤销或者被依法宣告破产等原因进行清算的,资产管理计划财产不属于其清算财产。

非因资产管理计划本身的债务或者法律规定的其他情形,不得查封、冻结、扣划或者强制执行资产管理计划财产。

第七条 中国证监会及其派出机构依据法律、行政法规和本办法的规定,对证券期货经营机构私募资产管理业务实施监督管理。

第八条 证券交易场所、期货交易所、证券登记结算机构、中国证券业协会(以下简称证券业协会)、中国期货业协会(以下简称期货业协会)、中国证券投资基金业协会(以下简称证券投资基金业协会)依照法律、行政法规和中国证监会的规定,对证券期货经营机构私募资产管理业务实施自律管理。

第二章 业务主体

第九条 证券期货经营机构从事私募资产管理业务,应当依法经中国证监会批准。法律、行政法规和中国证监会另有规定的除外。

第十条 证券期货经营机构从事私募资产管理业务,应当符合以下条件:

(一)净资产、净资本等财务和风险控制指标符合法律、行政法规和中国证监会的规定;

(二)法人治理结构良好,内部控制、合规管理、风险管理制度完备;

(三)具备符合条件的高级管理人员和三名以上投资经理;

(四)具有投资研究部门,且专职从事投资研究的人员不少于三人;

(五)具有符合要求的营业场所、安全防范设施、信息技术系统;

(六)最近两年未因重大违法违规行为被行政处罚或者刑事处罚,最近一年未因重大违法违规行为被监管机构采取行政监管措施,无因涉嫌重大违法违规正受到监管机构或有权机关立案调查的情形;

(七)中国证监会根据审慎监管原则规定的其他条件。

证券公司、基金管理公司、期货公司设立子公司从事私募资产管理业务,并由其投资研究部门为子公司提供投资研究服务的,视为符合前款第(四)项规定的条件。

第十一条 证券期货经营机构从事私募资产管理业务,应当履行以下管理人职责:

(一)依法办理资产管理计划的销售、登记、备案事宜;

(二)对所管理的不同资产管理计划的受托财产分别管理、分别记账,进行投资;

(三)按照资产管理合同的约定确定收益分配方案,及时向投资者分配收益;

(四)进行资产管理计划会计核算并编制资产管理计划财务会计报告;

(五)依法计算并披露资产管理计划净值,确定参与、退出价格;

(六)办理与受托财产管理业务活动有关的信息披露事项;

(七)保存受托财产管理业务活动的记录、账册、报表和其他相关资料;

(八)以管理人名义,代表投资者利益行使诉讼权利或者实施其他法律行为;

(九)法律、行政法规和中国证监会规定的其他职责。

第十二条 投资经理应当依法取得从业资格,具有三年以上投资管理、投资研究、投资咨询等相关业务经验,具备良好的诚信记录和职业操守,且最近三年未被监管机构采取重大行政监管措施、行政处罚。

第十三条 证券期货经营机构应当将受托财产交由依法取得基金托管资格的托管机构实施独立托管。法律、行政法规和中国证监会另有规定的除外。

托管人应当履行下列职责：

(一)安全保管资产管理计划财产；

(二)按照规定开设资产管理计划的托管账户,不同托管账户中的财产应当相互独立；

(三)按照资产管理合同约定,根据管理人的投资指令,及时办理清算、交割事宜；

(四)建立与管理人的对账机制,复核、审查管理人计算的资产管理计划资产净值和资产管理计划参与、退出价格；

(五)监督管理人的投资运作,发现管理人的投资或清算指令违反法律、行政法规、中国证监会的规定或者资产管理合同约定的,应当拒绝执行,并向中国证监会相关派出机构和证券投资基金业协会报告；

(六)办理与资产管理计划托管业务活动有关的信息披露事项；

(七)对资产管理计划财务会计报告、年度报告出具意见；

(八)保存资产管理计划托管业务活动的记录、账册、报表和其他相关资料；

(九)对资产管理计划投资信息和相关资料承担保密责任,除法律、行政法规、规章规定或者审计要求、合同约定外,不得向任何机构或者个人提供相关信息和资料；

(十)法律、行政法规和中国证监会规定的其他职责。

第十四条 证券期货经营机构可以自行销售资产管理计划,也可以委托具有基金销售资格的机构(以下简称销售机构)销售或者推介资产管理计划。

销售机构应当依法、合规销售或者推介资产管理计划。

第十五条 证券期货经营机构可以自行办理资产管理计划份额的登记、估值、核算,也可以委托中国证监会认可的其他机构代为办理。

第十六条 证券期货经营机构从事私募资产管理业务,可以聘请符合中国证监会规定条件并接受国务院金融监督管理机构监管的机构为其提供投资顾问服务。证券期货经营机构依法应当承担的责任不因聘请投资顾问而免除。

证券期货经营机构应当向投资者详细披露所聘请的投资顾问的资质、收费等情况,以及更换、解聘投资顾问的条件和程序,充分揭示聘请投资顾问可能产生的特定风险。

证券期货经营机构不得聘请个人或者不符合条件的机构提供投资顾问服务。

第十七条 证券期货经营机构、托管人、投资顾问及相关从业人员不得有下列行为：

（一）利用资产管理计划从事内幕交易、操纵市场或者其他不当、违法的证券期货业务活动；

（二）泄露因职务便利获取的未公开信息、利用该信息从事或者明示、暗示他人从事相关交易活动；

（三）为违法或者规避监管的证券期货业务活动提供交易便利；

（四）从事非公平交易、利益输送等损害投资者合法权益的行为；

（五）利用资产管理计划进行商业贿赂；

（六）侵占、挪用资产管理计划财产；

（七）利用资产管理计划或者职务便利为投资者以外的第三方谋取不正当利益；

（八）直接或者间接向投资者返还管理费；

（九）以获取佣金或者其他不当利益为目的，使用资产管理计划财产进行不必要的交易；

（十）法律、行政法规和中国证监会规定禁止的其他行为。

第三章 业务形式

第十八条 证券期货经营机构可以为单一投资者设立单一资产管理计划，也可以为多个投资者设立集合资产管理计划。

集合资产管理计划的投资者人数不少于二人，不得超过二百人。

第十九条 单一资产管理计划可以接受货币资金委托，或者接受投资者合法持有的股票、债券或中国证监会认可的其他金融资产委托。集合资产管理计划原则上应当接受货币资金委托，中国证监会认可的情形除外。

证券登记结算机构应当按照规定为接受股票、债券等证券委托的单一资产管理计划办理证券非交易过户等手续。

第二十条 资产管理计划应当具有明确、合法的投资方向，具备清晰的风险收益特征，并区分最终投向资产类别，按照下列规定确定资产管理计划所属类别：

（一）投资于存款、债券等债权类资产的比例不低于资产管理计划总资产80%的，为固定收益类；

（二）投资于股票、未上市企业股权等股权类资产的比例不低于资产管理计划总资产80%的，为权益类；

（三）投资于商品及金融衍生品的持仓合约价值的比例不低于资产管理计划总资产80%，且衍生品账户权益超过资产管理计划总资产20%的，为商品及金融衍生品类；

（四）投资于债权类、股权类、商品及金融衍生品类资产的比例未达到前三类产品标准的，为混合类。

第二十一条 根据资产管理计划的类别、投向资产的流动性及期限特点、投资者需求等因素，证券期货经营机构可以设立存续期间办理参与、退出的开放式资产管理计划，或者存续期间不办理参与和退出的封闭式资产管理计划。

开放式资产管理计划应当明确投资者参与、退出的时间、次数、程序及限制事项。开放式集合资产管理计划每三个月至多开放一次计划份额的参与、退出，中国证监会另有规定的除外。

第二十二条 单一资产管理计划可以不设份额，集合资产管理计划应当设定为均等份额。

开放式集合资产管理计划不得进行份额分级。封闭式集合资产管理计划可以根据风险收益特征对份额进行分级。同级份额享有同等权益、承担同等风险。分级资产管理计划优先级与劣后级的比例应当符合法律、行政法规和中国证监会的规定。

分级资产管理计划的名称应当包含"分级"或"结构化"字样，证券期货经营机构应当向投资者充分披露资产管理计划的分级设计及相应风险、收益分配、风险控制等信息。

第二十三条 证券期货经营机构可以设立基金中基金资产管理计划，将80%以上的资产管理计划资产投资于接受国务院金融监督管理机构监管的机构发行的资产管理产品，但不得违反本办法第四十四条、第四十五条以及中国证监会的其他规定。

证券期货经营机构应当向投资者充分披露基金中基金资产管理计划所投资资产管理产品的选择标准、资产管理计划发生的费用、投资管理人及管理人关联方所设立的资产管理产品的情况。

本办法所称关联方按照《企业会计准则》的规定确定。

第二十四条 证券期货经营机构可以设立管理人中管理人资产管理计划，具体规则由中国证监会另行制定。

第四章 非公开募集

第二十五条 资产管理计划应当以非公开方式向合格投资者募集。

证券期货经营机构、销售机构不得公开或变相公开募集资产管理计划，不得通过报刊、电台、电视、互联网等传播媒体或者讲座、报告会、传单、布告、自媒体等方式向不特定对象宣传具体资产管理计划。

证券期货经营机构不得设立多个资产管理计划，同时投资于同一非标准化资产，以变相突破投资者人数限制或者其他监管要求。单一主体及其关联方的非标准化资产，视为同一非标准化资产。

任何单位和个人不得以拆分份额或者转让份额收（受）益权等方式，变相突破合格投资者标准或人数限制。

第二十六条 证券期货经营机构募集资产管理计划，应当与投资者、托管人签订资产管理合同。资产管理合同应当包括《证券投资基金法》第九十二条、第九十三条规定的内容。

资产管理合同应当对巨额退出、延期支付、延期清算、管理人变更或者托管人变更等或有事项，作出明确约定。

第二十七条 证券期货经营机构和销售机构在募集资产管理计划过程中，应当按照中国证监会的规定，严格履行适当性管理义务，充分了解投资者，对投资者进行分类，对资产管理计划进行风险评级，遵循风险匹配原则，向投资者推荐适当的产品，禁止误导投资者购买与其风险承受能力不相符合的产品，禁止向风险识别能力和风险承受能力低于产品风险等级的投资者销售资产管理计划。

投资者应当以真实身份和自有资金参与资产管理计划，并承诺委托资金的来源符合法律、行政法规的规定。投资者未作承诺，或者证券期货经营机构、销售机构知道或者应当知道投资者身份不真实、委托资金来源不合法的，证券期货经营机构、销售机构不得接受其参与资产管理计划。

第二十八条 销售机构应当在募集结束后十个工作日内，将销售过程中产生和保存的投资者信息及资料全面、准确、及时提供给证券期货经营机构。

资产管理计划存续期间持续销售的，销售机构应当在销售行为完成后五个工作日内，将销售过程中产生和保存的投资者信息及资料全面、准确、及时提供给证券期货经营机构。

第二十九条 集合资产管理计划募集期间，证券期货经营机构、销售机构应当在规定期限内，将投资者参与资金存入集合资产管理计划份额登记机构指定的专门账户。集合资产管理计划成立前，任何机构和个人不得动用投资者参与资金。

按照前款规定存入专门账户的投资者参与资金，独立于证券期货经营机构、销售机构的固有财产。非因投资者本身的债务或者法律规定的其他情形，不得查封、冻结、扣划或者强制执行存入专门账户的投资者参与资金。

第三十条 集合资产管理计划成立应当具备下列条件：

（一）募集过程符合法律、行政法规和中国证监会的规定；

（二）募集金额达到资产管理合同约定的成立规模，且不违反中国证监会规定的最低成立规模；

（三）投资者人数不少于二人；

（四）符合中国证监会规定以及资产管理合同约定的其他条件。

第三十一条 集合资产管理计划的募集金额缴足之日起十个工作日内，证券期货经营机构应当委托具有证券相关业务资格的会计师事务所进行验资并出具验资报告。

集合资产管理计划在取得验资报告后，由证券期货经营机构公告资产管理计划成立；单一资产管理计划在受托资产入账后，由证券期货经营机构书面通知投资者资产管理计划成立。

第三十二条 证券期货经营机构应当在资产管理计划成立之日起五个工作日内，将资产管理合同、投资者名单与认购金额、验资报告或者资产缴付证明等材料报证券投资基金业协会备案，并抄报中国证监会相关派出机构。

资产管理计划完成备案前不得开展投资活动，以现金管理为目的，投资于银行活期存款、国债、中央银行票据、政策性金融债、地方政府债券、货币市场基金等中国证监会认可的投资品种的除外。

证券投资基金业协会应当制定资产管理计划备案规则，明确工作程序和期限，并向社会公开。

第三十三条 证券期货经营机构应当在资产管理合同约定的募集期内，完成集合资产管理计划的募集。募集期届满，集合资产管理计划未达到本办法第三十条规定的成立条件的，证券期货经营机构应当承担下列责任：

（一）以其固有财产承担因募集行为而产生的债务和费用；

（二）在募集期届满后三十日内返还投资者已缴纳的款项，并加计银行同期活期存款利息。

第三十四条 证券期货经营机构以自有资金参与集合资产管理计划，应当符合法律、行政法规和中国证监会的规定，并按照《中华人民共和国公司法》和公司章程的规定，获得公司股东会、董事会或者其他授权程序的批准。

证券期货经营机构自有资金所持的集合资产管理计划份额，应当与投资者所持的同类份额享有同等权益、承担同等风险。

第三十五条 投资者可以通过证券交易所以及中国证监会认可的其他方式，向合格投资者转让其持有的集合资产管理计划份额，并按规定办理份额变更登记手续。转让后,持有资产管理计划份额的合格投资者合计不得超过二百人。

证券期货经营机构应当在集合资产管理计划份额转让前,对受让人的合格投资者身份和资产管理计划的投资者人数进行合规性审查。受让方首次参与集合资产管理计划的,应当先与证券期货经营机构、托管人签订资产管理合同。

证券期货经营机构、交易场所不得通过办理集合资产管理计划的份额转让,公开或变相公开募集资产管理计划。

第五章 投资运作

第三十六条 证券期货经营机构设立集合资产管理计划进行投资,除中国证监会另有规定外,应当采用资产组合的方式。

资产组合的具体方式和比例,依照法律、行政法规和中国证监会的规定在资产管理合同中约定。

第三十七条 资产管理计划可以投资于以下资产:

(一)银行存款、同业存单,以及符合《指导意见》规定的标准化债权类资产,包括但不限于在证券交易所、银行间市场等国务院同意设立的交易场所交易的可以划分为均等份额、具有合理公允价值和完善流动性机制的债券、中央银行票据、资产支持证券、非金融企业债务融资工具等;

(二)上市公司股票、存托凭证,以及中国证监会认可的其他标准化股权类资产;

(三)在证券期货交易所等国务院同意设立的交易场所集中交易清算的期货及期权合约等标准化商品及金融衍生品类资产;

(四)公开募集证券投资基金(以下简称公募基金),以及中国证监会认可的比照公募基金管理的资产管理产品;

(五)第(一)至(三)项规定以外的非标准化债权类资产、股权类资产、商品及金融衍生品类资产;

(六)第(四)项规定以外的其他受国务院金融监督管理机构监管的机构发行的资产管理产品;

(七)中国证监会认可的其他资产。

前款第(一)项至第(四)项为标准化资产,第(五)项至第(六)项为非标准化资产。

中国证监会对证券期货经营机构从事私募资产管理业务投资于本条第一款第(五)项规定资产另有规定的,适用其规定。

第三十八条 资产管理计划可以依法参与证券回购、融资融券、转融通以及中国证监会认可的其他业务。法律、行政法规和中国证监会另有规定的除外。

证券期货经营机构可以依法设立资产管理计划在境内募集资金，投资于中国证监会认可的境外金融产品。

第三十九条 资产管理计划不得直接投资商业银行信贷资产；不得违规为地方政府及其部门提供融资，不得要求或者接受地方政府及其部门违规提供担保；不得直接或者间接投资法律、行政法规和国家政策禁止投资的行业或领域。

第四十条 资产管理计划存续期间，证券期货经营机构应当严格按照法律、行政法规、中国证监会规定以及合同约定的投向和比例进行资产管理计划的投资运作。

资产管理计划改变投向和比例的，应当事先取得投资者同意，并按规定履行合同变更程序。

因证券期货市场波动、证券发行人合并、资产管理计划规模变动等证券期货经营机构之外的因素导致资产管理计划投资不符合法律、行政法规和中国证监会规定的投资比例或者合同约定的投资比例的，证券期货经营机构应当在流动性受限资产可出售、可转让或者恢复交易的十五个交易日内调整至符合相关要求。确有特殊事由未能在规定时间内完成调整的，证券期货经营机构应当及时向中国证监会相关派出机构和证券投资基金业协会报告。

第四十一条 证券期货经营机构应当确保资产管理计划所投资的资产组合的流动性与资产管理合同约定的参与、退出安排相匹配，确保在开放期保持适当比例的现金或者其他高流动性金融资产，且限制流动性受限资产投资比例。

第四十二条 资产管理计划的总资产不得超过该计划净资产的200%，分级资产管理计划的总资产不得超过该计划净资产的140%。

第四十三条 证券期货经营机构应当对资产管理计划实行净值化管理，确定合理的估值方法和科学的估值程序，真实公允地计算资产管理计划净值。

第四十四条 资产管理计划接受其他资产管理产品参与，证券期货经营机构应当切实履行主动管理职责，不得进行转委托，不得再投资除公募基金以外的其他资产管理产品。

第四十五条 资产管理计划投资于其他资产管理产品的，应当明确约定所投资的资产管理产品不再投资除公募基金以外的其他资产管理产品。

资产管理计划投资于其他资产管理产品的，计算该资产管理计划的总资产时应当按照穿透原则合并计算所投资资产管理产品的总资产。

资产管理计划投资于其他私募资产管理产品的，该资产管理计划按照穿透原则合并计算的投资同一资产的比例以及投资同一或同类资产的金额,应当符合本办法及中国证监会相关规定。

资产管理计划应当按照所投资资产管理产品披露投资组合的频率,及时更新计算该资产管理计划所投资资产的金额或比例。

证券期货经营机构不得将其管理的资产管理计划资产投资于该机构管理的其他资产管理计划,依法设立的基金中基金资产管理计划以及中国证监会另有规定的除外。

第四十六条 证券期货经营机构应当切实履行主动管理职责,不得有下列行为:

(一)为其他机构、个人或者资产管理产品提供规避投资范围、杠杆约束等监管要求的通道服务;

(二)在资产管理合同中约定由委托人或其指定第三方自行负责尽职调查或者投资运作;

(三)在资产管理合同中约定由委托人或其指定第三方下达投资指令或者提供投资建议;

(四)在资产管理合同中约定管理人根据委托人或其指定第三方的意见行使资产管理计划所持证券的权利;

(五)法律、行政法规和中国证监会禁止的其他行为。

第六章 信息披露

第四十七条 证券期货经营机构、托管人、销售机构和其他信息披露义务人应当依法披露资产管理计划信息,保证所披露信息的真实性、准确性、完整性、及时性,确保投资者能够按照资产管理合同约定的时间和方式查阅或者复制所披露的信息资料。

第四十八条 资产管理计划应向投资者提供下列信息披露文件:

(一)资产管理合同、计划说明书和风险揭示书;

(二)资产管理计划净值,资产管理计划参与、退出价格;

(三)资产管理计划定期报告,至少包括季度报告和年度报告;

(四)重大事项的临时报告;

(五)资产管理计划清算报告;

(六)中国证监会规定的其他事项。

证券期货经营机构向投资者提供的信息披露文件,应当及时报送中国证监会相关派出机构、证券投资基金业协会。

信息披露文件的内容与格式指引由中国证监会或者授权证券投资基金业协会另行制定。

第四十九条 证券期货经营机构募集资产管理计划，除向投资者提供资产管理合同外，还应当制作计划说明书和风险揭示书，详细说明资产管理计划管理和运作情况，充分揭示资产管理计划的各类风险。

计划说明书披露的信息应当与资产管理合同内容一致。销售机构应当使用证券期货经营机构制作的计划说明书和其他销售材料，不得擅自修改或者增减材料。

风险揭示书应当作为资产管理计划合同的一部分交由投资者签字确认。

第五十条 资产管理计划运作期间，证券期货经营机构应当按照以下要求向投资者提供相关信息：

（一）投资标准化资产的资产管理计划至少每周披露一次净值，投资非标准化资产的资产管理计划至少每季度披露一次净值；

（二）开放式资产管理计划净值的披露频率不得低于资产管理计划的开放频率，分级资产管理计划应当披露各类别份额净值；

（三）每季度结束之日起一个月内披露季度报告，每年度结束之日起四个月内披露年度报告；

（四）发生资产管理合同约定的或者可能影响投资者利益的重大事项时，在事项发生之日起五日内向投资者披露；

（五）中国证监会规定的其他要求。

资产管理计划成立不足三个月或者存续期间不足三个月的，证券期货经营机构可以不编制资产管理计划当期的季度报告和年度报告。

第五十一条 披露资产管理计划信息，不得有下列行为：

（一）虚假记载、误导性陈述或者重大遗漏；

（二）对投资业绩进行预测，或者宣传预期收益率；

（三）承诺收益，承诺本金不受损失或者限定损失金额或比例；

（四）夸大或者片面宣传管理人、投资经理及其管理的资产管理计划的过往业绩；

（五）恶意诋毁、贬低其他资产管理人、托管人、销售机构或者其他资产管理产品；

（六）中国证监会禁止的其他情形。

第五十二条 集合资产管理计划年度财务会计报告应当经具有证券相关业务

资格的会计师事务所审计，审计机构应当对资产管理计划会计核算及净值计算等出具意见。

第七章　变更、终止与清算

第五十三条　资产管理合同需要变更的，证券期货经营机构应当按照资产管理合同约定的方式取得投资者和托管人的同意，保障投资者选择退出资产管理计划的权利，对相关后续事项作出公平、合理安排。

证券期货经营机构应当自资产管理合同变更之日起五个工作日内报证券投资基金业协会备案，并抄报中国证监会相关派出机构。

第五十四条　资产管理计划展期应当符合下列条件：

（一）资产管理计划运作规范，证券期货经营机构、托管人未违反法律、行政法规、中国证监会规定和资产管理合同的约定；

（二）资产管理计划展期没有损害投资者利益的情形；

（三）中国证监会规定的其他条件。

集合资产管理计划展期的，还应当符合集合资产管理计划的成立条件。

第五十五条　有下列情形之一的，资产管理计划终止：

（一）资产管理计划存续期届满且不展期；

（二）证券期货经营机构被依法撤销资产管理业务资格或者依法解散、被撤销、被宣告破产，且在六个月内没有新的管理人承接；

（三）托管人被依法撤销基金托管资格或者依法解散、被撤销、被宣告破产，且在六个月内没有新的托管人承接；

（四）经全体投资者、证券期货经营机构和托管人协商一致决定终止的；

（五）发生资产管理合同约定的应当终止的情形；

（六）集合资产管理计划存续期间，持续五个工作日投资者少于二人；

（七）法律、行政法规及中国证监会规定的其他情形。

证券期货经营机构应当自资产管理计划终止之日起五个工作日内报证券投资基金业协会备案，并抄报中国证监会相关派出机构。

第五十六条　资产管理计划终止的，证券期货经营机构应当在发生终止情形之日起五个工作日内开始组织清算资产管理计划财产。

清算后的剩余财产，集合资产管理计划应当按照投资者持有份额占总份额的比例或者资产管理合同的约定，以货币资金形式分配给投资者，中国证监会另有规定的除外；单一资产管理计划应当按照合同约定的形式将全部财产交还投资者自行管理。

证券期货经营机构应当在资产管理计划清算结束后五个工作日内将清算结果报证券投资基金业协会备案，并抄报中国证监会相关派出机构。

资产管理计划因委托财产流动性受限等原因延期清算的，证券期货经营机构应当及时向中国证监会相关派出机构和证券投资基金业协会报告。

第五十七条 证券期货经营机构、托管人、销售机构等机构应当按照法律、行政法规和中国证监会的规定保存资产管理计划的会计账册，妥善保存有关的合同、协议、交易记录等文件、资料和数据，任何人不得隐匿、伪造、篡改或者销毁。保存期限自资产管理计划终止之日起不少于二十年。

第八章 风险管理与内部控制

第五十八条 证券期货经营机构应当建立健全与私募资产管理业务相关的投资者适当性、投资决策、公平交易、会计核算、风险控制、合规管理、投诉处理等管理制度，覆盖私募资产管理业务的产品设计、募集、研究、投资、交易、会计核算、信息披露、清算、信息技术、投资者服务等各个环节，明确岗位职责和责任追究机制，确保各项制度流程得到有效执行。

第五十九条 证券期货经营机构应当采取有效措施，确保私募资产管理业务与其他业务在场地、人员、账户、资金、信息等方面相分离，不同投资经理管理的资产管理计划的持仓和交易等重大非公开投资信息相隔离，控制敏感信息的不当流动和使用，切实防范内幕交易、利用未公开信息交易、利益冲突和利益输送。

第六十条 证券期货经营机构应当明确投资决策流程与授权管理制度，建立、维护投资对象与交易对手备选库，设定清晰的清算流程和资金划转路径，对资产管理计划账户日常交易情况进行风险识别、监测，严格执行风险控制措施和投资交易复核程序，保证投资决策按照法律、行政法规、中国证监会的规定以及合同约定执行。

投资经理应当在授权范围内独立、客观地履行职责，重要投资应当有详细的研究报告和风险分析支持。

第六十一条 证券期货经营机构应当建立健全信用风险管理制度，对信用风险进行准确识别、审慎评估、动态监控、及时应对和全程管理。

证券期货经营机构应当对投资对象、交易对手开展必要的尽职调查，实施严格的准入管理和交易额度管理，评估并持续关注证券发行人、融资主体和交易对手的资信状况，以及担保物状况、增信措施和其他保障措施的有效性。出现可能影响投资者权益的事项，证券期货经营机构应当及时采取申请追加担保、依法申请财产保全等风险控制措施。

第六十二条 资产管理计划投资于本办法第三十七条第（五）项规定资产的，证券期货经营机构应当建立专门的质量控制制度，进行充分尽职调查并制作书面报告，设置专岗负责投后管理、信息披露等事宜，动态监测风险。

第六十三条 证券期货经营机构应当建立健全流动性风险监测、预警与应急处置制度，将私募资产管理业务纳入常态化压力测试机制，压力测试应当至少每季度进行一次。

证券期货经营机构应当结合市场状况和自身管理能力制定并持续更新流动性风险应急预案，明确预案触发情景、应急程序与措施、应急资金来源、公司董事会、管理层及各部门职责与权限等。

第六十四条 证券期货经营机构应当建立公平交易制度及异常交易监控机制，公平对待所管理的不同资产，对投资交易行为进行监控、分析、评估、核查，监督投资交易的过程和结果，保证公平交易原则的实现，不得开展可能导致不公平交易和利益输送的交易行为。

证券期货经营机构应当对不同资产管理计划之间发生的同向交易和反向交易进行监控。同一资产管理计划不得在同一交易日内进行反向交易。确因投资策略或流动性等需要发生同日反向交易的，应要求投资经理提供决策依据，并留存书面记录备查。

资产管理计划依法投资于本办法第三十七条第（三）项规定资产的，在同一交易日内进行反向交易的，不受前款规定限制。

第六十五条 证券期货经营机构的自营账户、资产管理计划账户、作为投资顾问管理的产品账户之间，以及不同资产管理计划账户之间，不得发生交易，有充分证据证明进行有效隔离并且价格公允的除外。

子公司从事私募资产管理业务的，证券期货经营机构的自营账户、资产管理计划账户以及作为投资顾问管理的产品账户与子公司的资产管理计划账户之间的交易，适用本条规定。

第六十六条 证券期货经营机构应当建立健全关联交易管理制度，对关联交易认定标准、交易定价方法、交易审批程序进行规范，不得以资产管理计划的资产与关联方进行不正当交易、利益输送、内幕交易和操纵市场。

证券期货经营机构以资产管理计划资产从事重大关联交易的，应当遵守法律、行政法规、中国证监会的规定和合同约定，事先取得投资者的同意，事后及时告知投资者和托管人，并向中国证监会相关派出机构和证券投资基金业协会报告，投资于证券期货的关联交易还应当向证券期货交易所报告。

第六十七条 证券期货经营机构应当建立健全信息披露管理制度，设置专门部门或者专岗负责信息披露工作，明确负责的高级管理人员，并建立复核机制，通过规范渠道向投资者披露有关信息，还应当定期对信息披露工作的真实性、准确性、完整性、及时性等进行评估。

第六十八条 证券期货经营机构和托管人应当加强对私募资产管理业务从业人员的管理，加强关键岗位的监督与制衡，投资经理、交易执行、风险控制等岗位不得相互兼任，并建立从业人员投资申报、登记、审查、处置等管理制度，防范与投资者发生利益冲突。

证券期货经营机构应当完善长效激励约束机制，不得以人员挂靠、业务包干等方式从事私募资产管理业务。

证券期货经营机构分管私募资产管理业务的高级管理人员、私募资产管理业务部门负责人以及投资经理离任的，证券期货经营机构应当立即对其进行离任审查，并自离任之日起三十个工作日内将审查报告报送中国证监会相关派出机构和证券投资基金业协会。

第六十九条 证券期货经营机构应当建立资产管理计划的销售机构和投资顾问的授权管理体系，明确销售机构和投资顾问的准入标准和程序，对相关机构资质条件、专业服务能力和风险管理制度等进行尽职调查，确保其符合法规规定。证券期货经营机构应当以书面方式明确界定双方的权利与义务，明确相关风险的责任承担方式。

证券期货经营机构应当建立对销售机构和投资顾问履职情况的监督评估机制，发现违法违规行为的，应当及时更换并报告中国证监会相关派出机构和证券投资基金业协会。

第七十条 证券期货经营机构应当每月从资产管理计划管理费中计提风险准备金，或者按照法律、行政法规以及中国证监会的规定计算风险资本准备。

风险准备金主要用于弥补因证券期货经营机构违法违规、违反资产管理合同约定、操作错误或者技术故障等给资产管理计划资产或者投资者造成的损失。风险准备金计提比例不得低于管理费收入的10%，风险准备金余额达到上季末资产管理计划资产净值的1%时可以不再提取。

计提风险准备金的证券期货经营机构，应当选定具有基金托管资格的商业银行开立专门的私募资产管理业务风险准备金账户，该账户不得与公募基金风险准备金账户及其他类型账户混用，不得存放其他性质资金。风险准备金的投资管理和使用，应当参照公募基金风险准备金监督管理有关规定执行。证券期货经营机构应当在私募资产管理业务管理年度报告中，对风险准备金的提取、投资管理、使用、年末结余等情况作专项说明。

第七十一条 证券期货经营机构合规管理和风险管理部门应当定期对私募资产管理业务制度及执行情况进行检查,发现违反法律、行政法规、中国证监会规定或者合同约定的,应当及时纠正处理,并向中国证监会及相关派出机构、证券投资基金业协会报告。

第七十二条 证券期货经营机构应当建立健全应急处理机制,对发生延期兑付、负面舆论、群体性事件等风险事件的处理原则、方案等作出明确规定,并指定高级管理人员负责实施。出现重大风险事件的,应当及时向中国证监会及相关派出机构、证券投资基金业协会报告。

第九章 监督管理与法律责任

第七十三条 证券期货经营机构应当于每月十日前向中国证监会及相关派出机构、证券投资基金业协会报送资产管理计划的持续募集情况、投资运作情况、资产最终投向等信息。

证券期货经营机构应当在每季度结束之日起一个月内,编制私募资产管理业务管理季度报告,并报中国证监会相关派出机构和证券投资基金业协会备案。证券期货经营机构、托管人应当在每年度结束之日起四个月内,分别编制私募资产管理业务管理年度报告和托管年度报告,并报中国证监会相关派出机构和证券投资基金业协会备案。

证券期货经营机构应当在私募资产管理业务管理季度报告和管理年度报告中,就本办法所规定的风险管理与内部控制制度在报告期内的执行情况等进行分析,并由合规负责人、风控负责人、总经理分别签署。

第七十四条 证券期货经营机构进行年度审计,应当同时对私募资产管理业务的内部控制情况进行审计。

证券期货经营机构应当在每年度结束之日起四个月内将前述审计结果报送中国证监会及相关派出机构、证券投资基金业协会。

第七十五条 证券交易场所、期货交易所、中国期货市场监控中心(以下简称期货市场监控中心)应当对证券期货经营机构资产管理计划交易行为进行监控。发现存在重大风险、重大异常交易或者涉嫌违法违规事项的,应当及时报告中国证监会及相关派出机构。

证券投资基金业协会应当按照法律、行政法规和中国证监会规定对证券期货经营机构资产管理计划实施备案管理和监测监控。发现提交备案的资产管理计划不符合法律、行政法规和中国证监会规定的，不得予以备案，并报告中国证监会及相关派出机构；发现已备案的资产管理计划存在重大风险或者违规事项的，应当及时报告中国证监会及相关派出机构。

第七十六条 中国证监会及其派出机构对证券期货经营机构、托管人、销售机构和投资顾问等服务机构从事私募资产管理及相关业务的情况，进行定期或者不定期的现场和非现场检查，相关机构应当予以配合。

中国证监会相关派出机构应当定期对辖区证券期货经营机构私募资产管理业务开展情况进行总结分析，纳入监管季度报告和年度报告，发现存在重大风险或者违规事项的，应当及时报告中国证监会。

第七十七条 中国证监会与中国人民银行、中国银行保险监督管理委员会建立监督管理信息共享机制，加强资产管理业务的统计信息共享。

中国证监会及其派出机构、证券交易场所、期货交易所、证券登记结算机构、期货市场监控中心、证券业协会、期货业协会、证券投资基金业协会应当加强证券期货经营机构私募资产管理业务数据信息共享。

证券交易场所、期货交易所、证券登记结算机构、期货市场监控中心、证券业协会、期货业协会、证券投资基金业协会应当按照中国证监会的要求，定期或者不定期提供证券期货经营机构私募资产管理业务专项统计、分析等数据信息。

中国证监会相关派出机构应当每月对证券期货经营机构资产管理计划备案信息和业务数据进行分析汇总，并按照本办法第七十六条的规定报告。

第七十八条 证券期货经营机构、托管人、销售机构和投资顾问等服务机构违反法律、行政法规、本办法及中国证监会其他规定的，中国证监会及相关派出机构可以对其采取责令改正、监管谈话、出具警示函、责令定期报告、暂不受理与行政许可有关的文件等行政监管措施；对直接负责的主管人员和其他直接责任人员，采取监管谈话、出具警示函、责令参加培训、认定为不适当人选等行政监管措施。

第七十九条 证券公司及其子公司、基金管理公司及其子公司违反本办法规定构成公司治理结构不健全、内部控制不完善等情形的，对证券公司、基金管理公司及其直接负责的董事、监事、高级管理人员和其他直接责任人员，依照《证券投资基金法》第二十四条、《证券公司监督管理条例》第七十条采取行政监管措施。

期货公司及其子公司违反本办法规定被责令改正且逾期未改正，其行为严重危及期货公司的稳健运行，损害客户合法权益，或者涉嫌严重违法违规正在被中国证监会及其派出机构调查的，依照《期货交易管理条例》第五十五条采取行政监管措施。

证券期货经营机构未尽合规审查义务，提交备案的资产管理计划明显或者频繁不符合法律、行政法规和中国证监会规定的，依照本条第一款、第二款规定，采取责令暂停私募资产管理业务三个月的行政监管措施；情节严重的，采取责令暂停私募资产管理业务六个月以上的行政监管措施。

第八十条 证券期货经营机构、托管人、销售机构和投资顾问等服务机构有下列情形之一且情节严重的，除法律、行政法规另有规定外，给予警告，并处三万元以下罚款，对直接负责的主管人员和其他直接责任人员，给予警告，并处三万元以下罚款：

（一）违反本办法第三条至第六条规定的基本原则；

（二）违反本办法第十一条、第十三条的规定，未按规定履行管理人和托管人职责，或者从事第十七条所列举的禁止行为；

（三）违反本办法第十四条、第十六条的规定，聘请不符合条件的销售机构、投资顾问；

（四）违反本办法第二十二条关于产品分级的规定；

（五）违反本办法第二十五条、第二十六条、第二十七条、第二十八条、第二十九条、第三十条、第三十一条、第三十二条、第三十四条、第三十五条关于非公开募集的规定；

（六）违反本办法第五章关于投资运作的规定；

（七）违反本办法第四十七条、第四十八条、第五十条、第五十一条，未按照规定向投资者披露资产管理计划信息；

（八）未按照本办法第八章的规定建立健全和有效执行资产管理业务相关制度，内部控制或者风险管理不完善，引发较大风险事件或者存在重大风险隐患；

（九）违反本法第四十八条、第七十三条，未按照规定履行备案或者报告义务，导致风险扩散。

第八十一条 证券期货经营机构、托管人、销售机构和投资顾问等服务机构的相关从业人员违反法律、行政法规和本办法规定，情节严重的，中国证监会可以依法采取市场禁入措施。

第十章 附 则

第八十二条 过渡期自本办法实施之日起至 2020 年 12 月 31 日。

过渡期内，证券期货经营机构应当自行制定整改计划，有序压缩不符合本办法规定的资产管理计划规模；对于不符合本办法规定的存量资产管理计划，其持有资产未到期的，证券期货经营机构可以设立老产品对接，或者予以展期。过渡期结束后，证券期货经营机构不得发行或者存续违反本办法规定的资产管理计划。

依据《证券公司客户资产管理业务管理办法》（证监会令第93号）、《证券公司定向资产管理业务实施细则》（证监会公告〔2012〕30号）设立的存量定向资产管理计划投资于上市公司股票、挂牌公司股票的，其所持证券的所有权归属、权利行使、信息披露以及证券账户名称等不符合本办法规定的，不受前述过渡期期限的限制，但最晚应当在2023年12月31日前完成规范。

第八十三条 鼓励证券公司设立子公司从事私募资产管理业务，加强风险法人隔离。专门从事资产管理业务的证券公司除外。

鼓励证券公司设立子公司专门从事投资于本办法第三十七条第（五）项规定资产的私募资产管理业务。

中国证监会依据审慎监管原则，对依照本条第一款、第二款规定设立子公司的证券公司，在分类评价、风险资本准备计算等方面实施差异化安排。

第八十四条 证券期货经营机构设立特定目的公司或者合伙企业从事私募资产管理业务的，参照适用本办法。

第八十五条 本办法自2018年10月22日起施行。《证券公司客户资产管理业务管理办法》（证监会令第93号）、《基金管理公司特定客户资产管理业务试点办法》（证监会令第83号）、《期货公司资产管理业务试点办法》（证监会令第81号）、《证券公司集合资产管理业务实施细则》（证监会公告〔2013〕28号）、《证券公司定向资产管理业务实施细则》（证监会公告〔2012〕30号）、《关于实施〈基金管理公司特定客户资产管理业务试点办法〉有关问题的规定》（证监会公告〔2012〕23号）、《基金管理公司单一客户资产管理合同内容与格式准则》（证监会公告〔2012〕24号）、《基金管理公司特定多个客户资产管理合同内容与格式准则》（证监会公告〔2012〕25号）同时废止。

证券期货经营机构私募资产管理计划运作管理规定

（2018年10月22日证监会公告〔2018〕31号公布施行）

第一条 为规范证券期货经营机构私募资产管理计划（以下简称资产管理计划）运作，强化风险管控，保护投资者及相关当事人的合法权益，根据《中华人民共和国证券法》(以下简称《证券法》)、《中华人民共和国证券投资基金法》、《证券公司监督管理条例》、《期货交易管理条例》、《证券期货经营机构私募资产管理业务管理办法》(证监会令第151号,以下简称《管理办法》)、《关于规范金融机构资产管理业务的指导意见》(银发〔2018〕106号,以下简称《指导意见》)及相关法律法规,制定本规定。

第二条 证券期货经营机构资产管理计划募集、投资、风险管理、估值核算、信息披露以及其他运作活动,适用本规定。

本规定所称证券期货经营机构,是指证券公司、基金管理公司、期货公司及前述机构依法设立的从事私募资产管理业务的子公司。

第三条 资产管理计划应当向合格投资者非公开募集。合格投资者是指具备相应风险识别能力和风险承受能力,投资于单只资产管理计划不低于一定金额且符合下列条件的自然人、法人或者其他组织:

(一)具有2年以上投资经历,且满足下列三项条件之一的自然人:家庭金融净资产不低于300万元,家庭金融资产不低于500万元,或者近3年本人年均收入不低于40万元;

(二)最近1年末净资产不低于1000万元的法人单位;

(三)依法设立并接受国务院金融监督管理机构监管的机构,包括证券公司及其子公司、基金管理公司及其子公司、期货公司及其子公司、在中国证券投资基金业协会(以下简称证券投资基金业协会)登记的私募基金管理人、商业银行、金融资产投资公司、信托公司、保险公司、保险资产管理机构、财务公司及中国证监会认定的其他机构;

(四)接受国务院金融监督管理机构监管的机构发行的资产管理产品;

(五)基本养老金、社会保障基金、企业年金等养老基金,慈善基金等社会公益基金,合格境外机构投资者(QFII)、人民币合格境外机构投资者(RQFII);

(六)中国证监会视为合格投资者的其他情形。

合格投资者投资于单只固定收益类资产管理计划的金额不低于30万元,投资于单只混合类资产管理计划的金额不低于40万元,投资于单只权益类、商品及金融衍生品类资产管理计划的金额不低于100万元。资产管理计划投资于《管理办法》第三十七条第(五)项规定的非标准化资产的,接受单个合格投资者委托资金的金额不低于100万元。

资产管理计划接受其他资产管理产品参与的,不合并计算其他资产管理产品的投资者人数,但应当有效识别资产管理计划的实际投资者与最终资金来源。

第四条 证券期货经营机构、接受证券期货经营机构委托销售资产管理计划的机构（以下简称销售机构）应当充分了解投资者的资金来源、个人及家庭金融资产、负债等情况，并采取必要手段进行核查验证，确保投资者符合本规定第三条规定的条件。

第五条 资产管理计划的初始募集规模不得低于1000万元。

集合资产管理计划的初始募集期自资产管理计划份额发售之日起不得超过60天，专门投资于未上市企业股权的集合资产管理计划的初始募集期自资产管理计划份额发售之日起不得超过12个月。

封闭式单一资产管理计划的投资者可以分期缴付委托资金，但应当在资产管理合同中事先明确约定分期缴付资金的数额、期限，且首期缴付资金不得少于1000万元，全部资金缴付期限自资产管理计划成立之日起不得超过3年。

第六条 证券期货经营机构募集资产管理计划，应当编制计划说明书，列明以下内容：

（一）资产管理计划名称和类型；

（二）管理人与托管人概况、聘用投资顾问等情况；

（三）资产管理计划的投资范围、投资策略和投资限制情况，投资风险揭示；

（四）收益分配和风险承担安排；

（五）管理人、托管人报酬，以及与资产管理计划财产管理、运用有关的其他费用的计提标准和计提方式；

（六）参与费、退出费等投资者承担的费用和费率，以及投资者的重要权利和义务；

（七）募集期间；

（八）信息披露的内容、方式和频率；

（九）利益冲突情况以及可能影响投资者合法权益的其他重要事项；

（十）中国证监会规定的其他事项。

第七条 证券期货经营机构募集资产管理计划，应当制作风险揭示书。风险揭示书的内容应当具有针对性，表述应当清晰、明确、易懂，并以醒目方式充分揭示资产管理计划的市场风险、信用风险、流动性风险、操作风险、关联交易的风险、聘请投资顾问的特定风险等各类风险。

第八条 基金中基金资产管理计划、管理人中管理人资产管理计划应当按照规定分别在其名称中标明“FOF”、“MOM”或者其他能够反映该资产管理计划类别的字样。

员工持股计划、以收购上市公司为目的设立的资产管理计划等具有特定投资管理目标的资产管理计划应当按照规定在其名称中标明反映该资产管理计划投资管理目标的字样。

第九条 证券期货经营机构自有资金参与集合资产管理计划的持有期限不得少于6个月。参与、退出时,应当提前5个工作日告知投资者和托管人。

证券期货经营机构以自有资金参与单个集合资产管理计划的份额不得超过该计划总份额的20%。证券期货经营机构及其附属机构以自有资金参与单个集合资产管理计划的份额合计不得超过该计划总份额的50%。因集合资产管理计划规模变动等客观因素导致前述比例被动超标的,证券期货经营机构应当依照中国证监会规定及资产管理合同的约定及时调整达标。

为应对集合资产管理计划巨额赎回以解决流动性风险,或者中国证监会认可的其他情形,在不存在利益冲突并遵守合同约定的前提下,证券期货经营机构及其附属机构以自有资金参与及其后续退出集合资产管理计划可不受本条第一款、第二款规定的限制,但应当及时告知投资者和托管人,并向相关派出机构及证券投资基金业协会报告。

第十条 份额登记机构应当妥善保存登记数据,并将集合资产管理计划投资者名称、身份信息以及集合资产管理计划份额明细等数据备份至中国证监会认定的机构。其保存期限自集合资产管理计划账户销户之日起不得少于20年。

第十一条 证券期货经营机构应当及时将投资者参与资金划转至资产管理计划托管账户。

单一资产管理计划可以约定不聘请托管机构进行托管,但应当在资产管理合同中明确保障资产管理计划资产安全的制度措施和纠纷解决机制。

投资于《管理办法》第三十七条第(五)项规定资产的资产管理计划,应当在资产管理合同中准确、合理界定托管人安全保管资产管理计划财产、监督管理人投资运作等职责,并向投资者充分揭示风险。

第十二条 资产管理计划应当按照规定开立资金账户、证券账户、期货账户和其他账户,资金账户名称应当是“资产管理计划名称”,集合资产管理计划的证券账户、期货账户名称应当是“证券期货经营机构名称-托管人名称-资产管理计划名称”,单一资产管理计划的证券账户、期货账户名称应当是“证券期货经营机构名称-投资者名称-资产管理计划名称”。

第十三条 资产管理合同应当明确约定资产管理计划的建仓期。集合资产管理计划的建仓期自产品成立之日起不得超过6个月,专门投资于未上市企业股权的集合资产管理计划除外。

建仓期的投资活动,应当符合资产管理合同约定的投向和资产管理计划的风险收益特征。以现金管理为目的,投资于银行活期存款、国债、中央银行票据、政策性金融债、地方政府债券、货币市场基金等中国证监会认可的投资品种的除外。

建仓期结束后，资产管理计划的资产组合应当符合法律、行政法规、中国证监会规定和合同约定的投向和比例。

第十四条 资产管理计划在证券期货等交易所进行投资交易的，应当遵守交易所的相关规定。在交易所以外进行投资交易的，应当遵守相关管理规定。

证券期货经营机构应当采用信息技术等手段，对资产管理计划账户内的资金、证券是否充足进行审查。资产管理计划资金账户内的资金不足的，不得进行证券买入委托或期货买入卖出委托；资产管理计划证券账户内的证券不足的，不得进行证券卖出委托。

第十五条 一个集合资产管理计划投资于同一资产的资金，不得超过该计划资产净值的25%；同一证券期货经营机构管理的全部集合资产管理计划投资于同一资产的资金，不得超过该资产的25%。银行活期存款、国债、中央银行票据、政策性金融债、地方政府债券等中国证监会认可的投资品种除外。单一融资主体及其关联方的非标准化资产，视为同一资产合并计算。

全部投资者均为符合中国证监会规定的专业投资者且单个投资者投资金额不低于1000万元的封闭式集合资产管理计划，以及完全按照有关指数的构成比例进行证券投资的资产管理计划等中国证监会认可的其他集合资产管理计划，不受前款规定限制。

同一证券期货经营机构管理的全部资产管理计划及公开募集证券投资基金（以下简称公募基金）合计持有单一上市公司发行的股票不得超过该上市公司可流通股票的30%。完全按照有关指数的构成比例进行证券投资的资产管理计划、公募基金，以及中国证监会认定的其他投资组合可不受前述比例限制。

第十六条 资产管理计划参与股票、债券、可转换公司债券、可交换公司债券等证券发行申购时，单个资产管理计划所申报的金额不得超过该资产管理计划的总资产，单个资产管理计划所申报的数量不得超过拟发行公司本次发行的总量。

同一证券期货经营机构管理的全部资产管理计划投资于非标准化债权类资产的资金不得超过其管理的全部资产管理计划净资产的35%。因证券市场波动、资产管理计划规模变动等客观因素导致前述比例被动超标的，证券期货经营机构应当及时报告中国证监会相关派出机构和证券投资基金业协会，且在调整达标前不得新增投资于非标准化债权类资产。

同一证券期货经营机构管理的全部资产管理计划投资于同一非标准化债权类资产的资金合计不得超过300亿元。

证券期货经营机构依照本规定第十七条第二款、《管理办法》第八十三条设立的子公司，按照其与证券期货经营机构合并计算的口径，适用本条第二款、第三款的规定。

第十七条 期货公司及其子公司从事私募资产管理业务，不得投资于《管理办法》第三十七条第（五）项规定资产，中国证监会另有规定的除外。

基金管理公司从事私募资产管理业务投资于《管理办法》第三十七条第（五）项规定资产的，应当通过设立专门的子公司进行。

期货公司及其子公司、基金管理公司从事私募资产管理业务，不得通过投资于《管理办法》第三十七条第（六）项规定资产变相扩大投资范围或者规避监管要求。

第十八条 资产管理计划投资于《管理办法》第三十七条第（五）项规定的非标准化资产的，所投资的资产应当合法、真实、有效、可特定化，原则上应当由有权机关进行确权登记。

资产管理计划不得投资于法律依据不充分的收（受）益权。资产管理计划投资于不动产、特许收费权、经营权等基础资产的收（受）益权的，应当以基础资产产生的独立、持续、可预测的现金流实现收（受）益权。

第十九条 资产管理计划投资于《管理办法》第三十七条第（五）项规定的非标准化资产，涉及抵押、质押担保的，应当设置合理的抵押、质押比例，及时办理抵押、质押登记，确保抵押、质押真实、有效、充分。

资产管理计划不得接受收（受）益权、特殊目的机构股权作为抵押、质押标的资产。

第二十条 证券期货经营机构应当加强资产管理计划的久期管理，不得设立不设存续期限的资产管理计划。

封闭式资产管理计划的期限不得低于 90 天。

第二十一条 全部资产投资于标准化资产的集合资产管理计划和中国证监会认可的其他资产管理计划，可以按照合同约定每季度多次开放，其主动投资于流动性受限资产的市值在开放退出期内合计不得超过该资产管理计划资产净值的 20%。

前款规定的资产管理计划每个交易日开放的，其投资范围、投资比例、投资限制、参与和退出管理应当比照适用公募基金投资运作有关规则。

第二十二条 证券期货经营机构应当确保集合资产管理计划开放退出期内，其资产组合中 7 个工作日可变现资产的价值，不低于该计划资产净值的 10%。

第二十三条 资产管理计划直接或者间接投资于非标准化债权类资产的，非标准化债权类资产的终止日不得晚于封闭式资产管理计划的到期日或者开放式资产管理计划的最近一次开放日。

资产管理计划直接或者间接投资于非标准化股权类资产的，应当为封闭式资产管理计划，并明确非标准化股权类资产的退出安排。非标准化股权类资产的退出日不得晚于封闭式资产管理计划的到期日。

非标准化股权类资产无法按照约定退出的，资产管理计划可以延期清算，也可以按照投资者持有份额占总份额的比例或者资产管理合同的约定，将其持有的非标准化股权类资产分配给投资者，但不得违反《证券法》关于公开发行的规定。

第二十四条 封闭式资产管理计划存续期间，其所投资的非标准化资产部分到期、终止或者退出的，证券期货经营机构可以按照资产管理合同约定，对到期、终止或者退出的非标准化资产进行清算，以货币资金形式分配给投资者，但不得允许投资者提前退出或者变相提前退出。

第二十五条 开放式集合资产管理计划资产管理合同，应当明确约定计划巨额退出和连续巨额退出的认定标准、退出顺序、退出价格确定、退出款项支付、告知客户方式，以及单个客户大额退出的预约申请等事宜，相关约定应当符合公平、合理、公开的原则。

证券期货经营机构经与托管人协商，在确保投资者得到公平对待的前提下，可以依照法律、行政法规、中国证监会规定以及合同约定，延期办理巨额退出申请、暂停接受退出申请、延缓支付退出款项、收取短期赎回费，或者采取中国证监会认可的其他流动性管理措施。

第二十六条 证券期货经营机构将资产管理计划资产投资于本机构、托管人及前述机构的控股股东、实际控制人或者其他关联方发行的证券或者承销期内承销的证券，应当建立健全内部审批机制和评估机制，并应当遵循投资者利益优先原则，事先取得投资者的同意，事后告知投资者和托管人，并采取切实有效措施，防范利益冲突，保护投资者合法权益。

除前款规定外，证券期货经营机构不得将其管理的资产管理计划资产，直接或者通过投资其他资产管理计划等间接形式，为本机构、托管人及前述机构的控股股东、实际控制人或者其他关联方提供或者变相提供融资。全部投资者均为符合中国证监会规定的专业投资者且单个投资者投资金额不低于1000万元，并且事先取得投资者同意的资产管理计划除外。

第二十七条 证券期货经营机构董事、监事、从业人员及其配偶不得参与本公司管理的单一资产管理计划。

证券期货经营机构董事、监事、从业人员及其配偶、控股股东、实际控制人或者其他关联方参与证券期货经营机构设立的资产管理计划，证券期货经营机构应当向投资者进行披露，对该资产管理计划账户进行监控，并及时向中国证监会相关派出机构和证券投资基金业协会报告。

证券期货经营机构不得将其管理的分级资产管理计划资产,直接或者间接为该分级资产管理计划劣后级投资者及其控股股东、实际控制人或者其他关联方提供或者变相提供融资。

第二十八条 固定收益类、权益类、商品及金融衍生品类资产管理计划存续期间,为规避特定风险并经全体投资者同意的,投资于对应类别资产的比例可以低于计划总资产 80%,但不得持续 6 个月低于计划总资产 80%。

第二十九条 资产管理计划不得直接或者间接投资于违反国家产业政策、环境保护政策的项目(证券市场投资除外),包括但不限于以下情形:

(一)投资项目被列入国家发展和改革委员会发布的淘汰类产业目录;

(二)投资项目违反国家环境保护政策要求;

(三)通过穿透核查,资产管理计划最终投向上述投资项目。

第三十条 固定收益类产品优先级与劣后级的比例不得超过 3:1,权益类产品优先级与劣后级的比例不得超过 1:1,商品及金融衍生品类、混合类产品优先级与劣后级的比例不得超过 2:1。

分级资产管理计划若存在中间级份额,中间级份额应当计入优先级份额。

第三十一条 分级资产管理计划不得投资其他分级或者结构化金融产品,不得直接或者间接对优先级份额认购者提供保本保收益安排。

证券期货经营机构不得违背风险收益相匹配原则,利用分级资产管理计划向特定一个或多个劣后级投资者输送利益。

第三十二条 资产管理计划的投资顾问应当为依法可以从事资产管理业务的证券期货经营机构、商业银行资产管理机构、保险资产管理机构以及中国证监会认可的其他金融机构,或者同时符合以下条件的私募证券投资基金管理人:

(一)在证券投资基金业协会登记满 1 年、无重大违法违规记录的会员;

(二)具备 3 年以上连续可追溯证券、期货投资管理业绩且无不良从业记录的投资管理人员不少于 3 人;

(三)中国证监会规定的其他条件。

第三十三条 证券期货经营机构应当对投资顾问的投资建议进行审查,不得由投资顾问直接执行投资指令。

证券期货经营机构不得允许投资顾问及其关联方以其自有资金或者募集资金投资于分级资产管理计划的劣后级份额,不得向未提供实质服务的投资顾问支付费用或者支付与其提供的服务不相匹配的费用。

第三十四条 资产管理计划应当按照《企业会计准则》、《指导意见》以及中国证监会关于资产管理计划对金融工具进行核算与估值的规定、资产管理计划净值计价及风险控制要求，确认和计量资产管理计划净值。

证券期货经营机构应当定期对资产管理计划估值执行效果进行评估，必要时调整完善，保证公平、合理。

当有充足证据表明资产管理计划相关资产的计量方法已不能真实公允反映其价值时，证券期货经营机构应当与托管人进行协商，及时采用公允价值计量方法对资产管理计划资产净值进行调整。

第三十五条 证券期货经营机构应当对每个资产管理计划单独管理、单独建账、单独核算，不得有以下行为：

（一）将不同资产管理计划进行混同运作，或者出现资金与资产无法明确对应的其他情形；

（二）未按规定进行合理估值，脱离实际投资收益进行分离定价；

（三）未产生实际投资收益，仅以后期投资者的投资资金向前期投资者进行兑付；

（四）资产管理计划发生兑付风险时通过开放参与或者滚动发行等方式由后期投资者承担风险；

（五）法律、行政法规和中国证监会禁止的其他行为。

第三十六条 资产管理计划发生的费用，可以按照资产管理合同的约定，在计划资产中列支。资产管理计划成立前发生的费用，以及存续期间发生的与募集有关的费用，不得在计划资产中列支。

证券期货经营机构应当根据资产管理计划的投资范围、投资策略、产品结构等因素设定合理的管理费率。

第三十七条 证券期货经营机构可以与投资者在资产管理合同中约定提取业绩报酬。

业绩报酬提取应当与资产管理计划的存续期限、收益分配和投资运作特征相匹配，提取频率不得超过每6个月一次，提取比例不得超过业绩报酬计提基准以上投资收益的60%。因投资者退出资产管理计划，证券期货经营机构按照资产管理合同的约定提取业绩报酬的，不受前述提取频率的限制。

第三十八条 证券期货经营机构应当按照资产管理合同的约定向投资者提供资产管理计划年度报告，披露报告期内资产管理计划运作情况，包括但不限于下列信息：

（一）管理人履职报告；

（二）托管人履职报告（如适用）；

（三）资产管理计划投资表现；

（四）资产管理计划投资组合报告；

（五）资产管理计划财务会计报告；

（六）资产管理计划投资收益分配情况；

（七）投资经理变更、重大关联交易等涉及投资者权益的重大事项；

（八）中国证监会规定的其他事项。

资产管理计划季度报告应当披露前款除第（五）项之外的其他信息。

第三十九条 证券期货经营机构应当按照《指导意见》的规定，向中国人民银行报送资产管理计划信息，并接受中国人民银行对资产管理计划统计工作的监督检查。

期货公司及其子公司应当将其按照《管理办法》第七十三条规定报送的资产管理计划信息以及私募资产管理业务管理季度报告、年度报告，抄报期货市场监控中心。

第四十条 证券期货经营机构应当在本公司及相关行业协会网站对其私募资产管理业务资格及从业人员信息等基本情况进行公示。

第四十一条 证券期货经营机构应当针对私募资产管理业务的主要业务人员和相关管理人员建立收入递延支付机制，合理确定收入递延支付标准、递延支付年限和比例。递延支付年限原则上不少于3年，递延支付的收入金额原则上不少于40%。

第四十二条 证券期货经营机构、托管人、销售机构和投资顾问等服务机构违反本规定的，中国证监会及相关派出机构可以根据《管理办法》等规定，对其采取责令改正、监管谈话、出具警示函、责令定期报告、暂不受理与行政许可有关的文件等行政监管措施；对直接负责的主管人员和其他直接责任人员，采取监管谈话、出具警示函、责令参加培训、认定为不适当人选等行政监管措施。

证券期货经营机构违反本规定，依法应予行政处罚的，依照有关规定进行行政处罚；涉嫌犯罪的，依法移送司法机关，追究刑事责任。

第四十三条 本规定下列用语的含义：

（一）证券交易场所，是指上海证券交易所、深圳证券交易所和全国中小企业股份转让系统有限责任公司。

（二）家庭金融总资产，是指全体家庭成员共同共有的全部金融资产，包括银行存款、股票、债券、基金份额、资产管理计划、银行理财产品、信托计划、保险产品、期货及其他衍生产品等。家庭金融净资产是指家庭金融总资产减去全体家庭成员的全部负债。

（三）流动性受限资产，是指由于法律法规、监管、合同或者操作障碍等原因无法以合理价格予以变现的资产，包括到期日在10个交易日以上的逆回购与银行定期存款（含协议约定有条件提前支取的银行存款）、资产支持证券（票据）、流动受限的新股以及非公开发行股票、停牌股票、因发行人债务违约无法进行转让或交易的债券和非金融企业债务融资工具等资产。

（四）7个工作日可变现资产，包括可在交易所、银行间市场正常交易的股票、债券、非金融企业债务融资工具、期货及期权合约以及同业存单，7个工作日内到期或者可支取的逆回购、银行存款，7个工作日内能够确认收到的各类应收款项等。

（五）关联方按照《企业会计准则》的规定确定；专业投资者不包括募集两个以上投资者资金设立的私募资产管理产品。

第四十四条 过渡期自本规定实施之日起至2020年12月31日。

过渡期内，证券期货经营机构应当自行制定整改计划，有序压缩不符合本规定的资产管理计划规模；对于不符合本规定的存量资产管理计划，其持有资产未到期的，证券期货经营机构可以设立老产品对接，或者予以展期；过渡期结束后，证券期货经营机构不得再发行或者存续违反本规定的资产管理计划。

证券期货经营机构不符合本规定第十六条第二款规定指标的，在符合前款规定的前提下，其管理的资产管理计划在过渡期内可以新增投资于非标准化债权类资产的规模；过渡期结束后仍不达标的，不得新增投资于非标准化债权类资产。

本规定实施之日起至2018年12月31日，新设资产管理计划开立证券账户、期货账户的名称，可以不适用本规定第十二条的规定；自2019年1月1日起，新设资产管理计划开立证券账户、期货账户的名称，应当遵守本规定第十二条的规定。

第四十五条 证券期货经营机构设立特定目的的公司或者合伙企业从事私募资产管理业务的，参照适用本规定。

第四十六条 本规定自2018年10月22日起施行。

《资管细则》适用相关问题解答（一）

（北京辖区机构监管动态2019年第1期）

一、证券公司、基金公司开展的私募合格境内机构投资者境外证券投资（QDII）业务，其规则适用具体标准为何？

答：考虑QDII业务的特殊性，证券公司、基金公司开展私募QDII业务，主要适

用 QDII 业务相关规则,《资管细则》不对 QDII 业务现行模式产生影响。具体而言:

(一)证券公司主要根据现行监管规则开展私募 QDII 业务,包括募集起点、投资范围、投资比例限制、金融衍生品投资等投资运作要求。考虑境外投资交易的实际需求,私募 QDII 业务境外投资不受"一层嵌套"限制。QDII 业务规则没有特别规定的,如业务形式、非公开募集、杠杆比例、结构化产品设计等,应当适用《资管细则》的规定。

(二)基金管理公司私募 QDII 业务参照适用现行 QDII 业务规则,应当与证券公司私募 QDII 业务的监管标准保持一致。其中,募集起点统一为 1 亿元人民币或者等值外币。

二、《资管新规》发布后,结构化产品是否仍应遵守优先级投资者与劣后级投资者"同亏同赢",且保证收益分配与损失分担比例相同?

答:结构化产品应当坚持"利益共享、风险共担"的基本原则,据此,上述问题按以下原则执行:

(一)优先级份额与劣后级份额应当"同亏同赢",当结构化产品整体净值大于 1 时,劣后级份额投资者不得承担亏损;当产品整体净值小于 1 时,优先级份额投资者不得享有收益。

(二)为拓宽资金来源,支持民营企业发展,民营企业纾困资管计划优先级投资者与劣后级投资者可以约定分享收益和承担亏损的比例,二者不要求一致。但风险与收益应当基本匹配,当结构化产品整体净值小于 1 时,优先级份额分担资产管理计划亏损的比例不得少于 10%,且管理人不得以自有资金承诺限定其损失金额或者比例。

(三)现阶段,民营企业纾困资管计划以外的其他结构化资管计划参照第(二)项执行。下一步,将加强政策跟踪评估,适时完善结构化产品设计相关监管安排。

三、以有限合伙企业形式设立的支持民营企业发展私募股权基金,其普通合伙人人数及资质要求有哪些?

答:为拓展资金来源、便利交易结构设计,现阶段对于以有限合伙企业形式设立的民营企业纾困资管计划,适当放宽外部普通合伙人相关限制,具体包括:

(一)允许民营企业纾困基金设置 2 个以上普通合伙人,但最多不超过 5 个,管理人限于单一证券期货经营机构,并且应当充分说明设置多个普通合伙人的原因、权责划分及纠纷解决机制。

(二)允许民营企业纾困基金外部普通合伙人不具备私募基金管理资格,但外部普通合伙人应当限于地级市以上地方政府投融资平台、上市公司控股子公司以及基金业协会报证监会认可的其他机构,并且应当充分说明其担任普通合伙人的必要性及合规性。

四、证券期货经营机构从业人员及员工跟投平台,是否视为合格投资者?

答:综合考虑风险识别能力和风险承受能力,证券期货经营机构专职从业人员,投资于本机构管理的资管计划不低于《资管细则》规定的最低认购金额的,视为合格投资者。但是以合伙企业形式设立的员工跟投平台,除备案为资管产品或登记为私募基金管理人外,应当穿透核查最终投资者是否为合格投资者,并合并计算投资者人数。

五、单一资管计划是否可以通过转让方式变更委托人?

答:原则上,单一资管计划不得以转让方式变更委托人。基于"限嵌套、去通道"等规范整改要求,存量证券公司定向资管计划、基金公司和期货公司单一客户资管计划可以通过转让方式变更委托人,但应当符合以下要求:

(一)合同各方应协商一致,且单一资管计划管理人应当与变更后的委托人、托管人重新签订资产管理合同。

(二)单一资管计划的管理人应当及时将重新签订的资产管理合同向基金业协会备案,并抄送相关证监局,说明委托人变更有关情况。

《资管细则》适用相关问题解答(二)

(北京辖区机构监管动态 2019 年第 5 期)

一、民营企业纾困基金可以豁免适用《资管细则》的哪些规定?

答:证券公司设立的民营企业纾困基金,应遵守《资管细则》的规定,但允许其以自有资金设立单一资管计划,允许其豁免适用《资管细则》关于自有资金参与单个集合资管计划的份额比例限制。

二、证券公司能否以其管理的民营企业纾困基金受让其自营资金持有的股票质押标的?

答:证券公司以其管理的民营企业纾困基金受让自营资金持有的质押标的,应遵守以下原则:一是民营企业股东将所持股权质押给证券公司、商业银行等多个债权人的,证券公司设立的民营企业纾困基金可以受让其自营持有的股票质押标的,但原则上应当通过"一揽子"方案进行,即与其他债权人(质押权人)协商一致,以同等价格和条件进行交易,确保有效隔离、价格公允。二是非"一揽子"方案情形下,纾困基金的投资者应全部为机构投资者(不包括各类资管产品,但地方政府和国有企业出资设立的、投资者全部为机构投资者的扶持类产品除外)。三是证券公司设立的民营企业纾困基金受让其持有的股票质押标的,还应当严格遵守《资管细则》关于规制关联交易的规定,事先进行充分风险揭示并取得投资者书面同意,事后及时进行充分信息披露。

三、资管计划投资于收(受)益权的,有何具体要求?

答:资管计划投资于不动产收(受)益权的,不动产及相关物业应当权属清晰(例如,提供产权登记证明)、运营正常。资管计划投资于特许收费权、经营权的收(受)益权的,资管产品备案时应提交特许收费权、特许经营权相关证明材料。

四、《上海证券交易所科创板股票发行与承销实施办法》第十九条规定,"发行人的高级管理人员与核心员工可以设立专项资产管理计划参与本次发行战略配售"。前述专项资产管理计划,是否可以豁免《资管细则》关于组合投资的规定?

答:为支持设立科创板并试点注册制,同时考虑发行人高级管理人员与核心员工具备相应的风险承受能力和风险识别能力,证券期货经营机构依据《上海证券交易所科创板股票发行与承销实施办法》第十九条规定设立的专项资产管理计划,豁免适用《资管细则》关于组合投资的要求。同时,证券期货经营机构应当切实履行主动管理职责,不得提供规避监管要求的通道服务,不得约定管理人根据委托人或其指定第三方的意见行使资产管理计划所持证券的权利。

五、证券期货经营机构设立的基金中基金资产管理计划(即 FOF 产品),是否可以豁免《资管细则》关于组合投资的规定?

答:为适应基金中基金(FOF)产品业务模式的特殊性,便于母基金(前一个 F)能够为其选定的子基金管理人"定制"专门子基金(后一个 F),并由该母基金持有一个或者多个子基金的全部份额,FOF 产品可以豁免同一管理人管理的全部集合资管计划(包括母基金)投资同一资管产品(即子基金)不得超过该资管产品资产的 25% 的组合投资要求。除前述情形外,FOF 产品应当符合《资管细则》关于组合投资的规定。

六、以有限合伙企业形式设立的私募股权投资基金,其投资者的投资金额,按照认缴规模还是实缴规模进行备案核查?

答:合格投资者参与私募股权投资基金,其首轮实缴金额不低于 100 万元。豁免组合投资要求的私募股权投资基金,其投资者应全部为专业投资者,且原则上单个投资者首轮实缴金额不低于 1000 万元。

七、以有限合伙企业形式设立的私募股权投资基金,管理人设立有限合伙企业的费用,是否可以在基金财产中列支?

答:参照《证券期货经营机构私募资产管理计划运作管理规定》第三十六条关

于“资产管理计划成立前发生的费用,以及存续期间发生的与募集有关的费用,不得在计划资产中列支”的规定,以有限合伙形式设立的私募股权投资基金,管理人设立有限合伙企业的费用,包括工商费用、律师费用等,不得在基金资产中列支。

《资管细则》适用相关问题解答(三)

(北京辖区机构监管动态 2019 年第 8 期)

一、封闭式集合资产管理计划的投资者,是否可以分期缴付委托资金?

答:封闭式集合资产管理计划的投资者可以分期缴付委托资金,但应当符合以下要求:一是,资管合同应明确约定分期缴付资金的数额、期限,全部资金缴付期限自资产管理计划成立之日起原则上不得超过 3 年,首轮实缴金额不得低于 1000 万元,投资者首轮实缴金额不得低于合格投资者参与单个资产管理计划的最低投资金额。二是,原则上每个投资者实际缴纳资金占资产管理计划全部实缴资金的比例,应当与其持有资产管理计划份额的比例(即认缴比例)保持一致;如不一致,应当特别说明估值核算的具体安排,确保公平对待投资者。三是,资管合同应订明投资者未按约定缴纳资金时的处理原则与方式,约定严格的违约责任,包括但不限于设定惩罚性违约金等。四是,向投资者充分揭示并披露相应风险,如惩罚性违约金风险、其他投资者未按照约定缴纳资金的风险等。

二、封闭式集合资产管理计划,是否可以扩大募集规模?

答:运作已满一年并且业绩良好、未出现违约风险的封闭式私募集合资产管理计划,在全体投资者一致同意的情形下,可以扩大募集规模,既允许原有投资者认购新的资产管理计划份额,也允许新的投资者参与,但不得允许投资者提前退出,每次开放扩募的时间间隔不少于一年。扩募完成后,证券期货经营机构应当按照《证券期货经营机构私募资产管理业务管理办法》第五十三条的规定,将合同变更情况及时报基金业协会备案,并抄报中国证监会相关派出机构。

对于投资金额 10 亿元以上、决策流程较长的机构投资者,在其签署书面“认缴出资意向书”并经封闭式私募集合资产管理计划其他全体投资者一致书面同意的情形下,允许该封闭式私募集合资产管理计划在现有投资者和募集规模范围内先行备案,并由机构投资者在备案之日起 6 个月内签署正式投资(合伙)协议、完成资金实缴,并报基金业协会变更备案信息。

以有限合伙企业形式设立的私募股权投资基金参照前述要求执行。

三、公益(慈善)信托、家族信托投资证券期货经营机构私募资产管理计划的,是否视为一层嵌套?

答:依法设立的公益(慈善)信托、家族信托投资证券期货经营机构私募资产管理计划的,不视为一层嵌套,该私募资产管理计划可以再投资其他资产管理产品。

证券期货经营机构资产管理计划接受公益(慈善)信托、家族信托委托的,应当按照《资管细则》的规定,有效识别资产管理计划的实际投资者与最终资金来源,不得规避《资管细则》关于限制资产管理产品嵌套的监管要求。

四、以有限合伙企业形式设立的私募股权投资基金,其普通合伙人(GP)有何要求?

答:为拓展资金来源、便利交易结构设计,现阶段对于证券期货经营机构以有限合伙企业形式设立的私募股权投资基金,放宽外部普通合伙人相关限制,包括:

(一)允许私募股权投资基金设置2个以上普通合伙人,但最多不超过5个,并且应当充分说明设置多个普通合伙人的原因、权责划分及纠纷解决机制,管理人应当限于单一证券期货经营机构。

(二)允许私募股权投资基金的外部普通合伙人不具备私募基金管理人资格,但限于地级市以上地方政府投融资平台、上市公司控股子公司以及基金业协会报中国证监会认可的其他机构,并且应当充分说明其担任普通合伙人的必要性及合规性。地方政府投融资平台担任私募股权投资基金普通合伙人的,应当符合法律法规的规定。

五、以有限合伙企业形式设立的私募股权投资基金,何时成立?

答:证券期货经营机构以有限合伙企业形式设立的私募股权投资基金,自首轮实缴出资缴足并按照规定取得验资报告后,由管理人公告成立。

证券期货经营机构私募资产管理业务运作管理暂行规定

(2016年7月14日证监会公告〔2016〕13号公布,
自2016年7月18日起施行)

第一条 为了进一步加强对证券期货经营机构私募资产管理业务的监管,规范市场行为,强化风险管控,根据《证券法》《证券投资基金法》《证券公司监督管理条例》《期货交易管理条例》《私募投资基金监督管理暂行办法》《证券公司客户资产管理业务管理办法》《基金管理公司特定客户资产管理业务试点办法》《期货公司监督管理办法》和《期货公司资产管理业务试点办法》等法律法规,制定本规定。

第二条 本规定所称证券期货经营机构,是指证券公司、基金管理公司、期货公司及其依法设立的从事私募资产管理业务的子公司。

第三条 证券期货经营机构及相关销售机构不得违规销售资产管理计划,不得存在不适当宣传、误导欺诈投资者以及以任何方式向投资者承诺本金不受损失或者承诺最低收益等行为,包括但不限于以下情形:

(一)资产管理合同及销售材料中存在包含保本保收益内涵的表述,如零风险、收益有保障、本金无忧等;

(二)资产管理计划名称中含有"保本"字样;

(三)与投资者私下签订回购协议或承诺函等文件,直接或间接承诺保本保收益;

(四)向投资者口头或者通过短信、微信等各种方式承诺保本保收益;

(五)向非合格投资者销售资产管理计划,明知投资者实质不符合合格投资者标准,仍予以销售确认,或者通过拆分转让资产管理计划份额或其收益权、为投资者直接或间接提供短期借贷等方式,变相突破合格投资者标准;

(六)单一资产管理计划的投资者人数超过 200 人,或者同一资产管理人为单一融资项目设立多个资产管理计划,变相突破投资者人数限制;

(七)通过报刊、电台、电视、互联网等公众传播媒体,讲座、报告会、分析会等方式,布告、传单、短信、微信、博客和电子邮件等载体,向不特定对象宣传具体产品,但证券期货经营机构和销售机构通过设置特定对象确定程序的官网、客户端等互联网媒介向已注册特定对象进行宣传推介的除外;

(八)销售资产管理计划时,未真实、准确、完整地披露资产管理计划交易结构、当事各方权利义务条款、收益分配内容、委托第三方机构提供服务、关联交易情况等信息;

(九)资产管理计划完成备案手续前参与股票公开或非公开发行;

(十)向投资者宣传资产管理计划预期收益率;

(十一)夸大或者片面宣传产品,夸大或者片面宣传资产管理计划管理人及其管理的产品、投资经理等的过往业绩,未充分揭示产品风险,投资者认购资产管理计划时未签订风险揭示书和资产管理合同。

第四条 证券期货经营机构设立结构化资产管理计划,不得违背利益共享、风险共担、风险与收益相匹配的原则,不得存在以下情形:

（一）直接或者间接对优先级份额认购者提供保本保收益安排，包括但不限于在结构化资产管理计划合同中约定计提优先级份额收益、提前终止罚息、劣后级或第三方机构差额补足优先级收益、计提风险保证金补足优先级收益等；

（二）未对结构化资产管理计划劣后级份额认购者的身份及风险承担能力进行充分适当的尽职调查；

（三）未在资产管理合同中充分披露和揭示结构化设计及相应风险情况、收益分配情况、风控措施等信息；

（四）股票类、混合类结构化资产管理计划的杠杆倍数超过 1 倍，固定收益类结构化资产管理计划的杠杆倍数超过 3 倍，其他类结构化资产管理计划的杠杆倍数超过 2 倍；

（五）通过穿透核查结构化资产管理计划投资标的，结构化资产管理计划嵌套投资其他结构化金融产品劣后级份额；

（六）结构化资产管理计划名称中未包含"结构化"或"分级"字样；

（七）结构化资产管理计划的总资产占净资产的比例超过 140%，非结构化集合资产管理计划（即"一对多"）的总资产占净资产的比例超过 200%。

第五条 证券期货经营机构开展私募资产管理业务，不得委托个人或不符合条件的第三方机构为其提供投资建议，管理人依法应当承担的职责不因委托而免除，不得存在以下情形：

（一）未建立或未有效执行第三方机构遴选机制，未按照规定流程选聘第三方机构；

（二）未签订相关委托协议，或未在资产管理合同及其它材料中明确披露第三方机构身份、未约定第三方机构职责以及未充分说明和揭示聘请第三方机构可能产生的特定风险；

（三）由第三方机构直接执行投资指令，未建立或有效执行风险管控机制，未能有效防范第三方机构利用资产管理计划从事内幕交易、市场操纵等违法违规行为；

（四）未建立利益冲突防范机制，资产管理计划与第三方机构本身、与第三方机构管理或服务的其他产品之间存在利益冲突或利益输送；

（五）向未提供实质服务的第三方机构支付费用或支付的费用与其提供的服务不相匹配；

（六）第三方机构及其关联方以其自有资金或募集资金投资于结构化资产管理计划劣后级份额。

第六条 证券期货经营机构发行的资产管理计划不得投资于不符合国家产业政策、环境保护政策的项目（证券市场投资除外），包括但不限于以下情形：

（一）投资项目被列入国家发展改革委最新发布的淘汰类产业目录；

（二）投资项目违反国家环境保护政策要求；

（三）通过穿透核查，资产管理计划最终投向上述投资项目。

第七条 证券期货经营机构开展私募资产管理业务，不得从事违法证券期货业务活动或者为违法证券期货业务活动提供交易便利，包括但不限于以下情形：

（一）资产管理计划份额下设子账户、分账户、虚拟账户或将资产管理计划证券、期货账户出借他人，违反账户实名制规定；

（二）为违法证券期货业务活动提供账户开立、交易通道、投资者介绍等服务或便利；

（三）违规使用信息系统外部接入开展交易，为违法证券期货业务活动提供系统对接或投资交易指令转发服务；

（四）设立伞形资产管理计划，子伞委托人（或其关联方）分别实施投资决策，共用同一资产管理计划的证券、期货账户。

第八条 证券期货经营机构开展私募资产管理业务，不得从事非公平交易、利益输送、利用未公开信息交易、内幕交易、操纵市场等损害投资者合法权益的行为，不得利用资产管理计划进行商业贿赂，包括但不限于以下情形：

（一）交易价格严重偏离市场公允价格，损害投资者利益。不存在市场公允价格的投资标的，能够证明资产管理计划的交易目的、定价依据合理且在资产管理合同中有清晰约定，投资程序合规以及信息披露及时、充分的除外；

（二）以利益输送为目的，与特定对象进行不正当交易，或者在不同的资产管理计划账户之间转移收益或亏损；

（三）以获取佣金或者其他不当利益为目的，使用资产管理计划资产进行不必要的交易；

（四）泄露因职务便利获取的未公开信息，以及利用该信息从事或者明示、暗示他人从事相关的交易活动；

（五）利用管理的资产管理计划资产为资产管理人及其从业人员或第三方谋取不正当利益或向相关服务机构支付不合理的费用；

（六）违背风险收益相匹配原则，利用结构化资产管理计划向特定一个或多个劣后级投资者输送利益；

（七）侵占、挪用资产管理计划资产。

第九条 证券期货经营机构不得开展或参与具有“资金池”性质的私募资产管理业务，资产管理计划不得存在以下情形或者投资存在以下情形的其他资产管理产品：

（一）不同资产管理计划进行混同运作，资金与资产无法明确对应；

（二）资产管理计划在整个运作过程中未有合理估值的约定，且未按照资产管理合同约定向投资者进行充分适当的信息披露；

（三）资产管理计划未单独建账、独立核算，未单独编制估值表；

（四）资产管理计划在开放申购、赎回或滚动发行时未按照规定进行合理估值，脱离对应标的资产的实际收益率进行分离定价；

（五）资产管理计划未进行实际投资或者投资于非标资产，仅以后期投资者的投资资金向前期投资者兑付投资本金和收益；

（六）资产管理计划所投资产发生不能按时收回投资本金和收益情形的，资产管理计划通过开放参与、退出或滚动发行的方式由后期投资者承担此类风险，但管理人进行充分信息披露及风险揭示且机构投资者书面同意的除外。

第十条 证券期货经营机构不得对私募资产管理业务主要业务人员及相关管理团队实施过度激励，包括但不限于以下情形：

（一）未建立激励奖金递延发放机制；

（二）递延周期不足 3 年，递延支付的激励奖金金额不足 40%。

第十一条 证券期货经营机构应当依据本规定要求，制定相应的内部控制与风险管理制度，严格按照上述规定从事私募资产管理业务活动。

第十二条 中国证监会及其派出机构依法对证券期货经营机构私募资产管理业务实施监督管理。对于违反本规定的，中国证监会及其派出机构可对机构采取监管谈话、出具警示函、责令改正、暂停办理相关业务等行政监管措施，对相关责任人员采取监管谈话、出具警示函、认定为不适当人选等行政监管措施；依法应予行政处罚的，依照法律法规进行行政处罚；涉嫌犯罪的，依法移送司法机关，追究其刑事责任。

第十三条 中国证券投资基金业协会按照本规定做好证券期货经营机构资产管理计划的备案管理与风险监测工作；发现违反本规定的，应当及时报告中国证监会及其派出机构。

第十四条 本规定涉及的相关术语释义如下：

（一）结构化资产管理计划，是指存在一级份额以上的份额为其他级份额提供一定的风险补偿，收益分配不按份额比例计算，由资产管理合同另行约定的资产管理计划。资产管理合同约定，由资产管理人以自有资金提供有限风险补偿，且不参与收益分配或不获得高于按份额比例计算的收益的资产管理计划，不属于本规定规范的结构化资产管理计划。

（二）杠杆倍数＝优先级份额/劣后级份额。结构化资产管理计划若存在中间级份额,应当在计算杠杆倍数时计入优先级份额。

(三)股票类结构化资产管理计划,是指根据资产管理合同约定的投资范围,投资于股票或股票型基金等股票类资产比例不低于80%的结构化资产管理计划。

(四)固定收益类结构化资产管理计划,是指根据资产管理合同约定的投资范围,投资于银行存款、标准化债券、债券型基金、股票质押式回购以及固定收益类金融产品的资产比例不低于80%的结构化资产管理计划。

(五)混合类结构化资产管理计划,是指资产管理合同约定的投资范围包含股票或股票型基金等股票类资产,但相关标的投资比例未达到本条第(三)项、第(四)项相应类别标准的结构化资产管理计划。

(六)其他类结构化资产管理计划,是指投资范围及投资比例不能归属于前述任何一类的结构化资产管理计划。

(七)市场公允价格区分不同交易市场特征,采取不同确定方法,在集中交易市场,可以参考最近成交价格确定公允价格;在非集中交易市场,应当在资产管理合同中事先约定公允价格确定方法,并按照约定方式确定公允价格。

(八)符合提供投资建议条件的第三方机构,是指依法可从事资产管理业务的证券期货经营机构,以及同时符合以下条件的私募证券投资基金管理人:

1.在中国证券投资基金业协会登记满一年、无重大违法违规记录的会员;

2.具备3年以上连续可追溯证券、期货投资管理业绩的投资管理人员不少于3人、无不良从业记录。

第十五条 私募证券投资基金管理人参照本规定执行。

证券公司、基金管理公司子公司依法开展的资产证券化业务不适用本规定。

第十六条 本规定自2016年7月18日起施行。

证券期货经营机构新设立的资产管理计划应当符合本规定要求;本规定施行之日前存续的资产管理计划,按以下要求执行:

(一)不符合本规定第三条第(二)项的,合同到期前不得新增净申购规模,保本周期到期后应转为非保本产品,或者予以清盘,不得续期。

(二)不符合本规定第四条第(一)项、第(四)项、第(五)项、第(七)项的,合同到期前不得提高杠杆倍数,不得新增优先级份额净申购规模,合同到期后予以清盘,不得续期。

(三)委托不符合条件的第三方机构提供投资建议的,合同到期前不得新增净申购规模,合同到期后予以清盘,不得续期。

(四)不符合本规定其他要求的,应当及时进行整改。

《证券期货经营机构私募资产管理业务运作管理暂行规定》相关问题解答

（机构监管动态 2016 年第 9 期总第 24 期）

一、《暂行规定》是否适用于证券期货经营机构开展的如下资产管理业务：(1) 证券公司私募投资（直投）子公司开展的私募股权基金管理业务？(2) 证券公司、基金管理公司开展的 QDII 专户业务？

答：《暂行规定》主要适用于证券期货经营机构通过资产管理计划形式开展的私募资产管理业务，私募证券投资基金业务参照执行。据此，上述问题的监管口径如下：

《暂行规定》暂不适用于私募股权投资基金、创业投资基金。因此，证券公司私募投资（直投）子公司开展的私募股权投资基金业务，不适用本规定，应当适用《私募投资基金监督管理暂行办法》。

证券公司、基金管理公司开展特定客户境外资产管理业务应当遵守《暂行规定》的相关要求。《合格境内机构投资者境外证券投资管理试行办法》等法规对特定客户境外资产管理计划委托境外投资顾问有特殊规定的，从其规定。

二、《暂行规定》第十五条规定"私募证券投资基金管理人参照本规定执行"，该条以基金管理人口径还是以产品口径参照执行？

答：《暂行规定》对私募证券投资基金管理人的界定以产品口径为准。各类型私募基金管理机构只要设立发行了私募证券投资基金、其私募证券投资基金管理活动均应当参照《暂行规定》执行。

三、《暂行规定》第三条规定，资产管理计划不得宣传保本保收益、名称不得含"保本"字样。按照上述要求，产品结构上能否参照公募保本基金约定第三方担保机构提供买断式担保？

答：《暂行规定》第三条重点规范宣传推介行为，以避免误导投资者形成刚性兑付预期。法规不禁止资产管理计划在投资端采取相关增信措施，但管理人不得以采取了相关增新措施为由，向投资者宣传保本保收益或使用含"保本"字样的产品名称。

四、如何界定《暂行规定》第三条第（六）项规定的"为单一融资项目设立多个资产管理计划"？

答：符合如下标准，一般认为属于"为单一融资项目设立多个资产管理计划"：一是投资运作方面，多个资产管理计划系为融资人提供债权或股权的一级市场直接融资，不包括二级市场证券买卖行为；二是交易目的方面，多个资产管理计划系为满足同一个项目的一揽子融资计划而专门设立，标的资产事先固定，不具备动态化的组合管理特征；三是标的性质方面，融资项目不得公开募集资金，投资者人数依法不得超过200人。

典型的情况如分期成立多个产品，投向单笔委托贷款、单个未上市公司股权、单个信托计划或私募资管产品等。实践中，管理人按照内部复制策略设立发行多个证券投资资产管理计划，且持有相同证券投资组合的情形，不属于本条规制范围。

五、如何理解《暂行规定》第三条第（七）项规定的“特定对象确定程序”？

答：管理人或销售机构通过互联网媒介向投资者宣传推介资产管理计划时，应当设置在线特定对象确定程序。投资者通过该程序，提供了必要的风险测评、投资者适当性调查等文件后，才能通过互联网接受私募资产管理计划宣传推介。具体要求参照基金业协会《私募投资基金募集行为管理办法》第二十条的规定。

六、如何理解《暂行规定》第三条第（十）项关于“不得宣传预期收益率”的规定？是否可以用“约定收益率”、“业绩比较基准”、“业绩报酬计提基准”等表述代替“预期收益率”？

答：《暂行规定》第三条第（十）项规定，不得“向投资者宣传资产管理计划预期收益率”，立法目的在于打破刚性兑付预期，禁止相关宣传用语误导投资者，使其相信能够在未来获得受保证的固定收益。监管部门在法规执行过程中将采取“实质重于形式”的判断原则，如管理人采用“约定收益率”、“未来收益率”等与“预期收益率”内涵基本一致的表述，不符合法规要求。

管理人可以约定“业绩比较基准”或“业绩报酬计提标准”，但相关概念的使用应当与其合理内涵一致。例如，“业绩比较基准”应当用于说明相对收益投资策略，“业绩报酬计提基准”则应当用于约定管理费计提标准，不得变相用于宣传“预期收益率”。

七、如何理解《暂行规定》第四条规定的“利益共享，风险共担”原则？

答：“利益共享，风险共担”原则是指结构化资产管理计划整体产生收益或出现投资亏损时，所有投资者均应当享受收益或承担亏损，不能够出现某一级份额投资者仅享受收益不承担风险的情况。换言之，产品整体净值≥1，劣后级投资者不得亏损；产品整体净值<1时，优先级投资者不得盈利或保本。在上述底线要求上，结构化资产管理计划可对各类份额的风险与收益分配进行约定，但应当公平恰当，不得存在利益输送。

八、《暂行规定》第四条规定“非结构化集合资产管理计划的总资产占净资产的比例不得超过200%”，《证券公司定向资产管理业务实施细则》第三十五条规定“单只集合计划参与证券回购融入资金余额不超过该计划净值的40%，中国证监会另有规定的除外”，两部法规的要求不一致，如何适用？

答：中国证监会其他规定的要求严于《暂行规定》的，从其规定。

九、《暂行规定》第四条第(五)项规定,管理人应当履行穿透审查义务,防止结构化资产管理计划嵌套投资其他结构化金融产品劣后级。如其他金融产品嵌套投资于证券期货经营机构的资产管理计划,对管理人有何监管要求?

答:结构化资产管理计划嵌套投资于其他金融产品,管理人应当依据勤勉尽责的受托义务要求履行向下穿透审查义务,即向底层资产方向穿透核查,以确定受托资金的最终投资方符合《暂行规定》在杠杆比例等方面的限制性要求。

管理人故意安排其他结构化资管产品作为委托资金,以规避《暂行规定》对结构化资产管理计划的杠杆倍数限制;或明知委托资金为结构化杠杆产品,人配合其进行止损平仓等保本收益操作的,属于变相规避监管行为。对此,监管部门将对相关机构予以重点关注,情节严重的,追究机构及相关人员的责任。

十、第十四条第(三)至第(七)项对各类结构化资产管理计划的定义进行了规定,请问:(1)嵌套投资于其他资产管理产品如何进行分类,确定杠杆倍数?(2)主要投资于非标准化债权资产的结构化资产管理计划如何进行分类、确定杠杆倍数?

答:投资于公开募集证券投资基金,达到《暂行规定》第十条第(三)至第(五)项的比例要求,可归类为股票类,固定收益、混合类结构化资产管理计划,主要投资于公开募集证券投资基金以外的其他资管产品,按照以下顺序确定资产管理计划的分类:

(1)如被投资产品合同明确约定投资于银行存款、标准化债券等固定收益类金融资产的比例不低于80%,视同投资于固定收益类金融产品;

(2)如投资产品不符合第1项条件,如投资范围包括股权类资产,视同投资于股票类资产;

(3)被投资产品不能归类于上述两类,按照其他结构化资产管理计划处理。

结构化资产管理计划主要区别于非标准化债权产品,应当归属于“其他类”,杠杆倍数不得超过2倍。

十一、如何理解《暂行规定》第五条第(一)项关于管理人委托第三方机构提供投资建议,不得存在“未建立或未有效执行第三方机构遴选机制,未按照规定流程选聘第三方机构”的规定?

答:证券期货经营机构开展私募资管业务,委托第三方机构提供投资建议的,应当建立相应的遴选机制,确保第三方机构符合《暂行规定》要求的基本条件。在不低于法规要求的基础上,管理人可以结合产品实际情况,从第三方机构的历史业绩、诚信记录、投资管理能力等方面进一步设定个性化的准入门槛。

监管强调,第三方机构,管理人开展上市业务活动,应当符合谨慎勤勉、诚实信用原则,一是应当委托管理经验、专业能力等与产品实际情况相匹配的第三方机构提供投资建议;二是不得存在“名实不符”的情形,及故意安排其他机构作为名义上的投资顾问,实际由不具备条件的第三方机构提供投资建议,对于第二种行为,管理人及相关第三方机构均须承担合规责任。

十二、根据《暂行规定》第十四条第(八)项的规定,具有证券、期货投资咨询牌照的机构是否符合为资产管理计划提供投资建议的条件?

答:区别于为普通客户提供投资顾问服务,为资产管理计划(受托资产)的组合管理提供操作性建议具有特殊性,属于资产管理业务的延伸,为确保提供投资建议的第三方机构具备基本的资产管理能力,《暂行规定》将此类机构的范围限定为依法可开展自查管理业务的证券期货经营机构,以及具备良好过往业绩等条件的私募基金管理机构。因此,投资咨询机构如为资产管理计划提供投资建议服务,应当登记为私募基金管理人并符合资质要求等条件。证券期货经营机构不具备开展自查管理业务资质的,不得为资产管理计划提供投资建议,应当参照资产管理业务实施内部管理:一是由特定的部门实施统一运营管理,各分支机构不得独立开展业务;二是纳入信息隔离墙制度的管理范围,严格防范与公司自营业务的利益冲突风险。

十三、《暂行规定》第十四条第(八)项规定,符合提供投资建议的私募证券投资基金管理人应当“具备3年以上连续可追溯证券、期货投资管理业绩的投资管理人员不少于3人”,如何界定“连续”、“可追溯”以及“管理业绩”?

答:(1)该条规定的“投资管理人员”是指在受国务院金融管理部门监管的持牌金融机构或只在基金业协会登记的私募基金公司任职,具备证券、期货自营账户或受托产品管理工作经历的人员。

(2)“3年以上连续业绩”,原则上应当是未有中断的连续投资管理业绩,如有中断重新计算。

(3)“可追溯业绩”不限于公开披露业绩。未有公开披露业绩的,管理人应当要求第三方机构提供相关人员的投资业绩证明文件,且证明文件符合“可验证可核查”的要求。

十四、《暂行规定》第九条关于禁止资金池业务的规定,实践中基金子公司按照《证券投资基金特定客户资产管理业务试点办法》发行设立的现金管理类资产管理计划,滚动发行或定期开放申赎并投资于一定比例的非标资产,是否违反法规规定?

答:现金管理类产品的风险收益和投资运作特征应当与其产品名称一致,与产品开放频率相匹配,且主要投资于具有高流动性的货币市场工具。

十五、存量产品不符合《暂行规定》的要求，如资产管理合同未约定合同期限或明确约定为无固定期限，监管上有何要求？

答：《暂行规定》对保本产品、结构化产品以及委托第三方机构提供投资建议的产品规定了过渡期安排，要求不得净申购、合同到期后清盘，目的在于存进规则平稳实施，避免因"一刀切"引发投资者纠纷等风险。对于不符合《暂行规定》要求，且未约定合同期限或约定为无固定期限的存量产品，在兼顾原有投资者利益、风险可控的情况下，管理人也应当及时采取相关措施逐步予以清理或整改为合规产品，不得故意拖延。

下一步，监管部门将密切关注此类存量产品的整改情况，对于明显可以及时整改到位的产品，但管理人变相拖延整改、怠于履行合规业务的，我会将采取相应的监管措施。

证券期货投资者适当性管理办法(2020年修正)

(2020年10月30日中国证券监督管理委员会令第177号公布施行)

第一条 为了规范证券期货投资者适当性管理，维护投资者合法权益，根据《证券法》、《证券投资基金法》、《证券公司监督管理条例》、《期货交易管理条例》及其他相关法律、行政法规，制定本办法。

第二条 向投资者销售公开或者非公开发行的证券、公开或者非公开募集的证券投资基金和股权投资基金（包括创业投资基金，以下简称基金）、公开或者非公开转让的期货及其他衍生产品，或者为投资者提供相关业务服务的，适用本办法。

第三条 向投资者销售证券期货产品或者提供证券期货服务的机构（以下简称经营机构）应当遵守法律、行政法规、本办法及其他有关规定，在销售产品或者提供服务的过程中，勤勉尽责，审慎履职，全面了解投资者情况，深入调查分析产品或者服务信息，科学有效评估，充分揭示风险，基于投资者的不同风险承受能力以及产品或者服务的不同风险等级等因素，提出明确的适当性匹配意见，将适当的产品或者服务销售或者提供给适合的投资者，并对违法违规行为承担法律责任。

第四条 投资者应当在了解产品或者服务情况，听取经营机构适当性意见的基础上，根据自身能力审慎决策，独立承担投资风险。

经营机构的适当性匹配意见不表明其对产品或者服务的风险和收益做出实质性判断或者保证。

第五条 中国证券监督管理委员会(以下简称中国证监会)及其派出机构依照法律、行政法规、本办法及其他相关规定,对经营机构履行适当性义务进行监督管理。

证券期货交易场所、登记结算机构及中国证券业协会、中国期货业协会、中国证券投资基金业协会(以下统称行业协会)等自律组织对经营机构履行适当性义务进行自律管理。

第六条 经营机构向投资者销售产品或者提供服务时,应当了解投资者的下列信息:

(一)自然人的姓名、住址、职业、年龄、联系方式,法人或者其他组织的名称、注册地址、办公地址、性质、资质及经营范围等基本信息;

(二)收入来源和数额、资产、债务等财务状况;

(三)投资相关的学习、工作经历及投资经验;

(四)投资期限、品种、期望收益等投资目标;

(五)风险偏好及可承受的损失;

(六)诚信记录;

(七)实际控制投资者的自然人和交易的实际受益人;

(八)法律法规、自律规则规定的投资者准入要求相关信息;

(九)其他必要信息。

第七条 投资者分为普通投资者与专业投资者。

普通投资者在信息告知、风险警示、适当性匹配等方面享有特别保护。

第八条 符合下列条件之一的是专业投资者:

(一)经有关金融监管部门批准设立的金融机构,包括证券公司、期货公司、基金管理公司及其子公司、商业银行、保险公司、信托公司、财务公司等;经行业协会备案或者登记的证券公司子公司、期货公司子公司、私募基金管理人。

(二)上述机构面向投资者发行的理财产品,包括但不限于证券公司资产管理产品、基金管理公司及其子公司产品、期货公司资产管理产品、银行理财产品、保险产品、信托产品、经行业协会备案的私募基金。

(三)社会保障基金、企业年金等养老基金,慈善基金等社会公益基金,合格境外机构投资者(QFII)、人民币合格境外机构投资者(RQFII)。

(四)同时符合下列条件的法人或者其他组织:

1. 最近 1 年末净资产不低于 2000 万元;

2. 最近 1 年末金融资产不低于 1000 万元;

3. 具有 2 年以上证券、基金、期货、黄金、外汇等投资经历。

（五）同时符合下列条件的自然人：

1. 金融资产不低于 500 万元，或者最近 3 年个人年均收入不低于 50 万元；

2. 具有 2 年以上证券、基金、期货、黄金、外汇等投资经历，或者具有 2 年以上金融产品设计、投资、风险管理及相关工作经历，或者属于本条第（一）项规定的专业投资者的高级管理人员、获得职业资格认证的从事金融相关业务的注册会计师和律师。

前款所称金融资产，是指银行存款、股票、债券、基金份额、资产管理计划、银行理财产品、信托计划、保险产品、期货及其他衍生产品等。

第九条 经营机构可以根据专业投资者的业务资格、投资实力、投资经历等因素，对专业投资者进行细化分类和管理。

第十条 专业投资者之外的投资者为普通投资者。

经营机构应当按照有效维护投资者合法权益的要求，综合考虑收入来源、资产状况、债务、投资知识和经验、风险偏好、诚信状况等因素，确定普通投资者的风险承受能力，对其进行细化分类和管理。

第十一条 普通投资者和专业投资者在一定条件下可以互相转化。

符合本办法第八条第（四）、（五）项规定的专业投资者，可以书面告知经营机构选择成为普通投资者，经营机构应当对其履行相应的适当性义务。

符合下列条件之一的普通投资者可以申请转化成为专业投资者，但经营机构有权自主决定是否同意其转化：

（一）最近 1 年末净资产不低于 1000 万元，最近 1 年末金融资产不低于 500 万元，且具有 1 年以上证券、基金、期货、黄金、外汇等投资经历的除专业投资者外的法人或其他组织；

（二）金融资产不低于 300 万元或者最近 3 年个人年均收入不低于 30 万元，且具有 1 年以上证券、基金、期货、黄金、外汇等投资经历或者 1 年以上金融产品设计、投资、风险管理及相关工作经历的自然人投资者。

第十二条 普通投资者申请成为专业投资者应当以书面形式向经营机构提出申请并确认自主承担可能产生的风险和后果，提供相关证明材料。

经营机构应当通过追加了解信息、投资知识测试或者模拟交易等方式对投资者进行谨慎评估，确认其符合前条要求，说明对不同类别投资者履行适当性义务的差别，警示可能承担的投资风险，告知申请的审查结果及其理由。

第十三条 经营机构应当告知投资者，其根据本办法第六条规定所提供的信息发生重要变化、可能影响分类的，应及时告知经营机构。经营机构应当建立投资者评估数据库并及时更新，充分使用已了解信息和已有评估结果，避免重复采集，提高评估效率。

第十四条 中国证监会、自律组织在针对特定市场、产品或者服务制定规则时,可以考虑风险性、复杂性以及投资者的认知难度等因素,从资产规模、收入水平、风险识别能力和风险承担能力、投资认购最低金额等方面,规定投资者准入要求。投资者准入要求包含资产指标的,应当规定投资者在购买产品或者接受服务前一定时期内符合该指标。

现有市场、产品或者服务规定投资者准入要求的,应当符合前款规定。

第十五条 经营机构应当了解所销售产品或者所提供服务的信息,根据风险特征和程度,对销售的产品或者提供的服务划分风险等级。

第十六条 划分产品或者服务风险等级时应当综合考虑以下因素:

(一)流动性;

(二)到期时限;

(三)杠杆情况;

(四)结构复杂性;

(五)投资单位产品或者相关服务的最低金额;

(六)投资方向和投资范围;

(七)募集方式;

(八)发行人等相关主体的信用状况;

(九)同类产品或者服务过往业绩;

(十)其他因素。

涉及投资组合的产品或者服务,应当按照产品或者服务整体风险等级进行评估。

第十七条 产品或者服务存在下列因素的,应当审慎评估其风险等级:

(一)存在本金损失的可能性,因杠杆交易等因素容易导致本金大部分或者全部损失的产品或者服务;

(二)产品或者服务的流动变现能力,因无公开交易市场、参与投资者少等因素导致难以在短期内以合理价格顺利变现的产品或者服务;

(三)产品或者服务的可理解性,因结构复杂、不易估值等因素导致普通人难以理解其条款和特征的产品或者服务;

(四)产品或者服务的募集方式,涉及面广、影响力大的公募产品或者相关服务;

(五)产品或者服务的跨境因素,存在市场差异、适用境外法律等情形的跨境发行或者交易的产品或者服务;

（六）自律组织认定的高风险产品或者服务；

（七）其他有可能构成投资风险的因素。

第十八条 经营机构应当根据产品或者服务的不同风险等级，对其适合销售产品或者提供服务的投资者类型作出判断，根据投资者的不同分类，对其适合购买的产品或者接受的服务作出判断。

第十九条 经营机构告知投资者不适合购买相关产品或者接受相关服务后，投资者主动要求购买风险等级高于其风险承受能力的产品或者接受相关服务的，经营机构在确认其不属于风险承受能力最低类别的投资者后，应当就产品或者服务风险高于其承受能力进行特别的书面风险警示，投资者仍坚持购买的，可以向其销售相关产品或者提供相关服务。

第二十条 经营机构向普通投资者销售高风险产品或者提供相关服务，应当履行特别的注意义务，包括制定专门的工作程序，追加了解相关信息，告知特别的风险点，给予普通投资者更多的考虑时间，或者增加回访频次等。

第二十一条 经营机构应当根据投资者和产品或者服务的信息变化情况，主动调整投资者分类、产品或者服务分级以及适当性匹配意见，并告知投资者上述情况。

第二十二条 禁止经营机构进行下列销售产品或者提供服务的活动：

（一）向不符合准入要求的投资者销售产品或者提供服务；

（二）向投资者就不确定事项提供确定性的判断，或者告知投资者有可能使其误认为具有确定性的意见；

（三）向普通投资者主动推介风险等级高于其风险承受能力的产品或者服务；

（四）向普通投资者主动推介不符合其投资目标的产品或者服务；

（五）向风险承受能力最低类别的投资者销售或者提供风险等级高于其风险承受能力的产品或者服务；

（六）其他违背适当性要求，损害投资者合法权益的行为。

第二十三条 经营机构向普通投资者销售产品或者提供服务前，应当告知下列信息：

（一）可能直接导致本金亏损的事项；

（二）可能直接导致超过原始本金损失的事项；

（三）因经营机构的业务或者财产状况变化，可能导致本金或者原始本金亏损的事项；

（四）因经营机构的业务或者财产状况变化，影响客户判断的重要事由；

（五）限制销售对象权利行使期限或者可解除合同期限等全部限制内容；

（六）本办法第二十九条规定的适当性匹配意见。

第二十四条 经营机构对投资者进行告知、警示，内容应当真实、准确、完整，不存在虚假记载、误导性陈述或者重大遗漏，语言应当通俗易懂；告知、警示应当采用书面形式送达投资者，并由其确认已充分理解和接受。

第二十五条 经营机构通过营业网点向普通投资者进行本办法第十二条、第二十条、第二十一条和第二十三条规定的告知、警示，应当全过程录音或者录像；通过互联网等非现场方式进行的，经营机构应当完善配套留痕安排，由普通投资者通过符合法律、行政法规要求的电子方式进行确认。

第二十六条 经营机构委托其他机构销售本机构发行的产品或者提供服务，应当审慎选择受托方，确认受托方具备代销相关产品或者提供服务的资格和落实相应适当性义务要求的能力，应当制定并告知代销方所委托产品或者提供服务的适当性管理标准和要求，代销方应当严格执行，但法律、行政法规、中国证监会其他规章另有规定的除外。

第二十七条 经营机构代销其他机构发行的产品或者提供相关服务，应当在合同中约定要求委托方提供的信息，包括本办法第十六条、第十七条规定的产品或者服务分级考虑因素等，自行对该信息进行调查核实，并履行投资者评估、适当性匹配等适当性义务。委托方不提供规定的信息、提供信息不完整的，经营机构应当拒绝代销产品或者提供服务。

第二十八条 对在委托销售中违反适当性义务的行为，委托销售机构和受托销售机构应当依法承担相应法律责任，并在委托销售合同中予以明确。

第二十九条 经营机构应当制定适当性内部管理制度，明确投资者分类、产品或者服务分级、适当性匹配的具体依据、方法、流程等，严格按照内部管理制度进行分类、分级，定期汇总分类、分级结果，并对每名投资者提出匹配意见。

经营机构应当制定并严格落实与适当性内部管理有关的限制不匹配销售行为、客户回访检查、评估与销售隔离等风控制度，以及培训考核、执业规范、监督问责等制度机制，不得采取鼓励不适当销售的考核激励措施，确保从业人员切实履行适当性义务。

第三十条 经营机构应当每半年开展一次适当性自查，形成自查报告。发现违反本办法规定的问题，应当及时处理并主动报告住所地中国证监会派出机构。

第三十一条 鼓励经营机构将投资者分类政策、产品或者服务分级政策、自查报告在公司网站或者符合中国证监会规定条件的媒体进行披露。

第三十二条 经营机构应当按照相关规定妥善保存其履行适当性义务的相关信息资料，防止泄露或者被不当利用，接受中国证监会及其派出机构和自律组织的检查。

对匹配方案、告知警示资料、录音录像资料、自查报告等的保存期限不得少于20年。

第三十三条 投资者购买产品或者接受服务，按规定需要提供信息的，所提供的信息应当真实、准确、完整。投资者根据本办法第六条规定所提供的信息发生重要变化、可能影响其分类的，应当及时告知经营机构。

投资者不按照规定提供相关信息，提供信息不真实、不准确、不完整的，应当依法承担相应法律责任，经营机构应当告知其后果，并拒绝向其销售产品或者提供服务。

第三十四条 经营机构应当妥善处理适当性相关的纠纷，与投资者协商解决争议，采取必要措施支持和配合投资者提出的调解。经营机构履行适当性义务存在过错并造成投资者损失的，应当依法承担相应法律责任。

经营机构与普通投资者发生纠纷的，经营机构应当提供相关资料，证明其已向投资者履行相应义务。

第三十五条 中国证监会及其派出机构在监管中应当审核或者关注产品或者服务的适当性安排，对适当性制度落实情况进行检查，督促经营机构严格落实适当性义务，强化适当性管理。

第三十六条 证券期货交易场所应当制定完善本市场相关产品或者服务的适当性管理自律规则。

行业协会应当制定完善会员落实适当性管理要求的自律规则，制定并定期更新本行业的产品或者服务风险等级名录以及本办法第十九条、第二十二条规定的风险承受能力最低的投资者类别，供经营机构参考。经营机构评估相关产品或者服务的风险等级不得低于名录规定的风险等级。

证券期货交易场所、行业协会应当督促、引导会员履行适当性义务，对备案产品或者相关服务应当重点关注高风险产品或者服务的适当性安排。

第三十七条 经营机构违反本办法规定的，中国证监会及其派出机构可以对经营机构及其直接负责的主管人员和其他直接责任人员，采取责令改正、监管谈话、出具警示函等监督管理措施。

第三十八条 证券公司、期货公司违反本办法规定，存在较大风险或者风险隐患的，中国证监会及其派出机构可以按照《证券法》第一百四十条、《证券公司监督管理条例》第七十条、《期货交易管理条例》第五十五条的规定，采取监督管理措施。

第三十九条 违反本办法第六条、第十八条、第十九条、第二十条、第二十一条、第二十二条第（三）项至第（六）项、第二十三条、第二十四条、第三十三条规定的，按照《证券法》第一百九十八条、《证券投资基金法》第一百三十七条、《证券公司监督管理条例》第八十四条、《期货交易管理条例》第六十七条予以处理。

第四十条 违反本办法第二十二条第（一）项至第（二）项、第二十六条、第二十七条规定的,按照《证券投资基金法》第一百三十五条、《证券公司监督管理条例》第八十三条、《期货交易管理条例》第六十六条予以处理。

第四十一条 经营机构有下列情形之一的,给予警告,并处以3万元以下罚款;对直接负责的主管人员和其他直接责任人员,给予警告,并处以3万元以下罚款:

(一)违反本办法第十条,未按规定对普通投资者进行细化分类和管理的;

(二)违反本办法第十一条、第十二条,未按规定进行投资者类别转化的;

(三)违反本办法第十三条,未建立或者更新投资者评估数据库的;

(四)违反本办法第十五条,未按规定了解所销售产品或者所提供服务信息或者履行分级义务的;

(五)违反本办法第十六条、第十七条,未按规定划分产品或者服务风险等级的;

(六)违反本办法第二十五条,未按规定录音录像或者采取配套留痕安排的;

(七)违反本办法第二十九条,未按规定制定或者落实适当性内部管理制度和相关制度机制的;

(八)违反本办法第三十条,未按规定开展适当性自查的;

(九)违反本办法第三十二条,未按规定妥善保存相关信息资料的;

(十)违反本办法第六条、第十八条至第二十四条、第二十六条、第二十七条、第三十三条规定,未构成《证券法》第一百九十八条,《证券投资基金法》第一百三十五条、第一百三十七条,《证券公司监督管理条例》第八十三条、第八十四条,《期货交易管理条例》第六十六条、第六十七条规定情形的。

第四十二条 经营机构从业人员违反相关法律法规和本办法规定,情节严重的,中国证监会可以依法采取市场禁入的措施。

第四十三条 本办法自2017年7月1日起施行。

证券期货经营机构管理人中管理人(MOM)产品指引(试行)

(2019年12月6日中国证券监督管理委员会公告〔2019〕26号公布施行)

第一条 为促进证券期货经营机构资产管理业务创新发展,规范管理人中管理人产品运作,保护投资者合法权益,根据《证券投资基金法》《公开募集证券投资基金运作管理办法》(证监会令第104号)《证券期货经营机构私募资产管理业务管理办法》(证监会令第151号)及其他有关法律法规,制定本指引。

第二条 管理人中管理人产品(以下简称MOM产品),是指证券期货经营机构(以下简称管理人)管理的同时符合以下特征的资产管理产品:

(一)管理人按照本指引要求委托两个或者两个以上符合条件的第三方资产管理机构(以下简称投资顾问)就资产管理产品的部分或者全部资产提供投资建议;

(二)根据资产配置需要将资产管理产品的资产划分成两个或者两个以上资产单元,每一个资产单元按规定单独开立证券期货账户。

本指引所称证券期货经营机构,是指证券公司、公募基金管理人、期货公司及前述机构依法设立的从事私募资产管理业务的子公司。证券期货经营机构设立资产管理产品并委托两个或者两个以上投资顾问的,适用本指引。

第三条 管理人委托投资顾问提供投资建议服务,依法应承担的责任不因委托而免除。管理人履行MOM产品的法定受托职责,负责投资决策及交易执行。

投资顾问按照《证券投资基金法》相关规定接受管理人委托,在约定的权限范围内为特定资产单元提供投资建议等服务。

第四条 MOM产品可以通过公开募集方式或者非公开募集方式设立。

第五条 注册公开募集MOM产品,管理人应当向中国证监会提交下列材料:

(一)《证券投资基金法》《公开募集证券投资基金运作管理办法》要求的公开募集证券投资基金注册申请文件;

(二)拟聘请的投资顾问情况及投资顾问协议;

(三)投资顾问选聘、考核、解聘等管理制度;

(四)中国证监会规定的其他文件。

备案非公开募集MOM产品,管理人应当按照《证券投资基金法》《证券期货经营机构私募资产管理业务管理办法》等要求向中国证券投资基金业协会提交相关产品备案材料。

第六条 管理人或托管人应当按照规定办理MOM产品及各资产单元证券期货账户的开立、变更、注销等业务。

第七条 管理人应当与投资顾问签订投资顾问协议,内容包括但不限于:

(一)管理人与投资顾问双方的权利义务;

(二)资产单元的投资目标、投资范围、投资策略、投资禁止行为等;

(三)资产单元估值核算相关安排;

(四)投资顾问的投资经理、核心投研人员等主要人员配备情况;

(五)投资顾问的费用收取;

（六）协议终止的情形、程序等；

（七）可能影响 MOM 产品运作及投资者保护的其他事项。

第八条 申请募集 MOM 产品，拟任管理人应当符合《公开募集证券投资基金运作管理办法》《证券期货经营机构私募资产管理业务管理办法》等法规关于资产管理产品管理人的相关要求，并持续具备专门的投资研究团队，专职从事 MOM 产品或基金中基金产品相关投资研究人员不少于 3 人。

第九条 拟任公开募集 MOM 产品的投资顾问应当为公募基金管理人。拟任非公开募集 MOM 产品的投资顾问应当符合《证券期货经营机构私募资产管理业务管理办法》《证券期货经营机构私募资产管理计划运作管理规定》（证监会公告〔2018〕31 号）等法规关于资产管理产品投资顾问的相关要求。

第十条 拟任非公开募集 MOM 产品的投资经理，应当符合下列要求：

（一）具备 3 年以上金融行业从事证券期货投资、证券期货研究分析、证券投资基金研究评价或分析经验，其中至少 1 年为证券期货投资经验；或者具备 3 年以上养老金或保险资金资产配置经验；

（二）历史投资业绩稳定、良好，无重大管理失当行为；

（三）最近 3 年没有重大违法违规记录；

（四）中国证监会根据审慎监管原则规定的其他要求。

拟任公开募集 MOM 产品的基金经理，除应当符合第（二）、（三）、（四）项要求外，还应当具备 5 年以上金融行业从事证券期货投资、证券期货研究分析、证券投资基金研究评价或分析经验，其中至少 2 年为证券期货投资经验；或者具备 5 年以上养老金或保险资金资产配置经验。

第十一条 管理人承担的职责包括但不限于：

（一）科学划分资产单元；

（二）建立合理的投资顾问选聘、评估、更换机制及流程，对投资顾问进行充分的尽职调查；

（三）聘请符合条件的投资顾问，对投资顾问持续进行监督评估，并定期进行回访，回访频率不少于每年 1 次；

（四）办理投资顾问注册、备案等相关事宜；

（五）作出投资决策，负责交易执行；

（六）对 MOM 产品及各资产单元分别进行估值、核算；

（七）对 MOM 产品进行整体的风险控制，确保产品的投资运作符合法律规定及合同约定；

（八）对各资产单元的每笔交易执行情况实行留痕管理，保存期限不得少于

15 年；

（九）将资产单元的交易执行、持仓信息等相关情况按约定反馈相应投资顾问；

（十）依法编制 MOM 产品的信息披露文件，定期披露投资顾问信息及产品的投资运作情况；

（十一）法律法规规定的其他职责。

第十二条 投资顾问承担的职责包括但不限于：

（一）按照投资顾问协议约定为特定资产单元提供投资建议；

（二）及时向管理人报告与资产单元相关的重大事项；

（三）公平对待不同资产，严禁直接或者通过第三方的交易安排在不同资产之间进行利益输送；

（四）法律法规规定的其他职责。

投资顾问不得将服务职责转授于其他机构。投资顾问违法违规的，应当承担相应的法律责任。

第十三条 托管人应当加强对 MOM 产品的投资监督，对 MOM 产品及各资产单元的资产净值及份额净值进行复核。

托管人与投资顾问不得为同一机构，不得相互出资或者持有股份。

第十四条 管理人、托管人、投资顾问及其从业人员不得有下列行为：

（一）利用基金从事内幕交易、操纵市场或者其他不当、违法的证券期货业务行为；

（二）泄露因职务便利获取的未公开信息，利用该信息从事或者明示、暗示他人从事相关交易活动；

（三）为违法或者规避监管的证券期货业务活动提供交易便利；

（四）从事非公平交易、利益输送等损害投资者合法权益的行为；

（五）利用基金进行商业贿赂；

（六）侵占、挪用基金财产；

（七）利用基金或者职务便利为投资者以外的第三方谋取不正当利益；

（八）直接或者间接向投资者返还管理费；

（九）以获取佣金或者其他不当利益为目的，使用基金财产进行不必要的交易；

（十）法律、行政法规和中国证监会规定禁止的其他行为。

第十五条 管理人应当建立完善的投资顾问管理制度，制定投资顾问选聘、监督、考核、评估、解聘标准和流程，健全决策程序和授权机制，明确投资决策委员会、投资总监、投资组合经理等各投资决策主体的职责和权限划分。

管理人应当对投资顾问的投资研究能力和合规风控能力开展审慎尽职调查，

加强对投资顾问的监督评估，及时解聘或者更换不合格投资顾问。

第十六条 管理人应当制定科学、清晰的MOM产品投资策略，并根据投资策略合理确定投资顾问数量及各资产单元资产规模。

第十七条 投资顾问收取的投资顾问费用应当从管理人收取的管理费中列支，具体由管理人与投资顾问自主约定。

管理人不得向未提供实质服务的投资顾问支付费用，支付的费用应当与投资顾问提供的服务相匹配。

第十八条 MOM产品变更投资顾问应当依法履行变更注册或备案程序。

公开募集MOM产品变更投资顾问的，应当依法履行向中国证监会申请基金产品变更注册等法定程序。

非公开募集MOM产品变更投资顾问的，应当按照中国证券投资基金业协会的规定履行产品变更备案等程序，并抄报中国证监会相关派出机构。

法律法规或中国证监会另有规定的，从其规定。

第十九条 MOM产品应当在基金合同或者资产管理合同中详细列明MOM产品的投资目标、策略、范围，资产单元划分标准，投资顾问选择标准，投资顾问基本信息等核心产品要素。投资顾问基本信息包括但不限于：投资顾问名称、注册地址、办公地址、法定代表人、成立时间、联系人及联系方式等。

MOM产品应当在定期报告中披露各资产单元的规模及占比、管理人与投资顾问及不同投资顾问之间是否存在关联关系等信息，在年度报告中披露投资顾问当年获得的投资顾问费用及占基金年均资产净值的比例等。

MOM产品运作期间，投资顾问调整或者发生其他可能对基金运作产生重大影响事件的，管理人应当及时公告，并在更新的招募说明书或者计划说明书中予以说明。

第二十条 MOM产品应当在产品名称中标识“管理人中管理人（MOM）”字样。

公开募集MOM产品资料概要或者非公开募集MOM产品风险揭示书应当向投资者充分揭示产品的特定风险。管理人应当要求投资者以纸质或电子形式确认其了解产品特征及相关风险。

第二十一条 管理人、投资顾问不得以MOM产品的资金与关联方进行不正当交易、利益输送、内幕交易和操纵市场。

MOM产品依据法律法规及基金合同或者资产管理合同投资管理人、托管人、投资顾问及其控股股东、实际控制人或者与其有重大利害关系的公司发行或者承销的证券，或者从事其他重大关联交易的，管理人应当建立健全内部审批机制和评估机制，并遵守向投资者充分披露信息等法规要求。

第二十二条 管理人应当加强非公开募集MOM产品投资者资金来源的核查，

严禁利用 MOM 产品违规开展配资、通道等业务。

第二十三条 管理人应当建立健全内部控制与风险管理制度，确保 MOM 产品的投资管理、证券期货交易、估值核算、风险控制、合规管理、信息披露等业务操作符合相关法律法规的要求。

第二十四条 管理人应当建立完善的技术系统，支持 MOM 产品的投资运作。涉及信息系统外部接入的，应当符合中国证监会相关规定。

第二十五条 投资顾问应当建立健全公平交易等风险管理制度和流程，将 MOM 产品投资建议活动与自身投资管理活动一并纳入公平交易管控，不得泄露与 MOM 产品投资运作相关的非公开信息，对可能导致不公平交易和利益输送的异常交易行为进行监控，定期形成公平交易分析报告备查。

第二十六条 中国证券投资基金业协会应当按照法律、行政法规和中国证监会规定对非公开募集 MOM 产品实施备案管理和监测监控。发现已备案的非公开募集 MOM 产品存在重大风险或者违规事项的，应当及时报告中国证监会及相关派出机构。

第二十七条 管理人、托管人和投资顾问违反法律、行政法规及中国证监会规定的，中国证监会及相关派出机构可依照《证券投资基金法》《公开募集证券投资基金运作管理办法》《证券期货经营机构私募资产管理业务管理办法》等法律法规规定对其采取监管谈话、出具警示函、责令限期整改，整改期间暂停受理及审查基金产品募集申请或者其他业务申请等行政监管措施；对直接负责的主管人员和其他直接责任人员，可以采取监管谈话、出具警示函、暂停履行职务、认定为不适宜担任相关职务者等行政监管措施。依法应予行政处罚的，依照有关规定进行行政处罚；涉嫌犯罪的，依法移送司法机关，追究刑事责任。

第二十八条 本指引自公布之日起施行。

证券期货经营机构私募资产管理计划备案管理规范第 1 号——备案核查与自律管理

（2016 年 10 月 21 日发布实施）

一、证券期货经营机构开展私募资产管理业务，应当符合有关法律法规、部门规章及自律规则的规定，并按照中国证券投资基金业协会（下称协会）的要求，及时进行资产管理计划备案，接受协会备案管理和风险监测，真实、准确、完整地报送备案材料和风险监测报告，对备案材料和风险监测报告的真实性、合规性、准确性和完整性负责。

二、证券期货经营机构应当对资产管理计划的设立、变更、展期、终止等行为进行备案，按时提交备案材料。所有资产管理计划均应在协会完成备案并取得备案证明后，方可申请为其开立证券市场交易账户。

三、证券期货经营机构应当定期报送资产管理计划运行报告和风险监测报告，发生对资产管理计划有重大影响事件的，还应及时向协会进行报告。

四、协会接受资产管理计划备案不能免除证券期货经营机构按照规定真实、准确、完整、及时地披露产品信息的法律责任。

接受备案不代表协会对资产管理计划的合规性、投资价值及投资风险做出保证和判断。投资者应当自行识别产品投资风险并承担投资行为可能出现的损失。

五、协会将建立健全资产管理计划备案核查流程，按照“实质重于形式”原则，通过书面审阅、问询、约谈等方式对备案材料进行核查。资产管理计划合规性存疑的，协会可以向中国证监会进行咨询、报告，也可以对资产管理人出具备案关注函或进行现场检查，资产管理人应当予以配合。

六、协会将加强资产管理计划备案核查力度，对于违反法律法规及自律规则的证券期货经营机构，协会可以视情节轻重对其采取谈话提醒、书面警示、要求限期改正、加入黑名单、公开谴责、暂停备案等纪律处分。情节严重的，依法移送中国证监会处理。

七、协会对证券期货经营机构的自律管理接受中国证监会的指导和监督，并与中国证监会及中国证券业协会、中国期货业协会、中国证券登记结算有限责任公司、中国期货保证金监控中心等自律组织建立监管合作和信息共享机制。

证券期货经营机构私募资产管理计划备案管理规范第2号——委托第三方机构提供投资建议服务

（2016年10月21日发布实施）

证券期货经营机构委托第三方机构为资产管理计划提供投资建议服务，应当严格遵守《证券期货经营机构私募资产管理业务运作管理暂行规定》（下称《暂行规

定》)有关规定,并符合以下规范性要求:

一、证券期货经营机构应当委托符合《暂行规定》要求的第三方机构为资产管理计划提供投资建议服务。一对多(集合)资产管理计划委托人,不得通过发出投资建议或投资指令等方式直接或间接影响资产管理人投资运作,符合法定的资质条件并接受资产管理人委托提供投资建议的第三方机构除外。

二、证券期货经营机构应当制定第三方机构遴选机制和流程、风险管控机制、利益冲突防范机制,相关制度流程应当经公司有权机构审议通过后存档备查。未建立健全上述制度流程的,不得聘请第三方机构为资产管理计划提供投资建议服务。

三、证券期货经营机构应当对拟聘请的第三方机构进行尽职调查,要求其提供符合《暂行规定》第十四条第(八)项规定的资质证明文件(清单附后),并在设立资产管理计划时将尽职调查报告、资质证明文件等材料向中国证券投资基金业协会(下称协会)进行备案。拟聘请的第三方机构为私募证券投资基金管理人的,应当已加入协会,成为普通会员或观察会员。

私募证券投资基金管理人不得为主要投资于非标资产的资产管理计划提供投资建议服务。

四、证券期货经营机构应当严格按照《暂行规定》及内部制度流程选聘第三方机构,签订委托协议,披露第三方机构相关信息,清晰约定彼此权利义务。委托协议应当向协会进行备案。

五、证券期货经营机构应当妥善保管第三方机构出具的投资建议及相关文件,不得隐匿、伪造、篡改或者违规销毁。

附:

证明文件清单

一、证券期货经营机构提供投资建议服务应提交以下文件

中国证监会认可的从事资产管理业务的资格证明文件。

二、私募证券投资基金管理人提供投资建议服务应提交以下文件

(一)私募证券投资基金管理人出具的承诺函

1. 承诺在协会登记满一年,已成为协会会员,经营期间无重大违法违规记录;

2. 承诺具备3年以上连续可追溯证券、期货投资管理业绩[1]的投资管理人员[2]不少于3名,且最近三年无不良从业记录[3];

3. 承诺函应当加盖公司公章,3 名投资管理人员本人签字。

(二)资质证明文件

1. 协会官网公示的私募证券投资基金管理人公示信息截图;

2. 协会会员证书或协会官网公示的观察会员名单截图;

3. 全国企业信用信息公示系统中第三方机构违法违规记录查询结果截图;

4. 基金从业人员系统中 3 名投资管理人员不良从业记录查询结果截图,或其他可验证可核查的证明材料。

(三)投资管理人员工作经历证明

包括 3 名投资管理人员的:

1. 曾任职单位出具的投资管理经历说明[4]或离任审计报告(应包括管理的基金/产品名称、期间、职责等),或担任投资顾问期间的委托管理协议。

2. 基金从业资格证明[5]文件,或海外基金从业人员曾就职的基金或投资管理公司出具的工作履历证明(中英文翻译件);

3. 协会要求提供的其他证明材料。

(四)投资管理业绩[6]证明文件

提供以下一项即可:

1. 曾管理的基金/产品的托管机构或审计机构出具的,该名人员管理期间的基金/产品净值变化情况证明;

2. 第三方评价机构[7]出具的该名人员管理期间的基金/产品净值变化情况证明;

3. 曾管理的基金/产品在该名人员管理期间的定期报告复印件,并说明自己管理的业绩区间;

4. 曾任职单位出具的所管理的证券、期货自营账户净值变化情况证明;

5. 聘任私募证券投资基金管理人担任投资顾问的机构出具的,该名人员管理产品期间的产品净值变化情况证明;

6. 其他基金业协会认可的可核查可验证的基金/产品投资业绩证明文件。

(五)基金/产品投资业绩数据

投资管理人员曾管理的基金/产品的投资业绩数据(EXCEL 格式)。样表如下:

投资管理人员:

曾管理基金/产品名称:

投资管理期间:

估值日	单位净值	累计净值	现金分红	累计净值增长率（%）	业绩比较基准（%）（如有）

注：以表格中第一个估值日为基期，估值日可以按月度填写。如该名投资管理人员3年内连续管理多只产品，不同产品的业绩数据请分开上传。

[1]3年以上连续投资管理业绩是指投资管理人员连续3年从事证券、期货投资管理工作所形成的投资业绩记录，中间未有中断，但因疾病、生育、法规限制或合同约定限制等客观原因中断从业经历且不超过1年的，可不重新计算连续年限。

[2]投资管理人员是指在受国务院金融监管部门监管的持牌机构或已在基金业协会登记的私募基金管理机构任职，具备证券、期货自营账户或受托账户投资管理工作经历的人员，包括基金经理、投资经理、投资决策委员会成员、投资总监，以及经机构授权承担投资决策职能的其他人员。

[3]不良从业记录是指投资管理人员在从事证券、期货投资管理业务过程中，存在因违反法律法规或自律规则被采取行政监管措施或纪律处分，或因违反任职单位规定被辞退或开除的记录。

[4]如投资管理人员在现任单位具备3年以上连续可追溯证券、期货投资管理业绩，不需要过往任职单位出具工作经历证明文件。工作经历证明中应当包括该投资管理人员任职期间、职务、所管理产品/账户的名称及管理期间，并与提供的投资管理业绩证明相匹配。

[5]所有提供投资建议服务的投资管理人员均需要具备基金从业资格。

[6]投资管理业绩是指能够明确归属于投资管理人员本人且满足连续3年条件的投资管理业绩，不限于最近连续3年。

[7]第三方评价机构是指协会官网披露的基金评价机构。

证券期货经营机构私募资产管理计划备案管理规范第3号——结构化资产管理计划

（2016年10月21日发布实施）

证券期货经营机构开展私募资产管理业务，设立、运作结构化资产管理计划，应当严格遵守《证券期货经营机构私募资产管理业务运作管理暂行规定》（下称《暂行规定》）有关要求，并符合以下规定：

一、严格按照“利益共享、风险共担、风险与收益相匹配”原则设计结构化资产管理计划。所谓利益共享、风险共担、风险与收益相匹配，是指在结构化资产管理计划产生投资收益或出现投资亏损时，所有投资者均应当享受收益或承担亏损，但优先级投资者与劣后级投资者可以在合同中合理约定享受收益和承担亏损的比例，且该比例应当平等适用于享受收益和承担亏损两种情况。

二、结构化资产管理计划合同中不得约定劣后级投资者本金先行承担亏损、单方面提供增强资金等保障优先级投资者利益的内容。

三、结构化资产管理计划应当根据投资标的实际产生的收益进行计提或分配，出现亏损或未实际实现投资收益的，不得计提或分配收益。

四、资产管理人可以按照《暂行规定》要求，通过以自有资金认购的资产管理计划份额先行承担亏损的形式提供有限风险补偿，但不得以获取高于按份额比例计算的收益、提取业绩报酬或浮动管理费等方式变相获取超额收益。

五、结构化资产管理计划的投资者不得直接或间接影响资产管理人投资运作（提供投资建议服务的第三方机构同时认购优先级份额的情况除外），不得通过合同约定将结构化资产管理计划异化为优先级投资者为劣后级投资者变相提供融资的产品。

六、结构化资产管理计划合同中应明确其所属类别，约定相应投资范围及投资比例、杠杆倍数限制等内容。合同约定投资其他金融产品的，资产管理人应当依据勤勉尽责的受托义务要求，履行向下穿透审查义务，即向底层资金方向进行穿透审查，以确定受托资金的最终投资方向符合《暂行规定》在杠杆倍数等方面的限制性要求。

证券期货经营机构不得以规避《暂行规定》及本规范要求为目的，故意安排其他结构化金融产品作为委托资金，通过嵌套资产管理计划的形式，变相设立不符合规定的结构化资产管理计划，或明知委托资金属于结构化金融产品，仍配合其进行止损平仓等保本保收益操作。

七、结构化资产管理计划可以通过业绩比较基准形式向优先级投资者进行推介，但应同时说明业绩比较对象、业绩比较基准测算依据和测算过程等信息。结构化资产管理计划的业绩比较对象应当与其投资标的、投资策略直接相关。

基金管理公司及其子公司特定客户资产管理业务电子签名合同操作指引（试行）

（2014年7月7日中基协发〔2014〕16号发布实施）

第一章 总 则

第一条 为规范证券投资基金管理公司（以下简称基金管理公司）及其子公司特定客户资产管理电子签名合同（以下简称电子签名合同）的操作，根据《合同法》、《电子签名法》、《基金法》、《基金管理公司特定客户资产管理业务试点办法》及其他有关规定,制定本指引。

第二条 特定客户资产管理电子签名合同是指基金管理公司及其子公司(以下简称管理人)从事特定客户资产管理业务,与委托人和托管人之间通过电子信息网络以电子形式签署的特定客户资产管理合同。

第三条 特定客户资产管理计划(以下简称特定资产管理计划)的管理人、托管人和委托人在签订电子签名合同时应当遵守本指引及有关法律法规的规定,管理人、托管人、销售机构和特定资产管理计划电子签名合同的管理者(以下简称电子签名合同管理者)应当依法履行相关职责。

第二章 电子签名合同基本要求

第四条 特定资产管理计划的管理人应当按照法律法规的相关规定拟定电子签名合同标准文本。每个特定资产管理计划应当只有一份电子签名合同标准文本,适用于所有参与该特定资产管理计划的当事人。

第五条 电子签名合同标准文本应由管理人、托管人共同签署,不得随意更改;标准文本需变更的,应按照有关规定和合同约定履行变更手续。合同标准文本和变更后的标准文本应按照中国证监会的有关规定办理备案手续。标准文本中应当明确约定合同的成立与生效条件。

第六条 委托人应当如实提供与签署电子签名合同相关的信息和资料,销售机构应当按照有关规定对委托人提供的信息和资料进行审查并如实记录,并确保委托人的电子签名行为出于其真实意愿。

第七条 管理人、销售机构应确保委托人可以通过其互联网网站或营业网点等渠道查阅电子签名合同标准文本。

第三章 电子签名合同的签署

第八条 销售机构应与委托人书面签署电子签名约定书,明确约定当事人使用电子签名方式签署合同的相关事项。电子签名约定书除了约定电子签名与在纸质合同上手写签名或者盖章具有同等法律效力外,还应载明投资者教育和适当性管理的相关内容。

第九条 委托人在签署电子签名合同前,销售机构应将特定资产管理计划的风险揭示书交委托人阅读确认。风险揭示书及其他有关文件采用电子签名方式签署的,应参照本指引关于电子签名合同签署的有关规定执行。委托人是否签署电子风险揭示书的信息应包含在电子签名合同数据中。

第十条 委托人可通过销售机构的网上交易或柜台系统以电子签名方式签署电子签名合同。

委托人通过网上交易系统签署电子签名合同的,应当首先登录销售机构的网上交易系统,仔细查阅特定资产管理计划的合同标准文本,确认相关条款无误后,方可按照销售机构的系统提示采用电子签名方式签署电子签名合同。

委托人通过柜台系统签署电子签名合同的,应当首先仔细查阅销售机构提供的特定资产管理计划的合同标准文本,确认相关条款无误后,方可按照营业网点柜台工作人员的提示采用电子签名方式签署电子签名合同。

第十一条 委托人应当采取有效措施妥善保管与电子签名合同相关的信息和资料,防止他人以委托人名义实施电子签名行为。

第十二条 销售机构应提供与管理人合同标准文本一致的电子签名合同供委托人阅读。委托人签署电子签名合同后,可通过销售机构提供的方式获取电子签名合同的有效签署凭证。

第四章 电子签名合同数据的流转、核对、保管及查询

第十三条 电子签名合同管理者指为基金管理公司及其子公司提供资产管理计划电子签名合同的流转、保管及查询服务的机构。特定资产管理计划的管理人可选择由自身担任,或委托第三方机构担任电子签名合同管理者。管理人为基金管理公司子公司的,电子签名合同管理者也可以是其母公司。管理人委托第三方机构担任电子签名合同管理者的,管理人依法应当承担的责任不因委托而免除。

第十四条 销售机构应当按照有关规定及时向电子签名合同管理者传输委托人已签署的电子签名合同数据。

第十五条 电子签名合同管理者为特定资产管理计划的管理人的,管理人应在收到电子签名合同数据后,将不符合接口规范要求的电子签名合同数据提供给销售机构进行查询、补正。电子签名合同管理者为第三方机构的,第三方机构应在收到电子签名合同数据后,将符合接口规范要求的电子签名合同数据提供给管理人查询、下载并核对,将不符合接口规范要求的电子签名合同数据提供给销售机构查询、下载并补正。

第十六条 管理人在获取销售机构上传的电子签名合同签署数据后,应与其保存的委托人账户资料进行核对,核对一致的视为通过,核对不一致的视为需补正,核对的内容应当包括委托人名称、证件号码等相关信息。

第十七条 核对通过的电子签名合同数据，由电子签名合同管理者提供给托管人。核对未通过的电子签名合同数据，由电子签名合同管理者提供给销售机构，销售机构应在约定时间内进行查询并补正。

第十八条 电子签名合同管理者为特定资产管理计划的管理人的，在电子签名合同核对通过前管理人不得对委托人发起的相关交易进行确认。

第十九条 电子签名合同管理者应留存所有流经的电子签名合同数据，管理人、托管人和销售机构可在其权限范围内获取相关数据。

第二十条 委托人可以向管理人、销售机构和电子签名合同管理者查询其电子签名合同签署的相关信息，并通过管理人、销售机构及电子签名合同管理者提供的方式，获取并留存电子签名合同标准文本及有效签署凭证。

第二十一条 管理人、托管人和销售机构应当妥善保管电子签名合同、电子签名约定书、客户资料、交易记录、业务档案等与本机构相关的文件、资料和数据。

第五章 附 则

第二十二条 本指引由协会负责解释。

第二十三条 本指引自发布之日起实施。

附件：基金管理公司及其子公司特定客户资产管理业务电子签名合同数据接口规范（试行）（略）

单一资产管理计划资产管理合同内容与格式指引（试行）

（2019年3月29日中基协发〔2019〕3号发布，自2019年5月1日起施行）

第一章 总 则

第一条 根据《中华人民共和国证券投资基金法》（以下简称《基金法》）、《中华人民共和国证券法》、《中华人民共和国合同法》、《关于规范金融机构资产管理业务的指导意见》、《证券期货经营机构私募资产管理业务管理办法》（以下简称《管理办法》）、《证券期货经营机构私募资产管理计划运作管理规定》（以下简称《运作规定》)、中国证券投资基金业协会(以下简称证券投资基金业协会)自律规则及其他有关规定,制定本指引。

第二条 证券期货经营机构通过契约形式为单一投资者办理资产管理业务的,投资者、管理人和托管人(如有)作为合同当事人应当按照本指引的要求订立资产管理合同。

第三条 资产管理合同当事人应当遵循平等自愿、诚实信用、公平原则订立资产管理合同,维护投资者合法权益,不得损害国家利益、社会公共利益和他人合法权益。

第四条 资产管理合同不得含有虚假的内容或误导性陈述。

第五条 本指引要求明确的内容必须在资产管理合同中进行约定。

在不违反相关法律法规、《管理办法》、《运作规定》、本指引以及其他有关规定的前提下,资产管理合同当事人可以根据实际情况约定本指引规定内容之外的事项。

本指引部分具体要求对当事人确不适用的,当事人可对相应内容做出合理调整和变动,但应在《风险揭示书》中向投资者特别揭示,并在资产管理合同报送证券投资基金业协会备案时出具书面说明。

第六条 单一资产管理计划可以约定不聘请托管机构进行托管,但应当在资产管理合同中明确保障资产管理计划资产安全的制度措施和纠纷解决机制。

第七条 管理人聘用第三方机构为资产管理计划提供服务的,应当通过签署协议明确约定双方权利义务和责任,但是,管理人应当承担的责任不因聘用第三方机构而免除。

资产管理合同中已订明第三方服务机构的,应列明以下事项:

(一)因管理人聘请第三方服务机构对合同各方当事人权利义务产生影响的情况说明及相关纠纷解决机制;

(二)在风险揭示书中特别揭示与第三方服务机构相关的各类风险事项并由管理人、投资者等当事人签章确认。

第八条 凡对当事人权利、义务有重大影响的事项,无论本指引是否作出规定,当事人均应在资产管理合同中订明。

第九条 管理人违反本指引的,证券投资基金业协会将视情况采取自律管理措施。

第二章 资产管理合同封面和目录

第十条 资产管理合同封面应当标有“××单一资产管理计划资产管理合同”的

字样与合同编号，封面下端应当标明投资者、管理人及托管人（如有）名称的全称。

第十一条 资产管理计划的产品名称应当包括管理人简称，格式为“管理人简称+××单一资产管理计划”。资产管理计划存在如下情况的应在名称中加入相应标识：

（一）基金中基金资产管理计划、管理人中管理人资产管理计划，应含“FOF”、“MOM”或者其他能反映该资产管理计划类别的字样；

（二）员工持股计划、以收购上市公司为目的设立的资产管理计划等具有特定投资管理目标的资产管理计划应按照规定在其名称中表明反映该资产管理计划投资管理目标的字样。

资产管理计划的产品名称应保持唯一性，且不得存在可能误导投资者的表述。

第十二条 资产管理合同目录应当自首页开始排印。目录应当列明各个具体标题及相应的页码。

第三章 合同正文

第一节 前 言

第十三条 订明订立资产管理合同的依据、目的和原则。订立资产管理合同的依据应包括《基金法》、《管理办法》、《运作规定》以及本指引。

第十四条 说明管理人应当对资产管理计划的设立、变更、展期、终止、清算等行为向证券投资基金业协会进行备案，并抄报中国证监会相关派出机构。

说明证券投资基金业协会接受资产管理计划备案不能免除管理人按照规定真实、准确、完整、及时地披露产品信息的法律责任，也不代表证券投资基金业协会对资产管理计划的合规性、投资价值及投资风险做出保证和判断。投资者应当自行识别产品投资风险并承担投资行为可能出现的损失。

第二节 释 义

第十五条 对资产管理合同中具有特定法律含义的词汇作出明确的解释和说明。

第三节 承诺与声明

第十六条 列明管理人、托管人（如有）及投资者的承诺与声明，内容包括但不限于：

（一）管理人承诺

1. 在签订本合同前充分向投资者说明了有关法律法规和相关投资工具的运作市场及方式，并充分揭示了相关风险。

2. 已经了解投资者的风险偏好、风险认知能力和承受能力，对投资者的财务状况进行了充分评估。

3. 按照《基金法》恪尽职守、诚实信用、谨慎勤勉的原则管理和运用委托财产，不保证委托财产一定盈利，也不保证最低收益或本金不受损失，以及限定投资损失金额或者比例。

（二）托管人（如有）承诺

1. 按照《基金法》恪尽职守、诚实信用、谨慎勤勉的原则安全保管委托财产，履行信义义务以及本合同约定的其他义务。

2. 根据法律法规、中国证监会及证券投资基金业协会的规定和资产管理合同的约定，对管理人的投资或清算指令等进行监督。

3. 在管理人发生异常且无法履行管理职能时，依照法律法规及合同约定履行受托职责，维护投资者权益。

（三）投资者声明

1. 符合《运作规定》合格投资者的要求，且不是管理人的董事、监事、从业人员及其配偶。

2. 向管理人提供的有关投资目的、投资偏好、投资限制、财产收入情况和风险承受能力等基本情况真实、完整、准确、合法，不存在任何虚假陈述、重大遗漏或误导。前述信息资料如发生任何实质性变更，及时书面告知管理人。

3. 财产的来源及用途符合国家有关规定，未使用贷款、发行债券等筹集的非自有资金投资资产管理计划，且投资事项符合法律法规的规定及业务决策程序的要求。

4. 已充分理解本合同条款，了解相关权利义务，了解有关法律法规及所投资资产管理计划的风险收益特征，知晓管理人、托管人（如有）及相关机构不应对资产管理计划的收益状况或本金不受损失做出任何承诺，了解“卖者尽责，买者自负”的原则，投资于本计划将自行承担投资风险。

第四节　当事人及权利义务

第十七条　订明投资者、管理人和托管人（如有）的基本情况，包括但不限于姓名/名称、住所、联系人、通讯地址、联系电话等信息。

第十八条 根据法律法规及其他有关规定订明投资者的权利，包括但不限于：

（一）按照本合同的约定取得资产管理计划财产收益；

（二）取得清算后的剩余资产管理计划财产；

（三）按照本合同的约定追加或提取委托财产；

（四）按照法律法规及本合同约定的时间和方式获得资产管理计划的信息披露资料；

（五）监督管理人及托管人（如有）履行投资管理和托管义务的情况；

（六）法律法规、中国证监会及证券投资基金业协会规定的和资产管理合同约定的其他权利。

第十九条 根据法律法规及其他有关规定订明投资者的义务，包括但不限于：

（一）认真阅读并遵守资产管理合同，保证投资资金的来源及用途合法；

（二）接受合格投资者认定程序，如实填写风险识别能力和风险承担能力问卷，如实提供资金来源、金融资产、收入及负债情况，并对其真实性、准确性和完整性负责，签署合格投资者相关文件；

（三）除公募资产管理产品外，以合伙企业、契约等非法人形式直接或者间接投资于资产管理计划的，应向管理人充分披露实际投资者和最终资金来源；

（四）认真阅读并签署风险揭示书；

（五）按照资产管理合同的约定支付资产管理计划的管理费、业绩报酬（如有）、托管费（如有）及税费等合理费用；

（六）按照资产管理合同的约定，将委托财产交付管理人和托管人（如有）分别进行投资管理和资产托管，以委托财产为限依法承担资产管理计划亏损或者终止的有限责任；

（七）向管理人提供法律法规规定的信息资料及身份证明文件，配合管理人完成投资者适当性管理、非居民金融账户涉税信息的尽职调查、反洗钱等监管规定的工作；

（八）不得违反资产管理合同的约定干涉管理人的投资行为；

（九）不得从事任何有损资产管理计划、管理人管理的其他资产及托管人（如有）托管的其他资产合法权益的活动；

（十）保守商业秘密，不得泄露资产管理计划的投资计划、投资意向等；不得利用资产管理计划相关信息进行内幕交易或者其他不当、违法的证券期货业务活动；

（十一）法律法规、中国证监会及证券投资基金业协会规定和资产管理合同约定的其他义务。

第二十条 根据《基金法》、《管理办法》、《运作规定》及其他有关规定订明管理人的权利,包括但不限于:

(一)按照资产管理合同约定,独立管理和运用资产管理计划财产;

(二)按照资产管理合同约定,及时、足额获得管理人管理费用及业绩报酬(如有);

(三)按照有关规定和资产管理合同约定行使因资产管理计划财产投资所产生的权利;

(四)根据资产管理合同及其他有关规定,监督托管人(如有),对于托管人违反资产管理合同或有关法律法规规定、对资产管理计划财产及其他当事人的利益造成重大损失的,应当及时采取措施制止,并报告中国证监会相关派出机构及证券投资基金业协会;

(五)自行提供或者委托经中国证监会、证券投资基金业协会认定的服务机构为资产管理计划提供估值与核算、信息技术系统等服务,并对其行为进行必要的监督和检查;

(六)以管理人的名义,代表资产管理计划行使投资过程中产生的权属登记等权利;

(七)法律法规、中国证监会、证券投资基金业协会规定的及资产管理合同约定的其他权利。

第二十一条 根据《基金法》、《管理办法》、《运作规定》及其他有关规定订明管理人的义务,包括但不限于:

(一)依法办理资产管理计划的备案事宜;

(二)按照证券投资基金业协会要求报送资产管理计划产品运行信息;

(三)按照诚实信用、勤勉尽责的原则履行受托人义务,管理和运用资产管理计划财产;

(四)对投资者的风险识别能力和风险承受能力进行评估;

(五)制作风险揭示书,向投资者充分揭示相关风险;

(六)配备足够的具有专业能力的人员进行投资分析、决策,以专业化的经营方式管理和运作资产管理计划财产;

(七)建立健全的内部管理制度,保证本资产管理计划财产与其管理的其他资产管理计划财产、管理人的固有财产相互独立,对所管理的不同财产分别管理,分别记账,分别投资;聘请投资顾问的,应制定相应利益冲突防范机制;

(八)除依据法律法规、资产管理合同及其他有关规定外,不得为管理人及任何第三人谋取利益,不得委托第三人运作资产管理计划财产;

（九）保守商业秘密，不得泄露资产管理计划的投资计划、投资意向等，依法依规提供信息的除外；

（十）公平对待所管理的不同财产，不得从事任何有损资产管理计划财产及其他当事人利益的活动；

（十一）除规定情形或符合规定条件外，不得为管理人、托管人及其关联方提供融资；

（十二）按照资产管理合同约定接受投资者和托管人（如有）的监督；

（十三）以管理人的名义，代表投资者利益行使诉讼权利或者实施其他法律行为；

（十四）对非标准化资产和相关交易主体进行充分的尽职调查，形成书面工作底稿，并制作尽职调查报告；

（十五）按照资产管理合同约定负责资产管理计划会计核算并编制财务会计报告；

（十六）按照资产管理合同的约定确定收益分配方案，及时向投资者分配收益；

（十七）根据法律法规与资产管理合同的规定，编制向投资者披露的资产管理计划季度、年度等定期报告，向证券投资基金业协会备案，并抄报中国证监会相关派出机构；

（十八）办理与受托财产管理业务活动有关的信息披露事项；

（十九）按照法律、行政法规和中国证监会的规定，保存资产管理计划的会计账册，妥善保存有关的合同、协议、交易记录等文件、资料和数据，保存期限自资产管理计划终止之日起不得少于20年；

（二十）面临解散、依法被撤销或者被依法宣告破产时，及时报告中国证监会相关派出机构、证券投资基金业协会并通知托管人（如有）和投资者；

（二十一）法律法规、中国证监会及证券投资基金业协会规定的和资产管理合同约定的其他义务。

第二十二条 根据《基金法》、《管理办法》、《运作规定》及其他有关规定订明托管人（如有）的权利，包括但不限于：

（一）按照资产管理合同约定，依法保管资产管理计划财产；

（二）按照资产管理合同约定，及时、足额获得资产管理计划托管费用；

（三）法律法规、中国证监会及证券投资基金业协会规定的和资产管理合同约定的其他权利。

第二十三条 根据《基金法》、《管理办法》、《运作规定》及其他有关规定订明托管人（如有）的义务，包括但不限于：

（一）安全保管资产管理计划财产；

（二）除依据法律法规规定和资产管理合同的约定外，不得为托管人及任何第三人谋取利益，不得委托第三人托管资产管理计划财产；

（三）对所托管的不同财产分别设置账户，确保资产管理计划财产的完整与独立；

（四）公平对待所托管的不同财产，不得从事任何有损资产管理计划财产及其他当事人利益的活动；

（五）按规定开立和注销资产管理计划的托管账户及其他投资所需账户；

（六）办理与资产管理计划托管业务有关的信息披露事项；

（七）根据相关法律法规和资产管理合同约定，复核管理人编制的资产管理计划财产的定期报告，并出具书面意见；

（八）编制托管年度报告，并向证券投资基金业协会备案，抄报中国证监会相关派出机构；

（九）按照法律法规要求和资产管理合同约定，根据管理人的投资指令，及时办理清算、交割事宜；

（十）保守商业秘密，除法律法规、本合同及其他有关规定另有要求外，不得向他人泄露；

（十一）根据法律、行政法规和中国证监会的规定保存资产管理计划的会计账册，妥善保存有关的合同、协议、交易记录等文件资料，保存期限自资产管理计划终止之日起不得少于20年；

（十二）监督管理人的投资运作，发现管理人的投资或清算指令违反法律、行政法规、中国证监会的规定及资产管理合同约定的，应当拒绝执行，立即通知管理人并及时报告中国证监会相关派出机构和证券投资基金业协会；

（十三）投资于《管理办法》第三十七条第（五）项规定资产时，准确、合理界定安全保管资产管理计划财产、监督管理人投资运作等职责，并向投资者充分揭示；

（十四）国家有关法律法规、监管机构及资产管理合同规定的其他义务。

第五节　资产管理计划的基本情况

第二十四条　列明资产管理计划的基本情况：

（一）资产管理计划的名称；

（二）资产管理计划的类别，包括固定收益类、权益类、商品及金融衍生品类或混合类单一资产管理计划；

（三）对基金中基金资产管理计划（FOF）或管理人中管理人资产管理计划（MOM）进行特别标识；

（四）资产管理计划的运作方式，具体载明封闭式或开放式。

（五）资产管理计划的投资目标、主要投资方向、投资比例、产品风险等级；

（六）资产管理计划的存续期限；

（七）资产管理计划的最低初始规模；

（八）资产管理计划的估值与核算、信息技术系统等服务机构，列明服务机构的名称和在证券投资基金业协会登记的业务登记编码（如有）；

（九）其他需要订明的内容。

第六节　资产管理计划的成立与备案

第二十五条　订明资产管理计划成立的有关事项，包括但不限于资产管理计划成立的条件及其他事项。

第二十六条　订明资产管理计划在受托资产入账后，管理人书面通知投资者资产管理计划成立。管理人应在资产管理计划成立起5个工作日内报证券投资基金业协会备案，抄报中国证监会相关派出机构。资产管理计划成立前，任何机构和个人不得动用投资者参与资金。

第二十七条　订明资产管理计划在成立后备案完成前，不得开展投资活动，以现金管理为目的，投资于银行活期存款、国债、中央银行票据、政策性金融债、地方政府债券、货币市场基金等中国证监会认可的投资品种的除外。

第七节　资产管理计划的财产

第二十八条　订明与资产管理计划财产有关的事项，包括但不限于：

（一）资产管理计划财产的保管与处分

1. 说明资产管理计划财产的债务由资产管理计划财产本身承担责任，投资者以其出资为限对资产管理计划财产的债务承担责任。

2. 说明资产管理计划财产独立于管理人和托管人（如有）的固有财产，并独立于管理人管理的和托管人（如有）托管的其他财产。管理人、托管人（如有）不得将委托财产归入其固有财产。未聘请托管人的，应订明委托财产保管方式。

3. 说明管理人、托管人（如有）因资产管理计划财产的管理、运用或者其他情形而取得的财产和收益归入资产管理计划财产。

4. 说明管理人、托管人(如有)可以按照本合同的约定收取管理费、托管费(如有)以及本合同约定的其他费用。管理人、托管人(如有)以其自有财产承担法律责任,其债权人不得对委托财产行使请求冻结、扣押和其他权利。管理人、托管人(如有)因依法解散、被依法撤销或者被依法宣告破产等原因进行清算的,资产管理计划财产不属于其清算财产。

5. 说明资产管理计划财产产生的债权不得与不属于资产管理计划财产本身的债务相互抵销。非因资产管理计划财产本身承担的债务,管理人、托管人(如有)不得主张其债权人对委托财产强制执行。上述债权人对资产管理计划财产主张权利时,管理人、托管人(如有)应明确告知资产管理计划财产的独立性,采取合理措施并及时通知投资者。

(二)资产管理计划财产相关账户的开立和管理

订明当事人在资产管理计划财产相关账户开立和管理中的职责及相应的办理程序。如聘请托管人,托管人按照规定开立资产管理计划的托管账户及其他投资所需账户,投资者和管理人应当在开户过程中给予必要的配合,并提供所需资料。

(三)委托财产的移交

1. 订明在委托财产相关账户开立完毕后,委托财产移交的流程及其他事项。如聘请托管人,投资者应及时将初始委托财产足额划拨至托管人为本委托财产开立的托管账户、证券账户或其他专用账户,托管人应于委托财产托管账户收到初始委托财产的当日向投资者及管理人发送《委托财产到账通知书》。

2. 列明初始委托财产可以为货币资金,或者投资者合法持有的股票、债券或中国证监会认可的其他金融资产。初始委托财产价值不得低于1000万元人民币。

(四)委托财产的追加

列明开放式资产管理计划在合同有效期内,投资者有权以书面通知或指令的形式追加委托财产。追加委托财产比照初始委托财产办理移交手续,管理人、托管人(如有)应按照本合同的约定分别管理和托管追加部分的委托财产。

(五)委托财产的提取

1. 订明开放式资产管理计划在本合同存续期内,投资者提取委托财产的流程和通知方式。如聘请托管人,投资者需提前通知管理人并抄送托管人,投资者要求管理人发送财产划拨指令,通知托管人将相应财产从相关账户划拨至投资者账户,托管人应于划拨财产当日以书面形式或其他各方认可的形式分别通知其他两方。管理人和托管人不承担由于投资者通知不及时造成的资产变现损失。

2. 列明投资者在本合同存续期内提取委托财产需提前通知的时间。

第八节 资产管理计划的投资

第二十九条 说明资产管理计划财产投资的有关事项,包括但不限于:

(一)投资目标;

(二)投资范围及比例,存在以下情况的应当在资产管理合同中特别说明:

1. 投资非标准化资产的,应当穿透披露具体投资标的,暂未确定具体投资标的的,应当约定披露方式及时限;

2. 参与证券回购、融资融券、转融通、场外证券业务的应当进行特别揭示;

(三)说明投资比例超限的处理方式及流程;

(四)说明 FOF 产品(如是)所投资资产管理产品的选择标准;

(五)风险收益特征;

(六)业绩比较基准(如有)及确定依据;业绩比较基准原则上不得为固定数值;

(七)投资策略,说明管理人运作资产管理计划财产的决策依据、决策程序、投资管理的方法和标准等;

(八)投资限制,订明按照《管理办法》、自律规则及其他有关规定和合同约定禁止或限制的投资事项;

(九)订明资产管理计划的建仓期;

(十)说明固定收益类、权益类、商品及金融衍生品类资产管理计划存续期间,为规避特定风险,经投资者同意后,投资于对应类别资产的比例可以低于计划总资产 80%,但不得持续 6 个月低于计划总资产 80%。管理人应详细列明上述相关特定风险;

(十一)订明投资非标准化股权类资产的退出安排(如有);

(十二)订明投资的资产组合的流动性与追加、提取安排相匹配。

第九节 投资顾问(如有)

第三十条 资产管理计划聘请投资顾问的,应当列明投资顾问有关内容,包括但不限于:

(一)资产管理计划所聘请投资顾问的资质和基本情况;

(二)投资顾问的权利和义务;

(三)资产管理计划更换、解聘投资顾问的条件和程序。

第三十一条 说明管理人应切实履行主动管理职责,依法应当承担的责任不因聘请投资顾问而免除。

第十节 利益冲突及关联交易

第三十二条 列明资产管理计划存在的或可能存在利益冲突的情形，说明FOF产品（如是）投资管理人及管理人关联方所设立的资产管理产品的情况。

第三十三条 订明资产管理计划存在利益冲突的处理方式、披露方式、披露内容以及披露频率。

第三十四条 订明运用受托管理资产从事关联交易的，事后及时、全面、客观的向投资者和托管人进行披露。运用受托管理资产从事重大关联交易的，应事先取得投资者同意，并有充分证据证明未损害投资者利益。

第十一节 投资经理的指定与变更

第三十五条 订明资产管理计划投资经理由管理人负责指定。同时，列明本资产管理计划投资经理的姓名、从业简历、学历及兼职情况等。列明投资经理的投资管理、投资研究、投资咨询等相关业务经验、是否取得基金从业资格，以及最近三年是否被监管机构采取重大行政监管措施、行政处罚。

第三十六条 订明资产管理计划投资经理变更的条件和程序。

第十二节 投资指令的发送、确认和执行

第三十七条 具体订明有关管理人在运用资产管理计划财产时向托管人（如有）发送资金划拨及其他款项收付的投资指令的事项：

（一）交易清算授权；

（二）投资指令的内容；

（三）投资指令的发送、确认及执行时间与程序；

（四）托管人（如有）依法暂缓、拒绝执行指令的情形和处理程序；

（五）管理人发送错误指令的情形和处理程序；

（六）更换投资指令被授权人的程序；

（七）投资指令的保管；

（八）其他相关责任。

第十三节　越权交易的界定

第三十八条　具体订明下列事项：

（一）越权交易的界定；

（二）越权交易的处理程序；

（三）托管人（如有）对管理人投资运作的监督。

第十四节　资产管理计划财产的估值和会计核算

第三十九条　订明资产管理计划财产估值的相关事项，包括但不限于：

（一）估值目的；

（二）估值时间；

（三）按照会计准则订明估值方法，使用侧袋估值等特殊估值方法的，应进行明确约定，并在风险揭示书中进行特别揭示；

（四）估值对象；

（五）估值程序；

（六）估值错误的处理；

（七）估值调整的情形与处理；

（八）暂停估值的情形；

（九）资产管理计划资产净值的确认；

（十）特殊情况的处理。

第四十条　说明资产管理计划的会计政策比照现行政策或按照资产管理合同约定执行，并订明有关情况：

（一）会计年度、记账本位币、会计核算制度等事项；

（二）资产管理计划应独立建账、独立核算；管理人应保留完整的会计账目、凭证并进行日常的会计核算，编制会计报表；托管人（如有）应定期与管理人就资产管理计划的会计核算、报表编制等进行核对。

第十五节　资产管理计划的费用与税收

第四十一条　订明资产管理计划费用的有关事项：

（一）订明资产管理计划财产运作过程中，从资产管理计划财产中支付的费用种类、费率、费率的调整、计提标准、计提方式与支付方式等。

（二）订明可列入资产管理计划财产费用的项目，其中，资产管理计划成立前发生的费用不得在计划资产中列支；

（三）订明管理人和托管人（如有）因未履行或未完全履行义务导致的费用支出或资产管理计划财产的损失，以及处理与资产管理计划财产运作无关的事项发生的费用等不得列入资产管理计划的费用；

（四）订明资产管理计划的管理费率、托管费率（如有）、投资顾问费（如有）及其他服务业务费率。管理人可以与投资者约定，根据资产管理计划的管理情况提取适当的业绩报酬；

（五）订明业绩报酬（如有）的计提原则、计算方法、计提比例和提取频率；

（六）其他费用的计提原则和计算方法。

第四十二条 根据国家有关税收规定，订明资产管理合同各方当事人缴税安排。

第十六节 资产管理计划的收益分配

第四十三条 说明资产管理计划收益分配方案依据现行法律法规以及合同约定执行，并订明有关事项：

（一）可供分配利润的构成；

（二）收益分配原则，包括订明收益分配的基准、次数、比例、时间等；

（三）收益分配方案的确定与通知；

（四）收益分配的执行方式。

第十七节 信息披露与报告

第四十四条 订明管理人向投资者披露信息的种类、内容、频率和方式等有关事项，并确保投资者能够按照资产管理合同约定的时间和方式查阅或者复制所披露的信息资料。

第四十五条 订明管理人应当向投资者提供资产管理计划季度报告和年度报告，披露报告期内资产管理计划运作情况，年度报告包括但不限于下列信息：

（一）管理人履职报告；

（二）托管人履职报告（如有）；

（三）资产管理计划投资表现；

（四）资产管理计划投资组合报告；

（五）资产管理计划运用杠杆情况（如有）；

（六）资产管理计划财务会计报告；

（七）资产管理计划支付的管理费、托管费、业绩报酬（如有）等费用的计提基准、计提方式和支付方式；

（八）投资经理变更、重大关联交易等涉及投资者权益的重大事项；

（九）中国证监会规定的其他事项。

资产管理计划季度报告应当披露前款除第（六）项之外的其他信息。

说明资产管理计划成立不足三个月或者存续期间不足三个月的，管理人可以不编制资产管理计划当期的季度报告和年度报告。

第四十六条 订明发生资产管理合同约定或可能影响投资者利益的重大事项时，在事项发生之日起五日内向投资者披露。

第四十七条 列明管理人、托管人（如有）向监管机构报告的种类、内容、时间和途径等有关事项。

第十八节 风险揭示

第四十八条 管理人应当在资产管理合同中向投资者重点揭示管理人在管理、运用或处分财产过程中，资产管理计划可能面临的风险，包括但不限于：

（一）资产管理计划面临的一般风险，如本金损失风险、市场风险、管理风险、流动性风险、信用风险、投资标的风险、关联交易风险、操作或技术风险、税收风险等；

（二）资产管理计划面临的特定风险，如特定投资方法及资产管理计划所投资的特定投资对象可能引起的特定风险、资产管理计划外包事项所涉风险以及未在证券投资基金业协会完成备案的风险、聘请投资顾问的特定风险等；

（三）其他风险。

第四十九条 管理人应当单独编制风险揭示书作为合同附件。投资者应充分了解并谨慎评估自身风险承受能力，并做出自愿承担风险的陈述和声明。

第十九节 资产管理合同的变更、终止与财产清算

第五十条 订明资产管理合同变更的条件、程序等。

（一）因法律法规或中国证监会、证券投资基金业协会的相关规定、要求发生变化必须变更资产管理合同的，管理人可以与托管人协商后修改资产管理合同，并由

管理人按照合同约定及时向投资者披露变更的具体内容。

(二)因其他原因需要变更资产管理合同的,经投资者、管理人和托管人协商一致后,可对资产管理合同内容进行变更,资产管理合同另有约定的除外。资产管理计划改变投向和比例的,应当事先取得投资者同意。

(三)管理人应当合理保障合同变更后投资者选择退出资产管理计划的权利。

第五十一条 订明资产管理合同变更的条件、程序等。说明资产管理合同发生变更的,管理人应按照证券投资基金业协会要求及时向证券投资基金业协会备案,并抄报中国证监会相关派出机构。

第五十二条 详细订明因发生以下事项需要变更合同的处理方式、披露方式以及合同当事人的权利及义务:

(一)管理人被依法撤销资产管理业务资格或者依法解散、被撤销、宣告破产,资产管理计划由其他管理人承接;

(二)托管人被依法撤销基金托管资格或者依法解散、被撤销、宣告破产,资产管理计划由其他托管人承接(如有)。

第五十三条 说明资产管理计划展期应符合以下条件:

(一)资产管理计划运作规范,管理人、托管人(如有)未违反法律、行政法规、中国证监会规定和资产管理合同的约定;

(二)资产管理计划展期没有损害投资者利益的情形;

(三)中国证监会规定的其他条件。

第五十四条 订明资产管理计划终止的情形,包括但不限于下列事项:

(一)资产管理计划存续期限届满且不展期;

(二)经合同各方当事人协商一致决定终止的;

(三)管理人被依法撤销资产管理业务资格或者依法解散、被撤销、宣告破产,且在六个月内没有新的管理人承接;

(四)托管人被依法撤销基金托管资格或者依法解散、被撤销、宣告破产,且在六个月内没有新的托管人承接(如有);

(五)未在证券投资基金业协会完成备案或不予备案的情形;

(六)法律、行政法规、中国证监会规定及资产管理合同约定的其他情形。

管理人应当自资产管理计划终止之日起五个工作日内报证券投资基金业协会备案,并抄报中国证监会相关派出机构,前述第(五)项约定的情形除外。

第五十五条 订明资产管理计划在发生终止情形之日起五个工作日内开始组织清算资产管理计划资产,以及财产清算的有关事项:

(一)订明资产管理计划财产清算的程序;

（二）清算费用，说明清算费用的来源和支付方式；

（三）订明资产管理计划延期清算处理方式，资产管理计划因委托财产流动性受限等原因延期清算的，管理人应当及时向中国证监会相关派出机构和证券投资基金业协会报告；

（四）订明资产管理计划财产清算报告的告知安排；

（五）订明资产管理计划财产清算完毕后，当事人在资产管理计划财产相关账户注销中的职责及相应的办理程序。托管人（如有）按照规定注销资产管理计划财产的托管账户等投资所需账户，管理人应给予必要的配合。

（六）资产管理计划财产清算账册及文件的保存，说明资产管理计划财产清算账册及文件由管理人保存20年以上。

第二十节 违约责任

第五十六条 说明资产管理合同当事人违反本合同，应当承担违约责任；给合同其他当事人造成损失的，应当承担赔偿责任。本合同能够继续履行的应当继续履行。

第二十一节 争议的处理

第五十七条 订明发生纠纷时，当事人可以通过协商或者调解予以解决。当事人不愿通过协商、调解解决或者协商、调解不成的，可以根据合同的约定或者事后达成的书面仲裁条款向仲裁机构申请仲裁，或向人民法院起诉。

第二十二节 资产管理合同的效力

第五十八条 说明资产管理合同是约定资产管理合同当事人之间权利义务关系的法律文件。投资者为法人的，资产管理合同自投资者、管理人和托管人（如有）加盖公章以及各方法定代表人或授权代表签字或盖章之日起成立；投资者为自然人的，资产管理合同自投资者本人签字、管理人和托管人（如有）加盖公章以及双方法定代表人或授权代表签字或盖章之日起成立。

第五十九条 订明资产管理合同的生效条件。

第六十条 说明资产管理合同自生效之日起对投资者、管理人、托管人（如有）具有同等的法律约束力。

第六十一条 说明资产管理合同的有效期限。

第六十二条 说明投资者自签订资产管理合同即成为资产管理合同的当事人。

第二十三节 其他事项

第六十三条 订明资产管理合同需要约定的其他事项。

第四章 附 则

第六十四条 本指引由证券投资基金业协会负责解释，自 2019 年 5 月 1 日起施行。

集合资产管理计划资产管理合同内容与格式指引（试行）

（2019 年 3 月 29 日中基协发〔2019〕3 号发布，自 2019 年 5 月 1 日起施行）

第一章 总 则

第一条 根据《中华人民共和国证券投资基金法》（以下简称《基金法》）、《中华人民共和国证券法》、《中华人民共和国合同法》、《关于规范金融机构资产管理业务的指导意见》、《证券期货经营机构私募资产管理业务管理办法》（以下简称《管理办法》）、《证券期货经营机构私募资产管理计划运作管理规定》（以下简称《运作规定》）、中国证券投资基金业协会（以下简称证券投资基金业协会）自律规则及其他有关规定，制定本指引。

第二条 证券期货经营机构通过契约形式募集资金，为多个投资者办理资产管理业务的，投资者、管理人和托管人作为合同当事人应当按照本指引的要求订立资产管理合同。

第三条 资产管理合同当事人应当遵循平等自愿、诚实信用、公平原则订立资产管理合同，维护投资者合法权益，不得损害国家利益、社会公共利益和他人合法权益。

第四条 资产管理合同不得含有虚假的内容或误导性陈述。

第五条 本指引要求明确的内容必须在资产管理合同中进行约定。

在不违反相关法律法规、《管理办法》、《运作规定》、本指引以及其他有关规定的前提下，资产管理合同当事人可以根据实际情况约定本指引规定内容之外的事项。

本指引部分具体要求对当事人确不适用的，当事人可对相应内容做出合理调整和变动，但应在《风险揭示书》中向投资者特别揭示，并在资产管理合同报证券投资基金业协会备案时出具书面说明。

第六条 管理人聘用第三方机构为资产管理计划提供服务的，应当通过签署协议明确约定双方权利义务和责任，但是，管理人应当承担的责任不因聘用第三方机构而免除。

资产管理合同中已订明第三方服务机构的，应列明以下事项：

（一）因管理人聘请第三方服务机构对合同各方当事人权利义务产生影响的情况说明及相关纠纷解决机制；

（二）在风险揭示书中特别揭示与第三方服务机构相关的各类风险事项并由管理人、投资者等当事人签章确认。

第七条 资产管理合同可以采用电子方式签订，证券投资基金业协会另有规定的从其规定。

第八条 凡对当事人权利、义务有重大影响的事项，无论本指引是否作出规定，当事人均应在资产管理合同中订明。

第九条 管理人违反本指引的，证券投资基金业协会将视情况采取自律管理措施。

第二章 资产管理合同封面和目录

第十条 资产管理合同封面应当标有“××集合资产管理计划资产管理合同”的字样与合同编号，封面下端应当标明管理人及托管人名称的全称。

第十一条 资产管理计划的产品名称应当包括管理人简称，格式为“管理人简称+××集合资产管理计划”。资产管理计划存在如下情况的应在名称中加入相应标识：

（一）资产管理计划存在分级结构的，应含“分级”或“结构化”字样；

（二）基金中基金资产管理计划、管理人中管理人资产管理计划，应含“FOF”、“MOM”或者其他能反映该资产管理计划类别的字样；

(三)员工持股计划、以收购上市公司为目的设立的资产管理计划等具有特定投资管理目标的资产管理计划应按照规定在其名称中表明反映该资产管理计划投资管理目标的字样。

资产管理计划的产品名称应保持唯一性,且不得存在可能误导投资者的表述。

第十二条 资产管理合同目录应当自首页开始排印。目录应当列明各个具体标题及相应的页码。

第三章 合同正文

第一节 前 言

第十三条 订明订立资产管理合同的依据、目的和原则。订立资产管理合同的依据应包括《基金法》、《管理办法》、《运作规定》以及本指引。

第十四条 说明管理人应当对资产管理计划的设立、变更、展期、终止、清算等行为向证券投资基金业协会进行备案,并抄报中国证监会相关派出机构。

说明证券投资基金业协会接受资产管理计划备案不能免除管理人按照规定真实、准确、完整、及时地披露产品信息的法律责任,也不代表证券投资基金业协会对资产管理计划的合规性、投资价值及投资风险做出保证和判断。投资者应当自行识别产品投资风险并承担投资行为可能出现的损失。

第二节 释 义

第十五条 对资产管理合同中具有特定法律含义的词汇作出明确的解释和说明。

第三节 承诺与声明

第十六条 列明管理人、托管人及投资者的承诺与声明,内容包括但不限于:

(一)管理人承诺

1. 在签订本合同前充分向投资者说明了有关法律法规和相关投资工具的运作市场及方式,并充分揭示了相关风险。

2. 已经了解投资者的风险偏好、风险认知能力和承受能力,对投资者的财务状况进行了充分评估。

3. 按照《基金法》恪尽职守、诚实信用、谨慎勤勉的原则管理和运用委托财产，不保证委托财产一定盈利，也不保证最低收益或本金不受损失，以及限定投资损失金额或者比例。

（二）托管人承诺

1. 按照《基金法》恪尽职守、诚实信用、谨慎勤勉的原则安全保管委托财产，履行信义义务以及本合同约定的其他义务。

2. 根据法律法规、中国证监会及证券投资基金业协会的规定和资产管理合同的约定，对管理人的投资或清算指令等进行监督。

3. 在管理人发生异常且无法履行管理职能时，依照法律法规及合同约定召集份额持有人大会，维护投资者权益，份额持有人大会设立日常机构的除外。

（三）投资者声明

1. 符合《运作规定》合格投资者的要求，向管理人或销售机构提供的有关投资目的、投资偏好、投资限制、财产收入情况和风险承受能力等基本情况真实、完整、准确、合法，不存在任何虚假陈述、重大遗漏或误导。前述信息资料如发生任何实质性变更，及时书面告知管理人或销售机构。

2. 财产的来源及用途符合国家有关规定，未使用贷款、发行债券等筹集的非自有资金投资资产管理计划，且投资事项符合法律法规的规定及业务决策程序的要求。

3. 已充分理解本合同条款，了解相关权利义务，了解有关法律法规及所投资资产管理计划的风险收益特征，知晓管理人、托管人及相关机构不应对资产管理计划的收益状况或本金不受损失做出任何承诺，了解“卖者尽责，买者自负”的原则，投资于本计划将自行承担投资风险。

第四节　当事人及权利义务

第十七条　订明投资者、管理人和托管人的基本情况，包括但不限于姓名/名称、住所、联系人、通讯地址、联系电话等信息，投资者基本情况可在资产管理合同签署页列示。

第十八条　说明资产管理计划应当设定为均等份额。除资产管理合同另有约定外，每份份额具有同等的合法权益。

第十九条　根据法律法规及其他有关规定订明投资者的权利，包括但不限于：

（一）分享资产管理计划财产收益；

（二）取得分配清算后的剩余资产管理计划财产；

（三）按照本合同的约定参与、退出和转让资产管理计划份额；

（四）根据本合同的规定，参加或申请召集资产管理计划份额持有人大会，行使相关职权；

（五）按照法律法规及本合同约定的时间和方式获得资产管理计划的信息披露资料；

（六）监督管理人、托管人履行投资管理及托管义务的情况；

（七）法律法规、中国证监会及证券投资基金业协会规定的和资产管理合同约定的其他权利。

第二十条 根据法律法规及其他有关规定订明投资者的义务，包括但不限于：

（一）认真阅读并遵守资产管理合同，保证投资资金的来源及用途合法；

（二）接受合格投资者认定程序，如实填写风险识别能力和风险承担能力问卷，如实提供资金来源、金融资产、收入及负债情况，并对其真实性、准确性和完整性负责，签署合格投资者相关文件；

（三）除公募资产管理产品外，以合伙企业、契约等非法人形式直接或者间接投资于资产管理计划的，应向管理人充分披露实际投资者和最终资金来源；

（四）认真阅读并签署风险揭示书；

（五）按照资产管理合同约定支付资产管理计划份额的参与款项，承担资产管理合同约定的管理费、业绩报酬（如有）、托管费、审计费、税费等合理费用；

（六）在持有的资产管理计划份额范围内，承担资产管理计划亏损或者终止的有限责任；

（七）向管理人或资产管理计划销售机构提供法律法规规定的信息资料及身份证明文件，配合管理人或其销售机构完成投资者适当性管理、非居民金融账户涉税信息尽职调查、反洗钱等监管规定的工作；

（八）不得违反资产管理合同的约定干涉管理人的投资行为；

（九）不得从事任何有损资产管理计划及其投资者、管理人管理的其他资产及托管人托管的其他资产合法权益的活动；

（十）保守商业秘密，不得泄露资产管理计划的投资计划、投资意向等；不得利用资产管理计划相关信息进行内幕交易或者其他不当、违法的证券期货业务活动；

（十一）法律法规、中国证监会及证券投资基金业协会规定和资产管理合同约定的其他义务。

第二十一条 根据《基金法》、《管理办法》、《运作规定》及其他有关规定订明管理人的权利，包括但不限于：

（一）按照资产管理合同约定，独立管理和运用资产管理计划财产；

（二）按照资产管理合同约定，及时、足额获得管理人管理费用及业绩报酬（如有）；

（三）按照有关规定和资产管理合同约定行使因资产管理计划财产投资所产生的权利；

（四）根据资产管理合同及其他有关规定，监督托管人，对于托管人违反资产管理合同或有关法律法规规定、对资产管理计划财产及其他当事人的利益造成重大损失的，应当及时采取措施制止，并报告中国证监会相关派出机构及证券投资基金业协会；

（五）自行提供或者委托经中国证监会、证券投资基金业协会认定的服务机构为资产管理计划提供募集、份额登记、估值与核算、信息技术系统等服务，并对其行为进行必要的监督和检查；

（六）以管理人的名义，代表资产管理计划行使投资过程中产生的权属登记等权利；

（七）法律法规、中国证监会、证券投资基金业协会规定的及资产管理合同约定的其他权利。

第二十二条 根据《基金法》、《管理办法》、《运作规定》及其他有关规定订明管理人的义务，包括但不限于：

（一）依法办理资产管理计划的销售、登记、备案事宜；

（二）按照证券投资基金业协会要求报送资产管理计划产品运行信息；

（三）按照诚实信用、勤勉尽责的原则履行受托人义务，管理和运用资产管理计划财产；

（四）对投资者的风险识别能力和风险承受能力进行评估，向符合法律法规规定的合格投资者非公开募集资金；

（五）制作风险揭示书，向投资者充分揭示相关风险；

（六）配备足够的具有专业能力的人员进行投资分析、决策，以专业化的经营方式管理和运作资产管理计划财产；

（七）建立健全的内部管理制度，保证本资产管理计划财产与其管理的其他资产管理计划财产、管理人的固有财产相互独立，对所管理的不同财产分别管理，分别记账，分别投资；聘请投资顾问的，应制定相应利益冲突防范机制；

（八）除依据法律法规、资产管理合同及其他有关规定外，不得为管理人及任何第三人谋取利益，不得委托第三人运作资产管理计划财产；

（九）保守商业秘密，不得泄露资产管理计划的投资计划、投资意向等，依法依规提供信息的除外；

（十）公平对待所管理的不同财产，不得从事任何有损资产管理计划财产及其他当事人利益的活动；

（十一）除规定情形或符合规定条件外，不得为管理人、托管人及其关联方提供融资；

（十二）按照资产管理合同约定接受投资者和托管人的监督；

（十三）以管理人的名义，代表投资者利益行使诉讼权利或者实施其他法律行为；

（十四）召集资产管理计划份额持有人大会，份额持有人大会设立日常机构的除外；

（十五）按照资产管理合同约定计算并向投资者报告资产管理计划份额净值；

（十六）确定资产管理计划份额参与、退出价格，采取适当、合理的措施确保份额交易价格的计算方法符合法律法规的规定和合同的约定；

（十七）对非标准化资产和相关交易主体进行充分的尽职调查，形成书面工作底稿，并制作尽职调查报告；

（十八）按照资产管理合同约定负责资产管理计划会计核算并编制财务会计报告；

（十九）聘请具有证券相关业务资格的会计师事务所对年度财务会计报告进行审计；

（二十）按照资产管理合同的约定确定收益分配方案，及时向投资者分配收益；

（二十一）根据法律法规与资产管理合同的规定，编制向投资者披露的资产管理计划季度、年度等定期报告，向证券投资基金业协会备案，并抄报中国证监会相关派出机构；

（二十二）办理与受托财产管理业务活动有关的信息披露事项；

（二十三）建立并保存投资者名单；

（二十四）组织并参加资产管理计划财产清算小组，参与资产管理财产的保管、清理、估价、变现和分配；

（二十五）按照法律、行政法规和中国证监会的规定，保存资产管理计划的会计账册，妥善保存有关的合同、协议、交易记录等文件、资料和数据，保存期限自资产管理计划终止之日起不得少于20年；

（二十六）面临解散、依法被撤销或者被依法宣告破产时，及时报告中国证监会相关派出机构、证券投资基金业协会并通知托管人和投资者；

（二十七）法律法规、中国证监会及证券投资基金业协会规定的和资产管理合同约定的其他义务。

第二十三条 根据《基金法》、《管理办法》、《运作规定》及其他有关规定订明托管人的权利，包括但不限于：

（一）按照资产管理合同约定，依法保管资产管理计划财产；

（二）按照资产管理合同约定，及时、足额获得资产管理计划托管费用；

（三）法律法规、中国证监会及证券投资基金业协会规定的和资产管理合同约定的其他权利。

第二十四条 根据《基金法》、《管理办法》、《运作规定》及其他有关规定订明托管人的义务，包括但不限于：

（一）安全保管资产管理计划财产；

（二）除依据法律法规规定和资产管理合同的约定外，不得为托管人及任何第三人谋取利益，不得委托第三人托管资产管理计划财产；

（三）对所托管的不同财产分别设置账户，确保资产管理计划财产的完整与独立；

（四）公平对待所托管的不同财产，不得从事任何有损资产管理计划财产及其他当事人利益的活动；

（五）按规定开立和注销资产管理计划的托管账户及其他投资所需账户；

（六）复核资产管理计划资产净值和份额净值；

（七）办理与资产管理计划托管业务有关的信息披露事项；

（八）根据相关法律法规和资产管理合同约定，复核管理人编制的资产管理计划财产的定期报告，并出具书面意见；

（九）编制托管年度报告，并向证券投资基金业协会备案，抄报中国证监会相关派出机构；

（十）按照法律法规要求和资产管理合同约定，根据管理人的投资指令，及时办理清算、交割事宜；

（十一）管理人未按规定召集或者不能召集份额持有人大会的，由托管人召集份额持有人大会，份额持有人大会设立日常机构的除外；

（十二）保守商业秘密，除法律法规、本合同及其他有关规定另有要求外，不得向他人泄露；

（十三）根据法律、行政法规和中国证监会的规定保存资产管理计划的会计账册，妥善保存有关的合同、协议、交易记录等文件资料，保存期限自资产管理计划终止之日起不得少于 20 年；

（十四）监督管理人的投资运作，发现管理人的投资或清算指令违反法律、行政法规、中国证监会的规定或资产管理合同约定的，应当拒绝执行，立即通知管理人并及时报告中国证监会相关派出机构和证券投资基金业协会；

（十五）投资于《管理办法》第三十七条第（五）项规定资产时，准确、合理界定安全保管资产管理计划财产、监督管理人投资运作等职责，并向投资者充分揭示；

（十六）国家有关法律法规、监管机构及资产管理合同规定的其他义务。

第五节 资产管理计划的基本情况

第二十五条 列明资产管理计划的基本情况：

（一）资产管理计划的名称；

（二）资产管理计划的类别，包括固定收益类、权益类、商品及金融衍生品类或混合类集合资产管理计划；

（三）对基金中基金资产管理计划（FOF）或管理人中管理人资产管理计划（MOM）进行特别标识；

（四）资产管理计划的运作方式，具体载明封闭式或开放式；

（五）资产管理计划的投资目标、主要投资方向、投资比例、产品风险等级；

（六）资产管理计划的存续期限；

（七）资产管理计划份额的初始募集面值为1元；

（八）资产管理计划的最低初始募集规模；

（九）资产管理计划的分级安排（如有）；

（十）资产管理计划的份额登记、估值与核算、信息技术系统等服务机构，列明服务机构的名称和在证券投资基金业协会登记的业务登记编码（如有）；

（十一）其他需要订明的内容。

第六节 资产管理计划的募集

第二十六条 订明资产管理计划募集的有关事项，包括但不限于：

（一）资产管理计划的募集对象、募集方式、募集期限，其中初始募集期自资产管理计划份额发售之日起不超过60天，专门投资于未上市企业股权的资产管理计划初始募集期自资产管理计划份额发售之日起不超过12个月；

（二）资产管理计划的认购事项，包括资产管理计划认购费用、认购申请的确认、认购份额的计算方式、初始认购资金的管理及利息处理方式等；

（三）资产管理计划的最低认购金额、支付方式等；最低认购金额不包含认购费；

（四）其他事项。

第二十七条 订明资产管理计划募集结算专用账户和销售机构委托募集账户(如有)的披露渠道和查询方式。

第二十八条 说明投资者的认购参与款项(不含认购费用)加计其在初始销售期形成的利息将折算为资产管理计划份额归投资者所有。

第七节 资产管理计划的成立与备案

第二十九条 资产管理计划成立的有关事项,包括但不限于:

(一)资产管理计划成立的条件,初始募集规模不低于1000万元,投资者人数不少于2人,且不超过200人,募集过程符合法律、行政法规和中国证监会的规定;

(二)资产管理计划在取得验资报告后,公告资产管理计划成立;

(三)资产管理计划募集失败的处理方式;

(四)其他事项。

第三十条 订明资产管理计划的募集金额缴足之日起10个工作日内,管理人应当委托具有证券相关业务资格的会计师事务所进行验资并出具验资报告,并在取得验资报告后公告资产管理计划成立。管理人应在资产管理计划成立起5个工作日内报证券投资基金业协会备案,抄报中国证监会相关派出机构。资产管理计划成立前,任何机构和个人不得动用投资者参与资金。

第三十一条 订明资产管理计划在成立后备案完成前,不得开展投资活动,以现金管理为目的,投资于银行活期存款、国债、中央银行票据、政策性金融债、地方政府债券、货币市场基金等中国证监会认可的投资品种的除外。

第三十二条 订明募集期届满,资产管理计划未达到成立条件的,管理人应当承担的责任,包括但不限于:

(一)以固有财产承担因募集行为而产生的债务和费用;

(二)在募集期届满后三十日内返还投资者已缴纳的款项,并加计银行同期活期存款利息。

第八节 资产管理计划的参与、退出与转让

第三十三条 订明开放式资产管理计划在运作期间,投资者参与和退出资产管理计划的有关事项,包括但不限于:

(一)参与和退出场所;

(二)参与和退出的开放日和时间,包括但不限于符合《运作规定》的开放频率、

开放时限、通知方式等；

（三）临时开放期的触发条件、程序及披露等相关安排；

（四）参与和退出的方式、价格、程序及确认等；

（五）参与和退出的金额限制。订明投资者在资产管理计划存续期开放日购买资产管理计划份额的，投资者应符合合格投资者标准，且参与金额应满足资产管理计划最低参与金额限制（不含参与费用），已持有资产管理计划份额的投资者在资产管理计划存续期开放日追加购买资产管理计划份额的除外。投资者部分退出资产管理计划的，其退出后持有的资产管理计划份额净值应当不低于规定的合格投资者最低参与金额。投资者持有的资产管理计划份额净值低于规定的最低投资金额时，需要退出资产管理计划的，应当一次性全部退出。

（六）参与和退出的费用；

（七）参与份额的计算方式、退出金额的计算方式；

（八）参与资金的利息处理方式（如有）；

（九）巨额退出或连续巨额退出的认定标准、退出顺序、退出价格确定、退出款项支付、告知客户方式，以及单个客户大额退出的预约申请等事宜，相关约定应符合公平、合理、公开的原则；

（十）延期支付及延期退出的情形和处理方式；

（十一）拒绝或暂停参与、暂停退出的情形及处理方式；

（十二）其他事项。

第三十四条 资产管理合同中可以约定投资者在资产管理计划投资运作期间的份额转让事宜。

投资者可以通过证券交易所以及中国证监会认可的其他方式，向合格投资者转让其持有的资产管理计划份额，份额转让应遵守交易场所相关规定及要求，并按规定办理份额变更登记手续。

第三十五条 订明资产管理计划份额因继承、捐赠、司法强制执行以及其他符合规定的情况，需非交易过户的受理条件与流程。

第三十六条 订明管理人以自有资金参与资产管理计划的条件、方式、金额、比例以及管理人自有资金退出的条件。

第三十七条 订明管理人应定期将资产管理计划投资者变更情况报送证券投资基金业协会。

第九节　份额持有人大会及日常机构

第三十八条 所有当事人一致同意的，资产管理计划可以设置份额持有人大会及日常机构。管理人应就设置份额持有人大会所面临的特定风险在《风险揭示书》中进行特别揭示。

第三十九条 列明应当召集资产管理计划份额持有人大会的情形，并订明其他可能对份额持有人权利义务产生重大影响需要召开份额持有人大会的情形，包括但不限于：

（一）决定延长资产管理合同期限；

（二）决定修改资产管理合同的重要内容或者提前终止资产管理合同；

（三）决定更换管理人和托管人；

（四）决定调整管理人和托管人的报酬标准；

（五）资产管理合同约定的其他情形。

第四十条 按照资产管理合同约定，资产管理计划份额持有人大会可以设立日常机构，行使下列职权：

（一）召集份额持有人大会；

（二）提请更换管理人、托管人；

（三）监督管理人的投资运作、托管人的托管活动；

（四）提请调整管理人和托管人报酬标准；

（五）资产管理合同约定的其他职权。

第四十一条 说明资产管理计划份额持有人大会日常机构应当由份额持有人大会选举产生，订明资产管理计划份额持有人大会日常机构的人员构成和更换程序。

第四十二条 根据《基金法》和其他有关规定订明资产管理计划份额持有人大会及/或日常机构的下列事项：

（一）召集人和召集方式；

（二）召开会议的通知时间、通知内容、通知方式；

（三）出席会议的方式（包括但不限于现场会议、视频会议、电话会议等）；

（四）议事内容与程序；

（五）决议形成和生效的条件、表决方式、程序。

（六）更换资产管理计划管理人或者托管人、提前终止资产管理合同等对投资者产生重要影响的特殊决议事项，应当经参加大会的资产管理计划份额持有人所持表决权的三分之二以上通过。

第四十三条 订明管理人发生异常且无法履行管理职能的，由托管人召集资产管理计划份额持有人大会，份额持有人大会设立日常机构的除外。

第四十四条 订明资产管理计划份额持有人大会及其日常机构不得直接参与

或者干涉资产管理计划的投资管理活动。

第十节 资产管理计划份额的登记

第四十五条 订明管理人办理份额登记业务的各项事宜。说明管理人委托其他机构代为办理资产管理计划份额登记业务的,应当与有关机构签订委托代理协议,并列明代为办理资产管理计划份额登记机构的权限和职责。

第四十六条 订明全体资产管理计划份额持有人同意管理人、份额登记机构或其他份额登记义务人将集合资产管理计划投资者名称、身份信息以及集合资产管理计划份额明细等数据备份至中国证监会认定的机构。

第十一节 资产管理计划的投资

第四十七条 说明资产管理计划财产投资的有关事项,包括但不限于:

(一)投资目标;

(二)投资范围及比例,说明资产管理计划符合《运作规定》组合投资的要求。存在以下情况的应当在资产管理合同中特别说明:

1. 投资非标准化资产的,应当穿透披露具体投资标的,暂未确定具体投资标的的,应当约定披露方式及时限;

2. 参与证券回购、融资融券、转融通、场外证券业务的应当进行特别揭示。

(三)说明投资比例超限的处理方式及流程;

(四)说明 FOF 产品(如是)所投资资产管理产品的选择标准;

(五)风险收益特征;

(六)业绩比较基准(如有)及确定依据;业绩比较基准原则上不得为固定数值;

(七)投资策略,说明管理人运作资产管理计划财产的决策依据、决策程序、投资管理的方法和标准等;

(八)投资限制,订明按照《管理办法》、自律规则及其他有关规定和合同约定禁止或限制的投资事项;

(九)订明资产管理计划的建仓期;

(十)说明固定收益类、权益类、商品及金融衍生品类资产管理计划存续期间,为规避特定风险,经全体投资者同意后,投资于对应类别资产的比例可以低于计划总资产 80%,但不得持续 6 个月低于计划总资产 80%。管理人应详细列明上述相关特定风险;

（十一）订明投资非标准化股权类资产的退出安排（如有）；

（十二）订明投资的资产组合的流动性与参与、退出安排相匹配。

第十二节 投资顾问（如有）

第四十八条 资产管理计划聘请投资顾问的，应当列明投资顾问有关内容，包括但不限于：

（一）资产管理计划所聘请投资顾问的资质和基本情况；

（二）投资顾问的权利和义务；

（三）资产管理计划更换、解聘投资顾问的条件和程序。

第四十九条 说明管理人应切实履行主动管理职责，依法应当承担的责任不因聘请投资顾问而免除。

第十三节 分级安排（如有）

第五十条 资产管理计划根据风险收益特征进行分级的，应当在本节订明分级安排、杠杆比例、风险承担等内容。

第五十一条 说明各类份额的风险收益特征，以及触发预警、平仓条件（如有）时各类份额的估值情况，并在《风险揭示书》中对各类份额进行特别风险揭示。

第五十二条 说明投资者参与资产管理计划劣后级份额的条件与方式。

第十四节 利益冲突及关联交易

第五十三条 列明资产管理计划存在的或可能存在利益冲突的情形。说明FOF产品（如是）投资管理人及管理人关联方所设立的资产管理产品的情况。

第五十四条 订明资产管理计划存在利益冲突的处理方式、披露方式、披露内容以及披露频率。

第五十五条 订明运用受托管理资产从事关联交易的，事后及时、全面、客观的向投资者和托管人进行披露。运用受托管理资产从事重大关联交易的，应事先取得投资者同意，并有充分证据证明未损害投资者利益。

第十五节 投资经理的指定与变更

第五十六条 订明资产管理计划投资经理由管理人负责指定。同时，列明本资产管理计划投资经理的姓名、从业简历、学历及兼职情况等。列明投资经理的投资管理、投资研究、投资咨询等相关业务经验、是否取得基金从业资格，以及最近三年是否被监管机构采取重大行政监管措施、行政处罚。

第五十七条 订明资产管理计划投资经理变更的条件和程序。

第十六节 资产管理计划的财产

第五十八条 订明与资产管理计划财产有关的事项，包括但不限于：

(一)资产管理计划财产的保管与处分

1. 说明资产管理计划财产的债务由资产管理计划财产本身承担责任，投资者以其出资为限对资产管理计划财产的债务承担责任。

2. 说明资产管理计划财产独立于管理人和托管人的固有财产，并独立于管理人管理的和托管人托管的其他财产。管理人、托管人不得将资产管理计划财产归入其固有财产。

3. 说明管理人、托管人因资产管理计划财产的管理、运用或者其他情形而取得的财产和收益，归入资产管理计划财产。

4. 说明管理人、托管人可以按照本合同的约定收取管理费、托管费以及本合同约定的其他费用。管理人、托管人以其固有财产承担法律责任，其债权人不得对资产管理计划财产行使请求冻结、扣押和其他权利。管理人、托管人因依法解散、被依法撤销或者被依法宣告破产等原因进行清算的，资产管理计划财产不属于其清算财产。

5. 说明资产管理计划财产产生的债权不得与不属于资产管理计划财产本身的债务相互抵销。非因资产管理计划财产本身承担的债务，管理人、托管人不得主张其债权人对资产管理计划财产强制执行。上述债权人对资产管理计划财产主张权利时，管理人、托管人应明确告知资产管理计划财产的独立性，采取合理措施并及时通知投资者。

(二)资产管理计划财产相关账户的开立和管理

订明当事人在资产管理计划财产相关账户开立和管理中的职责及相应的办理程序。托管人按照规定开立资产管理计划财产的托管账户及其他投资所需账户，管理人应给予必要的配合。

第十七节 投资指令的发送、确认和执行

第五十九条 具体订明有关管理人在运用资产管理计划财产时向托管人发送

资金划拨及其他款项收付的投资指令的事项：

（一）交易清算授权；

（二）投资指令的内容；

（三）投资指令的发送、确认及执行时间与程序；

（四）托管人依法暂缓、拒绝执行指令的情形和处理程序；

（五）管理人发送错误指令的情形和处理程序；

（六）更换投资指令被授权人的程序；

（七）投资指令的保管；

（八）其他相关责任。

第十八节　越权交易的界定

第六十条　具体订明下列事项：

（一）越权交易的界定；

（二）越权交易的处理程序；

（三）托管人对管理人投资运作的监督。

第十九节　资产管理计划财产的估值和会计核算

第六十一条　订明资产管理计划财产估值的相关事项，包括但不限于：

（一）估值目的；

（二）估值时间；

（三）按照会计准则订明估值方法，使用侧袋估值等特殊估值方法的，应进行明确约定，并在风险揭示书中进行特别揭示；

（四）估值对象；

（五）估值程序；

（六）估值错误的处理；

（七）估值调整的情形与处理；

（八）暂停估值的情形；

（九）资产管理计划份额净值的确认；

（十）特殊情况的处理。

第六十二条　说明资产管理计划的会计政策比照现行政策或按照资产管理合同约定执行，并订明有关情况：

（一）会计年度、记账本位币、会计核算制度等事项；

（二）资产管理计划应独立建账、独立核算；管理人应保留完整的会计账目、凭证并进行日常的会计核算，编制会计报表；托管人应定期与管理人就资产管理计划的会计核算、报表编制等进行核对。

第二十节　资产管理计划的费用与税收

第六十三条　订明资产管理计划费用的有关事项：

（一）订明资产管理计划财产运作过程中，从资产管理计划财产中支付的费用种类、费率、费率的调整、计提标准、计提方式与支付方式等；

（二）订明可列入资产管理计划财产费用的项目，其中，资产管理计划成立前发生的费用，以及存续期间发生的与募集有关的费用，不得在计划资产中列支；

（三）订明管理人和托管人因未履行或未完全履行义务导致的费用支出或资产管理计划财产的损失，以及处理与资产管理计划财产运作无关事项或不合理事项所发生的费用等不得列入资产管理计划的费用；

（四）订明资产管理计划的管理费率、托管费率、投资顾问费（如有）及其他服务业务费率。管理人可以与投资者约定，根据资产管理计划的管理情况提取适当的业绩报酬；

（五）订明业绩报酬（如有）的计提原则、计算方法、计提比例和提取频率；

（六）其他费用的计提原则和计算方法。

第六十四条　根据国家有关税收规定，订明资产管理合同各方当事人缴税安排。

第二十一节　资产管理计划的收益分配

第六十五条　说明资产管理计划收益分配方案依据现行法律法规以及合同约定执行，并订明有关事项：

（一）可供分配利润的构成；

（二）收益分配原则，包括订明收益分配的基准、次数、比例、时间等；

（三）收益分配方案的确定与通知；

（四）收益分配的执行方式。

第二十二节　信息披露与报告

第六十六条　订明管理人向投资者披露信息的种类、内容、频率和方式等有关事项,并确保投资者能够按照资产管理合同约定的时间和方式查阅或者复制所披露的信息资料。

第六十七条 根据《管理办法》及其他相关规定要求订明管理人披露经托管人复核的资产管理计划份额净值的频率和方式。

第六十八条 订明管理人应当向投资者提供资产管理计划季度报告和年度报告,披露报告期内资产管理计划运作情况,年度报告包括但不限于下列信息:

(一)管理人履职报告;

(二)托管人履职报告;

(三)资产管理计划投资表现;

(四)资产管理计划投资组合报告;

(五)资产管理计划运用杠杆情况(如有);

(六)资产管理计划财务会计报告;

(七)资产管理计划支付的管理费、托管费、业绩报酬(如有)等费用的计提基准、计提方式和支付方式;

(八)资产管理计划投资收益分配情况;

(九)投资经理变更、重大关联交易等涉及投资者权益的重大事项;

(十)中国证监会规定的其他事项。

资产管理计划季度报告应当披露前款除第(六)项之外的其他信息。

说明资产管理计划成立不足三个月或者存续期间不足三个月的,管理人可以不编制资产管理计划当期的季度报告和年度报告。

第六十九条 订明发生资产管理合同约定或可能影响投资者利益的重大事项时,在事项发生之日起五日内向投资者披露。

第七十条 管理人的董事、监事、从业人员及其配偶、控股股东、实际控制人或者其他关联方参与资产管理计划,应向投资者充分披露。

第七十一条 列明管理人、托管人向监管机构报告的种类、内容、时间和途径等有关事项。

第二十三节 风险揭示

第七十二条 管理人应当在资产管理合同中向投资者重点揭示管理人在管理、运用或处分财产过程中,资产管理计划可能面临的风险,包括但不限于:

(一)资产管理计划面临的一般风险,如本金损失风险、市场风险、管理风险、流动性风险、信用风险、募集失败风险、投资标的风险、关联交易风险、操作或技术风险、税收风险等；

（二）资产管理计划面临的特定风险，如特定投资方法及资产管理计划所投资的特定投资对象可能引起的特定风险、资产管理计划外包事项所涉风险以及未在证券投资基金业协会完成备案的风险、聘请投资顾问的特定风险等；

（三）其他风险。

第七十三条 管理人应当单独编制风险揭示书作为合同附件。投资者应充分了解并谨慎评估自身风险承受能力，并做出自愿承担风险的陈述和声明。

第二十四节 资产管理合同的变更、终止与财产清算

第七十四条 订明资产管理合同变更的条件、程序等。

（一）因法律法规或中国证监会、证券投资基金业协会的相关规定、要求发生变化必须变更资产管理合同的，管理人可以与托管人协商后修改资产管理合同，并由管理人按照合同约定及时向投资者披露变更的具体内容。

（二）因其他原因需要变更资产管理合同的，经全体投资者、管理人和托管人协商一致后，可对资产管理合同内容进行变更，资产管理合同另有约定的除外。资产管理计划改变投向和比例的，应当事先取得投资者同意。

（三）管理人应当合理保障合同变更后投资者选择退出资产管理计划的权利。

第七十五条 说明资产管理合同发生变更的，管理人应按照证券投资基金业协会要求及时向证券投资基金业协会备案，并抄报中国证监会相关派出机构。

第七十六条 详细订明因发生以下事项需要变更合同的处理方式、披露方式以及合同当事人的权利及义务：

（一）管理人被依法撤销资产管理业务资格或者依法解散、被撤销、宣告破产，资产管理计划由其他管理人承接；

（二）托管人被依法撤销基金托管资格或者依法解散、被撤销、宣告破产，资产管理计划由其他托管人承接。

第七十七条 说明资产管理计划展期应符合以下条件：

（一）资产管理计划运作规范，管理人、托管人未违反法律、行政法规、中国证监会规定和资产管理合同的约定；

（二）资产管理计划展期没有损害投资者利益的情形；

（三）中国证监会规定的其他条件；

资产管理计划展期的，应当符合资产管理计划的成立条件。

第七十八条 订明资产管理计划终止的情形，包括但不限于下列事项：

（一）资产管理计划存续期届满且不展期；

（二）经全体投资者、管理人和托管人协商一致决定终止的；

（三）持有人大会决议提前终止资产管理合同；

（四）管理人被依法撤销资产管理业务资格或者依法解散、被撤销、宣告破产，且在六个月内没有新的管理人承接；

（五）托管人被依法撤销基金托管资格或者依法解散、被撤销、宣告破产，且在六个月内没有新的托管人承接；

（六）持续五个工作日投资者少于2人的；

（七）未在证券投资基金业协会完成备案或不予备案的情形；

（八）法律、行政法规、中国证监会规定及资产管理合同约定的其他情形。

管理人应当自资产管理计划终止之日起五个工作日内报证券投资基金业协会备案，并抄报中国证监会相关派出机构，前述第（七）项约定的情形除外。

第七十九条 订明资产管理计划在发生终止情形之日起五个工作日内开始组织清算资产管理计划资产，以及财产清算的有关事项：

（一）资产管理计划财产清算小组

1. 资产管理计划财产清算小组组成，说明资产管理计划财产清算小组成员由管理人和托管人组成。清算小组可以聘用必要的工作人员。

2. 资产管理计划财产清算小组职责，说明资产管理计划财产清算小组负责资产管理计划财产的保管、清理、估价、变现和分配。资产管理计划财产清算小组可以依法进行必要的民事活动。

（二）订明资产管理计划财产清算的程序；

（三）清算费用，说明清算费用的来源和支付方式；

（四）资产管理计划财产清算及剩余资产的分配；

（五）订明资产管理计划延期清算处理方式，资产管理计划因委托财产流动性受限等原因延期清算的，管理人应当及时向中国证监会相关派出机构和证券投资基金业协会报告；

（六）订明资产管理计划财产清算报告的告知安排；

（七）订明资产管理计划财产清算完毕后，当事人在资产管理计划财产相关账户注销中的职责及相应的办理程序。托管人按照规定注销资产管理计划财产的托管账户等投资所需账户，管理人应给予必要的配合；

（八）资产管理计划财产清算账册及文件的保存，说明资产管理计划财产清算账册及文件由管理人保存20年以上。

第二十五节 违约责任

第八十条 说明资产管理合同当事人违反本合同,应当承担违约责任;给合同其他当事人造成损失的,应当承担赔偿责任。本合同能够继续履行的应当继续履行。

第二十六节 争议的处理

第八十一条 订明发生纠纷时,当事人可以通过协商或者调解予以解决。当事人不愿通过协商、调解解决或者协商、调解不成的,可以根据合同的约定或者事后达成的书面仲裁条款向仲裁机构申请仲裁,或向人民法院起诉。

第二十七节 资产管理合同的效力

第八十二条 订明资产管理合同签署的方式。说明资产管理合同是约定资产管理合同当事人之间权利义务关系的法律文件。投资者为法人的,资产管理合同自投资者、管理人和托管人加盖公章以及各方法定代表人或授权代表签字或盖章之日起成立;投资者为自然人的,资产管理合同自投资者本人签字、管理人和托管人加盖公章以及双方法定代表人或授权代表签字或盖章之日起成立。

第八十三条 订明资产管理合同的生效条件。

第八十四条 说明资产管理合同自生效之日起对投资者、管理人、托管人具有同等的法律约束力。

第八十五条 说明资产管理合同的有效期限。

第八十六条 说明投资者自签订资产管理合同即成为资产管理合同的当事人。在资产管理计划存续期间,投资者自全部退出资产管理计划之日起,该投资者不再是资产管理合同的当事人。

第二十八节 其他事项

第八十七条 订明资产管理合同需要约定的其他事项。

第四章 附 则

第八十八条 本指引由证券投资基金业协会负责解释,自2019年5月1日起施行。

资产管理计划风险揭示书内容与格式指引(试行)

(2019年3月29日中基协发〔2019〕3号发布,自2019年5月1日起施行)

[格式示例如下,风险揭示书须包含但不限于以下内容]

尊敬的投资者:

投资有风险。当您/贵机构参与资产管理计划时,可能获得投资收益,但同时也面临着投资亏损的风险。您/贵机构在作出投资决策之前,请仔细阅读本风险揭示书和资产管理合同,充分认识本计划的风险收益特征和产品特性,认真考虑资产管理计划存在的各项风险因素,并充分考虑自身的风险承受能力,理性判断并谨慎作出投资决策。

根据有关法律法规,管理人[具体机构名称]及投资者分别作出如下承诺、风险揭示及声明:

一、管理人声明与承诺

(一)管理人向投资者声明,中国证券投资基金业协会(以下简称“证券投资基金业协会”)为资产管理计划办理备案不构成对管理人投资能力、持续合规情况的认可;不作为对资产管理计划财产安全的保证。

(二)管理人保证在投资者签署资产管理合同前已(或已委托销售机构)向投资者揭示了相关风险;已经了解投资者的风险偏好、风险认知能力和承受能力。

(三)管理人承诺按照恪尽职守、诚实信用、谨慎勤勉的原则管理运用资产管理计划财产,不保证资产管理计划财产一定盈利,也不保证最低收益。

二、风险揭示

(一)特殊风险揭示

[具体风险应由管理人根据本计划的特殊性阐明]

若存在以下事项,应特别揭示风险:

1. 资产管理合同与证券投资基金业协会合同指引不一致所涉风险;
2. 资产管理计划未托管所涉风险;
3. 资产管理计划委托募集所涉风险;
4. 资产管理计划外包事项所涉风险;
5. 资产管理计划聘请投资顾问所涉风险;
6. 资产管理计划份额转让所涉风险;

7. 资产管理计划设置份额持有人大会所涉风险；

8. 资产管理计划未在证券投资基金业协会完成备案手续或不予备案情形所涉风险；

9. 其他特殊风险。

（二）一般风险揭示

1. 本金损失风险

管理人依照恪尽职守、诚实信用、谨慎勤勉的原则管理和运用资产管理计划财产，但不保证资产管理计划财产中的认（申）购资金本金不受损失，也不保证一定盈利及最低收益。

本计划属于[相应评级水平]风险投资品种，适合风险识别、评估、承受能力[相应评级水平]的合格投资者。

2. 市场风险

资产管理计划的投资品种价格因受经济因素、政治因素、投资心理和交易制度等各种因素影响而引起的波动，导致收益水平变化产生的风险。主要包括：政策风险、经济周期风险、利率风险、购买力风险、再投资风险、衍生品风险等。

3. 管理风险

资产管理计划运作过程中，管理人依据资产管理合同约定管理和运用资产管理计划财产所产生的风险，由资产管理计划财产及投资者承担。投资者应充分知晓投资运营的相关风险，其风险应由投资者自担。

4. 流动性风险

资产管理计划因市场整体或投资品种流动性不足、应付可能出现的投资者巨额退出或大额退出等原因，不能迅速转变成现金，或者转变成现金会对资产价格造成重大不利影响的风险。

5. 信用风险

交易对手方未能实现交易时的承诺，按时足额还本付息的风险，或者交易对手未能按时履约的风险。

6. 募集失败风险（集合资产管理计划）

本计划的成立需符合相关法律法规的规定，本计划可能存在不能满足成立条件从而无法成立的风险。

管理人的责任承担方式：

（一）以其固有财产承担因募集行为而产生的债务和费用；

（二）在资产管理计划募集期限届满（确认资产管理计划无法成立）后三十日内返还投资者已交纳的款项，并加计银行同期活期存款利息。

7. 投资标的风险(适用于商品及金融衍生品、非标准化债权、未上市股权及收益权等)

本计划投资标的的价值取决于投资对象的经营状况,原股东对所投资企业的管理和运营,相关市场宏观调控政策、财政税收政策、产业政策、法律法规、经济周期的变化以及区域市场竞争格局的变化等都可能影响所投资企业经营状况,进而影响资产管理计划投资标的的价值。

8. 税收风险

契约式产品所适用的税收征管法律法规可能会由于国家相关税收政策调整而发生变化,投资者收益也可能因相关税收政策调整而受到影响。

9. 其他风险

包括但不限于关联交易风险、技术风险和操作风险、发生不可抗力事件的风险等。

三、投资者声明

作为本计划的投资者,本人/机构已充分了解并谨慎评估自身风险承受能力,自愿自行承担投资该计划所面临的风险。本人/机构作出以下陈述和声明,并确认(自然人投资者在每段段尾“【　】”内签名,机构投资者在本页、尾页盖章,加盖骑缝章)其内容的真实和正确:

1. 本人/机构已仔细阅读资产管理业务相关法律文件和其他文件,充分理解相关权利、义务、本计划运作方式及风险收益特征,愿意承担由上述风险引致的全部后果。【　】

2. 本人/机构知晓,管理人、销售机构、托管人及相关机构不应当对资产管理计划财产的收益状况作出任何承诺或担保。【　】

3. 本人/机构符合《证券期货经营机构私募资产管理计划运作管理规定》有关合格投资者的要求,并已按照管理人或销售机构的要求提供相关证明文件。【　】

4. 本人/机构已认真阅读并完全理解资产管理合同的所有内容,并愿意自行承担购买资产管理计划的法律责任。【　】

5. 本人/机构已认真阅读并完全理解资产管理合同第××章第××节“当事人的权利与义务”的所有内容,并愿意自行承担购买资产管理计划的法律责任。【　】

6. 本人/机构已认真阅读并完全理解资产管理合同第××章第××节“资产管理计划的投资”的所有内容,并愿意自行承担购买资产管理计划的法律责任。【　】

7. 本人/机构已认真阅读并完全理解资产管理合同第××章第××节“资产管理计划的费用与税收”中的所有内容。【　】

8. 本人/机构已认真阅读并完全理解资产管理合同第××章第××节“争议的处理”中的所有内容。【　】

9. 本人/机构已经配合管理人或其销售机构提供了法律法规规定的信息资料及身份证明文件,以配合上述机构完成投资者适当性管理、非居民金融账户涉税信息尽职调查以及反洗钱等监管规定的工作。

本人/机构承诺上述信息资料及身份证明文件真实、准确、完整、有效。【 】

10. 本人/机构知晓,证券投资基金业协会为资产管理计划办理备案不构成对管理人投资能力、持续合规情况的认可;不作为对资产管理计划财产安全的保证。【 】

11. 本人/机构承诺本次投资行为是为本人/机构购买(参与)资产管理计划。【 】

12. 本人/机构承诺不以非法拆分转让为目的购买资产管理计划,不会突破合格投资者标准,将资产管理计划份额或其收益权进行非法拆分转让。【 】

13. 本人/机构知悉本风险揭示书的揭示事项仅为列举性质,未能详尽列明投资者参与资产管理计划所面临的全部风险和可能导致投资者资产损失的所有因素。【 】

投资者(自然人签字或机构盖章):

日期:

管理人(盖章):

日期:

销售机构经办人(签字)[集合资产管理计划适用]:

日期:

证券期货经营机构私募资产管理计划备案管理办法(试行)

(2019年6月3日中国证券投资基金业协会发布,
自2019年7月1日起施行)

第一章 总 则

第一条 为保护投资者及相关当事人的合法权益,根据《中华人民共和国证券投资基金法》、《关于规范金融机构资产管理业务的指导意见》、《证券期货经营机构私募资产管理业务管理办法》(以下简称《管理办法》)、《证券期货经营机构私募资产管理计划运作管理规定》(以下简称《运作规定》)等法律法规、自律规则,制定本办法。

第二条 证券期货经营机构开展私募资产管理业务,应当加入中国证券投资基金业协会(以下简称证券投资基金业协会)成为会员,并按照证券投资基金业协会要求,及时进行私募资产管理计划备案,报送资产管理计划运行信息,接受证券投资基金业协会自律管理。

本办法所称证券期货经营机构,是指证券公司、基金管理公司、期货公司及前述机构依法设立的从事私募资产管理业务的子公司。

第三条 证券期货经营机构进行私募资产管理计划备案,应真实、准确、完整、及时地报送备案材料和运行信息,对备案材料和运行信息的真实性、准确性、完整性、及时性和合规性负责。

第四条 证券投资基金业协会接受资产管理计划备案不能免除证券期货经营机构真实、准确、完整、及时地披露产品信息的法律责任。

接受备案不代表证券投资基金业协会对产品的合规性、投资价值及投资风险做出保证和判断。投资者应当自行识别产品投资风险并承担投资行为可能出现的损失。

第五条 证券投资基金业协会根据公平、公正、简便、高效的原则,依法对证券期货经营机构开展私募资产管理业务进行自律管理。

第六条 证券投资基金业协会对证券期货经营机构的自律管理接受中国证监会的指导和监督,并与中国证监会及其派出机构、证券交易场所、期货交易所、证券登记结算机构、中国期货市场监控中心、中国证券业协会、中国期货业协会等相关机构建立监管合作和信息共享机制。

第二章 备案要求

第七条 资产管理人应按照本办法要求向证券投资基金业协会报送资产管理计划的设立、变更、展期、终止、清算备案,以及定期报告、不定期报告,并及时报送资产管理计划的运行情况、风险情况等信息。

托管人应按照本办法第十五条、第十八条规定向证券投资基金业协会报送相关报告。

资产管理人、托管人向证券投资基金业协会报送的备案、运行信息,应按规定抄报或报送中国证监会、相关派出机构。

第八条 资产管理人应当为每只资产管理计划配备一名或多名投资经理，投资经理应当取得基金从业资格并在证券投资基金业协会完成注册。

第九条 资产管理人应当在集合资产管理计划取得验资报告后，公告资产管理计划成立；资产管理人应当在单一资产管理计划受托资产入账后，向投资者书面通知资产管理计划成立。

资产管理计划成立之日起五个工作日内，资产管理人应当报证券投资基金业协会备案。资产管理计划完成备案前，不得开展投资活动，以现金管理为目的，投资于银行活期存款、国债、中央银行票据、政策性金融债、地方政府债券、货币市场基金等中国证监会认可的投资品种除外。

第十条 资产管理计划成立的，资产管理人应当通过证券投资基金业协会资产管理业务综合报送平台（Ambers 系统）报送以下材料：

（一）备案报告；

（二）验资报告或资产缴付证明等；

（三）产品成立公告或产品成立通知书；

（四）资产管理合同；

（五）计划说明书；

（六）与产品相关的重要合同文本，包括但不限于托管协议、销售协议、投资顾问协议等；

（七）投资者信息资料表，包括名称、证件类型、证件号码、认购份额类型、认购金额等信息；

（八）风险揭示书；

（九）合规负责人审查意见；

（十）证券投资基金业协会要求的其他材料。

资产管理计划接受其他私募资产管理计划参与的，管理人应提供向上穿透后的最终投资者信息资料表。

第十一条 资产管理合同发生变更的，资产管理人应当按照资产管理合同约定的方式取得投资者和资产托管人同意，依法保障投资者选择退出资产管理计划的权利，对相关后续事项作出合理安排，并于合同变更之日起五个工作日内报证券投资基金业协会备案。

资产管理人应向证券投资基金业协会报送合同变更的备案报告，备案报告应说明变更内容、变更是否涉及改变投向和比例、托管人对本次变更的意见、合同变更告知方式、合同变更是否设置开放期、退出情况及是否有巨额退出情况发生等，并附上相关材料。

第十二条 资产管理计划展期的，资产管理人应当于资产管理合同展期之日起五个工作日内将展期备案报告等材料报证券投资基金业协会备案。展期备案报告应当说明展期是否符合相关法律法规、合同约定，以及展期是否存在损害投资者利益情况，集合资产管理计划展期是否符合集合资产管理计划的成立条件。

第十三条 资产管理计划终止的，资产管理人应当自终止之日起五个工作日内报证券投资基金业协会备案，说明产品终止原因，以及是否符合法律法规要求和合同约定。

资产管理人应当自发生终止情形之日起五个工作日内开始组织清算资产管理计划资产。资产管理人应当在清算结束后五个工作日内，将清算备案报告报证券投资基金业协会备案，并附上清算结果、清算后的财产分配情况等相关材料。

第十四条 资产管理人应当于每月十日前向证券投资基金业协会报送资产管理计划的持续募集情况、投资运作情况、资产最终投向等信息。为加强资产管理计划事中事后运行风险管理，资产管理人还应按照证券投资基金业协会要求按时报送资产管理计划的融资杠杆水平、延期兑付情况等运行信息，定期报送压力测试信息。

资产管理人应当加强信息系统建设和报送信息复核工作，保证信息真实、准确、完整、及时。

第十五条 资产管理人应当在每季度结束之日起一个月内，编制私募资产管理业务管理季度报告，向证券投资基金业协会报送。

资产管理人、托管人应当在每年度结束之日起四个月内，分别编制私募资产管理业务管理年度报告和托管年度报告，向证券投资基金业协会报送。

资产管理人的年度审计和私募资产管理业务的内部控制情况审计结果，应在每年度结束之日起四个月内向证券投资基金业协会报送。

第十六条 资产管理人应在每季度结束之日起一个月内、每年度结束之日起四个月内，向投资者提供资产管理计划的季度报告和年度报告，并同时向证券投资基金业协会报送。

第十七条 资产管理人在资产管理计划发生以下情形，对资产管理计划持续运行、投资者利益、资产净值产生重大影响时，应当于五个工作日内向证券投资基金业协会报告：

（一）以资产管理计划资产从事重大关联交易的；

（二）涉及产品重大诉讼、仲裁、财产纠纷的，以及出现延期兑付、负面舆论、群体性事件等重大风险事件的；

（三）资产管理计划因委托财产流动性受限等原因延长清算时间的；

（四）发生其他对持续运行、投资者利益、资产净值产生重大影响事件的。

第十八条 资产管理人发现违反法律、行政法规、中国证监会规定、自律规则、合同约定行为的，应于发现后二个工作日内向证券投资基金业协会报告。

托管人监督管理人的投资运作，发现管理人的投资或清算指令违反法律、行政法规、中国证监会的规定或者资产管理合同约定的，应当拒绝执行，并向证券投资基金业协会报告。

资产管理人因私募资产管理业务被中国证监会及相关派出机构、其他金融监督管理机构采取行政监管措施或行政处罚，或被中国证券业协会、中国期货业协会、交易场所和登记结算机构采取自律管理措施或纪律处分的，应在收到相关措施或处理决定后二个工作日内向证券投资基金业协会报告。

第三章 备案核查

第十九条 证券投资基金业协会按照“实质重于形式”原则，通过书面审阅、问询、约谈等方式对备案材料进行核查。私募资产管理计划合规性存疑的，证券投资基金业协会可以向中国证监会进行咨询、报告。

第二十条 证券投资基金业协会对备案材料进行核查，备案材料齐备并符合相关监管规则、自律规则要求的，证券投资基金业协会在收到备案材料后五个工作日内出具备案证明。

备案材料不齐备的，证券投资基金业协会在收到备案材料后五个工作日内，一次性告知资产管理人需要补正的全部内容，资产管理人原则上应在十个工作日内提交补正材料，资产管理人按照要求补正的，证券投资基金业协会在备案材料齐备后五个工作日内出具备案证明。

备案材料经补正后仍不符合相关监管规则、自律规则要求的，证券投资基金业协会将不予备案，同时报告中国证监会及相关派出机构，资产管理人应对该资产管理计划进行终止清算。

第二十一条 证券投资基金业协会对单一资产管理计划、符合条件的集合资产管理计划设立备案材料进行简易备案核查，符合备案系统自动化核查条件的，即时出具备案证明。证券投资基金业协会将通过官方网站公示适用简易备案核查程序的条件，并依据监管政策要求和实际情况不定期进行调整。

证券投资基金业协会对按简易备案核查程序通过的资产管理计划进行事后抽查，发现存在违反规定情形的，相关资产管理人新设立的资产管理计划在 6 个月内不适用简易备案核查程序，并视情节轻重采取相应自律管理措施。

第二十二条 证券投资基金业协会对符合国家战略要求和监管政策导向的资产管理计划设立备案实行绿色通道，适用专人对接、即报即审、专项核查，在备案材料齐备后两个工作日内完成备案。

第二十三条 证券投资基金业协会通过官网对集合资产管理计划的设立备案情况进行公示。

第二十四条 证券投资基金业协会重点对资产管理计划备案的非公开募集、产品结构、投资运作、开放申赎、资产托管、信息披露等事项是否符合要求进行核查。

第二十五条 针对嵌套层数，重点核查投资者信息和资产管理合同投资范围是否同时存在除公开募集证券投资基金以外的其他资产管理产品，合规负责人审查意见书是否对产品嵌套符合规定作出说明。

对于无正当事由将资管产品或其收受益权作为底层资产的资产支持证券，或者以资产支持证券形式规避监管要求的情形，应当视为一层嵌套。

对于政府出资产业投资基金，存在向社会募集资金的，应当视为一层嵌套。

第二十六条 针对资产管理计划费用列支，重点核查以下内容：

（一）产品费用列支是否合理，是否与产品运作有关，产品列支管理费、托管费等产品运作需要以外的费用，应说明相关费用列支的合理性；

（二）是否存在通过管理费返还等约定补偿投资者亏损，强化投资者刚性兑付预期的违规情形。

第二十七条 针对业绩比较基准、业绩报酬计提基准，重点核查以下内容：

（一）业绩比较基准、业绩报酬计提基准条款是否与其合理内涵相一致，是否混同使用；

（二）设置业绩比较基准的，是否说明业绩比较基准的确定依据；

（三）业绩比较基准是否为固定数值，是否存在利用业绩比较基准、业绩报酬计提基准变相挂钩宣传预期收益率，明示或暗示产品预期收益的违规情形。

第二十八条 针对资产管理计划参与退出安排、临时开放期，重点核查合同是否明确约定投资者参与、退出资产管理计划的时间、次数、程序及其限制等事项，每季度多次开放的是否符合全部资产投资于标准化资产等要求，临时开放期触发条件是否限于合同变更、监管规则修订等。

每个交易日开放的，备案重点核查投资范围、投资比例、投资限制、参与和退出管理是否符合公开募集证券投资基金运作有关规则。

第二十九条 针对集合资产管理计划组合投资，重点穿透核查组合投资的具体方式和比例是否符合相关要求。

集合资产管理计划存在嵌套投资的，投资单只产品的比例应符合组合投资相关要求。

第三十条 针对资产托管，重点核查是否按《基金法》、《管理办法》、《运作规定》等要求明确约定托管人权利义务、职责；不聘请托管机构进行托管的单一资产管理计划合同是否明确约定保障资产管理计划资产安全的制度措施和纠纷解决机制；投资于《管理办法》第三十七条第（五）项规定资产的，合同是否准确、合理界定托管人安全保管资产管理计划财产、监督管理人投资运作等职责。

第四章 自律管理

第三十一条 资产管理计划合规性存疑的，证券投资基金业协会可以通过向中国证监会咨询、专家评审等方式予以判定，专家评审具体方案和程序由证券投资基金业协会另行制定。

第三十二条 证券投资基金业协会可以对资产管理人、托管人、销售机构和投资顾问等服务机构从事私募资产管理业务进行定期或者不定期的现场和非现场自律检查，资产管理人、资产托管人、销售机构和投资顾问等服务机构应当予以配合。

证券投资基金业协会工作人员依据自律检查规则进行检查时，不得少于2人，并应当出示合法证件；对检查中知晓的商业秘密负有保密的义务。

在检查过程中，证券投资基金业协会工作人员应当忠于职守，公正廉洁，接受监督，不得利用职务牟取私利。

第三十三条 资产管理人存在备案材料和运行数据报送不真实、不准确、不完整、不及时等不当备案行为的，证券投资基金业协会可以视情节轻重对资产管理人出具备案关注函；存在产品延期兑付较多、融资杠杆较高等风险集中情形的，可以视情节轻重对资产管理人出具风险提示函。

证券投资基金业协会应督促管理人及时进行整改，并报告中国证监会及相关派出机构。

第三十四条 证券投资基金业协会对违反法律法规及自律规则的资产管理人、托管人、销售机构和投资顾问等服务机构及其从业人员，可以视情节轻重对其采取谈话提醒、书面警示、要求限期改正、行业内谴责、加入黑名单、公开谴责、暂停受理或办理私募资产管理计划备案等纪律处分。情节严重的，依法移送中国证监会及相关派出机构处理。

第三十五条 资产管理人在一年之内被采取两次谈话提醒、书面警示、要求限期改正等纪律处分的，证券投资基金业协会可对其采取加入黑名单、公开谴责、暂停受理或办理私募资产管理计划备案等纪律处分；在二年之内被采取两次加入黑名单、公开谴责纪律处分的，由证券投资基金业协会移交中国证监会及相关派出机构处理。

同一从业人员在一年之内被采取两次谈话提醒、书面警示纪律处分的，证券投资基金业协会可要求其参加强制培训；在二年内被两次要求参加强制培训的，证券投资基金业协会可采取加入黑名单、公开谴责纪律处分。

第三十六条 资产管理人及其从业人员积极主动采取补救措施，减轻或消除不良影响的，证券投资基金业协会可视情况减轻对其作出的纪律处分。

第三十七条 出现以下情形时，经中国证监会同意，证券投资基金业协会可暂停受理相关资产管理计划备案，并抄报相关派出机构：

（一）因管理人过错导致资产管理计划存续期内出现重大风险事件，或出现严重危及资产管理人履行职责的重大风险事件；

（二）资产管理业务因涉嫌违法违规被监管机构或有权机构立案调查；

（三）备案的资产管理计划明显或频繁出现不符合法律、行政法规、中国证监会规定、自律规则的情形。

中国证监会及派出机构依据法律法规暂停证券期货经营机构私募资产管理业务的，证券投资基金业协会应暂停受理相关资产管理计划备案。

第三十八条 证券投资基金业协会发现已备案的资产管理计划存在重大风险或违规事项的，应当及时报告中国证监会及相关派出机构。

第五章 附 则

第三十九条 针对证券期货经营机构私募资产管理计划备案，证券投资基金业协会可依据业务发展变化情况制定具体备案规范，备案规范与本办法具有同等效力。

第四十条 证券期货经营机构设立特定目的公司或者合伙企业从事私募资产管理业务，设立私募资产管理计划的，相关备案要求参照适用本办法。

第四十一条 本办法由证券投资基金业协会负责解释。

私募基金篇

私募投资基金,是指在中华人民共和国境内,以非公开方式向投资者募集资金设立由私募基金管理人进行投资管理的投资基金。其中,私募基金管理人应在中国证券投资基金业协会(以下简称"基金业协会")依法登记,私募基金产品应在基金业协会依法备案。

"私募基金篇"涵盖与私募投资基金特别是私募证券投资基金相关的常用规定及监管文件。随着私募基金阳光化以及越来越多明星私募基金的优秀业绩表现,私募证券投资基金在净值型资管产品中发挥了越来越重要的作用。本篇重点收录了与私募证券基金密切相关的私募基金管理、私募基金募集、私募基金管理人治理、外包服务、管理人登记、产品备案、信息披露、账户管理、基金合同指引等相关法规。本篇具体收录了以下规定及监管文件:

中国证券投资基金业协会关于私募基金管理人登记备案工作相关事宜的通知

关于加强私募投资基金监管的若干规定

私募投资基金监督管理暂行办法

私募投资基金募集行为管理办法

私募投资基金服务业务管理办法(试行)

私募投资基金服务机构登记法律意见书指引

私募投资基金管理人内部控制指引

中国基金业协会关于进一步规范私募基金管理人登记若干事项的公告

私募基金管理人登记须知(2018 年 12 月更新)

私募投资基金备案须知

私募投资基金信息披露管理办法

私募投资基金信息披露内容与格式指引 1 号——适用于私募证券投资基金

私募投资基金信息披露内容与格式指引 2 号——适用于私募股权(含创业)投资基金

中国证券登记结算有限责任公司关于加强私募投资基金等产品账户管理有关事项的通知

中国证券登记结算有限责任公司关于私募基金管理人开立证券账户有关事项的通知

中国基金业协会关于发布私募投资基金合同指引的通知

私募投资基金合同指引 1 号(契约型私募投资基金合同内容与格式指引)

私募投资基金合同指引 2 号(公司章程必备条款指引)

私募投资基金合同指引 3 号(合伙协议必备条款指引)

私募投资基金命名指引

中国证券投资基金业协会关于私募基金管理人登记备案工作相关事宜的通知

(2022 年 6 月 2 日中基协字〔2022〕203 号发布，自 2022 年 9 月 3 日起实施)

各私募基金管理人及申请机构：

自 2014 年开展私募基金登记备案工作以来，中国证券投资基金业协会(以下简称协会)持续优化改进登记备案工作，不断提高透明度和服务质量。为引导行业规范发展，便利私募基金管理人及申请机构办理登记备案业务，现就更新《私募基金管理人登记申请材料清单》(以下简称《登记材料清单》)、发布《私募投资基金备案关注要点》(以下简称《备案关注要点》)相关事宜通知如下：

一、更新《登记材料清单》

2020 年，协会发布《登记材料清单》，规范了私募基金管理人申请材料要求。为进一步提高工作透明度，协会更新了《登记材料清单》，便利申请机构对照准备登记相关材料。

新版《登记材料清单》整合碎片化承诺函材料，减少重复报送内容，结合登记核查实践经验，以问题为导向，按照不同类别私募基金管理人运作特点，更新登记材料要求。一方面，细化投资专业性材料内容，明确工作经验要求。新版《登记材料清单》分类细化了负责投资的高管人员投资能力材料内容，明确了不同类别高管人员应具备的工作经历，加强高管人员稳定性材料要求。另一方面，强化诚信信息填报，加强风险防范。从主要出资人、实际控制人、高管人员等方面，细化了诚信信息填报内容，加强过往诚信记录情况核查。对存在诚信问题、严重负面舆情、重大经营风险、错综复杂集团化运作等问题的申请机构，协会可以采用征询相关部门意见、加强问询等方式进一步了解情况。

申请机构应当对照新版《登记材料清单》，全面、真实、准确、规范准备登记所需申请材料。

二、发布《备案关注要点》

2020 年，协会发布《私募投资基金备案申请材料清单》，规范了私募投资基金备案申请材料要求。2021 年、2022 年，协会发布两期《私募基金备案案例公示》，以负面案例形式阐明部分现有规则的适用情形。为进一步明确私募投资基金备案标准,提升备案效率及透明度,协会梳理形成《备案关注要点》,便利私募基金管理人事前了解备案要求。

《备案关注要点》对照现行法律法规、自律规则与私募基金运作相关要求,结合近年来行业重大违法违规事件暴露出来的突出问题,以支持行业发展和加强风险防范为出发点,提炼募集、投资、管理等各环节产品核心要素,明确并细化私募投资基金备案关注内容。从体例上看,分为私募证券投资基金备案关注要点和私募股权、创业投资基金备案关注要点两类,针对不同类型基金特点梳理了差异化备案要求。从内容上看,囊括产品备案须遵守的各类规则,特别是对于规则只有原则性规定的,明确规则落地的具体执行要求,提高规则理解度和适用性。

私募基金管理人应充分了解并遵守私募基金相关法律法规和自律规则,对照《备案关注要点》合规设立和管理私募投资基金,备案时提供的备案信息和材料应真实、准确、完整,备案完成后按照恪尽职守、诚实信用、谨慎勤勉的原则管理基金财产。

三、过渡期安排

为确保平稳过渡,《登记材料清单》设置3个月过渡期,自2022年9月3日起,所有申请机构应当按照新版清单要求提交申请材料。《备案关注要点》自发布之日起开始实施。后续,协会将根据行业发展情况及时更新《登记材料清单》《备案关注要点》,引导私募基金管理人合规展业。

特此通知。

附件:1. 私募证券投资基金管理人登记申请材料清单(2022版)

2. 私募股权、创业投资基金管理人登记申请材料清单(2022版)

3. 私募证券投资基金备案关注要点(2022年6月版)

4. 私募股权、创业投资基金备案关注要点(2022年6月版)

私募证券投资基金管理人登记申请材料清单(2022版)

页签序号	页签名称	序号	申请材料名称	特殊说明	是否必填	内容要求	签章要求
说明:本材料为私募基金管理人登记申请材料清单,已登记私募基金管理人进行实际控制人/第一大股东的重大事项变更参照适用。(该材料清单需下载后详细阅读) 本材料所规定的登记申请材料应当使用简体中文,相关用语应当符合境内市场惯例和语言使用习惯;原件为其他语言的,应当提供真实、准确、完整的简体中文翻译件。各语言版本内容如有差异或不一致,概以简体中文版本为准。							

续表

页签序号	页签名称	序号	申请材料名称	特殊说明	是否必填	内容要求	签章要求
1	机构基本信息	1	登记承诺函	相关承诺主体发生变更的，应更新登记承诺函签章。	必填	1. 请在 AMBERS 系统中下载使用最新承诺函模板，承诺函中机构名称、注册地址、办公地址均需完整准确填写。 2. 申请机构应按照私募登记申请材料清单准备材料，审慎提交材料，需承诺提供的所有登记备案材料真实、准确、完整，不存在任何虚假记载、误导性陈述或重大遗漏等。 3. 申请机构需承诺自身不涉及民间借贷、担保、保理、典当、融资租赁、网络信贷信息中介、众筹、场外配资、民间融资、小额理财、小额借贷、P2P、P2B、房地产开发、交易平台等任何与私募基金管理相冲突或无关的业务。申请机构实际控制人需承诺申请机构及冲突业务关联方不进行直接或间接形式的利益输送。 4. 根据《私募基金管理人登记须知》相关要求，同一实际控制人下已有私募基金管理人的，申请机构实际控制人及第一大股东（或执行事务合伙人）需书面承诺申请机构完成登记后，继续持有申请机构股权及保持实际控制不少于 3 年；实际控制人需承诺新申请机构展业中如出现违法违规情形，实际控制人及其控制的已登记关联私募基金管理人应当承担相应的合规连带责任和自律处分后果。	1. 承诺函落款处加盖申请机构公章，多页加盖骑缝章。 2. 法定代表人/执行事务合伙人（委派代表）需在承诺函签字。 3. 实际控制人及第一大股东（或执行事务合伙人）应签字或加盖公章。
		2	实收资本/实缴出资证明	注：实缴资本不足 200 万元、实缴比例未达注册资本 25% 的情况，协会将在私募基金管理人公示信息中予以特别提示。	必填	应提交验资报告或银行回单（优选银行回单），记载的出资人、认缴资本额、实缴资本额与工商登记信息一致；如实缴出资后发生出资人变更，可将原出资证明（验资报告或银行回单）、转让协议、转让款银行转账回单一并上传，或重新出具验资报告。	银行回单需加盖银行业务章，验资报告需加盖会计师事务所公章。

续表

页签序号	页签名称	序号	申请材料名称	特殊说明	是否必填	内容要求	签章要求
		3	管理人的公司章程/合伙协议		必填	管理人的公司章程/合伙协议约定事项如有变更,可将章程修正案/补充合伙协议一并上传,或上传最新修订的章程/合伙协议。	复印件需加盖申请机构公章,多页加盖骑缝章。
		4	组织机构代码证/税务登记证/营业执照		必填	若申请机构实现了三证合一,组织机构代码证、营业执照、税务登记证均需要上传三证合一后的营业执照。	复印件需加盖申请机构公章。
		5	全体员工简历及社保证明		必填	全体员工简历应涵盖员工基本信息、学习经历、工作经历等;社保缴费记录应显示员工姓名及申请机构名称,新参保无缴费记录的可提供社保增员记录等,第三方人力资源服务机构代缴的上传申请机构签署的代缴协议、人力资源服务资质证明文件、代缴记录,退休返聘的上传退休证。	社保缴费记录应加盖社保主管部门章。
		6	办公场地使用证明		必填	如为直接租赁所得,应提供租赁协议及产权证复印件;如为转租所得,应提供原租赁协议、转租协议、产权人或物业管理人同意转租的确认文件;如由股东、关联方等无偿提供取得,应提供原租赁协议或产权证、无偿使用证明、产权人或物业管理人同意使用的确认文件。	复印件需加盖申请机构公章,多页加盖骑缝章。
		7	商业计划书		必填	应提交商业计划书,详述申请机构展业计划并加盖公章,内容应包括投资团队介绍、投资方向、如何募集、如何选择投资对象等,并详细说明机构基金产品交易结构、资金来源及投资策略,详述机构未来发展方向、运作规划及当前业务需求等内容。(不得套用模板,应详细、具体描述真实的展业计划)	加盖申请机构公章,多页加盖骑缝章。

续表

页签序号	页签名称	序号	申请材料名称	特殊说明	是否必填	内容要求	签章要求
		8	新设私募基金管理人合理性说明及集团各私募基金管理人合规风控安排	申请机构实际控制人下已有私募基金管理人的，实际控制人需提交新设私募合理性说明及私募基金管理人合规风控安排。	如有	同一机构、个人实际控制两家及以上私募基金管理人的，应当说明设置多个私募基金管理人的目的、合理性、业务方向区别、避免同业竞争制度安排等，应当提交集团关于各私募基金管理人的合规风控安排，协会可以采用征询相关部门意见、加强问询等方式进一步了解相关情况。	由实际控制人签字或加盖公章，多页加盖骑缝章。
		9	其他相关证明文件	申请机构的设立或后续展业如有政府支持性文件、招投标证明、引导基金相关批复、行业知名机构举荐函/推荐信等相关支持文件可一并上传。	如有	申请机构主要投资方向为债券投资，或提供债券投资业绩的，或出资人、高管人员过去曾从事债券投资的，应上传承诺函说明未来展业不违规从事结构化发债。	承诺函落款处加盖申请机构公章，多页加盖骑缝章。

续表

页签序号	页签名称	序号	申请材料名称	特殊说明	是否必填	内容要求	签章要求
2	相关制度	10	运营风险控制制度、信息披露制度、机构内部交易记录制度、防范内幕交易、利益冲突的投资交易制度、合格投资者风险揭示制度、合格投资者内部审核流程及相关制度、私募基金宣传推介、募集相关规范制度、公平交易制度、从业人员买卖证券申报制度、其他制度(如防范关联交易,利益输送等制度)		必填	申请机构应根据其拟申请的私募基金管理业务建立与之相适应的制度,制度应根据申请机构自身实际情况制定,不可照搬照抄。	复印件需加盖申请机构公章。

续表

页签序号	页签名称	序号	申请材料名称	特殊说明	是否必填	内容要求	签章要求
3	机构持牌及关联方信息	11	冲突业务许可证明文件	关联方经营范围含冲突业务。	如有	1. 申请机构自身应当符合《关于加强私募投资基金监管的若干规定》相关要求，不得直接或间接从事民间借贷、担保、保理、典当、融资租赁、网络信贷信息中介、众筹、场外配资、民间融资、小额理财、小额借贷、P2P、P2B、房地产开发、交易平台等任何与私募基金管理相冲突或无关的业务。申请机构关联方从事小额贷款、融资租赁、商业保理、融资担保、互联网金融、典当等冲突业务需提供相关主管部门正式许可文件。 2. 申请机构主要出资人（出资比例≥25%）、实际控制人应当符合《私募基金管理人登记须知》相关要求，不得曾经从事或目前实际从事与私募基金管理相冲突业务。申请机构其他出资人中，涉及冲突业务的合计出资比例不得高于25%。协会将穿透核查出资人、实际控制人相关情况。申请机构主要出资人、实际控制人为自然人的，最近5年不得从事与私募基金管理相冲突业务。 3. 申请机构高管人员最近5年不得从事与私募基金管理相冲突业务。	复印件需加盖申请机构公章，多页加盖骑缝章。
4	诚信信息	12	申请机构、主要出资人、实际控制人、高管人员合法合规及诚信信息	存在诚信信息的，需上传相关文件。	必填	申请机构、主要出资人、实际控制人、高管人员应说明是否存在以下情况： 是否因犯有贪污、贿赂、侵占财产、挪用财产或破坏社会主义经济秩序罪被判处刑罚，或因犯罪被剥夺政治权利； 最近三年是否受到证监会的行政处罚、被证监会采取行政监管措施，或被证监会采取市场禁入措施执行期满未逾三年； 最近三年是否受到其他监管部门的行政处罚； 最近三年是否被基金业协会或其他自律组织采取自律措施； 最近三年是否曾在因违反相关法律法规、自律规则被基金业协会注销登记或不予登记机构担任法定代表人、执行事务合伙人（委派代表）、负有责任的高管人员，或者作为实际控制人、普通合伙人、主要出资人； 最近三年是否在受到刑事处罚、行政处罚或被采取行政监管措施的机构任职；	复印件需加盖申请机构公章，多页加盖骑缝章。

续表

页签序号	页签名称	序号	申请材料名称	特殊说明	是否必填	内容要求	签章要求
						最近三年是否被纳入失信被执行人名单； 最近一年是否涉及重大诉讼、仲裁； 最近三年是否存在其他违法违规及诚信情况。 对于申请机构、主要出资人、实际控制人、高管人员存在上述情形，或存在严重负面舆情、经营不善等重大风险问题，协会可以采用征询相关部门意见、加强问询等方式进一步了解情况。对于申请机构主要出资人、实际控制人最近三年存在重大失信记录的，协会将结合相关情况实质性及影响程度，审慎办理登记业务。	
5	财务信息	13	资产负债表、利润表、现金流量表；审计报告及经审计的财务报告；最近季度的财报	1. 申请机构成立满一个会计年度需提交审计报告。 2. 申请机构成立不满一个会计年度自愿提交审计报告，但近期资产负债表、损益表及现金流量表需上传。	必填	年度审计报告距提交申请时间较长的，请上传最近季度的财务报告。（季报不强制经审计）	原件应有会计师事务所公章，复印件需加盖申请机构公章、多页加盖骑缝章。
6	出资人信息	14	营业执照或主体资格证明文件	非自然人出资人提供。	必填	1. 若出资人实现了三证合一，组织机构代码证、营业执照、税务登记证均需要上传三证合一后的营业执照。 2. 对于适用《私募基金登记备案相关问题解答（十）》的外商独资和合资私募证券基金管理机构，应提交境外股东所在国家或者地区金融监管当局的批准或者许可证书及翻译件。律师应在法律意见书中论述，并对其真实性发表结论性意见。	

续表

页签序号	页签名称	序号	申请材料名称	特殊说明	是否必填	内容要求	签章要求
		15	证件扫描件、学位/学历证明文件	自然人出资人提供。	必填	应提交身份证、台胞证、港澳通行证、护照等证件扫描件。申请机构应完整填写出资人高中以上学习经历,并提供最高学历/学位证明文件。	
		16	实缴出资证明		必填	应提交验资报告或银行回单(优选银行回单),记载的出资人、认缴资本额、实缴资本额与工商登记信息一致;如实缴出资后发生出资人变更,可将原出资证明(验资报告或银行回单)、转让协议、转让款银行转账回单一并上传,或重新出具验资报告。	银行回单需加盖银行业务章,验资报告需加盖会计师事务所公章。
		17	申请机构股权架构合理性说明		如有	申请机构股权架构应简明清晰,不得存在为规避监管要求而进行特殊股权构架设计。出资人通过特殊目的载体(SPV)间接持有申请机构股权的,应详细说明设立合理性、必要性。	落款处加盖申请机构公章,多页加盖骑缝章。
		18	出资人出资能力证明		必填	1. 自然人出资人的出资能力证明包括:固定资产(应提供非首套房屋产权证明或其他固定资产价值评估材料)、银行账户存款或理财产品(应提供近半年银行流水单据或金融资产证明)等其他资产证明。 2. 非自然人出资人的出资能力证明如为经营性收入,应结合成立时间、实际业务情况、营收情况等论述收入来源合理与合法性,并提供审计报告等证明材料。 3. 出资能力证明材料应说明相应资产、资金合法来源,并提交相关证明材料。	复印件需加盖申请机构公章,多页加盖骑缝章。

续表

页签序号	页签名称	序号	申请材料名称	特殊说明	是否必填	内容要求	签章要求
7	实际控制人/第一大股东	19	营业执照或主体资格证明文件	非自然人出资人提供。	必填	1. 若实际控制人实现了三证合一，组织机构代码证、营业执照、税务登记证均需要上传三证合一后的营业执照。 2. 对于适用《私募基金登记备案相关问题解答（十）》的外商独资和合资私募证券基金管理机构，应提交境外实际控制人所在国家或者地区金融监管当局的批准或者许可证书及翻译件。律师应在法律意见书中论述，并对其真实性发表结论性意见。	
		20	证件扫描件、学位/学历证明文件	自然人出资人提供。	必填	应提交身份证、台胞证、港澳通行证、护照等证件扫描件。申请机构应完整填写实际控制人高中以上学习经历，并提供最高学历/学位证明文件。	
		21	实际控制人与管理人之间的控制关系图	实际控制人发生变更的，应更新控制关系图及相应签章。	必填	1. 实际控制人是指能够实际支配企业运营的自然人、法人或其他组织，认定实际控制人应穿透至自然人、上市公司、国有控股企业或受境外金融监管部门监管的境外机构。 2. 控制关系图应完整展示申请机构全部直接出资人及出资比例，并披露各直接出资人向上逐层穿透情况直至最终出资人（自然人、上市公司、政府部门、事业单位等）。除依据第一大股东上穿认定实际控制人的情形外，其他实际控制人认定理由应在图下做简要说明；如有一致行动协议或其他协议安排，应将相关文件附于控制关系图后一并上传。	控制关系图应由实际控制人签字或加盖公章。实际控制人发生变更的，应更新控制关系图及相应签章。
		22	实际控制人其他相关材料		如有	实际控制人为自然人且不具备3年以上金融行业或投资管理等方面工作经历的，申请机构应提供材料说明实际控制人如何履行职责。	落款处加盖申请机构公章，多页加盖骑缝章。

续表

页签序号	页签名称	序号	申请材料名称	特殊说明	是否必填	内容要求	签章要求
8	高管人员	23	证件扫描件、学位/学历证明文件		必填	应提交身份证、台胞证、港澳通行证、护照等证件扫描件。申请机构应完整填写高管人员高中以上学习经历，并提供最高学历/学位证明文件。	
		24	高管承诺函	高管承诺系统填写信息真实、准确、完整。	必填	高管需承诺法律意见书中披露及系统填报的基本信息、诚信信息、兼职及挂职信息真实、准确、完整，无系统填报以外的诚信信息及兼职挂职信息。	高管人员需在承诺函签字。
		25	高管人员工作经验		必填	申请机构高管人员应当具备3年以上与拟任职务相关的证券、基金、期货、金融、法律、会计等相关工作经历，具有与拟任职务相适应的管理经历和经营管理能力。 负责投资的高管人员应当具备3年以上证券、基金、期货投资管理等相关工作经历。	
		26	高管人员专业能力材料		必填	1. 负责投资的高管人员应提供2年以上可追溯的担任基金经理或投资决策负责人的证券期货产品投资业绩证明材料，单只产品净资产规模原则上不低于1000万（多人共同管理产品规模平均计算）。 投资业绩证明材料应体现负责投资的高管人员担任基金经理或投资决策负责人的任职起始时间、年度管理净资产规模、年化收益等情况，相关材料包括但不限于签章齐全的基金合同、离任审计报告、净值报告或协会认可的其他材料。涉及境外投资的应提供中文翻译件。律师应在法律意见书中逐一论述，并对其真实性发表结论性意见。 2. 个人证券期货投资、在基金产品中作为投资者（主动管理的FOF除外）、企业自有资金证券期货投资、管理他人证券期货账户资产、模拟盘等其他无法体现投资能力或不属于证券期货投资的材料，原则上不作为证券类投资业绩证明材料。	原则上应提供加盖原任职机构公章的材料，无需加盖申请机构公章。

续表

页签序号	页签名称	序号	申请材料名称	特殊说明	是否必填	内容要求	签章要求
		27	人员稳定性材料		如有	申请机构高管人员应当持续符合相关任职要求,切实履行职责,保持任职稳定性。负责投资的高管人员未在申请机构出资的,申请机构应说明如何通过制度安排或激励机制等方式保证其稳定性。申请机构不得临时聘请挂名人员。	落款处加盖申请机构公章,多页加盖骑缝章。
9	管理人登记法律意见书	28	律师事务所执业许可证		必填		复印件加盖律师事务所公章,多页加盖骑缝章。
		29	法律意见书		必填		加盖律师事务所公章及骑缝章,列明经办律师的姓名及其执业证件号码并由经办律师签字,出具日期应清晰明确。
		30	律师尽调底稿		如有	律师可自愿选择上传对于申请机构尽职调查的相关材料。	加盖律师事务所公章,列明经办律师的姓名及其执业证件号码并由经办律师签字,出具日期应清晰明确。

私募股权、创业投资基金管理人登记申请材料清单(2022版)

页签序号	页签名称	序号	申请材料名称	特殊说明	是否必填	内容要求	签章要求
说明:本材料为私募基金管理人登记申请材料清单,已登记私募基金管理人进行实际控制人/第一大股东的重大事项变更参照适用。(该材料清单需下载后详细阅读) 本材料所规定的登记申请材料应当使用简体中文,相关用语应当符合境内市场惯例和语言使用习惯;原件为其他语言的,应当提供真实、准确、完整的简体中文翻译件。各语言版本内容如有差异或不一致,概以简体中文版本为准。							
1	机构基本信息	1	登记承诺函	相关承诺主体发生变更的,应更新登记承诺函签章。	必填	1.请在AMBERS系统中下载使用最新承诺函模板,承诺函中机构名称、注册地址、办公地址均需完整准确填写。 2.申请机构应按照私募登记申请材料清单准备材料,审慎提交材料,需承诺提供的所有登记备案材料真实、准确、完整,不存在任何虚假记载、误导性陈述或重大遗漏等。 3.申请机构需承诺自身不涉及民间借贷、担保、保理、典当、融资租赁、网络信贷信息中介、众筹、场外配资、民间融资、小额理财、小额借贷、P2P、P2B、房地产开发、交易平台等任何与私募基金管理相冲突或无关的业务。申请机构实际控制人需承诺申请机构及冲突业务关联方不进行直接或间接形式的利益输送。 4.根据《私募基金管理人登记须知》相关要求,同一实际控制人下已有私募基金管理人的,申请机构实际控制人及第一大股东(或执行事务合伙人)需书面承诺申请机构完成登记后,继续持有申请机构股权及保持实际控制不少于3年;实际控制人需承诺新申请机构展业中如出现违法违规情形,实际控制人及其控制的已登记关联私募基金管理人应当承担相应的合规连带责任和自律处分后果。	1.承诺函落款处加盖申请机构公章,多页加盖骑缝章。 2.法定代表人/执行事务合伙人(委派代表)需在承诺函签字。 3.实际控制人及第一大股东(或执行事务合伙人)应签字或加盖公章。

续表

页签序号	页签名称	序号	申请材料名称	特殊说明	是否必填	内容要求	签章要求
		2	实收资本/实缴出资证明	注：实缴资本不足200万元、实缴比例未达注册资本25%的情况，协会将在私募基金管理人公示信息中予以特别提示。	必填	应提交验资报告或银行回单（优选银行回单），记载的出资人、认缴资本额、实缴资本额与工商登记信息一致；如实缴出资后发生出资人变更，可将原出资证明（验资报告或银行回单）、转让协议、转让款银行转账回单一并上传，或重新出具验资报告。	银行回单需加盖银行业务章，验资报告需加盖会计师事务所公章。
		3	管理人的公司章程/合伙协议		必填	管理人的公司章程/合伙协议约定事项如有变更，可将章程修正案/补充合伙协议一并上传，或上传最新修订的章程/合伙协议。	复印件需加盖申请机构公章，多页加盖骑缝章。
		4	组织机构代码证/税务登记证/营业执照		必填	若申请机构实现了三证合一，组织机构代码证、营业执照、税务登记证均需要上传三证合一后的营业执照。	复印件需加盖申请机构公章。
		5	全体员工简历及社保证明		必填	全体员工简历应涵盖员工基本信息、学习经历、工作经历等；社保缴费记录应显示员工姓名及申请机构名称，新参保无缴费记录的可提供社保增员记录等，第三方人力资源服务机构代缴的上传申请机构签署的代缴协议、人力资源服务资质证明文件、代缴记录，退休返聘的上传退休证。	社保缴费记录应加盖社保主管部门章。
		6	办公场地使用证明		必填	如为直接租赁所得，应提供租赁协议及产权证复印件；如为转租所得，应提供原租赁协议、转租协议、产权人或物业管理人同意转租的确认文件；如由股东、关联方等无偿提供取得，应提供原租赁协议或产权证、无偿使用证明、产权人或物业管理人同意使用的确认文件。	复印件需加盖申请机构公章，多页加盖骑缝章。

续表

页签序号	页签名称	序号	申请材料名称	特殊说明	是否必填	内容要求	签章要求
		7	商业计划书		必填	应提交商业计划书,详述申请机构展业计划并加盖公章,内容应包括投资类型、投资标的、如何募集、如何选择投资对象等,并详细说明基金产品的交易结构、资金来源及投出方式,并列出首只基金的产品要素表。(不得套用模板,应详细、具体描述真实的展业计划)	加盖申请机构公章,多页加盖骑缝章。
		8	拟投项目证明资料	申请机构已和相关企业签订项目协议的。	如有	应上传拟投资项目投资协议或合作意向书、拟担任政府引导基金管理人相关政府批文等。	投资协议或合作意向书应加盖申请机构与合作方的公章,政府公文无需加盖申请机构公章,其他证明资料加盖申请机构公章。
		9	新设私募基金管理人合理性说明及集团各私募基金管理人合规风控安排	申请机构实际控制人下已有私募基金管理人的,实际控制人需提交新设私募合理性说明及私募基金管理人合规风控安排。	如有	同一机构、个人实际控制两家及以上私募基金管理人的,应当说明设置多个私募基金管理人的目的、合理性、业务方向区别、避免同业竞争制度安排等,应当提交集团关于各私募基金管理人的合规风控安排,协会可以采用征询相关部门意见、加强问询等方式进一步了解相关情况。	由实际控制人签字或加盖公章,多页加盖骑缝章。

续表

页签序号	页签名称	序号	申请材料名称	特殊说明	是否必填	内容要求	签章要求
		10	其他相关证明文件	申请机构的设立或后续展业如有政府支持性文件、招投标证明、引导基金相关批复、行业知名机构举荐函/推荐信等相关支持文件可一并上传。	如有		复印件需加盖申请机构公章，多页加盖骑缝章。
2	相关制度	11	运营风险控制制度、信息披露制度、机构内部交易记录制度、防范内幕交易、利益冲突的投资交易制度、合格投资者风险揭示制度、合格投资者内部审核流程及		必填	申请机构应根据其拟申请的私募基金管理业务建立与之相适应的制度，制度应根据申请机构自身实际情况制定，不可照搬照抄。	复印件需加盖申请机构公章。

续表

页签序号	页签名称	序号	申请材料名称	特殊说明	是否必填	内容要求	签章要求
			相关制度、私募基金宣传推介、募集相关规范制度、其他制度（如防范关联交易，利益输送等制度）				
3	机构持牌及关联方信息	12	冲突业务许可证明文件	关联方经营范围含冲突业务。	如有	1. 申请机构自身应当符合《关于加强私募投资基金监管的若干规定》相关要求，不得直接或间接从事民间借贷、担保、保理、典当、融资租赁、网络信贷信息中介、众筹、场外配资、民间融资、小额理财、小额借贷、P2P、P2B、房地产开发、交易平台等任何与私募基金管理相冲突或无关的业务。申请机构关联方从事小额贷款、融资租赁、商业保理、融资担保、互联网金融、典当等冲突业务需提供相关主管部门正式许可文件。 2. 申请机构主要出资人（出资比例≥25%）、实际控制人应当符合《私募基金管理人登记须知》相关要求，不得曾经从事或目前实际从事与私募基金管理相冲突业务。申请机构其他出资人中，涉及冲突业务的合计出资比例不得高于25%。协会将穿透核查出资人、实际控制人相关情况。申请机构主要出资人、实际控制人为自然人的，最近5年不得从事与私募基金管理相冲突业务。 3. 申请机构高管人员最近5年不得从事与私募基金管理相冲突业务。	复印件需加盖申请机构公章，多页加盖骑缝章。

续表

页签序号	页签名称	序号	申请材料名称	特殊说明	是否必填	内容要求	签章要求
4	诚信信息	13	申请机构、主要出资人、实际控制人、高管人员合法合规及诚信信息	存在诚信信息的，需上传相关文件。	必填	申请机构、主要出资人、实际控制人、高管人员应说明是否存在以下情况： 是否因犯有贪污、贿赂、侵占财产、挪用财产或破坏社会主义经济秩序罪被判处刑罚，或因犯罪被剥夺政治权利； 最近三年是否受到证监会的行政处罚、被证监会采取行政监管措施，或被证监会采取市场禁入措施执行期满未逾三年； 最近三年是否受到其他监管部门的行政处罚； 最近三年是否被基金业协会或其他自律组织采取自律措施； 最近三年是否曾在因违反相关法律法规、自律规则被基金业协会注销登记或不予登记机构担任法定代表人、执行事务合伙人（委派代表）、负有责任的高管人员，或者作为实际控制人、普通合伙人、主要出资人； 最近三年是否在受到刑事处罚、行政处罚或被采取行政监管措施的机构任职； 最近三年是否被纳入失信被执行人名单； 最近一年是否涉及重大诉讼、仲裁； 最近三年是否存在其他违法违规及诚信情况。 对于申请机构、主要出资人、实际控制人、高管人员存在上述情形，或存在严重负面舆情、经营不善等重大风险问题，协会可以采用征询相关部门意见、加强问询等方式进一步了解情况。对于申请机构主要出资人、实际控制人最近三年存在重大失信记录的，协会将结合相关情况实质性及影响程度，审慎办理登记业务。	复印件需加盖申请机构公章，多页加盖骑缝章。

续表

页签序号	页签名称	序号	申请材料名称	特殊说明	是否必填	内容要求	签章要求
5	财务信息	14	资产负债表、利润表、现金流量表；审计报告及经审计的财务报告；最近季度的财报	1. 申请机构成立满一个会计年度需提交审计报告。 2. 申请机构成立不满一个会计年度自愿提交审计报告，但近期资产负债表、损益表及现金流量表需上传。	必填	年度审计报告距提交申请时间较长的，请上传最近季度的财务报告。（季报不强制经审计）	原件应有会计师事务所公章，复印件需加盖申请机构公章、多页加盖骑缝章。
6	出资人信息	15	营业执照或主体资格证明文件	非自然人出资人提供。	必填	若出资人实现了三证合一，组织机构代码证、营业执照、税务登记证均需要上传三证合一后的营业执照。	
		16	证件扫描件、学位/学历证明文件	自然人出资人提供。	必填	应提交身份证、台胞证、港澳通行证、护照等证件扫描件。申请机构应完整填写出资人高中以上学习经历，并提供最高学历/学位证明文件。	
		17	实缴出资证明		必填	应提交验资报告或银行回单（优选银行回单），记载的出资人、认缴资本额、实缴资本额与工商登记信息一致；如实缴出资后发生出资人变更，可将原出资证明（验资报告或银行回单）、转让协议、转让款银行转账回单一并上传，或重新出具验资报告。	银行回单需加盖银行业务章，验资报告需加盖会计师事务所公章。

续表

页签序号	页签名称	序号	申请材料名称	特殊说明	是否必填	内容要求	签章要求
		18	申请机构股权架构合理性说明		如有	申请机构股权架构应简明清晰，不得存在为规避监管要求而进行特殊股权构架设计。出资人通过特殊目的载体（SPV）间接持有申请机构股权的，应详细说明设立合理性、必要性。	落款处加盖申请机构公章，多页加盖骑缝章。
		19	出资人出资能力证明		必填	1. 自然人出资人的出资能力证明包括：固定资产（应提供非首套房屋产权证明或其他固定资产价值评估材料）、银行账户存款或理财产品（应提供近半年银行流水单据或金融资产证明）等其他资产证明。 2. 非自然人出资人的出资能力证明如为经营性收入，应结合成立时间、实际业务情况、营收情况等论述收入来源合理与合法性，并提供审计报告等证明材料。 3. 出资能力证明材料应说明相应资产、资金合法来源，并提交相关证明材料。	复印件需加盖申请机构公章，多页加盖骑缝章。
7	实际控制人/第一大股东	20	营业执照或主体资格证明文件	非自然人出资人提供。	必填	若实际控制人实现了三证合一，组织机构代码证、营业执照、税务登记证均需要上传三证合一后的营业执照。	
		21	证件扫描件、学位/学历证明文件	自然人出资人提供。	必填	应提交身份证、台胞证、港澳通行证、护照等证件扫描件。申请机构应完整填写实际控制人高中以上学习经历，并提供最高学历/学位证明文件。	
		22	实际控制人与管理人之间的控制关系图	实际控制人发生变更的，应更新控制关系图及相应签章。	必填	1. 实际控制人是指能够实际支配企业运营的自然人、法人或其他组织，认定实际控制人应穿透至自然人、上市公司、国有控股企业或受境外金融监管部门监管的境外机构。 2. 控制关系图应完整展示申请机构全部直接出资人及出资比例，并披露各直接出资人向上逐层穿透情况直至最终出资人（自然人、上市公司、政府部门、事业单位等）。除依据第一大股东上穿认定实际控制人的情形外，其他实际控制人认定理由应在图下做简要说明；如有一致行动协议或其他协议安排，应将相关文件附于控制关系图后一并上传。	控制关系图应由实际控制人签字或加盖公章。实际控制人发生变更的，应更新控制关系图及相应签章。

续表

页签序号	页签名称	序号	申请材料名称	特殊说明	是否必填	内容要求	签章要求
		23	实际控制人其他相关材料		如有	实际控制人为自然人且不具备3年以上金融行业、投资管理或拟投领域相关产业、科研等方面工作经历的，申请机构应提供材料说明实际控制人如何履行职责。	落款处加盖申请机构公章，多页加盖骑缝章。
8	高管人员	24	证件扫描件、学位/学历证明文件		必填	应提交身份证、台胞证、港澳通行证、护照等证件扫描件。申请机构应完整填写高管人员高中以上学习经历，并提供最高学历/学位证明文件。	
		25	高管承诺函	高管承诺系统填写信息真实、准确、完整。	必填	高管需承诺法律意见书中披露及系统填报的基本信息、诚信信息、兼职及挂职信息真实、准确、完整，无系统填报以外的诚信信息及兼职挂职信息。	高管人员需在承诺函签字。
		26	高管人员工作经验		必填	申请机构高管人员应当具备3年以上与拟任职务相关的股权投资、创业投资、投行业务、资产管理业务、会计业务、法律业务、经济金融管理、拟投领域相关产业科研等工作经历，具有与拟任职务相适应的管理经历和经营管理能力。 负责投资的高级管理人员应当具备3年以上股权投资、创业投资等相关工作经历。	
		27	高管人员专业能力材料		必填	1. 负责投资的高管人员应提供其在曾任职机构主导的至少2起投资于未上市企业股权的项目证明材料，所有项目初始投资金额合计原则上不低于1000万。 其中，主导作用是指相关人员参与了尽职调查、投资决策等重要环节，并发挥了关键性作用。投资项目证明材料应完整体现尽职调查、投资决策、工商确权、项目退出（如有）等各个环节，包括但不限于签章齐全的尽职调查报告（需原任职机构公章）、投决会决议（原则上需原任职机构公章）、投资标的确权材料、股权转让协议或协会认可的其他材料。涉及境外投资的应提供中文翻译件。律师应	原则上应提供加盖原任职机构公章的材料，无需加盖申请机构公章。

续表

页签序号	页签名称	序号	申请材料名称	特殊说明	是否必填	内容要求	签章要求
						在法律意见书中逐一论述,并对其真实性发表结论性意见。 2. 个人股权投资、投向国家禁止或限制性行业的股权投资、投向与私募基金管理相冲突行业的股权投资、作为投资者参与的项目投资等其他无法体现投资能力或不属于股权投资的项目材料,原则上不作为股权类投资经验证明材料。	
		28	人员稳定性材料		如有	申请机构高管人员应当持续符合相关任职要求,切实履行职责,保持任职稳定性。负责投资的高管人员未在申请机构出资的,申请机构应说明如何通过制度安排或激励机制等方式保证其稳定性。申请机构不得临时聘请挂名人员。	落款处加盖申请机构公章,多页加盖骑缝章。
9	管理人登记法律意见书	29	律师事务所执业许可证		必填		复印件加盖律师事务所公章,多页加盖骑缝章。
		30	法律意见书		必填		加盖律师事务所公章及骑缝章,列明经办律师的姓名及其执业证件号码并由经办律师签字,出具日期应清晰明确。

续表

页签序号	页签名称	序号	申请材料名称	特殊说明	是否必填	内容要求	签章要求
		31	律师尽调底稿		如有	律师可自愿选择上传对于申请机构尽职调查的相关材料。	加盖律师事务所公章，列明经办律师的姓名及其执业证件号码并由经办律师签字，出具日期应清晰明确。

私募证券投资基金备案关注要点(2022年6月版)

为进一步完善私募投资基金备案公开透明机制，提高私募投资基金备案工作效率，中国证券投资基金业协会(以下简称协会)在此温馨提示，私募证券投资基金备案重点关注以下内容：

一、法律规则依据

《证券投资基金法》《私募投资基金监督管理暂行办法》《证券期货投资者适当性管理办法》《关于加强私募投资基金监管的若干规定》《证券期货经营机构私募资产管理业务运作管理暂行规定》《私募投资基金管理人登记和基金备案办法(试行)》《关于进一步规范私募基金管理人登记若干事项的公告》《私募投资基金合同指引》《私募投资基金募集行为管理办法》《私募投资基金信息披露管理办法》《证券期货经营机构私募资产管理计划备案管理规范1－4号》《私募投资基金命名指引》《私募基金登记备案相关问题解答》《私募投资基金备案须知(2019版)》《关于加强经营异常机构自律管理相关事项的通知》等法律法规和自律规则。

二、私募证券投资基金备案关注要点

(一)基金名称

1. 关注基金名称是否含有“安全”、“保险”、“避险”、“保本”、“稳赢”等可能误导或者混淆投资者判断的字样，是否含有“高收益”、“无风险”等与基金风险收益特征不匹配的表述，是否含有“最佳业绩”、“最大规模”、“名列前茅”、“最强”、“500

倍”等夸大或误导基金业绩的字样，是否含有“资管计划”、“信托计划”、“专户”、“理财产品”等容易与金融机构发行的资产管理产品混淆的相同或相似字样（不含顾问管理型产品），是否含有知名人士姓名、知名机构的名称或者商号（经合法授权除外）。

2. 关注基金名称是否使用“股票投资”、“混合投资”、“固定收益投资”、“期货投资”或者其他体现具体投资领域特点的字样。如未体现具体投资领域特点，关注是否使用“证券投资”字样。关注契约型基金名称是否包含“私募”及“基金”字样，是否列明私募基金管理人（以下简称管理人）全称或能清晰代表管理人名称的简称。关注分级基金名称是否包含“分级”或“结构化”字样。

3. 关注基金名称是否含有违反法律、行政法规或者中国证券监督管理委员会（以下简称中国证监会）有关规定的字样，是否含有违背公序良俗的字样。

（二）存续期限

关注基金合同、公司章程和合伙协议（以下统称基金合同）是否约定明确的存续期，关注是否属于无固定存续期的基金。

（三）投资范围

1. 关注基金合同是否约定投资范围、投资杠杆、投资集中度，关注基金合同约定的投资范围是否符合私募证券投资基金投资范围要求，关注初始募集金额、投资范围是否与基金的产品类型、投资策略和投资方向相匹配。

2. 关注基金是否违规直接或间接进行下列投资：(1)借（存）贷、担保、明股实债等非私募基金投资活动；(2)保理资产、融资租赁资产、典当资产等类信贷资产、股权或其收（受）益权；(3)从事承担无限责任的投资；(4)法律、行政法规和中国证监会禁止的其他投资活动。

（四）开放安排

1. 关注基金合同是否明确约定基金的运作方式，基金运作方式可以采用封闭式、开放式或者其他方式。

2. 关注开放式基金是否有投资者认/申购（认缴）和赎回（退出）基金的时间、次数、程序等要求，关注开放频率与投资标的流动性、投资策略、投资限制等是否相匹配。

3. 基金每个交易日开放的，关注管理人是否在基金合同中对投资范围、投资比例、投资限制、投资者认/申购（认缴）和赎回（退出）等作出专门安排，相关安排与基金流动性是否相匹配。

4. 设置临时开放日的，关注基金合同是否明确约定临时开放日的触发条件，是否违规利用临时开放日安排继续认/申购（认缴）。

（五）基金份额类别

1. 基金设置不同类别份额的，关注基金合同中是否约定不同类别份额的划分标准，划分标准是否具体、清晰、可执行。

2. 关注基金合同中对不同类别份额是否设置相同的封闭期、锁定期、申购和赎回时间安排。申购费、赎回费和管理费可以不同。

3. 关注基金合同中对不同类别份额是否设置相同的业绩报酬计提方法和计提基准。业绩报酬计提比例可以不同。

（六）结构化安排

1. 关注分级基金是否封闭式运作。

2. 关注分级基金的杠杆倍数是否符合要求，即固定收益类分级基金的杠杆倍数不超过 3 倍，期货及其他衍生品类分级基金的杠杆倍数不超过 2 倍，股票类、混合类分级基金的杠杆倍数不超过 1 倍。

3. 关注优先级份额投资者与劣后级份额投资者是否满足利益共享、风险共担、风险与收益相匹配的原则，即当分级基金整体净值大于 1 时，劣后级份额投资者不得承担亏损；当分级基金整体净值小于 1 时，优先级份额投资者不得享有收益；同一类别份额投资者分享收益和承担亏损的比例一致。关注是否设置极端的优先级与劣后级收益分配比例，对优先级份额投资者获取收益或承担亏损的比例低于 30%、劣后级份额投资者获取收益或承担亏损的比例高于 70% 的重点关注。

（七）业绩报酬

1. 关注基金合同中约定的业绩报酬计提是否以基金份额取得正收益为前提（基金存续期内投资者均为机构除外）。

2. 关注是否以基金整体性为原则计提业绩报酬，基金合同中不得设置多种业绩报酬计提规则（计提比例除外），不得基于特定标的或单一策略收益计提业绩报酬。

3. 关注基金合同中约定的业绩报酬计提比例是否不超过业绩报酬计提基准以上投资收益的 60%。

4. 关注基金合同中约定的连续两次计提业绩报酬的间隔期是否不短于 3 个月（管理人在投资者赎回基金份额时或在基金清算时计提业绩报酬的，不受上述间隔期的限制）。

（八）托管要求

1. 关注契约型基金是否由依法设立并取得基金托管资格的托管人托管。

2. 关注托管人是否超过一家。

3. 关注基金合同/托管协议是否明确约定《证券投资基金法》第三章规定的托管人法定职责等相关内容。

(九)投资经理

关注基金合同是否明确约定投资经理,投资经理是否取得基金从业资格。

(十)投资者

1. 关注投资者是否符合合格投资者要求。投资者涉及合伙企业等非法人形式的,关注穿透后各层级是否均符合合格投资者要求,并合并计算投资者人数。同一投资者在不同层级均存在的,关注各层级是否均符合合格投资者要求。

2. 投资者涉及员工跟投且金额低于100万元的,关注是否上传与管理人签署的劳动合同及社保缴纳证明。如员工社保由第三方机构代缴,关注代缴方是否具有人力资源服务资质。如跟投员工为在资产管理业务综合报送平台(以下简称AMBERS系统)登记的兼职高管,关注是否上传与管理人签署的劳动合同以及由管理人发放的近6个月工资流水。成立员工跟投平台进行跟投的,关注员工跟投平台实缴金额是否大于(含)100万元。

3. 关注投资者是否为自己购买基金。关注是否存在代缴、代付、代持行为。

(十一)募集推介材料

1. 关注募集推介材料的内容是否包含管理人及基金的基本情况。

2. 关注募集推介材料中披露的基金名称、投资范围、投资期限等内容是否与基金合同实质一致。

(十二)风险揭示书

1. 关注风险揭示书是否参照AMBERS系统提供的《风险揭示书模板》制定,募集机构是否向投资者披露基金的资金流动性、基金架构、投资架构、底层标的、纠纷解决机制等情况,充分揭示各类投资风险。

2. 基金若涉及以下情况,关注募集机构是否在风险揭示书的"特殊风险揭示"部分向投资者进行详细、明确、充分的披露:(1)分级基金;(2)投向单一标的;(3)主要投向流动性较低标的;(4)主要投向境外投资标的;(5)主要投向收益互换、场外期权等场外衍生品标的;(6)涉及其他高风险品种投资;(7)其他需要披露的特殊风险或业务安排。

(十三)募集监督

1. 关注募集账户监督协议是否由募集机构与监督机构签署,是否具备《私募投资基金募集行为管理办法》要求的必备内容,包括私募基金募集结算资金专用账户用于统一归集私募基金募集结算资金、向投资者分配收益、给付赎回款项以及分配基金清算后的剩余基金财产等,确保资金原路返还,以及对私募基金募集结算资金专用账户的控制权、责任划分及保障资金划转安全的条款。

2. 基金业务外包服务机构同时担任募集监督机构的,如未单独签署募集账户监督协议,关注业务外包服务协议是否约定募集监督内容。

3. 募集机构同时担任募集监督机构的,关注是否上传募集机构防火墙制度及防范利益冲突制度。

(十四)募集完毕备案

1. 关注管理人首次提交基金备案的时间是否在基金募集完毕后 20 个工作日内。(1)契约型基金关注投资者是否均签署基金合同,且相应认购款已进入基金托管账户;(2)公司型或合伙型基金关注投资者是否均签署公司章程或合伙协议并进行工商登记确权,关注投资者是否均已完成不低于 100 万元的首轮实缴出资且实缴资金已进入基金财产账户。管理人及其员工、社会保障基金、政府引导基金、企业年金等养老基金、慈善基金等社会公益基金的首轮实缴出资要求可从其公司章程或合伙协议约定。

2. AMBERS 系统产品备案模块中"募集完成日"字段:(1)基金有托管的,关注募集完成日是否为资金到账通知书载明的首轮实缴资金到达基金托管账户的日期;(2)基金无托管的,关注募集完成日是否为首轮实缴资金到达基金财产账户的银行回单日期。如未备案前首轮实缴资金无法到达基金财产账户,关注募集完成日是否为首轮实缴资金到达基金募集账户的银行回单日期,有多个打款日期的,以最后一笔打款日期为准。

3. 管理人在基金募集完毕 20 个工作日后提交备案申请的,关注是否上传以下材料:(1)未在规定时间提交备案的原因说明,是否存在其他未备案基金的说明;(2)基金历年审计报告,未形成完整会计年度的需上传基金成立以来的资金流水,以及投资标的确权信息(如有)。

(十五)交易模式承诺函

对于外商独资和合资管理人提交基金备案申请,关注是否提交技术系统落地及交易决策流程承诺函,承诺函中是否说明管理人独立进行投资决策、境内安装系统终端、交易路径透明可追、交易数据完整可查、交易流程清晰可控、交易记录全程留痕。

(十六)禁止性要求

1. 关注募集推介材料及基金合同中,是否利用"业绩比较基准"或"业绩报酬计提基准"等概念明示或者暗示基金预期收益,使投资者产生刚性兑付预期。

2. 关注基金合同中是否约定以增强资金、费用返还等方式调节基金收益或亏损,是否约定以自有资金认购的基金份额先行承担亏损的形式提供风险补偿,变相保本保收益。

3. 关注基金合同中是否约定短募长投、期限错配、分离定价、滚动发行、集合运作等违规条款。

4. 关注基金合同中是否约定由不同投资者参与并投向不同资产的投资单元/子份额,规避备案义务,不公平对待投资者。

5. 关注管理人、基金销售机构及其从业人员是否利用基金直接或者间接参与结构化等非市场化债券发行、返费及中国证监会或协会认定的其他违规情形。协会视情况要求管理人上传在管基金总体情况说明材料,说明材料内容包括但不限于投资者情况、投资集中度情况、基金嵌套情况、关联交易情况等。

(十七)一年无在管基金的经营异常机构

针对《关于加强经营异常机构自律管理相关事项的通知》中第(五)类经营异常机构(在管私募基金全部清算后,超过 12 个月持续无在管私募基金的情形),关注以下情况:

1. 关注基金是否由依法设立并取得基金托管资格的托管人托管;关注基金是否真实对外募集,实缴规模是否达到 1000 万元;关注是否上传托管人关于管理人的尽职调查底稿或已按尽职调查审核要点完成尽职调查的书面说明文件,尽职调查底稿或完成尽职调查的书面说明文件是否含有《托管人关于超过 12 个月持续无在管私募基金的私募基金管理人相关尽职调查审核要点》列举的十一项内容,内容是否真实、准确、完整;关注风险揭示书中是否对管理人超过 12 个月无在管基金的情况进行特殊风险揭示。

2. 关注管理人过往是否有过"保壳"行为,即为满足登记后限期备案首只基金要求,防止被注销管理人资格,非真实募集、设立"私募基金"并在备案后快速清算;关注管理人是否通过重大变更承接其他管理人管理的存续基金,变相豁免新设私募基金备案要求;关注管理人登记备案是否有黑中介参与,是否存在其他合规疑点或违规问题。

(十八)其他备案材料

1. 关注上传的备案材料是否真实、准确、完整,不存在任何虚假记载、误导性陈述或重大遗漏。

2. 管理人存在经营异常、重大舆情、多起投诉等情况,以及基金涉及复杂、创新业务或存在损害投资者利益潜在风险等情况,关注是否上传相关说明材料,相关说明材料的内容包括但不限于管理人在管基金对外投资情况、工商登记确权情况(如有)、基金流水情况等,关注相关说明材料的内容是否充分。如基金不符合备案要求,协会不予备案的,关注管理人是否及时退还投资者的全部认购款项。

私募股权、创业投资基金备案关注要点
(2022年6月版)

为进一步完善私募投资基金备案公开透明机制,提高私募投资基金备案工作效率,中国证券投资基金业协会(以下简称协会)在此温馨提示,私募股权、创业投资基金备案重点关注以下内容:

一、法律规则依据

《证券投资基金法》《私募投资基金监督管理暂行办法》《证券期货投资者适当性管理办法》《关于加强私募投资基金监管的若干规定》《证券期货经营机构私募资产管理业务运作管理暂行规定》《私募投资基金管理人登记和基金备案办法(试行)》《关于进一步规范私募基金管理人登记若干事项的公告》《私募投资基金合同指引》《私募投资基金募集行为管理办法》《私募投资基金信息披露管理办法》《证券期货经营机构私募资产管理计划备案管理规范1-4号》《私募投资基金命名指引》《私募基金登记备案相关问题解答》《私募投资基金备案须知(2019版)》《关于加强经营异常机构自律管理相关事项的通知》等法律法规和自律规则。

二、私募股权、创业投资基金备案关注要点

(一)基金名称

1. 关注合伙型或公司型基金名称是否包含"基金"、"投资"、"资产管理"、"资本管理"等字样中的一项或多项。

2. 关注契约型基金名称是否包含"私募"及"基金"字样。

3. 关注基金名称是否含有违反法律、行政法规或者中国证券监督管理委员会(以下简称中国证监会)有关规定的字样,是否含有违背公序良俗的字样。

(二)存续期限

1. 关注基金合同、公司章程和合伙协议(以下统称基金合同)是否约定明确的存续期,关注是否属于无固定存续期的基金。

2. 关注基金合同约定的存续期是否不少于5年,其中存续期为投资期+退出期,不包括延长期。

(三)投资范围

1. 关注基金合同中是否有关于基金投资范围的具体描述,如主要投资行业、投资地域、投资阶段、投资集中度等,关注基金合同约定的投资范围是否符合私募股权、创业投资基金投资范围要求。

2. 关注基金是否违规直接或间接进行下列投资（包括直接投资、通过基金合同约定的投资限制例外条款等方式进行投资）：(1)国家禁止或者限制投资的项目，不符合国家产业政策、环境保护政策、土地管理政策的项目；(2)借（存）贷、担保、明股实债等非私募基金投资活动，但是私募基金以股权投资为目的，按照合同约定为被投企业提供1年期限以内借款、担保除外；(3)保理资产、融资租赁资产、典当资产等类信贷资产、股权或其收（受）益权；(4)金融资产交易中心发行的产品；(5)首发企业股票（战略配售和港股基石投资除外）；(6)上市公司股票（向特定对象发行、大宗交易、协议转让、所投资的企业上市后参股企业所持股份的未转让部分及其配售部分除外）；(7)从事承担无限责任的投资；(8)法律、行政法规和中国证监会禁止的其他投资活动。

此外，关注创业投资基金是否直接或间接投资（包括通过投资私募股权投资基金的方式进行投资等）基础设施、房地产、首发企业股票、上市公司股票（所投资的企业上市后参股企业所持股份的未转让部分及其配售部分除外）、上市公司可转债、上市公司可交债。

3. 以股权投资为目的，为被投企业提供借款、担保的，关注基金合同是否明确约定借款或者担保的期限、到期日及投资比例，其中借款或者担保期限不超过一年，到期日不晚于股权投资退出日，借款或者担保余额不超过私募股权、创业投资基金实缴金额的20%。

4. 基金通过可转债方式投资的，关注基金合同是否明确约定借款期限、借款利率、转股条件等内容，是否变相从事债权业务。如基金合同未明确约定，关注是否上传包含以上内容的说明材料。

（四）封闭运作

不满足扩募要求的私募股权、创业投资基金，关注基金合同中是否设置增加认缴等与后续扩募相关的条款。

（五）结构化安排

私募股权投资基金采用分级安排主要投资上市公司股票（向特定对象发行、大宗交易、协议转让等）的，关注分级基金的杠杆倍数是否不超过1倍，关注优先级份额投资者与劣后级份额投资者是否满足利益共享、风险共担、风险与收益相匹配的原则，即当分级基金整体净值大于1时，劣后级份额投资者不得承担亏损；当分级基金整体净值小于1时，优先级份额投资者不得享有收益；同一类别份额投资者分享收益和承担亏损的比例一致。关注是否设置极端的优先级与劣后级收益分配比例，对优先级份额投资者获取收益或承担亏损的比例低于30%、劣后级份额投资者获取收益或承担亏损的比例高于70%的重点关注。

（六）管理费

关注基金合同约定的私募基金管理人（以下简称管理人）是否超过一家。关注未担任管理人的普通合伙人、特殊有限合伙人、投资者是否在基金合同中约定收取或通过其他方式变相收取管理费。

（七）普通合伙人与管理人分离

1. 普通合伙人与管理人分离时，关注普通合伙人是否与管理人存在关联关系。如普通合伙人为个人，关注是否为管理人的实际控制人或法定代表人。关联关系指根据《企业会计准则第 36 号——关联方披露》和《企业会计准则解释第 13 号》，一方控制、共同控制另一方或对另一方施加重大影响，以及两方或两方以上同受一方控制、共同控制。

2. 关注管理人是否将受托管理职责转委托。

（八）托管要求

1. 关注契约型基金是否由依法设立并取得基金托管资格的托管人托管。

2. 关注通过公司、合伙企业等特殊目的载体间接投资底层资产的基金是否由托管人托管。

3. 关注托管人是否超过一家。

（九）投资者

1. 关注投资者是否符合合格投资者要求。投资者涉及合伙企业等非法人形式的，关注穿透后各层级是否均符合合格投资者要求，并合并计算投资者人数。同一投资者在不同层级均存在的，关注各层级是否均符合合格投资者要求。

2. 投资者涉及员工跟投且金额低于 100 万元的，关注是否上传与管理人签署的劳动合同及社保缴纳证明。如员工社保由第三方机构代缴，关注代缴方是否具有人力资源服务资质。如跟投员工为在资产管理业务综合报送平台（以下简称 AMBERS 系统）登记的兼职高管，关注是否上传与管理人签署的劳动合同以及由管理人发放的近 6 个月工资流水。成立员工跟投平台进行跟投的，关注员工跟投平台实缴金额是否大于（含）100 万元。

3. 关注投资者对基金的认缴金额是否与其实际出资能力相匹配。投资者认缴金额与实缴金额差异较大的，关注是否出具出资能力证明文件。投资者在多只基金出资的，出资能力合并计算。出资能力证明为投资者的金融资产证明或未来收入证明等文件，且满足金融资产的预计变现价值与预计未来收入的总和可覆盖投资者对基金的累计实缴出资。其中，自然人投资者的出资能力证明文件包括但不限于银行存款、股票、债券、基金份额、资产管理计划、银行理财产品、信托计划、保险产品、期货权益等金融资产、投资类不动产/特殊动产等非金融资产和一定时期内的薪资收入流水、分红流水、投资收益流水及其完税证明等文件。机构投资者的出资能力证明文件包括但不限于验资报告、最近年度审计报告等文件。

4. 关注投资者是否为自己购买基金。关注是否存在代缴、代付、代持行为。

5. 私募基金作为合伙型基金的投资者时,关注是否为有限合伙人。私募基金不得担任普通合伙人,承担无限连带责任。

6. 普通合伙人如为已登记管理人的,关注已登记管理人的业务类型是否为私募股权、创业投资基金管理人,关注是否存在私募证券管理人或其他类管理人通过担任普通合伙人的方式管理私募股权、创业投资基金的情况,变相突破专业化运营要求。

(十)委托募集

关注管理人是否违规委托独立基金销售机构代销私募股权、创业投资基金。

(十一)募集推介材料

1. 关注募集推介材料的内容是否包含管理人及基金的基本情况。

2. 关注募集推介材料中披露的基金名称、投资范围、投资期限等内容是否与基金合同实质一致。

3. 关注募集推介材料的内容是否包含基金的单一拟投企业或首个拟投项目组合(如有)的主营业务、基金投资款用途以及拟退出方式等信息。

(十二)风险揭示书

1. 关注风险揭示书是否参照 AMBERS 系统提供的《风险揭示书模板》制定,募集机构是否向投资者披露基金的资金流动性、基金架构、投资架构、底层标的、纠纷解决机制等情况,充分揭示各类投资风险。

2. 基金若涉及以下情况,关注募集机构是否在风险揭示书的"特殊风险揭示"部分向投资者进行详细、明确、充分的披露:(1)关联交易;(2)投向单一标的;(3)通过特殊目的载体间接投资底层资产;(4)主要投向境外投资标的;(5)未托管;(6)契约型基金管理人股权代持;(7)其他需要披露的特殊风险或业务安排。

(十三)募集监督

1. 关注募集账户监督协议是否由募集机构与监督机构签署,是否具备《私募投资基金募集行为管理办法》要求的必备内容,包括私募基金募集结算资金专用账户用于统一归集私募基金募集结算资金、向投资者分配收益、给付赎回款项以及分配基金清算后的剩余基金财产等,确保资金原路返还,以及对私募基金募集结算资金专用账户的控制权、责任划分及保障资金划转安全的条款。

2. 基金业务外包服务机构同时担任募集监督机构的,如未单独签署募集账户监督协议,关注业务外包服务协议是否约定募集监督内容。

（十四）募集完毕备案

1. 关注管理人首次提交基金备案的时间是否在基金募集完毕后20个工作日内。（1）契约型基金关注投资者是否均签署基金合同，且相应认购款已进入基金托管账户；（2）公司型或合伙型基金关注投资者是否均签署公司章程或合伙协议并进行工商登记确权，关注投资者是否均已完成不低于100万元的首轮实缴出资且实缴资金已进入基金财产账户。管理人及其员工、社会保障基金、政府引导基金、企业年金等养老基金、慈善基金等社会公益基金的首轮实缴出资要求可从其公司章程或合伙协议约定。

2. AMBERS系统产品备案模块中“募集完成日”字段：（1）基金有托管的，关注募集完成日是否为资金到账通知书载明的首轮实缴资金到达基金托管账户的日期；（2）基金无托管的，关注募集完成日是否为首轮实缴资金到达基金财产账户的银行回单日期。如未备案前首轮实缴资金无法到达基金财产账户，关注募集完成日是否为首轮实缴资金到达基金募集账户的银行回单日期，有多个打款日期的，以最后一笔打款日期为准。

3. 管理人在基金募集完毕20个工作日后提交备案申请的，关注是否上传以下材料：（1）未在规定时间提交备案的原因说明，是否存在其他未备案基金的说明；（2）基金历年审计报告，未形成完整会计年度的需上传基金成立以来的资金流水，以及投资标的确权信息（如有）。

4. 合伙型或公司型基金的工商登记成立日早于基金成立日6个月以上的，关注是否上传合伙企业或公司自设立以来的历史沿革说明，历史沿革说明需包含历次合伙人/股东变更情况，对外投资情况等。

（十五）工商登记一致性

关注合伙型或公司型基金的名称、营业期限、合伙人或股东信息等是否与工商登记信息一致。投资者涉及合伙企业等非法人形式的，关注穿透后的投资者信息是否与工商登记信息一致。截至基金备案申请最新提交日期，合伙型或公司型基金发生合伙人或股东信息等变更但未完成工商变更登记流程的，关注是否上传工商变更受理函。如因特殊情况未取得工商变更受理函，关注是否上传工商变更承诺函。

（十六）关联交易

基金进行关联交易的，关注基金合同中是否明确约定涉及关联交易的事前、事中信息披露安排以及针对关联交易的特殊决策机制和回避安排等。关注风险揭示书中是否披露所涉及的关联交易详情，进行特别风险揭示。

（十七）维持运作机制

关注基金合同及风险揭示书是否明确约定，在管理人客观上丧失继续管理基金的能力时,基金财产安全保障、维持基金运营或清算的应急处置预案和纠纷解决机制。

（十八）禁止性要求

1. 关注募集推介材料及基金合同中,是否明示或者暗示基金预期收益,使投资者产生刚性兑付预期。

2. 关注基金合同中是否约定短募长投、期限错配、分离定价、滚动发行、集合运作等违规条款。

3. 关注基金合同中是否约定由不同投资者参与并投向不同资产的投资单元/子份额,规避备案义务,不公平对待投资者。

（十九）一年无在管基金的经营异常机构

针对《关于加强经营异常机构自律管理相关事项的通知》中第（五）类经营异常机构（在管私募基金全部清算后,超过 12 个月持续无在管私募基金的情形）,关注以下情况:

1. 关注基金是否由依法设立并取得基金托管资格的托管人托管;关注基金是否真实对外募集,实缴规模是否达到 1000 万元;关注是否上传托管人关于管理人的尽职调查底稿或已按尽职调查审核要点完成尽职调查的书面说明文件,尽职调查底稿或完成尽职调查的书面说明文件是否含有《托管人关于超过 12 个月持续无在管私募基金的私募基金管理人相关尽职调查审核要点》列举的十一项内容,内容是否真实、准确、完整;关注风险揭示书中是否对管理人超过 12 个月无在管基金的情况进行特殊风险揭示。

2. 关注管理人过往是否有过“保壳”行为,即为满足登记后限期备案首只基金要求,防止被注销管理人资格,非真实募集、设立“私募基金”并在备案后快速清算;关注管理人是否通过重大变更承接其他管理人管理的存续基金,变相豁免新设私募基金备案要求;关注管理人登记备案是否有黑中介参与,是否存在其他合规疑点或违规问题。

（二十）其他备案材料

1. 关注上传的备案材料是否真实、准确、完整,不存在任何虚假记载、误导性陈述或重大遗漏。

2. 管理人存在经营异常、重大舆情、多起投诉等情况,以及基金涉及复杂、创新业务或存在损害投资者利益潜在风险等情况,关注是否上传相关说明材料,相关说明材料的内容包括但不限于管理人在管基金对外投资情况、工商登记确权情况（如有）、基金流水情况等,关注相关说明材料的内容是否充分。如基金不符合备案要求,协会不予备案的,关注管理人是否及时退还投资者的全部认购款项。

关于加强私募投资基金监管的若干规定

（2020年12月30日中国证券监督管理委员会公告〔2020〕71号公布施行）

第一条 为了规范私募投资基金（以下简称私募基金）业务活动，保护投资者和相关当事人的合法权益，促进私募基金行业健康发展，防范金融风险，根据《证券投资基金法》、《私募投资基金监督管理暂行办法》（以下简称《私募办法》）等法律法规，制定本规定。

第二条 在中国证券投资基金业协会（以下简称基金业协会）依法登记的私募基金管理人从事私募基金业务，适用本规定。

私募基金管理人在初次开展资金募集、基金管理等私募基金业务活动前，应当按照规定在基金业协会完成登记。

第三条 未经登记，任何单位或者个人不得使用“基金”或者“基金管理”字样或者近似名称进行私募基金业务活动，法律、行政法规另有规定的除外。

私募基金管理人应当在名称中标明“私募基金”、“私募基金管理”、“创业投资”字样，并在经营范围中标明“私募投资基金管理”、“私募证券投资基金管理”、“私募股权投资基金管理”、“创业投资基金管理”等体现受托管理私募基金特点的字样。

第四条 私募基金管理人不得直接或者间接从事民间借贷、担保、保理、典当、融资租赁、网络借贷信息中介、众筹、场外配资等任何与私募基金管理相冲突或者无关的业务，中国证券监督管理委员会（以下简称中国证监会）另有规定的除外。

第五条 私募基金管理人的出资人不得有代持、循环出资、交叉出资、层级过多、结构复杂等情形，不得隐瞒关联关系或者将关联关系非关联化。同一单位、个人控股或者实际控制两家及以上私募基金管理人的，应当具有设立多个私募基金管理人的合理性与必要性，全面、及时、准确披露各私募基金管理人业务分工，建立完善的合规风控制度。

第六条 私募基金管理人、私募基金销售机构及其从业人员在私募基金募集过程中不得直接或者间接存在下列行为：

（一）向《私募办法》规定的合格投资者之外的单位、个人募集资金或者为投资者提供多人拼凑、资金借贷等满足合格投资者要求的便利；

（二）通过报刊、电台、电视、互联网等公众传播媒体，讲座、报告会、分析会等方式，布告、传单、短信、即时通讯工具、博客和电子邮件等载体，向不特定对象宣传推介，但是通过设置特定对象确定程序的官网、客户端等互联网媒介向合格投资者进行宣传推介的情形除外；

（三）口头、书面或者通过短信、即时通讯工具等方式直接或者间接向投资者承诺保本保收益，包括投资本金不受损失、固定比例损失或者承诺最低收益等情形；

（四）夸大、片面宣传私募基金，包括使用安全、保本、零风险、收益有保障、高收益、本金无忧等可能导致投资者不能准确认识私募基金风险的表述，或者向投资者宣传预期收益率、目标收益率、基准收益率等类似表述；

（五）向投资者宣传的私募基金投向与私募基金合同约定投向不符；

（六）宣传推介材料有虚假记载、误导性陈述或者重大遗漏，包括未真实、准确、完整披露私募基金交易结构、各方主要权利义务、收益分配、费用安排、关联交易、委托第三方机构以及私募基金管理人的出资人、实际控制人等情况；

（七）以登记备案、金融机构托管、政府出资等名义为增信手段进行误导性宣传推介；

（八）委托不具有基金销售业务资格的单位或者个人从事资金募集活动；

（九）以从事资金募集活动为目的设立或者变相设立分支机构；

（十）法律、行政法规和中国证监会禁止的其他情形。

私募基金管理人的出资人、实际控制人、关联方不得从事私募基金募集宣传推介，不得从事或者变相从事前款所列行为。

私募基金募集完毕，私募基金管理人应当按照规定到基金业协会履行备案手续。私募基金管理人不得管理未备案的私募基金。

第七条 私募基金的投资者人数累计不得超过《证券投资基金法》、《公司法》、《合伙企业法》等法律规定的特定数量。投资者转让基金份额的，受让人应当为合格投资者且基金份额受让后投资者人数应当符合本条规定。国务院金融监督管理部门监管的机构依法发行的资产管理产品、合格境外机构投资者、人民币合格境外机构投资者，视为《私募办法》第十二条规定的合格投资者，不再穿透核查最终投资者。

任何单位和个人不得通过将私募基金份额或者其收（受）益权进行拆分转让，或者通过为单一融资项目设立多只私募基金等方式，以变相突破合格投资者标准或投资者人数限制。

第八条 私募基金管理人不得直接或者间接将私募基金财产用于下列投资活动：

（一）借（存）贷、担保、明股实债等非私募基金投资活动，但是私募基金以股权

投资为目的,按照合同约定为被投企业提供1年期限以内借款、担保除外;

(二)投向保理资产、融资租赁资产、典当资产等类信贷资产、股权或其收(受)益权;

(三)从事承担无限责任的投资;

(四)法律、行政法规和中国证监会禁止的其他投资活动。

私募基金有前款第(一)项规定行为的,借款或者担保到期日不得晚于股权投资退出日,且借款或者担保余额不得超过该私募基金实缴金额的20%;中国证监会另有规定的除外。

第九条 私募基金管理人及其从业人员从事私募基金业务,不得有下列行为:

(一)未对不同私募基金单独管理、单独建账、单独核算,将其固有财产、他人财产混同于私募基金财产,将不同私募基金财产混同运作,或者不公平对待不同私募基金财产;

(二)使用私募基金管理人及其关联方名义、账户代私募基金收付基金财产;

(三)开展或者参与具有滚动发行、集合运作、期限错配、分离定价等特征的资金池业务;

(四)以套取私募基金财产为目的,使用私募基金财产直接或者间接投资于私募基金管理人、控股股东、实际控制人及其实际控制的企业或项目等自融行为;

(五)不公平对待同一私募基金的不同投资者,损害投资者合法权益;

(六)私募基金收益不与投资项目的资产、收益、风险等情况挂钩,包括不按照投资标的实际经营业绩或者收益情况向投资者分红、支付收益等;

(七)直接或者间接侵占、挪用私募基金财产;

(八)不按照合同约定进行投资运作或者向投资者进行信息披露;

(九)利用私募基金财产或者职务之便,以向私募基金、私募基金投资标的及其关联方收取咨询费、手续费、财务顾问费等名义,为自身或者投资者以外的人牟取非法利益、进行利益输送;

(十)泄露因职务便利获取的未公开信息、利用该信息从事或者明示、暗示他人从事相关的交易活动;

(十一)从事内幕交易、操纵证券期货市场及其他不正当交易活动;

(十二)玩忽职守,不按照监管规定或者合同约定履行职责;

(十三)法律、行政法规和中国证监会禁止的其他行为。

私募基金管理人的出资人和实际控制人,私募基金托管人、私募基金销售机构及其他私募基金服务机构及其出资人、实际控制人,不得有前款所列行为或者为前款行为提供便利。

第十条 私募基金管理人管理的私募基金不得直接或者间接投资于国家禁止或者限制投资的项目,不符合国家产业政策、环境保护政策、土地管理政策的项目,但证券市场投资除外。

第十一条 私募基金管理人不得从事损害私募基金财产或者投资者利益的关联交易等投资活动。私募基金管理人应当建立健全关联交易管理制度,对关联交易定价方法、交易审批程序等进行规范。使用私募基金财产与关联方进行交易的,私募基金管理人应当遵守法律、行政法规、中国证监会的规定和私募基金合同约定,防范利益冲突,投资前应当取得全体投资者或者投资者认可的决策机制决策同意,投资后应当及时向投资者充分披露信息。

第十二条 私募基金管理人及其出资人和实际控制人、私募基金托管人、私募基金销售机构和其他私募基金服务机构所提交的登记备案信息及其他信息材料,不得有虚假记载、误导性陈述或者重大遗漏,并应当按照规定持续履行信息披露和报送义务,确保所提交信息材料及时、准确、真实、完整。

私募基金管理人及其出资人和实际控制人、私募基金托管人、私募基金销售机构和其他私募基金服务机构及其从业人员应当配合中国证监会及其派出机构依法履行职责,如实提供有关文件和材料,不得拒绝、阻碍和隐瞒。

第十三条 中国证监会及其派出机构依法从严监管私募基金管理人、私募基金托管人、私募基金销售机构和其他私募基金服务机构及其从业人员的私募基金业务活动,严厉打击各类违法违规行为。对违反本规定的,中国证监会及其派出机构可以依照《私募办法》的规定,采取行政监管措施、市场禁入措施,实施行政处罚,并记入中国资本市场诚信信息数据库;涉嫌犯罪的,依法移送司法机关追究刑事责任。《证券投资基金法》等法律、行政法规另有规定的,依照其规定处理。

基金业协会依法开展私募基金管理人登记和私募基金备案,加强自律管理与风险监测。对违反本规定的,基金业协会可以依法依规进行处理。

第十四条 本规定自发布之日起施行。

证券公司、基金管理公司、期货公司及其子公司从事私募基金业务,不适用本规定。

本规定施行前已登记私募基金管理人不符合本规定,按下列要求执行:

(一)不符合本规定第四条、第五条、第六条第一款第(九)项、第十一条的,应当自本规定施行之日起一年内完成整改;

(二)不符合本规定第六条第三款的,应当自本规定施行之日六个月内完成整改,整改期内暂停新增私募基金募集和备案;

(三)不符合本规定第六条第一款第(一)项至第(八)项、第六条第一款第(十)

项、第七条、第九条、第十二条的，中国证监会及其派出机构可以依照本规定第十三条进行处理，基金业协会可以依法依规进行处理；

（四）不符合本规定第八条、第十条的，不得新增此类投资，不得新增募集规模，不得新增投资者，不得展期，合同到期后予以清算。

私募投资基金监督管理暂行办法

（2014 年 8 月 21 日中国证券监督管理委员会令第 105 号公布施行）

第一章　总　　则

第一条　为了规范私募投资基金活动，保护投资者及相关当事人的合法权益，促进私募投资基金行业健康发展，根据《证券投资基金法》、《国务院关于进一步促进资本市场健康发展的若干意见》，制定本办法。

第二条　本办法所称私募投资基金（以下简称私募基金），是指在中华人民共和国境内，以非公开方式向投资者募集资金设立的投资基金。

私募基金财产的投资包括买卖股票、股权、债券、期货、期权、基金份额及投资合同约定的其他投资标的。

非公开募集资金，以进行投资活动为目的设立的公司或者合伙企业，资产由基金管理人或者普通合伙人管理的，其登记备案、资金募集和投资运作适用本办法。

证券公司、基金管理公司、期货公司及其子公司从事私募基金业务适用本办法，其他法律法规和中国证券监督管理委员会（以下简称中国证监会）有关规定对上述机构从事私募基金业务另有规定的，适用其规定。

第三条　从事私募基金业务，应当遵循自愿、公平、诚实信用原则，维护投资者合法权益，不得损害国家利益和社会公共利益。

第四条　私募基金管理人和从事私募基金托管业务的机构（以下简称私募基金托管人）管理、运用私募基金财产，从事私募基金销售业务的机构（以下简称私募基金销售机构）及其他私募服务机构从事私募基金服务活动，应当恪尽职守，履行诚实信用、谨慎勤勉的义务。

私募基金从业人员应当遵守法律、行政法规，恪守职业道德和行为规范。

第五条　中国证监会及其派出机构依照《证券投资基金法》、本办法和中国证监会的其他有关规定，对私募基金业务活动实施监督管理。

设立私募基金管理机构和发行私募基金不设行政审批,允许各类发行主体在依法合规的基础上,向累计不超过法律规定数量的投资者发行私募基金。建立健全私募基金发行监管制度,切实强化事中事后监管,依法严厉打击以私募基金为名的各类非法集资活动。

建立促进经营机构规范开展私募基金业务的风险控制和自律管理制度,以及各类私募基金的统一监测系统。

第六条 中国证券投资基金业协会(以下简称基金业协会)依照《证券投资基金法》、本办法、中国证监会其他有关规定和基金业协会自律规则,对私募基金业开展行业自律,协调行业关系,提供行业服务,促进行业发展。

第二章 登记备案

第七条 各类私募基金管理人应当根据基金业协会的规定,向基金业协会申请登记,报送以下基本信息:

(一)工商登记和营业执照正副本复印件;

(二)公司章程或者合伙协议;

(三)主要股东或者合伙人名单;

(四)高级管理人员的基本信息;

(五)基金业协会规定的其他信息。

基金业协会应当在私募基金管理人登记材料齐备后的20个工作日内,通过网站公告私募基金管理人名单及其基本情况的方式,为私募基金管理人办结登记手续。

第八条 各类私募基金募集完毕,私募基金管理人应当根据基金业协会的规定,办理基金备案手续,报送以下基本信息:

(一)主要投资方向及根据主要投资方向注明的基金类别;

(二)基金合同、公司章程或者合伙协议。资金募集过程中向投资者提供基金招募说明书的,应当报送基金招募说明书。以公司、合伙等企业形式设立的私募基金,还应当报送工商登记和营业执照正副本复印件;

(三)采取委托管理方式的,应当报送委托管理协议。委托托管机构托管基金财产的,还应当报送托管协议;

(四)基金业协会规定的其他信息。

基金业协会应当在私募基金备案材料齐备后的20个工作日内,通过网站公告私募基金名单及其基本情况的方式,为私募基金办结备案手续。

第九条 基金业协会为私募基金管理人和私募基金办理登记备案不构成对私募基金管理人投资能力、持续合规情况的认可;不作为对基金财产安全的保证。

第十条 私募基金管理人依法解散、被依法撤销、或者被依法宣告破产的,其法定代表人或者普通合伙人应当在20个工作日内向基金业协会报告,基金业协会应当及时注销基金管理人登记并通过网站公告。

第三章 合格投资者

第十一条 私募基金应当向合格投资者募集,单只私募基金的投资者人数累计不得超过《证券投资基金法》、《公司法》、《合伙企业法》等法律规定的特定数量。

投资者转让基金份额的,受让人应当为合格投资者且基金份额受让后投资者人数应当符合前款规定。

第十二条 私募基金的合格投资者是指具备相应风险识别能力和风险承担能力,投资于单只私募基金的金额不低于100万元且符合下列相关标准的单位和个人:

(一)净资产不低于1000万元的单位;

(二)金融资产不低于300万元或者最近三年个人年均收入不低于50万元的个人。

前款所称金融资产包括银行存款、股票、债券、基金份额、资产管理计划、银行理财产品、信托计划、保险产品、期货权益等。

第十三条 下列投资者视为合格投资者:

(一)社会保障基金、企业年金等养老基金,慈善基金等社会公益基金;

(二)依法设立并在基金业协会备案的投资计划;

(三)投资于所管理私募基金的私募基金管理人及其从业人员;

(四)中国证监会规定的其他投资者。

以合伙企业、契约等非法人形式,通过汇集多数投资者的资金直接或者间接投资于私募基金的,私募基金管理人或者私募基金销售机构应当穿透核查最终投资者是否为合格投资者,并合并计算投资者人数。但是,符合本条第(一)、(二)、(四)项规定的投资者投资私募基金的,不再穿透核查最终投资者是否为合格投资者和合并计算投资者人数。

第四章 资金募集

第十四条 私募基金管理人、私募基金销售机构不得向合格投资者之外的单位和个人募集资金,不得通过报刊、电台、电视、互联网等公众传播媒体或者讲座、报告会、分析会和布告、传单、手机短信、微信、博客和电子邮件等方式,向不特定对象宣传推介。

第十五条 私募基金管理人、私募基金销售机构不得向投资者承诺投资本金不受损失或者承诺最低收益。

第十六条 私募基金管理人自行销售私募基金的,应当采取问卷调查等方式,对投资者的风险识别能力和风险承担能力进行评估,由投资者书面承诺符合合格投资者条件;应当制作风险揭示书,由投资者签字确认。

私募基金管理人委托销售机构销售私募基金的,私募基金销售机构应当采取前款规定的评估、确认等措施。

投资者风险识别能力和承担能力问卷及风险揭示书的内容与格式指引,由基金业协会按照不同类别私募基金的特点制定。

第十七条 私募基金管理人自行销售或者委托销售机构销售私募基金,应当自行或者委托第三方机构对私募基金进行风险评级,向风险识别能力和风险承担能力相匹配的投资者推介私募基金。

第十八条 投资者应当如实填写风险识别能力和承担能力问卷,如实承诺资产或者收入情况,并对其真实性、准确性和完整性负责。填写虚假信息或者提供虚假承诺文件的,应当承担相应责任。

第十九条 投资者应当确保投资资金来源合法,不得非法汇集他人资金投资私募基金。

第五章 投资运作

第二十条 募集私募证券基金,应当制定并签订基金合同、公司章程或者合伙协议(以下统称基金合同)。基金合同应当符合《证券投资基金法》第九十三条、第九十四条规定。

募集其他种类私募基金,基金合同应当参照《证券投资基金法》第九十三条、第九十四条规定,明确约定各方当事人的权利、义务和相关事宜。

第二十一条 除基金合同另有约定外,私募基金应当由基金托管人托管。

基金合同约定私募基金不进行托管的,应当在基金合同中明确保障私募基金财产安全的制度措施和纠纷解决机制。

第二十二条 同一私募基金管理人管理不同类别私募基金的,应当坚持专业化管理原则;管理可能导致利益输送或者利益冲突的不同私募基金的,应当建立防范利益输送和利益冲突的机制。

第二十三条 私募基金管理人、私募基金托管人、私募基金销售机构及其他私募服务机构及其从业人员从事私募基金业务,不得有以下行为:

(一)将其固有财产或者他人财产混同于基金财产从事投资活动;

(二)不公平地对待其管理的不同基金财产;

(三)利用基金财产或者职务之便,为本人或者投资者以外的人牟取利益,进行利益输送;

(四)侵占、挪用基金财产;

(五)泄露因职务便利获取的未公开信息,利用该信息从事或者明示、暗示他人从事相关的交易活动;

(六)从事损害基金财产和投资者利益的投资活动;

(七)玩忽职守,不按照规定履行职责;

(八)从事内幕交易、操纵交易价格及其他不正当交易活动;

(九)法律、行政法规和中国证监会规定禁止的其他行为。

第二十四条 私募基金管理人、私募基金托管人应当按照合同约定,如实向投资者披露基金投资、资产负债、投资收益分配、基金承担的费用和业绩报酬、可能存在的利益冲突情况以及可能影响投资者合法权益的其他重大信息,不得隐瞒或者提供虚假信息。信息披露规则由基金业协会另行制定。

第二十五条 私募基金管理人应当根据基金业协会的规定,及时填报并定期更新管理人及其从业人员的有关信息、所管理私募基金的投资运作情况和杠杆运用情况,保证所填报内容真实、准确、完整。发生重大事项的,应当在10个工作日内向基金业协会报告。

私募基金管理人应当于每个会计年度结束后的4个月内,向基金业协会报送经会计师事务所审计的年度财务报告和所管理私募基金年度投资运作基本情况。

第二十六条 私募基金管理人、私募基金托管人及私募基金销售机构应当妥善保存私募基金投资决策、交易和投资者适当性管理等方面的记录及其他相关资料,保存期限自基金清算终止之日起不得少于10年。

第六章 行业自律

第二十七条 基金业协会应当建立私募基金管理人登记、私募基金备案管理信息系统。

基金业协会应当对私募基金管理人和私募基金信息严格保密。除法律法规另有规定外，不得对外披露。

第二十八条 基金业协会应当建立与中国证监会及其派出机构和其他相关机构的信息共享机制，定期汇总分析私募基金情况，及时提供私募基金相关信息。

第二十九条 基金业协会应当制定和实施私募基金行业自律规则，监督、检查会员及其从业人员的执业行为。

会员及其从业人员违反法律、行政法规、本办法规定和基金业协会自律规则的，基金业协会可以视情节轻重，采取自律管理措施，并通过网站公开相关违法违规信息。会员及其从业人员涉嫌违法违规的，基金业协会应当及时报告中国证监会。

第三十条 基金业协会应当建立投诉处理机制，受理投资者投诉，进行纠纷调解。

第七章 监督管理

第三十一条 中国证监会及其派出机构依法对私募基金管理人、私募基金托管人、私募基金销售机构及其他私募服务机构开展私募基金业务情况进行统计监测和检查，依照《证券投资基金法》第一百一十四条规定采取有关措施。

第三十二条 中国证监会将私募基金管理人、私募基金托管人、私募基金销售机构及其他私募服务机构及其从业人员诚信信息记入证券期货市场诚信档案数据库；根据私募基金管理人的信用状况，实施差异化监管。

第三十三条 私募基金管理人、私募基金托管人、私募基金销售机构及其他私募服务机构及其从业人员违反法律、行政法规及本办法规定，中国证监会及其派出机构可以对其采取责令改正、监管谈话、出具警示函、公开谴责等行政监管措施。

第八章 关于创业投资基金的特别规定

第三十四条 本办法所称创业投资基金，是指主要投资于未上市创业企业普通股或者依法可转换为普通股的优先股、可转换债券等权益的股权投资基金。

第三十五条 鼓励和引导创业投资基金投资创业早期的小微企业。

享受国家财政税收扶持政策的创业投资基金，其投资范围应当符合国家相关规定。

第三十六条 基金业协会在基金管理人登记、基金备案、投资情况报告要求和会员管理等环节，对创业投资基金采取区别于其他私募基金的差异化行业自律，并提供差异化会员服务。

第三十七条 中国证监会及其派出机构对创业投资基金在投资方向检查等环节，采取区别于其他私募基金的差异化监督管理；在账户开立、发行交易和投资退出等方面，为创业投资基金提供便利服务。

第九章 法律责任

第三十八条 私募基金管理人、私募基金托管人、私募基金销售机构及其他私募服务机构及其从业人员违反本办法第七条、第八条、第十一条、第十四条至第十七条、第二十四条至第二十六条规定的，以及有本办法第二十三条第一项至第七项和第九项所列行为之一的，责令改正，给予警告并处三万元以下罚款；对直接负责的主管人员和其他直接责任人员，给予警告并处三万元以下罚款；有本办法第二十三条第八项行为的，按照《证券法》和《期货交易管理条例》的有关规定处罚；构成犯罪的，依法移交司法机关追究刑事责任。

第三十九条 私募基金管理人、私募基金托管人、私募基金销售机构及其他私募服务机构及其从业人员违反法律法规和本办法规定，情节严重的，中国证监会可以依法对有关责任人员采取市场禁入措施。

第四十条 私募证券基金管理人及其从业人员违反《证券投资基金法》有关规定的，按照《证券投资基金法》有关规定处罚。

第十章 附 则

第四十一条 本办法自公布之日起施行。

私募投资基金募集行为管理办法

（2016年4月15日发布，自2016年7月15日起实施）

第一章 总 则

第一条 为了规范私募投资基金（以下简称私募基金）的募集行为，促进私募基金行业健康发展，保护投资者及相关当事人的合法权益，根据《证券投资基金法》、《私募投资基金监督管理暂行办法》(以下简称《私募办法》)等法律法规的规定,制定本办法。

第二条 私募基金管理人、在中国证监会注册取得基金销售业务资格并已成为中国证券投资基金业协会会员的机构(以下统称募集机构)及其从业人员以非公开方式向投资者募集资金的行为适用本办法。

在中国证券投资基金业协会(以下简称中国基金业协会)办理私募基金管理人登记的机构可以自行募集其设立的私募基金,在中国证监会注册取得基金销售业务资格并已成为中国基金业协会会员的机构(以下简称基金销售机构)可以受私募基金管理人的委托募集私募基金。其他任何机构和个人不得从事私募基金的募集活动。

本办法所称募集行为包含推介私募基金,发售基金份额(权益),办理基金份额(权益)认/申购(认缴)、赎回(退出)等活动。

第三条 基金业务外包服务机构就其参与私募基金募集业务的环节适用本办法。

本办法所称基金业务外包服务机构包括为私募基金管理人提供募集服务的基金销售机构,为私募基金募集机构提供支付结算服务、私募基金募集结算资金监督、份额登记等与私募基金募集业务相关服务的机构。前述基金业务外包服务机构应当遵守中国基金业协会基金业务外包服务相关管理办法。

第四条 从事私募基金募集业务的人员应当具有基金从业资格(包含原基金销售资格),应当遵守法律、行政法规和中国基金业协会的自律规则,恪守职业道德和行为规范,应当参加后续执业培训。

第五条 中国基金业协会依照法律法规、中国证监会相关规定及中国基金业协会自律规则,对私募基金募集活动实施自律管理。

第二章 一般规定

第六条 募集机构应当恪尽职守、诚实信用、谨慎勤勉,防范利益冲突,履行说明义务、反洗钱义务等相关义务,承担特定对象确定、投资者适当性审查、私募基金推介及合格投资者确认等相关责任。

募集机构及其从业人员不得从事侵占基金财产和客户资金、利用私募基金相关的未公开信息进行交易等违法活动。

第七条 私募基金管理人应当履行受托人义务,承担基金合同、公司章程或者合伙协议(以下统称基金合同)的受托责任。委托基金销售机构募集私募基金的,不得因委托募集免除私募基金管理人依法承担的责任。

第八条 私募基金管理人委托基金销售机构募集私募基金的,应当以书面形式签订基金销售协议,并将协议中关于私募基金管理人与基金销售机构权利义务划分以及其他涉及投资者利益的部分作为基金合同的附件。基金销售机构负责向投资者说明相关内容。

基金销售协议与作为基金合同附件的关于基金销售的内容不一致的,以基金合同附件为准。

第九条 任何机构和个人不得为规避合格投资者标准,募集以私募基金份额或其收益权为投资标的的金融产品,或者将私募基金份额或其收益权进行非法拆分转让,变相突破合格投资者标准。募集机构应当确保投资者已知悉私募基金转让的条件。

投资者应当以书面方式承诺其为自己购买私募基金,任何机构和个人不得以非法拆分转让为目的购买私募基金。

第十条 募集机构应当对投资者的商业秘密及个人信息严格保密。除法律法规和自律规则另有规定的,不得对外披露。

第十一条 募集机构应当妥善保存投资者适当性管理以及其他与私募基金募集业务相关的记录及其他相关资料,保存期限自基金清算终止之日起不得少于10年。

第十二条 募集机构或相关合同约定的责任主体应当开立私募基金募集结算资金专用账户,用于统一归集私募基金募集结算资金、向投资者分配收益、给付赎回款项以及分配基金清算后的剩余基金财产等,确保资金原路返还。

本办法所称私募基金募集结算资金是指由募集机构归集的,在投资者资金账户与私募基金财产账户或托管资金账户之间划转的往来资金。募集结算资金从投资者资金账户划出,到达私募基金财产账户或托管资金账户之前,属于投资者的合法财产。

第十三条 募集机构应当与监督机构签署账户监督协议,明确对私募基金募集结算资金专用账户的控制权、责任划分及保障资金划转安全的条款。监督机构应当按照法律法规和账户监督协议的约定,对募集结算资金专用账户实施有效监督,承担保障私募基金募集结算资金划转安全的连带责任。

取得基金销售业务资格的商业银行、证券公司等金融机构,可以在同一私募基金的募集过程中同时作为募集机构与监督机构。符合前述情形的机构应当建立完备的防火墙制度,防范利益冲突。

本办法所称监督机构指中国证券登记结算有限责任公司、取得基金销售业务资格的商业银行、证券公司以及中国基金业协会规定的其他机构。监督机构应当成为中国基金业协会的会员。

私募基金管理人应当向中国基金业协会报送私募基金募集结算资金专用账户及其监督机构信息。

第十四条 涉及私募基金募集结算资金专用账户开立、使用的机构不得将私募基金募集结算资金归入其自有财产。禁止任何单位或者个人以任何形式挪用私募基金募集结算资金。私募基金管理人、基金销售机构、基金销售支付机构或者基金份额登记机构破产或者清算时,私募基金募集结算资金不属于其破产财产或者清算财产。

第十五条 私募基金募集应当履行下列程序:

(一)特定对象确定;

(二)投资者适当性匹配;

(三)基金风险揭示;

(四)合格投资者确认;

(五)投资冷静期;

(六)回访确认。

第三章 特定对象的确定

第十六条 募集机构仅可以通过合法途径公开宣传私募基金管理人的品牌、发展战略、投资策略、管理团队、高管信息以及由中国基金业协会公示的已备案私募基金的基本信息。

私募基金管理人应确保前述信息真实、准确、完整。

第十七条 募集机构应当向特定对象宣传推介私募基金。未经特定对象确定程序,不得向任何人宣传推介私募基金。

第十八条 在向投资者推介私募基金之前,募集机构应当采取问卷调查等方式履行特定对象确定程序,对投资者风险识别能力和风险承担能力进行评估。投资者应当以书面形式承诺其符合合格投资者标准。

投资者的评估结果有效期最长不得超过 3 年。募集机构逾期再次向投资者推介私募基金时,需重新进行投资者风险评估。同一私募基金产品的投资者持有期间超过 3 年的,无需再次进行投资者风险评估。

投资者风险承担能力发生重大变化时,可主动申请对自身风险承担能力进行重新评估。

第十九条 募集机构应建立科学有效的投资者问卷调查评估方法，确保问卷结果与投资者的风险识别能力和风险承担能力相匹配。募集机构应当在投资者自愿的前提下获取投资者问卷调查信息。问卷调查主要内容应包括但不限于以下方面：

（一）投资者基本信息，其中个人投资者基本信息包括身份信息、年龄、学历、职业、联系方式等信息；机构投资者基本信息包括工商登记中的必备信息、联系方式等信息；

（二）财务状况，其中个人投资者财务状况包括金融资产状况、最近三年个人年均收入、收入中可用于金融投资的比例等信息；机构投资者财务状况包括净资产状况等信息；

（三）投资知识，包括金融法律法规、投资市场和产品情况、对私募基金风险的了解程度、参加专业培训情况等信息；

（四）投资经验，包括投资期限、实际投资产品类型、投资金融产品的数量、参与投资的金融市场情况等；

（五）风险偏好，包括投资目的、风险厌恶程度、计划投资期限、投资出现波动时的焦虑状态等。

《私募基金投资者问卷调查内容与格式指引（个人版）》详见附件一。

第二十条 募集机构通过互联网媒介在线向投资者推介私募基金之前，应当设置在线特定对象确定程序，投资者应承诺其符合合格投资者标准。前述在线特定对象确定程序包括但不限于：

（一）投资者如实填报真实身份信息及联系方式；

（二）募集机构应通过验证码等有效方式核实用户的注册信息；

（三）投资者阅读并同意募集机构的网络服务协议；

（四）投资者阅读并主动确认其自身符合《私募办法》第三章关于合格投资者的规定；

（五）投资者在线填报风险识别能力和风险承担能力的问卷调查；

（六）募集机构根据问卷调查及其评估方法在线确认投资者的风险识别能力和风险承担能力。

第四章 私募基金推介

第二十一条 募集机构应当自行或者委托第三方机构对私募基金进行风险评级，建立科学有效的私募基金风险评级标准和方法。

募集机构应当根据私募基金的风险类型和评级结果，向投资者推介与其风险识别能力和风险承担能力相匹配的私募基金。

第二十二条 私募基金推介材料应由私募基金管理人制作并使用。私募基金管理人应当对私募基金推介材料内容的真实性、完整性、准确性负责。

除私募基金管理人委托募集的基金销售机构可以使用推介材料向特定对象宣传推介外,其他任何机构或个人不得使用、更改、变相使用私募基金推介材料。

第二十三条 募集机构应当采取合理方式向投资者披露私募基金信息,揭示投资风险,确保推介材料中的相关内容清晰、醒目。私募基金推介材料内容应与基金合同主要内容一致,不得有任何虚假记载、误导性陈述或者重大遗漏。如有不一致的,应当向投资者特别说明。私募基金推介材料内容包括但不限于:

(一)私募基金的名称和基金类型;

(二)私募基金管理人名称、私募基金管理人登记编码、基金管理团队等基本信息;

(三)中国基金业协会私募基金管理人以及私募基金公示信息(含相关诚信信息);

(四)私募基金托管情况(如无,应以显著字体特别标注)、其他服务提供商(如律师事务所、会计师事务所、保管机构等),是否聘用投资顾问等;

(五)私募基金的外包情况;

(六)私募基金的投资范围、投资策略和投资限制概况;

(七)私募基金收益与风险的匹配情况;

(八)私募基金的风险揭示;

(九)私募基金募集结算资金专用账户及其监督机构信息;

(十)投资者承担的主要费用及费率,投资者的重要权利(如认购、赎回、转让等限制、时间和要求等);

(十一)私募基金承担的主要费用及费率;

(十二)私募基金信息披露的内容、方式及频率;

(十三)明确指出该文件不得转载或给第三方传阅;

(十四)私募基金采取合伙企业、有限责任公司组织形式的,应当明确说明入伙(股)协议不能替代合伙协议或公司章程。说明根据《合伙企业法》或《公司法》,合伙协议、公司章程依法应当由全体合伙人、股东协商一致,以书面形式订立。申请设立合伙企业、公司或变更合伙人、股东的,并应当向企业登记机关履行申请设立及变更登记手续;

(十五)中国基金业协会规定的其他内容。

第二十四条 募集机构及其从业人员推介私募基金时,禁止有以下行为:

(一)公开推介或者变相公开推介;

(二)推介材料虚假记载、误导性陈述或者重大遗漏;

(三)以任何方式承诺投资者资金不受损失,或者以任何方式承诺投资者最低收益,包括宣传“预期收益”、“预计收益”、“预测投资业绩”等相关内容;

(四)夸大或者片面推介基金,违规使用“安全”、“保证”、“承诺”、“保险”、“避险”、“有保障”、“高收益”、“无风险”等可能误导投资人进行风险判断的措辞;

(五)使用“欲购从速”、“申购良机”等片面强调集中营销时间限制的措辞;

(六)推介或片面节选少于6个月的过往整体业绩或过往基金产品业绩;

(七)登载个人、法人或者其他组织的祝贺性、恭维性或推荐性的文字;

(八)采用不具有可比性、公平性、准确性、权威性的数据来源和方法进行业绩比较,任意使用“业绩最佳”、“规模最大”等相关措辞;

(九)恶意贬低同行;

(十)允许非本机构雇佣的人员进行私募基金推介;

(十一)推介非本机构设立或负责募集的私募基金;

(十二)法律、行政法规、中国证监会和中国基金业协会禁止的其他行为。

第二十五条 募集机构不得通过下列媒介渠道推介私募基金:

(一)公开出版资料;

(二)面向社会公众的宣传单、布告、手册、信函、传真;

(三)海报、户外广告;

(四)电视、电影、电台及其他音像等公共传播媒体;

(五)公共、门户网站链接广告、博客等;

(六)未设置特定对象确定程序的募集机构官方网站、微信朋友圈等互联网媒介;

(七)未设置特定对象确定程序的讲座、报告会、分析会;

(八)未设置特定对象确定程序的电话、短信和电子邮件等通讯媒介;

(九)法律、行政法规、中国证监会规定和中国基金业协会自律规则禁止的其他行为。

第五章 合格投资者确认及基金合同签署

第二十六条 在投资者签署基金合同之前,募集机构应当向投资者说明有关法律法规,说明投资冷静期、回访确认等程序性安排以及投资者的相关权利,重点揭示私募基金风险,并与投资者签署风险揭示书。

风险揭示书的内容包括但不限于：

（一）私募基金的特殊风险，包括基金合同与中国基金业协会合同指引不一致所涉风险、基金未托管所涉风险、基金委托募集所涉风险、外包事项所涉风险、聘请投资顾问所涉风险、未在中国基金业协会登记备案的风险等；

（二）私募基金的一般风险，包括资金损失风险、基金运营风险、流动性风险、募集失败风险、投资标的的风险、税收风险等；

（三）投资者对基金合同中投资者权益相关重要条款的逐项确认，包括当事人权利义务、费用及税收、纠纷解决方式等。

《私募投资基金风险揭示书内容与格式指引》详见附件二。

第二十七条 在完成私募基金风险揭示后，募集机构应当要求投资者提供必要的资产证明文件或收入证明。

募集机构应当合理审慎地审查投资者是否符合私募基金合格投资者标准，依法履行反洗钱义务，并确保单只私募基金的投资者人数累计不得超过《证券投资基金法》、《公司法》、《合伙企业法》等法律规定的特定数量。

第二十八条 根据《私募办法》，私募基金的合格投资者是指具备相应风险识别能力和风险承担能力，投资于单只私募基金的金额不低于100万元且符合下列相关标准的机构和个人：

（一）净资产不低于1000万元的机构；

（二）金融资产不低于300万元或者最近三年个人年均收入不低于50万元的个人。

前款所称金融资产包括银行存款、股票、债券、基金份额、资产管理计划、银行理财产品、信托计划、保险产品、期货权益等。

第二十九条 各方应当在完成合格投资者确认程序后签署私募基金合同。

基金合同应当约定给投资者设置不少于二十四小时的投资冷静期，募集机构在投资冷静期内不得主动联系投资者。

（一）私募证券投资基金合同应当约定，投资冷静期自基金合同签署完毕且投资者交纳认购基金的款项后起算；

（二）私募股权投资基金、创业投资基金等其他私募基金合同关于投资冷静期的约定可以参照前款对私募证券投资基金的相关要求，也可以自行约定。

第三十条 募集机构应当在投资冷静期满后，指令本机构从事基金销售推介业务以外的人员以录音电话、电邮、信函等适当方式进行投资回访。回访过程不得出现诱导性陈述。募集机构在投资冷静期内进行的回访确认无效。

回访应当包括但不限于以下内容：

（一）确认受访人是否为投资者本人或机构；

（二）确认投资者是否为自己购买了该基金产品以及投资者是否按照要求亲笔签名或盖章；

（二）确认投资者是否已经阅读并理解基金合同和风险揭示的内容；

（四）确认投资者的风险识别能力及风险承担能力是否与所投资的私募基金产品相匹配；

（五）确认投资者是否知悉投资者承担的主要费用及费率，投资者的重要权利、私募基金信息披露的内容、方式及频率；

（六）确认投资者是否知悉未来可能承担投资损失；

（七）确认投资者是否知悉投资冷静期的起算时间、期间以及享有的权利；

（八）确认投资者是否知悉纠纷解决安排。

第三十一条 基金合同应当约定，投资者在募集机构回访确认成功前有权解除基金合同。出现前述情形时，募集机构应当按合同约定及时退还投资者的全部认购款项。

未经回访确认成功，投资者交纳的认购基金款项不得由募集账户划转到基金财产账户或托管资金账户，私募基金管理人不得投资运作投资者交纳的认购基金款项。

第三十二条 私募基金投资者属于以下情形的，可以不适用本办法第十七条至第二十一条、第二十六条至第三十一条的规定：

（一）社会保障基金、企业年金等养老基金，慈善基金等社会公益基金；

（二）依法设立并在中国基金业协会备案的私募基金产品；

（三）受国务院金融监督管理机构监管的金融产品；

（四）投资于所管理私募基金的私募基金管理人及其从业人员；

（五）法律法规、中国证监会和中国基金业协会规定的其他投资者。

投资者为专业投资机构的，可不适用本办法第二十九条、第三十条、第三十一条的规定。

第六章 自律管理

第三十三条 中国基金业协会可以按照相关自律规则，对会员及登记机构的私募基金募集行为合规性进行定期或不定期的现场和非现场自律检查，会员及登记机构应当予以配合。

第三十四条 私募基金管理人委托未取得基金销售业务资格的机构募集私募基金的，中国基金业协会不予办理私募基金备案业务。

第三十五条 募集机构在开展私募基金募集业务过程中违反本办法第六条至第十四条、第十七条至第二十条、第二十二条至第二十三条、第二十六条的规定，中国基金业协会可以视情节轻重对募集机构采取要求限期改正、行业内谴责、加入黑名单、公开谴责、暂停受理或办理相关业务、撤销管理人登记等纪律处分；对相关工作人员采取要求参加强制培训、行业内谴责、加入黑名单、公开谴责、认定为不适当人选、暂停基金从业资格、取消基金从业资格等纪律处分。

第三十六条 募集机构在开展私募基金募集业务过程中违反本办法第二十九条至第三十一条的规定，中国基金业协会视情节轻重对私募基金管理人、募集机构采取暂停私募基金备案业务、不予办理私募基金备案业务等措施。

第三十七条 募集机构在开展私募基金募集业务过程中违反本办法第十六条、第二十一条、第二十四条、第二十五条、第二十七条、第二十八条的规定，中国基金业协会可以视情节轻重对募集机构采取加入黑名单、公开谴责、撤销管理人登记等纪律处分；对相关工作人员采取行业内谴责、加入黑名单、公开谴责、取消基金从业资格等纪律处分。情节严重的，移送中国证监会处理。

第三十八条 募集机构在一年之内两次被采取谈话提醒、书面警示、要求限期改正等纪律处分的，中国基金业协会可对其采取加入黑名单、公开谴责等纪律处分；在两年之内两次被采取加入黑名单、公开谴责等纪律处分的，中国基金业协会可以采取撤销管理人登记等纪律处分，并移送中国证监会处理。

第三十九条 在中国基金业协会登记的基金业务外包服务机构就其参与私募基金募集业务的环节违反本办法有关规定，中国基金业协会可以采取相关自律措施。

第四十条 投资者可以按照规定向中国基金业协会投诉或举报募集机构及其从业人员的违规募集行为。

第四十一条 募集机构、基金业务外包服务机构及其从业人员因募集过程中的违规行为被中国基金业协会采取相关纪律处分的，中国基金业协会可视情节轻重记入诚信档案。

第四十二条 募集机构、基金业务外包服务机构及其从业人员涉嫌违反法律、行政法规、中国证监会有关规定的，移送中国证监会或司法机关处理。

第七章 附 则

第四十三条 本办法自 2016 年 7 月 15 日起实施。

第四十四条 本办法由中国基金业协会负责解释。

附件：（略）

私募投资基金服务业务管理办法(试行)

(2017 年 3 月 1 日发布实施)

第一章 总 则

第一条 【立法依据】为促进私募投资基金(以下简称私募基金)行业健康发展,规范私募基金服务业务,保护投资者及相关当事人合法权益,根据《中华人民共和国证券投资基金法》、《私募投资基金监督管理暂行办法》等有关规定,制定本办法。

第二条 【适用范围】私募基金管理人委托私募基金服务机构(以下简称服务机构),为私募基金提供基金募集、投资顾问、份额登记、估值核算、信息技术系统等服务业务,适用本办法。服务机构开展私募基金服务业务及私募基金管理人、私募基金托管人就其参与私募基金服务业务的环节适用本办法。

私募基金管理人应当委托在中国证券投资基金业协会(以下简称协会)完成登记并已成为协会会员的服务机构提供私募基金服务业务。私募基金管理人委托服务机构从事私募基金募集、投资顾问等业务的相关规定,由协会另行规定。

第三条 【服务机构权利义务】服务机构及其从业人员从事私募基金服务业务,应当遵循有关法律法规和行业规范,依照服务协议、操作备忘录或各方认可的其他法律文本的约定,诚实信用、勤勉尽责、恪尽职守,防止利益冲突,保护私募基金财产和投资者财产安全,维护投资者合法权益。

服务机构不得将已承诺的私募基金服务业务转包或变相转包。

第四条 【财产独立】私募基金服务所涉及的基金财产和投资者财产应当独立于服务机构的自有财产。服务机构破产或者清算时,私募基金服务所涉及的基金财产和投资者财产不属于其破产或清算财产。

第五条 【管理人权利义务】私募基金管理人委托服务机构开展业务,应当制定相应的风险管理框架及制度,并根据审慎经营原则制定业务委托实施规划,确定与其经营水平相适宜的委托服务范围。

私募基金管理人委托服务机构开展服务前,应当对服务机构开展尽职调查,了解其人员储备、业务隔离措施、软硬件设施、专业能力、诚信状况等情况;并与服务机构签订书面服务协议,明确双方的权利义务及违约责任。私募基金管理人应当对服务机构的运营能力和服务水平进行持续关注和定期评估。

私募基金管理人委托服务机构提供私募基金服务的，私募基金管理人依法应当承担的责任不因委托而免除。

第六条 【行业自律】协会依据法律法规和自律规则，对服务机构及其私募基金服务业务进行自律管理。

第二章 服务机构的登记

第七条 【风险提示】协会为服务机构办理登记不构成对服务机构服务能力、持续合规情况的认可，不作为对基金财产和投资者财产安全的保证。服务机构在协会完成登记之后连续 6 个月没有开展基金服务业务的，协会将注销其登记。

第八条 【登记要求】申请开展私募基金份额登记服务、基金估值核算服务、信息技术系统服务的机构，应当具备下列条件：

（一）经营状况良好，其中开展私募基金份额登记服务和信息技术系统服务的机构实缴资本不低于人民币 5000 万元；

（二）公司治理结构完善，内部控制有效；

（三）经营运作规范，最近 3 年内无重大违法违规记录；

（四）组织架构完整，设有专门的服务业务团队和分管服务业务的高管，服务业务团队的设置能够保证业务运营的完整与独立，服务业务团队有满足营业需要的固定场所和安全防范措施；

（五）配备相应的软硬件设施，具备安全、独立、高效、稳定的业务技术系统，且所有系统已完成包括协会指定的中央数据交换平台在内的业务联网测试；

（六）负责私募基金服务业务的部门负责人、独立第三方服务机构的法定代表人等应当具备基金从业资格。所有从业人员应当自从事私募基金服务业务之日起 6 个月内具备基金从业资格，并参加后续执业培训；

（七）申请机构应当评估业务是否存在利益冲突并设置相应的防火墙制度；

（八）申请机构的信息技术系统应当符合法律法规、中国证监会及协会的规定及相关标准，建立网络隔离、安全防护与应急处理等风险管理制度和灾难备份系统；

（九）申请开展信息技术服务的机构应当具有国家有关部门规定的资质条件或者取得相关资质认证，拥有同类应用服务经验，具有开展业务所有需要的人员、设备、技术、知识产权以及良好的安全运营记录等条件；

（十）协会规定的其他条件。

第九条 【登记材料】申请登记的机构提交的材料包括但不限于：

（一）诚信及合法合规承诺函；

（二）内控管理制度、业务隔离措施以及应急处理方案；

（三）信息系统配备情况及系统运行测试报告；

（四）私募基金服务业务团队设置和岗位职责规定及包括分管领导、业务负责人、业务人员等在内的人员基本情况；

（五）与私募基金管理人签订的约定双方权利义务的服务协议或意向合作协议清单；

（六）涉及募集结算资金的，应当包括相关账户信息、募集销售结算资金安全保障机制的说明材料，以及协会指定的中央数据交换平台的测试报告等；

（七）法律意见书；

（八）开展私募基金服务业务的商业计划书；

（九）协会规定的其他材料。

第十条 【登记流程】登记材料不完备或不符合规定的，协会告知需要补正的内容。服务机构提交的登记材料完备且登记材料符合要求的，协会自受理之日起2个月内出具登记函并公示。

第三章 基本业务规范

第十一条 【协议签署】私募基金管理人与服务机构应当依据基金合同签订书面服务协议。协议应当至少包括以下内容：服务范围、服务内容、双方的权利和义务、收费方式和业务费率、保密义务等。除基金合同约定外，服务费用应当由私募基金管理人自行支付。

第十二条 【备忘录签署】私募基金管理人、私募基金托管人、服务机构、经纪商等相关方，应当就账户信息、交易数据、估值对账数据、电子划款指令、投资者名册等信息的交互时间及交互方式、对接人员、对接方式、业务实施方案、应急预案等内容签订操作备忘录或各方认可的其他法律文本，对私募基金服务事项进行单独约定。其中，数据交互应当遵守协会的相关标准。

第十三条 【公平竞争】服务机构在开展业务过程中应当执行贯彻国家有关反不正当竞争行为的各项规定，设定合理、清晰的费用结构和费率标准，不得以低于成本的收费标准提供服务。

第十四条 【基金财产和投资者财产安全】服务机构应当对提供服务业务所涉及的基金财产和投资者财产实行严格的分账管理，确保基金财产和投资者财产的安全,任何单位或者个人不得以任何形式挪用基金财产和投资者财产。

第十五条 【风险防范】服务机构应当具备开展服务业务的营运能力和风险承受能力,审慎评估私募基金服务的潜在风险与利益冲突,建立严格的防火墙制度与业务隔离制度,有效执行信息隔离等内部控制制度,切实防范利益输送。

第十六条 【基金服务与托管隔离】私募基金托管人不得被委托担任同一私募基金的服务机构,除该托管人能够将其托管职能和基金服务职能进行分离,恰当的识别、管理、监控潜在的利益冲突,并披露给投资者。

第十七条 【档案管理】服务机构应当建立健全档案管理制度,妥善保管服务所涉及的资料。服务机构提供份额登记服务的,登记数据保存期限自基金账户销户之日起不得少于20年。

第十八条 【专项审计】服务机构每年应当聘请具有证券业务资格的会计师事务所对私募基金服务业务的内部控制与业务实施情况进行审计并出具审计报告。经国务院金融监督管理机构核准的金融机构,每年可以选择由该机构内部审计部门出具私募基金服务业务评估报告。

第十九条 【责任分担】服务机构在开展业务的过程中,因违法违规、违反服务协议、技术故障、操作错误等原因给基金财产造成的损失,应当由私募基金管理人先行承担赔偿责任。私募基金管理人再按照服务协议约定与服务机构进行责任分配与损失追偿。

第四章 基金份额登记服务业务规范

第二十条 【基本职责】从事私募基金份额登记服务的机构(以下简称基金份额登记机构)的基本职责包括:建立并管理投资者的基金账户、负责基金份额的登记及资金结算、基金交易确认、代理发放红利、保管投资者名册、法律法规或服务协议规定的其他职责。基金份额登记机构登记的数据,是投资者权利归属的根据。

第二十一条 【募集结算资金】基金募集结算资金是指由基金募集机构归集的,基金份额登记机构进行资金清算,在合格投资者资金账户与基金财产资金账户或托管资金账户之间划转的往来资金。

第二十二条 【资金账户安全保障】基金募集结算资金专用账户包括募集机构开立的募集结算资金归集账户和基金份额登记机构开立的注册登记账户。基金募集结算资金专用账户应当由监督机构负责实施有效监督,监督协议中应当明确监督机构保障投资者资金安全的连带责任条款。其中,监督机构指中国证券登记结算有限责任公司、取得基金销售业务资格的商业银行、证券公司、公募基金管理公司以及协会规定的其他机构。监督机构和服务机构为同一机构的,应当做好内部风险防范。

私募基金管理人应当向协会报送私募基金募集结算资金专用账户及其监督机构信息。

第二十三条 【内部控制机制】基金份额登记机构和监督机构应当建立健全内部控制机制,将划款指令的生成与复核相分离,对系统重要参数的设置和修改建立多层审核机制,切实保障募集结算资金安全。

第二十四条 【基金账户开立要求】基金份额登记机构办理账户类业务(如开立、变更、销户等)时,应当就投资者信息的真实性和准确性与募集机构进行书面约定。

投资者是其他基金的,基金份额登记机构应当与募集机构约定,采取将该基金的托管资金账户或者专门的基金财产资金账户作为收付款的唯一指定账户等方式保障投资者财产安全。

第二十五条 【份额确认】基金份额登记机构应当根据募集机构提供的认购、申购、认缴、实缴、赎回、转托管等数据和自身资金结算结果,办理投资者名册的初始登记或者变更登记。基金份额登记机构应当向私募基金托管人提供投资者名册。

第二十六条 【资金交收风险】基金份额登记机构在进行份额登记时,如果与资金交收存在时间差,应当充分评估资金交收风险。法律授权下执行担保交收的,应当动态评估交收风险,提取足额备付金;在非担保交收的情况下,应当与管理人或管理人授权的募集机构书面约定资金交收过程中不得截留、挪用交易资金或者将资金做内部非法轧差处理,以及在发生损失情况下的责任承担。

第二十七条 【募集结算资金划付】基金份额登记机构应当严格按照服务协议约定的资金交收路径进行募集结算资金划付。募集结算资金监督机构未按照约定进行汇款或提交正确的汇款指令,基金份额登记机构应当拒绝操作执行。

第二十八条 【份额变更】基金份额以协议继承、捐赠、强制执行、转让等方式发生变更的,基金份额登记机构应当在募集机构履行合格投资者审查、反洗钱等义务的基础上,根据相关法律证明文件及资金清算结果,结合自身业务规则变更基金账户余额,相应办理投资者名册的变更登记。

第二十九条 【关于计提业绩报酬】基金合同约定由基金份额登记机构负责计提业绩报酬的,基金份额登记机构应当保证业绩报酬计算过程及结果的准确性,不得损害投资者利益。

第三十条 【数据备份】基金份额登记机构应当妥善保存登记数据,并根据协会的规定将投资者名称、身份信息及基金份额明细等数据在发生变更的 T+1 日内备份至协会指定数据备份平台。

第三十一条 【自行办理份额登记】私募基金管理人自行办理份额登记业务的,应当参考本章规定执行。

第五章 基金估值核算服务业务规范

第三十二条 【基本职责】从事私募基金估值核算服务的机构(以下简称基金估值核算机构)的基本职责包括:开展基金会计核算、估值、报表编制,相关业务资料的保存管理,配合私募基金管理人聘请的会计师事务所进行审计以及法律法规及服务协议规定的其他职责。

第三十三条 【估值依据】基金估值核算机构开展估值核算服务,应当遵守《企业会计准则》、《证券投资基金会计核算业务指引》以及协会的估值规则等相关法律法规的规定。基金估值核算机构应当按照基金合同和服务协议规定的估值方法、估值频率、估值流程对基金财产进行估值核算。

第三十四条 【估值频率】基金估值核算机构应当至少保证在开放式基金申赎,封闭式基金扩募、增减资等私募基金份额(权益)发生变化时进行估值。

第三十五条 【与托管人对账】基金估值核算机构应当按照服务协议、操作备忘录或各方认可的其他法律文本的约定与私募基金托管人核对账务,由私募基金托管人对估值结果进行复核。

第三十六条 【差错处理】当份额净值计算出现错误时,基金估值核算机构应当及时纠正,采取合理措施防止损失进一步扩大,并根据服务协议约定通知私募基金管理人依法履行披露及报告义务。

第三十七条 【信息披露】基金估值核算机构应当配合私募基金管理人按照服务协议的约定,及时、准确地披露基金产品净值,编制和提供定期报告等基金产品运作信息。

第三十八条 【附属服务】在协会完成基金估值核算登记的服务机构可以提供基金绩效分析、数据报送支持等附属服务。

第六章 信息技术系统服务业务规范

第三十九条 【信息技术系统服务定义】信息技术系统服务是指为私募基金管理人、私募基金托管人和其他服务机构提供私募基金业务核心应用系统、信息系统运营维护及安全保障等服务。其中,私募基金业务核心应用系统包括销售系统、投资交易管理系统、份额登记系统、资金清算系统、估值核算系统等。

第四十条 【提供系统要求】服务机构提供基金业务核心应用系统的,不得从事与其所提供系统相对应的私募基金服务业务,不得直接进行相关业务操作,可以提供信息系统运营维护及安全保障等服务。

第四十一条 【风控要求】提供投资交易管理系统的服务机构应当保证单只基金开立独立证券账户,单个证券账户不得下设子账户、分账户、虚拟账户;不得直接进行投资业务操作,不得代为行使私募基金管理人的平仓和交易职责。

第四十二条 【风控检查】提供投资交易管理系统的服务机构应当建立公平交易机制,公平对待同一私募基金管理人管理的私募基金及不同私募基金管理人管理的私募基金,防范私募基金之间进行利益输送。指令在发送到交易场所之前应当经过投资交易管理系统的风控检查,不得绕过风控检查直接下单到交易场所。

第四十三条 【销售系统服务要求】提供销售系统的服务机构应与私募基金管理人签署书面服务协议明确双方的权利和义务。销售系统涉及基金电子合同平台的,私募基金管理人在基金募集中应依法承担的投资者适当性和真实性核查等责任不因签署电子合同平台的外包协议而免除。

第四十四条 【接口管理】服务机构提供核心应用系统的,应当保证数据通讯接口符合中国证监会及协会颁布的接口规范标准要求;无接口规范标准的,数据接口应当具备可兼容性,不得随意变更。服务机构应当向客户提供开发接口和完整的数据库表结构设计,开发接口应当能够覆盖客户的全部数据读写。

第四十五条 【执行程序和源代码的安全】服务机构应当对信息技术系统相关的执行程序和源代码设置有效的安全措施,切实保障执行程序和源代码的安全。在所有信息技术系统发布前对执行程序和源代码进行严格的审查和充分的测试,并积极协助客户进行上线前的验收工作。

第四十六条 【信息技术系统架构】信息技术系统架构设计应当实现接入层、网络层、应用层分离,方便进行网络防火墙建设管理。信息技术系统架构应当能够支持系统负载均衡和性能线性扩张,通过增加硬件设备可以简单实现产品性能的扩充。

第四十七条 【信息技术系统管理】服务机构应当保证其信息技术系统有足够的业务容量和技术容量,并能够满足市场可能出现的峰值压力需求,并根据市场的发展变化和客户的需求及时提供系统的升级、维护服务。服务机构应当对信息技术系统缺陷实施应急管理机制,一旦发现缺陷,应当立即通知信息技术系统使用人并及时提供解决方案。

第四十八条 【数据安全】服务机构应当确保其主要业务信息系统持续稳定运

行，其中涉及核心业务处理的信息系统应当部署在中华人民共和国境内，并配合监管部门、司法机关现场检查及调查取证。

服务机构在业务开展过程中所获取的客户信息、业务资料等数据的存储与备份应当在中华人民共和国境内完成，相关数据的保密管理应当符合国家相关规定。服务机构及其从业人员应当恪尽职守，保护客户隐私，严守客户机密。

第七章 自律管理

第四十九条 【报告义务】服务机构应当在每个季度结束之日起15个工作日内向协会报送服务业务情况表，每个年度结束之日起三个月内向协会报送运营情况报告。服务机构应当在每个年度结束之日起四个月内向协会报送审计报告。服务机构的注册资本、注册地址、法定代表人、分管基金服务业务的高级管理人员等重大信息发生变更的，应当自变更发生之日起10个工作日内向协会更新登记信息。

独立第三方服务机构通过一次或多次股权变更，整体构成变更持股5%以上股东或变更股东持股比例超过5%的，应当及时向协会报告；整体构成变更持股20%以上股东或变更股东持股比例超过20%，或实际控制人发生变化的，应当自董事会或者股东（大）会做出决议之日起10个工作日内向协会提交重大信息变更申请。

发生重大事件时，私募基金管理人、私募基金托管人、服务机构应当及时向协会报告。关于服务机构需要报送的投资者信息和产品运作信息的规范，由协会另行规定。

第五十条 【协会职责】协会对服务机构从事私募基金服务业务进行定期或者不定期的现场和非现场自律检查，服务机构应当予以配合。

第五十一条 【投诉举报】私募基金管理人、托管人可以按照规定向协会投诉或举报服务机构及其从业人员的违规行为。

服务机构可以按照规定向协会投诉或举报私募基金管理人、托管人及其从业人员的违规行为。

第五十二条 【一般违规责任】服务机构违反本办法第二章第七条至第十条、第三章第十一条至第十三条、第十七条至第十九条、第四章第二十条、第二十四条、第二十五条、第二十八条至第三十一条、第五章第三十二条、第三十四条至第三十八条、第六章第四十三条至第四十七条、第七章第四十九条第一款、第三款的规定，协会可以要求服务机构限期改正。逾期未改正的，协会可以视情节轻重对服务机构主要负责人采取谈话提醒、书面警示、要求强制参加培训、行业内谴责、加入黑名单等纪律处分。

第五十三条 【严重违规责任】服务机构违反本办法第三章第十四条至第十六条、第四章第二十一条至第二十三条、第二十六条及第二十七条、第五章第三十三条、第六章第四十条至第四十二条、第四十八条、第四十九条第二款的规定，协会可视情节轻重对服务机构采取公开谴责、暂停办理相关业务、撤销服务机构登记或取消会员资格等纪律处分；对服务机构主要负责人，协会可采取加入黑名单、公开谴责、暂停或取消基金从业资格等纪律处分，并加入诚信档案。

第五十四条 【多次违规处分】一年之内服务机构两次被要求限期改正，服务机构主要负责人两次被采取谈话提醒、书面警示等纪律处分的，协会可对其采取加入黑名单、公开谴责等纪律处分；服务机构及其主要负责人在两年之内两次被采取加入黑名单、公开谴责等纪律处分的，协会可以采取撤销服务机构登记或取消会员资格，暂停或取消服务机构主要负责人基金从业资格等纪律处分。

第五十五条 【诚信记录】服务机构及其从业人员因违规行为被协会采取相关纪律处分的，协会可视情节轻重计入诚信档案。

第五十六条 【行政与刑事责任】服务机构及其从业人员涉嫌违反法律、行政法规、证监会有关规定的，移送中国证监会或司法机关处理。

第八章　附　　则

第五十七条 【适用】服务机构为证券期货经营机构私募资产管理计划提供服务业务的，适用本办法。

第五十八条 【生效】本规范自公布之日起实施，原《基金业务外包服务指引（试行）》同时废止。

第五十九条 【解释】本办法由协会负责解释。

私募投资基金服务机构登记法律意见书指引

（2017年3月1日发布实施）

申请机构向中国证券投资基金业协会（以下简称协会）申请私募投资基金服务机构（以下简称服务机构）登记，应当根据《中华人民共和国律师法》等相关法律法规，聘请中国律师事务所依照本指引出具《私募投资基金服务机构登记法律意见书》（以下简称《法律意见书》）。协会将在服务机构登记公示信息中列明出具《法律意见书》的经办执业律师信息及律师事务所名称。

一、律师事务所应当勤勉尽责，根据相关法律法规、《律师事务所从事证券法律业务管理办法》、《律师事务所证券法律业务执业规则（试行）》及协会的相关规定，在尽职调查的基础上对本指引规定的内容发表明确的法律意见，制作工作底稿并留存，独立、客观、公正地出具《法律意见书》，保证《法律意见书》不存在虚假记载、误导性陈述及重大遗漏。

二、《法律意见书》应当由两名执业律师签名，加盖律师事务所印章，并签署日期。用于服务机构登记的《法律意见书》的签署日期应在服务机构提交登记申请之日前的一个月内。《法律意见书》报送后，服务机构不得修改其提交的登记申请材料；若确需补充或更正，经协会同意，应由原经办执业律师及律师事务所另行出具《补充法律意见书》。

三、《法律意见书》的结论应当明晰，不得使用"基本符合条件"等含糊措辞。对不符合相关法律法规和中国证监会、协会规定的事项，或已勤勉尽责仍不能对其法律性质或其合法性做出准确判断的事项，律师事务所及经办律师应发表保留意见，并说明相应的理由。

四、经办执业律师及律师事务所应在充分尽职调查的基础上，就下述内容逐项发表法律意见，并就对服务机构登记申请是否符合中国基金业协会的相关要求发表整体结论性意见。不存在下列事项的，也应明确说明。若引用或使用其他中介机构结论性意见的应当独立对其真实性进行核查。

（一）申请机构向协会提交的登记材料是否真实、准确、完整；

（二）申请机构的财务状况是否良好，实缴资本是否符合《私募投资基金服务业务管理办法（试行）》（以下简称《服务办法》）相应的业务登记要求；

（三）申请机构是否有健全的治理结构，股东会、董事会、监事会及管理层之间是否分工明确、相互制衡；

（四）申请机构是否按规定具有开展私募基金服务业务所需的从业人员、营业场所、软硬件设施等运营基本设施和条件；

（五）申请机构是否具有完善的内控制度和风险管理制度，存在潜在利益冲突的业务是否建立防火墙制度与业务隔离机制，具体要求如下：

1. 份额登记服务业务的申请机构：

（1）募集结算资金专用账户的监督机制。监督协议（或模板）的签署是否符合相关法律法规和自律规则的要求，是否做好监督机构和服务机构为同一机构时的风险防范措施；

（2）募集结算资金安全的控制情况，包括：资金划付路径是否清晰、完整；划款指令生成与复核是否分离；对系统重要参数的设置和修改是否建立了多层审核机制；是否对资金交收风险及责任分担做出安排；

(3)基金账户开立是否符合《服务办法》第二十四条的相关要求；

(4)是否针对非交易过户导致的份额变更建立相关的内控制度；是否开展份额转让或质押业务及业务开展情况。

2.估值核算服务业务的申请机构：

(1)估值依据和方法是否遵守《企业会计准则》、《证券投资基金会计核算业务指引》以及协会的估值规则等相关法律法规的规定；

(2)是否与基金托管人建立有效的对账机制；

(3)是否建立完善的估值差错的发现、处理和损失弥补机制；

(4)是否开展附属业务并建立相应的风险防范机制。

3.信息技术系统服务业务的申请机构：

(1)是否从事与所提供核心应用系统相对应的私募基金服务业务；是否直接为服务对象提供相关业务操作；

(2)提供投资交易管理系统、销售系统的申请机构是否符合《服务办法》第四十一、四十二条以及第四十三条的要求；

(3)数据接口是否符合证监会及协会的相关规定；

(4)执行程序、源代码的安全保障措施，系统架构及防火墙制度建立及执行情况；

(5)系统容量安排及应急管理制度的建立情况；

(六)申请机构是否具备安全、独立、高效和稳定的业务技术系统，系统的网络隔离、安全防护与应急处理机制等是否完善，是否具备灾难备案系统，系统是否已完成包括协会指定的中央数据交换平台在内的业务联网测试；

(七)申请机构与服务对象已经签署或拟签署的协议、备忘录是否满足《服务办法》第十一条、第十二条的要求；

(八)申请机构的人员配备情况，包括负责私募基金服务业务的部门负责人、独立第三方服务机构的法定代表人等取得基金从业资格的情况，其他从业人员取得基金从业资格的情况及后续安排；

(九)法定代表人及高管的诚信合规情况，持股5%以上股东的诚信合规情况；

(十)申请机构最近三年是否有重大违法违规记录；

(十一)经办职业律师及律师事务所认为需要说明的其他事项。

私募投资基金管理人内部控制指引

（2016 年 2 月 1 日发布施行）

第一章 总 则

第一条 为了引导私募基金管理人加强内部控制，促进合法合规、诚信经营，提高风险防范能力，推动私募基金行业规范发展，根据《证券投资基金法》、《私募投资基金监督管理暂行办法》、《私募投资基金管理人登记和基金备案办法（试行）》，制定本指引。

第二条 私募基金管理人内部控制是指私募基金管理人为防范和化解风险，保证各项业务的合法合规运作，实现经营目标，在充分考虑内外部环境的基础上，对经营过程中的风险进行识别、评价和管理的制度安排、组织体系和控制措施。

第三条 私募基金管理人应当按照本指引的要求，结合自身的具体情况，建立健全内部控制机制，明确内部控制职责，完善内部控制措施，强化内部控制保障，持续开展内部控制评价和监督。

私募基金管理人最高权力机构对建立内部控制制度和维持其有效性承担最终责任，经营层对内部控制制度的有效执行承担责任。

第二章 目标和原则

第四条 私募基金管理人内部控制总体目标是：

（一）保证遵守私募基金相关法律法规和自律规则。

（二）防范经营风险，确保经营业务的稳健运行。

（三）保障私募基金财产的安全、完整。

（四）确保私募基金、私募基金管理人财务和其他信息真实、准确、完整、及时。

第五条 私募基金管理人内部控制应当遵循以下原则：

（一）全面性原则。内部控制应当覆盖包括各项业务、各个部门和各级人员，并涵盖资金募集、投资研究、投资运作、运营保障和信息披露等主要环节。

（二）相互制约原则。组织结构应当权责分明、相互制约。

（三）执行有效原则。通过科学的内控手段和方法，建立合理的内控程序，维护内控制度的有效执行。

（四）独立性原则。各部门和岗位职责应当保持相对独立，基金财产、管理人固有财产、其他财产的运作应当分离。

（五）成本效益原则。以合理的成本控制达到最佳的内部控制效果，内部控制与私募基金管理人的管理规模和员工人数等方面相匹配，契合自身实际情况。

（六）适时性原则。私募基金管理人应当定期评价内部控制的有效性，并随着有关法律法规的调整和经营战略、方针、理念等内外部环境的变化同步适时修改或完善。

第三章　基本要求

第六条　私募基金管理人建立与实施有效的内部控制，应当包括下列要素：

（一）内部环境：包括经营理念和内控文化、治理结构、组织结构、人力资源政策和员工道德素质等，内部环境是实施内部控制的基础。

（二）风险评估：及时识别、系统分析经营活动中与内部控制目标相关的风险，合理确定风险应对策略。

（三）控制活动：根据风险评估结果，采用相应的控制措施，将风险控制在可承受范围之内。

（四）信息与沟通：及时、准确地收集、传递与内部控制相关的信息，确保信息在内部、企业与外部之间进行有效沟通。

（五）内部监督：对内部控制建设与实施情况进行周期性监督检查，评价内部控制的有效性，发现内部控制缺陷或因业务变化导致内控需求有变化的，应当及时加以改进、更新。

第七条　私募基金管理人应当牢固树立合法合规经营的理念和风险控制优先的意识，培养从业人员的合规与风险意识，营造合规经营的制度文化环境，保证管理人及其从业人员诚实信用、勤勉尽责、恪尽职守。

第八条　私募基金管理人应当遵循专业化运营原则，主营业务清晰，不得兼营与私募基金管理无关或存在利益冲突的其他业务。

第九条　私募基金管理人应当健全治理结构，防范不正当关联交易、利益输送和内部人控制风险，保护投资者利益和自身合法权益。

第十条　私募基金管理人组织结构应当体现职责明确、相互制约的原则，建立必要的防火墙制度与业务隔离制度，各部门有合理及明确的授权分工，操作相互独立。

第十一条 私募基金管理人应当建立有效的人力资源管理制度，健全激励约束机制，确保工作人员具备与岗位要求相适应的职业操守和专业胜任能力。

私募基金管理人应具备至少 2 名高级管理人员。

第十二条 私募基金管理人应当设置负责合规风控的高级管理人员。负责合规风控的高级管理人员，应当独立地履行对内部控制监督、检查、评价、报告和建议的职能，对因失职渎职导致内部控制失效造成重大损失的，应承担相关责任。

第十三条 私募基金管理人应当建立科学的风险评估体系，对内外部风险进行识别、评估和分析，及时防范和化解风险。

第十四条 私募基金管理人应当建立科学严谨的业务操作流程，利用部门分设、岗位分设、外包、托管等方式实现业务流程的控制。

第十五条 授权控制应当贯穿于私募基金管理人资金募集、投资研究、投资运作、运营保障和信息披露等主要环节的始终。私募基金管理人应当建立健全授权标准和程序，确保授权制度的贯彻执行。

第十六条 私募基金管理人自行募集私募基金的，应设置有效机制，切实保障募集结算资金安全；私募基金管理人应当建立合格投资者适当性制度。

第十七条 私募基金管理人委托募集的，应当委托获得中国证监会基金销售业务资格且成为中国证券投资基金业协会（以下简称“中国基金业协会”）会员的机构募集私募基金，并制定募集机构遴选制度，切实保障募集结算资金安全；确保私募基金向合格投资者募集以及不变相进行公募。

第十八条 私募基金管理人应当建立完善的财产分离制度，私募基金财产与私募基金管理人固有财产之间、不同私募基金财产之间、私募基金财产和其他财产之间要实行独立运作，分别核算。

第十九条 私募基金管理人应建立健全相关机制，防范管理的各私募基金之间的利益输送和利益冲突，公平对待管理的各私募基金，保护投资者利益。

第二十条 私募基金管理人应当建立健全投资业务控制，保证投资决策严格按照法律法规规定，符合基金合同所规定的投资目标、投资范围、投资策略、投资组合和投资限制等要求。

第二十一条 除基金合同另有约定外，私募基金应当由基金托管人托管，私募基金管理人应建立健全私募基金托管人遴选制度，切实保障资金安全。

基金合同约定私募基金不进行托管的，私募基金管理人应建立保障私募基金财产安全的制度措施和纠纷解决机制。

第二十二条 私募基金管理人开展业务外包应制定相应的风险管理框架及制度。私募基金管理人根据审慎经营原则制定其业务外包实施规划，确定与其经营水平相适宜的外包活动范围。

第二十三条 私募基金管理人应建立健全外包业务控制，并至少每年开展一次全面的外包业务风险评估。在开展业务外包的各个阶段，关注外包机构是否存在与外包服务相冲突的业务，以及外包机构是否采取有效的隔离措施。

第二十四条 私募基金管理人自行承担信息技术和会计核算等职能的，应建立相应的信息系统和会计系统，保证信息技术和会计核算等的顺利运行。

第二十五条 私募基金管理人应当建立健全信息披露控制，维护信息沟通渠道的畅通，保证向投资者、监管机构及中国基金业协会所披露信息的真实性、准确性、完整性和及时性，不存在虚假记载、误导性陈述或重大遗漏。

第二十六条 私募基金管理人应当保存私募基金内部控制活动等方面的信息及相关资料，确保信息的完整、连续、准确和可追溯，保存期限自私募基金清算终止之日起不得少于10年。

第二十七条 私募基金管理人应对内部控制制度的执行情况进行定期和不定期的检查、监督及评价，排查内部控制制度是否存在缺陷及实施中是否存在问题，并及时予以改进，确保内部控制制度的有效执行。

第四章 检查和监督

第二十八条 中国基金业协会对私募基金管理人内部控制的建立及执行情况进行监督。

第二十九条 私募基金管理人应当按照本指引要求制定相关内部控制制度，并在中国基金业协会私募基金登记备案系统填报及上传相关内部控制制度。

第三十条 中国基金业协会按照相关自律规则，对私募基金管理人的人员、内部控制、业务活动及信息披露等合规情况进行业务检查，业务检查可通过现场或非现场方式进行，私募基金管理人及相关人员应予以配合。

第三十一条 私募基金管理人未按本指引建立健全内部控制，或内部控制存在重大缺陷，导致违反相关法律法规及自律规则的，中国基金业协会可以视情节轻重对私募基金管理人及主要负责人采取书面警示、行业内通报批评、公开谴责等措施。

第五章 附 则

第三十二条 本指引由中国基金业协会负责解释。

第三十三条 本指引自2016年2月1日起施行。

中国基金业协会关于进一步规范私募基金管理人登记若干事项的公告

（2016年2月5日中基协发〔2016〕4号发布实施）

根据《证券投资基金法》、《私募投资基金监督管理暂行办法》和中央编办相关通知要求，中国证券投资基金业协会（以下简称中国基金业协会）自2014年2月7日起正式开展私募基金管理人登记、私募基金备案和自律管理工作。两年来，私募基金登记备案制度得到行业和社会的广泛认同，私募基金行业发展迅速，初步形成了以信息披露为核心，诚实信用为基础的自律监管体制。

一段时间以来，私募基金行业存在的问题倍受社会各界和监管机构关注。私募基金管理人数量众多、鱼龙混杂、良莠不齐，一些机构滥用登记备案信息非法自我增信，一些机构合规运作和信息报告意识淡薄，一些机构甚至从事公开募集、内幕交易、以私募基金为名的非法集资等违法违规活动。从上述问题和两年来私募基金管理人登记的工作实践出发，为切实保护投资者合法权益，督促私募基金管理人履行诚实信用、谨慎勤勉的受托人义务，促进私募基金行业规范健康发展，现就进一步规范私募基金管理人登记相关事项公告如下：

一、关于取消私募基金管理人登记证明

鉴于私募基金登记备案信息共享机制已基本建成，为加强对私募基金行业的社会监督，实现对私募基金管理人登记的有效、动态管理，自本公告发布之日起，中国基金业协会不再出具私募基金管理人登记电子证明。中国基金业协会此前发放的纸质私募基金管理人登记证书、私募基金管理人登记电子证明不再作为办理相关业务的证明文件。根据《私募投资基金监督管理暂行办法》和《私募投资基金管理人登记和基金备案办法（试行）》的规定，中国基金业协会以通过协会官方网站公示私募基金管理人基本情况的方式，为私募基金管理人办结登记手续。

私募基金管理人登记备案最新情况，以中国基金业协会网站“私募基金管理人公示平台（http://gs.amac.org.cn）”和“私募汇”手机APP客户端公示的私募基金管理人登记的实时基本情况为准。社会公众和投资者可通过上述两个官方渠道查询相关信息。

二、关于加强信息报送的相关要求

（一）私募基金管理人应当依法及时备案私募基金

为实现对私募基金管理人的有效监管，督促已登记的私募基金管理人依法展业，及时备案私募基金产品，中国基金业协会对私募基金管理人依法及时备案私募基金提出以下要求：

1. 自本公告发布之日起，新登记的私募基金管理人在办结登记手续之日起6个月内仍未备案首只私募基金产品的，中国基金业协会将注销该私募基金管理人登记。

2. 自本公告发布之日起，已登记满12个月且尚未备案首只私募基金产品的私募基金管理人，在2016年5月1日前仍未备案私募基金产品的，中国基金业协会将注销该私募基金管理人登记。

3. 自本公告发布之日起，已登记不满12个月且尚未备案首只私募基金产品的私募基金管理人，在2016年8月1日前仍未备案私募基金产品的，中国基金业协会将注销该私募基金管理人登记。

被注销登记的私募基金管理人若因真实业务需要，可按要求重新申请私募基金管理人登记。对符合要求的申请机构，中国基金业协会将以在官方网站公示私募基金管理人基本情况的方式，为该申请机构再次办结登记手续。

（二）私募基金管理人应当及时履行信息报送义务

按照《私募投资基金监督管理暂行办法》和《私募投资基金管理人登记和基金备案办法（试行）》的规定，私募基金管理人应当通过私募基金登记备案系统及时履行私募基金管理人及其管理的私募基金的季度、年度和重大事项信息报送更新等信息报送义务。

1. 自本公告发布之日起，按照《私募投资基金管理人登记和基金备案办法（试行）》和中国基金业协会的相关规定，已登记的私募基金管理人未按时履行季度、年度和重大事项信息报送更新义务的，在私募基金管理人完成相应整改要求之前，中国基金业协会将暂停受理该机构的私募基金产品备案申请。

2. 私募基金管理人未按时履行季度、年度和重大事项信息报送更新义务累计达2次的，中国基金业协会将其列入异常机构名单，并通过私募基金管理人公示平台（http://gs.amac.org.cn）对外公示。一旦私募基金管理人作为异常机构公示，即使整改完毕，至少6个月后才能恢复正常机构公示状态。

3. 自本公告发布之日起，已登记的私募基金管理人因违反《企业信息公示暂行条例》相关规定，被列入企业信用信息公示系统严重违法企业公示名单的，在私募基金管理人完成相应整改要求之前，中国基金业协会将暂停受理该机构的私募基金产品备案申请。同时,中国基金业协会将其列入异常机构名单,并通过私募基金管理人公示平台(http://gs.amac.org.cn)对外公示。一旦私募基金管理人作为异常机构公示,即使整改完毕,至少6个月后才能恢复正常机构公示状态。

新申请私募基金管理人登记的机构被列入企业信用信息公示系统严重违法企业公示名单的,中国基金业协会将不予登记。

(三)私募基金管理人应当按时提交经审计的年度财务报告

根据《私募投资基金管理人登记和基金备案办法(试行)》第21条规定,私募基金管理人应当于每年度四月底之前,通过私募基金登记备案系统填报经会计师事务所审计的年度财务报告。

1. 自本公告发布之日起,已登记的私募基金管理人未按要求提交经审计的年度财务报告的,在私募基金管理人完成相应整改要求之前,中国基金业协会将暂停受理该机构的私募基金产品备案申请。同时,中国基金业协会将其列入异常机构名单,并通过私募基金管理人公示平台(http://gs.amac.org.cn)对外公示。一旦私募基金管理人作为异常机构公示,即使整改完毕,至少6个月后才能恢复正常机构公示状态。

2. 新申请私募基金管理人登记的机构成立满一年但未提交经审计的年度财务报告的,中国基金业协会将不予登记。

三、关于提交法律意见书的相关要求

自本公告发布之日起,新申请私募基金管理人登记、已登记的私募基金管理人发生部分重大事项变更,需通过私募基金登记备案系统提交中国律师事务所出具的法律意见书。法律意见书对申请机构的登记申请材料、工商登记情况、专业化经营情况、股权结构、实际控制人、关联方及分支机构情况、运营基本设施和条件、风险管理制度和内部控制制度、外包情况、合法合规情况、高管人员资质情况等逐项发表结论性意见。

私募基金管理人登记法律意见书具体适用情形如下:

(一)自本公告发布之日起,新申请私募基金管理人登记机构,需通过私募基金登记备案系统提交《私募基金管理人登记法律意见书》作为必备申请材料。对于本公告发布之日前已提交申请但尚未办结登记的私募基金管理人申请机构,应按照上述要求提交《私募基金管理人登记法律意见书》。

(二)已登记且尚未备案私募基金产品的私募基金管理人,应当在首次申请备案私募基金产品之前按照上述要求补提《私募基金管理人登记法律意见书》。

(三)已登记且备案私募基金产品的私募基金管理人,中国基金业协会将视具体情形要求其补提《私募基金管理人登记法律意见书》。

（四）已登记的私募基金管理人申请变更控股股东、变更实际控制人、变更法定代表人\执行事务合伙人等重大事项或中国基金业协会审慎认定的其他重大事项的，应提交《私募基金管理人重大事项变更专项法律意见书》。

《私募基金管理人登记法律意见书指引》，详见附件。

四、关于私募基金管理人高管人员基金从业资格相关要求

从事私募证券投资基金业务的各类私募基金管理人，其高管人员（包括法定代表人\执行事务合伙人（委派代表）、总经理、副总经理、合规\风控负责人等）均应当取得基金从业资格。从事非私募证券投资基金业务的各类私募基金管理人，至少2名高管人员应当取得基金从业资格，其法定代表人\执行事务合伙人（委派代表）、合规\风控负责人应当取得基金从业资格。各类私募基金管理人的合规\风控负责人不得从事投资业务。

私募基金管理人的高管人员符合以下条件之一的，可取得基金从业资格：

（一）通过基金从业资格考试。基金从业资格考试的考试科目含科目一《基金法律法规、职业道德与业务规范》及科目二《证券投资基金基础知识》。根据中国基金业协会《关于基金从业资格考试有关事项的通知》（中基协字〔2015〕112号），符合相关考试成绩认可规定情形的，可视为通过基金从业资格考试。

（二）最近三年从事投资管理相关业务并符合相关资格认定条件。此类情形主要指最近三年从事资产管理相关业务，且管理资产年均规模1000万元以上。

（三）已通过证券从业资格考试、期货从业资格考试、银行从业资格考试并符合相关资格认定条件；或者通过注册会计师资格考试、法律职业资格考试、资产评估师职业资格考试等金融相关资格考试并符合相关资格认定条件。

（四）中国基金业协会资格认定委员会认定的其他情形。

拟通过上述第（二）、（三）情形的认定方式取得基金从业资格的私募基金管理人的高管人员，还应通过基金从业资格考试科目一《基金法律法规、职业道德与业务规范》考试，方可认定取得基金从业资格。

已取得基金从业资格的私募基金管理人的高管人员，应当按照《私募投资基金管理人登记和基金备案办法（试行）》及《关于基金从业资格考试有关事项的通知》的要求，每年度完成15学时的后续培训方可维持其基金从业资格。

已登记的私募基金管理人应当按照上述规定，自查相关高管人员取得基金从业资格情况，并于2016年12月31日前通过私募基金登记备案系统提交高管人员资格重大事项变更申请，以完成整改。逾期仍未整改的，中国基金业协会将暂停受理该机构的私募基金产品备案申请及其他重大事项变更申请。中国基金业协会将持续在私募基金管理人公示平台（http://gs.amac.org.cn）对外公示该机构相关高管人员的基金从业资格相关情况。

中国基金业协会已发布的有关规定和解释与本公告不一致的,以本公告为准。

特此公告。

附件:私募基金管理人登记法律意见书指引(略)

私募基金管理人登记须知(2018年12月更新)

(2018年12月7日发布实施)

尊敬的私募基金管理人及申请机构:

为提高私募基金管理人登记工作效率,中国证券投资基金业协会(以下简称“协会”)在此温馨提示私募基金管理人申请登记及登记完成后需要注意以下重点事项:

一、申请机构总体性要求

(一)【总体要求】申请机构在申请私募基金管理人登记、基金备案及持续信息更新中所提供的所有材料及信息(含资产管理业务综合报送平台填报信息,资产管理业务综合报送平台以下简称AMBERS系统)应当真实、准确、完整,不存在任何虚假记载、误导性陈述或重大遗漏。

(二)【核查方式】根据《私募投资基金管理人登记和基金备案办法(试行)》第八条,协会可以采取约谈高管人员、现场检查、向中国证监会及其派出机构、相关专业协会征询意见等方式对私募基金管理人提供的登记申请材料进行核查,申请机构应当予以配合。

(三)【法律依据】申请机构在申请私募基金管理人登记、基金备案及持续信息更新中,本机构及其从业人员应严格遵守《中华人民共和国证券投资基金法》、《私募投资基金监督管理暂行办法》、《私募投资基金管理人登记和基金备案办法(试行)》、《私募投资基金信息披露管理办法》、《私募投资基金管理人内部控制指引》、《私募投资基金募集行为管理办法》、《私募投资基金合同指引》等私募基金相关法律法规和自律规则的相关规定,自愿接受协会自律管理,配合协会自律检查。

(四)【向证监局报告】根据现行监管要求,请新登记完成的私募基金管理人自登记完成后的10个工作日内主动与注册地所属地方证监局取得联系。

(五)【信息更新】申请机构在申请私募基金管理人登记、基金备案及持续信息更新中,应认真阅读AMBERS系统相关提示,申请材料在真实、准确、完整的前提下应保持与系统填报信息（AMBERS 系统和从业人员管理平台 http://person.amac.org.cn/jump.html）一致，填报材料和系统信息应前后自洽，重要章程、制度文件、说明材料应签章齐全。

二、申请机构应当按规定具备开展私募基金管理业务所需的从业人员、营业场所、资本金等运营基本设施和条件，并建立基本管理制度

（一）【内控基本要求】根据《私募投资基金管理人内部控制指引》及私募基金登记备案相关问题解答相关要求，申请机构应当建立健全内部控制机制，明确内部控制职责，完善内部控制措施，强化内部控制保障，持续开展内部控制评价和监督。申请机构的工作人员应当具备与岗位要求相适应的职业操守和专业胜任能力。

（二）【资本金满足运营】作为必要合理的机构运营条件，申请机构应根据自身运营情况和业务发展方向，确保有足够的实缴资本金保证机构有效运转。相关资本金应覆盖一段时间内机构的合理人工薪酬、房屋租金等日常运营开支。律师事务所应当对私募基金管理人是否具备从事私募基金业务所需的资本金、资本条件等进行尽职调查并出具专业法律意见。

针对私募基金管理人的实收资本/实缴资本未达到注册资本/认缴资本的25%的情况，协会将在私募基金管理人公示信息中予以特别提示，并在私募基金管理人分类公示中予以公示。

（三）【办公地要求】申请机构的办公场所应当具备独立性。申请机构工商注册地和实际经营场所不在同一个行政区域的，应充分说明分离的合理性。申请机构应对有关事项如实填报，律师事务所需做好相关事实性尽职调查，说明申请机构的经营地、注册地分别所在地点，是否确实在实际经营地经营等事项。

（四）【财务清晰】根据《私募投资基金管理人内部控制指引》，申请机构应建立健全财务制度。申请机构提交私募登记申请时，不应存在到期未清偿债务、资产负债比例较高、大额或有负债等可能影响机构正常运作情形。申请机构与关联方存在资金往来的，应保证资金往来真实合理。

（五）【已展业情况】申请机构提交私募基金管理人登记申请前已实际展业的，应当说明展业的具体情况，并对此事项可能存在影响今后展业的风险进行特别说明。若已存在使用自有资金投资的，应确保私募基金财产与私募基金管理人自有财产之间独立运作，分别核算。

（六）【特殊目的载体】已登记私募基金管理人为某只基金的设立或投资目的，出资或派遣员工专门设立的无管理人员、无实际办公场所或不履行完整管理人职责的特殊目的载体（包括出于类似目的为某只有限合伙型基金设立的普通合伙人机构），无需申请私募基金管理人登记，但应当在私募基金管理人关联方中如实填报相关信息。

三、高管人员及其他从业人员相关要求

（一）【高管定义】根据《关于进一步规范私募基金管理人登记若干事项的公告》等的要求，从事私募证券投资基金业务的各类私募基金管理人，其高管人员（包括法定代表人/执行事务合伙人（委派代表）、总经理、副总经理、合规/风控负责人等）均应当取得基金从业资格。从事非私募证券投资基金业务的各类私募基金管理人，至少2名高管人员应当取得基金从业资格，其法定代表人/执行事务合伙人（委派代表）、合规/风控负责人应当取得基金从业资格。各类私募基金管理人的合规/风控负责人不得从事投资业务。

（二）【资格认定】根据《私募基金登记备案相关问题解答（九）》，高管人员通过协会资格认定委员会认定的基金从业资格，仅适用于私募股权投资基金管理人（含创业投资基金管理人）。

（三）【竞业禁止】私募基金管理人的从业人员、出资人应当遵守竞业禁止原则，恪尽职守、勤勉尽责，不应当同时从事与私募业务可能存在利益冲突的活动。

（四）【高管任职要求】根据《私募基金登记备案相关问题解答（十二）》，为维护投资者利益，严格履行“受人之托、代人理财”义务，防范利益输送及道德风险，私募基金管理人的高管人员应当勤勉尽责、恪尽职守，合理分配工作精力，在私募基金管理人登记及相关高管人员提出变更申请时，应当遵守以下要求：

1. 不得在非关联的私募机构兼职；

2. 不得在与私募业务相冲突业务的机构兼职；

3. 除法定代表人外，私募基金管理人的其他高管人员原则上不应兼职；若有兼职情形，应当提供兼职合理性相关证明材料（包括但不限于兼职的合理性、胜任能力、如何公平对待服务对象、是否违反竞业禁止规定等材料），同时兼职高管人员数量应不高于申请机构全部高管人员数量的1/2；

4. 私募基金管理人的兼职高管人员应当合理分配工作精力，协会将重点关注在多家机构兼职的高管人员任职情况；

5. 对于在一年内变更2次以上任职机构的私募高管人员，协会将重点关注其变更原因及诚信情况；

6. 私募基金管理人的高管人员应当与任职机构签署劳动合同。在私募基金管理人登记、提交高管人员重大事项变更申请时，应上传所涉高管的劳动合同及社保证明。

已登记机构应当按照上述规定自查私募基金管理人相关高管人员的兼职情况。协会将按照有关规定对私募基金管理人高管人员的兼职情况进行核查，逐步要求不符合规范的机构整改。

（五）【专业胜任能力】根据《私募投资基金管理人内部控制指引》，从事私募基金管理业务相关工作人员应具备与岗位要求相适应的职业操守和专业胜任能力。负责私募合规/风控的高管人员，应当独立地履行对内部控制监督、检查、评价、报告和建议的职能，对因失职渎职导致内部控制失效造成重大损失的，应当承担相关责任。申请机构负责投资的高管人员，应当具备相应的投资能力。

（六）【员工人数】根据《私募投资基金管理人内部控制指引》，申请机构员工总人数不应低于5人，申请机构的一般员工不得兼职。

四、机构名称及经营范围相关要求

（一）【经营范围】根据《私募基金登记备案相关问题解答（七）》，为落实《私募投资基金监督管理暂行办法》关于私募基金管理人的专业化管理要求，私募基金管理人的名称和经营范围中应当包含“基金管理”、“投资管理”、“资产管理”、“股权投资”、“创业投资”等相关字样。

（二）【冲突业务】为落实《私募投资基金监督管理暂行办法》关于私募基金管理人防范利益冲突的要求，对于兼营民间借贷、民间融资、融资租赁、配资业务、小额理财、小额借贷、P2P/P2B、众筹、保理、担保、房地产开发、交易平台等业务的申请机构，因上述业务与私募基金属性相冲突，为防范风险，协会对从事冲突业务的机构将不予登记。

（三）【专业化运营】根据《私募投资基金管理人内部控制指引》和《私募基金登记备案相关问题解答（十三）》，私募基金管理人应当遵循专业化运营原则，主营业务清晰，不得兼营与私募基金管理无关或存在利益冲突的其他业务。

五、机构出资人及实际控制人相关要求

（一）【严禁股权代持】申请机构出资人应当以货币财产出资。出资人应当保证资金来源真实合法且不受制于任何第三方。申请机构应保证股权结构清晰，不应当存在股权代持情形。

出资人应具备与其认缴资本金额相匹配的出资能力，并提供相应的证明材料。

（二）【股权架构要求】申请机构应确保股权架构简明清晰，不应出现股权结构层级过多、循环出资、交叉持股等情形。协会将加大股权穿透核查力度，并重点关注其合法合规性。

（三）【股权稳定性要求】申请机构应当专注主营业务，确保股权的稳定性。对于申请登记前一年内发生股权变更的，申请机构应详细说明变更原因。如申请机构存在为规避出资人相关规定而进行特殊股权设计的情形，协会根据实质重于形式原则，审慎核查。

申请机构的出资人、实际控制人不得为资产管理产品。

(四)【实控定义】实际控制人应一致追溯到最后自然人、国资控股企业或集体企业、上市公司、受国外金融监管部门监管的境外机构。在没有实际控制人情形下，应由其第一大股东承担实际控制人相应责任。

六、机构关联方相关要求

(一)【关联方定义】申请机构若存在子公司(持股5%以上的金融机构、上市公司及持股20%以上的其他企业)、分支机构、关联方(受同一控股股东/实际控制人控制的金融机构、私募基金管理人、投资类企业、冲突业务企业、投资咨询及金融服务企业等),法律意见书应明确说明相关子公司、分支机构和关联方工商登记信息等基本资料、相关机构业务开展情况、相关机构是否已登记为私募基金管理人、与申请机构是否存在业务往来等。

(二)【关联方同业竞争】申请机构的子公司、分支机构或关联方中有私募基金管理人的,申请机构应在子公司、分支机构或关联方中的私募基金管理人实际展业并完成首只私募基金备案后,再提交申请机构私募基金管理人登记申请。

(三)【关联方为投资类公司】申请机构的子公司、分支机构或关联方存在已从事私募基金业务但未登记为私募基金管理人的情形,申请机构应先办理其子公司、分支机构或关联方私募基金管理人登记。

(四)【严禁规避关联方】申请机构存在为规避关联方相关规定而进行特殊股权设计的情形,协会根据实质重于形式原则,审慎核查。

(五)【同质化要求】同一实际控制人下再有新申请机构的,应当说明设置多个私募基金管理人的目的与合理性、业务方向区别、如何避免同业化竞争等问题。该实际控制人及其控制的已登记关联私募基金管理人需书面承诺,在新申请机构展业中出现违法违规情形时,应当承担相应的合规连带责任和自律处分后果。

同一实际控制人项下再有新申请机构的,申请机构的第一大股东及实际控制人应当书面承诺在完成私募基金管理人登记后,继续持有申请机构股权或实际控制不少于三年。

七、法律意见书相关要求

(一)【私募登记法律意见书】按照《关于进一步规范私募基金管理人登记若干事项的公告》,新申请私募基金管理人登记、已登记的私募基金管理人发生部分重大事项变更,需通过AMBERS系统提交律师事务所出具的法律意见书。法律意见书应按照《私募基金管理人登记法律意见书指引》对申请机构的登记申请材料、工商登记情况、专业化经营情况、股权结构、实际控制人、关联方及分支机构情况、运营基本设施和条件、风险管理制度和内部控制制度、外包情况、合法合规情况、高管人员资质情况等逐项发表结论性意见。

（二）【重大事项法律意见书】已登记的私募基金管理人申请变更控股股东、变更实际控制人、变更法定代表人/执行事务合伙人（委派代表）等重大事项或协会审慎认定的其他重大事项的，应提交私募基金管理人重大事项变更专项法律意见书，对私募基金管理人重大事项变更的相关事项逐项明确发表结论性意见，还应当提供相关证明材料，充分说明变更事项缘由及合理性；已按基金合同、基金公司章程或者合伙协议的相关约定，履行基金份额持有人大会、股东大会或合伙人会议的相关表决程序；已按照《私募投资基金信息披露管理办法》相关规定和基金合同、基金公司章程或者合伙协议的相关约定，向私募基金投资者及时、准确、完整地进行了信息披露。

（三）【勤勉尽责要求】按照《私募基金管理人登记法律意见书指引》和《私募基金登记备案相关问题解答（八）》，出具法律意见书的经办律师及律师事务所应当勤勉尽责，根据相关法律法规、《律师事务所从事证券法律业务管理办法》、《律师事务所证券法律业务执业规则（试行）》及协会的相关规定，在尽职调查的基础上对指引规定的内容发表明确的法律意见，制作工作底稿并留存，独立、客观、公正地出具法律意见书，保证法律意见书不存在瞒报信息、虚假记载、误导性陈述及重大遗漏。

参照《律师事务所从事证券法律业务管理办法》和《律师事务所证券法律业务执业规则（试行）》的相关要求，律师事务所及其经办律师出具的法律意见书内容应当包含完整的尽职调查过程描述，对有关事实、法律问题作出认定和判断的适当证据和理由。

法律意见书的陈述文字应当逻辑严密，论证充分，所涉指代主体名称、出具的专业法律意见应具体明确。法律意见书所涉内容应当与申请机构系统填报的信息保持一致，若系统填报信息与尽职调查情况不一致的，应当做出特别说明。

八、中止办理情形

申请机构出现下列两项及以上情形的，协会将中止办理该类机构私募基金管理人登记申请6个月：

（一）申请机构名称不突出私募基金管理主业，与知名机构重名或名称相近的，名称带有“集团”、“金控”等存在误导投资者字样的；

（二）申请机构办公场所不稳定或者不独立的；

（三）申请机构展业计划不具备可行性的；

（四）申请机构不符合专业化经营要求，偏离私募基金主业的；

（五）申请机构存在大额未清偿负债，或负债超过净资产50%的；

（六）申请机构股权代持或股权结构不清晰的；

（七）申请机构实际控制关系不稳定的；

（八）申请机构通过构架安排规避关联方或实际控制人要求的；

（九）申请机构员工、高管人员挂靠，或者专业胜任能力不足的；

（十）申请机构在协会反馈意见后6个月内未补充提交登记申请材料的；

（十一）中国证监会、中国证券投资基金业协会认定的其他情形。

九、私募基金管理人不予登记情形

根据《中华人民共和国证券投资基金法》、《私募投资基金监督管理暂行办法》、《私募投资基金管理人登记和基金备案办法（试行）》、《关于进一步规范私募基金管理人登记若干事项的公告》及相关自律规则，申请登记私募基金管理人的机构存在以下情形的，协会将不予办理登记，且自该机构不予登记之日起一年内不接受办理其高管人员担任私募基金管理人高管人员、作为私募基金管理人的出资人或实际控制人：

（一）申请机构违反《中华人民共和国证券投资基金法》、《私募投资基金监督管理暂行办法》关于资金募集相关规定，在申请登记前违规发行私募基金，且存在公开宣传推介、向非合格投资者募集资金行为的；

（二）申请机构提供，或申请机构与律师事务所、会计师事务所及其他第三方中介机构等串谋提供虚假登记信息或材料；提供的登记信息或材料存在误导性陈述、重大遗漏的；

（三）申请机构主要出资人、申请机构自身曾经从事过或目前仍兼营民间借贷、民间融资、融资租赁、配资业务、小额理财、小额借贷、P2P/P2B、众筹、保理、担保、房地产开发、交易平台等与私募基金业务相冲突业务的；

（四）申请机构被列入国家企业信用信息公示系统严重违法失信企业名单的；

（五）申请机构的高管人员最近三年存在重大失信记录，或最近三年被中国证监会采取市场禁入措施的；

（六）中国证监会、中国证券投资基金业协会规定的其他情形。

十、被不予登记机构及所涉律师事务所、律师情况公示工作机制

为切实维护私募基金行业正常经营秩序，敦促私募基金管理人规范运营，督促律师事务所勤勉尽责，真正发挥法律意见书制度的市场化专业制衡作用，进一步提高私募基金管理人登记工作的透明度，促进私募基金行业健康发展，自《私募基金登记备案相关问题解答（十四）》发布之日起，在已登记的私募基金管理人公示制度基础上，协会将进一步公示不予登记申请机构及所涉律师事务所、律师情况，并建立以下工作机制：

（一）协会将定期对外公示不予登记的申请机构名称及不予登记原因，同时公示为该机构出具法律意见书的律师事务所及经办律师名单。

（二）律师事务所及经办律师为一家被不予登记机构提供私募基金管理人登记相关法律服务，且出具了肯定性结论意见的，协会将通过电话沟通、现场约谈等多种途径及时提醒该律师事务所及经办律师相关业务的尽职、合规要求。

（三）律师事务所的经办律师累计为两家及以上被不予登记机构提供私募基金管理人登记相关法律服务，且出具了肯定性结论意见的，出于审慎考虑，自其服务的第二家被不予登记机构公示之日起三年内，协会将要求由该经办律师正在提供私募基金管理人登记相关法律服务的申请机构，提交现聘律师事务所的其他执业律师就申请机构私募基金管理人登记事项出具的复核意见；该申请机构也可以另行聘请其他律师事务所重新出具法律意见书。同时，协会将有关情况通报相关经办律师任职的律师事务所。

（四）律师事务所累计为三家及以上被不予登记机构提供私募基金管理人登记相关法律服务，且出具了肯定性结论意见的，出于审慎考虑，自其服务的第三家被不予登记机构公示之日起三年内，协会将要求由该律师事务所正在提供私募基金管理人登记相关法律服务的申请机构，重新聘请其他律师事务所就私募基金管理人登记事项另行出具法律意见书。同时，协会将有关情况通报所涉律师事务所所在地的司法行政机关和律师协会。

（五）律师事务所及经办律师为已登记的私募基金管理人出具入会法律意见书或者其他专项法律意见书，存在虚假记载、误导性陈述或者重大遗漏，且出具了肯定性结论意见的，参照第（二）、（三）、（四）条原则处理。

律师事务所及经办律师为申请机构就私募基金管理人登记事项出具的法律意见为否定性结论意见，但申请机构拒绝向协会提供的，律师事务所及经办律师可以将否定性结论意见及相关证明材料送达申请机构，同时抄送至协会邮箱：pflegal@amac. org. cn（邮件以"申请机构名称－律师事务所名称/律师姓名－否定性结论意见"命名）。针对此种情形，相关机构经认定属于不予登记情形的，协会将对外公示该机构信息，并注明律师事务所及经办律师发表了否定性结论意见。此种情形，不计入前述公示机制的累计案例次数。

协会再次重申，私募基金管理人登记申请机构、律师事务所和其他中介服务机构，应当高度珍视自身信誉，审慎选择业务合作对象，评估合作对象的资质以及业务开展能力。在申请私募基金管理人登记和提供相关服务的过程中，诚实守信、勤勉尽责，不应损害自身、对方机构及投资者的合法权益。

十一、私募基金管理人登记完成后应特别知悉事项

（一）【持续展业要求】按照《关于进一步规范私募基金管理人登记若干事项的

公告》(以下简称《公告》),新登记的私募基金管理人在办结登记手续之日起6个月内仍未备案首只私募基金产品的,协会将注销该私募基金管理人登记。考虑到在法律和实际运作中,在相关管理机构已完成资管产品备案或审批程序后,各类形式的顾问管理型私募基金产品是否在私募基金登记备案系统备案,不影响该产品的正常投资运作,为保证《公告》相关要求的有效实施,自2016年2月5日起,协会暂不办理新登记的私募基金管理人将顾问管理型基金作为其管理的首只私募基金产品的备案申请,同时暂不受理已登记且尚未备案私募基金的私募基金管理人将顾问管理型基金作为其管理的首只私募基金产品的备案申请。

(二)【持续内控要求】根据《私募投资基金监督管理暂行办法》、《私募投资基金管理人内部控制指引》、《私募投资基金合同指引》等相关要求,为保证新登记私募基金管理人的公司治理、组织架构和管理团队的稳定性,确保私募基金管理人持续有效执行登记申请时所提出的商业运作计划和内部控制制度,自《私募基金登记备案相关问题解答(十四)》发布之日起,申请私募基金管理人登记的机构应当书面承诺:申请登记机构保证其组织架构、管理团队的稳定性,在备案完成第一只基金产品前,不进行法定代表人、控股股东或实际控制人的重大事项变更;不随意更换总经理、合规风控负责人等高管人员。法律法规另有规定或发生不可抗力情形的除外。

已有管理规模的私募基金管理人在办理法定代表人、实际控制人或控股股东的重大事项变更申请时,除应按要求提交专项法律意见书外,还应当提供相关证明材料,充分说明变更事项缘由及合理性;已按基金合同、基金公司章程或者合伙协议的相关约定,履行基金份额持有人大会、股东大会或合伙人会议的相关表决程序;已按照《私募投资基金信息披露管理办法》相关规定和基金合同、基金公司章程或者合伙协议的相关约定,向私募基金投资者就所涉重大事项及时、准确、完整地进行了信息披露。

十二、重大事项变更相关要求

(一)【期限及整改次数要求】私募基金管理人进行主要出资人、实际控制人、法定代表人/执行事务合伙人(委派代表)等需提交重大事项变更法律意见书的重大事项变更申请,首次提交后6个月内仍未办理通过或退回补正次数超过5次的,协会将暂停申请机构新增产品备案直至办理通过。

(二)【发生实质性变化】已登记私募基金管理人1年内法定代表人/执行事务合伙人(委派代表)、主要出资人、实际控制人均发生变化的,应重新提交针对发生变更后私募基金管理人登记法律意见书,根据《私募基金管理人登记法律意见书指引》对申请机构整体情况逐项发表法律意见,同时提交变更的内部程序证明材料、向投资人就该事项信息披露材料,并详细说明变更的原因。对于上述类型重大事项变更,协会将视为新申请登记机构进行核查,并对变更缘由加大核查力度。

(三)【高管离职情形】私募基金管理人原高管人员离职后,私募基金管理人应在3个月内完成聘任具备与岗位要求相适应的专业胜任能力的高管人员。

协会之前发布的自律规则及问答与上述规定不一致的,以此《私募基金管理人登记须知》为准。

私募投资基金备案须知

(2019年12月23日发布施行)

为进一步完善私募投资基金备案公开透明机制,提高私募投资基金备案工作效率,中国证券投资基金业协会(以下简称"协会")在此温馨提示,申请私募投资基金备案及备案完成后应当注意以下重点事项:

一、私募投资基金备案总体性要求

(一)【法律规则依据】私募投资基金在募集和投资运作中,应严格遵守《证券投资基金法》、《私募投资基金监督管理暂行办法》、《证券期货投资者适当性管理办法》、《证券期货经营机构私募资产管理业务运作管理暂行规定》、《私募投资基金管理人登记和基金备案办法(试行)》、《关于进一步规范私募基金管理人登记若干事项的公告》、《私募投资基金合同指引》、《私募投资基金募集行为管理办法》、《私募投资基金信息披露管理办法》、《证券期货经营机构私募资产管理计划备案管理规范1-4号》、《私募投资基金命名指引》、《私募基金登记备案相关问题解答》等法律法规和自律规则。

协会为私募投资基金办理备案不构成对私募投资基金管理人(以下简称"管理人")投资能力的认可,亦不构成对管理人和私募投资基金合规情况的认可,不作为对私募投资基金财产安全的保证。投资者应当自行识别私募投资基金投资风险并承担投资行为可能出现的损失。

(二)【不属于私募投资基金备案范围】私募投资基金不应是借(存)贷活动。下列不符合"基金"本质的募集、投资活动不属于私募投资基金备案范围:

1. 变相从事金融机构信(存)贷业务的,或直接投向金融机构信贷资产;

2. 从事经常性、经营性民间借贷活动,包括但不限于通过委托贷款、信托贷款等方式从事上述活动;

3. 私募投资基金通过设置无条件刚性回购安排变相从事借(存)贷活动,基金收益不与投资标的的经营业绩或收益挂钩;

4. 投向保理资产、融资租赁资产、典当资产等《私募基金登记备案相关问题解答(七)》所提及的与私募投资基金相冲突业务的资产、股权或其收(受)益权;

5. 通过投资合伙企业、公司、资产管理产品(含私募投资基金,下同)等方式间接或变相从事上述活动。

(三)【管理人职责】管理人应当遵循专业化运营原则,不得从事与私募投资基金有利益冲突的业务。管理人应当按照诚实信用、勤勉尽责原则切实履行受托管理职责,不得将应当履行的受托人责任转委托。私募投资基金的管理人不得超过一家。

(四)【托管要求】私募投资基金托管人(以下简称"托管人")应当严格履行《证券投资基金法》第三章规定的法定职责,不得通过合同约定免除其法定职责。基金合同和托管协议应当按照《证券投资基金法》、《私募投资基金监督管理暂行办法》等法律法规和自律规则明确约定托管人的权利义务、职责。在管理人发生异常且无法履行管理职责时,托管人应当按照法律法规及合同约定履行托管职责,维护投资者合法权益。托管人在监督管理人的投资运作过程中,发现管理人的投资或清算指令违反法律法规和自律规则以及合同约定的,应当拒绝执行,并向中国证券监督管理委员会(以下简称"中国证监会")和协会报告。

契约型私募投资基金应当由依法设立并取得基金托管资格的托管人托管,基金合同约定设置能够切实履行安全保管基金财产职责的基金份额持有人大会日常机构或基金受托人委员会等制度安排的除外。私募资产配置基金应当由依法设立并取得基金托管资格的托管人托管。

私募投资基金通过公司、合伙企业等特殊目的载体间接投资底层资产的,应当由依法设立并取得基金托管资格的托管人托管。托管人应当持续监督私募投资基金与特殊目的载体的资金流,事前掌握资金划转路径,事后获取并保管资金划转及投资凭证。管理人应当及时将投资凭证交付托管人。

(五)【合格投资者】私募投资基金应当面向合格投资者通过非公开方式对外募集。合格投资者应当符合《私募投资基金监督管理暂行办法》的相关规定,具备相应风险识别能力和风险承担能力。单只私募投资基金的投资者人数累计不得超过《证券投资基金法》、《公司法》、《合伙企业法》等法律规定的特定数量。

(六)【穿透核查投资者】以合伙企业等非法人形式投资私募投资基金的,募集机构应当穿透核查最终投资者是否为合格投资者,并合并计算投资者人数。投资者为依法备案的资产管理产品的,不再穿透核查最终投资者是否为合格投资者和合并计算投资者人数。

管理人不得违反中国证监会等金融监管部门和协会的相关规定,通过为单一融资项目设立多只私募投资基金的方式,变相突破投资者人数限制或者其他监管要求。

(七)【投资者资金来源】投资者应当确保投资资金来源合法,不得汇集他人资金购买私募投资基金。募集机构应当核实投资者对基金的出资金额与其出资能力相匹配,且为投资者自己购买私募投资基金,不存在代持。

(八)【募集推介材料】管理人应在私募投资基金招募说明书等募集推介材料中向投资者介绍管理人及管理团队基本情况、托管安排(如有)、基金费率、存续期、分级安排(如有)、主要投资领域、投资策略、投资方式、收益分配方案以及业绩报酬安排等要素。募集推介材料还应向投资者详细揭示私募投资基金主要意向投资项目(如有)的主营业务、估值测算、基金投资款用途以及拟退出方式等信息,私募证券投资基金除外。募集推介材料的内容应当与基金合同、公司章程和合伙协议(以下统称"基金合同")实质一致。

(九)【风险揭示书】管理人应当向投资者披露私募投资基金的资金流动性、基金架构、投资架构、底层标的、纠纷解决机制等情况,充分揭示各类投资风险。

私募投资基金若涉及募集机构与管理人存在关联关系、关联交易、单一投资标的、通过特殊目的载体投向标的、契约型私募投资基金管理人股权代持、私募投资基金未能通过协会备案等特殊风险或业务安排,管理人应当在风险揭示书的"特殊风险揭示"部分向投资者进行详细、明确、充分披露。

投资者应当按照《私募投资基金募集行为管理办法》的相关规定,对风险揭示书中"投资者声明"部分所列的13项声明签字签章确认。管理人在资产管理业务综合报送平台(以下简称"AMBERS系统")进行私募投资基金季度更新时,应当及时更新上传所有投资者签署的风险揭示书。经金融监管部门批准设立的金融机构和《私募投资基金募集行为管理办法》第三十二条第一款所列投资者可以不签署风险揭示书。

(十)【募集完毕要求】管理人应当在募集完毕后的20个工作日内通过AMBERS系统申请私募投资基金备案,并签署备案承诺函承诺已完成募集,承诺已知晓以私募投资基金名义从事非法集资所应承担的刑事、行政和自律后果。

本须知所称"募集完毕",是指:

1. 已认购契约型私募投资基金的投资者均签署基金合同,且相应认购款已进入基金托管账户(基金财产账户);

2. 已认缴公司型或合伙型私募投资基金的投资者均签署公司章程或合伙协议

并进行工商确权登记，均已完成不低于100万元的首轮实缴出资且实缴资金已进入基金财产账户。管理人及其员工、社会保障基金、政府引导基金、企业年金等养老基金、慈善基金等社会公益基金的首轮实缴出资要求可从其公司章程或合伙协议约定。

（十一）【封闭运作】私募股权投资基金（含创业投资基金，下同）和私募资产配置基金应当封闭运作，备案完成后不得开放认/申购（认缴）和赎回（退出），基金封闭运作期间的分红、退出投资项目减资、对违约投资者除名或替换以及基金份额转让不在此列。

已备案通过的私募股权投资基金或私募资产配置基金，若同时满足以下条件，可以新增投资者或增加既存投资者的认缴出资，但增加的认缴出资额不得超过备案时认缴出资额的3倍：

1. 基金的组织形式为公司型或合伙型；

2. 基金由依法设立并取得基金托管资格的托管人托管；

3. 基金处在合同约定的投资期内；

4. 基金进行组合投资，投资于单一标的的资金不超过基金最终认缴出资总额的50%；

5. 经全体投资者一致同意或经全体投资者认可的决策机制决策通过。

（十二）【备案前临时投资】私募投资基金完成备案前，可以以现金管理为目的，投资于银行活期存款、国债、中央银行票据、货币市场基金等中国证监会认可的现金管理工具。

（十三）【禁止刚性兑付】管理人及其实际控制人、股东、关联方以及募集机构不得向投资者承诺最低收益、承诺本金不受损失，或限定损失金额和比例。

投资者获得的收益应当与投资标的实际收益相匹配，管理人不得按照类似存款计息的方法计提并支付投资者收益。管理人或募集机构使用“业绩比较基准”或“业绩报酬计提基准”等概念，应当与其合理内涵一致，不得将上述概念用于明示或者暗示基金预期收益，使投资者产生刚性兑付预期。

私募证券投资基金管理人不得通过设置增强资金、费用返还等方式调节基金收益或亏损，不得以自有资金认购的基金份额先行承担亏损的形式提供风险补偿，变相保本保收益。

（十四）【禁止资金池】管理人应当做到每只私募投资基金的资金单独管理、单独建账、单独核算，不得开展或者参与任何形式的“资金池”业务，不得存在短募长投、期限错配、分离定价、滚动发行、集合运作等违规操作。

（十五）【禁止投资单元】管理人不得在私募投资基金内部设立由不同投资者参与并投向不同资产的投资单元/子份额，规避备案义务，不公平对待投资者。

(十六)【组合投资】鼓励私募投资基金进行组合投资。建议基金合同中明确约定私募投资基金投资于单一资产管理产品或项目所占基金认缴出资总额的比例。

私募资产配置基金投资于单一资产管理产品或项目的比例不得超过该基金认缴出资总额的20%。

(十七)【约定存续期】私募投资基金应当约定明确的存续期。私募股权投资基金和私募资产配置基金约定的存续期不得少于5年,鼓励管理人设立存续期在7年及以上的私募股权投资基金。

(十八)【基金杠杆】私募投资基金杠杆倍数不得超过监管部门规定的杠杆倍数要求。开放式私募投资基金不得进行份额分级。

私募证券投资基金管理人不得在分级私募证券投资基金内设置极端化收益分配比例,不得利用分级安排进行利益输送、变相开展"配资"等违法违规业务,不得违背利益共享、风险共担、风险与收益相匹配的原则。

(十九)【关联交易】私募投资基金进行关联交易的,应当防范利益冲突,遵循投资者利益优先原则和平等自愿、等价有偿的原则,建立有效的关联交易风险控制机制。上述关联交易是指私募投资基金与管理人、投资者、管理人管理的私募投资基金、同一实际控制人下的其他管理人管理的私募投资基金、或者与上述主体有其他重大利害关系的关联方发生的交易行为。

管理人不得隐瞒关联关系或者将关联交易非关联化,不得以私募投资基金的财产与关联方进行利益输送、内幕交易和操纵市场等违法违规活动。

私募投资基金进行关联交易的,应当在基金合同中明确约定涉及关联交易的事前、事中信息披露安排以及针对关联交易的特殊决策机制和回避安排等。

管理人应当在私募投资基金备案时提交证明底层资产估值公允的材料(如有)、有效实施的关联交易风险控制机制、不损害投资者合法权益的承诺函等相关文件。

(二十)【公司型与合伙型基金前置工商登记和投资者确权】公司型或合伙型私募投资基金设立或发生登记事项变更的,应当按照《公司法》或《合伙企业法》规定的程序和期限要求,向工商登记机关申请办理登记或变更登记。

(二十一)【明示基金信息】私募投资基金的命名应当符合《私募投资基金命名指引》的规定。管理人应当在基金合同中明示私募投资基金的投资范围、投资方式、投资比例、投资策略、投资限制、费率安排、核心投资人员或团队、估值定价依据等信息。

契约型私募投资基金份额的初始募集面值应当为人民币1元,在基金成立后至到期日前不得擅自改变。

(二十二)【维持运作机制】基金合同及风险揭示书应当明确约定,在管理人客观上丧失继续管理私募投资基金的能力时，基金财产安全保障、维持基金运营或清算的应急处置预案和纠纷解决机制。

管理人和相关当事人对私募投资基金的职责不因协会依照法律法规和自律规则执行注销管理人登记等自律措施而免除。已注销管理人和相关当事人应当根据《证券投资基金法》、协会相关自律规则和基金合同的约定，妥善处置在管基金财产，依法保障投资者的合法权益。

（二十三）【材料信息真实完整】管理人提供的私募投资基金备案和持续信息更新的材料和信息应当真实、准确、完整，不存在任何虚假记载、误导性陈述或重大遗漏。管理人应当上传私募投资基金备案承诺函、基金合同、风险揭示书和实缴出资证明等签章齐全的相关书面材料。

协会在办理私募投资基金备案时，如发现私募投资基金可能涉及复杂、创新业务或存在可能损害投资者利益的潜在风险，采取约谈管理人实际控制人、股东及其委派代表、高级管理人员等方式的，管理人及相关人员应当予以配合。

（二十四）【信息披露】管理人应当在私募投资基金的募集和投资运作中明确信息披露义务人向投资者进行信息披露的内容、披露频度、披露方式、披露责任以及信息披露渠道等事项，向投资者依法依规持续披露基金募集信息、投资架构、特殊目的载体（如有）的具体信息、杠杆水平、收益分配、托管安排（如有）、资金账户信息、主要投资风险以及影响投资者合法权益的其他重大信息等。

管理人应当及时将上述披露的持续投资运作信息在私募投资基金信息披露备份系统进行备份。

（二十五）【基金年度报告及审计要求】管理人应当在规定时间内向协会报送私募投资基金年度报告。

私募股权投资基金、私募资产配置基金的年度报告的财务会计报告应当经过审计。会计师事务所接受管理人、托管人的委托，为有关基金业务出具的审计报告等文件，应当勤勉尽责，对所依据的文件资料内容的真实性、准确性、完整性进行核查和验证。其制作、出具的文件有虚假记载、误导性陈述或者重大遗漏，给他人财产造成损失的，应当与委托人承担连带赔偿责任。

（二十六）【重大事项报送】私募投资基金发生以下重大事项的，管理人应当在5个工作日内向协会报送相关事项并向投资者披露：

1. 管理人、托管人发生变更的；

2. 基金合同发生重大变化的；

3. 基金触发巨额赎回的；

4. 涉及基金管理业务、基金财产、基金托管业务的重大诉讼、仲裁、财产纠纷的；

5. 投资金额占基金净资产50%及以上的项目不能正常退出的；

6. 对基金持续运行、投资者利益、资产净值产生重大影响的其他事件。

（二十七）【信息公示】管理人应当及时报送私募投资基金重大事项变更情况及清算信息，按时履行私募投资基金季度、年度更新和信息披露报送义务。管理人未按时履行季度、年度、重大事项信息更新和信息披露报送义务的，在管理人完成相应整改要求之前，协会将暂停受理该管理人新的私募投资基金备案申请。管理人未按时履行季度、年度、重大事项信息更新和信息披露报送义务累计达2次的，协会将其列入异常机构名单，并对外公示。一旦管理人作为异常机构公示，即使整改完毕，至少6个月后才能恢复正常机构公示状态。

私募投资基金备案后，协会将通过信息公示平台公示私募投资基金基本情况。对于存续规模低于500万元，或实缴比例低于认缴规模20%，或个别投资者未履行首轮实缴义务的私募投资基金，在上述情形消除前，协会将在公示信息中持续提示。

（二十八）【基金合同的终止、解除与基金清算】基金合同应当明确约定基金合同终止、解除及基金清算的安排。对于协会不予备案的私募投资基金，管理人应当告知投资者，及时解除或终止基金合同，并对私募投资基金财产清算，保护投资者的合法权益。

管理人在私募投资基金到期日起的3个月内仍未通过AMBERS系统完成私募投资基金的展期变更或提交清算申请的，在完成变更或提交清算申请之前，协会将暂停办理该管理人新的私募投资基金备案申请。

（二十九）【紧急情况暂停备案】协会在办理私募投资基金备案过程中，若发现管理人有下列情形之一的，在下列情形消除前可以暂停备案：

1. 被公安、检察、监察机关立案调查的；

2. 被行政机关列为严重失信人，以及被人民法院列为失信被执行人的；

3. 被中国证监会及其派出机构给予行政处罚或被交易所等自律组织给予自律处分，情节严重的；

4. 拒绝、阻碍监管人员或者自律管理人员依法行使监督检查、调查职权或者自律检查权的；

5. 涉嫌严重违法违规行为，中国证监会及其派出机构建议的；

6. 多次受到投资者实名投诉，涉嫌违反法律法规、自律规则，侵害投资者合法权益，未能向协会和投资者合理解释被投诉事项的；

7. 经营过程中出现《私募投资基金登记备案问答十四》规定的不予登记情形的；

8. 其他严重违反法律法规和《私募基金管理人内部控制指引》等自律规则的相

关规定，恶意规避《私募基金管理人登记须知》和本须知要求，向协会和投资者披露的内容存在虚假记载、误导性陈述或重大遗漏，经营管理失控，出现重大风险，损害投资者利益的。

二、私募证券投资基金（含 FOF）特殊备案要求

（三十）【证券投资范围】私募证券投资基金的投资范围主要包括股票、债券、期货合约、期权合约、证券类基金份额以及中国证监会认可的其他资产。

（三十一）【开放要求和投资者赎回限制】私募证券基金管理人应当统筹考虑投资标的流动性、投资策略、投资限制、销售渠道、潜在投资者类型与风险偏好、投资者结构等因素，设置匹配的开放期，强化对投资者短期申赎行为的管理。

基金合同中设置临时开放日的，应当明确临时开放日的触发条件，原则上不得利用临时开放日的安排继续认/申购（认缴）。

（三十二）【规范业绩报酬】业绩报酬提取应当与私募证券投资基金的存续期限、收益分配和投资运作特征相匹配，单只私募证券投资基金只能采取一种业绩报酬提取方法，保证公平对待投资者。业绩报酬提取比例不得超过业绩报酬计提基准以上投资收益的60%。

私募投资基金连续两次计提业绩报酬的间隔期不应短于3个月。鼓励管理人采用不短于6个月的间隔期。管理人在投资者赎回基金份额时或在私募投资基金清算时计提业绩报酬的，可不受上述间隔期的限制。

（三十三）【投资经理】管理人应当在基金合同中明确约定投资经理，投资经理应当取得基金从业资格并在协会完成注册。投资经理发生变更应当履行相关程序并告知投资者。

三、私募股权投资基金（含 FOF）特殊备案要求

（三十四）【股权投资范围】私募股权投资基金的投资范围主要包括未上市企业股权、上市公司非公开发行或交易的股票、可转债、市场化和法治化债转股、股权类基金份额，以及中国证监会认可的其他资产。

（三十五）【股权确权】私募股权投资基金入股或受让被投企业股权的，根据《公司法》、《合伙企业法》，应当及时向企业登记机关办理登记或变更登记。管理人应及时将上述情况向投资者披露、向托管人报告。

（三十六）【防范不同基金间的利益冲突】管理人应当公平地对待其管理的不同私募投资基金财产，有效防范私募投资基金之间的利益输送和利益冲突，不得在不同私募投资基金之间转移收益或亏损。在已设立的私募股权投资基金尚未完成认缴规模70%的投资（包括为支付基金税费的合理预留）之前，除经全体投资者一致同意或经全体投资者认可的决策机制决策通过之外，管理人不得设立与前述基金的投资策略、投资范围、投资阶段均实质相同的新基金。

四、私募资产配置基金特殊备案要求

(三十七)【投资方式】私募资产配置基金应当主要采用基金中基金的投资方式,80%以上的已投基金资产应当投资于依法设立或备案的资产管理产品。

(三十八)【杠杆倍数】分级私募资产配置基金投资跨类别私募投资基金的,杠杆倍数不得超过所投资的私募投资基金的最高杠杆倍数要求。

(三十九)【单一投资者】仅向单一的个人或机构投资者(依法设立的资产管理产品除外)募集设立的私募资产配置基金,除投资比例或者其他基金财产安全保障措施等由基金合同约定外,其他安排参照本须知执行。

五、过渡期及其他安排

本须知自发布之日起施行,协会之前发布的自律规则及问答与本须知不一致的,以本须知为准。为确保平稳过渡,按照"新老划断"原则,协会于2020年4月1日起,不再办理不符合本须知要求的新增和在审备案申请。2020年4月1日之前已完成备案的私募投资基金从事本须知第(二)条中不符合"基金"本质活动的,该私募投资基金在2020年9月1日之后不得新增募集规模、不得新增投资,到期后应进行清算,原则上不得展期。

私募投资基金投向债权、收(受)益权、不良资产等特殊标的的相关要求,另行规定。

协会再次重申,私募投资基金应当做到非公开募集、向合格投资者募集。管理人应当诚实信用,勤勉尽责,坚持投资者利益优先,投资者应当"收益自享、风险自担",做到"卖者尽责、买者自负"。私募投资基金备案不是"一备了之",请管理人持续履行向协会报送私募投资基金运作信息的义务,主动接受协会对管理人及私募投资基金的自律管理,协会将持续监测私募投资基金投资运作情况。

私募投资基金信息披露管理办法

(2016年2月4日发布施行)

第一章 总 则

第一条 为保护私募基金投资者合法权益,规范私募投资基金的信息披露活动,根据《证券投资基金法》、《私募投资基金监督管理暂行办法》、《私募投资基金管理人登记和基金备案办法(试行)》等法律法规及相关自律规则,制定本办法。

第二条 本办法所称的信息披露义务人,指私募基金管理人、私募基金托管人,以及法律、行政法规、中国证券监督管理委员会(以下简称中国证监会)和中国证券投资基金业协会(以下简称中国基金业协会)规定的具有信息披露义务的法人和其他组织。

同一私募基金存在多个信息披露义务人时,应在相关协议中约定信息披露相关事项和责任义务。

信息披露义务人委托第三方机构代为披露信息的,不得免除信息披露义务人法定应承担的信息披露义务。

第三条 信息披露义务人应当按照中国基金业协会的规定以及基金合同、公司章程或者合伙协议(以下统称基金合同)约定向投资者进行信息披露。

第四条 信息披露义务人应当保证所披露信息的真实性、准确性和完整性。

第五条 私募基金管理人应当按照规定通过中国基金业协会指定的私募基金信息披露备份平台报送信息。

私募基金管理人过往业绩以及私募基金运行情况将以私募基金管理人向私募基金信息披露备份平台报送的数据为准。

第六条 投资者可以登录中国基金业协会指定的私募基金信息披露备份平台进行信息查询。

第七条 信息披露义务人、投资者及其他相关机构应当依法对所获取的私募基金非公开披露的全部信息、商业秘密、个人隐私等信息负有保密义务。

中国基金业协会应当对私募基金管理人和私募基金信息严格保密。除法律法规另有规定外,不得对外披露。

第八条 中国基金业协会依据本办法对私募基金的信息披露活动进行自律管理。

第二章 一般规定

第九条 信息披露义务人应当向投资者披露的信息包括:

(一)基金合同;

(二)招募说明书等宣传推介文件;

(三)基金销售协议中的主要权利义务条款(如有);

(四)基金的投资情况;

(五)基金的资产负债情况;

（六）基金的投资收益分配情况；

（七）基金承担的费用和业绩报酬安排；

（八）可能存在的利益冲突；

（九）涉及私募基金管理业务、基金财产、基金托管业务的重大诉讼、仲裁；

（十）中国证监会以及中国基金业协会规定的影响投资者合法权益的其他重大信息。

第十条 私募基金进行托管的，私募基金托管人应当按照相关法律法规、中国证监会以及中国基金业协会的规定和基金合同的约定，对私募基金管理人编制的基金资产净值、基金份额净值、基金份额申购赎回价格、基金定期报告和定期更新的招募说明书等向投资者披露的基金相关信息进行复核确认。

第十一条 信息披露义务人披露基金信息，不得存在以下行为：

（一）公开披露或者变相公开披露；

（二）虚假记载、误导性陈述或者重大遗漏；

（三）对投资业绩进行预测；

（四）违规承诺收益或者承担损失；

（五）诋毁其他基金管理人、基金托管人或者基金销售机构；

（六）登载任何自然人、法人或者其他组织的祝贺性、恭维性或推荐性的文字；

（七）采用不具有可比性、公平性、准确性、权威性的数据来源和方法进行业绩比较，任意使用“业绩最佳”、“规模最大”等相关措辞；

（八）法律、行政法规、中国证监会和中国基金业协会禁止的其他行为。

第十二条 向境内投资者募集的基金信息披露文件应当采用中文文本，应当尽量采用简明、易懂的语言进行表述。同时采用外文文本的，信息披露义务人应当保证两种文本内容一致。两种文本发生歧义时，以中文文本为准。

第三章 基金募集期间的信息披露

第十三条 私募基金的宣传推介材料（如招募说明书）内容应当如实披露基金产品的基本信息，与基金合同保持一致。如有不一致，应当向投资者特别说明。

第十四条 私募基金募集期间，应当在宣传推介材料（如招募说明书）中向投资者披露如下信息：

（一）基金的基本信息：基金名称、基金架构（是否为母子基金、是否有平行基金）、基金类型、基金注册地（如有）、基金募集规模、最低认缴出资额、基金运作方式（封闭式、开放式或者其他方式）、基金的存续期限、基金联系人和联系信息、基金托管人（如有）；

（二）基金管理人基本信息：基金管理人名称、注册地/主要经营地址、成立时间、组织形式、基金管理人在中国基金业协会的登记备案情况；

（三）基金的投资信息：基金的投资目标、投资策略、投资方向、业绩比较基准（如有）、风险收益特征等；

（四）基金的募集期限：应载明基金首轮交割日以及最后交割日事项（如有）；

（五）基金估值政策、程序和定价模式；

（六）基金合同的主要条款：出资方式、收益分配和亏损分担方式、管理费标准及计提方式、基金费用承担方式、基金业务报告和财务报告提交制度等；

（七）基金的申购与赎回安排；

（八）基金管理人最近三年的诚信情况说明；

（九）其他事项。

第四章　基金运作期间的信息披露

第十五条　基金合同中应当明确信息披露义务人向投资者进行信息披露的内容、披露频度、披露方式、披露责任以及信息披露渠道等事项。

第十六条　私募基金运行期间，信息披露义务人应当在每季度结束之日起 10 个工作日以内向投资者披露基金净值、主要财务指标以及投资组合情况等信息。

单只私募证券投资基金管理规模金额达到 5000 万元以上的，应当持续在每月结束后 5 个工作日以内向投资者披露基金净值信息。

第十七条　私募基金运行期间，信息披露义务人应当在每年结束之日起 4 个月以内向投资者披露以下信息：

（一）报告期末基金净值和基金份额总额；

（二）基金的财务情况；

（三）基金投资运作情况和运用杠杆情况；

（四）投资者账户信息，包括实缴出资额、未缴出资额以及报告期末所持有基金份额总额等；

（五）投资收益分配和损失承担情况；

（六）基金管理人取得的管理费和业绩报酬，包括计提基准、计提方式和支付方式；

（七）基金合同约定的其他信息。

第十八条　发生以下重大事项的，信息披露义务人应当按照基金合同的约定及时向投资者披露：

（一）基金名称、注册地址、组织形式发生变更的；

（二）投资范围和投资策略发生重大变化的；

（三）变更基金管理人或托管人的；

（四）管理人的法定代表人、执行事务合伙人（委派代表）、实际控制人发生变更的；

（五）触及基金止损线或预警线的；

（六）管理费率、托管费率发生变化的；

（七）基金收益分配事项发生变更的；

（八）基金触发巨额赎回的；

（九）基金存续期变更或展期的；

（十）基金发生清盘或清算的；

（十一）发生重大关联交易事项的；

（十二）基金管理人、实际控制人、高管人员涉嫌重大违法违规行为或正在接受监管部门或自律管理部门调查的；

（十三）涉及私募基金管理业务、基金财产、基金托管业务的重大诉讼、仲裁；

（十四）基金合同约定的影响投资者利益的其他重大事项。

第五章　信息披露的事务管理

第十九条　信息披露义务人应当建立健全信息披露管理制度，指定专人负责管理信息披露事务，并按要求在私募基金登记备案系统中上传信息披露相关制度文件。

第二十条　信息披露事务管理制度应当至少包括以下事项：

（一）信息披露义务人向投资者进行信息披露的内容、披露频度、披露方式、披露责任以及信息披露渠道等事项；

（二）信息披露相关文件、资料的档案管理；

（三）信息披露管理部门、流程、渠道、应急预案及责任；

（四）未按规定披露信息的责任追究机制，对违反规定人员的处理措施。

第二十一条　信息披露义务人应当妥善保管私募基金信息披露的相关文件资料，保存期限自基金清算终止之日起不得少于10年。

第六章　自 律 管 理

第二十二条　中国基金业协会定期发布行业信息披露指引，指导信息披露义务人做好信息披露相关事项。

第二十三条 中国基金业协会可以对信息披露义务人披露基金信息的情况进行定期或者不定期的现场和非现场自律检查,信息披露义务人应当予以配合。

第二十四条 私募基金管理人违反本办法第十五条规定,未在基金合同约定信息披露事项的,基金备案过程中由中国基金业协会责令改正。

第二十五条 信息披露义务人违反本办法第五条、第九条、第十六条至第十八条的,投资者可以向中国基金业协会投诉或举报,中国基金业协会可以要求其限期改正。逾期未改正的,中国基金业协会可以视情节轻重对信息披露义务人及主要负责人采取谈话提醒、书面警示、要求参加强制培训、行业内谴责、加入黑名单等纪律处分。

第二十六条 信息披露义务人管理信息披露事务,违反本办法第十九条至第二十一条的规定,中国基金业协会可以要求其限期改正。逾期未改正的,中国基金业协会可以视情节轻重对信息披露义务人及主要负责人采取谈话提醒、书面警示、要求参加强制培训、行业内谴责、加入黑名单等纪律处分。

第二十七条 私募基金管理人在信息披露中存在本办法第十一条(一)、(二)、(三)、(四)、(七)所述行为的,中国基金业协会可视情节轻重对基金管理人采取公开谴责、暂停办理相关业务、撤销管理人登记或取消会员资格等纪律处分;对直接负责的主管人员和其他直接责任人员,中国基金业协会可采取要求参加强制培训、行业内谴责、加入黑名单、公开谴责、认为不适当人选、暂停或取消基金从业资格等纪律处分,并记入诚信档案。情节严重的,移交中国证监会处理。

第二十八条 私募基金管理人在一年之内两次被采取谈话提醒、书面警示、要求限期改正等纪律处分的,中国基金业协会可对其采取加入黑名单、公开谴责等纪律处分;在两年之内两次被采取加入黑名单、公开谴责等纪律处分的,由中国基金业协会移交中国证监会处理。

第七章 附　　则

第二十九条 本办法自公布之日起施行。

第三十条 本办法所称以上、以内,包括本数。

第三十一条 本办法由中国基金业协会负责解释。

私募投资基金信息披露内容与格式指引1号
——适用于私募证券投资基金

（2016年2月4日发布实施）

使用说明

1. 本指引适用于私募证券投资基金。

2. 本指引作为私募证券投资基金运作期间的信息披露内容和格式要求。信息披露义务人应当参照本指引对所管理的私募证券投资基金编制披露信息表。

3. 信息披露义务人的信息披露报告包括月度报告、季度报告和年度报告。月度报告应当在每月结束之日起5个工作日内完成。季度报告应在每季度结束之日起10个工作日内完成。年度报告应在每个会计年度结束后的4个月内完成，每年4月30日前发布上一年度报告。

4. 信息披露义务人保证本报告披露的信息不存在任何虚假记载、误导性陈述或者重大遗漏，并对内容的真实性、准确性、完整性承担法律责任。

5. 除基金合同另有约定的外，月报、季报、年报应通过中国基金业协会指定的私募基金信息披露平台进行发布，投资者可以登录进行查询。

附表1　私募基金信息披露月报表

1. 基金概况

基金名称		基金编号	
基金运作方式		基金类型	
基金管理人		基金托管人	
基金合同生效日期		基金合同存续期截止日	

2. 净值月报

估值日期	份额净值	份额累计净值	基金资产净值
2016-02-29			
2016-03-31			

续表

估值日期	份额净值	份额累计净值	基金资产净值
2016-04-30			
……			

注：

1. 份额净值，是每份基金单位的净资产价值，等于基金的总资产减去总负债后的余额再除以基金全部发行的单位份额总数。

2. 份额累计净值=份额净值+基金成立后累计份额分红金额。

3. 基金资产净值是指在某一基金估值时点上，按照公允价格计算的基金资产的总市值扣除负债后的余额，该余额是基金单位持有人的权益。

附表2　私募基金信息披露季度报表

1. 基金基本情况

项目	信息
基金名称	
基金编号	
基金管理人	
基金托管人（如有）	
基金运作方式	
基金合同生效日期	
报告期末基金份额总额	
投资目标	
投资策略	
业绩比较基准（如有）	
风险收益特征	

2. 基金净值表现

阶段	净值增长率	净值增长率标准差（选填）	业绩比较基准收益率（选填）	业绩比较基准收益率标准差（选填）
当季				
自基金合同生效起至今				

注：净值增长率=（期末累计净值-期初累计净值）/期初累计净值

当季净值增长率=（本季度末累计净值-上季度末累计净值）/上季度末累计净值

3. 主要财务指标

单位:元

项目	2016－01－01 至 2016－03－31(元)
本期已实现收益	
本期利润	
期末基金资产净值	
期末基金份额净值	

4. 投资组合情况

4.1　期末基金资产组合情况

金额单位:元

序号	项目	金额 (××元)	占基金总资产的比例(%)
1	权益投资		
	其中:普通股		
	存托凭证		
2	基金投资		
3	固定收益投资		
	其中:债券		
	资产支持证券		
4	金融衍生品投资		
	其中:远期		
	期货		
	期权		
	权证		
5	买入返售金融资产		
	其中:买断式回购的买入返售金融资产		
6	货币市场工具		
7	银行存款和结算备付金合计		
……			
	合计		

4.2 报告期末按行业分类的股票投资组合

金额单位:元

序号	行业类别	公允价值	占基金资产净值比例(%)
A	农、林、牧、渔业		
B	采矿业		
C	制造业		
D	电力、热力、燃气及水生产和供应业		
E	建筑业		
F	批发和零售业		
G	交通运输、仓储和邮政业		
H	住宿和餐饮业		
I	信息传输、软件和信息技术服务业		
J	金融业		
K	房地产业		
L	租赁和商务服务业		
M	科学研究和技术服务业		
N	水利、环境和公共设施管理业		
O	居民服务、修理和其他服务业		
P	教育		
Q	卫生和社会工作		
R	文化、体育和娱乐业		
S	综合		
	合计		

5. 基金份额变动情况

单位:份

报告期期初基金份额总额	
报告期期间基金总申购份额	
减:报告期期间基金总赎回份额	
报告期期间基金拆分变动份额(份额减少以"-"填列)	
报告期期末基金份额总额	

6. 管理人报告（如报告期内高管、基金经理及其关联基金经验、基金运作遵规守信情况、基金投资策略和业绩表现、对宏观经济、证券市场及其行业走势展望、内部基金监察稽核工作、基金估值程序、基金运作情况和运用杠杆情况、投资收益分配和损失承担情况、会计师事务所出具非标准审计报告所涉相关事项、对本基金持有人数或基金资产净值预警情形、可能存在的利益冲突等）

附表3　私募基金信息披露年度报表

1. 基金产品概况

1.1　基金基本情况

基金名称	
基金编号	
基金运作方式	
基金合同生效日期	
基金管理人	
基金托管人	
报告期末基金份额总额	
基金合同存续期	

1.2　基金产品说明

投资目标	
投资策略	
业绩比较基准（如有）	
风险收益特征	

1.3 基金管理人和基金托管人

项目		基金管理人	基金托管人
名称			
信息披露负责人	姓名		
	联系电话		
	电子邮箱		
传真			
注册地址			
办公地址			
邮政编码			
法定代表人			

1.4 其他相关资料

项目	名称	办公地址
会计师事务所		
注册登记机构		
外包机构		
……		

2. 主要财务指标、基金净值表现及利润分配情况

2.1 主要会计数据和财务指标

期间数据和指标	2015 年	2014 年	2013 年
本期已实现收益			
木期利润			
期末数据和指标	2015 年末	2014 年末	2013 年末
期末可供分配利润			
期末可供分配基金份额利润			
期末基金资产净值			
期末基金份额净值			

续表

累计期末指标	2015 年末	2014 年末	2013 年末
基金份额累计净值增长率			

2.2 基金净值表现

阶段	净值增长率	净值增长率标准差(选填)	业绩比较基准收益率(选填)	业绩比较基准收益率标准差(选填)
当年				
自基金合同生效起至今				

注:净值增长率=(期末累计净值-期初累计净值)/期初累计净值

当年净值增长率=(本年度末累计净值-上年度末累计净值)/上年度末累计净值

2.3 过去三年基金的利润分配情况

年度	每份基金份额分红数	现金形式发放总额	再投资形式发放总额	年度利润分配合计	备注

3. 基金份额变动情况

单位:份

报告期期初基金份额总额	
报告期期间基金总申购份额	
减:报告期期间基金总赎回份额	
报告期期间基金拆分变动份额(份额减少以“-”填列)	
报告期期末基金份额总额	

4. 管理人说明的其他情况(如报告期内高管、基金经理及其关联基金经验、基金运作遵规守信情况、基金投资策略和业绩表现、对宏观经济、证券市场及其行业走势展望、内部基金监察稽核工作、基金估值程序、基金运作情况和运用杠杆情况、投资收益分配和损失承担情况、会计师事务所出具非标准审计报告所涉相关事项、对本基金持有人数或基金资产净值预警情形、可能存在的利益冲突等)

5. 托管人报告

5.1 报告期内本基金托管人遵规守信情况声明

5.2 托管人对报告期内本基金投资运作遵规守信、净值计算、利润分配等情况的说明

5.3 托管人对本年度报告中财务信息等内容的真实、准确和完整发表意见

6. 年度财务报表

6.1　资产负债表

单位:元

资产	本期末 2015－12－31	上年度末 2014－12－31
资产:		
银行存款		
结算备付金		
存出保证金		
交易性金融资产		
其中:股票投资		
基金投资		
债券投资		
资产支持证券投资		
贵金属投资		
衍生金融资产		
买入返售金融资产		
应收证券清算款		
应收利息		
应收股利		
应收申购款		
递延所得税资产		
其他资产		
资产总计		
负债和所有者权益	本期末 2015－12－31	上年度末 2014－12－31
负债:		
短期借款		
交易性金融负债		
衍生金融负债		
卖出回购金融资产款		
应付证券清算款		

续表

负债和所有者权益	本期末 2015－12－31	上年度末 2014－12－31
应付赎回款		
应付管理人报酬		
应付托管费		
应付销售服务费		
应付交易费用		
应交税费		
应付利息		
应付利润		
递延所得税负债		
其他负债		
负债合计		
所有者权益:		
实收基金		
未分配利润		
所有者权益合计		
负债和所有者权益总计		

6.2 利润表

单位:元

项目	本期	上年度可比期间
	2015－01－01 至 2015－12－31	2014－01－01 至 2014－12－31
一、收入		
1. 利息收入		
其中:存款利息收入		
债券利息收入		
资产支持证券利息收入		
买入返售金融资产收入		
其他利息收入		

续表

项目	本期	上年度可比期间
	2015-01-01 至2015-12-31	2014-01-01 至2014-12-31
2. 投资收益(损失以“-”填列)		
其中:股票投资收益		
基金投资收益		
债券投资收益		
资产支持证券投资收益		
贵金属投资收益		
衍生工具收益		
股利收益		
3. 公允价值变动收益(损失以“-”填列)		
4. 汇兑收益(损失以“-”填列)		
5. 其他收入(损失以“-”填列)		
减:二、费用		
1. 管理人报酬		
2. 托管费		
3. 销售服务费		
4. 外包服务费		
5. 交易费用		
6. 利息支出		
其中:卖出回购金融资产支出		
7. 其他费用		
三、利润总额 (亏损总额以“-”号填列)		
减:所得税费用		
四、净利润 (净亏损以“-”号填列)		

6.3 所有者权益变动表

单位:元

项目	本期 2015－01－01 至 2015－12－31		
	实收基金	未分配利润	所有者权益合计
一、期初所有者权益(基金净值)			
二、本期经营活动产生的基金净值变动数(本期利润)			
三、本期基金份额交易产生的基金净值变动数(净值减少以"－"号填列)			
其中:1. 基金申购款			
2. 基金赎回款			
四、本期向基金份额持有人分配利润产生的基金净值变动(净值减少以"－"号填列)			
五、期末所有者权益(基金净值)			
项目	上年度可比期间 2014－01－01 至 2014－12－31		
	实收基金	未分配利润	所有者权益合计
一、期初所有者权益(基金净值)			
二、本期经营活动产生的基金净值变动数(本期利润)			
三、本期基金份额交易产生的基金净值变动数(净值减少以"－"号填列)			
其中:1. 基金申购款			
2. 基金赎回款			
四、本期向基金份额持有人分配利润产生的基金净值变动(净值减少以"－"号填列)			
五、期末所有者权益(基金净值)			

7. 期末投资组合情况

7.1　期末基金资产组合情况

金额单位:元

序号	项目	金额 (××元)	占基金总资产的比例(%)
1	权益投资		
	其中:普通股		
	存托凭证		
2	基金投资		
3	固定收益投资		
	其中:债券		
	资产支持证券		
4	金融衍生品投资		
	其中:远期		
	期货		
	期权		
	权证		
5	买入返售金融资产		
	其中:买断式回购的买入返售金融资产		
6	货币市场工具		
7	银行存款和结算备付金合计		
……			
	合计		

7.2　报告期末按行业分类的股票投资组合

金额单位:元

序号	行业类别	公允价值	占基金资产净值比例(%)
A	农、林、牧、渔业		
B	采矿业		
C	制造业		
D	电力、热力、燃气及水生产和供应业		

续表

序号	行业类别	公允价值	占基金资产净值比例(%)
E	建筑业		
F	批发和零售业		
G	交通运输、仓储和邮政业		
H	住宿和餐饮业		
I	信息传输、软件和信息技术服务业		
J	金融业		
K	房地产业		
L	租赁和商务服务业		
M	科学研究和技术服务业		
N	水利、环境和公共设施管理业		
O	居民服务、修理和其他服务业		
P	教育		
Q	卫生和社会工作		
R	文化、体育和娱乐业		
S	综合		
	合计		

附表4　重大事项临时报告

序号	公告事项	
1	基金名称、注册地址、组织形式发生变更	
2	投资标的和投资策略发生重大变化	
3	变更基金管理人或托管人	
4	管理人的法定代表人、执行事务合伙人(委派代表)、实际控制人发生变更	
5	触及基金止损线或预警线	
6	管理费率、托管费率发生变化	
7	基金收益分配事项发生变更	
8	基金触发巨额赎回的	
9	基金存续期变更或展期	

续表

序号	公告事项	
10	基金发生清盘或清算	
11	发生重大关联交易事项	
12	基金管理人、实际控制人、高管人员涉嫌重大违法违规行为或正在接受监管部门或自律管理部门调查	
13	涉及私募基金管理业务、基金财产、基金托管业务的重大诉讼、仲裁	
14	基金合同约定的影响投资者利益的其他重大事项	

私募投资基金信息披露内容与格式指引2号
——适用于私募股权(含创业)投资基金

(2016年11月14日发布实施)

使用说明

1.根据《私募投资基金信息披露管理办法》(以下简称《信披办法》)第三条规定,私募基金管理人及相关信息披露义务人应当按照中国证券投资基金业协会的规定以及基金合同、公司章程或者合伙协议的约定向投资者进行信息披露。根据《信披办法》和《私募投资基金合同指引1-3号》,私募基金管理人应当按照规定通过中国证券投资基金业协会指定的私募基金信息披露备份平台进行信息披露文件备份。

2.本指引适用于私募基金管理人定期、定向给私募基金投资者披露私募股权(含创业)投资基金的相关运作情况。私募基金管理人应当参照本指引对所管理的私募股权(含创业)投资基金编制信息披露报告。本指引仅作为私募基金管理人向投资者进行私募股权(含创业)投资基金信息披露的最低行业标准,协会鼓励私募基金管理人根据《私募投资信息披露管理办法》第十五条规定及《私募投资基金合同指引1-3号》相关要求,依约定向投资者披露更详尽的私募基金相关信息。

3.根据《私募投资基金监督管理暂行办法》第二十七条规定,中国证券投资基金业协会将对私募基金管理人和私募基金信息严格保密。在私募基金信息披露备份平台备份的私募股权(含创业)投资基金信息披露报告,仅用作协会备份及私募基金管理人下载使用，并不面向社会公众和私募基金投资者公开查询。

4. 私募基金管理人应保证本报告披露的信息不存在任何虚假记载、误导性陈述或者重大遗漏，并对内容的真实性、准确性、完整性承担法律责任。

5. 中国证券投资基金业协会普通会员应当向投资者披露本指引的全部信息（含选填项）。鼓励协会观察会员及非会员披露或部分披露选填项。

6. 信息披露半年度报告应在当年9月底之前完成，信息披露年度报告应在次年6月底之前完成。协会鼓励私募基金管理人向投资者披露季度报告（含第一季度、第三季度），季度报告不做强制要求。

7. 上述已在私募基金信息披露备份平台备份的报告可供私募基金管理人自行下载。相关报告若经托管机构或会计师事务所复核，下载报告正文首页将加注以下信息：该报告已经×××（托管机构或会计师事务所名称）复核。

附表1　私募股权（含创业）投资基金信息披露半年度报告

（201×年××月××日－201×年××月××日）

金额单位：万元

1. 基金基本情况

基金名称	
基金编码	
基金类型	
基金注册地①	
基金成立日期	
基金到期日期	
认缴金额（如有）	
已实缴金额	
估值方法②	
期末总资产	
期末净资产	
关键人士/投资经理/投资团队（如有）	
投资者数量	

① 公司型、合伙型基金的注册地应填写工商注册地，除此之外的私募股权投资基金，基金注册地填写“不适用”。

② 管理人手动填写。

2. 基金管理人和基金托管人

项目名称		基金管理人	基金托管人(如有)
信息披露负责人	姓名		
	联系电话		
	电子邮箱		
传真			
注册地址			
办公地址			
邮政编码			
法定代表人			

3. 基金投资者情况(选填)

序号	投资者名称	投资者类型①	认缴出资	实缴出资
1				
2				
……				

4. 基金投资运作情况(同一项目多轮投资请分次列出)②

4.1 所投项目情况

序号	投资项目名称	项目注册地	投资行业③	投资方式④	持股比例	投资日期	投资认缴资本总额	已投资总额	是否退出	退出日期	退出方式	收益亏损情况(如有)
1												
2												
……												

---

① 投资者类型:机构投资者,境内法人机构(公司等)、境内非法人机构(一般合伙企业等)、财政直接出资、本基金管理人跟投、境外机构;投资计划,私募基金产品、证券公司及其子公司资产管理计划、基金公司及其子公司资产管理计划、期货公司及其子公司资产管理计划、信托计划、商业银行理财产品、保险资产管理计划、慈善基金、捐赠基金等社会公益基金、养老基金、社会保障基金、企业年金、政府类引导基金、境外资金(QFII、RQFII 等);个人投资者,自然人(非员工跟投)、自然人(员工跟投)。

② 请根据基金所投标的具体形式选择填写表 4.1 或 4.2。

③ 投资行业分类参考标准见附录。

④ 投资方式:包括股权、可转换债。

4.2 所投基金情况

序号	基金名称	是否备案	基金编码（如有）	投资日期	投资认缴资本总额	已投资总额
1						
2						
……						

5. 基金持有项目/基金特别情况说明（选填）

6. 基金费用明细

项目	当期	自设立以来
管理费		
托管费		
业绩报酬		
外包服务费		
其他（如配售费用、咨询费、自愿放弃的费用金额、未完成交易费等，如有可手动添加）		
费用合计		

7. 管理人报告（选填）（如报告期内高管及其关联基金情况、高管变动情况、基金运作遵规守信情况、基金投资策略和业绩表现、对宏观经济及其行业走势展望、内部基金监察稽核工作、基金估值程序、基金运作情况、投资收益分配和损失承担情况、关联交易等可能存在的利益冲突、关于基金负债以及潜在负债或担保的简要说明等）

附表2 私募股权(含创业)投资基金信息披露年度报告

(201×年××月××日－201×年12月31日)

金额单位:万元

1. 基金产品概况

1.1 基金基本情况

基金名称	
基金编码	
基金类型	
基金注册地①	
基金成立日期	
基金到期日期	
认缴金额(如有)	
已实缴金额	
估值方法②	
期末总资产	
期末净资产	
关键人士/投资经理/投资团队(如有)	
投资者数量	

1.2 基金产品说明

投资目标	
投资策略	
投资范围	
关注行业	
关注阶段	
其他需说明事项	

① 公司型、合伙型基金的注册地应填写工商注册地,除此之外的私募股权投资基金,基金注册地填写“不适用”。

② 管理人手动填写。

1.3 基金管理人和基金托管人

项目名称		基金管理人	基金托管人(如有)
信息披露负责人	姓名		
	联系电话		
	电子邮箱		
传真			
注册地址			
办公地址			
邮政编码			
法定代表人			

1.4 基金投资者情况(选填)

序号	投资者名称	投资者类型①	认缴出资	实缴出资
1				
2				
……				

1.5 外包机构情况

项目	名称	办公地址	联系方式
会计师事务所			
注册登记机构			
……			

① 投资者类型:机构投资者,境内法人机构(公司等)、境内非法人机构(一般合伙企业等)、财政直接出资、本基金管理人跟投、境外机构;投资计划,私募基金产品、证券公司及其子公司资产管理计划、基金公司及其子公司资产管理计划、期货公司及其子公司资产管理计划、信托计划、商业银行理财产品、保险资产管理计划、慈善基金、捐赠基金等社会公益基金、养老基金、社会保障基金、企业年金、政府类引导基金、境外资金(QFII、RQFII 等);个人投资者,自然人(非员工跟投)、自然人(员工跟投)。

2. 基金运营情况①

2.1　累计运营情况

期末累计投资总额(实缴)			
期末累计运营费用②			
期末累计收益③			
期末累计总投资项目个数		期末累计总投资项目总额	
其中:在管项目个数		其中:在管项目总额	
本期新增项目个数		本期新增项目总额	
已退出项目个数		已退出项目总额	
已上市项目个数		已上市项目总额	
期末累计总投资基金个数		期末累计总投资基金总额	

2.2　持有项目情况表④

×××项目一(可增加)

投资项目基本信息表	
项目名称	
投资行业	
法定代表人	
设立日期	
主营业务	
注册地址	
注册资本	
是否并购类项目	
是否属于中小企业⑤	

① 请根据基金所投标的具体形式选择填写表2.1、表2.2或表2.3。

② 期末累计运营费:指基金运营过程中的所有费用之和,为表3.2所列费用合计。

③ 期末累计收益:按照财务会计准则进行核算。

④ 如所投项目涉及国家机密,可不进行披露备份。

⑤ 中小企业标准:投资时职工不超过500人,年销售额不超过2亿元,资产总额不超过2亿元。

续表

投资项目基本信息表			
是否属于高新技术企业①			
是否享受国家财税政策			
投资阶段②			
投资日期			
投资额			
投资占股比例/%			
是否退出			
退出额			
退出方式③			
退出日期			
备注			
投资项目追加投资表(如有)			
投资阶段	系该项目的第几轮融资	投资日期	投资金额
投资项目退出投资表(如有)			
退出方式	系该项目的第几次退出	退出日期	退出额
项目股权结构情况表(选填)			
序号	主要股东姓名/名称(持股5%以上)	持股数(股)	持股比例(%)
1			
2			
3			
……			

① 高新技术企业:指在《国家重点支持的高新技术领域》内,持续进行研究开发与技术成果转化,形成企业核心自主知识产权,并以此为基础开展经营活动,在中国境内(不包括港、澳、台地区)注册的居民企业。详情请查阅科技部、财政部、国家税务总局以国科发火〔2016〕32号印发修订后的《高新技术企业认定管理办法》。

② 投资阶段:包括种子期、起步期、扩张期、过渡期、重建期、已上市。

③ 退出方式:包括境内上市、境外上市、协议转让、整体收购、企业回购、新三板挂牌、清算。

2.3 所投基金情况

	基金名称	是否备案	基金编码（如有）	投资日期	投资认缴资本总额	已投资总额
1						
2						
……						

3. 主要财务指标、基金费用及利润分配情况

3.1 主要会计数据和财务指标

期间数据和指标	2015 年	2014 年	2013 年
本期已实现收益①			
本期利润②			
期末数据和指标	2015 年末	2014 年末	2013 年末
可供分配收益			
期末基金净资产			

3.2 基金费用明细

项目	当期	自设立以来
管理费		
托管费		
业绩报酬		
外包服务费		
其他（如配售费用、咨询费、自愿放弃的费用金额、未完成交易费等，如有可手动添加）		
费用合计		

① 本期已实现收益：指基金本期利息收入、投资收益、其他收入（不含公允价值变动收益）扣除相关费用后的余额。

② 本期利润：本期已实现收益加上本期公允价值变动收益。

3.3 过去三年基金的利润分配情况

年度	基金分红次数	分红金额	现金形式发放总额	年度利润分配合计	备注
2015 年					
2014 年					
2013 年					

4. 基金投资者变动情况

报告期期初投资者数量		报告期期初投资者实缴规模	
减:报告期期间投资者减少数量		减:报告期期间基金减少规模	
加:报告期期间投资者新增数量		加:报告期期间基金新增规模	
报告期期末投资者总数		报告期期末投资者实缴规模	

5. 管理人报告(如报告期内高管及其关联基金情况、高管人员变动情况、基金运作遵规守信情况、基金投资策略和业绩表现、对宏观经济及其行业走势展望、内部基金监察稽核工作、基金估值程序、基金运作情况、投资收益分配和损失承担情况、项目上市进展情况、关联交易等可能存在的利益冲突、关于基金负债以及潜在负债或担保的简要说明等)

6. 托管人(如有)报告(如报告期内本基金托管人遵规守信情况声明,托管人对报告期内本基金投资运作遵规守信、基金估值、利润分配等情况的说明,托管人对本年度报告中财务信息等内容的真实、准确和完整发表意见等)

7. 经审计财务报告①

附表3 私募股权(含创业)投资基金信息披露第×季度报告

(201×年××月××日－201×年××月××日)

金额单位:万元

1. 基金基本情况

基金名称	
基金编码	
基金类型	
基金注册地②	
基金成立日期	
基金到期日期	
认缴金额(如有)	
已实缴金额	
估值方法③	
期末总资产	
期末净资产	
关键人士/投资经理/投资团队(如有)	
投资者数量	

① 《中华人民共和国公司法》第一百六十四条规定,公司应当在每一会计年度终了时编制财务会计报告,并依法经会计师事务所审计。《中华人民共和国合伙企业法》第六十八条规定,有限合伙人可有第三款"参与选择承办有限合伙企业审计业务的会计师事务所"、第四款"获取经审计的有限合伙企业财务会计报告"行为。私募基金管理人应在每年度结束后在私募基金信息披露备份系统上传经审计财务报告。

② 公司型、合伙型基金的注册地应填写工商注册地,除此之外的私募股权投资基金,基金注册地填写"不适用"。

③ 管理人手动填写。

2. 基金管理人和基金托管人

项目名称		基金管理人	基金托管人(如有)
信息披露负责人	姓名		
	联系电话		
	电子邮箱		
传真			
注册地址			
办公地址			
邮政编码			
法定代表人			

3. 基金投资者情况(选填)

序号	投资者名称	投资者类型①	认缴出资	实缴出资
1				
2				
……				

4. 基金投资运作情况(同一项目多轮投资请分次列出)②

4.1 所投项目情况

序号	投资项目名称	项目注册地	投资行业③	投资方式④	持股比例	投资日期	投资认缴资本总额	已投资本总额	是否退出	退出日期	退出方式	收益亏损情况(如有)
1												
2												
……												

① 投资者类型:机构投资者,境内法人机构(公司等)、境内非法人机构(一般合伙企业等)、财政直接出资、本基金管理人跟投、境外机构;投资计划,私募基金产品、证券公司及其子公司资产管理计划、基金公司及其子公司资产管理计划、期货公司及其子公司资产管理计划、信托计划、商业银行理财产品、保险资产管理计划、慈善基金、捐赠基金等社会公益基金、养老基金、社会保障基金、企业年金、政府类引导基金、境外资金(QFII、RQFII 等);个人投资者,自然人(非员工跟投)、自然人(员工跟投)。

② 请根据基金所投标的具体形式选择填写表 4.1 或表 4.2。

③ 投资行业分类参考标准见附录。

④ 投资方式:包括股权、可转换债。

4.2　所投基金情况

序号	基金名称	是否备案	基金编码（如有）	投资日期	投资认缴资本总额	已投资总额
1						
2						
……						

5. 基金持有项目/基金特别情况说明（选填）

6. 基金费用明细

项目	当期	自设立以来
管理费		
托管费		
业绩报酬		
外包服务费		
其他（如配售费用、咨询费、自愿放弃的费用金额、未完成交易费等，如有可手动添加）		
费用合计		

7. 管理人报告（选填）（如报告期内高管及其关联基金情况、高管变动情况、基金运作遵规守信情况、基金投资策略和业绩表现、对宏观经济及其行业走势展望、内部基金监察稽核工作、基金估值程序、基金运作情况、投资收益分配和损失承担情况、关联交易等可能存在的利益冲突、关于基金负债以及潜在负债或担保的简要说明等）

附表4 重大事项临时报告

序号	公告事项	
1	基金名称、注册地址、组织形式发生变更	
2	投资标的和投资策略发生重大变化	
3	变更基金管理人或托管人	
4	管理人的法定代表人、执行事务合伙人(委派代表)、实际控制人发生变更	
5	触及基金止损线或预警线后处理情况	
6	管理费率、托管费率发生变化	
7	基金收益分配事项发生变更	
8	基金存续期变更或展期	
9	基金发生清盘或清算	
10	发生重大关联交易事项	
11	基金管理人、实际控制人、高管人员涉嫌重大违法违规行为或正在接受监管部门或自律管理部门调查	
12	涉及私募基金管理业务、基金财产、基金托管业务的重大诉讼、仲裁	
13	基金合同约定的影响投资者利益的其他重大事项	

附录:投资行业分类参考标准

一级行业		二级行业		三级行业	
00	能源	0001	能源	000101	能源开采设备与服务
				000102	石油与天然气
				000103	煤炭

续表

一级行业		二级行业		三级行业	
01	原材料	0101	原材料	010101	化学原料
				010102	化学制品
				010103	建筑材料
				010104	容器与包装
				010105	有色金属
				010106	钢铁
				010107	非金属采矿及制品
				010108	纸类与林业产品
02	工业	0201	资本品	020101	航空航天与国防
				020102	建筑产品
				020103	建筑与工程
				020104	电气设备
				020105	工业集团企业
				020106	机械制造
				020107	环保设备、工程与服务
		0202	商业服务与用品	020201	商业服务与用品
		0203	交通运输	020301	航空货运与物流
				020302	航空公司
				020303	航运
				020304	道路运输
				020305	交通基本设施

续表

一级行业		二级行业		三级行业	
03	可选消费	0301	汽车与汽车零部件	030101	汽车零配件与轮胎
				030102	汽车与摩托车
		0302	耐用消费品与服装	030201	家庭耐用消费品
				030202	休闲设备与用品
				030203	纺织服装
				030204	珠宝与奢侈品
		0303	消费者服务	030301	酒店、餐馆与休闲
				030302	综合消费者服务
		0304	传媒	030401	传媒
		0305	零售业	030501	日用品经销商
				030502	互联网零售
				030503	多元化零售
				030504	其他零售
04	主要消费	0401	食品与主要用品零售	040101	食品与主要用品零售
		0402	食品、饮料与烟草	040201	饮料
				040202	包装食品与肉类
				040203	烟草
				040204	农牧渔产品
		0403	家庭与个人用品	040301	家常用品
05	医药卫生	0501	医疗器械与服务	050101	医疗器械
				050102	医疗用品与服务提供商
		0502	医药生物	050201	生物科技
				050202	制药
				050203	制药与生物科技服务

续表

一级行业		二级行业		三级行业	
06	金融地产	0601	银行	060101	商业银行
				060102	抵押信贷机构
		0602	其他金融	060201	其他金融服务
				060202	消费信贷
		0603	资本市场	060301	资本市场
		0604	保险	060401	保险
		0605	房地产	060501	房地产开发与园区
				060502	房地产管理与服务
				060503	房地产投资信托(REITs)
07	信息技术	0701	计算机运用	070101	互联网服务
				070102	信息技术服务
				070103	软件开发
		0702	计算机及电子设备	070201	电脑与外围设备
				070202	电子设备
		0703	半导体	070301	半导体
08	电信业务	0801	电信业务	080101	电信运营服务
				080102	电信增值服务
		0802	通信设备	080201	通信设备
09	公用事业	0901	公用事业	090101	电力
				090102	燃气
				090103	供热或其他公用事业
				090104	水务
				090105	电网

中国证券登记结算有限责任公司关于加强私募投资基金等产品账户管理有关事项的通知

（2018 年 1 月 19 日中国结算发字〔2018〕10 号发布，
自 2018 年 1 月 29 日起实施）

各市场参与主体：

为了进一步加强私募投资基金、证券期货经营机构私募资产管理计划、信托产品、保险资管产品（以下统称资管产品）证券账户管理，根据《证券法》、《证券投资基金法》、《证券登记结算管理办法》、《私募投资基金监督管理暂行办法》、《证券期货经营机构私募资产管理业务运作管理暂行规定》等法律法规以及相关业务规则的规定，现将有关事项通知如下：

一、资管产品管理人根据法律法规规定和产品合同约定，履行资管产品证券账户管理责任。

二、资管产品开立证券账户前须按照行业监管机构要求履行相应的备案登记手续。

1. 私募投资基金和证券期货经营机构私募资产管理计划的管理人应严格按照中国证券投资基金业协会（以下简称基金业协会）的有关要求履行备案手续，开户时须提供基金业协会出具的备案证明和产品编码。

2. 信托产品管理人应当按照《信托登记管理办法》要求办理信托产品预登记，开户时须提供预登记证明和产品编码（对于 2017 年 9 月 1 日前已成立但未办理信托登记的存量信托产品，开户时可暂不提供预登记证明和产品编码。待完成信托登记后按本通知相关要求补充提供登记证明、产品编码和产品成立公告）。

3. 保险资管产品管理人应当按照保监会的相关规定履行资产管理产品备案手续，开户时须提供保监会出具的保险资产管理产品设立的批复。

三、为进一步提高开户效率，资管产品管理人应优先选择资产托管人或委托交易证券公司（以下称账户业务代理人）通过我公司证券账户在线业务平台申请办理证券账户开户手续。

资管产品开立证券账户时，在填报现有产品基本信息的基础上，需要增加填报产品投资顾问、账户实际操作人、份额登记机构、募集规模、产品开放期等信息（详见附件一)，并提供产品结构图(包含产品管理人、托管人、委托人等要素信息，加盖管理人公章)。

四、信托产品、保险资管产品管理人应及时将产品成立情况告知账户业务代理人，产品未能按计划成立的，应及时办理账户注销手续。

1. 信托产品管理人应在完成信托产品登记后10个工作日内，向账户业务代理人提交信托登记证明文书和产品成立公告(加盖管理人公章)。保险资管产品管理人应在向保监会报备后10个工作日内，向账户业务代理人提交已向保监会履行报备手续的证明材料和产品成立公告(加盖管理人公章)。

2. 信托产品、保险资管产品账户开立后六个月，对应资管产品仍未成立的，信托产品管理人、保险资管产品管理人应自行或由账户业务代理人及时办理证券账户注销手续。

3. 账户业务代理人应督促信托产品管理人、保险资管产品管理人按照我公司要求及时提交产品成立相关材料，无法成立的，应督促其办理账户注销手续。

五、资管产品开户后，开立证券账户时登记的产品信息(含本通知第三条要求新增填报的信息)发生变动的，资管产品管理人应在相关信息发生变动后10个工作日内，自行或由账户业务代理人临柜或通过证券账户在线业务平台申请办理证券账户信息变更业务。

六、资管产品到期终止后，资管产品管理人应在到期后15个工作日内，自行(临柜或通过证券账户在线业务平台)或由账户业务代理人办理证券账户注销手续。

七、为履行账户看穿式监管要求，自2018年7月1日起，产品管理人应按要求向我公司报送信托产品信托受益权信息、保险资管产品的份额持有人信息。

1. 信托产品、保险资管产品的管理人应在产品成立后10个工作日内，向我公司报送初始信托受益权信息或份额持有人信息(详见附件二)。

2. 产品存续期间，信托产品、保险资管产品的管理人应在每季度前10个工作日内，向我公司报送截至上季度末最后一个工作日日终的信托受益权信息或份额持有人信息。

3. 当持有5%(含)以上的受益人或份额持有人发生变动(包括持有人身份信息变动、持有份额发生申赎、转让交易行为等)时，信托产品、保险资管产品的管理人应在发生变动后5个工作日内，向我公司报送变动完成当日日终的全量信托受益权信息或份额持有人信息。

4. 信托产品、保险资管产品的管理人可自行或委托资产托管人、份额登记机构等通过我公司证券账户在线业务平台报送持有人信息。

八、对于本通知实施前已开立的各类存量资管产品证券账户，资管产品管理人须核对产品是否已到期，对于2018年1月31日后仍存续的，应按本通知第三条要求于2018年4月30日前完成新增采集信息以及产品编码、杠杆率（如有）的补充报送；对于截至2018年1月31日已到期终止的，应按照本通知第六条要求于2018年4月30日前完成证券账户注销。

九、其他事项

1. 资管产品管理人应当切实承担账户管理职责。对在账户开立及使用过程中存在违法违规行为，以及不配合提供相关信息或故意提供错误信息的，我公司将依照相关业务规则采取限制证券账户使用或注销证券账户等措施；情节严重的，我公司将暂停受理其新开户申请。

2. 资管产品托管人和委托交易证券公司作为资管产品账户业务代理人，应切实履行“了解你的客户”职责，切实做好资管产品在账户开立、产品成立、存续、终止等环节的管理，按我公司要求报送相关信息，督促并协助资管产品管理人办理账户开立、变更、注销等业务。发现有异常情况的应及时向我公司报告。未按上述要求执行且情节严重的，我公司将暂停受理其新开户申请。

3. 我公司将按照中国证监会的要求，与上海证券交易所、深圳证券交易所、全国中小企业股份转让系统、中国证券投资基金业协会、中证资本市场运行统计监测中心等机构建立监管合作和信息共享机制。

4. 本通知自2018年1月29日起实施。

特此通知。

联系人：

程栩 010－50938788 xucheng@ chinaclear. com. cn

吴越 010－50938667 yuewu@ chinaclear. com. cn

吴妍 010－50938645 yanwu@ chinaclear. com. cn

附件一：证券账户业务申请表（略）

附件二：产品份额持有人信息（略）

附件三：数据字典（略）

中国证券登记结算有限责任公司关于私募基金管理人开立证券账户有关事项的通知

（2016年4月21日发布实施）

各开户代理机构：

为配合中国基金业协会实施《私募投资基金管理人登记和基金备案办法（试行）》、《关于进一步规范私募基金管理人登记若干事项的公告》等规定，进一步加强私募基金管理人开立证券账户的管理，现将私募基金管理人开立证券账户有关事项通知如下：

一、私募基金管理人增量账户标识要求

自2016年5月3日起，开户代理机构在为机构投资者开立证券账户时，应要求投资者在《证券账户业务申请表》中填报是否属于应当在中国基金业协会登记的私募基金管理人。对于应当在中国基金业协会登记的私募基金管理人，开户代理机构应要求投资者在《证券账户业务申请表》"是否属于应当在中国基金业协会登记的私募基金管理人"栏目中勾选"是"、填写私募基金管理人编码，并登录"私募汇"手机APP客户端或中国基金业协会网站"私募基金管理人公示平台"（http://gs.amac.org.cn），查询该机构是否已在中国基金业协会登记，核对机构投资者填报的私募基金管理人编码等信息是否正确。核实信息无误后，开户代理机构为该机构投资者开立证券账户，并将该机构类别标识为"私募基金管理人"。对于私募基金管理人以外的其他机构，投资者在《证券账户业务申请表》"是否属于应当在中国基金业协会登记的私募基金管理人"栏目中勾选"否"，开户代理机构仍按照原有开户流程为其开立证券账户。

开户代理机构核查过程中发现机构投资者填报"属于应当在中国基金业协会登记的私募基金管理人"，但尚未在中国基金业协会办理私募基金管理人登记手续的，开户代理机构应要求其办理相关登记手续后再申请开立证券账户。

二、私募基金管理人存量账户标识调整要求

对于2016年5月3日以前私募基金管理人开立的证券账户，我公司将组织开户代理机构对此类存量账户的"机构类别"标识进行调整，要求如下：

（一）我公司将于2016年7月1日日终向各开户代理机构发送需进行机构类别标识调整的私募基金管理人名单（格式见附件2）。各开户代理机构据此核实投资者留存的开户资料是否含有中国基金业协会出具的私募基金管理人登记相关证明文件，或联系投资者核实确认其是否为私募基金管理人并补齐相关材料后，对私募基金管理人开立的相关存量账户标识进行调整。

（二）各开户代理机构可通过我公司统一账户平台证券账户注册资料变更接口，逐笔或批量申报机构类别变更数据，将确为私募基金管理人所开立账户的机构类别变更为“私募基金管理人”，并补充填报私募基金管理人编码。

（三）各开户代理机构应于2016年8月31日前向我公司提交加盖公章的电子文档，说明本次标识调整工作的完成情况（模板见附件3），内容包括但不限于拟调整标识的户数、已成功调整标识的户数、未调整标识的户数及原因等。

三、其他情况说明

私募基金产品证券账户开立业务仍由中国结算北京、上海或深圳分公司受理。2016年5月3日起，中国结算办理私募基金产品证券账户开户业务时，将增加采集私募基金管理人编码、私募基金产品编码的信息。

四、技术安排

（一）请各开户代理机构根据《账户系统数据接口规范》（附件4）尽快完成技术系统适应性改造工作，此次改造共涉及三个变动点：

1. 机构类别（JGLB）字段增加字典项“25 私募基金管理人”。

2. 开户代理机构通过接口报送一码通开立请求时，如机构类别为“私募基金管理人”，使用“备用字段1（BYZD1）”报送采集的私募基金管理人编码。

3. 开户代理机构通过接口对存量机构账户补充采集私募基金管理人编码时，使用“账户注册资料修改”接口的“备用字段1（BYZD1）”报送编码信息。

（二）我公司已于2016年4月18日将有关接口部署于统一账户平台全真测试环境。请各开户代理机构通过全真测试环境对上述第1、第2变动点进行功能测试。

（三）我公司统一账户平台将于2016年4月23日、4月30日参与深交所第五版交易系统全网测试。请各开户代理机构在账户业务测试中，同时对上述第1、第2变动点进行功能测试，并于5月3日前通过以下电子邮箱提交测试报告（测试报告模板见附件5）。

特此通知。

业务联系人：程栩、申丁南

电话：010－50938788、010－50938727

邮箱:xucheng@ chinaclear. com. cn

dnshen@ chinaclear. com. cn

技术联系人:王玮、李明远

电话:010 - 50938757、010 - 50938859

邮箱:wangw@ chinaclear. com. cn

myli@ chinaclear. com. cn

附件1:证券账户开立申请表(略)

附件2:需要进行标识调整的私募基金管理人数据文件(略)

附件3:标识调整工作完成情况报告模板(略)

附件4:账户系统数据接口规范(略)

附件5:测试报告模板(略)

中国基金业协会关于发布
私募投资基金合同指引的通知

(2016年4月18日发布,自2016年7月15日起施行)

各私募投资基金管理人:

根据《证券投资基金法》、《私募投资基金监督管理暂行办法》有关规定,经中国基金业协会理事会表决通过,现予以发布私募投资基金合同指引1号(契约型私募投资基金合同内容与格式指引)、私募投资基金合同指引2号(公司章程必备条款指引)、私募投资基金合同指引3号(合伙协议必备条款指引)。上述指引自二〇一六年七月十五日起施行。

特此通知。

附件1:私募基金合同指引1号(契约型私募基金合同内容与格式指引)(略)

附件2:私募基金合同指引2号(公司章程必备条款指引)(略)

附件3:私募基金合同指引3号(合伙协议必备条款指引)(略)

附件4:私募基金合同指引起草说明

附件 4

《私募投资基金合同指引》起草说明

一、指引制定的背景

（一）私募投资基金的组织形式及登记备案

《证券投资基金法》（以下简称《基金法》）第二条规定，“在中华人民共和国境内，公开或者非公开募集资金设立证券投资基金，由基金管理人管理，基金托管人托管，为基金份额持有人的利益，进行证券投资活动，适用本法”。在此基础上，《私募投资基金监督管理私募办法》（以下简称《私募办法》）第二条进一步规定，“非公开募集资金，以进行投资活动为目的设立的公司或者合伙企业，资产由基金管理人或者普通管理人管理的，其登记备案、资金募集和投资运作适用本办法”。据此，根据组织形式不同，目前私募基金可以分为契约型基金、公司型基金、合伙型基金。

上述三种不同组织形式的私募基金均已有在私募登记备案系统备案。根据目前的基金备案情况，私募证券投资基金以契约型为主，私募股权基金和创业投资基金以合伙型为主。

契约型基金本身不具备法律实体地位，其与基金管理人的关系为信托关系，因此契约型基金无法采用自我管理，且需由基金管理人代其行使相关民事权利。根据基金合同的规定，基金管理人可以承担有限责任也可以承担无限责任。基金管理人须先登记为私募基金管理人，再由已登记的私募基金管理人履行契约型基金备案手续。

公司型基金本身是一个独立的法人实体，公司股东/投资人以其出资额为限承担有限责任，并共同参与公司治理。因此，公司型基金多采用自我管理，由公司董事会自聘管理团队进行管理。公司型基金也可以委托专业基金管理机构作为受托人具体负责投资运作，采取受托管理的，其管理机构须先登记为私募基金管理人，再由已登记的私募基金管理人履行公司型基金备案手续。公司型基金自聘管理团队进行管理，按照协会的《私募基金管理人登记和基金备案办法（试行）》，该自我管理的公司型基金应作为私募基金管理人登记手续，其后由其履行私募基金备案手续。

合伙型基金本身也不是一个法人主体，其执行事务合伙人为普通合伙人（GP），GP 负责合伙事务并对基金承担无限责任。从基金管理方式上，GP 可以自任为私募基金管理人，也可以另行委托专业私募基金管理机构作为管理人具体负责投资管理运作。GP 担任基金管理人的，由 GP 来进行私募基金管理人登记，再由已登记的管理人进行合伙型基金备案；另行委托专业基金管理机构作为受托人具体负责投资运作的，该专业基金管理机构应先登记为私募基金管理人，并由其履行私募基金备案手续。

实践中不同组织形式私募基金的客观存在具有历史合理性。契约型基金具有易标准化、设立简便、份额转让便利等优势，对决策效率要求高的证券类基金较为适用；公司型基金具有投资者参与基金治理和投资决策程度高，法律保障充分等优势，实践中股权型特别是创投基金也较常采用该组织形式；有限合伙型基金与美元基金等国际通行做法接轨、具有“先分后税”的税收政策、区域化的税收减免、对未上市企业投资工商确权清晰等优势，较适合股权类基金。

考虑到不同组织形式基金的特点，本指引分别制定了1号《契约型私募投资基金合同内容与格式指引》、2号《公司章程必备条款指引》以及3号《合伙协议必备条款指引》。

（二）指引制定的意义及依据

随着私募基金的不断发展，作为私募基金的核心文件基金合同一直缺少专业指引，特别是一些中小基金或者新成立的基金，基金合同的制定较为随意容易产生争议。同时，私募基金行业鱼龙混杂，部分机构借“私募”之名从事违法违规活动而投资者无法从合同文本层面进行甄别。因此，为了能够更好地防范和控制风险，保护投资人的权益，有必要在基金合同方面为私募基金设置必要的指引。

中国基金业协会在反复调研论证的基础上，将制定本指引纳入工作计划，并广泛征求行业意见。

本指引根据《基金法》、《私募办法》、《公司法》、《合伙企业法》以及《信托法》等相关法律法规制定，参考了其他资产管理产品的合同文本规范性文件，并按照私募投资基金的组织形式划分，分为适用于契约型、公司型、合伙型私募投资基金的合同指引。

本指引的出台，一方面能够为私募证券投资基金、股权投资基金、创业投资基金等私募类产品提供统一、标准的合同文本参照，同时也能为下一步大资管时代下私募类产品的统一监管奠定基础。

二、指引的主要内容

本指引根据私募基金的组织形式不同，分为1号《契约型私募投资基金合同内容与格式指引》、2号《公司章程必备条款指引》以及3号《合伙协议必备条款指引》。

其中，《契约型私募投资基金合同内容与格式指引》适用于契约型基金，即指未成立法律实体，而是通过契约的形式设立私募基金，基金管理人、投资者和其他基金参与主体按照契约约定行使相应权利，承担相应义务和责任。鉴于证券与股权相区分的原则，对于契约型私募证券投资基金，应当按照《契约型私募投资基金合同内容与格式指引》制定基金合同，而对于契约型私募股权或其他类型投资基金，应当参考《契约型私募投资基金合同内容与格式指引》制定基金合同。

《公司章程必备条款指引》适用于公司型基金，即指投资者依据《公司法》，通过出资形成一个独立的公司法人实体，由公司自行或者通过委托专门的基金管理人机构进行管理，投资者既是基金份额持有者又是基金公司股东，按照公司章程行使相应权利、承担相应义务和责任。

《合伙协议必备条款指引》适用于合伙型基金，即指投资者依据《合伙企业法》成立投资基金有限合伙企业，由普通合伙人对合伙企业的债务承担无限连带责任，由基金管理人具体负责投资运作（普通合伙人可以自任基金管理人，也可以另行委托专业机构作为受托人具体负责投资运作）。

（一）《契约型私募投资基金合同内容与格式指引》的主要内容

本指引共三章，六十三条。

第一章总则，主要规定了本指引的制定依据、适用范围、基金合同的名称、基本原则、禁止虚假陈述、基金托管事项等内容。

第二章基金合同正文，共二十三节。包括前言，释义，声明与承诺，私募基金的基本情况，私募基金的募集，私募基金的成立与备案，私募基金的申购、赎回与转让，当事人及权利义务，私募基金份额持有人大会及日常机构，私募基金份额的登记，私募基金的投资，私募基金的财产，交易及清算交收安排，私募基金财产的估值与会计核算，私募基金的费用与税收，私募基金的收益分配，信息披露与报告，风险揭示，私募基金合同的效力、变更、解除与终止，私募基金的清算，违约责任，争议的处理，其他事项等。

其中，《契约型私募投资基金合同内容与格式指引》第五节私募基金的募集，共两条。订明私募基金募集的有关事项，如募集机构、募集对象、募集方式、募集期限、认购金额、付款期限以及《私募投资基金募集行为管理办法（试行）》中的相关规定等（第十二条），同时，私募基金管理人应当将私募基金募集期间客户的资金存放于私募基金募集结算专用账户（第十三条）。根据《基金法》第五十九条的规定，基金募集期间募集的资金应当存入专门账户，在基金募集行为结束前，任何人不得动用。本条参照了公募基金资金专用账户的相关规定，也符合《私募办法》第二十三条关于不得将固有财产或者他人财产混同于基金财产的规定。

《契约型私募投资基金合同内容与格式指引》第七节私募基金的申购、赎回与转让。根据《基金法》第九十二条第（八）项的规定，应当在基金合同中订明基金份额的认购、赎回或者转让的程序和方式。基金必须向合格投资者转让，且转让后基金份额持有人累计不得超过法定人数。

《契约型私募投资基金合同内容与格式指引》第九节私募基金份额持有人大会及日常机构，订明召开基金份额持有人大会的情形、日常机构职权、召集人和召集方式、出席会议方式、决议形成的程序等内容（第二十八条到第三十一条）。本节为根据《基金法》第四十七条、第四十八条要求编写。

《契约型私募投资基金合同内容与格式指引》第十九节私募基金合同的效力、变更、解除与终止，订明私募基金合同效力、变更、解除与终止等问题（第五十二条至第五十六条）。除合同另有约定外，私募基金合同自签署之日起生效，基金是否备案不影响合同效力；关于私募基金合同的变更，属于重大事项变更的，指引要求私募基金管理人应当向中国基金业协会报告。关于基金合同的解除，指引要求订明基金合同解除的情形。关于私募基金合同的终止，指引列举了合同期限届满未延期、基金份额持有人大会决定终止及基金管理人、基金托管人职责终止六个月内没有承接三种情形。

《契约型私募投资基金合同内容与格式指引》第二十节私募基金的清算，订明私募基金财产清算的相关事宜，如财产清算小组、清算程序、清算费用、剩余资产分配、清算报告文件保存等（第五十七条），同时，基金合同也需要对私募基金财产相关账户的注销问题进行约定（第五十八条）。《基金法》第八十一条、第八十二条规定了基金的清算事宜，包括组织清算组、清算报告及剩余财产分配等，指引提示基金合同对相关问题进行进一步约定。

第三章附则，规定指引的解释权和生效时间。

（二）《公司章程必备条款指引》的主要内容

本指引共六条。

第一条至第四条，主要规定了本指引的制定依据、适用范围、公司型基金的定义、管理人和投资者的声明与承诺。

第五条主要规定了公司型基金章程的必备条款，对《基金法》和《公司法》要求的条款和对投资人有重大影响的条款进行了重点提示。具体包括：基本情况、股东出资、股东的权利义务、入股、退股及转让、股东（大）会、高级管理人员、投资事项、管理方式、托管事项、利润分配及亏损分担、税务承担、费用和支出、财务会计制度、信息披露制度、终止、解散及清算、章程的修订、一致性、份额信息备份、报送披露信息等共十九项。

第六条，规定了指引的解释权和生效时间。

（三）《合伙协议必备条款指引》的主要内容

本指引共六条。

第一条至第四条，主要规定了本指引的制定依据、适用范围、合伙型基金的定义、管理人和投资者的声明与承诺。

第五条主要规定了合伙型基金合伙协议的必备条款，对《基金法》和《合伙企业法》要求的条款和对投资人有重大影响的条款进行了重点提示。具体包括：基本情况，合伙人及其出资，合伙人的权利义务，执行事务合伙人，有限合伙人，合伙人会议，管理方式，托管事项，入伙、退伙、合伙权益转让和身份转变，投资事项、利润分配及亏损分担，税务承担，费用和支出，财务会计制度，信息披露制度，终止、解散与清算，合伙协议的修订，争议解决，一致性，份额信息备份，报送披露信息等共二十一项。

第六条，规定了指引的解释权和生效时间。

三、指引的主要特点

本指引在制定上主要体现了如下几个特点：

（一）体现“公募与私募相区别”的监管原则

与公募基金面向不特定公众且适用较为严格的监管标准不同，私募基金仅面向合格投资者募集，由于私募基金的投资者具有较高风险识别能力和承受能力，且重在内部自治，因此不宜实行严格监管，而应当通过原则性监管以及行业自律的形式维护市场主体的创新活力。

鉴于私募基金可能出现管理人利用信息不对称侵害投资者权益或者风险外溢的情形，为了在规范行业秩序、保护投资人利益以及促进行业健康创新发展之间找到更好的平衡，本指引采用了指引的方式而非固化的标准合同文本。目的就是在于能在保护投资者利益和规范行业秩序的前提下最大程度地给予私募基金自治的权利。

（二）体现不同组织形式基金的差异化监管原则

本指引针对不同组织形式私募基金的特点与实际情况制定了不同的合同指引。

考虑到契约型基金不具备法律主体地位，缺少相关治理结构以及工商行政管理部门的监督，信息透明度低，道德风险较大，我们着重对契约型基金的基金合同进行了规范性指引，除了遵照目前《基金法》要求的强制性条款，也参考了行业内的最佳实践范例，目的在于对契约型基金进行指导和规范，保护投资者利益。

对于公司型以及合伙型基金，考虑到其有独立的法律主体地位且在一定程度上已经受到工商行政管理部门等其他部门的监管，且其拥有法律规定的治理机构，有高度自治性，我们仅就法律法规要求或者实践中对投资者有重大影响的必备条款进行了指引。

总体而言，契约型基金、合伙型基金、公司型基金的内部治理上由弱到强，在监管力度上从公司型基金、合伙型基金、契约性基金也越来越强。

（三）体现私募证券投资基金和私募股权投资基金的差异化监管原则

不同投资标的的私募基金对组织形式有不同的偏好。本指引在制定契约型基金的基金合同指引过程中，主要参照了私募证券投资基金的特点；在制定合伙型基金的合伙协议以及公司型基金的公司章程指引过程中，主要参照了私募股权投资基金和私募创业投资基金的特点。实践中，也出现私募股权投资基金和私募创业投资基金采用契约型基金组织形式的趋势，考虑到目前法律层面上还有许多待解决的问题，这类基金在适用契约型基金合同指引时需要特别根据私募股权投资基金和私募创业投资基金的特点进行相应补充。

四、关于《契约型私募投资基金合同内容与格式指引》的特别说明

契约型基金目前在设立程序、运作成本、基金份额转让及税收等方面均存在一定制度红利。但是，现阶段契约型私募基金在法律主体、权利确认、退出环节等方面也存在一些问题。我国的信托计划、资产管理计划等虽然属于契约型，但由于发行主体为金融机构，有较为严格的监管、内控和资本金要求，容易控制风险。然而对于准入门槛较低的私募基金，为了能够更好地防范风险和保护投资人权益，有必要在合同方面为契约型基金设置比公司型、合伙型基金更为严格的标准。

相较于公司型基金和合伙型基金，契约型基金有其自身特点。为了更好体现契约型基金的独特性，我们特别就《契约型私募投资基金合同内容与格式指引》中的重要内容进行说明。

1. 契约型基金的成立与备案

公募基金及基金专户产品经注册后基金合同方可生效，为了体现公募与私募监管有别的思路，私募基金的备案不影响基金合同的效力。根据《基金法》及《登记备案办法》的规定，未经登记，任何单位或者个人不得使用“基金”或者“基金管理”字样或者近似名称进行证券投资活动；经备案的私募基金可以申请开立证券相关账户。为了更好地引导私募基金的发展，防范和控制风险，顺应市场要求，平衡私募基金管理人与私募基金托管人之间的关系，中国基金业协会拟通过本指引进一步理顺基金设立、备案、投资运作的关系。《契约型私募投资基金合同内容与格式指引》第十五条要求基金合同中应约定私募基金在中国基金业协会完成备案后方可进行投资运作，基金募集完成设立后应到中国基金业协会进行基金备案，备案不影响基金合同的效力以及基金的设立，但未经备案不能进行投资运作。一方面，中国基金业协会不做事前审查，备案所需时间较短，对私募基金运作的影响不大，另一方面，私募基金在中国基金业协会备案也有助于更好地保护私募基金投资者的利益。

2. 契约型基金财产的独立性

由于契约型基金本身并不是法律主体，因此如何妥善保管投资人的出资显得尤为重要。根据《基金法》第五条的规定，基金财产独立于基金管理人、基金托管人的固有财产。基金管理人、基金托管人不得将基金财产归入其固有财产。基金管理人、基金托管人因基金财产的管理、运用或者其他情形而取得的财产和收益，归入基金财产。基金管理人、基金托管人因依法解散、被依法撤销或者被依法宣告破产等原因进行清算的，基金财产不属于其清算财产。《基金法》第七条进一步规定，非因基金财产本身承担的债务，不得对基金财产强制执行。

《契约型私募投资基金合同指引》第十二节也专门就基金财产的保管和处分做出了相关规定，明确《基金法》上述条款所确立的基金财产独立性原则。此外，为了更进一步的保护投资人的利益，《契约型私募投资基金合同指引》第十二节还进一步规定了私募基金财产相关账户的开立和管理，明确基金财产账户与基金管理人、基金托管人和基金份额登记机构自有财产账户以及其他基金财产账户相独立。

3. 风险提示

《契约型私募投资基金合同指引》第二十一条规定了私募基金管理人制作风险揭示书向投资者充分揭示相关风险的义务，第二十七条规定了投资者认真阅读并签署风险揭示书的义务，并设专节第十八节风险揭示规定私募基金管理人应当重点揭示的风险，规定私募基金管理人应单独编制风险揭示书，投资者签订基金合同前应认真阅读并签署。

除了资金损失风险、基金运营风险、流动性风险、募集失败风险、投资标的风险及税收风险等一般风险外，特别规定应对基金未托管风险、聘请投资顾问所涉风险、外包事项所涉风险以及未在中国基金业协会备案的风险进行特别揭示。

4. 管理人、托管人、投资者三方共同签署基金合同

《契约型私募投资基金合同指引》第六条明确规定，私募基金进行托管的，私募基金管理人、基金托管人以及投资者三方应当共同签订基金合同；基金合同明确约定不托管的，应当在基金合同中明确保障私募基金财产安全的制度措施和纠纷解决机制。

考虑到契约型基金不具备法律主体资格，对于资金财产的安全性要求较高，托管人承担的托管责任也较合伙型和公司型基金更大。因此，为了让托管人的权责义务更明晰，《契约型私募投资基金合同指引》要求基金的托管人也作为合同一方签订基金合同。在此安排下，作为合同一方的托管人，也需要对基金的投资人承担相应责任，这与管理人委托托管人，托管人直接向管理人承担责任有较大的区别。

5. 私募基金份额持有人大会及其日常机构

《契约型私募投资基金合同指引》第九节订明了召开基金份额持有人大会的情形、日常机构职权、召集人和召集方式、出席会议方式、决议形成的程序等内容。

一方面,设立基金份额持有人大会及其日常机构是《基金法》的要求;另一方面,基金份额持有人大会及其日常机构的设立有助于加强基金治理,有助于保护投资者利益。

根据指引规定,除指引列明的事项之外,合同各方当事人也可以根据实际情况,约定基金份额持有人大会及其日常机构的其他职权。

私募投资基金合同指引1号（契约型私募投资基金合同内容与格式指引）

（2016年4月18日发布,自2016年7月15日起施行）

第一章 总　则

第一条 根据《证券投资基金法》(以下简称《基金法》)、《私募投资基金监督管理暂行办法》(以下简称《私募办法》)、《私募投资基金管理人登记和基金备案办法(试行)》及其他相关规定,制定本指引。

第二条 私募基金管理人通过契约形式募集设立私募证券投资基金的,应当按照本指引制定私募投资基金合同(以下简称"基金合同");私募基金管理人通过契约形式募集设立私募股权投资基金、创业投资基金和其他类型投资基金应当参考本指引制定私募投资基金合同。

第三条 基金合同的名称中须标识"私募基金"、"私募投资基金"字样。

第四条 基金合同当事人应当遵循平等自愿、诚实信用、公平原则订立基金合同,维护投资者合法权益,不得损害国家利益和社会公共利益。

第五条 基金合同不得含有虚假内容或误导性陈述。

第六条 私募基金进行托管的,私募基金管理人、基金托管人以及投资者三方应当根据本指引要求共同签订基金合同;基金合同明确约定不托管的,应当根据本指引要求在基金合同中明确保障私募基金财产安全的制度措施、保管机制和纠纷解决机制。

第七条 对于本指引有明确要求的，基金合同中应当载明本指引规定的相关内容。在不违反《基金法》、《私募办法》以及相关法律法规的前提下，基金合同当事人可以根据实际情况约定本指引规定内容之外的事项。本指引某些具体要求对当事人确不适用的，当事人可对相应内容做出合理调整和变动，但管理人应在《风险揭示书》中向投资者进行特别揭示，并在基金合同报送中国基金业协会备案时出具书面说明。

第二章　基金合同正文

第一节　前　　言

第八条 基金合同应订明订立基金合同的目的、依据和原则。

第二节　释　　义

第九条 应对基金合同中具有特定法律含义的词汇作出明确的解释和说明。

第三节　声明与承诺

第十条 订明私募基金管理人、私募基金托管人及私募基金投资者的声明与承诺，并用加粗字体在合同中列明，包括但不限于：

私募基金管理人保证在募集资金前已在中国基金业协会登记为私募基金管理人，并列明管理人登记编码。私募基金管理人应当向投资者进一步声明，中国基金业协会为私募基金管理人和私募基金办理登记备案不构成对私募基金管理人投资能力、持续合规情况的认可；不作为对基金财产安全的保证。私募基金管理人保证已在签订本合同前揭示了相关风险；已经了解私募基金投资者的风险偏好、风险认知能力和承受能力。私募基金管理人承诺按照恪尽职守、诚实信用、谨慎勤勉的原则管理运用基金财产，不对基金活动的盈利性和最低收益作出承诺。

私募基金托管人承诺按照恪尽职守、诚实信用、谨慎勤勉的原则安全保管基金财产，并履行合同约定的其他义务。

私募基金投资者声明其为符合《私募办法》规定的合格投资者，保证财产的来源及用途符合国家有关规定，并已充分理解本合同条款，了解相关权利义务，了解有关法律法规及所投资基金的风险收益特征，愿意承担相应的投资风险；私募基金投资者承诺其向私募基金管理人提供的有关投资目的、投资偏好、投资限制、财产收入情况和风险承受能力等基本情况真实、完整、准确、合法,不存在任何重大遗漏或误导。前述信息资料如发生任何实质性变更,应当及时告知私募基金管理人或募集机构。私募基金投资者知晓,私募基金管理人、私募基金托管人及相关机构不应对基金财产的收益状况做出任何承诺或担保。

第四节 私募基金的基本情况

第十一条 订明私募基金的基本情况:

(一)私募基金的名称;

(二)私募基金的运作方式,具体载明封闭式、开放式或者其他方式;

(三)私募基金的计划募集总额(如有);

(四)私募基金的投资目标和投资范围;

(五)私募基金的存续期限;

(六)私募基金份额的初始募集面值;

(七)私募基金的结构化安排(如有);

(八)私募基金的托管事项(如有);

(九)私募基金的外包事项,订明外包机构的名称和在中国基金业协会登记的外包业务登记编码(如有);

(十)其他需要订明的内容。

第五节 私募基金的募集

第十二条 订明私募基金募集的有关事项,包括但不限于:

(一)私募基金的募集机构、募集对象、募集方式、募集期限;

(二)私募基金的认购事项,包括私募基金合格投资者人数上限、认购费用、认购申请的确认、认购份额的计算方式、初始认购资金的管理及利息处理方式等;

(三)私募基金份额认购金额、付款期限等;

(四)《私募投资基金募集行为管理办法》规定的投资冷静期、回访确认等内容。

第十三条 订明私募基金管理人应当将私募基金募集期间客户的资金存放于私募基金募集结算专用账户,订明账户开户行、账户名称、账户号码、监督机构等。

第六节 私募基金的成立与备案

第十四条 私募基金成立的有关事项,包括但不限于:

（一）订明私募基金合同签署的方式；

（二）私募基金成立的条件；

（三）私募基金募集失败的处理方式。

第十五条 私募基金应当按照规定向中国基金业协会履行基金备案手续。基金合同中应约定私募基金在中国基金业协会完成备案后方可进行投资运作。

第七节 私募基金的申购、赎回与转让

第十六条 订明私募基金运作期间，私募基金投资者申购和赎回私募基金的有关事项，包括但不限于：

（一）申购和赎回的开放日及时间；

（二）申购和赎回的方式、价格、程序、确认及办理机构等；

（三）申购和赎回的金额限制。投资者在私募基金存续期开放日购买私募基金份额的，首次购买金额应不低于 100 万元人民币（不含认/申购费）且符合合格投资者标准，已持有私募基金份额的投资者在资产存续期开放日追加购买基金份额的除外。投资者持有的基金资产净值高于 100 万元时，可以选择部分赎回基金份额，投资者在赎回后持有的基金资产净值不得低于 100 万元，投资者申请赎回基金份额时，其持有的基金资产净值低于 100 万元的，必须选择一次性赎回全部基金份额，投资者没有一次性全部赎回持有份额的，管理人应当将该基金份额持有人所持份额做全部赎回处理。《私募办法》第十三条列明的投资者可不适用本项。

（四）申购和赎回的费用；

（五）申购份额的计算方式、赎回金额的计算方式；

（六）巨额赎回的认定及处理方式；

（七）拒绝或暂停申购、赎回的情形及处理方式。

第十七条 基金合同中可以约定基金份额持有人之间，以及基金份额持有人向其他合格投资者转让基金份额的方式、程序和私募基金管理人的相关职责。基金份额转让须按照中国基金业协会要求进行份额登记。转让期间及转让后，持有基金份额的合格投资者数量合计不得超过法定人数。

第八节 当事人及权利义务

第十八条 订明私募基金管理人、私募基金托管人的基本情况，包括但不限于姓名/名称、住所、联系人、通讯地址、联系电话等信息。投资者基本情况可在基金合

同签署页列示。

第十九条 说明私募基金应当设定为均等份额。除私募基金合同另有约定外,每份份额具有同等的合法权益。

第二十条 根据《私募办法》及其他有关规定订明私募基金管理人的权利,包括但不限于:

(一)按照基金合同约定,独立管理和运用基金财产;

(二)按照基金合同约定,及时、足额获得私募基金管理人管理费用及业绩报酬(如有);

(三)按照有关规定和基金合同约定行使因基金财产投资所产生的权利;

(四)根据基金合同及其他有关规定,监督私募基金托管人,对于私募基金托管人违反基金合同或有关法律法规规定、对基金财产及其他当事人的利益造成重大损失的,应当及时采取措施制止;

(五)私募基金管理人为保护投资者权益,可以在法律法规规定范围内,根据市场情况对本基金的认购、申购业务规则(包括但不限于基金总规模、单个基金投资者首次认购、申购金额、每次申购金额及持有的本基金总金额限制等)进行调整;

(六)以私募基金管理人的名义,代表私募基金与其他第三方签署基金投资相关协议文件、行使诉讼权利或者实施其他法律行为。

第二十一条 根据《私募办法》及其他有关规定订明私募基金管理人的义务,包括但不限于:

(一)履行私募基金管理人登记和私募基金备案手续;

(二)按照诚实信用、勤勉尽责的原则履行受托人义务,管理和运用基金财产;

(三)制作调查问卷,对投资者的风险识别能力和风险承担能力进行评估,向符合法律法规规定的合格投资者非公开募集资金;

(四)制作风险揭示书,向投资者充分揭示相关风险;

(五)配备足够的具有专业能力的人员进行投资分析、决策,以专业化的经营方式管理和运作基金财产;

(六)建立健全内部制度,保证所管理的私募基金财产与其管理的其他基金财产和私募基金管理人的固有财产相互独立,对所管理的不同财产分别管理,分别记账、分别投资;

(七)不得利用基金财产或者职务之便,为本人或者投资者以外的人牟取利益,进行利益输送;

(八)自行担任或者委托其他机构担任基金的基金份额登记机构,委托其他基金份额登记机构办理注册登记业务时,对基金份额登记机构的行为进行必要的监督;

（九）按照基金合同约定接受投资者和私募基金托管人的监督；

（十）按照基金合同约定及时向托管人提供非证券类资产凭证或股权证明（包括股东名册和工商部门出具并加盖公章的权利证明文件）等重要文件（如有）；

（十一）按照基金合同约定负责私募基金会计核算并编制基金财务会计报告；

（十二）按照基金合同约定计算并向投资者报告基金份额净值；

（十三）根据法律法规与基金合同的规定，对投资者进行必要的信息披露，揭示私募基金资产运作情况，包括编制和向投资者提供基金定期报告；

（十四）确定私募基金份额申购、赎回价格，采取适当、合理的措施确定基金份额交易价格的计算方法符合法律法规的规定和基金合同的约定；

（十五）保守商业秘密，不得泄露私募基金的投资计划或意向等，法律法规另有规定的除外；

（十六）保存私募基金投资业务活动的全部会计资料，并妥善保存有关的合同、交易记录及其他相关资料，保存期限自私募基金清算终止之日起不得少于10年；

（十七）公平对待所管理的不同基金财产，不得从事任何有损基金财产及其他当事人利益的活动；

（十八）按照基金合同的约定确定私募基金收益分配方案，及时向投资者分配收益；

（十九）组织并参加基金财产清算小组，参与基金财产的保管、清理、估价、变现和分配；

（二十）建立并保存投资者名册；

（二十一）面临解散、依法被撤销或者被依法宣告破产时，及时报告中国基金业协会并通知私募基金托管人和基金投资者。

第二十二条 存在两个以上（含两个）管理人共同管理私募基金的，所有管理人对投资者承担连带责任。管理人之间的责任划分由基金合同进行约定，合同未约定或约定不清的，各管理人按过错承担相应的责任。

第二十三条 私募基金管理人聘用其他私募基金管理人担任投资顾问的，应当通过投资顾问协议明确约定双方权利义务和责任。私募基金管理人不得因委托而免去其作为基金管理人的各项职责。

投资顾问的条件和遴选程序，应符合法律法规和行业自律规则的规定和要求。基金合同中已订明投资顾问的，应列明因私募基金管理人聘请投资顾问对基金合同各方当事人权利义务产生影响的情况。私募基金运作期间，私募基金管理人提请聘用、更换投资顾问或调整投资顾问报酬的，应取得基金份额持有人大会的同意。

第二十四条 根据《私募办法》及其他有关规定订明私募基金托管人的权利，包括但不限于：

（一）按照基金合同的约定，及时、足额获得私募基金托管费用；

（二）依据法律法规规定和基金合同约定，监督私募基金管理人对基金财产的投资运作，对于私募基金管理人违反法律法规规定和基金合同约定、对基金财产及其他当事人的利益造成重大损失的情形，有权报告中国基金业协会并采取必要措施；

（三）按照基金合同约定，依法保管私募基金财产。

第二十五条 根据《私募办法》及其他有关规定订明私募基金托管人的义务，包括但不限于：

（一）安全保管基金财产；

（二）具有符合要求的营业场所，配备足够的、合格专职人员，负责基金财产托管事宜；

（三）对所托管的不同基金财产分别设置账户，确保基金财产的完整与独立；

（四）除依据法律法规规定和基金合同的约定外，不得为私募基金托管人及任何第三人谋取利益，不得委托第三人托管基金财产；

（五）按规定开立和注销私募基金财产的托管资金账户、证券账户、期货账户等投资所需账户（私募基金管理人和私募基金托管人另有约定的，可以按照约定履行本项义务；如果基金合同约定不托管的，由私募基金管理人履行本项义务）；

（六）复核私募基金份额净值；

（七）办理与基金托管业务有关的信息披露事项；

（八）根据相关法律法规和基金合同约定复核私募基金管理人编制的私募基金定期报告，并定期出具书面意见；

（九）按照基金合同约定，根据私募基金管理人或其授权人的资金划拨指令，及时办理清算、交割事宜；

（十）根据法律法规规定，妥善保存私募基金管理业务活动有关合同、协议、凭证等文件资料；

（十一）公平对待所托管的不同基金财产，不得从事任何有损基金财产及其他当事人利益的活动；

（十二）保守商业秘密，除法律法规规定和基金合同约定外，不得向他人泄露本基金的有关信息；

（十三）根据相关法律法规要求的保存期限，保存私募基金投资业务活动的全部会计资料，并妥善保存有关的合同、交易记录及其他相关资料；

（十四）监督私募基金管理人的投资运作，发现私募基金管理人的投资指令违反法律法规的规定及基金合同约定的，应当拒绝执行，立即通知私募基金管理人；发现私募基金管理人依据交易程序已经生效的投资指令违反法律法规的规定及基金合同约定的，应当立即通知私募基金管理人；

（十五）按照私募基金合同约定制作相关账册并与基金管理人核对。

第二十六条 根据《私募办法》及其他有关规定订明投资者的权利，包括但不限于：

（一）取得基金财产收益；

（二）取得清算后的剩余基金财产；

（三）按照基金合同的约定申购、赎回和转让基金份额；

（四）根据基金合同的约定，参加或申请召集基金份额持有人大会，行使相关职权；

（五）监督私募基金管理人、私募基金托管人履行投资管理及托管义务的情况；

（六）按照基金合同约定的时间和方式获得基金信息披露资料；

（七）因私募基金管理人、私募基金托管人违反法律法规或基金合同的约定导致合法权益受到损害的，有权得到赔偿。

第二十七条 根据《私募办法》及其他有关规定订明投资者的义务，包括但不限于：

（一）认真阅读基金合同，保证投资资金的来源及用途合法；

（二）接受合格投资者确认程序，如实填写风险识别能力和承担能力调查问卷，如实承诺资产或者收入情况，并对其真实性、准确性和完整性负责，承诺为合格投资者；

（三）以合伙企业、契约等非法人形式汇集多数投资者资金直接或者间接投资于私募基金的，应向私募基金管理人充分披露上述情况及最终投资者的信息，但符合《私募办法》第十三条规定的除外；

（四）认真阅读并签署风险揭示书；

（五）按照基金合同约定缴纳基金份额的认购、申购款项，承担基金合同约定的管理费、托管费及其他相关费用；

（六）按照基金合同约定承担基金的投资损失；

（七）向私募基金管理人或私募基金募集机构提供法律法规规定的信息资料及身份证明文件，配合私募基金管理人或其募集机构的尽职调查与反洗钱工作；

（八）保守商业秘密，不得泄露私募基金的投资计划或意向等；

（九）不得违反基金合同的约定干涉基金管理人的投资行为；

(十)不得从事任何有损基金及其投资者、基金管理人管理的其他基金及基金托管人托管的其他基金合法权益的活动。

第九节　私募基金份额持有人大会及日常机构

第二十八条　列明应当召开基金份额持有人大会的情形,并订明其他可能对基金份额持有人权利义务产生重大影响需要召开基金份额持有人大会的情形:

(一)决定延长基金合同期限;

(二)决定修改基金合同的重要内容或者提前终止基金合同;

(三)决定更换基金管理人、基金托管人;

(四)决定调整基金管理人、基金托管人的报酬标准;

(五)基金合同约定的其他情形。

针对前款所列事项,基金份额持有人以书面形式一致表示同意的,可以不召开基金份额持有人大会直接作出决议,并由全体基金份额持有人在决议文件上签名、盖章。

第二十九条　按照基金合同的约定,基金份额持有人大会可以设立日常机构,行使下列职权:

(一)召集基金份额持有人大会;

(二)提请更换基金管理人、基金托管人;

(三)监督基金管理人的投资运作、基金托管人的托管活动;

(四)提请调整基金管理人、基金托管人的报酬标准;

(五)基金合同约定的其他职权。

第三十条　基金份额持有人大会日常机构应当由基金份额持有人大会选举产生。基金份额持有人大会日常机构的人员构成和更换程序应由基金合同约定。

第三十一条　根据《基金法》和其他有关规定订明基金份额持有人大会及/或日常机构的下列事项:

(一)召集人和召集方式;

(二)召开会议的通知时间、通知内容、通知方式;

(三)出席会议的方式(基金份额持有人大会可以采取现场方式召开,也可以采取通讯等方式召开);

(四)议事内容与程序;

(五)决议形成的条件、表决方式、程序;

(六)基金合同约定的其他事项。

第三十二条 基金份额持有人大会及其日常机构不得直接参与或者干涉基金的投资管理活动。

第十节 私募基金份额的登记

第三十三条 订明私募基金管理人办理份额登记业务的各项事宜。说明私募基金管理人委托可办理私募基金份额登记业务的其他机构代为办理私募基金份额登记业务的,应当与有关机构签订委托代理协议,并订明份额登记机构的名称、外包业务登记编码、代为办理私募基金份额登记机构的权限和职责等。

第三十四条 订明全体基金份额持有人同意私募基金管理人、份额登记机构或其他份额登记义务人应当按照中国基金业协会的规定办理基金份额登记数据的备份。

第十一节 私募基金的投资

第三十五条 说明私募基金财产投资的有关事项,包括但不限于:

(一)投资目标;

(二)投资范围;

(三)投资策略;

(四)投资限制,订明按照《私募办法》、自律规则及其他有关规定和基金合同约定禁止或限制的投资事项;

(五)对于基金合同、交易行为中存在的或可能存在利益冲突的情形及处理方式进行说明;

(六)业绩比较基准(如有);

(七)参与融资融券及其他场外证券业务的情况(如有)。

第三十六条 根据基金合同约定,可以订明私募基金管理人负责指定私募基金投资经理或投资关键人士,订明投资经理或投资关键人士的基本情况、变更条件和程序。

第三十七条 私募基金采用结构化安排的,不得违背“利益共享,风险共担”基本原则,直接或间接对结构化私募基金的持有人提供保本、保收益安排。

第十二节 私募基金的财产

第三十八条 订明与私募基金财产有关的事项,包括但不限于:

（一）私募基金财产的保管与处分

1. 说明私募基金财产应独立于私募基金管理人、私募基金托管人的固有财产，并由私募基金托管人保管。私募基金管理人、私募基金托管人不得将私募基金财产归入其固有财产。

2. 说明私募基金管理人、私募基金托管人因私募基金财产的管理、运用或者其他情形而取得的财产和收益归入私募基金财产。

3. 说明私募基金管理人、私募基金托管人可以按照合同的约定收取管理费用、托管费用以及基金合同约定的其他费用。私募基金管理人、私募基金托管人以其固有财产承担法律责任，其债权人不得对私募基金财产行使请求冻结、扣押和其他权利。私募基金管理人、私募基金托管人因依法解散、被依法撤销或者被依法宣告破产等原因进行清算的，私募基金财产不属于其清算财产。

4. 说明私募基金管理人、私募基金托管人不得违反法律法规的规定和基金合同约定擅自将基金资产用于抵押、质押、担保或设定任何形式的优先权或其他第三方权利。

5. 说明私募基金财产产生的债权不得与不属于私募基金财产本身的债务相互抵消。非因私募基金财产本身承担的债务，私募基金管理人、私募基金托管人不得主张其债权人对私募基金财产强制执行。上述债权人对私募基金财产主张权利时，私募基金管理人、私募基金托管人应明确告知私募基金财产的独立性。

（二）私募基金财产相关账户的开立和管理

私募基金管理人或私募基金托管人按照规定开立私募基金财产的托管资金账户、证券账户和期货账户等投资所需账户。证券账户和期货账户的持有人名称应当符合证券、期货登记结算机构的有关规定。开立的上述基金财产账户与私募基金管理人、私募基金托管人、私募基金募集机构和私募基金份额登记机构自有的财产账户以及其他基金财产账户相独立。

（三）私募基金未托管的，应当在本节明确保障私募基金财产安全的制度措施和纠纷解决机制。

第十三节　交易及清算交收安排

第三十九条　参照中国证监会关于证券投资基金募集结算资金管理相关规定，具体订明下列事项：

（一）选择证券、期货经纪机构的程序（如需要）；

（二）清算交收安排；

(三)资金、证券账目及交易记录的核对;

(四)申购或赎回的资金清算;

(五)其他事项。

第四十条 私募基金由基金托管人托管的,应当具体订明私募基金管理人在运用基金财产时向基金托管人发送资金划拨及其他款项收付的投资指令的事项:

(一)交易清算授权;

(二)投资指令的内容;

(三)投资指令的发送、确认及执行时间与程序;

(四)私募基金托管人依法暂缓、拒绝执行指令的情形和处理程序;

(五)私募基金管理人发送错误指令的情形和处理程序;

(六)更换被授权人的程序;

(七)指令的保管;

(八)相关的责任。

第十四节 私募基金财产的估值和会计核算

第四十一条 根据国家有关规定订明私募基金财产估值的相关事项,包括但不限于:

(一)估值目的;

(二)估值时间;

(三)估值方法;

(四)估值对象;

(五)估值程序;

(六)估值错误的处理;

(七)暂停估值的情形;

(八)基金份额净值的确认;

(九)特殊情况的处理。

第四十二条 订明私募基金的会计政策。

参照现行政策或按照基金合同约定执行,并订明以下事项,包括但不限于:

(一)会计年度、记账本位币、会计核算制度等事项;

(二)私募基金应独立建账、独立核算;私募基金管理人或其委托的外包服务机构应保留完整的会计账目、凭证并进行日常的会计核算,编制会计报表;私募基金托管人应定期与私募基金管理人就私募基金的会计核算、报表编制等进行核对。

第十五节 私募基金的费用与税收

第四十三条 订明私募基金费用的有关事项：

（一）订明私募基金财产运作过程中，从私募基金财产中支付的费用种类、费率、费率的调整、计提标准、计提方式与支付方式等；

（二）订明可列入私募基金财产费用的项目，订明私募基金管理人和私募基金托管人因未履行或未完全履行义务导致的费用支出或私募基金财产的损失，以及处理与私募基金财产运作无关的事项发生的费用等不得列入私募基金的费用；

（三）订明私募基金的管理费率和托管费率。私募基金管理人可以与私募基金投资者约定，根据私募基金的管理情况提取适当的业绩报酬；

（四）订明业绩报酬（如有）的计提原则和计算及支付方法；

（五）为基金募集、运营、审计、法律顾问、投资顾问等提供服务的基金服务机构从基金中列支相应服务费；

（六）其他费用的计提原则和计算方法。

第四十四条 根据国家有关税收规定，订明基金合同各方当事人缴税安排。

第十六节 私募基金的收益分配

第四十五条 订明私募基金收益分配政策依据现行法律法规以及基金合同约定执行，并订明有关事项，包括但不限于：

（一）收益分配原则，包括订明收益分配的基准、次数、比例、时间等；

（二）收益分配方案的确定与通知；

（三）收益分配的执行方式。

第十七节 信息披露与报告

第四十六条 订明私募基金管理人向投资者披露信息的种类、内容、频率和方式等有关事项。

第四十七条 订明私募基金管理人、私募基金托管人应当按照《私募投资基金信息披露管理办法》的规定及基金合同约定如实向投资者披露以下事项：

（一）基金投资情况；

（二）资产负债情况；

(三)投资收益分配;

(四)基金承担的费用和业绩报酬(如有);

(五)可能存在的利益冲突、关联交易以及可能影响投资者合法权益的其他重大信息;

(六)法律法规及基金合同约定的其他事项。

第四十八条 订明私募基金管理人定期应向投资者报告经私募基金托管人复核的基金份额净值。

第四十九条 订明全体份额持有人同意私募基金管理人或其他信息披露义务人应当按照中国基金业协会的规定对基金信息披露信息进行备份。

第十八节 风险揭示

第五十条 私募基金管理人应当单独编制《风险揭示书》,私募基金投资者应充分了解并谨慎评估自身风险承受能力,并做出自愿承担风险的陈述和声明。

第五十一条 私募基金管理人应当在基金合同中向投资者说明有关法律法规,须重点揭示管理人在管理、运用或处分财产过程中,私募基金可能面临的风险,包括但不限于:

(一)私募基金的特殊风险,包括基金合同与中国基金业协会合同指引不一致所涉风险、基金未托管所涉风险、基金委托募集所涉风险、外包事项所涉风险、聘请投资顾问所涉风险、未在中国基金业协会登记备案的风险等;

(二)私募基金的一般风险,包括资金损失风险、基金运营风险、流动性风险、募集失败风险、投资标的的风险、税收风险等。

第十九节 基金合同的效力、变更、解除与终止

第五十二条 说明基金合同自签署之日起生效,合同另有约定的除外。基金合同自生效之日起对私募基金管理人、私募基金托管人、投资者具有同等的法律约束力。

第五十三条 说明基金合同的有效期限。基金合同的有效期限可为不定期或合同当事人约定的其他期限。

第五十四条 说明基金合同变更的条件、程序等。

(一)需要变更基金合同重要内容的,可由全体投资者、私募基金管理人和私募基金托管人协商一致变更;或按照基金合同的约定召开基金份额持有人大会决议通过;或按照相关法律法规规定和基金合同约定的其他方式进行变更。

（二）订明基金合同重大事项发生变更的，私募基金管理人应按照中国基金业协会要求及时向中国基金业协会报告。

第五十五条 订明基金合同解除的情形。基金合同应当根据《私募投资基金募集行为管理办法》的规定在合同中约定投资者的解除权。

第五十六条 订明基金合同终止的情形，包括但不限于下列事项：

（一）基金合同期限届满而未延期；

（二）基金份额持有人大会决定终止；

（三）基金管理人、基金托管人职责终止，在六个月内没有新基金管理人、新基金托管人承接。

第二十节 私募基金的清算

第五十七条 订明私募基金财产清算的有关事项：

（一）私募基金财产清算小组。

1. 私募基金财产清算小组组成，说明私募基金财产清算小组成员由私募基金管理人和私募基金托管人组成。清算小组可以聘用必要的工作人员；

2. 私募基金财产清算小组职责，说明私募基金财产清算小组负责私募基金财产的保管、清理、估价、变现和分配。私募基金财产清算小组可以依法进行必要的民事活动。

（二）订明私募基金财产清算的程序。

（三）订明清算费用的来源和支付方式。

（四）订明私募基金财产清算剩余资产的分配，依据私募基金财产清算的分配方案，将私募基金财产清算后的全部剩余资产扣除私募基金财产清算费用后，按私募基金的份额持有人持有的计划份额比例进行分配；基金合同另有约定的除外。

（五）订明私募基金财产清算报告的告知安排。

（六）私募基金财产清算账册及文件的保存，说明私募基金财产清算账册及文件由私募基金管理人保存10年以上。

第五十八条 私募基金财产相关账户的注销。

订明私募基金财产清算完毕后，当事人在私募基金财产相关账户注销中的职责及相应的办理程序。

第二十一节 违约责任

第五十九条 订明基金合同当事人违反基金合同应当承担的违约赔偿责任。

基金合同能够继续履行的应当继续履行。

第二十二节　争议的处理

第六十条　订明发生纠纷时，当事人可以通过协商或者调解予以解决。当事人不愿通过协商、调解解决或者协商、调解不成的，可以根据基金合同的约定或者事后达成的书面仲裁条款向仲裁机构申请仲裁，或向人民法院起诉。

第二十三节　其他事项

第六十一条　订明基金合同需要约定的其他事项。

第三章　附　　则

第六十二条　本指引由中国基金业协会负责解释。

第六十三条　本指引自2016年7月15日起施行。

私募投资基金合同指引2号（公司章程必备条款指引）

（2016年4月18日发布，自2016年7月15日起施行）

一、根据《证券投资基金法》（以下简称《基金法》）、《公司法》、《公司登记管理条例》、《私募投资基金监督管理暂行办法》（以下简称《私募办法》）、《私募投资基金管理人登记和基金备案办法（试行）》（以下简称《登记备案办法》）及其他相关规定，制定本指引。

二、私募基金管理人通过有限责任公司或股份有限公司形式募集设立私募投资基金的，应当按照本指引制定公司章程。章程中应当载明本指引规定的必备条款，本指引必备条款未尽事宜，可以参考私募投资基金合同指引1号的相关内容。投资者签署的公司章程应当满足相关法律、法规对公司章程的法定基本要求。

三、本指引所称公司型基金是指投资者依据《公司法》，通过出资形成一个独立的公司法人实体(以下简称“公司”),由公司自行或者通过委托专门的基金管理人机构进行管理的私募投资基金。公司型基金的投资者既是基金份额持有者又是公司股东,按照公司章程行使相应权利、承担相应义务和责任。

四、私募基金管理人及私募基金投资者应在公司章程首页用加粗字体进行如下声明与承诺,包括但不限于:

私募基金管理人保证在募集资金前已在中国基金业协会登记为私募基金管理人,并列明管理人登记编码。私募基金管理人应当向投资者进一步声明,中国基金业协会为私募基金管理人和私募基金办理登记备案不构成对私募基金管理人投资能力、持续合规情况的认可;不作为对基金财产安全的保证。私募基金管理人保证已在签订本合同前揭示了相关风险;已经了解私募基金投资者的风险偏好、风险认知能力和承受能力。私募基金管理人承诺按照恪尽职守、诚实信用、谨慎勤勉的原则管理运用基金财产,不对基金活动的盈利性和最低收益作出承诺。

私募基金投资者声明其为符合《私募办法》规定的合格投资者,保证财产的来源及用途符合国家有关规定,并已充分理解本合同条款,了解相关权利义务,了解有关法律法规及所投资基金的风险收益特征,愿意承担相应的投资风险;私募基金投资者承诺其向私募基金管理人提供的有关投资目的、投资偏好、投资限制、财产收入情况和风险承受能力等基本情况真实、完整、准确、合法,不存在任何重大遗漏或误导。

五、公司型基金的章程应当具备如下条款:

(一)【基本情况】章程应列明公司的基本信息,包括但不限于公司的名称、住所、注册资本、存续期限、经营范围(应含有“基金管理”、“投资管理”、“资产管理”、“股权投资”、“创业投资”等能体现私募投资基金性质的字样)、股东姓名/名称、住所、法定代表人等,同时可以对变更该等信息的条件作出说明。

(二)【股东出资】章程应列明股东的出资方式、数额、比例和缴付期限。

(三)【股东的权利义务】章程应列明股东的基本权利、义务及股东行使知情权的具体方式。

(四)【入股、退股及转让】章程应列明股东增资、减资、入股、退股及股权转让的条件及程序。

(五)【股东(大)会】章程应列明股东(大)会的职权、召集程序及议事规则等。

(六)【高级管理人员】章程应列明董事会或执行董事、监事(会)及其他高级管理人员的产生办法、职权、召集程序、任期及议事规则等。

(七)【投资事项】章程应列明本公司型基金的投资范围、投资策略、投资运作方式、投资限制、投资决策程序、关联方认定标准及对关联方投资的回避制度、投资后对被投资企业的持续监控、投资风险防范、投资退出等。

（八）【管理方式】公司型基金可以采取自我管理，也可以委托其他私募基金管理机构管理。采取自我管理方式的，章程中应当明确管理架构和投资决策程序；采取委托管理方式的，章程中应当明确管理人的名称，并列明管理人的权限及管理费的计算和支付方式。

（九）【托管事项】公司财产进行托管的，应在章程中明确托管机构的名称或明确全体股东在托管事宜上对董事会/执行董事的授权范围，包括但不限于挑选托管人、签署托管协议等。

（十）公司全体股东一致同意不托管的，应在章程中明确约定本公司型基金不进行托管，并明确保障投资基金财产安全的制度措施和纠纷解决机制。

（十一）【利润分配及亏损分担】章程应列明公司的利润分配和亏损分担原则及执行方式。

（十二）【税务承担】章程应列明公司的税务承担事项。

（十三）【费用和支出】章程应列明公司承担的有关费用（包括税费）、受托管理人和托管机构报酬的标准及计提方式。

（十四）【财务会计制度】章程应对公司的财务会计制度作出规定，包括记账、会计年度、经会计师事务所审计的年度财务报告、公司年度投资运作基本情况及重大事件报告的编制与提交、查阅会计账簿的条件等。

（十五）【信息披露制度】章程应对本公司型基金信息披露的内容、方式、频度等内容作出规定。

（十六）【终止、解散及清算】章程应列明公司的终止、解散事由及清算程序。

（十七）【章程的修订】章程应列明章程的修订事由及程序。

（十八）【一致性】章程应明确规定当章程的内容与股东之间的出资协议或其他文件内容相冲突的，以章程为准。若章程有多个版本且内容相冲突的，以在中国基金业协会备案的版本为准。

（十九）【份额信息备份】订明全体股东同意私募基金管理人、份额登记机构或其他份额登记义务人应当按照中国基金业协会的规定办理基金份额登记（公司股东）数据的备份。

（二十）【报送披露信息】订明全体股东同意私募基金管理人或其他信息披露义务人应当按照中国基金业协会的规定对基金信息披露信息进行备份。

六、本指引由中国基金业协会负责解释，自 2016 年 7 月 15 日起施行。

私募投资基金合同指引3号
(合伙协议必备条款指引)

(2016年4月18日发布,自2016年7月15日起施行)

一、根据《证券投资基金法》(以下简称《基金法》)、《合伙企业法》、《合伙企业登记管理办法》、《私募投资基金监督管理暂行办法》(以下简称《私募办法》)、《私募投资基金管理人登记和基金备案办法(试行)》(以下简称《登记备案办法》)及其他相关规定,制定本指引。

二、私募基金管理人通过有限合伙形式募集设立私募投资基金的,应当按照本指引制定有限合伙协议(以下简称"合伙协议")。合伙协议中应当载明本指引规定的必备条款,本指引必备条款未尽事宜,可以参考私募投资基金合同指引1号的相关内容。协议当事人订立的合伙协议应当满足相关法律、法规对合伙协议的法定基本要求。

三、本指引所称合伙型基金是指投资者依据《合伙企业法》成立有限合伙企业(以下简称"合伙企业"),由普通合伙人对合伙债务承担无限连带责任,由基金管理人具体负责投资运作的私募投资基金。

四、私募基金管理人及私募基金投资者应在合伙协议首页用加粗字体进行如下声明与承诺,包括但不限于:

私募基金管理人保证在募集资金前已在中国基金业协会登记为私募基金管理人,并列明管理人登记编码。私募基金管理人应当向投资者进一步声明,中国基金业协会为私募基金管理人和私募基金办理登记备案不构成对私募基金管理人投资能力、持续合规情况的认可;不作为对基金财产安全的保证。私募基金管理人保证已在签订本合同前揭示了相关风险;已经了解私募基金投资者的风险偏好、风险认知能力和承受能力。私募基金管理人承诺按照恪尽职守、诚实信用、谨慎勤勉的原则管理运用基金财产,不对基金活动的盈利性和最低收益作出承诺。

私募基金投资者声明其为符合《私募办法》规定的合格投资者,保证财产的来源及用途符合国家有关规定,并已充分理解本合同条款,了解相关权利义务,了解有关法律法规及所投资基金的风险收益特征,愿意承担相应的投资风险;私募基金投资者承诺其向私募基金管理人提供的有关投资目的、投资偏好、投资限制、财产收入情况和风险承受能力等基本情况真实、完整、准确、合法，不存在任何重大遗漏或误导。

五、合伙型基金的合伙协议应当具备如下条款：

（一）【基本情况】合伙协议应列明如下信息，同时可以对变更该等信息的条件作出说明：

1. 合伙企业的名称（标明“合伙企业”字样）；

2. 主要经营场所地址；

3. 合伙目的和合伙经营范围（应含有“基金管理”、“投资管理”、“资产管理”、“股权投资”、“创业投资”等能体现私募投资基金性质的字样）；

4. 合伙期限。

（二）【合伙人及其出资】合伙协议应列明普通合伙人和有限合伙人的姓名或名称、住所、出资方式、出资数额、出资比例和缴付期限，同时可以对合伙人相关信息发生变更时应履行的程序作出说明。

（三）【合伙人的权利义务】合伙协议应列明有限合伙人与普通合伙人的基本权利和义务。

（四）【执行事务合伙人】合伙协议应约定由普通合伙人担任执行事务合伙人，执行事务合伙人有权对合伙企业的财产进行投资、管理、运用和处置，并接受其他普通合伙人和有限合伙人的监督。合伙协议应列明执行事务合伙人应具备的条件及选择程序、执行事务合伙人的权限及违约处理办法、执行事务合伙人的除名条件和更换程序，同时可以对执行事务合伙人执行事务的报酬（包括绩效分成）及报酬提取方式、利益冲突及关联交易等事项做出约定。

（五）【有限合伙人】有限合伙人不执行合伙事务，不得对外代表合伙企业。但有限合伙人的下列行为，不视为执行合伙事务：

1. 参与决定普通合伙人入伙、退伙；

2. 对企业的经营管理提出建议；

3. 参与选择承办合伙企业审计业务的会计师事务所；

4. 获取经审计的合伙企业财务会计报告；

5. 对涉及自身利益的情况，查阅合伙企业财务会计账簿等财务资料；

6. 在合伙企业中的利益受到侵害时，向有责任的合伙人主张权利或者提起诉讼；

7. 执行事务合伙人怠于行使权利时，督促其行使权利或者为了合伙企业的利益以自己的名义提起诉讼；

8. 依法为合伙企业提供担保。

合伙协议可以对有限合伙人的权限及违约处理办法做出约定，但是不得做出有限合伙人以任何直接或间接方式，参与或变相参与超出前款规定的八种不视为执行合伙事务行为的约定。

（六）【合伙人会议】合伙协议应列明合伙人会议的召开条件、程序及表决方式等内容。

（七）【管理方式】合伙型基金的管理人可以是合伙企业执行事务合伙人，也可以委托给其他私募基金管理机构。合伙协议中应明确管理人和管理方式，并列明管理人的权限及管理费的计算和支付方式。

（八）【托管事项】合伙企业财产进行托管的，应在合伙协议中明确托管机构的名称或明确全体合伙人在托管事宜上对执行事务合伙人的授权范围，包括但不限于挑选托管人、签署托管协议等。全体合伙人一致同意不托管的，应在合伙协议中明确约定本合伙型基金不进行托管，并明确保障投资基金财产安全的制度措施和纠纷解决机制。

（九）【入伙、退伙、合伙权益转让和身份转变】合伙协议应列明合伙人入伙、退伙、合伙权益转让的条件、程序及相关责任，及有限合伙人和普通合伙人相互转变程序。

（十）【投资事项】合伙协议应列明本合伙型基金的投资范围、投资运作方式、投资限制、投资决策程序、关联方认定标准及关联方投资的回避制度，以及投资后对被投资企业的持续监控、投资风险防范、投资退出、所投资标的担保措施、举债及担保限制等作出约定。

（十一）【利润分配及亏损分担】合伙协议应列明与合伙企业的利润分配及亏损分担方式有关的事项，具体可以包括利润分配原则及顺序、利润分配方式、亏损分担原则及顺序等。

（十二）【税务承担】合伙协议应列明合伙企业的税务承担事项。

（十三）【费用和支出】合伙协议应列明与合伙企业费用的核算和支付有关的事项，具体可以包括合伙企业费用的计提原则、承担费用的范围、计算及支付方式、应由普通合伙人承担的费用等。

（十四）【财务会计制度】合伙协议应对合伙企业的记账、会计年度、审计、年度报告、查阅会计账簿的条件等事项作出约定。

（十五）【信息披露制度】合伙协议应对本合伙型基金信息披露的内容、方式、频度等内容作出约定。

（十六）【终止、解散与清算】合伙协议应列明合伙企业终止、解散与清算有关的事项，具体可以包括合伙企业终止、解散的条件、清算程序、清算人及任命条件、清偿及分配等。

（十七）【合伙协议的修订】合伙协议应列明协议的修订事由及程序。

（十八）【争议解决】合伙协议应列明争议的解决方式。

（十九）【一致性】合伙协议应明确规定当合伙协议的内容与合伙人之间的其他协议或文件内容相冲突的，以合伙协议为准。若合伙协议有多个版本且内容相冲突的，以在中国基金业协会备案的版本为准。

（二十）【份额信息备份】订明全体合伙人同意私募基金管理人、份额登记机构或其他份额登记义务人应当按照中国基金业协会的规定办理基金份额登记（全体合伙人）数据的备份。

（二十一）【报送披露信息】订明全体合伙人同意私募基金管理人或其他信息披露义务人应当按照中国基金业协会的规定对基金信息披露信息进行备份。

六、本指引由中国基金业协会负责解释，自2016年7月15日起施行。

私募投资基金命名指引

（2018年11月20日发布，自2019年1月1日起实施）

第一条 为了保护投资人及相关当事人合法权益，促进私募投资基金行业规范发展，根据《中华人民共和国证券投资基金法》、《私募投资基金监督管理暂行办法》、《私募投资基金管理人登记和基金备案办法（试行）》及其他相关法律法规和自律规则，制定本指引。

第二条 通过契约、合伙企业、有限责任公司、股份有限公司等组织形式募集设立的私募投资基金命名事宜，适用本指引。

第三条 私募投资基金名称不得明示、暗示基金投资活动不受损失或者承诺最低收益，不得含有“安全”、“保险”、“避险”、“保本”、“稳赢”等可能误导或者混淆投资人判断的字样，不得违规使用“高收益”、“无风险”等与私募投资基金风险收益特征不匹配的表述。

第四条 私募投资基金名称不得含有虚假记载和误导性陈述，不得对投资业绩进行预测，不得在未提供客观证据的情况下使用“最佳业绩”、“最大规模”、“名列前茅”、“最强”、“500倍”等夸大或误导基金业绩的字样。

第五条 未经合法授权，私募投资基金名称中不得非法使用知名人士姓名、知名机构的名称或者商号。

第六条 私募投资基金名称不得使用“资管计划”、“信托计划”、“专户”、“理财产品”等容易与金融机构发行的资产管理产品混淆的相同或相似字样。

第七条 私募投资基金名称应当列明体现基金业务类别的字样，且应当与基金合同、合伙协议或者公司章程约定的基金投资范围、投资方向和风险收益特征保持一致。

私募证券投资基金名称中可以使用“股票投资”、“混合投资”、“固定收益投资”、“期货投资”或者其他体现具体投资领域特点的字样。如未体现具体投资领域特点，则应当使用“证券投资”字样。

私募股权投资基金名称中可以使用“创业投资”、“并购投资”、“基础设施投资”或者其他体现具体投资领域特点的字样。如未体现具体投资领域特点，则应当使用“股权投资”字样。

第八条 契约型私募投资基金名称中应当包含“私募”及“基金”字样，避免与公开募集投资基金混淆。

第九条 契约型私募投资基金名称应当简单明了，列明私募投资基金管理人全称或能清晰代表私募投资基金管理人名称的简称。私募投资基金管理人聘请投资顾问的，私募投资基金名称中可以列明投资顾问机构的简称。

第十条 契约型私募投资基金有分级安排的，私募投资基金名称中应当含有“分级”或“结构化”字样。

第十一条 同一私募投资基金管理人管理相同策略的系列契约型私募投资基金，在系列私募投资基金名称中原则上应当使用连续的中文大小写数字、阿拉伯数字或字母进行区分。

第十二条 通过有限合伙、有限责任公司、股份有限公司等形式募集设立的私募投资基金名称应当符合《工商总局关于印发〈企业名称禁限用规则〉〈企业名称相同相近比对规则〉的通知》(工商企注字2017〔133〕号)相关规定。

契约型私募投资基金名称应当符合《企业名称禁限用规则》相关规定。

第十三条 私募投资基金名称简称、英文名称参照本指引要求。

第十四条 本指引由中国证券投资基金业协会负责解释。

第十五条 本指引自2019年1月1日起实施。

估值核算篇

估值,是指按照企业会计准则规定计量资管产品净值。准确地对资管产品进行估值及时反映资产的收益和风险是净值化管理的核心要求。

"估值核算篇"涵盖了除企业会计准则外现行生效的净值型资管产品主要估值规范,还包括资管产品的基本会计处理规定和资管产品主要涉及的固定收益类资产、权益投资类资产的估值规则以及税收处理方面的要求。因理财产品会计核算指引以及信托公司信托产品估值指引均处于征求意见阶段,可能根据行业反馈意见进行调整,暂且没有收录在内,如有需要可以与笔者联系索取。本篇具体收录了以下规定及监管文件:

资产管理产品相关会计处理规定

中国证券监督管理委员会关于证券投资基金估值业务的指导意见

证券投资基金会计核算业务指引

公开募集证券投资基金侧袋机制指引(试行)

中国证券投资基金业协会估值核算工作小组关于2015年1季度固定收益品种的估值处理标准

私募投资基金非上市股权投资估值指引(试行)

基金中基金估值业务指引(试行)

证券投资基金投资流通受限股票估值指引(试行)

证券投资基金港股通投资资金清算和会计核算估值业务指引(试行)

证券投资基金股指期货投资会计核算业务细则(试行)

证券投资基金增值税核算估值参考意见及释义

资产管理产品相关会计处理规定

（2022 年 5 月 25 日财会〔2022〕14 号发布，自 2022 年 7 月 1 日起施行）

为进一步明确适用《中国人民银行 中国银行保险监督管理委员会 中国证券监督管理委员会 国家外汇管理局 关于规范金融机构资产管理业务的指导意见》（银发〔2018〕106 号）的资产管理产品的会计处理，根据《中华人民共和国会计法》和企业会计准则等有关规定，现对资产管理产品的相关会计处理规定如下。

一、关于总体要求

资产管理产品的会计确认、计量和报告应当遵循企业会计准则。

资产管理产品的管理人应当以所管理的单只资产管理产品为主体进行会计确认、计量和报告。资产管理产品启用侧袋机制的，侧袋账户与主袋账户仍属同一会计主体。

资产管理产品的会计确认、计量和报告应当以持续经营为前提，除非资产管理产品以不同于产品说明书等文件初始载明的计划进行清算并导致资产无法按照公允价值处置。资产管理产品具有有限寿命本身不影响持续经营假设的成立。资产管理产品的会计年度自公历 1 月 1 日起至 12 月 31 日止，首期会计期间的起始日为产品成立日，末期会计期间的结束日为产品终止日。

资产管理产品以人民币为记账本位币。以人民币以外的货币为主要募集和兑付币种的，可以按照企业会计准则的规定选定其中一种货币作为记账本位币并编制财务报表，同时应当将以人民币以外货币编制的财务报表折算为人民币财务报表。

资产管理产品应当按照企业会计准则相关规定和本规定设置和使用会计科目。在不违反确认、计量和报告规定的前提下，可以根据实际情况自行增设、分拆或合并会计科目。对于不存在的交易或者事项，可以不设置相关科目。

资产管理产品的财务报表至少应当包括资产负债表、利润表、净资产变动表和附注。为满足母公司编制合并财务报表等需要的，资产管理产品应当编制并向母公司报送现金流量表。

二、关于持有投资适用的准则

资产管理产品属于《企业会计准则第 33 号——合并财务报表》（财会〔2014〕10 号，以下简称 33 号准则）规定的投资性主体的，其持有的对不纳入合并财务报表的子公司的权益性投资以及对联营企业和合营企业的权益性投资,应当划分为以公允价值计量且其变动计入当期损益的金融资产,并适用《企业会计准则第 22 号——金融工具确认和计量》(财会〔2017〕7 号,以下简称 22 号准则)。

资产管理产品不属于投资性主体的,其持有的投资应当分别按下列情形进行会计处理:

(一)能够对被投资方实施控制的权益性投资,应当根据《企业会计准则第 2 号——长期股权投资》(财会〔2014〕14 号,以下简称 2 号准则)的规定采用成本法核算,并根据 33 号准则的规定编制合并财务报表。

(二)能够对被投资方实施共同控制或重大影响的权益性投资,可以根据 2 号准则的规定采用权益法核算,也可以根据该准则第三条(二)的规定划分为以公允价值计量且其变动计入当期损益的金融资产,并适用 22 号准则。

(三)对于除能够对被投资方实施控制、共同控制或重大影响的权益性投资以外的金融资产投资,应当适用 22 号准则。

三、关于持有金融资产的会计处理

(一)关于金融资产的分类。

资产管理产品应当根据其管理金融资产的业务模式和金融资产的合同现金流量特征,将金融资产划分为以摊余成本计量的金融资产、以公允价值计量且其变动计入其他综合收益的金融资产和以公允价值计量且其变动计入当期损益的金融资产。

资产管理产品将金融资产分类为以摊余成本计量的金融资产的,相关金融资产的合同现金流量特征必须与基本借贷安排一致,即相关金融资产在特定日期产生的合同现金流量仅为对本金和以未偿付本金金额为基础的利息的支付。货币市场基金、现金管理类理财产品等资产管理产品管理金融资产的业务模式以出售为目标的,应当将相关金融资产分类为以公允价值计量且其变动计入当期损益的金融资产。

公募基金、理财产品等资产管理产品具有中短期寿命期或需满足开放申购和赎回要求的,其持有的权益工具投资通常为交易性而不符合指定为以公允价值计量且其变动计入其他综合收益的金融资产的条件。

(二)关于金融资产的计量。

资产管理产品应当按照 22 号准则的规定,对以摊余成本计量的金融资产和分类为以公允价值计量且其变动计入其他综合收益的金融资产,以预期信用损失为基础进行减值会计处理并确认损失准备。

资产管理产品应当按照《企业会计准则第 39 号——公允价值计量》(财会

〔2014〕6 号,以下简称 39 号准则)的规定,确定金融资产的公允价值。货币市场基金、现金管理类理财产品等按照监管规定采用影子定价和偏离度控制确定金融资产公允价值的,应当符合 39 号准则的规定。

资产管理产品应当加强金融资产的估值管理,确保所采用估值技术和输入值的适当性以及估值结果的可靠性,不得随意变更同一金融资产的估值技术。

四、关于其他主要交易的会计处理

资产管理产品当期实现的利息等收入和发生的托管费、销售服务费、投资顾问费等费用,无论款项是否收付,均应当计入当期损益。

资产管理产品的管理人收取管理人报酬的,资产管理产品应当按照权责发生制原则,在管理人提供相关服务的期间,将当期发生的管理人报酬计入当期损益。

资产管理产品持有的以公允价值计量且其变动计入当期损益的金融资产为债权投资的,在持有期间可以将按票面或合同利率计算的利息计入投资收益,将扣除该部分利息后的公允价值变动额计入公允价值变动损益;也可以将包含利息的公允价值变动额汇总计入公允价值变动损益。资产管理产品应当在初始确认债权投资时作出上述选择并一致应用于类似债权投资,不得随意变更。

资产管理产品确认应税利息收入等的时点早于按照增值税制度确认增值税纳税义务发生时点的,应当在确认相关收入时确认相关应纳税额。

投资人认购、申购或转换转入产品份额的,资产管理产品应当按照实收资金、其他综合收益、未分配利润占净资产的比例,将认购款、申购款或转换转入款分别计入实收资金、其他综合收益和未分配利润。

投资人赎回或转换转出产品份额的,资产管理产品应当按照实收资金、其他综合收益、未分配利润占净资产的比例,将赎回款或转换转出款分别冲减实收资金、其他综合收益和未分配利润。

五、关于列示和披露

资产管理产品应当按照《企业会计准则第 30 号——财务报表列报》(财会〔2014〕7 号,以下简称 30 号准则)和《企业会计准则第 37 号——金融工具列报》(财会〔2017〕14 号,以下简称 37 号准则)等相关准则的要求进行列报。资产管理产品财务报表附注应当披露以下信息:

(一)资产管理产品的基本情况。

(二)财务报表的编制基础。

(三)遵循企业会计准则的声明。

(四)重要会计政策和会计估计。

(五)会计政策和会计估计变更以及差错更正的说明。

（六）报表重要项目的说明，如管理人报酬的确定方法、暂估管理人报酬与投资者实际承担的管理人报酬可能存在差异的事实，以及公允价值计量的相关信息等。

（七）或有和承诺事项、资产负债表日后非调整事项、关联方关系及其交易等需要说明的事项。

（八）与金融工具相关的流动性风险、信用风险、市场风险的信息。

（九）资产管理产品启用侧袋机制的，应当披露扣除侧袋机制影响后的期末净资产金额及其计算方法，以及侧袋账户的有关情况。

（十）按照30号准则和37号准则应当披露的其他信息。

六、生效日期及衔接规定

本规定自2022年7月1日起施行。

资产管理产品自2022年1月1日起首次执行22号准则、《企业会计准则第23号——金融资产转移》（财会〔2017〕号）、《企业会计准则第24号——套期会计》（财会〔2017〕号）和37号准则的，应当遵循上述准则的衔接规定。

附：1. 会计科目和主要账务处理

2. 会计报表格式

附1：

会计科目和主要账务处理

一、会计科目

资产管理产品应当按照企业会计准则相关规定和本附录设置和使用会计科目。在不违反确认、计量和报告规定的前提下，资产管理产品可以比照本附录中的规定自行设置明细科目。会计科目编号供资产管理产品参考，资产管理产品可结合实际情况自行确定会计科目编号。

顺序号	编号	会计科目名称
		一、资产类
1	1002	银行存款
2	1021	结算备付金
3	1031	存出保证金
4	1101	交易性金融资产

续表

顺序号	编号	会计科目名称
5	1111	买入返售金融资产
6	1112	买入返售金融资产减值准备
7	1131	应收股利
8	1132	应收利息
9	1141	应收申购款
10	1221	其他应收款
11	1231	坏账准备
12	1303	贷款
13	1304	贷款损失准备
14	1501	债权投资
15	1502	债权投资减值准备
16	1503	其他债权投资
17	1511	长期股权投资
18	1512	长期股权投资减值准备
二、负债类		
19	2001	短期借款
20	2101	交易性金融负债
21	2111	卖出回购金融资产款
22	2204	应付赎回款
23	2205	应付赎回费
24	2212	应付管理人报酬
25	2213	应付托管费
26	2214	应付销售服务费
27	2215	应付投资顾问费
28	2221	应交税费
29	2231	应付利息
30	2232	应付利润
31	2241	其他应付款

续表

顺序号	编号	会计科目名称
三、共同类		
32	3001	清算资金往来
33	3101	衍生工具
四、净资产类		
34	4001	实收资金
35	4004	其他综合收益
36	4103	本年(期)利润
37	4104	利润分配
五、损益类		
38	6011	利息收入
39	6051	其他业务收入
40	6061	汇兑损益
41	6101	公允价值变动损益
42	6111	投资收益
43	6403	税金及附加
44	6405	管理人报酬
45	6406	托管费
46	6407	销售服务费
47	6408	投资顾问费
48	6411	利息支出
49	6605	其他费用
50	6702	信用减值损失
51	6901	以前年度损益调整

二、主要账务处理

(一)1101 交易性金融资产。

1. 本科目核算资产管理产品持有的以公允价值计量且其变动计入当期损益的股票投资、债券投资、基金投资等金融资产,包括分类为以公允价值计量且其变动计入当期损益的金融资产和指定为以公允价值计量且其变动计入当期损益的金融资产。

2. 本科目可按股票、债券、基金等类别和品种，分别“成本”、“应计利息”、“公允价值变动”等进行明细核算。资产管理产品持有的指定为以公允价值计量且其变动计入当期损益的金融资产可在本科目下单设“指定类”明细科目核算。

3. 交易性金融资产的主要账务处理。

(1)资产管理产品取得交易性金融资产，按其公允价值，借记本科目(成本)，按发生的交易费用，借记“投资收益”科目，按支付价款中包含的已到付息期但尚未领取的利息或已宣告但尚未发放的现金股利，借记“应收利息”或“应收股利”科目，按应支付的金额，贷记“清算资金往来”等科目。资金交收日，按实际交收的证券清算款等，借记“清算资金往来”等科目，贷记“银行存款”、“结算备付金”等科目。

(2)交易性金融资产持有期间，被投资单位宣告发放现金股利，应借记“应收股利”科目，贷记“投资收益”科目。交易性金融资产为债权投资的，资产管理产品可以将按票面或合同利率计算的利息计入投资收益，借记本科目(应计利息)，贷记“投资收益”科目；也可以不单独确认前述利息，而通过本科目(公允价值变动)汇总反映包含利息的债权投资的公允价值变化。

(3)资产负债表日，交易性金融资产的公允价值高于账面余额的差额，借记本科目(公允价值变动)，贷记“公允价值变动损益”科目，公允价值低于账面余额的差额做相反分录。

(4)出售交易性金融资产，应按照应收取的金额，借记“清算资金往来”等科目，按该金融资产的账面余额，贷记或借记本科目(成本、应计利息、公允价值变动)，按其差额，贷记或借记“投资收益”科目。同时，可以将原计入该金融资产的公允价值变动转出，借记或贷记“公允价值变动损益”科目，贷记或借记“投资收益”科目。资金交收日，按实际交收的证券清算款等，借记“银行存款”、“结算备付金”等科目，贷记“清算资金往来”等科目。

4. 本科目期末借方余额反映资产管理产品持有的以公允价值计量且其变动计入当期损益的金融资产的公允价值。

(二)1111 买入返售金融资产。

1. 本科目核算资产管理产品以摊余成本计量的、按照返售协议约定先买入再按固定价格返售的票据、证券等金融资产所融出的资金。

2. 本科目可按买入返售金融资产的类别和融资方，分别“成本”、“应计利息”等进行明细核算。

3. 买入返售金融资产的主要账务处理。

(1)资产管理产品根据返售协议买入金融资产，应按应支付的金额，借记本科目(成本)，贷记“清算资金往来”等科目。资金交收日，按实际交收的证券清算款等，借记“清算资金往来”等科目，贷记“银行存款”、“结算备付金”等科目。

（2）资产负债表日，按照实际利率法计算的利息收入，借记本科目（应计利息），贷记“利息收入”科目。

资产负债表日，资产管理产品应以预期信用损失为基础确定应计提的减值准备金额，该金额大于当前减值准备账面金额的，按其差额，借记“信用减值损失”科目，贷记“买入返售金融资产减值准备”科目。应计提的减值准备金额小于当前减值准备账面金额的，按其差额做相反分录。

（3）返售日，应按应收取的金额，借记“清算资金往来”等科目，按相关减值准备余额，借记“买入返售金融资产减值准备”科目，按其账面余额，贷记本科目（成本、应计利息），按其差额，贷记或借记“信用减值损失”科目。资金交收日，按实际交收的证券清算款等，借记“银行存款”、“结算备付金”等科目，贷记“清算资金往来”等科目。

4. 本科目期末借方余额反映以摊余成本计量的买入返售金融资产的账面余额。

（三）1112 买入返售金融资产减值准备。

1. 本科目核算资产管理产品持有的以摊余成本计量的买入返售金融资产以预期信用损失为基础计提的损失准备。

2. 本科目可按买入返售金融资产的类别和融资方进行明细核算。

3. 买入返售金融资产减值准备的主要账务处理参见“买入返售金融资产”科目的账务处理。

4. 本科目期末贷方余额反映以摊余成本计量的买入返售金融资产计提的损失准备余额。

（四）1141 应收申购款。

1. 本科目核算应向认购、申购或转换转入资产管理产品份额的投资人收取的认购款、申购款或转换转入款（不含认购、申购或转换的相关费用）。

2. 本科目可按办理认购、申购或转换业务的机构或投资人进行明细核算。

3. 应收申购款的主要账务处理。

（1）投资人认购、申购或转换转入资产管理产品份额，按应收的认购款、申购款或转换转入款，借记本科目，按实收资金占净资产的比例，将认购款、申购款或转换转入款中含有的实收资金，贷记“实收资金”科目，按其他综合收益占净资产的比例，将认购款、申购款或转换转入款中含有的其他综合收益，贷记“其他综合收益”科目，按其差额，贷记“利润分配——未分配利润”科目。

（2）实际收到认购款、申购款或转换转入款时，借记“银行存款”等科目，贷记本科目。

4. 本科目期末借方余额反映尚未收回的认购款、申购款和转换转入款。

（五）1303 贷款。

1. 本科目核算资产管理产品按规定发放的以摊余成本计量的各类贷款。

2. 本科目可按贷款类别、客户，分别“本金”、“利息调整”、“应计利息”等进行明细核算。

3. 贷款的主要账务处理。

（1）资产管理产品发放贷款，应按贷款的合同本金，借记本科目（本金），按实际支付的金额，贷记“银行存款”等科目，按其差额，借记或贷记本科目（利息调整）。

（2）资产负债表日，应将按合同利率计算确定的利息，借记本科目（应计利息），按实际利率法计算确定的利息收入，贷记“利息收入”科目，按其差额，借记或贷记本科目（利息调整）。对于已过付息期尚未收到的利息，应借记“应收利息”科目，贷记本科目（应计利息）。

资产负债表日，资产管理产品应以预期信用损失为基础确定应计提的减值准备金额，该金额大于当前减值准备账面金额的，按其差额，借记“信用减值损失”科目，贷记“贷款损失准备”科目。应计提的减值准备金额小于当前减值准备账面金额的，按其差额做相反分录。

（3）资产管理产品处置贷款，应重新计算剩余存续期预期信用损失，该损失金额大于当前减值准备账面金额的，按其差额，借记“信用减值损失”科目，贷记“贷款损失准备”科目；该损失金额小于当前减值准备账面金额的，按其差额做相反分录。

终止确认贷款时，按实际收到的金额，借记“银行存款”等科目，按相关贷款损失准备余额，借记“贷款损失准备”科目，按该贷款的账面余额，贷记或借记本科目（本金、利息调整、应计利息），按其差额，贷记或借记“贷款处置损益”科目。此类业务发生不频繁的，差额也可记入“投资收益”科目。

（4）到期收回贷款，应按实际收到的金额，借记“银行存款”等科目，按相关贷款损失准备余额，借记“贷款损失准备”科目，按该贷款的账面余额，贷记或借记本科目（本金、利息调整、应计利息），按其差额，贷记或借记“信用减值损失”科目。

4. 本科目期末借方余额反映以摊余成本计量的贷款的账面余额。

（六）1304 贷款损失准备。

1. 本科目核算资产管理产品持有的以摊余成本计量的贷款以预期信用损失为基础计提的损失准备。

2. 本科目可按贷款类别、客户进行明细核算。

3. 贷款损失准备的主要账务处理参见“贷款”科目的账务处理。

4. 本科目期末贷方余额反映以摊余成本计量的贷款计提的损失准备余额。

（七）1501 债权投资。

1. 本科目核算资产管理产品持有的以摊余成本计量的债权投资。取得债权投资所支付价款中包含的已宣告但尚未发放的利息在“应收利息”科目核算。

2. 本科目可按债券、资产支持证券等债权投资的类别和品种，分别“成本”、“利息调整”、“应计利息”等进行明细核算。

3. 债权投资的主要账务处理。

（1）资产管理产品取得债权投资，应按该投资的面值，借记本科目（成本），按支付价款中包含的已到付息期但尚未领取的利息，借记“应收利息”科目，按应支付的金额，贷记“清算资金往来”等科目，按其差额，借记或贷记本科目（利息调整）。资金交收日，按实际交收的证券清算款等，借记“清算资金往来”等科目，贷记“银行存款”、“结算备付金”等科目。

（2）资产负债表日，应将按票面或合同利率计算确定的利息，借记本科目（应计利息），按实际利率法计算确定的利息收入，贷记“利息收入”科目，按其差额，借记或贷记本科目（利息调整）。对于已过付息期尚未收到的利息，应借记“应收利息”科目，贷记本科目（应计利息）。

资产负债表日，资产管理产品应以预期信用损失为基础确定应计提的减值准备金额，该金额大于当前减值准备账面金额的，按其差额，借记“信用减值损失”科目，贷记“债权投资减值准备”科目。应计提的减值准备金额小于当前减值准备账面金额的，按其差额做相反分录。

（3）出售债权投资，应重新计算剩余存续期预期信用损失，该损失金额大于当前减值准备账面金额的，按其差额，借记“信用减值损失”科目，贷记“债权投资减值准备”科目；该损失金额小于当前减值准备账面金额的，按其差额做相反分录。

终止确认债权投资时，按应收取的金额，借记“清算资金往来”等科目，按相关债权投资减值准备余额，借记“债权投资减值准备”科目，按该金融资产的账面余额，贷记或借记本科目（成本、利息调整、应计利息），按其差额，贷记或借记“投资收益”科目。资金交收日，按实际交收的证券清算款等，借记“银行存款”、“结算备付金”等科目，贷记“清算资金往来”等科目。

（4）到期收回债权投资，应按实际收到的金额，借记“银行存款”等科目，按相关债权投资减值准备余额，借记“债权投资减值准备”科目，按该金融资产的账面余额，贷记或借记本科目（成本、利息调整、应计利息），按其差额，贷记或借记“信用减值损失”科目。

4. 本科目期末借方余额反映以摊余成本计量的债权投资的账面余额。

（八）1502 债权投资减值准备。

1. 本科目核算资产管理产品持有的以摊余成本计量的债权投资以预期信用损失为基础计提的损失准备。

2. 本科目可按债券、资产支持证券等债权投资的类别和品种进行明细核算。

3. 债权投资减值准备的主要账务处理参见“债权投资”科目的账务处理。

4. 本科目期末贷方余额反映以摊余成本计量的债权投资计提的损失准备余额。

（九）1503 其他债权投资。

1. 本科目核算资产管理产品持有的按照22号准则第十八条分类为以公允价值计量且其变动计入其他综合收益的金融资产。

2. 本科目可按债券、资产支持证券等金融资产的类别和品种，分别“成本”、“利息调整”、“应计利息”、“公允价值变动”等进行明细核算。

3. 其他债权投资的主要账务处理。

（1）资产管理产品取得其他债权投资，应按该投资的面值，借记本科目（成本），按支付价款中包含的已到付息期但尚未领取的利息，借记“应收利息”科目，按应支付的金额，贷记“清算资金往来”等科目，按其差额，借记或贷记本科目（利息调整）。资金交收日，按实际交收的证券清算款等，借记“清算资金往来”等科目，贷记“银行存款”、“结算备付金”等科目。

（2）资产负债表日，应将按票面或合同利率计算确定的利息，借记本科目（应计利息），按实际利率法计算确定的利息收入，贷记“利息收入”科目，按其差额，借记或贷记本科目（利息调整）。对于已过付息期尚未收到的利息，应借记“应收利息”科目，贷记本科目（应计利息）。

资产负债表日，资产管理产品应以预期信用损失为基础确定应计提的减值准备金额，该金额大于当前减值准备账面金额的，按其差额，借记“信用减值损失”科目，贷记“其他综合收益——信用减值准备”科目。应计提的减值准备金额小于当前减值准备账面金额的，按其差额做相反分录。

（3）资产负债表日，其他债权投资的公允价值高于账面余额的差额，借记本科目（公允价值变动），贷记“其他综合收益——其他债权投资公允价值变动”科目，公允价值低于账面余额的差额做相反分录。

（4）出售其他债权投资，应重新计算剩余存续期预期信用损失，该损失金额大于当前减值准备账面金额的，按其差额，借记“信用减值损失”科目，贷记“其他综合收益——信用减值准备”科目；该损失金额小于当前减值准备账面金额的，按其差额做相反分录。

终止确认其他债权投资时，按应收取的金额，借记“清算资金往来”等科目，按相关债权投资减值准备余额,借记“其他综合收益——信用减值准备”科目,按该金融资产的账面余额,贷记或借记本科目(成本、利息调整、应计利息、公允价值变动),按应从其他综合收益中转出的公允价值累计变动额,借记或贷记“其他综合收益——其他债权投资公允价值变动”科目,按其差额,贷记或借记“投资收益”科目。资金交收日,按实际交收的证券清算款等,借记“银行存款”、“结算备付金”等科目,贷记“清算资金往来”等科目。

(5)到期收回其他债权投资,应按收到的金额,借记“银行存款”等科目,按相关债权投资减值准备余额,借记“其他综合收益——信用减值准备”科目,按该金融资产的账面余额,贷记或借记本科目(成本、利息调整、应计利息、公允价值变动),按应从其他综合收益中转出的公允价值累计变动额,借记或贷记“其他综合收益——其他债权投资公允价值变动”科目,按其差额,贷记或借记“信用减值损失”科目。

4.本科目期末借方余额反映分类为以公允价值计量且其变动计入其他综合收益的金融资产的公允价值。

(十)2101 交易性金融负债。

1.本科目核算资产管理产品承担的交易性金融负债。

2.本科目可按金融负债的类别,分别“本金”、“应计利息”、“公允价值变动”等进行明细核算。资产管理产品持有的指定为以公允价值计量且其变动计入当期损益的金融负债可在本科目下单设“指定类”明细科目核算。

3.交易性金融负债的主要账务处理。

(1)资产管理产品承担交易性金融负债,应按应收取的金额,借记“清算资金往来”等科目,按发生的交易费用,借记“投资收益”科目,按其公允价值,贷记本科目(本金)。资金交收日,按实际交收的证券清算款等,借记“银行存款”、“结算备付金”等科目,贷记“清算资金往来”等科目。

(2)资产管理产品在承担交易性金融负债的期间,可以将按票面或合同利率计算的利息计入投资收益,借记“投资收益”科目,贷记本科目(应计利息);也可以不单独确认前述利息,而通过本科目(公允价值变动)汇总反映包含利息的交易性金融负债的公允价值变化。

(3)资产负债表日,交易性金融负债的公允价值高于账面余额的差额,借记“公允价值变动损益”科目,贷记本科目(公允价值变动),公允价值低于账面余额的差额做相反分录。

(4)处置交易性金融负债,应按该金融负债的账面余额,借记或贷记本科目(本金、应计利息、公允价值变动),按应支付的金额,贷记“清算资金往来”等科目,按其差额,贷记或借记“投资收益”科目。资金交收日,按实际交收的证券清算款等,借记“清算资金往来”等科目,贷记“银行存款”、“结算备付金”等科目。

4. 本科目期末贷方余额反映资产管理产品承担的交易性金融负债的公允价值。

(十一)2111 卖出回购金融资产款。

1. 本科目核算资产管理产品按照回购协议约定先卖出再按固定价格买入的票据、证券等金融资产所融入的资金。

2. 本科目可按卖出回购金融资产的类别和融资方,分别“成本”、“应计利息”等进行明细核算。

3. 卖出回购金融资产款的主要账务处理。

(1)资产管理产品根据回购协议卖出金融资产,应按应收取的金额,借记“清算资金往来”等科目,贷记本科目(成本)。资金交收日,按实际交收的证券清算款等,借记“银行存款”、“结算备付金”等科目,贷记“清算资金往来”等科目。

(2)资产负债表日,按照实际利率法计算的利息费用,借记“利息支出”科目,贷记本科目(应计利息)。

(3)回购日,应按其账面余额,借记本科目(成本、应计利息),按应支付的金额,贷记“清算资金往来”等科目,按其差额,借记或贷记“投资收益”科目。资金交收日,按实际支付的证券清算款等,借记“清算资金往来”等科目,贷记“银行存款”、“结算备付金”等科目。

4. 本科目期末贷方余额反映卖出回购金融资产款的账面余额。

(十二)2204 应付赎回款。

1. 本科目核算按规定应付产品投资人的赎回款和转换转出款。

2. 本科目可按办理赎回和转换业务的机构或申请赎回和转换业务的投资人进行明细核算。

3. 应付赎回款的主要账务处理。

(1)资产管理产品投资人赎回或转换转出产品份额,按实收资金占净资产的比例,将赎回款或转换转出款中含有的实收资金,借记“实收资金”科目,按其他综合收益占净资产的比例,将赎回款或转换转出款中含有的其他综合收益,借记“其他综合收益”科目,按未分配利润占净资产的比例,将赎回款或转换转出款中含有的未分配利润,借记“利润分配——未分配利润”科目,按应付产品投资人的赎回款或转换转出款,贷记本科目,按应付办理赎回或转换业务机构的赎回费或转换转出费,贷记“应付赎回费”科目,按其差额,贷记“其他业务收入”科目。

(2)实际支付赎回款或转换转出款时,借记本科目,贷记“银行存款”等科目。

4. 本科目期末贷方余额反映尚未支付的产品赎回款和转换转出款。

(十三)2205 应付赎回费。

1. 本科目核算按规定应付给办理赎回或转换业务的机构的赎回费和转换转出费。

2. 本科目可按办理赎回或转换业务的机构进行明细核算。

3. 应付赎回费的主要账务处理。

(1)资产管理产品投资人赎回或转换转出产品份额时的账务处理参见“应付赎回款”科目的账务处理。

(2)实际支付办理赎回或转换业务机构的赎回费或转换转出费时,借记本科目,贷记“银行存款”等科目。

4. 本科目期末贷方余额反映尚未支付的产品赎回费和转换转出费。本科目期末余额较大的,应当在资产负债表中单独列示;余额较小的,应当在资产负债表“其他负债”项目中列示。

(十四)2212 应付管理人报酬。

1. 本科目核算按规定应付给资产管理产品管理人的报酬。

2. 本科目可按管理人报酬的类别(如管理费和业绩报酬等)进行明细核算。

3. 应付管理人报酬的主要账务处理。

计提管理人报酬时,借记“管理人报酬”科目,贷记本科目。实际支付管理人报酬时,借记本科目,贷记“银行存款”等科目。

4. 本科目期末贷方余额反映尚未支付给资产管理产品管理人的报酬。

(十五)2213 应付托管费。

1. 本科目核算按规定应支付给托管人的托管费。

2. 应付托管费的主要账务处理。

计提托管费时,借记“托管费”科目,贷记本科目。实际支付托管费时,借记本科目,贷记“银行存款”等科目。

3. 本科目期末贷方余额反映尚未支付给托管人的托管费。

(十六)2214 应付销售服务费。

1. 本科目核算按规定应支付给销售机构的销售服务费。

2. 本科目可按销售机构进行明细核算。

3. 应付销售服务费的主要账务处理。

计提销售服务费时,借记“销售服务费”科目,贷记本科目。实际支付销售服务费时,借记本科目,贷记“银行存款”等科目。

4. 本科目期末贷方余额反映尚未支付的销售服务费。

(十七)2215 应付投资顾问费。

1. 本科目核算资产管理产品应向第三方投资顾问支付的投资顾问费。

2. 本科目可按投资顾问机构进行明细核算。

3. 应付投资顾问费的主要账务处理。

计提投资顾问费时，借记"投资顾问费"科目，贷记本科目。实际支付投资顾问费时，借记本科目，贷记"银行存款"等科目。

4. 本科目期末贷方余额反映尚未支付的投资顾问费。

（十八）2221 应交税费。

1. 本科目核算资产管理产品按规定应交纳的增值税等各项税费。

2. 本科目可按应交的税费项目，分别"应交增值税"、"转让金融商品应交增值税"、"待转销项税额"、"未交增值税"等进行明细核算。

3. 应交税费的主要账务处理。

（1）资产管理产品因取得应税利息收入、金融资产转让利得等承担增值税纳税义务的，按应缴纳的增值税额，借记"利息收入"、"投资收益"等科目，贷记本科目（应交增值税、转让金融商品应交增值税）等。

资产管理产品确认应税利息收入等的时点早于按照增值税制度确认增值税纳税义务发生时点的，应当在确认相关收入时，按应缴纳的增值税额，借记"利息收入"等科目，贷记本科目（待转销项税额）。实际发生纳税义务时，借记本科目（待转销项税额），贷记本科目（应交增值税）。

（2）月末，转出当月应交未交增值税额，借记本科目（应交增值税），贷记本科目（未交增值税）。

（3）实际交纳税费时，借记本科目（未交增值税），贷记"银行存款"等科目。

4. 本科目期末贷方余额反映尚未支付的各项税费。

（十九）2232 应付利润。

1. 本科目核算应付资产管理产品投资人的利润。

2. 本科目可按投资人进行明细核算。

3. 应付利润的主要账务处理参见"利润分配"科目的账务处理。

4. 本科目期末贷方余额反映尚未支付的利润。

（二十）3001 清算资金往来。

1. 本科目核算因买卖证券、申购新股等业务而发生的，应与证券登记结算机构或证券交易对手方办理资金清算的款项。

2. 本科目可按不同证券登记结算机构或证券交易对手方等进行明细核算。

3. 清算资金往来的主要账务处理。

资产管理产品取得或出售金融资产等发生的应与证券登记结算或证券交易对手方办理资金结算的款项，参见相关资产等科目的账务处理。

4. 本科目所属明细科目期末借方余额,反映尚未收回的清算资金,在资产负债表的“应收清算款”项目中列示;本科目所属明细科目贷方余额反映尚未支付的清算资金,在资产负债表的“应付清算款”项目中列示。

(二十一)3101 衍生工具。

1. 本科目核算衍生工具的公允价值及其变动形成的衍生金融资产或衍生金融负债。

2. 本科目可按衍生工具的类别进行明细核算。

3. 衍生工具的主要账务处理。

(1)资产管理产品取得衍生工具,按其公允价值,借记本科目,按发生的交易费用,借记“投资收益”科目,按实际支付的金额,贷记“银行存款”等科目。

(2)资产负债表日,衍生工具的公允价值高于账面余额的差额,借记本科目(公允价值变动),贷记“公允价值变动损益”科目,公允价值低于账面余额的差额做相反分录。

(3)终止确认的衍生工具,应当比照“交易性金融资产”、“交易性金融负债”等科目的相关规定进行处理。

4. 本科目所属明细科目期末借方余额,反映衍生工具形成资产的公允价值,在资产负债表的“衍生金融资产”项目中列示;本科目所属明细科目贷方余额反映衍生工具形成负债的公允价值,在资产负债表的“衍生金融负债”项目中列示。

(二十二)4001 实收资金。

1. 本科目核算对外发行资产管理产品份额所募集的资金。资产管理产品成立时,本科目反映对外发行产品份额实际收到的募集资金总额。开放式资产管理产品成立后,本科目反映对外发行资产管理产品份额所募集资金总额扣除分摊至其他综合收益和未分配利润部分后的余额。

公募基金、理财产品、信托等也可将本科目改为“实收基金”、“实收理财”、“实收信托”等。

2. 对分级或分类等特定资产管理产品品种,本科目可按不同级别或类别进行明细核算。

3. 实收资金的主要账务处理。

(1)资产管理产品募集结束,在产品合同生效日,按投资人投入的金额,借记“银行存款”等科目,贷记本科目。

(2)产品申购或转换转入确认日,参见“应收申购款”科目的账务处理。

(3)产品赎回或转换转出确认日,参见“应付赎回款”科目的账务处理。

(4)产品红利再投资,按产品红利再投资金额,借记“应付利润”科目,按实收资金占净资产的比例，将产品红利再投资金额中含有的实收资金，贷记“实收资金”科目，按其他综合收益占净资产的比例，将产品红利再投资金额中含有的其他综合收益，贷记“其他综合收益”科目，按其差额，贷记“利润分配——未分配利润”科目。

4. 本科目期末贷方余额反映对外发行资产管理产品份额对应的总金额。

（二十三）4004 其他综合收益。

1. 本科目核算未在当期损益中确认的利得和损失，包括分类为以公允价值计量且其变动计入其他综合收益的金融资产的公允价值变动及其以预期信用损失为基础计提的损失准备等。

2. 本科目可按其他综合收益的具体内容进行明细核算。

3. 其他综合收益的主要账务处理参见“其他债权投资”、“应收申购款”、“应付赎回款”、“实收资金”等科目的账务处理。

4. 本科目期末余额反映累积的其他综合收益。

（二十四）4103 本年（期）利润。

1. 本科目核算本年（期）的资产管理产品的净收益（或净亏损）。

2. 期末结转利润时，应将各损益类科目的金额转入本科目相应明细科目，结平各损益类科目。结转后本科目的贷方余额为当期的净利润，借方余额为当期的净亏损。

3. 年度终了（期末），应将本科目余额结转到“利润分配——未分配利润”科目，借记本科目，贷记“利润分配——未分配利润”科目；如为净亏损做相反分录。结转后本科目应无余额。

（二十五）4104 利润分配。

1. 本科目核算按规定分配给产品持有人的净收益以及历次分配（或弥补亏损）后的余额。

2. 本科目可按“应付利润”、“未分配利润”进行明细核算。

3. 利润分配的主要账务处理。

（1）除权日，根据资产管理产品利润分配方案，借记本科目（应付利润），贷记“应付利润”科目。

（2）产品申购或转换转入确认日，参见“应收申购款”科目的账务处理。

（3）产品赎回或转换转出确认日，参见“应付赎回款”科目的账务处理。

（4）产品红利再投资，参见“实收资金”科目的账务处理。

（5）期末，应将本期实现的净利润转入本科目，借记“本年（期）利润”科目，贷记本科目（未分配利润），如为净损失做相反分录；将本科目“应付利润”明细科目余额转入“未分配利润”明细科目，借记本科目（未分配利润），贷记本科目（应付利润)。结转后,除"未分配利润"明细科目外,本科目的其他明细科目应无余额。

4. 本科目期末贷方余额反映累积的未分配利润,借方余额反映未弥补亏损。

(二十六)6011 利息收入。

1. 本科目核算以摊余成本计量的金融资产和分类为以公允价值计量且其变动计入其他综合收益的金融资产按照实际利率法计算的利息收入。

2. 本科目可按债券、资产支持证券等金融资产的类别和品种进行明细核算。

3. 利息收入的主要账务处理参见"债权投资"、"其他债权投资"等科目的账务处理。

4. 期末,应将本科目的余额全部转入"本年(期)利润"科目,结转后本科目应无余额。

(二十七)6101 公允价值变动损益。

1. 本科目核算交易性金融资产、交易性金融负债、衍生工具等公允价值变动形成的应计入当期损益的利得或损失。

2. 本科目可按股票、债券等金融资产的类别和品种进行明细核算。

3. 公允价值变动损益的主要账务处理参见"交易性金融资产"、"交易性金融负债"、"衍生工具"等科目的账务处理。

4. 期末,应将本科目的余额全部转入"本年(期)利润"科目,结转后本科目应无余额。

(二十八)6111 投资收益。

1. 本科目核算资产管理产品确认的投资收益或投资损失,包括持有交易性金融资产期间取得的投资收益以及处置交易性金融资产、交易性金融负债、衍生工具等实现的损益等。

2. 本科目可按股票、债券等金融资产的类别和品种进行明细核算。

3. 投资收益的主要账务处理参见"交易性金融资产"、"债权投资"、"其他债权投资"、"交易性金融负债"、"衍生工具"等科目的账务处理。

4. 期末,应将本科目的余额全部转入"本年(期)利润"科目,结转后本科目应无余额。

(二十九)6405 管理人报酬。

1. 本科目核算按规定计提的管理人报酬。

2. 本科目可分别"管理费"和"业绩报酬"等进行明细核算。

3. 管理人报酬的主要账务处理。

参见"应付管理人报酬"科目的账务处理。

4. 期末,应将本科目的余额全部转入"本年(期)利润"科目,结转后本科目应无余额。

（三十）6406 托管费。

1. 本科目核算按规定计提的托管费。

2. 托管费的主要账务处理参见“应付托管费”科目的账务处理。

3. 期末，应将本科目的余额全部转入“本年（期）利润”科目，结转后本科目应无余额。

（三十一）6407 销售服务费。

1. 本科目核算按规定计提的销售服务费。

2. 销售服务费的主要账务处理参见“应付销售服务费”科目的账务处理。

3. 期末，应将本科目的余额全部转入“本年（期）利润”科目，结转后本科目应无余额。

（三十二）6408 投资顾问费。

1. 本科目核算资产管理产品向第三方投资顾问支付的投资顾问费。

2. 本科目可按投资顾问费的类别和支付对象等进行明细核算。

3. 投资顾问费的主要账务处理参见“应付投资顾问费”科目的账务处理。

4. 期末，应将本科目的余额全部转入“本年（期）利润”科目，结转后本科目应无余额。

（三十三）6605 其他费用。

1. 本科目核算资产管理产品运营过程中发生的其他管理费用，包括但不限于注册登记费、持有人大会费用、账户服务费、估值服务费、审计费、律师费、咨询费等。

2. 本科目可按费用项目进行明细核算。

3. 其他费用的主要账务处理。

资产管理产品发生注册登记费等其他费用的，应当在注册登记等相关服务受益期内确认相关费用。即按当期应承担的费用，借记本科目，贷记“银行存款”等科目。

4. 期末，应将本科目的余额全部转入“本年（期）利润”科目，结转后本科目应无余额。

（三十四）6702 信用减值损失。

1. 本科目核算资产管理产品持有的以摊余成本计量的金融资产和分类为以公允价值计量且其变动计入其他综合收益的金融资产的减值损失。

2. 本科目可按债券、资产支持证券等金融资产的类别和品种进行明细核算。

3. 信用减值损失的主要账务处理参见“贷款”、“债权投资”、“其他债权投资”等科目的账务处理。

4. 期末,应将本科目的余额全部转入“本年(期)利润”科目,结转后本科目应无余额。

附 2:

会计报表格式

资产管理产品对不存在相应业务的报表项目可根据重要性原则并结合实际情况进行必要删减,对确需单独列示的内容可增加报表项目。资产管理产品需要编制合并财务报表的,可参照财政部印发的有关合并财务报表格式的规定。

资产负债表

会资管 01 表

编制单位: 年 月 日 单位:元

资产	期末余额	上年年末余额	负债和净资产	期末余额	上年年末余额
资产:			负债:		
货币资金			短期借款		
结算备付金			交易性金融负债		
存出保证金			衍生金融负债		
衍生金融资产			卖出回购金融资产款		
应收清算款			应付管理人报酬		
应收利息			应付托管费		
应收股利			应付销售服务费		
应收申购款			应付投资顾问费		
买入返售金融资产			应交税费		
发放贷款和垫款			应付清算款		
交易性金融资产			应付赎回款		
债权投资			应付利息		
其他债权投资			应付利润		
其他权益工具投资			其他负债		
长期股权投资			负债合计		

续表

资产	期末余额	上年年末余额	负债和净资产	期末余额	上年年末余额
其他资产			净资产:		
			实收资金		
			其他综合收益		
			未分配利润		
			净资产合计		
资产总计			负债和净资产总计		

利润表

会资管 02 表

编制单位:　　　　　　　　年　　月　　　　　　　　单位:元

项目	本期金额	上期金额
一、营业总收入		
利息收入		
投资收益(损失以"－"填列)		
其中:以摊余成本计量的金融资产终止确认产生的收益		
公允价值变动收益(损失以"－"填列)		
汇兑收益(损失以"－"填列)		
其他业务收入		
二、营业总支出		
管理人报酬		
其中:暂估管理人报酬		
托管费		
销售服务费		
投资顾问费		
利息支出		
信用减值损失		
税金及附加		
其他费用		

续表

项目	本期金额	上期金额
三、利润总额		
减:所得税费用		
四、净利润(净亏损以“-”号填列)		
五、其他综合收益的税后净额		
六、综合收益总额		

净资产变动表

会资管03表

编制单位:　　　　　年　度　　　　　单位:元

项目	本年金额				上年金额			
	实收资金	其他综合收益	未分配利润	净资产合计	实收资金	其他综合收益	未分配利润	净资产合计
一、上年年末余额								
加:会计政策变更								
前期差错更正								
其他								
二、本年年初余额								
三、本年增减变动额(减少以“-”号填列)								
(一)综合收益总额								
(二)产品持有人申购和赎回								
其中:产品申购								
产品赎回								
(三)利润分配								
(四)其他综合收益结转留存收益								
四、本年年末余额								

财政部会计司有关负责人就印发《资产管理产品相关会计处理规定》答记者问

近日财政部印发《资产管理产品相关会计处理规定》(财会〔2022〕14号,以下简称《规定》),财政部会计司有关负责人就《规定》有关问题回答了记者的提问。

问:制定《规定》的背景是什么?

答:制定《规定》主要基于以下考虑:一是配合落实《中国人民银行 中国银行保险监督管理委员会 中国证券监督管理委员会 国家外汇管理局关于规范金融机构资产管理业务的指导意见》(银发〔2018〕106号,以下简称《资管新规》),细化对资产管理产品(以下简称资管产品)会计处理的指导,助力资管行业健康发展。二是解决资管产品因自身经营特点和监管要求等面临的特定会计问题,推动资管产品严格执行企业会计准则,提升会计信息质量。三是统一各类资管产品的会计实务,提高资管产品会计信息的可比性,更好地服务投资者的决策需求。

问:《规定》起草发布经历了哪些过程?

答:为起草发布《规定》,我们主要完成了以下工作:

一是开展前期研究。通过专题研讨、实地调研等方式,充分听取资管产品发行机构、行业协会、会计师事务所和相关监管机构等方面意见,梳理相关会计问题。

二是研究起草初稿。在充分听取各方意见的基础上,结合行业实际起草形成内部讨论稿,并采取多种方式内部征求意见和开展研讨,进一步修改完善。

三是公开征求意见。2021年9月30日发布《财政部办公厅关于征求〈资产管理产品相关会计处理规定(征求意见稿)〉意见的函》(财办会〔2021〕34号),面向社会公开征求意见。

四是正式发布。在反复研讨、多次征求监管部门意见、召开监管协调会沟通意见的基础上,财政部会计司根据各方面反馈意见对征求意见稿作了进一步修改完善,履行审核批准程序后,于2022年5月正式发布。

问:《规定》的主要内容是什么?

答:《规定》主要包括以下内容:一是总体要求。主要明确资管产品的会计主体、编制基础、会计分期、记账本位币、会计科目设置及财务报表构成等。二是主要交易的会计处理。包括持有投资适用的准则、金融资产的分类和计量以及利息、托管费、管理人报酬等其他主要交易的会计处理等。三是列示和披露。主要根据资管产品自身特点和投资者的信息需求,对报表列示和附注披露作进一步细化。四是施行日期及附件。明确施行日期,对会计科目设置、主要账务处理和会计报表作出规范。

问:《规定》与企业会计准则是什么关系?

答:《规定》是在现行企业会计准则体系下就资管产品的特定会计问题作出的细化规定。对于《规定》及附件中未作出规范的交易或事项,资管产品应当遵循企业会计准则的有关规定。

《规定》针对资管产品的特殊性作出以下规范:一是明确资管产品具有有限寿命本身不影响持续经营假设的成立。二是豁免现金流量表编制要求。三是允许货币市场基金、现金管理类理财产品等继续按照相关监管规定采用影子定价和偏离度控制确定金融资产的公允价值。四是增加"应收申购款"、"应付赎回款"、"应付管理人报酬"、"应付托管费"等科目和相关报表项目,允许资管产品根据实际情况自行增设"损益平准金"等会计科目。

问:《规定》针对资管产品当前存在的会计实务问题作出了哪些强调?

答:一是严格限定摊余成本计量的范围,强调应当同时满足"本金加利息"的合同现金流量特征和"以收取合同现金流量为目标"的业务模式条件。

二是严格按准则规定计提减值准备。强调对于以摊余成本计量的金融资产和分类为以公允价值计量且其变动计入其他综合收益的金融资产,应当以预期信用损失为基础进行减值会计处理。

三是明确管理人报酬计入当期损益。为真实公允反映资管产品的经营业绩和净资产,增强资管产品会计信息的可比性,要求按照权责发生制原则在管理人提供相关服务的期间将当期发生的管理人报酬计入当期损益。对于在投资者赎回份额时扣收、基于约定期间的产品业绩收取的管理人报酬,并非对管理人的利润分配,而是对管理人提供服务的补偿,应当按照权责发生制原则予以确认、计入相关期间的损益,这并不妨碍资管产品按照未扣除管理人报酬前的净值计算业绩并以此为基础确定申赎价格。

问:《规定》的实施范围包括哪些? 如何确定资管产品的财务报表编制频率?

答:为保持与监管规定的有序衔接,《规定》的实施范围为适用《资管新规》且执行企业会计准则的各类资管产品,即包括但不限于人民币或外币形式的银行非保本理财产品,资金信托,证券公司、证券公司子公司、基金管理公司、基金管理子公司、期货公司、期货公司子公司、保险资产管理机构、金融资产投资公司发行的资管产品等。

资管产品财务报表的编制频率应当遵循《会计法》及其他相关监管法规中有关信息报送或披露的要求。

问:财政部门将如何做好《规定》的实施指导工作?

答:为做好《规定》的实施指导,我们将主要从以下两方面开展工作:一是积极加强对《规定》的宣传培训，推动资管行业准确把握《规定》的各项要求。二是会同监管部门密切跟踪资管行业的实施情况，形成规范行业健康发展和促进行业公平竞争的共识，推动准则有效实施。

中国证券监督管理委员会关于证券投资基金估值业务的指导意见

（2017 年 9 月 5 日中国证券监督管理委员会公告〔2017〕13 号公布施行）

为规范证券投资基金（以下简称基金）及时、准确地进行份额净值计量，更好地保护基金份额持有人的合法权益，现就基金估值业务和份额净值计价有关事项制定本指导意见：

一、估值业务基本要求

（一）为准确、及时进行基金估值和份额净值计价，基金管理人应制定基金估值和份额净值计价的业务管理制度，明确基金估值的程序和技术；建立估值委员会，健全估值决策体系；使用可靠的估值业务系统；确保估值人员熟悉各类投资品种的估值原则及具体估值程序；完善相关风险监测、控制和报告机制。

（二）基金管理人对投资品种进行估值时应保持估值程序和技术的一致性。同一基金管理人对管理的不同基金持有的具有相同特征的同一投资品种的估值原则、程序及技术应当一致（中国证监会规定的特殊品种除外）。

为确保估值程序和技术的持续适用性，基金管理人应建立定期复核和审阅机制，以确保相关估值程序和技术不存在重大缺陷。

（三）基金管理人应充分理解相关估值原则及技术，与托管人充分协商，谨慎确定公允价值。托管人在复核、审查基金资产净值和基金份额申购、赎回价格之前，应认真审阅基金管理人采用的估值原则及技术。当对估值原则及技术有异议时，托管人有义务要求基金管理人作出合理解释，通过积极商讨达成一致意见。

（四）基金管理人应履行与基金估值相关的披露义务，应当在半年度和年度报告中披露估值程序、估值技术及重大变化、假设、输入值、对基金资产净值及当期损益的影响等对基金估值有重大影响的信息。

当基金管理人改变估值技术时，应本着最大限度保护基金份额持有人利益的原则及时进行临时公告。

（五）基金管理人改变估值技术，导致基金资产净值的变化在0.25%以上的，应就基金管理人所采用的相关估值技术、假设及输入值的适当性等咨询会计师事务所的专业意见。

会计师事务所在对基金年度财务报告出具审计报告时，应对报告期间基金的估值技术及其重大变化，特别是对估值的适当性，采用外部信息进行估值的客观性和可靠性程度，以及相关披露的充分性和及时性等发表意见。

（六）货币市场基金应按本通知的有关估值原则确定投资品种的影子价格。

二、估值的基本原则

基金管理人在确定相关金融资产和金融负债的公允价值时，应根据《企业会计准则》的规定采用在当前情况下适用并且有足够可利用数据和其他信息支持的估值技术。

（一）对存在活跃市场且能够获取相同资产或负债报价的投资品种，在估值日有报价的，除会计准则规定的例外情况外，应将该报价不加调整地应用于该资产或负债的公允价值计量。估值日无报价且最近交易日后未发生影响公允价值计量的重大事件的，应采用最近交易日的报价确定公允价值。有充足证据表明估值日或最近交易日的报价不能真实反映公允价值的，应对报价进行调整，确定公允价值。

与上述投资品种相同，但具有不同特征的，应以相同资产或负债的公允价值为基础，并在估值技术中考虑不同特征因素的影响。特征是指对资产出售或使用的限制等，如果该限制是针对资产持有者的，那么在估值技术中不应将该限制作为特征考虑。此外，基金管理人不应考虑因其大量持有相关资产或负债所产生的溢价或折价。

（二）对不存在活跃市场的投资品种，应采用在当前情况下适用并且有足够可利用数据和其他信息支持的估值技术确定公允价值。采用估值技术确定公允价值时，应优先使用可观察输入值，只有在无法取得相关资产或负债可观察输入值或取得不切实可行的情况下，才可以使用不可观察输入值。

（三）如经济环境发生重大变化或证券发行人发生影响证券价格的重大事件，使潜在估值调整对前一估值日的基金资产净值的影响在0.25%以上的，应对估值进行调整并确定公允价值。

三、估值工作机制

为提高估值的合理性和可靠性，中国证券投资基金业协会可建立基金估值工作机制，在充分征求行业意见，履行向我会报备程序后，可对没有活跃市场或在活跃市场不存在相同特征的资产或负债报价的投资品种提出估值指引。中国证券投资基金业协会应对其出台的估值指引进行定期评估和修订。

基金管理人和托管人在进行基金估值、计算基金资产净值及相关复核工作时，可参考行业协会的估值指引，但不能免除相关责任。如果基金管理人选择服务机构进行估值，也不能免除管理人相关责任。

四、计价错误的处理及责任承担

（一）基金管理人应制定估值及资产净值计价错误的识别及应急方案。当估值或资产净值计价错误实际发生时，基金管理人应立即纠正，及时采取合理措施防止损失进一步扩大。当错误达到或超过基金资产净值的0.25%时，基金管理人应及时报告我会。

（二）基金管理人和托管人在进行基金估值、计算或复核基金资产净值的过程中，未能遵循相关法律法规规定或基金合同约定，给基金财产或基金份额持有人造成损害的，应分别对各自行为依法承担赔偿责任；因共同行为给基金财产或基金份额持有人造成损害的，应承担连带赔偿责任。

五、附则

公开募集基金执行估值核算时应遵守本指导意见。基金管理公司及其子公司管理的特定客户资产管理计划、证券公司及其子公司管理的资产管理计划、期货公司及其子公司管理的资产管理计划以及经中国证券投资基金业协会登记的私募基金管理人管理的私募投资基金可根据合同约定，参照执行。

证券、期货等行业协会根据行业需求建立估值工作机制的，应参照本指导意见的估值原则。各协会之间应就估值工作加强沟通，对具有相同特征的同一投资品种的估值指引应保持一致。

证券投资基金会计核算业务指引

（2012年11月16日中基协发〔2012〕9号发布实施）

一、总则

（一）为了规范证券投资基金（以下简称“基金”）的会计核算，真实、完整地提供会计信息，根据《会计法》、《证券投资基金法》、《企业会计准则》及国家其他有关法律和法规，制定本指引。

（二）基金持有的金融资产和承担金融负债通常分类为以公允价值计量且其变动计入当期损益的金融资产和金融负债。

（三）基金管理人和基金托管人对所管理、托管的基金应当以基金为会计核算主体，单独建账、独立核算，单独编制财务会计报告。不同基金之间在名册登记、账户设置、资金划拨、账簿记录等方面应当相互独立。

（四）基金管理人和基金托管人进行基金会计确认、计量和报告应以权责发生制为基础，并遵循实质重于形式原则、重要性原则、谨慎性原则和及时性原则，确保对外提供的财务会计报告的信息真实、可靠、完整、相关、明晰及可比。

（五）本指引中的会计科目编号，供填制会计凭证、登记会计账簿、查阅会计账目、采用会计软件系统参考，基金管理人和基金托管人可结合实际情况自行确定会计科目编号。

（六）基金管理人和基金托管人应按本指引的规定设置和使用会计科目。在不影响会计核算要求和会计报表指标汇总，以及对外提供统一的财务会计报告的前提下，可以根据实际情况自行增设、分拆或合并会计科目。对不存在的交易或者事项，可不设置相关科目。

对于明细科目，在不违反统一会计核算要求的前提下，基金管理人和基金托管人可以根据需要自行确定。

（七）基金的会计年度为 1 月 1 日起至 12 月 31 日止，基金首期年度会计报表的编制期间从基金合同生效日起至相关年度的 12 月 31 日止，基金末期年度会计报表的编制期间从相关年度的 1 月 1 日起至基金合同终止日止。

（八）基金财务会计报告分为年度、半年度、季度和月度财务会计报告。季度、月度财务会计报告通常仅指会计报表，国家统一的会计制度另有规定的除外。半年度、年度财务会计报告至少应披露会计报表和会计报表附注的内容。

（九）财务会计报告包括会计报表、会计报表附注和其他应当在财务会计报告中披露的相关信息和资料。会计报表至少应包括资产负债表、利润表和所有者权益（基金净值）变动表。编报的会计报表，一般以人民币“元”为金额单位，“元”以下填至“分”。会计报表附注至少应披露重要会计政策和会计估计、会计政策和会计估计变更以及差错更正的说明、报表重要项目的说明和关联方关系及其交易等内容。关联方关系及其交易应披露基金与基金管理人、基金托管人、能够控制或对基金管理人施加重大影响的股东等关联方在报告期内存在的关系与交易等。

（十）向外提供的基金财务会计报告应依次编定页数，加具封面，装订成册，加盖公章。封面应注明：基金管理人和基金托管人名称、基金名称、基金合同生效日期、报告所属年度、月份、送出日期等，并由基金管理人单位负责人和主管会计工作的负责人、会计机构负责人（会计主管）签名并盖章。

（十一）除特别规定外，对基金未分配利润的未实现部分，包括基金经营活动产生的未实现收益，以及基金份额交易产生的未实现平准金，不得进行分配。

（十二）基金管理人与基金托管人应按各自职责完整保存基金的会计凭证、会计账簿、财务会计报告等会计档案。在确保基金会计档案安全、可靠保存的前提下，基金会计档案可采用纸、磁、光盘等方便实用、易于保管的介质保存。合同、发票等具有法律效力的原始凭证，应保存纸质档案。

（十三）本《指引》自 2007 年 7 月 1 日起实施，如财政部等有关部门对证券投资基金会计核算另有具体规定，从其规定。

二、会计科目

顺序号	编号	会计科目名称
一、资产类		
1	1002	银行存款
2	1021	结算备付金
3	1031	存出保证金
4	1102	股票投资
5	1103	债券投资
6	1104	资产支持证券投资
7	1105	基金投资
8	1106	权证投资
9	1202	买入返售金融资产
10	1203	应收股利
11	1204	应收利息
12	1207	应收申购款
13	1221	其他应收款
14	1501	待摊费用
二、负债类		
15	2001	短期借款
16	2101	交易性金融负债
17	2202	卖出回购金融资产款
18	2203	应付赎回款
19	2204	应付赎回费
20	2206	应付管理人报酬

续表

顺序号	编号	会计科目名称
21	2207	应付托管费
22	2208	应付销售服务费
23	2209	应付交易费用
24	2221	应交税费
25	2231	应付利息
26	2232	应付利润
27	2241	其他应付款
28	2501	预提费用
三、共同类		
29	3003	证券清算款
30	3101	远期投资
31	3102	其他衍生工具
32	3201	套期工具
33	3202	被套期项目
四、所有者权益类		
34	4001	实收基金
35	4011	损益平准金
36	4103	本期利润
37	4104	利润分配
五、损益类		
38	6011	利息收入
39	6101	公允价值变动损益
40	6111	投资收益
41	6302	其他收入
42	6403	管理人报酬
43	6404	托管费
44	6406	销售服务费
45	6407	交易费用
46	6411	利息支出

续表

顺序号	编号	会计科目名称
47	6605	其他费用
48	6901	以前年度损益调整

三、主要账务处理

资产类

1002 银行存款

一、本科目核算存入银行或其他金融机构的各种款项，包括活期存款、协议存款和定期存款等。

二、本科目可按存款种类等设置“银行存款日记账”，并根据收付款凭证，按照业务的发生顺序逐笔登记。每日终了，应结出余额。

三、银行存款的主要账务处理

（一）增加银行存款，借记本科目，贷记有关科目；减少银行存款做相反的会计分录。

（二）在存款期内逐日计提银行存款利息，按约定利率确认存款利息收入，借记“应收利息”科目，贷记“利息收入（存款利息收入）”科目；实际结息时，借记本科目，贷记“应收利息”科目。

四、本科目期末借方余额，反映实际存在银行或其他金融机构的款项。

1021 结算备付金

一、本科目核算为证券交易的资金结算而存入证券登记结算机构的款项。

二、本科目可按不同证券登记结算机构进行明细核算。

三、结算备付金的主要账务处理

（一）将款项存入证券登记结算机构，借记本科目，贷记“银行存款”科目；从证券登记结算机构划回资金做相反的会计分录。

（二）通过证券交易所买卖证券，资金交收日应分别以下情况进行账务处理：

1. 如果买入证券成交总额大于卖出证券成交总额，按资金交收日实际交收的款项，借记“证券清算款”科目，贷记“银行存款”或本科目。

2. 如果卖出证券成交总额大于买入证券成交总额，按资金交收日实际收到的款项，借记“银行存款”或本科目，贷记“证券清算款”科目。

（三）逐日计提结算备付金的利息，借记“应收利息”科目，贷记“利息收入（存款利息收入）”科目；实际结息时，借记“银行存款”或本科目，贷记“应收利息”科目。

四、本科目期末借方余额,反映实际存入证券登记结算机构尚未用于结算的款项。

1031 存出保证金

一、本科目核算因办理业务需要存出或交纳的各种保证金款项,包括日常存出保证金、远期存出保证金、权证存出保证金等。

二、本科目可按保证金的类别以及存放单位或交易场所进行明细核算。

三、存出保证金,借记本科目,贷记"银行存款"等科目;减少或收回保证金时做相反的会计分录。对于权证存出保证金等生息资产,逐日计提利息,借记"应收利息"科目,贷记"利息收入(存款利息收入)"科目;实际结息时,借记"银行存款"或本科目,贷记"应收利息"科目。

四、本科目期末借方余额,反映实际存出或交纳的各种保证金余额。

1102 股票投资

一、本科目核算股票投资的实际成本和价值变动(估值增值或减值)。

二、本科目可按股票的种类,分别"成本"和"估值增值"进行明细核算。

三、股票投资的主要账务处理

(一)买入股票,在交易日按股票的公允价值,借记本科目(成本),按应付的相关费用,借记"交易费用"科目,按应支付的证券清算款,贷记"证券清算款"科目,按应付的交易费用,贷记"应付交易费用"等科目;资金交收日,按实际交收的证券清算款,借记"证券清算款"科目,贷记"银行存款"、"结算备付金"等科目。

(二)申购新股,应按新股的不同发行方式、不同资金结算方式分别进行账务处理:

1. 通过交易所网上申购的,在申购当日借记"证券清算款(新股申购款)"科目,贷记"证券清算款"科目;交收日,按实际交收的申购款,借记"证券清算款"科目,贷记"银行存款"或"结算备付金"科目;申购新股中签时,按确认的中签金额,借记本科目(成本),贷记"证券清算款"科目;收到退回余款(未中签部分),借记"结算备付金"等科目,贷记"证券清算款"科目。老股东网上配售,配售数量与金额可确定的,其配售日即为中签日。

2. 通过网下申购的,按实际预交的申购款,借记"证券清算款"科目,贷记"银行存款"科目。申购新股确认日,按实际确认的申购新股金额,借记本科目(成本),贷记"证券清算款"科目;如果实际确认的申购新股金额小于已经预交的申购款的,在收到退回余款时,借记"银行存款"科目,贷记"证券清算款"科目;如果实际确认的申购新股金额大于已经预交的申购款的,在补付申购款时,按支付的金额,借记"证券清算款",贷记"银行存款"等科目。

3. 通过市值配售的，确认日按确认的中签金额，借记本科目（成本），贷记“证券清算款”科目。

（三）本基金申购、赎回 ETF 时，涉及对本科目的账务处理，比照“基金投资”科目的相关规定进行。

如本基金为 ETF，在投资者申购、赎回本基金时，涉及对本科目的账务处理，比照“实收基金”科目的相关规定进行。

（四）股票持有期间获得股票股利（包括送红股和公积金转增股本），应于除权除息日，按股权登记日持有的股数及送股或转增比例，计算确定增加的股票数量，在本账户“数量”栏进行记录。因持有股票而享有的配股权，配股除权日在配股缴款截止日之后的，在除权日按所配的股数确认未流通部分的股票投资，与已流通部分分别核算。配股除权日在配股缴款截止日之前的，按照权证的有关原则进行核算。

（五）基金持有股票期间上市公司宣告发放现金股利，应于除权除息日，借记“应收股利”或“银行存款”、“结算备付金”等科目，贷记“投资收益（股利收益）”科目。

（六）估值日对持有的股票估值时，如为估值增值，按当日与上一日估值增值的差额，借记本科目（估值增值），贷记“公允价值变动损益”科目；如为估值减值，做相反的会计分录。

买入股票后，在资金交收日，若无法及时足额完成当日资金交收，在保留了该股票所有权上几乎所有的风险和报酬的情况下，仍应对交易日已确认的股票进行估值。交收日之后，若基金补足资金完成交收，继续对该股票估值，否则，被处分证券被处置的，应进行卖出被处置证券的相关账务处理。

（七）卖出股票，在交易日按应收取的证券清算款，借记“证券清算款”科目，按应付的相关费用，借记“交易费用”科目，按结转的股票投资成本、估值增值或减值，贷记本科目（成本），贷记或借记本科目（估值增值），按应付的交易费用，贷记“应付交易费用”等科目，按其差额，贷记或借记“投资收益（股票投资收益）”科目。同时，将原计入该卖出股票的公允价值变动损益转出，借记或贷记“公允价值变动损益”科目，贷记或借记“投资收益（股票投资收益）”科目。资金交收日，按实际交收的证券清算款，借记“银行存款”或“结算备付金”等科目，贷记“证券清算款”科目。

卖出股票的成本按移动加权平均法逐日结转。

四、本科目期末借方余额，反映基金持有的各类股票的公允价值。

1103 债券投资

一、对非货币市场基金，本科目核算债券投资的实际成本和价值变动（估值增值或减值)；对货币市场基金或中国证监会规定的特定基金品种，本科目核算实际利率摊余成本估算的公允价值。

二、对非货币市场基金，本科目可按债券的种类，分别“成本”和“估值增值”进行明细核算；对货币市场基金，本科目可按债券的种类，分别“面值”和“折溢价”进行明细核算。

三、债券投资的主要账务处理

（一）非货币市场基金债券投资的主要账务处理

1. 买入债券，在交易日按债券的公允价值（不含支付价款中所包含的应收利息），借记本科目（成本），按应付的相关费用，借记“交易费用”科目，按支付价款中包含的应收利息（若有），借记“应收利息”科目，按应支付的金额，贷记“证券清算款”科目，按实际支付的金额，贷记“银行存款”科目，按应支付的交易费用，贷记“应付交易费用”等科目。资金交收日，按实际交收的金额，借记“证券清算款”科目，贷记“银行存款”或“结算备付金”科目。

2. 持有债券期间，每日确认利息收入，按债券投资的票面利率计算的利息，借记“应收利息”科目，贷记“利息收入（债券利息收入）”科目。贴息债视同到期一次性还本付息的附息债，根据其发行价、到期价和发行期限按直线法推算内含票面利率后，确认利息收入。如票面利率与实际利率出现重大差异，应按实际利率计算利息收入。

债券派息日，按应收利息，借记“证券清算款”科目，贷记“应收利息”科目；资金交收日，按收到的金额，借记“银行存款”或“结算备付金”科目，贷记“证券清算款”科目。

如相关法规规定对基金收到的债券利息扣税的，基金在确认债券利息收入、收到派息款等业务环节时，应考虑适用税率等因素。

3. 估值日对持有的债券估值时，如为估值增值，按当日（不含应收利息）与上一日估值增值的差额，借记本科目（估值增值），贷记“公允价值变动损益”科目；如为估值减值，做相反的会计分录。

4. 卖出债券，在交易日按应收或实收的金额，借记“证券清算款”或“银行存款”科目，按应付的相关费用，借记“交易费用”科目，按结转的债券投资成本、估值增值或减值，贷记本科目（成本），贷记或借记本科目（估值增值），按应收或实收价款中包含的应收利息（若有），贷记“应收利息”科目，按应支付的交易费用，贷记“应付交易费用”等科目，按其差额，贷记或借记“投资收益（债券投资收益）”科目。同时，将原计入该卖出债券的公允价值变动损益转出，借记或贷记“公允价值变动损益”科目，贷记或借记“投资收益（债券投资收益）”。资金交收日，按实际交收的证券清算款,借记"银行存款"或"结算备付金"等科目,贷记"证券清算款"科目。

卖出债券的成本按移动加权平均法逐日结转。

5. 到期收回债券本金和利息(若有),按实际收到或应收的金额,借记"银行存款"或"证券清算款"等科目,按债券投资成本,贷记本科目(成本),按结转的估值增值或减值(若有),贷记或借记本科目(估值增值),按应收回的债券利息(若有),贷记"应收利息"科目,按差额(若有),贷记或借记"投资收益(债券投资收益)"。同时,将原计入该到期收回债券的公允价值变动损益转出,借记或贷记"公允价值变动损益"科目,贷记或借记"投资收益(债券投资收益)"。

6. 可转换债券转股时,按可转换股票的公允价值,借记"股票投资(成本)"科目,按应收取的现金余额返还,借记"证券清算款"科目,按支付的相关费用,借记"交易费用"科目,按已计利息部分(若有),贷记"应收利息"科目,按结转的债券投资的成本和估值增值或减值,贷记本科目(成本)和本科目(估值增值),按应支付的交易费用,贷记"应付交易费用"等科目,按其差额,贷记或借记"投资收益(债券投资收益)"科目。同时,将原计入该转换债券的公允价值变动损益转出,借记或贷记"公允价值变动损益"科目,贷记或借记"投资收益(债券投资收益)"。资金交收日按实际收到的现金余额返还,借记"银行存款"或"结算备付金"科目,贷记"证券清算款"科目。

(二)货币市场基金债券投资的主要账务处理

1. 买入债券,按债券的面值,借记本科目(面值),按支付价款中包含的应收利息(若有),借记"应收利息"科目,按应支付的金额,贷记"证券清算款"科目,按实际支付的金额,贷记"银行存款"科目,按应支付的交易费用,贷记"应付交易费用"等科目,按其差额,贷记或借记本科目(折溢价)(支付的交易费用,计入债券投资账面价值)。资金交收日,按实际交收的金额,借记"证券清算款"科目,贷记"银行存款"或"结算备付金"科目。

2. 持有债券期间,每日确认利息收入。对贴现债以外的其他债券,按票面利率计算确定的应收利息,借记"应收利息"科目,按摊余成本和实际利率计算确定的利息收入,贷记"利息收入(债券利息收入)"科目,按其差额,借记或贷记本科目(折溢价)。对贴现债,按摊余成本和实际利率计算确定的利息收入,借记本科目(折溢价),贷记"利息收入(债券利息收入)"科目。

债券派息日,按应收利息,借记"证券清算款"科目,贷记"应收利息"科目;资金交收日,按收到的金额,借记"银行存款"或"结算备付金"科目,贷记"证券清算款"科目。

3. 卖出债券,在交易日按应收或实收的金额,借记"证券清算款"或"银行存款"

科目,按结转的债券投资面值和溢折价,贷记本科目(面值、折溢价),按应收或实收价款中包含的应收利息(若有),贷记"应收利息"科目,按应支付的交易费用,贷记"应付交易费用"等科目,按其差额,贷记或借记"投资收益(债券投资收益)"科目(支付的交易费用,计入当期损益)。资金交收日,按实际交收的证券清算款,借记"银行存款"或"结算备付金"等科目,贷记"证券清算款"科目。

4. 货币市场基金存续期间,基金管理人应定期计算货币市场基金投资组合摊余成本与其他可参考公允价值指标之间的偏离程度,并定期测试其他可参考公允价值指标确定方法的有效性。投资组合的摊余成本与其他可参考公允价值指标产生重大偏离的,应按其他公允价值指标对组合的账面价值进行调整,调整差额确认为"公允价值变动损益",并按其他公允价值指标进行后续计量。如基金份额净值恢复至1元,可恢复使用摊余成本法估算公允价值。

5. 到期收回债券本金和利息(若有),按实际收到或应收的金额,借记"银行存款"或"证券清算款"等科目,按债券账面余额,贷记本科目(面值、折溢价),按应收回的债券利息(若有),贷记"应收利息"科目。

四、本科目期末借方余额,反映持有各项债券的公允价值。

1104 资产支持证券投资

一、对非货币市场基金,本科目核算资产支持证券投资的实际成本和价值变动(估值增值或减值);对货币市场基金或中国证监会规定的特定基金品种,本科目核算实际利率摊余成本估算的公允价值。

二、对非货币市场基金,本科目可按资产支持证券投资的种类,分别"成本"和"估值增值"进行明细核算;对货币市场基金,本科目可按资产支持证券投资的种类,分别"面值"和"折溢价"进行明细核算。

三、资产支持证券投资的主要账务处理

基金取得资产支持证券支付的款项时,应当区分属于资产支持证券投资本金部分和证券投资收益部分。对非货币市场基金,将收到的本金部分冲减本科目(成本),对货币市场基金,将收到的本金部分冲减本科目(面值),并相应结转本科目(折溢价)。将收到的收益部分冲减应计利息(若有)后的差额,记入资产支持证券利息收入。对资产支持证券的付息延期,在确定其付息的可能性仍很大的情况下,可不调整已确认的利息收入。其他与资产支持证券投资相关业务的账务处理比照债券投资。

四、本科目期末借方余额,反映持有各项资产支持证券投资的公允价值。

1105 基金投资

一、本科目核算基金投资的实际成本和价值变动(估值增值或减值)。

二、本科目可按基金的种类，分别“成本”和“估值增值”进行明细核算。

三、基金投资的主要账务处理

（一）买入非上市交易的开放式基金，在申购日按申购金额，借记“证券清算款”科目，贷记“银行存款”科目。在交易日（非上市交易的开放式基金的交易日为申购成功的确认日）按基金的公允价值，借记本科目（成本），按应付的相关费用，借记“交易费用”科目，按应支付或实际支付的金额，贷记“证券清算款”或“银行存款”科目，按应付的交易费用，贷记“应付交易费用”等科目。

本基金申购ETF时，在申购确认日，按基金的公允价值，借记本科目（成本），按应付的相关费用，借记“交易费用”科目，按结转的股票或债券投资成本、估值增值或减值，贷记“股票投资（成本）”或“债券投资（成本）”，贷记或借记“股票投资（估值增值）”或“债券投资（估值增值）”，按应支付的金额，贷记“证券清算款”科目，按应付交易费用，贷记“应付交易费用”科目，按其差额，贷记或借记“投资收益（股票投资收益）”或“投资收益（债券投资收益）”科目。同时，将原计入该股票或债券的公允价值变动损益转出，借记或贷记“公允价值变动损益”科目，贷记或借记“投资收益（股票投资收益）”或“投资收益（债券投资收益）”科目。

资金交收日，按实际交收的证券清算款，借记“证券清算款”科目，贷记“结算备付金”或“银行存款”科目。

基金转换转入时，参照买入基金的处理，借记本科目（成本）等，贷记“证券清算款”等科目。

（二）持有基金期间分派的红利，应于除息日按照基金管理人宣告的分红派息比例或每万份收益确认红利收益，借记“应收股利”科目，贷记“投资收益（股利收益）”科目。实际收到现金红利时，借记“结算备付金”或“银行存款”科目，贷记“应收股利”科目。如果选择红利再投资，应在份额确认日根据注册登记机构确认的金额，参照买入基金的账务处理，借记本科目（成本）等，贷记“应收股利”科目。

（三）估值日对持有的基金估值时，如为估值增值，按当日与上一日估值增值的差额，借记本科目（估值增值），贷记“公允价值变动损益”科目；如为估值减值，做相反的会计分录。

（四）卖出基金，在交易日（非上市交易的开放式基金的交易日为赎回成功的确认日）按应收或实际收到的金额，借记“证券清算款”或“银行存款”科目，按应付的相关费用，借记“交易费用”科目，按结转的基金投资成本、估值增值或减值，贷记本科目（成本），贷记或借记本科目（估值增值），按应付交易费用，贷记“应付交易费用”科目，按其差额，贷记或借记“投资收益（基金投资收益）”科目。同时，将原计入该卖出基金的公允价值变动损益转出，借记或贷记“公允价值变动损益”科目，贷记或借记“投资收益(基金投资收益)”。

本基金赎回ETF时,在赎回确认日,按股票或债券的公允价值,借记“股票投资(成本)”或“债券投资(成本)”,按应收的金额,借记“证券清算款”科目,按应付的相关费用,借记“交易费用”科目,按结转的基金投资成本、估值增值或减值,贷记本科目(成本),贷记或借记本科目(估值增值),按应付交易费用,贷记“应付交易费用”科目,按其差额,贷记或借记“投资收益(基金投资收益)”科目。同时,将原计入该基金的公允价值变动损益转出,借记或贷记“公允价值变动损益”科目,贷记或借记“投资收益(基金投资收益)”。

资金交收日,按实际交收的证券清算款,借记“结算备付金”或“银行存款”科目,贷记“证券清算款”等科目。

卖出基金的成本按移动加权平均法逐日结转。

基金转换转出时,参照卖出基金的处理,借记“证券清算款”等科目,贷记本科目(成本)等。

四、本科目期末借方余额,反映持有各类基金的公允价值。

1106 权证投资

一、本科目核算权证投资的实际成本和价值变动(估值增值或减值)。

二、本科目可按权证的种类,分别“成本”和“估值增值“进行明细核算。

三、权证投资的主要账务处理

(一)买入权证,在交易日按权证的公允价值,借记本科目(成本),按应付的相关费用,借记“交易费用”科目,按应支付的证券清算款,贷记“证券清算款”科目,按应支付的交易费用,贷记“应付交易费用”等科目;资金交收日,按实际交收的证券清算款,借记“证券清算款”科目,贷记“结算备付金”等科目。

获赠权证(包括配股权证),在除权日应按持有的股数及获赠比例,计算确定增加的权证数量,在本账户“数量”栏进行记录。

(二)缴纳保证金时,按证券登记机构确定的金额,借记“存出保证金(权证保证金)”科目,贷记“结算备付金”或“银行存款”科目。之后根据权证变动情况进行调整。

(三)估值日对持有的权证估值时,如为估值增值,按当日与上一日估值增值的差额,借记本科目(估值增值),贷记“公允价值变动损益”科目;如为估值减值,做相反的会计分录。

(四)卖出权证,在交易日按应收金额,借记“证券清算款”等科目,按应付的相关费用,借记“交易费用”科目,按结转的权证投资成本、估值增值或减值,贷记本科目(成本),贷记或借记本科目(估值增值),按应支付的交易费用,贷记“应付交易费用”等科目,按其差额,贷记或借记“投资收益(衍生工具收益)”科目。同时,将原计入该卖出权证的公允价值变动损益转出,借记或贷记“公允价值变动损益”科目,贷记或借记“投资收益(衍生工具收益)”科目。资金交收日,按实际交收的证券清算款,借记“银行存款”或“结算备付金”等科目,贷记“证券清算款”科目。

(五)权证行权

1. 证券结算方式

认购权证以证券结算方式行权时,按股票的公允价值,借记“股票投资”科目,按应付的相关费用,借记“交易费用”科目,按结转的权证投资成本、估值增值或减值,贷记本科目(成本),贷记或借记本科目(估值增值),按行权价款及相关费用合计,贷记“证券清算款”科目,按应支付的交易费用,贷记“应付交易费用”等科目,按其差额,贷记或借记“投资收益(衍生工具收益)”科目。同时,将原计入该权证的公允价值变动损益转出,借记或贷记“公允价值变动损益”科目,贷记或借记“投资收益(衍生工具收益)”科目。

认沽权证以证券结算方式行权时,按行权价款及费用的差额,借记“证券清算款”科目,按应付的相关费用,借记“交易费用”科目,按结转的权证投资成本、估值增值或减值,贷记本科目(成本),贷记或借记本科目(估值增值),按结转的股票投资成本、估值增值或减值,贷记“股票投资(成本)”,贷记或借记“股票投资(估值增值)”科目,按应支付的交易费用,贷记“应付交易费用”等科目,按认沽权证的理论价值与账面价值之差(若有),贷记或借记“投资收益(衍生工具收益)”科目,按其差额,贷记或借记“投资收益(股票投资收益)”科目。同时,将原计入卖出股票和原计入权证的公允价值变动损益转出,借记或贷记“公允价值变动损益”科目,贷记或借记“投资收益(衍生工具收益)”、“投资收益(股票投资收益)”科目。

2. 现金结算方式

权证以现金结算方式行权时,按确定的金额扣减交易费用,借记“证券清算款”科目,按应付的相关费用,借记“交易费用”科目,按结转的权证成本、估值增值或减值,贷记本科目(成本),贷记或借记本科目(估值增值),按其差额,贷记或借记“投资收益(衍生工具收益)”科目。同时,将原计入该权证的公允价值变动损益转出,借记或贷记“公允价值变动损益”科目,贷记或借记“投资收益(衍生工具收益)”科目。

(六)放弃行权,在放弃行权确定日,按结转的权证成本、估值增值或减值,贷记本科目(成本),贷记或借记本科目(估值增值),按其差额,贷记或借记“投资收益(衍生工具收益)”科目。同时,将原计入该权证的公允价值变动损益转出,借记或贷记“公允价值变动损益”科目,贷记或借记“投资收益(衍生工具收益)”科目。

四、本科目期末借方余额,反映持有权证的公允价值。

1202 买入返售金融资产

一、本科目核算按照返售协议约定先买入再按固定价格返售的证券等金融资产所融出的资金。

二、本科目可按买入返售金融资产的类别,分别“质押式”和“买断式”进行明细核算。

三、买入返售金融资产的主要账务处理

(一)基金根据返售协议买入证券等金融资产,按应付或实际支付的金额,借记本科目,贷记“证券清算款”或“银行存款”等科目;资金交收日,按实际交收金额,借记“证券清算款”等科目,贷记“银行存款”或“结算备付金”科目。

(二)返售前,按实际利率逐日计提利息时,借记“应收利息”科目,贷记“利息收入(买入返售金融资产收入)”科目。合同利率与实际利率差异较小的,也可采用合同利率计算确定利息收入。

(三)返售日,应按应收或实际收到的金额,借记“证券清算款”或“银行存款”等科目,按其账面余额,贷记本科目和“应收利息”科目,按其差额,贷记“利息收入(买入返售金融资产收入)”科目;资金交收日,按实际收到金额,借记“银行存款”或“结算备付金”科目,贷记“证券清算款”等科目。

(四)发生买断式融券业务时,应在备查簿中登记约定到期应支付的证券净价、利息及数量。从事买断式融券回购业务,在合约到期前,出售或再质押相关债券时,应在交易日按应收取或实际收取的款项,借记“证券清算款”或“银行存款”科目,按上述金额贷记“交易性金融负债”科目。

买断式融券回购期间融入的债券派息的,按应派息金额,借记“证券清算款”科目,贷记本科目(买断式),实际收到派息金额,借记“银行存款”或“结算备付金”科目,贷记“证券清算款”科目。

四、本科目期末借方余额,反映基金融出资金的账面价值。

1203 应收股利

一、本科目核算因股票投资、基金投资等应收取的现金股利或现金红利。

二、本科目可按被投资单位或红利代付机构等设置明细账,进行明细核算。

三、应收股利的主要账务处理

(一)持有股票、基金期间被投资单位宣告发放现金股利或现金红利,在除权除息日,按应享有的金额,借记本科目,贷记“投资收益(股利收益)”科目;实际收到现金股利或现金红利时,借记“银行存款”或“结算备付金”科目,贷记本科目。

（二）持有的定期公布每万份收益的基金，按最近能够取得的利润公告计算红利收益，借记本科目，贷记“投资收益（股利收益）”科目；赎回或红利再投资时，借记“银行存款”、“结算备付金”或“基金投资”等科目，贷记本科目。

四、本科目期末借方余额，反映尚未收取的现金股利或现金红利。

1204 应收利息

一、本科目核算债券投资、资产支持证券投资、买入返售金融资产、银行存款、结算备付金、存出保证金等应收取的利息。

二、本科目可按应收利息的种类进行明细核算。

三、应收利息的账务处理，比照“银行存款”、“结算备付金”、“存出保证金”、“债券投资”和“买入返售金融资产”等科目的相关规定进行。

四、本科目期末借方余额，反映尚未收到的各项利息。

1207 应收申购款

一、本科目核算应向办理申购业务的机构收取的申购款项和转换转入款项（不含申购费和转换费）。

二、应收申购款的主要账务处理

（一）投资者申购或转换转入本基金，确认日按基金申购款和转换转入款，借记本科目，按实收基金和损益平准金的余额占基金净值的比例，将确认有效的申购或转换转入款项分割为两部分，对基金申购款或转换转入款中含有的实收基金，贷记“实收基金”科目，按基金申购款或转换转入款与实收基金的差额，贷记“损益平准金”科目。

办理申购或转换转入业务的机构按规定收取的申购费或转换费，如在投资者申购或转换转入基金时收取的，由办理申购业务的机构直接向投资者收取，不纳入基金会计核算范围；如在基金赎回或转出时收取的，待基金投资者赎回或转换转出时从赎回款或转出款中抵扣。

（二）收到有效申购款或转换转入款时，借记“银行存款”科目，贷记本科目。

三、本科目期末借方余额，反映尚未收回的有效申购款和转换转入款。

1221 其他应收款

一、本科目核算除存出保证金、买入返售金融资产、应收证券清算款、应收股利、应收利息、应收申购款以外的其他各项应收及暂付款项。

二、本科目可按对方单位（或个人）进行明细核算。

三、发生各项应收、暂付款项时，借记本科目，贷记“银行存款”等科目；收回各项款项时，借记“银行存款”科目，贷记本科目。

四、本科目期末借方余额，反映尚未收回的其他应收款项。

1501 待摊费用

一、本科目核算已经发生的、影响基金份额净值小数点后第四位，应在受益期内分摊计入本期和以后各期的费用，如注册登记费、上市年费、账户服务费、信息披露费、审计费用和律师费用等。

二、本科目可按费用项目进行明细核算。

三、待摊费用的主要账务处理

发生待摊费用时，借记本科目，贷记“银行存款”等科目；摊销待摊费用，借记“其他费用”科目，贷记本科目。如果发生的费用不能使以后期间继续受益的，应将其余额一次计入当期费用。

四、本科目期末借方余额，反映已发生尚未摊销完毕的待摊费用。

负债类

2001 短期借款

一、本科目核算按规定向银行或其他金融机构等借入的期限在1年以下（含1年）的各种借款。

二、本科目可按借款种类、贷款人等进行明细核算。

三、短期借款的主要账务处理

（一）借入短期借款，借记“银行存款”科目，贷记本科目；归还借款，做相反的会计分录。

（二）在借款期内逐日计提利息，按实际利率确认短期借款的利息费用，借记“利息支出”科目，贷记“应付利息”等科目。名义利率与实际利率差异较小的，也可采用名义利率计算确定利息支出。

四、本科目期末贷方余额，反映尚未偿还的短期借款。

2101 交易性金融负债

一、本科目核算基金承担的交易性金融负债的公允价值。

基金持有的直接指定为以公允价值计量且其变动计入当期损益的金融负债，也在本科目核算。衍生金融负债不在科目核算。

二、本科目可按交易性金融负债类别，分别“本金”、“估值增值”等进行明细核算。

三、交易性金融负债的主要账务处理

（一）基金承担交易性金融负债时，按应收或实收的金额，借记“证券清算款”、“银行存款”、“结算备付金”等科目，按发生的交易费用，借记“交易费用”科目，按交易性金融负债的公允价值，贷记本科目（本金），按应付的交易费用，贷记“应付交易费用”等科目。资金交收日，按实际交收的金额，借记“银行存款”或“结算备付金”科目,贷记“证券清算款”科目。

(二)承担固定收益类金融负债期间,每日按票面利率计算的利息,借记“利息支出”科目,贷记“应付利息”科目。如票面利率与实际利率出现重大差异,应按实际利率计算利息收入。

(三)估值日,按当日与上一日估值增值的差额,借记“公允价值变动损益”科目,贷记本科目(估值增值);公允价值低于其账面余额的差额,做相反的会计分录。

(四)处置交易性金融负债,应按该金融负债的账面余额,借记本科目,按已提未付利息,借记“应付利息”,按相关费用,借记“交易费用”,按应付或实付的金额,贷记“证券清算款”、“银行存款”、“结算备付金”等科目,按应支付的交易费用,贷记“应付交易费用”等科目,按其差额,贷记或借记相关证券的投资收益科目。同时,按结转的该项交易性金融负债的公允价值变动,借记或贷记“公允价值变动损益”科目,贷记或借记相关证券的投资收益科目。资金交收日,按实际交收的证券清算款,借记“证券清算款”科目,贷记“银行存款”或“结算备付金”等科目。

四、本科目期末贷方余额,反映基金承担的交易性金融负债的公允价值。

2202 卖出回购金融资产款

一、本科目核算基金按照回购协议先卖出再按固定价格买入的票据、证券等金融资产所融入的资金。

二、本科目可按卖出回购证券的类别,分别“质押式”和“买断式”进行明细核算。

三、卖出回购金融资产款的主要账务处理

(一)基金根据回购协议卖出证券,按应收或实收的金额,借记“证券清算款”或“银行存款”等科目,贷记本科目。

(二)融资期限内,采用实际利率逐日计提融资利息支出,借记“利息支出”科目,贷记“应付利息”科目。合同利率与实际利率差异较小的,也可采用合同利率计算确定利息支出。

(三)到期购回时,按账面余额,借记本科目,按已提未付利息,借记“应付利息”科目,按应付或实际支付的金额,贷记“证券清算款”或“银行存款”等科目;按其差额,借记“利息支出”科目。

(四)发生买断式回购时,应在备查簿中登记约定到期应购回的证券净价、利息及数量。买断式回购期间融出的债券派息的,应按派息金额,借记本科目(买断式),贷记“应收利息”科目。

四、本科目期末贷方余额,反映卖出到期的卖出回购金融资产款。

2203 应付赎回款

一、本科目核算按规定应付基金份额持有人的赎回款和转换转出款。

二、应付赎回款或转换转出款的主要账务处理

（一）基金份额持有人赎回或转换转出本基金，应在赎回或转换转出确认日，按实收基金余额占基金净值的比例，对基金赎回款或转换转出款中含有的实收基金，借记“实收基金”科目，按赎回款或转换转出款与实收基金的差额，借记“损益平准金”科目，按应付基金份额持有人赎回款或转换转出款，贷记本科目，按赎回费或转换转出费中基本手续费部分，贷记“应付赎回费”科目，按赎回费或转换转出费扣除基本手续费后的余额部分，贷记“其他收入”科目。

（二）支付赎回款或支付转换转出款时，借记本科目，贷记“银行存款”科目。

三、本科目期末贷方余额，反映尚未支付的基金赎回款或转换转出款。

2204 应付赎回费

一、本科目核算按规定计算的，应付给办理赎回业务或转换业务的机构的赎回费或转换转出费。

二、应付赎回费或转换转出费的主要账务处理

（一）基金份额持有人赎回或转换转出本基金，应在赎回或转换转出确认日，按实收基金余额占基金净值的比例，对基金赎回款或转换转出款中含有的实收基金，借记“实收基金”科目，按基金赎回款或转换转出款与实收基金的差额，借记“损益平准金”科目，按应付基金份额持有人赎回款或转换转出款，贷记“应付赎回款”科目，按赎回费或转换转出费中基本手续费部分，贷记本科目，按赎回费或转换转出费扣除基本手续费后的余额部分，贷记“其他收入”科目。

（二）支付赎回费或转换转出费时，借记本科目，贷记“银行存款”科目。

三、本科目期末贷方余额，反映尚未支付的基金赎回费用或转换转出费用。

2206 应付管理人报酬

一、本科目核算按规定计提的，应付给管理人的报酬。

二、本科目可按管理人报酬的类别进行明细核算。

三、应付管理人报酬的主要账务处理

逐日计提管理人报酬时，借记“管理人报酬”科目，贷记本科目；支付时，借记本科目，贷记“银行存款”科目。

四、本科目期末贷方余额，反映尚未支付给管理人的报酬。

2207 应付托管费

一、本科目核算按规定计提的，应支付给托管人的托管费。

二、应付托管费的主要账务处理

逐日计提托管费时，借记“托管费”科目，贷记本科目；支付托管费时，借记本科目，贷记“银行存款”科目。

三、本科目期末贷方余额，反映尚未支付给托管人的托管费。

2208 应付销售服务费

一、本科目核算按规定计提的，应支付的销售服务费。

二、应付销售服务费的主要账务处理

逐日计提销售服务费时，借记“销售服务费”科目，贷记本科目；支付销售服务费时，借记本科目，贷记“银行存款”科目。

三、本科目期末贷方余额，反映尚未支付的销售服务费。

2209 应付交易费用

一、本科目核算因证券交易而应支付的交易费用。

二、本科目可按支付对象进行明细核算。

三、应付交易费用的主要账务处理

因证券交易而应支付交易费用，比照相关资产或负债类科目的规定进行处理。实际支付交易费用时，借记本科目，贷记“银行存款”科目。

四、本科目期末贷方余额，反映尚未支付的交易费用。

2221 应交税费

一、本科目核算按规定应交纳的各项税费。

二、本科目可按税费种类进行明细核算。

三、应交税费的主要账务处理

按规定应交纳的税费，借记“交易费用”等科目，贷记本科目；实际交纳的税费，借记本科目，贷记“银行存款”科目。

四、本科目期末贷方余额，反映尚未交纳的各项税费。

2231 应付利息

一、本科目核算基金按照合同约定应支付的利息，包括银行借款利息和卖出回购证券的利息支出等。

二、本科目可按应付利息的种类进行明细核算。

三、应付利息的主要账务处理

（一）借款期内，按计算确定的银行借款利息，借记“利息支出”科目，贷记本科目。实际支付利息时，借记本科目，贷记“银行存款”等科目。

（二）卖出回购证券的融资期限内，按计算确定的融资利息支出，借记“利息支出”科目，贷记本科目。到期购回时，按账面余额，借记“卖出回购金融资产款”科目，按已提未付利息，借记本科目，按应付或实际支付的金额，贷记“证券清算款”或“银行存款”等科目；按其差额，借记“利息支出”科目。

四、本科目期末贷方余额，反映尚未支付的各项利息。

2232 应付利润

一、本科目核算应付基金份额持有人的利润。

二、应付利润的主要账务处理

(一)除权日,根据基金利润分配方案,借记“利润分配”科目,贷记本科目;实际支付基金份额持有人利润时,借记本科目,贷记“银行存款”科目。

(二)如果基金份额持有人将利润转作投资,应按结转金额,借记本科目,贷记“实收基金”等科目。

三、本科目期末贷方余额,反映尚未支付给基金份额持有人的利润。

2241 其他应付款

一、本科目核算除卖出回购金融资产款、应付赎回款、应付赎回费、应付管理人报酬、应付托管费、应付销售服务费、应付交易费用、应交税费、应付利息、应付利润等以外的其他各项应付款和暂收款。

二、本科目可按其他应付款的项目和对方单位(或个人)进行明细核算。

三、基金发生其他应付款项时,借记有关科目,贷记本科目;支付款项时,借记本科目,贷记“银行存款”等科目。

四、本科目期末贷方余额,反映尚未支付的其他应付的款项。

2501 预提费用

一、本科目核算预计将发生的、影响基金份额净值小数点后第四位,应在受益期内预提计入本期的费用,如注册登记费、上市年费、信息披露费、账户服务费、审计费用和律师费用等。

二、预提费用的主要账务处理

预提费用时,借记“其他费用”科目,贷记本科目;实际支付时,借记本科目,贷记“银行存款”等科目。

三、本科目期末贷方余额,反映已提取但尚未支付的各项费用。

共同类

3003 证券清算款

一、本科目核算因买卖证券、回购证券、申购新股、配售股票、ETF 现金替代等业务而发生的,应与证券登记结算机构或证券交易对手方办理资金结算的款项。

二、本科目可按不同证券登记结算机构或证券交易对手方等进行明细核算。

三、证券清算款的主要账务处理

(一)基金因买卖证券、回购证券、申购新股、配售股票等业务而发生的,应与证券登记结算机构或证券交易对手方办理资金结算的款项,比照相关资产或负债类科目的有关规定进行账务处理。

（二）ETF 现金替代和现金差额

投资者申购、赎回 ETF 时，应设置“现金替代款”和“现金差额”明细科目分别反映所产生的现金替代款和现金差额等。

1.“现金替代款”明细科目核算投资者采用现金替代方式申购、赎回 ETF 基金时尚未交收的现金替代金额。

申购 ETF 发生现金替代时，借记本科目（现金替代款）等科目，贷记有关科目。结转现金替代款时，借记“银行存款”或“结算备付金”等科目，贷记本科目（现金替代款）。

赎回 ETF 发生现金替代时，借记有关科目，贷记本科目（现金替代款）等科目。结转现金替代款时，借记本科目（现金替代款），贷记“银行存款”或“结算备付金”等科目。

2.“现金差额”明细科目核算申购、赎回份额的资产净值与按当日收盘价计算的申购、赎回份额中组合证券市值和现金替代的差额。

确认申购 ETF 份额及构成、并计算现金差额时，借记本科目（现金差额）等科目，贷记有关科目。结转现金差额时，借记“银行存款”或“结算备付金”科目，贷记本科目（现金差额）。

确认赎回 ETF 份额及构成、并计算现金差额时，借记有关科目，贷记本科目（现金差额）等科目。结转现金差额时，借记本科目（现金差额），贷记“银行存款”或“结算备付金”科目。

四、本科目所属明细科目期末借方余额，反映尚未收回的证券清算款；本科目所属明细科目贷方余额，反映尚未支付的证券清算款。

3101 远期投资

一、本科目核算约定于到期日结算证券等标的物的合约的公允价值。本科目应在远期合约的交易日开始按其公允价值进行初始确认，在远期合约有效期内对其进行估值、后续计量，在远期合约到期结算时终止确认。

二、本科目可按远期合约的种类进行明细核算。

三、远期投资的主要账务处理

（一）签订远期买入证券的合约时，应在备查簿中登记约定到期应收到的证券净价、利息及数量。签订远期卖出证券的合约时，应在备查簿中登记约定到期应付出的证券净价、利息及数量。

（二）估值日，对远期买入证券的远期合约估值时，如为估值增值，按当日与上一日估值增值的差额，借记本科目（估值增值），贷记“公允价值变动损益”科目；如为估值减值，做相反的会计分录。对远期卖出证券的远期合约估值时，如为估值增值,按当日与上一日估值增值的差额,借记"公允价值变动损益",贷记本科目(估值增值)科目;如为估值减值,做相反的会计分录。

(三)远期合约到期结算时,在备查簿中予以注销。按远期合约的公允价值变动损益转出,借记或贷记"公允价值变动损益",按估值增值或减值,贷记或借记本科目(估值增值)。相应证券比照本指引有关资产或负债类科目的规定进行账务处理,其中,应按远期合约已计的公允价值变动损益金额,贷记或借记"投资收益(衍生工具收益)"。

四、本科目所属明细科目的期末借方余额,反映远期买入证券的远期合约的估值增值或远期卖出证券的远期合约的估值减值;本科目所述明细科目的期末贷方余额,反映远期买入证券的远期合约的估值减值或远期卖出证券的远期合约的估值增值。

3102 其他衍生工具

一、本科目核算除权证投资、远期投资以外的其他衍生金融资产或衍生金融负债的公允价值。

二、本科目可按衍生工具类别进行明细核算。

三、其他衍生工具的主要账务处理

(一)取得衍生工具,在交易日按其公允价值,借记本科目,按发生的交易费用,借记"交易费用"科目,按应支付或实际支付的金额,贷记"证券清算款"或"银行存款"等科目,按应付的交易费用,贷记"应付交易费用"等科目。资金交收日,按实际交收的证券清算款,借记"证券清算款"科目,贷记"结算备付金"或"银行存款"等科目。

(二)估值日,按当日与上一日估值增值的差额,借记本科目,贷记相关损益科目;公允价值低于其账面余额的差额,做相反的会计分录。

(三)终止确认衍生工具,比照"权证投资"、"交易性金融负债"等科目的相关规定进行处理。

四、本科目期末借方余额,反映除权证投资、远期投资以外的其他衍生金融资产的公允价值;本科目期末贷方余额,反映除远期投资以外的其他衍生金融负债的公允价值。

3201 套期工具

一、本科目核算基金开展套期保值业务(如公允价值套期)中套期工具公允价值变动形成的资产或负债。

二、本科目可按套期工具类别进行明细核算。

三、套期工具的主要账务处理

（一）基金将已确认的衍生工具等金融资产或金融负债指定为套期工具时，应按该金融资产或金融负债的账面价值，借记或贷记本科目，贷记或借记“远期投资”、“其他衍生工具”等衍生工具科目。

（二）估值日，对有效套期，应按套期工具产生的利得，借记本科目，贷记“公允价值变动损益”等科目；套期工具产生损失，做相反的会计分录。

（三）当金融资产或负债不再作为套期工具核算时，应按套期工具形成的资产或负债，借记或贷记相关科目，贷记或借记本科目。

四、本科目期末借方余额，反映基金套期工具形成资产的公允价值；本科目期末贷方余额，反映基金套期工具形成负债的公允价值。

3202 被套期项目

一、本科目核算基金开展的套期业务中被套期项目公允价值变动形成的资产或负债。

二、本科目可按被套期项目的类别进行明细核算。

三、被套期项目的主要账务处理

（一）基金将已确认的资产或负债指定为被套期项目时，应按该资产或负债的账面价值，借记或贷记本科目，贷记或借记“股票投资”、“债券投资”等科目。

（二）估值日，对有效套期，基金应按被套期项目产生的利得，借记本科目，贷记“公允价值变动损益”等科目；被套期项目产生损失，做相反的会计分录。

（三）当资产或负债不再作为被套期项目核算时，应按被套期项目形成的资产或负债，借记或贷记相关科目，贷记或借记本科目。

四、本科目期末借方余额，反映基金被套期项日形成资产的公允价值；本科目期末贷方余额，反映基金被套期项目形成负债的公允价值。

所有者权益类

4001 实收基金

一、本科目核算对外发行基金份额所募集的总金额在扣除平准金分摊部分后的余额。

二、对分级/类基金等特定基金品种，本科目可按不同级/类基金等设置明细账，进行明细核算。

三、实收基金的主要账务处理

（一）基金募集结束，在基金合同生效日，按投资者投入的金额，借记“银行存款”等科目，贷记本科目。对封闭式基金，实际收到的金额中包括了额定募集费用与实际发生募集费用的差额。

如本基金为ETF,在基金合同生效日,按投资者缴纳的现金认购款,借记“银行存款”科目,按与投资者协议的认购股票的价款,借记“股票投资(成本)”科目,按投资者缴纳的认购款和认购股票价款合计,贷记本科目。

(二)基金申购或转换转入确认日,按基金申购款和转换转入款,借记“应收申购款”等科目,按实收基金的余额占基金净值的比例,对基金申购款或转换转入款中含有的实收基金,贷记本科目,按基金申购款或转换转入款与实收基金的差额,贷记“损益平准金”科目。

如本基金为ETF,在投资者申购本基金时,在申购确认日按股票的公允价值,借记“股票投资(成本)”科目,按投资者应缴纳的现金替代及现金差额款,借记或贷记“证券清算款”,按实收基金的余额占基金净值的比例,对确认有效的申购款中含有的实收基金,贷记本科目,按基金申购款与实收基金的差额,贷记“损益平准金”科目。

(三)基金赎回或转换转出确认日,按实收基金的余额占基金净值的比例,对基金赎回款或转换转出款中含有的实收基金,借记本科目,按基金赎回款或转换转出款与实收基金的差额,借记“损益平准金”科目,按应付基金份额持有人赎回款或转换转出款,贷记“应付赎回款”等科目,按赎回费或转换转出费中基本手续费部分,贷记“应付赎回费”科目,按赎回费或转换转出费扣除基本手续费后的余额部分,贷记“其他收入”科目。

如本基金为ETF,在投资者赎回本基金时,按实收基金的余额占基金净值的比例,对确认有效的赎回款中含有的实收基金,借记本科目,按基金赎回款或转换转出款与实收基金的差额,借记“损益平准金”科目,按结转的股票投资成本、估值增值或减值,贷记“股票投资(成本)”,贷记或借记“股票投资(估值增值)”,按应支付给投资者的现金替代或现金差额款,贷记或借记“证券清算款”,按其差额,贷记或借记“投资收益(股票投资收益)”科目。同时,将原计入相关股票的公允价值变动损益转出,借记或贷记“公允价值变动损益”科目,贷记或借记“投资收益(股票投资收益)”科目。

(四)基金红利再投资,按基金红利再投资金额,借记“应付利润”科目,按实收基金的余额占基金净值的比例,对基金红利再投资金额中含有的实收基金,贷记本科目,按基金红利再投资金额与实收基金的差额,贷记“损益平准金”科目。

(五)基金份额拆分业务,应于份额拆分日,按拆分前的基金份额数及确定的拆分比例,计算增加的基金份额数,在本账户“数量”栏进行记录。

四、本科目期末贷方余额,反映对外发行基金份额所对应的金额。

4011 损益平准金

一、本科目核算非利润转化而形成的损益平准项目，如申购、转换转入、赎回、转换转出款中所含的未分配利润和公允价值变动损益。

二、本科目可按损益平准金的种类进行明细核算，分别“已实现”和“未实现”进行明细核算。

三、损益平准金的主要账务处理

（一）基金申购、转入确认日，按基金申购款或转换转入款，借记“应收申购款”科目，按实收基金的余额占基金净值的比例，对确认有效的申购款或转换转入款中含有的实收基金，贷记“实收基金”科目，按利润分配（未分配利润）未实现部分的余额占基金净值的比例，贷记或借记本科目（未实现），按其差额，贷记或借记本科目（已实现）。

（二）基金赎回、转出确认日，按实收基金的余额占基金净值的比例，对基金赎回款或转换转出款中含有的实收基金，借记“实收基金”科目，按利润分配（未分配利润）未实现部分的余额占基金净值的比例，借记或贷记本科目（未实现），按应付投资者赎回款或转换转出款，贷记“应付赎回款”科目，按赎回费或转换转出费中基本手续费部分，贷记“应付赎回费”科目，按赎回费或转换转出费扣除基本手续费后的余额部分，贷记“其他收入”科目，按其差额，借记或贷记本科目（已实现）。

（三）基金红利再投资确认日，按基金红利再投资金额，借记“应付利润”科目，按实收基金的余额占基金净值的比例，对基金红利再投资金额中含有的实收基金，贷记“实收基金”科目，按利润分配（未分配利润）未实现部分的余额占基金净值的比例，贷记或借记本科目（未实现），按其差额，贷记或借记本科目（已实现）。

四、期末，应将本科目已实现和未实现余额分别转入“利润分配（未分配利润）”相应明细科目，结转后本科目应无余额。

4103 本期利润

一、本科目核算本期的基金净利润（或净亏损）。

二、本科目可按本期利润的种类进行明细核算，分别“已实现”和“未实现”进行明细核算。

三、期末结转利润时，应将各损益类科目的金额转入本科目相应明细科目，结平各损益类科目。结转后本科目的贷方余额为当期的净利润；借方余额为当期的净亏损。

四、期末，将本科目相应的明细科目结转到“利润分配（未分配利润）”对应的明细科目，借记本科目，贷记“利润分配（未分配利润）”科目；如为净亏损，做相反的会计分录。结转后本科目应无余额。

4104 利润分配

一、本科目核算利润的分配(或亏损的弥补)和历次分配(或弥补亏损)后的余额。

二、本科目可分别“应付利润”和“未分配利润”进行明细核算,未分配利润还可分别“已实现”和“未实现”进行核算。

三、利润分配的主要账务处理

除权日,根据基金利润分配方案,借记本科目(应付利润),贷记“应付利润”科目。

四、期末,应将本期实现的净利润,自“本期利润”科目转入本科目,借记“本期利润”科目,贷记本科目(未分配利润),如为净损失,做相反的会计分录;将本科目“应付利润”明细科目的余额转入“未分配利润”明细科目,借记本科目(应付利润),贷记本科目(未分配利润)。结转后,除“未分配利润”明细科目外,本科目的其他明细科目应无余额。

五、本科目期末余额,反映未分配利润(或未弥补亏损)。

损益类

6011 利息收入

一、本科目核算因债券投资、资产支持证券投资、银行存款、结算备付金、存出保证金、按买入返售协议融出资金等而实现的利息收入。

二、本科目可按债券利息收入、资产支持证券利息收入、存款利息收入、买入返售金融资产收入等进行明细核算。

三、利息收入的账务处理,比照“债券投资”、“资产支持证券投资”、“银行存款”、“结算备付金”和“买入返售金融资产”等科目的相关规定进行。

按中国证监会的相关规定,对存于相关账户(如以基金管理人名义开立的账户)的申购款,在注册登记业务规则规定的份额确认日(含)至划入托管账户日(不含)期间孳生的利息归入基金资产。对以上利息收入,应按已确认的相关资金乘以在正常情况及流程下停留于相关账户的天数,再乘以适用利率(账户间存在不同利率的,适用利率从低,并按该原则于每个付息周期确认实收利息)按期计提,并在本科目核算。

四、期末,应将本科目贷方余额全部转入“本期利润”科目,结转后本科目应无余额。

6101 公允价值变动损益

一、本科目核算基金持有的采用公允价值模式计量的交易性金融资产、交易性金融负债等公允价值变动形成的应计入当期损益的利得或损失。

二、本科目可按资产的种类进行明细核算。

三、公允价值变动损益的账务处理，比照“股票投资”、“债券投资”、“资产支持证券投资”、“基金投资”、“权证投资”、“远期投资”和“交易性金融负债”等科目的相关规定进行。

四、期末，应将本科目余额全部转入“本期利润”科目，结转后本科目应无余额。

6111 投资收益

一、本科目核算买卖股票、债券、资产支持证券、基金等实现的差价收益，股票、基金投资等获得的股利收益，以及衍生工具投资产生的相关损益，如卖出或放弃权证、权证行权等实现的损益。

二、本科目可按股票投资收益、债券投资收益、资产支持证券投资收益、基金投资收益、衍生工具收益、股利收益等进行明细核算。

三、投资收益的账务处理，比照“股票投资”、“债券投资”、“资产支持证券投资”、“基金投资”、“权证投资”、“远期投资”等科目的相关规定进行。

四、期末，应将本科目的余额全部转入“本期利润”科目，结转后本科目应无余额。

6302 其他收入

一、本科目核算基金确认的除上述收入以外的其他各项收入，包括赎回费扣除基本手续费后的余额、手续费返还、ETF 替代损益，以及基金管理人等机构为弥补基金财产损失而支付给基金的赔偿款项等。

二、本科目可按其他收入的种类进行明细核算。

三、其他收入的主要账务处理

（一）发生其他收入，借记有关科目，贷记本科目。

（二）ETF 买进替代证券或强制退款时，按确定的金额（替代价格与该替代证券市价之差乘以替代数量），借记“证券清算款（可退替代款）”，按确定的金额（替代价格与实际买入成本或强制退款成本之差乘以替代数量），贷记“证券清算款（应退替代款），按差额，贷记或借记“本科目（ETF 替代损益）”。

（三）对基金管理人支付给基金相关赔偿款（如定期存款提前支取利息损失的赔偿款）的，借记“其他应收款”或“银行存款”科目，贷记本科目。

四、期末，应将本科目的余额全部转入“本期利润”科目，结转后本科目应无余额。

6403 管理人报酬

一、本科目核算按规定计提的基金管理人报酬，包括管理费和业绩报酬。

二、本科目可分别“管理费”和“业绩报酬”进行明细核算。

三、管理人报酬的主要账务处理

计提基金管理费和业绩报酬时，借记本科目，贷记“应付管理人报酬”科目；支付基金管理人报酬时，借记“应付管理人报酬”科目，贷记“银行存款”科目。

四、期末，应将本科目的借方余额全部转入“本期利润”科目，结转后本科目应无余额。

6404 托管费

一、本科目核算按规定计提的托管费。

二、托管费的主要账务处理

计提托管费时，借记本科目，贷记“应付托管费”科目；支付托管费时，借记“应付托管费”科目，贷记“银行存款”科目。

三、期末，应将本科目的借方余额全部转入“本期利润”科目，结转后本科目应无余额。

6406 销售服务费

一、本科目核算按规定计提的销售服务费。

二、销售服务费的主要账务处理

计提销售服务费时，借记本科目，贷记“应付销售服务费”科目；支付销售服务费时，借记“应付销售服务费”科目，贷记“银行存款”科目。

三、期末，应将本科目的借方余额全部转入“本期利润”科目，结转后本科目应无余额。

6407 交易费用

一、本科目核算进行股票、债券、资产支持证券、基金、权证等交易过程中发生的交易费用。

交易费用是指可直接归属于取得或处置某项基金资产或承担某项基金负债的新增外部成本，包括支付给交易代理机构的规费、佣金、代征的税金及其他必要的可以正确估算的支出。回购的交易费用和货币市场基金采用摊余成本法核算的投资交易所发生的交易费用应作为取得成本，计入相关基金资产或基金负债的价值。

二、进行股票、债券、资产支持证券、基金、权证等交易过程中产生的费用，在发生时按照确定的金额，借记本科目和有关科目，贷记有关科目。

三、期末，应将本科目的借方余额全部转入“本期利润”科目，结转后本科目应无余额。

6411 利息支出

一、本科目核算基金运作过程中发生的银行借款利息支出、交易性金融负债利息支出、卖出回购金融资产支出等。

二、本科目可按利息支出的种类进行明细核算。

三、利息支出的主要帐务处理

(一)在借款期内逐日计提利息支出时，按借款本金与适用的利率计提的金额，借记本科目，贷记“应付利息”科目。

(二)交易性金融负债利息支出的账务处理，比照“交易性金融负债”等科目的相关规定进行。

(三)卖出回购金融资产支出的账务处理，比照“卖出回购金融资产款”等科目的相关规定进行。

四、期末，应将本科目的借方余额全部转入“本期利润”科目，结转后本科目应无余额。

6605 其他费用

一、本科目核算基金运作过程中发生的除上述费用支出以外的其他各项费用，如注册登记费、上市年费、信息披露费用、账户服务费、持有人大会费用、审计费用、律师费用等。

二、本科目可按费用的种类进行明细核算。

三、其他费用的主要账务处理

(一)发生的其他费用，如不影响估值日基金份额净值小数点后第四位，发生时直接计入基金损益，借记本科目，贷记“银行存款”等科目。

发生的其他费用如果影响基金份额净值小数点后第四位的，应采用待摊或预提的方法，待摊或预提计入基金损益。

(二)已经发生的其他费用，如影响估值日基金单位净值小数点后第四位，采用待摊方法的，发生时，借记“待摊费用”科目，贷记“银行存款”科目；摊销时，借记本科目，贷记“待摊费用”科目；采用预提方法的，预提时，借记本科目，贷记“预提费用”科目；实际支付费用时，借记“预提费用”科目，贷记“银行存款”科目。

四、期末，应将本科目的借方余额全部转入“本期利润”科目，结转后本科目应无余额。

6901 以前年度损益调整

一、本科目核算本年度发生的调整以前年度损益的事项。本年度资产负债表日至财务会计报告批准报出日之间发生的需要调整报告年度损益的事项也在本科目中核算。

二、以前年度损益的主要账务处理

调整增加的以前年度利润和调整减少的以前年度亏损，借记有关科目，贷记本科目；调整减少的以前年度利润或调整增加的以前年度亏损，借记本科目，贷记有关科目。

经上述调整后，应同时将本科目的余额转入“利润分配(未分配利润)”科目；如为贷方余额，借记本科目，贷记“利润分配(未分配利润)”科目；如为借方余额，作相反会计分录。结转后本科目应无余额。

本年度发生的调整以前年度的事项，应当调整本年度会计报表相关项目的年初数或上年实际数；在年度资产负债表日至财务报告批准报出日之间发生的调整报告年度损益的事项，应当调整报告年度会计报表相关项目的数字。

四、证券投资基金会计报表

(一)会计报表格式

编号	会计报表名称	编报期
会证基01表	资产负债表	中期报告、年度报告
会证基02表	利润表	中期报告、年度报告
会证基03表	所有者权益(基金净值)变动表	中期报告、年度报告

资产负债表

会证基01表

编制单位： 年 月 日 单位：元

资产	期末余额	年初余额	负债和所有者权益	期末余额	年初余额
资产：			负债：		
银行存款			短期借款		
结算备付金			交易性金融负债		
存出保证金			衍生金融负债		
交易性金融资产			卖出回购金融资产款		
其中：股票投资			应付证券清算款		
债券投资			应付赎回款		
资产支持证券投资			应付管理人报酬		
衍生金融资产			应付托管费		
买入返售金融资产			应付销售服务费		
应收证券清算款			应付交易费用		
应收利息			应交税费		

续表

资产	期末余额	年初余额	负债和所有者权益	期末余额	年初余额
应收股利			应付利息		
应收申购款			应付利润		
其他资产			其他负债		
			负债合计		
			所有者权益:		
			实收基金		
			未分配利润		
			所有者权益合计		
资产总计			负债和所有者权益总计		

附注:基金份额净值　　元,基金份额总额　　份。

利润表

会证基 02 表

编制单位:　　　　　　　　年　　月　　　　　　　　单位:元

项　　目	本期金额	上期金额
一、收入		
1. 利息收入		
其中:存款利息收入		
债券利息收入		
资产支持证券利息收入		
买入返售金融资产收入		
2. 投资收益(损失以"-"填列)		
其中:股票投资收益		
债券投资收益		
资产支持证券投资收益		
衍生工具收益		
股利收益		
3. 公允价值变动收益(损失以"-"号填列)		
4. 其他收入(损失以"-"号填列)		

续表

项　　目	本期金额	上期金额
二、费用		
1. 管理人报酬		
2. 托管费		
3. 销售服务费		
4. 交易费用		
5. 利息支出		
其中:卖出回购金融资产支出		
6. 其他费用		
三、利润总额		

所有者权益(基金净值)变动表

会证基03表

编制单位:　　　　　　　　年　　月　　　　　　　　单位:元

项　　目	本期金额			上期金额		
	实收基金	未分配利润	所有者权益合计	实收基金	未分配利润	所有者权益合计
一、期初所有者权益(基金净值)						
二、本期经营活动产生的基金净值变动数(本期净利润)						
三、本期基金份额交易产生的基金净值变动数 (减少以"－"号填列)						
其中:1. 基金申购款						
2. 基金赎回款						
四、本期向基金份额持有人分配利润产生的基金净值变动数						
五、期末所有者权益(基金净值)						

(二)会计报表编制说明

资产负债表(会证基01表)编制说明

1. 本表反映一定时期资产、负债和所有者权益的情况。表中资产总计等于负债加所有者权益总计。

2. 本表"年初余额"栏内各项目数字,应根据上年末资产负债表"期末余额"栏内所列数字填列。如果本年度资产负债表规定的各个项目的名称和内容同上年度不一致,应对上年年末资产负债表各项目的名称和数字按照本年度的规定进行调整,填入本表"年初余额"栏内。

3. 本表"期末余额"各项目的内容及填列方法:

(1)"银行存款"项目,反映期末存在商业银行的各种款项。本项目应根据"银行存款"科目的期末余额填列。

(2)"结算备付金"项目,反映期末存在证券登记结算机构的款项。本项目应根据"结算备付金"科目的期末余额填列。

(3)"存出保证金"项目,反映交存的存出保证金期末数。本项目应根据"存出保证金"科目期末余额填列。

(4)"交易性金融资产"项目,反映期末基金持有的以公允价值计量且变动计入当期损益的金融资产的公允价值。本项目应根据"股票投资"、"债券投资"、"资产支持证券投资"和"基金投资"等科目期末余额合计计算填列。其中:"股票投资"、"债券投资"、"资产支持证券投资"项目,应分别根据"股票投资"、"债券投资"、"资产支持证券投资"科目的期末余额计算填列项目。

(5)"衍生金融资产"项目反映期末基金持有的权证投资、远期投资、其他衍生工具、套期工具和被套期项目等属于衍生金融资产的公允价值。本项目应根据上述科目所属明细科目的期末借方金额合计计算填列。

(6)"买入返售金融资产"项目,反映已经买入但尚未到期返售证券所融出的资金。本项目应根据"买入返售金融资产"科目期末余额填列。

(7)"应收证券清算款"项目,反映期末尚未收回的证券清算款。本项目应根据"证券清算款"科目所属明细科目期末借方余额填列。

(8)"应收利息"项目,反映期末尚未收回的债券投资、资产支持证券投资、买入返售金融资产、银行存款、结算备付金、存出保证金利息等各项利息。本项目应根据"应收利息"科目期末余额填列。

(9)"应收申购款"项目,反映期末应收取的有效申购款和转换转入款。本项目应根据"应收申购款"科目期末余额填列。

(10)"其他资产"项目,反映期末除上述资产以外的其他资产,包括其他应收款和待摊费用等项目的总额。本项目应根据有关科目的期末余额合计填列。如其他资产数额较大的,应在会计报表附注中披露其内容和金额。

(11)"短期借款"项目,反映期末尚未归还的短期借入资金的本金。本项目应根据“短期借款”科目期末余额填列。

（12）“交易性金融负债”项目，反映期末尚未到期的交易性金融负债，应根据“交易性金融负债”科目的期末余额填列。

（13）“衍生金融负债”项目，反映远期投资、其他衍生工具、套期项目、被套期项目等属于衍生金融负债的金额，应根据上述科目所属明细科目的期末贷方余额填列。

（14）“卖出回购金融资产款”项目，反映已经卖出但尚未到期回购的证券款。本项目应根据“卖出回购金融资产款”科目的期末余额填列。

（15）“应付证券清算款”项目，反映期末应付未付的证券款。本项目应根据“证券清算款”科目所属明细科目期末贷方余额填列。

（16）“应付赎回款”项目，反映期末尚未支付的基金赎回款和转换转出款。本项目应根据“应付赎回款”科目期末余额填列。

（17）“应付管理人报酬”项目，反映期末尚未支付给基金管理人的报酬。本项目应根据“应付管理人报酬”科目期末余额填列。

（18）“应付托管费”项目，反映期末尚未付给基金托管人的托管费。本项目应根据“应付托管费”科目期末余额填列。

（19）“应付销售服务费”项目，反映期末尚未支付的销售服务费。本项目应根据“应付销售服务费”科目期末余额填列。

（20）“应付交易费用”项目，反映期末尚未支付的佣金等交易费用。本项目应根据“应付交易费用”科目期末余额填列。

（21）“应付利息”项目，反映期末尚未支付的各项利息。本项目应根据“应付利息”科目期末余额填列。

（22）“应付利润”项目，反映期末尚未支付给基金份额持有人的利润，本项目应根据“应付利润”科目的期末余额填列。

（23）“其他负债”项目，反映除上述负债以外的其他负债，包括应付赎回费、其他应付款、预提费用等项目的总额。本项目应根据有关科目期末余额填列。其他负债数额较大的，应在会计报表附注中披露其内容和金额。

（24）“实收基金”项目，反映期末对外发行基金份额所募集的总金额在扣除平准金分摊部分后的余额。本项目应根据“实收基金”科目期末余额填列。

（25）“未分配利润”项目，反映期末尚未分配的基金净利润，年末余额反映历年积累的未分配利润（或未弥补亏损）。本项目应根据“本期利润”和“利润分配”科目的期末余额分析计算填列。未弥补的亏损在本项目内用“－”号填列。

利润表(会证基02表)编制说明

1.本表反映一定期间内基金实现的利润情况。

2.本表“本期金额”栏反映各项目的本期实际发生数。在编报年度报表时,“上期金额”栏改为“上年金额”,填列上年全年累计实际发生数。如果上年度本表与本年本表的项目名称和内容不相一致,应对上年度报表项目的名称和数字按本年度的规定进行调整,填入本表“上年金额”栏。

3.本表“本期金额”栏各项目的内容及其填列方法:

(1)“利息收入”项目,反映本期基金实现的利息收入,本项目应根据“利息收入”科目期末结转“本期利润”科目的数额合计计算填列。

(2)“投资收益”项目,反映本期基金实现的证券投资收益、衍生工具收益和股利收益等,本项目应根据“投资收益”科目期末结转“本期利润”科目的数额合计计算填列。

(3)“公允价值变动净收益”项目,反映本期产生的公允价值变动损益。本项目应根据“公允价值变动损益”科目借贷方发生额分析计算填列。如为公允价值变动损失,应以“-”号填列。

(4)“其他收入”项目,反映除上述收入以外的其他各项收入。本项目应根据“其他收入”科目期末结转“本期利润”科目的数额填列。如为其他损失,应以“-”号填列。

(5)“管理人报酬”、“托管费”、“销售服务费”项目分别反映按照基金合同和招募说明书的规定计提的基金管理人报酬、托管费、销售服务费。本项目应分别根据“管理人报酬”、“托管费”、“销售服务费”科目期末结转“本期利润”科目的数额填列。

(6)“交易费用”项目,反映在非货币市场基金运作过程中发生的各项交易费用。本项目应根据“交易费用”科目期末结转“本期利润”科目的数额填列。

(7)“利息支出”项目,反映基金运作过程中发生的各项利息支出。本项目应根据“利息支出”科目期末结转“本期利润”科目的数额填列。其中,“卖出回购金融资产支出”项目,应根据“利息支出”明细科目“卖出回购金融资产支出”期末结转“本期利润”科目的数额填列。

(8)“其他费用”项目,反映在基金运作过程中发生的除上述费用支出之外的其他各项费用。本项目应根据“其他费用”科目期末结转“本期利润”科目的数额填列。

(9)“利润总额”项目,反映本期基金利润总额,如为亏损总额应以“-”号填列。

所有者权益(基金净值)变动表(会证基03表)编制说明

1.本表反映一定时期基金所有者权益增减变动的情况。

2.本表各项目应当根据期初所有者权益(基金净值)构成、本期基金经营活动产生的基金净值变动(基金净利润)、本期基金份额交易产生的基金净值变动、本期向基金份额持有人分配利润产生的基金净值变动、期末所有者权益(基金净值)构成等情况列示。

3. 本表“未分配利润”栏目反映当期基金的利润分配情况,包括期初基金未分配利润、当期利润总额、当期损益平准金、当期已分配利润以及期末未分配利润等信息。

公开募集证券投资基金侧袋机制指引(试行)

(2020 年 7 月 10 日中国证券监督管理委员会公告〔2020〕41 号发布,
自 2020 年 8 月 1 日起施行)

第一条 为加强对公开募集开放式证券投资基金(以下简称基金)流动性风险的管控,保护投资者的合法权益,根据《证券投资基金法》《公开募集证券投资基金运作管理办法》《公开募集开放式证券投资基金流动性风险管理规定》及其他有关法律法规,制定本指引。

第二条 本指引所称侧袋机制,是指将基金投资组合中的特定资产从原有账户分离至一个专门账户进行处置清算,目的在于有效隔离并化解风险,确保投资者得到公平对待,属于流动性风险管理工具。侧袋机制实施期间,原有账户称为主袋账户,专门账户称为侧袋账户。

前款所称特定资产包括:(一)无可参考的活跃市场价格且采用估值技术仍导致公允价值存在重大不确定性的资产;(二)按摊余成本计量且计提资产减值准备仍导致资产价值存在重大不确定性的资产;(三)其他资产价值存在重大不确定性的资产。

第三条 基金管理人应当按照法律法规和中国证监会的规定,专业审慎、勤勉尽责地管控基金流动性风险,促使基金稳健运作、份额净值公允计价。

在启用和实施侧袋机制过程中,基金管理人应当加强对侧袋机制实施条件和实施影响的充分审慎严格评估,确保拟纳入侧袋账户的资产属于特定资产。基金托管人应当依照法律法规和基金合同约定,加强对侧袋机制启用、特定资产处置和信息披露等方面的复核和监督。不满足中国证监会规定和基金合同约定实施条件的,不得启用侧袋机制。

第四条 基金管理人应当针对侧袋机制的实施条件、发起部门、决策程序、业务流程等事项，制定清晰的内部制度与明确的授权分工，更新相应系统设置，建立与基金托管人等外部机构的沟通机制，采取有效措施确保侧袋机制实施的及时、有序、透明及公平。

第五条 当基金持有特定资产且存在或潜在大额赎回申请时，根据最大限度保护基金份额持有人利益的原则，基金管理人经与基金托管人协商一致，并咨询会计师事务所意见后，可以依照法律法规及基金合同的约定启用侧袋机制。

当特定资产占前一估值日基金资产净值50%以上的，基金管理人应按照《公开募集开放式证券投资基金流动性风险管理规定》第二十四条的有关要求，采取暂停基金估值等相关措施。

第六条 启用侧袋机制当日，基金管理人应以基金份额持有人的原有账户份额为基础，确认基金份额持有人的相应侧袋账户份额。

第七条 侧袋机制实施期间，基金管理人不得办理侧袋账户申购赎回。特定资产恢复流动性后，基金管理人应当按照持有人利益最大化原则，采取将特定资产予以处置变现等方式，及时向侧袋账户份额持有人支付对应款项。

第八条 基金管理人应当依法保障主袋账户份额持有人享有基金合同约定的赎回权利，并根据主袋账户运作情况合理确定申购政策。基金的各项投资运作指标和基金业绩指标应当以主袋账户资产为基准。基金管理人原则上应当在侧袋机制启用后20个交易日内完成对主袋账户投资组合的调整，因资产流动性受限等中国证监会规定的情形除外。

第九条 侧袋机制实施期间，基金份额持有人大会审议事项涉及主袋账户和侧袋账户的，应分别由主袋账户、侧袋账户的基金份额持有人进行表决，同一类别内的每份基金份额具有平等的表决权；表决事项未涉及侧袋账户的，侧袋账户份额无表决权。

第十条 基金管理人可以按照法律法规及基金合同的约定，将与侧袋账户有关的费用从侧袋账户资产中列支，但应待特定资产变现后方可列支，且不得收取管理费及业绩报酬。

第十一条 基金管理人应当暂停披露侧袋账户份额净值，对基金简称进行特殊标识，在启用侧袋机制、处置特定资产、终止侧袋机制以及发生其他可能对投资者利益产生重大影响的事项后及时发布临时公告。启用侧袋机制的临时公告内容应当包括启用原因及程序、特定资产流动性和估值情况、对投资者申购赎回的影响、风险提示等重要信息。处置特定资产的临时公告内容应当包括特定资产处置价格和时间、向侧袋账户份额持有人支付的款项、相关费用发生情况等重要信息。

基金管理人应当在基金定期报告中披露报告期内特定资产处置进展情况，披露报告期末特定资产可变现净值或净值区间的,应同时注明不作为特定资产最终变现价格的承诺。

第十二条 基金管理人应当在启用侧袋机制和终止侧袋机制后,及时聘请符合《证券法》规定的会计师事务所进行审计并披露专项审计意见。

第十三条 基金管理人应当在启用侧袋机制当日报中国证监会及公司所在地中国证监会派出机构备案,并于启用侧袋机制后 5 个工作日内提交以下材料,包括但不限于:合规性评估报告、内部决议、基金托管人意见书、会计师专项审计意见、后续风险防范和处置预案等。

基金管理人应当在监察稽核报告中持续跟踪分析侧袋机制实施情况。

第十四条 基金管理人应当在基金合同、招募说明书等法律文件中针对侧袋机制明确约定以下事项:

(一)实施条件、实施程序和特定资产范围;

(二)侧袋账户运作安排,包括但不限于特定资产处置清算、对基金赎回的影响、信息披露、费用列支等;

(三)主袋账户的投资安排;

(四)基金份额持有人大会表决权等安排;

(五)相关风险揭示;

(六)其他对投资者权益有重大影响的事项。

第十五条 基金管理人、基金销售机构应做好投资者服务解释工作,及时向侧袋机制实施期间申购或者赎回基金的相关投资者传递信息,不得误导投资者。

第十六条 基金管理人、基金托管人违反本指引规定的,中国证监会及相关派出机构可以依照《公开募集证券投资基金运作管理办法》第五十二条等规定,对有关机构和人员采取行政监管措施;依法应予行政处罚的,依照有关规定进行行政处罚;涉嫌犯罪的,移送司法机关,追究刑事责任。

第十七条 本指引自 2020 年 8 月 1 日起施行。

基金管理人新设立的开放式基金应当符合本指引的要求,中国证监会认可的特殊基金品种除外。本规定施行前存续的开放式基金,按以下要求执行:

(一)对已经成立或已开始办理基金份额发售但尚未完成募集的债券基金,应当在本指引施行之日起 12 个月内修改基金合同并公告,基金份额上市交易的开放式基金除外。对已获核准但尚未办理基金份额发售的债券基金,应当变更基金合同后方可办理基金份额发售。

(二)其他开放式基金,基金管理人应当根据投资者结构、产品规模和组合资产流动性等情况,经与基金托管人协商一致后,自主决定引入侧袋机制。

中国证券投资基金业协会估值核算工作小组关于2015年1季度固定收益品种的估值处理标准

（2014年11月13日中基协发〔2014〕24号发布，自2015年1月1日起施行）

一、总　　则

第一条　为进一步规范证券投资基金（以下简称基金）进行日常固定收益品种估值的业务标准，根据《证券投资基金法》、《关于进一步规范证券投资基金估值业务的指导意见》、《关于证券投资基金执行〈企业会计准则〉估值业务及份额净值计价有关事项的通知》等法律法规，制定本标准。

第二条　本标准所称的固定收益品种，是指在银行间债券市场、上海证券交易所、深圳证券交易所及中国证监会认可的其他交易场所上市交易或挂牌转让的国债、中央银行债、政策性银行债、短期融资券、中期票据、企业债、公司债、商业银行金融债、可转换债券、中小企业私募债、证券公司短期债、资产支持证券、非公开定向债务融资工具、同业存单等债券品种。

第三条　基金管理人和托管人对基金投资的银行间和交易所市场的固定收益品种进行估值、计算基金份额净值时，可参考本标准，但不能免除其作为估值责任人的相关责任。采取摊余成本法进行会计核算的货币市场基金可以参照本标准确定各投资品种的影子价格。

第四条　基金在对银行间和交易所市场的固定收益品种估值时，主要依据由第三方估值机构提供的价格数据。第三方估值机构包括中央国债登记结算公司（以下简称“中央结算公司”）和中证指数有限公司。

第五条　第三方估值机构应根据以下原则确定估值品种公允价值：对于存在活跃市场的情况下，应以活跃市场上未经调整的报价作为计量日的公允价值；对于活跃市场报价未能代表计量日公允价值的情况下，应对市场报价进行调整以确认计量日的公允价值；对于不存在市场活动或市场活动很少的情况下，则应采用估值技术确定其公允价值。同时，第三方估值机构应做好相关公开披露工作，披露内容不限于估值原则、方法，披露方式不限于公司网站。

第六条　在市场流动性风险、资金环境等发生较大变化、个券的估值因素发生较大变化或出现创新品种等情况下，本工作小组将召开临时工作会议，调整或补充估值处理标准。

第七条 基金管理人可参照本标准进行固定收益品种估值。有关部门对固定收益品种估值另有规定的,从其规定。

二、银行间市场交易品种估值处理

第八条 对银行间市场上不含权的固定收益品种,建议选取第三方估值机构提供的相应品种当日的估值净价。

第九条 对银行间市场上含权的固定收益品种,建议选取第三方估值机构提供的相应品种当日的唯一估值净价或推荐估值净价。对于含投资人回售权的固定收益品种,回售登记期截止日(含当日)后未行使回售权的按照长待偿期所对应的价格进行估值。

第十条 对银行间市场未上市,且第三方估值机构未提供估值价格的债券,在发行利率与二级市场利率不存在明显差异、未上市期间市场利率没有发生大的变动的情况下,建议按成本估值。

三、交易所市场交易品种估值处理

第十一条 对在交易所市场上市交易或挂牌转让的不含权固定收益品种(本标准另有规定的除外),建议选取第三方估值机构提供的相应品种当日的估值净价。

第十二条 对在交易所市场上市交易或挂牌转让的含权固定收益品种(本标准另有规定的除外),建议选取第三方估值机构提供的相应品种当日的唯一估值净价或推荐估值净价。

第十三条 对在交易所市场上市交易的可转换债券,建议选取每日收盘价作为估值全价。

第十四条 对在交易所市场挂牌转让的资产支持证券和私募债券,鉴于目前尚不存在活跃市场而应采用估值技术确定其公允价值。如基金管理人认为成本能够近似体现公允价值,基金管理人应持续评估上述做法的适当性,并在情况发生改变时做出适当调整。

第十五条 对在交易所市场发行未上市或未挂牌转让的债券,对存在活跃市场的情况下,应以活跃市场上未经调整的报价作为计量日的公允价值;对于活跃市场报价未能代表计量日公允价值的情况下,应对市场报价进行调整以确认计量日的公允价值;对于不存在市场活动或市场活动很少的情况下,则应采用估值技术确定其公允价值。

四、校验与纠偏

第十六条 由于银行间与交易所市场的流动性问题,个别债券可能存在持续缺乏公允成交价和公允报价的情况,因此,在通过上述方法确定估值价格的同时,需增加校验和纠偏环节。

第十七条 对直接选取第三方估值机构提供的估值价格的,校验工作主要依托于第三方估值机构。同时,基金管理人作为估值的第一责任人,应定期评估第三方估值机构的估值质量,并对估值价格进行检验,防范可能出现的估值偏差。

第十八条 当出现个券估值偏差,估值机构发布的估值不能体现公允价值时,基金管理人应综合第三方估值机构估值结果,经与托管人协商,谨慎确定公允价值,并按相关法规的规定,发布相关公告,充分披露确定公允价值的方法、相关估值结果等信息。

第十九条 基金管理人应在每个定期报告日,对第三方估值机构提供的交易所市场价格数据进行检验,即评估第三方估值机构提供的交易所债券估值价格与交易所收盘价是否存在差异及差异的合理性,若认定交易所收盘价更能体现公允价值,应采用收盘价。

五、释　　义

第二十条 基金对银行间市场交易品种的估值净价 = 基金对估值品种的估值全价 - 上一起息日至估值日每百元债券的税后应计利息(算头算尾)。该公式中,基金对估值品种的估值全价 = 第三方估值机构提供的相应品种的估值净价 + 上一起息日至估值日每百元债券的税前应计利息(算头算尾)。

第二十一条 基金对交易所市场实行全价交易品种的估值净价 = 基金对估值品种的估值全价 - 上一起息日至估值日每百元债券的税后应计利息(算头算尾)。该公式中,基金对估值品种的估值全价直接选取收盘全价或第三方估值机构提供的相应品种的估值全价。

在第二十条和二十一条的计算公式中,第三方估值机构的估值净价保留至小数点后 4 位,交易所市场交易品种税前应计利息和税后应计利息均保留至小数点后 8 位,银行间市场交易品种税前应计利息和税后应计利息均保留至小数点后 12 位,最后计算的基金对估值品种的估值净价保留至小数点后 2 位。

第二十二条 基金对于交易所市场实行净价交易的交易品种,如采用第三方估值机构的价格,则直接选取第三方估值机构提供的相应品种的估值净价(保留至小数点后 2 位)。

第二十三条 对非货币市场基金,采用按第二十、二十一和二十二条计算的“基金对估值品种的估值净价”作为估值的依据。对货币市场基金持有的非贴现债,采用按第二十、二十一和二十二条计算的“基金对估值品种的估值净价”作为影子价格;对货币市场基金持有的银行间市场交易的贴现债,采用按第二十条计算的“基金对估值品种的估值全价”(保留至小数点后2位),作为影子价格;对于货币市场基金持有的交易所市场交易的贴现债,直接选取收盘全价或第三方估值机构提供的相应品种的估值全价(保留至小数点后2位),作为影子价格。

私募投资基金非上市股权投资估值指引(试行)

(2018年3月30日发布,自2018年7月1日起施行)

一、总则

(一)为引导私募投资基金(以下简称“私募基金”)专业化估值,保护基金持有人的利益,根据《证券投资基金法》、《企业会计准则》、《私募投资基金监督管理暂行办法》、《证券期货经营机构私募资产管理业务运作管理暂行规定》等法律、法规,及《私募投资基金信息披露管理办法》、《私募投资基金服务业务管理办法(试行)》等自律规则,制定本指引。

(二)本指引所称的私募基金,包括基金管理公司及其子公司管理的特定客户资产管理计划、证券公司及其子公司管理的资产管理计划、期货公司及其子公司管理的资产管理计划以及经中国证券投资基金业协会登记的私募基金管理人管理的私募投资基金。

(三)本指引所称的非上市股权投资,是指私募基金对未上市企业进行的股权投资。对于已在全国中小企业股份转让系统挂牌但交易不活跃的企业,其股权估值参考本指引执行。

(四)私募基金管理人(以下简称“基金管理人”)和基金服务机构对私募基金持有的非上市股权进行估值时,参照本指引执行。其他类型的投资基金在对其持有的非上市股权进行估值时,参考本指引执行。

(五)如果基金管理人未按照第(三)、(四)条进行估值,应当在相关的合同或协议中进行约定并依据相关法律法规、会计准则及自律规则履行相应的信息披露义务。

(六)基金管理人作为估值的第一责任人,应当对估值方法和估值参数等承担最终责任,并定期对估值结论进行检验,防范可能出现的重大偏差。

(七)本指引自 2018 年 7 月 1 日起施行。

二、估值原则

(一)基金管理人应当在估值日估计各单项投资的公允价值。具有相同资产特征的投资每个估值日采用的估值技术应当保持一致。只有在变更估值技术或其应用能使计量结果在当前情况下同样或者更能代表公允价值的情况下,基金管理人方可采用不同的估值技术,并依据相关法律法规、会计准则及自律规则履行相应的信息披露义务。本指引中所指估值技术与《企业会计准则第 39 号——公允价值计量》中的估值技术含义相同,估值方法是指对估值技术的具体应用。

(二)如果非上市股权投资采用的货币与私募基金的记账货币不同,基金管理人应当使用估值日的即期汇率将投资货币转换为记账货币。

(三)在确定非上市股权的公允价值时,基金管理人应当遵循实质重于形式的原则,对于可能影响公允价值的具体投资条款做出相应的判断。

(四)由于通常不存在为非上市股权提供活跃报价的交易市场,因此在估计非上市股权公允价值时,无论该股权是否准备于近期出售,基金管理人都应假定估值日发生了出售该股权的交易,并以此假定交易的价格为基础计量该股权的公允价值。

(五)私募基金投资于同一被投资企业发行的不同轮次的股权,若各轮次股权之间的权利与义务存在差异,基金管理人需考虑各轮次股权不同的权利和义务对公允价值的影响并对其分别进行估值。

(六)在估计某项非上市股权的公允价值时,基金管理人应从该股权的自身情况和市场环境出发,谨慎选择使用多种分属不同估值技术的方法,在可合理取得市场参与者假设的前提下采用合理的市场数据。基金管理人应当对各种估值方法形成的估值结果之间的差异进行分析,结合各种估值方法的适用条件、重要参数的选取依据、估值方法的运用过程等相关因素,综合判断后确定最合理的估值结果。

(七)基金管理人可以采用情景分析的方式综合运用多种估值方法。基金管理人可以从非上市股权投资的各种潜在退出方式出发,在不同退出方式下采用不同的估值方法,并结合各退出方式的可实现概率对非上市股权的公允价值进行综合分析。

(八)非上市股权成功上市后的公允价值或采用其他退出方式实现的退出价格与私募基金持有非上市股权期间的公允价值估计之间可能存在重大差异,基金管理人必须对此差异予以关注并进行分析,即通过分析下列问题提升基金管理人今后的估值水平:1. 在估值日,确认哪些信息是已知的或可获取的;2. 上述信息是如何反映在最近的公允价值估计中的;3. 以上市后的公允价值或退出价格为参照,之前的公允价值估值过程是否恰当地反映了上述信息。

三、估值方法

基金管理人应当充分考虑市场参与者在选择估值方法时考虑的各种因素，并结合自己的判断，采用多种分属不同估值技术的方法对非上市股权进行估值。

（一）市场法

在估计非上市股权的公允价值时，通常使用的市场法包括参考最近融资价格法、市场乘数法、行业指标法。

1. 参考最近融资价格法

（1）基金管理人可采用被投资企业最近一次融资的价格对私募基金持有的非上市股权进行估值。由于初创企业通常尚未产生稳定的收入或利润，但融资活动一般比较频繁，因此参考最近融资价格法在此类企业的估值中应用较多。

（2）在运用参考最近融资价格法时，基金管理人应当对最近融资价格的公允性做出判断。如果没有主要的新投资人参与最近融资，或最近融资金额对被投资企业而言并不重大，或最近交易被认为是非有序交易（如被迫出售股权或对被投资企业陷入危机后的拯救性投资），则该融资价格一般不作为被投资企业公允价值的最佳估计使用。此外，基金管理人还应当结合最近融资的具体情况，考虑是否需要对影响最近融资价格公允性的因素进行调整，相关因素包括但不限于：

①最近融资使用的权益工具与私募基金持有的非上市股权在权利和义务上是否相同；

②被投资企业的关联方或其他第三方是否为新投资人提供各种形式的投资回报担保；

③新投资人的投资是否造成对原股东的非等比例摊薄；

④最近融资价格中是否包括了新投资人可实现的特定协同效应，或新投资人是否可享有某些特定投资条款，或新投资人除现金出资外是否还投入了其他有形或无形的资源。

（3）特定情况下，伴随新发股权融资，被投资企业的现有股东会将其持有的一部分股权（以下简称“老股”）出售给新投资人，老股的出售价格往往与新发股权的价格不同。针对此价格差异，基金管理人需要分析差异形成的原因，如老股与新发股权是否对应了不同的权利和义务、是否面临着不同的限制，以及老股出售的动机等。基金管理人应当结合价格差异形成原因，综合考虑其他可用信息，合理确定公允价值的取值依据。

（4）估值日距离融资完成的时间越久，最近融资价格的参考意义越弱。基金管理人在后续估值日运用最近融资价格法时，应当根据市场情况及被投资企业自身情况的变化判断最近融资价格是否仍可作为公允价值的最佳估计。基金管理人在后续估值日通常需要对最近融资价格进行调整的情形包括但不限于：

①被投资企业的经营业绩与财务预算或预设业绩指标之间出现重大差异；

②被投资企业实现原定技术突破的预期发生了重大变化；

③被投资企业面对的宏观经济环境、市场竞争格局、产业政策等发生了重大变化；

④被投资企业的主营业务或经营战略发生了重大变化；

⑤被投资企业的可比公司的业绩或者市场估值水平出现重大变化；

⑥被投资企业内部发生欺诈、争议或诉讼等事件，管理层或核心技术人员发生重大变动。

(5)若基金管理人因被投资企业在最近融资后发生了重大变化而判定最近融资价格无法直接作为公允价值的最佳估计，同时也无法找到合适的可比公司或可比交易案例以运用市场乘数法进行估值，基金管理人可以根据被投资企业主要业务指标自融资时点至估值日的变化，对最近融资价格进行调整。主要业务指标包括但不限于有代表性的财务指标、技术发展阶段、市场份额等，在选择主要业务指标时，应重点考虑被投资企业所处行业特点及其自身的特点，选择最能反映被投资企业价值变化的业务指标。

2. 市场乘数法

(1)根据被投资企业的所处发展阶段和所属行业的不同，基金管理人可运用各种市场乘数(如市盈率、市净率、企业价值/销售收入、企业价值/息税折摊前利润等)对非上市股权进行估值。市场乘数法通常在被投资企业相对成熟，可产生持续的利润或收入的情况下使用。

(2)在运用市场乘数法时，基金管理人应当从市场参与者角度出发，参照下列步骤完成估值工作：

①选择被投资企业可持续的财务指标(如利润、收入)为基础的市场乘数类型，查找在企业规模、风险状况和盈利增长潜力等方面与被投资企业相似的可比上市公司或可比交易案例，通过分析计算获得可比市场乘数，并将其与被投资企业相应的财务指标结合得到股东全部权益价值(调整前)或企业价值。

②若市场乘数法计算结果为企业价值，基金管理人应当扣除企业价值中需要支付利息的债务，得到股东全部权益价值(调整前)。基金管理人应当在股东全部权益价值(调整前)基础上，针对被投资企业的溢余资产或负债、或有事项、流动性、控制权、其他权益工具(如期权)可能产生的摊薄影响及其他相关因素等进行调整，得到被投资企业的股东全部权益价值(调整后)。

③如果被投资企业的股权结构复杂，各轮次股权的权利和义务存在明显区别，

基金管理人应当采用合理方法将股东全部权益价值（调整后）分配至私募基金持有部分的股权。如果被投资企业的股权结构简单（即同股同权），则可按照私募基金的持股比例计算持有部分的股权价值。

（3）市场乘数的分子可以采用股东权益价值（股票市值或股权交易价格）或企业价值，基金管理人应当基于估值日的价格信息和相关财务信息得出，若估值日无相关信息，可采用距离估值日最近的信息并作一定的调整后进行计算。市场乘数的分母可采用特定时期的收入、利润等指标，也可以采用特定时点的净资产等指标，上述时期或时点指标可以是历史数据，也可采用预期数据。基金管理人应确保估值时采用的被投资企业的利润、收入或净资产等指标与市场乘数的分母在对应的时期或时点方面保持完全一致。

（4）在估值实践中各种市场乘数均有应用，如市盈率（P/E）、市净率（P/B）、企业价值/销售收入（EV/Sales）、企业价值/息税折摊前利润（EV/EBITDA）、企业价值/息税前利润（EV/EBIT）等。基金管理人应当从市场参与者角度出发，根据被投资企业的特点选择合适的市场乘数。

（5）在使用各种市场乘数时，应当保证分子与分母的口径一致，如市盈率中的盈利指标应为归属于母公司的净利润，而非全部净利润；市净率中的净资产应为归属于母公司的所有者权益，而非全部所有者权益。一般不采用市销率（P/Sales）、市值/息税折摊前利润（P/EBITDA）、市值/息税前利润（P/EBIT）等市场乘数，除非可比公司或交易与被投资企业在财务杠杆和资本结构上非常接近。

（6）考虑到被投资企业可能存在不同的财务杠杆和资本结构，在 EV/EBITDA 适用的情况下，通常可考虑优先使用 EV/EBITDA。在 EV/EBITDA 不适用的情况下，可考虑采用市盈率进行估值，但需要注意被投资企业应具有与可比公司或可比交易案例相似的财务杠杆和资本结构，并对净利润中包括的特殊事项导致的利润或亏损通常应进行正常化调整，同时考虑不同的实际税率对市盈率的影响。如果被投资企业尚未达到可产生可持续利润的阶段，基金管理人可以考虑采用销售收入市场乘数（EV/Sales），在确定被投资企业的收入指标时，可以考虑市场参与者收购被投资企业时可能实现的收入。

（7）市场乘数通常可通过分析计算可比上市公司或可比交易案例相关财务和价格信息获得。基金管理人应当关注通过可比上市公司和可比交易案例两种方式得到的市场乘数之间的差异并对其进行必要的调整，对于通过可比交易案例得到的市场乘数，在应用时应注意按照估值日与可比交易发生日市场情况的变化对其进行校准。

（8）基金管理人应充分考虑上市公司股票与非上市股权之间的流动性差异。

对于通过可比上市公司得到的市场乘数,通常需要考虑一定的流动性折扣后才能将其应用于非上市股权估值。流动性折扣可通过经验研究数据或者看跌期权等模型,并结合非上市股权投资实际情况综合确定。

(9)对市场乘数进行调整的其他因素包括企业规模和抗风险能力、利润增速、财务杠杆水平等。上述调整不应包括由于计量单位不一致导致的溢价和折扣,如大宗交易折扣。

3. 行业指标法

(1)行业指标法是指某些行业中存在特定的与公允价值直接相关的行业指标,此指标可作为被投资企业公允价值估值的参考依据。行业指标法通常只在有限的情况下运用,此方法一般被用于检验其他估值法得出的估值结论是否相对合理,而不作为主要的估值方法单独运用。

(2)并非所有行业的被投资企业都适用行业指标法,通常在行业发展比较成熟及行业内各企业差别较小的情况下,行业指标才更具代表意义。

(二)收益法

在估计非上市股权的公允价值时,通常使用的收益法为现金流折现法。

1. 基金管理人可采用合理的假设预测被投资企业未来现金流及预测期后的现金流终值,并采用合理的折现率将上述现金流及终值折现至估值日得到被投资企业相应的企业价值,折现率的确定应当能够反映现金流预测的内在风险。基金管理人还应参照市场乘数法中提及的调整或分配方法将企业价值调整至私募基金持有部分的股权价值。

2. 现金流折现法具有较高灵活性,在其他估值方法受限制之时仍可使用。

3. 基金管理人在确定此方法采用的财务预测、预测期后终值以及经过合理风险调整的折现率时,需要大量的主观判断,折现结果对上述输入值的变化较为敏感,因此,现金流折现法的结果易受各种因素干扰。特别是当被投资企业处于初创、持续亏损、战略转型、扭亏为盈、财务困境等阶段时,基金管理人通常难以对被投资企业的现金流进行可靠预测,应当谨慎评估运用现金流折现法的估值风险。

(三)成本法

在估计非上市股权的公允价值时,通常使用的成本法为净资产法。

1. 基金管理人可使用适当的方法分别估计被投资企业的各项资产和负债的公允价值(在适用的情况下需要对溢余资产和负债、或有事项、流动性、控制权及其他相关因素进行调整),综合考虑后得到股东全部权益价值,进而得到私募基金持有部分的股权价值。如果被投资企业股权结构复杂,基金管理人还应参照市场乘数法中提及的分配方法得到持有部分的股权价值。

2. 净资产法适用于企业的价值主要来源于其占有的资产的情况，如重资产型的企业或者投资控股企业。此外，此方法也可以用于经营情况不佳，可能面临清算的被投资企业。

《私募投资基金非上市股权投资估值指引(试行)》起草说明

一、起草背景

2017 年 3 月，财政部修订了《企业会计准则第 22 号——金融工具确认和计量》，修订后的准则将对私募基金投资非上市股权的确认和计量产生重大影响，特别是在估值方面提出了更高的要求，修订后的准则将从 2018 年 1 月 1 日至 2021 年 1 月 1 日逐步开始执行。截至目前，私募基金投资非上市股权仍缺乏统一的估值标准，私募基金管理人在估值实践中使用各种不同的操作方式，估值水平良莠不齐。

为引导私募投资基金非上市股权投资专业化估值，完善资产管理行业估值标准体系，促进私募基金行业健康发展，保护基金持有人利益，协会结合私募基金现有的运作管理及信息披露规范，参考《企业会计准则》及《国际私募股权和风险投资基金估值指引(International Private Equity and Venture Capital Valuation Guidelines)》(2015 年 12 月版)，起草了《私募投资基金非上市股权投资估值指引(试行)》(以下简称《指引》)。

二、《指引》的主要内容

《指引》包括总则、估值原则、估值方法三部分内容，主要内容如下：

(一)明确指引的适用范围。《指引》总则第二条明确了《指引》中所称私募基金的范围。《指引》总则第三条规定，私募基金对未上市企业进行的股权投资适用于本《指引》，对于已在全国中小企业股份转让系统挂牌但交易不活跃的企业，可参考执行。

(二)强化估值主体责任。《指引》总则第六条规定，私募基金管理人作为估值的第一责任人，应当对估值过程中采用的估值方法和估值参数承担管理层责任，并定期对估值结论进行检验，防范可能出现的重大偏差。

(三)保持估值技术的一致性。《指引》估值原则第一条规定，基金管理人应当在估值日估计各单项投资的公允价值，具有相同资产特征的投资每个估值日采用的估值技术应当保持一致。只有在变更估值技术或其应用能使计量结果在当前情况下同样或者更能代表公允价值的情况下，基金管理人方可采用不同的估值技术，并依据相关法律法规、会计准则及自律规则进行信息披露。

（四）强调公允价值估值原则。《指引》估值原则第三条规定，基金管理人在确定非上市股权的公允价值时，应当遵循实质重于形式的原则。

（五）设定非上市股权估值的假设前提。《指引》估值原则第四条规定，在估计非上市股权公允价值时，基金管理人应假定估值日发生了出售该股权的交易，并以此假定交易的价格为基础计量该股权的公允价值。

（六）指出使用估值技术的综合考虑因素。《指引》估值原则第五条、第六条和第七条规定，私募基金管理人应从估值对象和相关市场情况出发，并考虑不同轮次股权之间权利和义务的区别，选择使用多种分属不同估值技术的方法，也可以选择情景分析的方法综合运用多种估值技术。

（七）规定估值的反向检验。《指引》估值原则第八条规定了估值反向检验，私募基金管理人需要关注并分析非上市股权投资的退出价格与持有期间估计的公允价值之间存在的重大差异。

（八）提出五种具体估值方法、适用场景及应用指南。《指引》估值方法提出了私募基金在对非上市股权进行估值时通常采用的五种估值方法，其中，参考最近融资价格法、市场乘数法、行业指标法属于市场法，现金流折现法属于收益法，净资产法属于成本法。参考最近融资价格法通常适用于尚未产生稳定收入或利润的早期创业企业；市场乘数法通常适用于可产生持续利润或收入的相对成熟企业；行业指标法通常适用于行业发展比较成熟及行业内各企业差别较小的情况；净资产法通常适用于企业的价值主要来源于其占有的资产的情况；现金流折现法较为灵活，在其他估值方法受限时仍可使用。

此外，《指引》详细阐述了针对可能导致各估值方法未被正确使用的各种情况以及估值实践中需要考虑的其他各种因素。

（九）中国市场特定情况相关考虑。《指引》估值方法第一条第一款第三项规定，对于老股出售价格与新发股权价格不一致的问题，基金管理人需要分析差异形成的原因，综合考虑其他可用信息，合理确定公允价值的取值依据。

基金中基金估值业务指引（试行）

（2017 年 5 月 4 日发布实施）

一、总则

（一）为规范基金中基金的估值，保护基金份额持有人的利益，根据《证券投资基金法》、《企业会计准则》、《公开募集证券投资基金运作指引第 2 号——基金中基金指引》等法律法规，制定本指引。

（二）本指引所称基金中基金，是指将 80% 以上的基金资产投资于经中国证监会依法核准或注册的公开募集的基金份额的基金。

（三）基金管理人和基金托管人对基金中基金投资的证券投资基金进行估值、计算基金中基金份额净值时，可参考本指引。

（四）基金管理人应当充分关注可投资标的基金的估值方法、估值频率和估值披露频率与基金中基金所采用的估值方法、估值频率和估值披露频率的一致性。当可投资标的基金的估值方法、估值频率和估值披露频率与基金中基金存在差异时，基金管理人应在设定投资策略时评估该差异对基金中基金估值公允性的影响。

（五）基金中基金投资于交易所交易型开放式指数基金（ETF）、境内上市开放式基金（LOF）、境内上市的其他开放式基金等提供二级市场交易方式和一级市场份额申购赎回方式的标的基金时，应考虑投资份额的计划退出方式对估值价选取的影响，并参照本指引所列示的上市基金估值原则进行估值。本指引中的上市基金估值原则是为适应当前的市场条件和产品类型而制定的，并将根据未来市场情况的变化进行定期评估和调整。

（六）本指引所称估值日，是指基金份额净值和基金份额累计净值的归属日。

（七）本指引自公布之日起实施。

二、估值业务处理

（一）【非上市基金估值】基金中基金投资于非上市基金的估值。

1. 基金中基金投资的境内非货币市场基金，按所投资基金估值日的份额净值估值。

2. 基金中基金投资的境内货币市场基金，按所投资基金前一估值日后至估值日期间（含节假日）的万份收益计提估值日基金收益。

（二）【上市基金估值】基金中基金投资于交易所上市基金的估值。

1. 基金中基金（ETF 联接基金除外）投资的 ETF 基金，按所投资 ETF 基金估值日的收盘价估值。

2. ETF 联接基金投资的 ETF 基金，按所投资 ETF 基金估值日的份额净值估值。

3. 基金中基金投资的境内上市开放式基金（LOF），按所投资基金估值日的份额净值估值。

4. 基金中基金投资的境内上市定期开放式基金、封闭式基金，按所投资基金估值日的收盘价估值。

5. 基金中基金投资的境内上市交易型货币市场基金，如所投资基金披露份额净值，则按所投资基金估值日的份额净值估值；如所投资基金披露万份（百份）收益，则按所投资基金前一估值日后至估值日期间（含节假日）的万份（百份）收益计提估值日基金收益。

（三）【特殊情况处理】如遇所投资基金不公布基金份额净值、进行折算或拆分、估值日无交易等特殊情况，基金管理人根据以下原则进行估值：

1. 以所投资基金的基金份额净值估值的，若所投资基金与基金中基金估值频率一致但未公布估值日基金份额净值，按其最近公布的基金份额净值为基础估值。

2. 以所投资基金的收盘价估值的，若估值日无交易，且最近交易日后市场环境未发生重大变化，按最近交易日的收盘价估值；如最近交易日后市场环境发生了重大变化的，可使用最新的基金份额净值为基础或参考类似投资品种的现行市价及重大变化因素调整最近交易市价，确定公允价值。

3. 如果所投资基金前一估值日至估值日期间发生分红除权、折算或拆分，基金管理人应根据基金份额净值或收盘价、单位基金份额分红金额、折算拆分比例、持仓份额等因素合理确定公允价值。

（四）当基金管理人认为所投资基金按上述第（一）至第（三）条进行估值存在不公允时，应与托管人协商一致采用合理的估值技术或估值标准确定其公允价值。

（五）【估值处理时点】基金管理人应当根据基金合同约定的投资范围，对于标的基金按照本指引规定全部以收盘价估值的，应当在取得收盘价的当日对基金中基金进行会计核算和估值处理，并在次日披露基金中基金估值日的基金份额净值和基金份额累计净值。对于标的基金按照本指引规定未全部以收盘价估值的，应当根据标的基金合同约定在披露净值或万份收益的当日（法定节假日顺延至第一个交易日）对基金中基金进行会计核算和估值处理，并在次日披露基金中基金估值日的基金份额净值和基金份额累计净值。

ETF 联接基金在持有的目标 ETF 的估值当日进行会计核算和估值处理，并在次日披露 ETF 联接基金的基金份额净值和基金份额累计净值。

（六）【监控机制】基金管理人应在业务管理制度中进一步明确相关估值监控程序，根据市场情况建立以上估值方法公允性的评估机制，完善相关风险监测、控制和报告机制，确保基金估值的公允合理。

证券投资基金投资流通受限股票估值指引(试行)

(2017年9月4日中基协发〔2017〕6号发布实施)

一、总则

(一)为规范证券投资基金(以下简称基金)投资流通受限股票的估值,保护基金份额持有人的利益,根据《证券投资基金法》、《公开募集证券投资基金运作管理办法》、《关于基金投资非公开发行股票等流通受限证券有关问题的通知》(证监基金字〔2006〕141号)等法律法规,制定本指引。

(二)本指引所称流通受限股票,是指在发行时明确一定期限限售期的股票,包括但不限于非公开发行股票、首次公开发行股票时公司股东公开发售股份、通过大宗交易取得的带限售期的股票等,不包括停牌、新发行未上市、回购交易中的质押券等流通受限股票。

(三)基金管理人和基金托管人对基金投资的流通受限股票进行估值、计算基金份额净值时,可参考本指引。若财政部等有关部门对流通受限股票估值另有规定的,从其规定。

(四)基金管理人作为估值的第一责任人,应定期评估估值质量,并对估值价格进行检验,防范可能出现的偏差。

(五)鼓励第三方估值机构应用本指引确定的模型计算并提供剩余限售期对应的流动性折扣。

(六)私募基金投资流通受限股票的,可根据合同约定,参考本指引执行。

(七)本指引自发布之日起实施。

二、流通受限股票的估值处理

(一)流通受限股票按以下公式确定估值日该流通受限股票的价值。

$FV = S \times (1 - LoMD)$

其中:

FV:估值日该流通受限股票的价值

S:估值日在证券交易所上市交易的同一股票的公允价值

LoMD:该流通受限股票剩余限售期对应的流动性折扣。

(二)引入看跌期权计算该流通受限股票对应的流动性折扣。

LoMD = P/S,P是估值日看跌期权的价值。

（三）证券投资基金持有的流通受限股票在估值日按平均价格亚式期权模型（“AAP 模型”）确定估值日看跌期权的价值。

AAP 模型公式如下所示：

$$P = Se^{-qT}\left[N\left(\frac{v\sqrt{T}}{2}\right) - N\left(\frac{v\sqrt{T}}{2}\right)\right]$$

$$v\sqrt{T} = \{\sigma^2 T + \ln[2(e^{\sigma^2 T} - \sigma^2 T - 1)] - 2\ln(e^{\sigma^2 T} - 1)\}^{\frac{1}{2}}$$

其中：

S：估值日在证券交易所上市交易的同一股票的公允价值

T：剩余限售期，以年为单位表示

σ：股票在剩余限售期内的股价的预期年化波动率

q：股票预期年化股利收益率

N：标准正态分布的累积分布函数

三、释义

（一）估值日在证券交易所上市交易的同一股票的公允价值应由基金管理人按照基金合同、中国证券监督管理委员会（以下简称“中国证监会”）和中国证券投资基金业协会的相关规定，参考该股票估值日收盘价、最近交易日收盘价或估值模型确定。

（二）剩余限售期计算

1. 非公开发行股票的限售期起始日为发行结果披露日，发行结果披露日为非交易日的，限售期起始日为发行结果披露日下一交易日。

2. 限售期结束日原则上为预计上市流通日期的前一自然日。非公开发行股票的预计上市流通日期根据发行结果公告确定，若发行结果公告未明确预计上市流通日期，则根据发行结果公告中的在登记机构完成股份登记日期加限售期限计算预计上市流通日期；若发行结果公告也未明确在登记机构完成股份登记日期，则按发行结果披露日加限售期限计算预计上市流通日期。中国证监会、上海证券交易所或深圳证券交易所对限售期有其他规定的，从其规定。

3. 剩余限售期为估值日至限售期结束日之间所含的自然日天数，折算为以年为单位表示。

（三）股票在剩余限售期内的股价的预期波动率，通过计算股票估值日前对应的剩余限售期内的每个交易日（对应的剩余限售期内的交易日不足 20 日，以 20 日为计算周期）相对上一个交易日的对数收益率的标准差，并将该标准差年化后得到年波动率。如果用以计算波动率的流通受限股票相关股价信息无法获取，如新近上市的新股或停牌股票，则可以考虑采用股价信息缺失期间所属行业指数的相关数据,并结合其他可获取的股价数据,综合计算该流通受限股股价波动率。

(四)股票预期股利收益率可通过股票的历史股利收益率来估计。如果流通受限股票为新近上市的新股,可考虑采用所属行业指数的股利收益率作为该流通受限股票股利收益率。

证券投资基金港股通投资资金清算和会计核算估值业务指引(试行)

(2015年11月11日发布实施)

一、总则

(一)为规范证券投资基金(以下简称基金)港股通投资的资金清算和会计核算,真实、完整地提供会计信息,根据《证券投资基金法》、《企业会计准则》、《证券投资基金会计核算业务指引》、《沪港股票市场交易互联互通机制试点登记、存管、结算业务实施细则》等法律法规,制定本细则。

(二)本细则所称港股通,是指投资者委托内地证券公司,经由上海证券交易所设立的证券交易服务公司,向香港联合交易所进行申报(买卖盘传递),买卖规定范围内的香港联合交易所上市的股票。

(三)在基金估值日,港股通投资的股票按其在港交所的收盘价估值;估值日无交易的,以最近交易日的收盘价估值。

(四)在基金估值日,港股通投资持有外币证券资产估值涉及到港币对人民币汇率的,可参考当日中国人民银行或其授权机构公布的人民币汇率中间价,或其他可以反映公允价值的汇率进行估值。基金合同对汇率有明确约定的,按照基金合同的约定执行。

(五)基金管理人和基金托管人可参照本指引设置和使用与港股通投资相关的会计科目,在不违反统一会计核算要求的前提下,可根据需要自行确定明细科目。

(六)基金参与港股通投资的,基金管理人应根据财政部及中国证监会有关报表列报和信息披露的规定,及时、准确、完整编制和披露基金财务报表、投资组合报告等信息。

(七)若财政部等有关部门对港股通投资的会计核算和估值另有新的具体规定的,从其规定。

（八）若日后除上海交易所以外的其它交易所开展港股通业务，可参照本指引。如确有必要，另行制定相关业务指引。

（九）私募基金进行港股通投资的，可根据基金合同约定，参考本指引执行估值核算。

二、资金清算原则

（一）港股通资金清算包括交易资金、风控管理资金、公司行为资金、证券组合费等相关税费及其他非交易资金的清算。

（二）港股通资金清算以人民币为结算货币。

（三）假设T日为港股通交易日，则托管人对于港股通各类资金的交收期和交收时点分别为：

1. 交易资金交收：

（1）如T日托管人层面交易整体为净应付，则托管人与中国结算上海分公司的交收时点为T+2日10:30；如T日托管人层面交易整体为净应收，托管人与中国结算上海分公司的交收时点为T+2日18:00。

（2）如单个托管组合T日交易为净应付，则净应付资金的实际扣款时点为T+1日14:00；如单个托管组合T日交易为净应收，则组合净应收资金的实际收款时点为T+3日12:00。

2. 公司行动资金、风控资金交收：

（1）公司行动资金交收

托管人在T+1日10:30完成与中国结算上海分公司的一级交收，并与托管的单个组合完成二级资金交收，包括现金红利、零碎股现金、公司收购、公开配售和供股缴款业务引起的资金收付。

（2）风控资金

托管人在T+1日10:30与中国结算完成一级交收，并根据截止T日各组合未交收头寸和T日行情（即收盘价）的乘积之和计算出风控资金基数，并按比例分摊中国结算上海分公司对结算参与人收取的风控资金，得出组合T+1日应缴风控资金数，实际交收时以T日已缴风控资金数和T+1日应缴风控资金数差额进行收付。

3. 证券组合费交收

证券组合费按自然日收取。托管人在T+1日10:30各托管组合完成二级交收，18:00与中国结算完成一级交收。

（四）结息

1. 港股通结算备付金账户：每日通过累加托管组合港股通备付金账户余额计算

积数,按积数比例划分中登结算支付账户的利息。

2. 港股通风控资金账户:每日通过累加托管组合风控资金账户余额计算积数,按比例划分中登结算支付账户的利息。

(五)由于恶劣天气等原因引发的延迟交收,托管人做相应交收调整。

1. T+2 日全天延迟:托管人应与中国结算交收的交易收付款、公司行动、风控资金、证券组合费全部推迟到 T+3 日交收;托管人对 T+1 日交易对应的净应付款照常扣划。如组合 T 日交易为净应收,托管人于 T+4 日 12:00 前对应款项划入组合银行存款账户。多天延迟以此类推。

2. T+2 日半天延迟(即一批完成交收,二批延迟交收):

(1)T+2 日仅一批交收且 T 日托管人层面整体交易为净应付款,则组合层面仅证券组合费推迟到 T+3 日交收,其余资金正常交收。多天延迟以此类推。

(2)T+2 日仅一批交收且 T 日托管人层面整体交易为净应收款,则组合层面交易的收付款、证券组合费推迟到 T+3 日交收,其余资金正常交收。如组合 T 日交易为净应收,托管人于 T+4 日 12:00 前对应款项划入组合银行存款账户。多天延迟以此类推。

(六)如中登公司对港股通交收制定新规则,从其新规则。

三、会计科目设置

编号	会计科目	明细科目设置	核算内容
1021	结算备付金	按照业务类型,分别设置港股通备付金和港股通预付款明细科目。	核算基金港股通交易的备付金和预付款。
1031	存出保证金	设置港股通风控资金明细科目。	核算基金港股通交易的风控资金。
1102	股票投资	按照成本和估值增值进行明细核算。	核算基金港股通交易的股票账面成本与公允价值变动。
1106	权证投资	按照成本和估值增值进行明细核算。区分一般港股投资和港股通投资。	核算基金港股通交易的供股权证账面成本与公允价值变动。
1203	应收股利	按照港股通股票代码进行明细核算。区分一般港股投资和港股通投资。	核算基金港股通交易的应收现金股利。
1204	应收利息	按照港股通备付金、港股通预付款、风控资金进行明细核算。	核算基金港股通交易的应收备付金利息、应收预付款利息、应收风控资金利息。

续表

编号	会计科目	明细科目设置	核算内容
3003	证券清算款	增设明细科目,按照港股通交易、公司行动与证券组合费分别核算。	核算基金港股通交易、公司行动以及发生证券组合费形成的应收、应付款项。
6011	利息收入	按照港股通备付金、港股通预付款、风控资金进行明细核算。	核算基金获得港股通备付金利息、港股通预付款利息和风控资金利息实现的收益。
6101	公允价值变动损益	按照港股通股票代码进行明细核算。区分一般港股投资和港股通投资。	核算基金持有的港股通股票、供股权证等公允价值变动形成的应计入当期损益的利得或损失。
6111	投资收益	按照差价收入与股利收入进行明细核算。区分一般港股投资和港股通投资。	分别核算基金卖出港股通股票、供股权证等实现的收益和持有港股通股票获得现金或实物股利实现的收益。
6407	交易费用	按照港股通交易产生的费用和证券组合费进行明细核算。	核算基金港股通投资产生的交易费用和持有股票产生的证券组合费。

四、主要账务处理

(一)股票交易

1. 买入股票

借:股票投资—成本①

交易费用②

贷:应付佣金

证券清算款—港股通交易③

2. 卖出股票

借:证券清算款—港股通交易④

交易费用⑤

① 数量取交收数量,金额应为轧差数。

② 本币金额取(HK_JSMX 库中印花税、交易征费、交易费、交易系统使用费、股份交收费之和)×结算汇率+应付佣金。

③ 原币金额取 HK_JSMX 库中的应收付金额,本币发生金额取人民币应收付。

④ 原币金额取 HK_JSMX 库中的应收付金额,本币发生金额取人民币应收付。

⑤ 本币金额取(HK_JSMX 库中印花税、交易征费、交易费、交易系统使用费、股份交收费之和)×结算汇率+应付佣金。

公允价值变动损益[①]

贷:股票投资—成本[②]

股票投资—估值增值[③]

应付佣金

投资收益[④]

(二)款项交收

1. 港股交易的证券清算款交收

(1)对于净买入交易,假设T日为初始交易日,T+1日和T+2日为交收日,则T+1日,冻结银行存款:

借:结算备付金—港股通预付款

贷:银行存款

T+2日,实际交收:

借:证券清算款—港股通交易

贷:结算备付金—港股通预付款

(2)对于净卖出交易,假设T日为初始交易日,T+1日、T+2日、T+3日都为交收日,则T+2日,清算款结转:

借:结算备付金—港股通备付金

贷:证券清算款—港股通交易

T+3日,实际交收:

借:银行存款

贷:结算备付金—港股通备付金

2. 风控资金交收

假设T日为清算日,T+1日为交收日,则T+1日

借:存出保证金—风控资金[⑤]

贷:银行存款

3. 计提证券组合费

借:交易费用—证券组合费[⑥]

贷:证券清算款—港股通—证券组合费

---

① 移动加权平均结转。

② 金额由移动加权平均法计算,数量取交收数量。

③ 移动加权平均结转。

④ 轧差。

⑤ 金额=本日应缴—上日已缴。

⑥ 取HK_JSMX库中对应记录。

4. 证券组合费的证券清算款交收

假设 T 日为清算日，T+1 日为交收日，则 T+1 日

借：证券清算款—港股通—证券组合费

　　贷：银行存款

（三）日终估值

借：股票投资—估值增值①

　　贷：公允价值变动损益

（四）计息结息

1. 计提港股通备付金、港股通预付款和风控资金利息

借：应收利息—港股通备付金

　　贷：利息收入—港股通备付金

借：应收利息—港股通预付款

　　贷：利息收入—港股通预付款

借：应收利息—风控资金

　　贷：利息收入—风控资金

2. 结息

借：银行存款

　　贷：应收利息—港股通备付金（应收利息—港股通预付款或应收利息—风控资金）

　　贷：利息收入—港股通备付金（利息收入—港股通预付款或利息收入—风控资金）

（五）公司行动

1. 现金红利派发—不含选择权

除权日：

借：应收股利②

　　贷：投资收益—股利收入③

到账日：

---

① 原币金额根据香港市场收盘价计算，本币金额根据估值日收盘价和估值汇率计算。估值汇率为中国人民银行或其授权机构公布的人民币汇率中间价，或其他可以反映公允价值的汇率，特殊产品的汇率可另行确定。

② 原币金额 = 登记日资金变动金额（币种取登记日资金变动币种）[数量 × 每股股利，保留两位小数，结果舍尾]，本位币金额 = 原币金额 × 估值汇率。

③ 本位币金额 = 原币金额 × 估值汇率。

借:银行存款[①]

贷:应收股利

投资收益—股利收入[②]

对于在境外进行换汇交易或通过非港股通方式在境外持有外币证券资产的证券投资基金,为确保会计处理方式的一致性,可以对其港股通投资涉及的应收股利确认汇兑损益。

2. 现金红利派发—含选择权

除权日:(同不含权现金红利的处理)

借:应收股利

贷:投资收益—股利收入

股票股利确认日:

借:股票成本[③]

贷:应收股利[④]

投资收益—股利收入[⑤]

现金红利到账日:

借:银行存款[⑥]

贷:应收股利[⑦]

投资收益—股利收入[⑧]

3. 送股业务

除权日:

借:股票投资成本[⑨]

贷:股票投资成本[⑩]

确认日:

---

① 取 HK_JSMX 中的人民币金额。

② 轧差。

③ 原币金额 = 数量 × 以股代息价格,本位币 = 原币金额 × 估值汇率,数量取证券变动库。

④ 原币 = 除权日应收股利原币 × 行权股票数量/除权股票数量,本位币 = 原币金额 × 估值汇率。

⑤ 轧差。

⑥ 取 HK_JSMX 中的人民币金额。

⑦ 剩余原币金额,即除权日凭证借方应收股利金额—股票股利确认日贷方应收股利金额,本位币金额 = 原币金额 × 估值汇率。

⑧ 轧差。

⑨ 本币 =0.01,数量 = 除权数量(按比率计算)。

⑩ 本币 =0.01,数量 = 除权数量,无数量。

借:股票投资成本[①]

　　贷:股票投资成本[②]

4. 供股业务

除权日:

借:权证投资—成本[③]

　　贷:权证投资—成本[④]

供股权估值日:

借:权证投资估值增值[⑤]

　　贷:公允价值变动损益—权证投资

供股行权确认日(行权缴款清算日):

借:股票投资成本[⑥]

　　公允价值变动—权证投资

　　交易费用[⑦]

　　权证投资—成本[⑧]

　　贷:权证投资—成本[⑨]

　　　　权证投资—估值增值

　　　　证券清算款—港股通—公司行动[⑩]

　　　　投资收益—权证投资收益[⑪]

　　　　应付佣金

供股权买入卖出同权证买入卖出核算处理。

供股权到期作废(申报截止日后第三个沪市工作日):

借:公允价值变动—权证投资

---

① 本币 = 0.01,数量 = 除权数量,数量 = 实际到账数量—除权日确认数量。

② 本币 = 0.01,数量 = 除权数量,无数量。

③ 本币 = 0.01,数量 = 除权数量,数量 = 除权数量。

④ 本币 = 0.01,数量 = 除权数量,无数量。

⑤ 供股权证已上市时,取供股权证收盘价 × 估值汇率—权证成本—权证估增余额;供股权证未上市时,应采用科学合理的估值技术进行估值。

⑥ 原币 = 收盘价 × 数量,本币 = 原币 × 估值汇率,数量 = 供股行权数量 × 供股比例。

⑦ 本币金额取(HK_JSMX 库中印花税、交易征费、交易费、交易系统使用费、股份交收费之和) × 结算汇率 + 应付佣金。

⑧ 原币 = 0.01,本币 = 原币 × 估值汇率,无数量。

⑨ 原币 = 0.01,本币 = 原币 × 估值汇率,数量 = 行权数量。

⑩ 取 HK_JSMX 数据。

⑪ 轧差。

贷:权证投资—成本①

权证投资—估值增值

投资收益—权证投资收益

5. 公司收购

公司收购缴款清算日

借:证券清算款—港股通—公司行动②

交易费用③

公允价值变动损益④

贷:股票投资—成本⑤

股票投资—估值增值⑥

应付佣金

投资收益⑦

6. 公开配售

公开配售缴款清算日

借:股票投资—成本⑧

交易费用⑨

贷:证券清算款—港股通—公司行动⑩

应付佣金

7. 合并

除权日:

借:股票投资成本⑪

贷:股票投资成本⑫

---

① 移动加权平均结转,数量 = 到期数量。

② 取 HK_JSMX 库中的人民币应收付金额。

③ 取 HK_JSMX 库中(印花税、交易征费、交易费、交易系统使用费、股份交收费和应付佣金)×结算汇率 + 应付佣金。

④ 移动加权平均算法。

⑤ 金额由移动加权平均法计算,数量取交收数量。

⑥ 轧差。

⑦ 轧差。

⑧ 轧差,数量 = 行权配售获得股票数量。

⑨ 取 HK_JSMX 库中(印花税、交易征费、交易费、交易系统使用费、股份交收费和应付佣金)×结算汇率 + 应付佣金。

⑩ 取 HK_JSMX 数据。

⑪ 本币 =0.01,无数量。

⑫ 本币 =0.01,数量 = 合并减少数量(按比率计算)。

确认日：

借：股票投资成本①

贷：股票投资成本②

8.拆分

除权日：

借：股票投资成本③

贷：股票投资成本④

确认日：

借：股票投资成本⑤

贷：股票投资成本⑥

证券投资基金股指期货投资会计核算业务细则（试行）（2012年修订）

（2012年11月16日中基协发〔2012〕8号发布实施）

一、总则

（一）为规范证券投资基金（以下简称基金）股指期货投资的会计核算，真实、完整地提供会计信息，根据《证券投资基金法》、企业会计准则、中国证监会《证券投资基金参与股指期货交易指引》等法律法规，制定本细则。

基金管理公司特定客户委托财产参与股指期货交易的，其会计核算可参照本细则办理。

（二）本细则所称股指期货，是指由中国证监会批准，在中国金融期货交易所上市交易的以股票价格指数为标的的金融期货合约。

（三）基金股指期货投资的会计核算按照本细则处理。若基金开展股指期货套期保值业务满足《企业会计准则第24号——套期保值》规定的运用套期会计条件

① 本币=0.01，无数量。

② 本币=0.01，数量=实际减少数量-除权日减少数量。

③ 本币=0.01，数量=拆分获赠数量（按比率计算）。

④ 本币=0.01，无数量。

⑤ 本币=0.01，数量=实际到账数量-除权日拆分获赠数量。

⑥ 本币=0.01，无数量。

的，可运用套期会计方法进行处理。

（四）基金以套期保值为目的参与股指期货交易的，基金管理公司应形成关于套期关系、风险管理目标和套期策略的正式书面文件，并对套期有效性进行定期评估。

（五）基金投资的股指期货合约，一般以估值当日结算价进行估值，估值当日无结算价的，且最近交易日后经济环境未发生重大变化的，采用最近交易日结算价估值。基金管理公司应在业务管理制度中进一步明确相关估值监控程序，根据市场情况建立结算价估值方法公允性的评估机制，完善相关风险监测、控制和报告机制，确保基金估值的公允、合理。

（六）基金管理公司和基金托管银行应按企业会计准则及本细则设置和使用与股指期货投资相关的会计科目，在不违反统一会计核算要求的前提下，可根据需要自行确定明细科目。对于“其他衍生工具”、“公允价值变动损益”、“投资收益”等科目，应根据确定的套期保值等交易目的，设置相应的明细科目。

（七）基金参与股指期货交易的，基金管理公司应根据财政部及中国证监会有关报表列报和信息披露的规定，及时、准确、完整的编制和披露基金财务报表、投资组合报告等信息。

（八）如满足《企业会计准则第37号——金融工具列报》第十三条规定的条件，应按抵消后的净额在资产负债表内列示与投资股指期货相关的金融资产和金融负债。此情况下，为便于投资者理解基金股指期货投资信息，应在基金财务报表附注等披露文件中对此净额列示作相关说明。

（九）如财政部等有关部门对基金股指期货投资会计核算另有新的具体规定的，从其规定。

二、科目设置

编号	会计科目	明细科目设置	核算内容
1021	结算备付金①	通过期货公司进行结算的，按期货公司进行明细核算。	核算基金存放在保证金账户中未被期货合约占用的保证金。
1031	存出保证金	通过期货公司进行结算的，按照期货公司进行明细核算。	核算基金存放在保证金账户中已被期货合约占用的保证金。

① 当存放在保证金账户中未被期货合约占用的保证金余额为负时，本科目余额可能为负，此情况如果出现在资产负债表日，则可在报表附注中予以说明。

续表

编号	会计科目	明细科目设置	核算内容
3003	证券清算款	设置期货暂收款进行明细核算。	核算基金持有的股指期货合约当日无负债结算后形成的暂收和暂付款项，此科目余额与‘其他衍生工具’科目中的股指期货合约公允价值金额一致，方向相反。
3102	其他衍生工具	1. 按照买入/卖出股指期货、交易目的、初始合约价值/公允价值、合约品种等进行明细核算。 2. 设置“其他衍生工具—冲抵股指期货初始合约价值”科目，作为所有股指期货合约初始合约价值的冲抵科目，不核算数量。	核算基金持有的股指期货合约的数量、公允价值。
6101	公允价值变动损益	按照股指期货、买入/卖出、交易目的等进行明细核算。	核算基金持有的股指期货合约公允价值变动形成的应计入当期损益的利得或损失。
6111	投资收益	按照股指期货、交易目的等进行明细核算。	核算基金持有的股指期货合约平仓和到期交割实现的收益。
6407	交易费用	按照期货公司进行明细核算。	核算基金股指期货交易产生的交易费用。

三、主要账务处理

（一）存入保证金

借：结算备付金

　　贷：银行存款

（二）提取保证金

借：银行存款

　　贷：结算备付金

（三）开仓①

1. 买入合约：记录初始合约价值

借：其他衍生工具—××②买入股指期货—初始合约价值

---

① 若当天同时存在开仓和平仓，先处理开仓，后处理平仓。

② 此处“××”显示交易目的，下同。

(数量[1]、金额[2])

贷:其他衍生工具—冲抵股指期货初始合约价值(金额)

2. 卖出合约:记录初始合约价值

借:其他衍生工具—冲抵股指期货初始合约价值(金额)

贷:其他衍生工具—××卖出股指期货—初始合约价值

(数量[3]、金额[4])

(四)平仓或到期交割

1. 买入合约卖出平仓或到期交割

采用移动加权方法结转平仓合约的初始合约价值,需计算结转比例q[5]。

结转平仓合约的初始合约价值

借:其他衍生工具—冲抵股指期货初始合约价值(金额①[6])

贷:其他衍生工具—××买入股指期货—初始合约价值

(数量[7]、金额①)

2. 卖出合约买入平仓或到期交割

采用移动加权方法结转平仓合约的初始合约价值,需计算结转比例q[8]。

结转平仓合约的初始合约价值

借:其他衍生工具—××卖出股指期货—初始合约价值

(数量[9]、金额②[10])

贷:其他衍生工具—冲抵股指期货初始合约价值(金额②)

(五)交易费用

借:交易费用[11]

贷:结算备付金(或应付交易费用)

---

① 此处为买入开仓数量。

② 此处为买入开仓合约价值(开仓价×买入开仓数量×合约乘数)合计。

③ 此处为卖出开仓数量。

④ 此处为卖出开仓合约价值(开仓价×卖出开仓数量×合约乘数)合计。

⑤ q=买入合约卖出平仓数量/(上一日买入持仓数量+当日买入开仓数量)

⑥ 金额①=round("其他衍生工具—××买入股指期货—初始合约价值"当前借方余额×q,2)

⑦ 此处为买入合约卖出平仓数量。

⑧ q=卖出合约买入平仓数量/(上一日卖出持仓数量+当日卖出开仓数量)

⑨ 此处为卖出合约买入平仓数量。

⑩ 金额②=round("其他衍生工具—××卖出股指期货—初始合约价值"当前贷方余额×q,2)

⑪ 交易费用金额为当日交易手续费合计。

(六)日终结算

1. 买入合约日终估值

借:其他衍生工具—××买入股指期货—公允价值(金额③[①])

贷:公允价值变动损益—股指期货—××买入股指期货(金额③)

2. 卖出合约日终估值

借:其他衍生工具—××卖出股指期货—公允价值(金额④[②])

贷:公允价值变动损益—股指期货-××卖出股指期货(金额④)

3. 确认平仓损益/到期交割损益

借:结算备付金(金额⑥[③])

贷:投资收益—股指期货—××股指期货(金额⑥)

4. 当日无负债结算

借:结算备付金(金额⑦[④])

贷:证券清算款(金额⑦)

(七)调整合约占用的交易保证金

借:存出保证金(金额⑧[⑤])

贷:结算备付金(金额⑧)

---

① 当日买入合约持仓损益变动额③=当日结算价×合约乘数×当日买入合约持仓量-(“其他衍生工具—××买入股指期货—初始合约价值”当前借方余额+“其他衍生工具—××买入股指期货—公允价值”当前借方余额”)

② 当日卖出合约持仓损益变动额④=(“其他衍生工具—××卖出股指期货—初始合约价值”当前贷方余额+“其他衍生工具—××卖出股指期货—公允价值”当前贷方余额”)-当日结算价×合约乘数×当日卖出合约持仓量

③ 当日盈亏⑤=∑[(卖出成交价-当日结算价)×卖出量×合约乘数]+∑[(当日结算价-买入成交价)×买入量×合约乘数]+(上一交易日结算价-当日结算价)×(上一交易日卖出持仓量-上一交易日买入持仓量)×合约乘数

金额⑥=当日盈亏⑤-金额⑦,此金额为当日平仓损益

若将当日投资收益区分买入合约卖出平仓(或到期交割)损益⑨和卖出合约买入平仓(或到期交割)损益⑩,则买入合约当日盈亏=∑[(买入合约卖出成交价-当日结算价)×买入合约卖出量×合约乘数]+∑[(当日结算价-买入合约买入成交价)×买入合约买入量]×合约乘数+(当日结算价-上一交易日结算价)×(上一交易日买入持仓量)×合约乘数

当日买入合约卖出平仓(或到期交割)损益⑨=买入合约当日盈亏-当日买入合约持仓损益变动额③卖出合约当日盈亏=∑[(卖出合约卖出成交价-当日结算价)×卖出合约卖出量×合约乘数]+∑[(当日结算价-卖出合约买入成交价)×卖出合约买入量]×合约乘数+(上一交易日结算价-当日结算价)×(上一交易日卖出持仓量)×合约乘数

当日卖出合约买入平仓(或到期交割)损益⑩=卖出合约当日盈亏-当日卖出合约持仓损益变动额④

④ 金额⑦=当日买入合约持仓损益变动额③+当日卖出合约持仓损益变动额④

⑤ 金额⑧=当日持仓合约交易保证金合计-“存出保证金—××期货公司-交易保证金”当前借方余额

附件:参考范例①

A 组合

交易日期	2010－04－16

成交汇总							
合约	买/卖	投机/套保	成交价	手数	成交额	开/平	手续费
IF1005	买	套保	3,000.00	4	12,000.00	开	61.82

持仓汇总						
合约	买持仓	卖持仓	昨结算价	今结算价	当日盈亏⑤②	投机/套保
IF1005	4		0.00	3,050.00	200.00	套保

2010－04－16 账务处理

(一)买入合约:记录初始合约价值

借:其他衍生工具—套保买入股指期货—初始合约价值　　4//12,000.00③

　贷:其他衍生工具—冲抵股指期货初始合约价值　　12,000.00

(二)交易费用

借:交易费用　　61.82

　贷:结算备付金　　61.82

(三)日终结算

1. 买入合约日终估值

借:其他衍生工具—套保买入股指期货—公允价值 200.00(金额③)

　贷:公允价值变动损益—股指期货－套保买入股指期货 200.00(金额③④)

2. 当日无负债结算

借:结算备付金　　200.00(金额⑦⑤)

---

① 本范例根据前述细则编制,供参考。本范例假设:A、B、C 组合均以套期保值为目的投资股指期货;IF1005 合约乘数为 1;2010－04－16 为股指期货的首个交易日。

② 当日盈亏⑤＝Σ[(卖出成交价－当日结算价)×卖出量×合约乘数]＋Σ[(当日结算价－买入成交价)×买入量×合约乘数]＋(上一交易日结算价－当日结算价)×(上一交易日卖出持仓量－上一交易日买入持仓量)×合约乘数＝[(0－3,050.00)×0×1]＋[(3,050.00－3,000.00)×4×1]＋(0－3,050.00)×(0－0)×1＝200.00,此处金额标号⑤与前述细则脚注公式的标号保持一致,下同。

③ 买入开仓合约价值(开仓价×买入开仓数量×合约乘数)合计＝3,000.00×4×1＝12,000.00

④ 金额③＝当日买入合约持仓损益变动额＝(当日结算价×合约乘数×当日买入持仓量)－("其他衍生工具—套保买入股指期货—初始合约价值"当前借方余额＋"其他衍生工具—套保买入股指期货—公允价值"当前借方余额)＝(3,050.00×1×4)－(12,000.00＋0)＝200.00

⑤ 金额⑦＝当日买入合约持仓损益变动额③＋当日卖出合约持仓损益变动额④＝200.00＋0＝200.00

贷:证券清算款　　200.00(金额⑦)

交易日期	2010-04-19						
成交汇总							
合约	买/卖	投机/套保	成交价	手数	成交额	开/平	手续费
IF1005	卖	套保	3,075.00	4	12,300.00	平	63.37
IF1005	买	套保	3,125.00	4	12,500.00	开	64.40
持仓汇总							
合约	买持仓	卖持仓	昨结算价	今结算价	当日盈亏⑤[1]	投机/套保	
IF1005	4		3,050.00	3,200.00	400.00	套保	

2010-04-19 账务处理[2]

(一)买入合约:记录初始合约价值

借:其他衍生工具—套保买入股指期货—初始合约价值　　4//12,500.00

　　贷:其他衍生工具—冲抵股指期货初始合约价值　　12,500.00

(二)买入合约卖出平仓

采用移动加权的方法结转平仓合约的初始合约价值,先计算结转比例q[3]=0.5

结转平仓合约的初始合约价值

借:其他衍生工具—冲抵股指期货初始合约价值　　12,250.00(金额①)

　　贷:其他衍生工具—套保买入股指期货—初始合约价值　　4[4]/12,250.00(金额①[5])

(三)交易费用

借:交易费用　　127.77[6]

　　贷:结算备付金　　127.77

---

① 当日盈亏⑤=Σ[(卖出成交价-当日结算价)×卖出量×合约乘数]+Σ[(当日结算价-买入成交价)×买入量×合约乘数]+(上一交易日结算价-当日结算价)×(上一交易日卖出持仓量-上一交易日买入持仓量)×合约乘数=[(3,075.00-3,200.00)×4×1]+[(3,200.00-3,125.00)×4×1]+(3,050.00-3,200.00)×(0-4)×1=-500+300+600=400.00

② 若当天同时存在开仓和平仓,先处理开仓,后处理平仓

③ q=买入合约卖出平仓数量/(上一日买入持仓数量+当日买入开仓数量)=4/(4+4)=0.5

④ 买入合约卖出平仓数量

⑤ 金额①=round("其他衍生工具—套保买入股指期货—初始合约价值"当前借方余额×q,2)=round[(12,000.0+12,500.00)×0.5,2]=12,250.00

⑥ 63.37+64.40=127.77

（四）日终结算

1.买入合约日终估值

借：其他衍生工具—套保买入股指期货—公允价值　　350.00（金额③[①]）

　贷：公允价值变动损益—股指期货－套保买入股指期货　　350.00（金额③）

2.确认平仓损益

借：结算备付金　　50.00（金额⑥[②]）

　贷：投资收益—股指期货—套保股指期货　　50.00（金额⑥）

3.当日无负债结算

借：结算备付金　　350.00（金额⑦[③]）

　贷：证券清算款　　350.00（金额⑦）

B组合

交易日期	2010－04－16						
成交汇总							
合约	买/卖	投机/套保	成交价	手数	成交额	开/平	手续费
IF1005	卖	套保	3,000.00	2	6,000.00	开	30.91

持仓汇总						
合约	买持仓	卖持仓	昨结算价	今结算价	当日盈亏⑤[④]	投机/套保
IF1005		2	0.00	3,050.00	－100.00	套保

2010－04－16账务处理

---

① 当日买入合约持仓损益变动额③＝（当日结算价×合约乘数×当日买入合约持仓量）－（"其他衍生工具—套保买入股指期货—初始合约价值"当前借方余额＋"其他衍生工具—套保买入股指期货—公允价值"当前借方余额"）＝（3,200.00×1×4）－（12,250.00＋200.00）＝350.00

② 金额⑥＝当日盈亏⑤－金额⑦＝400.00－350.00＝50.00

买入合约当日盈亏＝∑［（买入合约卖出成交价－当日结算价）×买入合约卖出量×合约乘数］＋∑［（当日结算价－买入合约买入成交价）×买入合约买入量］×合约乘数＋（当日结算价－上一交易日结算价）×上一交易日买入持仓量×合约乘数＝［（3,075.00－3,200.00）×4×1］＋［（3,200.00－3,125.00）×4×1］＋（3,200.00－3,050.00）×4×1＝－500＋300＋600＝400.00

当日买入合约卖出平仓损益⑨＝买入合约当日盈亏－当日买入合约持仓损益变动额③＝400.00－350＝50.00

③ 金额⑦＝当日买入合约持仓损益变动额③＋当日卖出合约持仓损益变动额④＝350.00＋0＝350.00

④ 当日盈亏⑤＝∑［（卖出成交价－当日结算价）×卖出量×合约乘数］＋∑［（当日结算价－买入成交价）×买入量×合约乘数］＋（上一交易日结算价－当日结算价）×（上一交易日卖出持仓量－上一交易日买入持仓量）×合约乘数＝［（3,000.00－3,050.00）×2×1］＋［（3,050.00－0）×0×1］＋（0－3,050.00）×（0－0）×1＝－100.00

（一）卖出合约：记录初始合约价值

借：其他衍生工具—冲抵股指期货初始合约价值　　6,000.00

　贷：其他衍生工具—套保卖出股指期货—初始合约价值　　2①//6,000.00②

（二）交易费用

借：交易费用　　30.91

　贷：结算备付金　　30.91

（三）日终结算

1. 卖出合约日终估值

借：其他衍生工具—套保卖出股指期货—公允价值　　-100.00（金额④③）

　贷：公允价值变动损益—股指期货——套保卖出股指期货　　-100.00（金额④）

2. 当日无负债结算

借：结算备付金　　-100.00（金额⑦④）

　贷：证券清算款　　-100.00（金额⑦）

交易日期	2010-04-19						
成交汇总							
合约	买/卖	投机/套保	成交价	手数	成交额	开/平	手续费
IF1005	卖	套保	3,075.00	2	6,150.00	开	31.68
IF1005	买	套保	3,025.00	2	6,050.00	平	30.17
持仓汇总							
合约	买持仓	卖持仓	昨结算价	今结算价	当日盈亏⑤⑤	投机/套保	
IF1005		2	3,050.00	3,200.00	-200.00	套保	

2010-04-19 账务处理⑥

---

① 卖出开仓数量=2

② 卖出开仓合约价值（开仓价×卖出开仓数量×合约乘数）合计=3,000.00×2×1=6,000.00

③ 金额④=当日卖出合约持仓损益变动额=（“其他衍生工具—套保卖出股指期货—初始合约价值”当前贷方余额+“其他衍生工具—套保卖出股指期货—公允价值”当前贷方余额”）-当日结算价×合约乘数×当日卖出合约持仓量=(6,000.00+0)-3,050.00×1×2=-100

④ 金额⑦=当日买入合约持仓损益变动额③+当日卖出合约持仓损益变动额④=0+(-100.00)=-100.00

⑤ 当日盈亏⑤=Σ[（卖出成交价-当日结算价）×卖出量×合约乘数]+Σ[（当日结算价-买入成交价）×买入量×合约乘数]+（上一交易日结算价-当日结算价）×（上一交易日卖出持仓量-上一交易日买入持仓量）×合约乘数=[(3,075.00-3,200.00)×2×1]+[(3,200.00-3,025.00)×2×1]+(3,050.00-3,200.00)×(2-0)×1=-250+350-300=-200.00

⑥ 若当天同时存在开仓和平仓，先处理开仓，后处理平仓

(一)卖出合约:记录初始合约价值

借:其他衍生工具—冲抵股指期货初始合约价值 6,150.00

贷:其他衍生工具—套保卖出股指期货—初始合约价值 2//6,150.00

(二)卖出合约买入平仓或到期交割

采用移动加权的方法结转平仓合约的初始合约价值,即先计算结转比例 q① = 0.5

结转平仓合约的初始合约价值

借:其他衍生工具—套保卖出股指期货—初始合约价值 2②//6,075.00(金额②③)

贷:其他衍生工具—冲抵股指期货初始合约价值 6,075.00(金额②)

(三)交易费用

借:交易费用 61.85④

贷:结算备付金 61.85

(四)日终结算

1.卖出合约日终估值

借:其他衍生工具—套保卖出股指期货—公允价值 -225.00(金额④⑤)

贷:公允价值变动损益—股指期货—套保卖出股指期货 -225.00(金额④)

2.确认平仓损益

借:结算备付金 25.00(金额⑥⑥)

贷:投资收益—股指期货—套保股指期货 25.00(金额⑥)

---

① q = 卖出合约买入平仓数量/(上一日卖出持仓数量 + 当日卖出开仓数量) = 2/(2 + 2) = 0.5

② 卖出合约买入平仓数量

③ 金额② = round(“其他衍生工具—套保卖出股指期货—初始合约价值”当前贷方余额 × q,2) = round[(6,000.00 + 6,150.00) × 0.5,2] = 6,075.00

④ 31.68 + 30.17 = 61.85

⑤ 当日卖出合约持仓损益变动额④ = (“其他衍生工具—套保卖出股指期货—初始合约价值”当前贷方余额 + “其他衍生工具—套保卖出股指期货—公允价值”当前贷方余额”) - 当日结算价 × 合约乘数 × 当日卖出合约持仓量 = (6,075.00 + 100.00) - 3,200.00 × 1 × 2 = -225.00

⑥ 金额⑥ = 当日盈亏⑤ - 金额⑦ = -200.00 - (-225.00) = 25.00

卖出合约当日盈亏 = Σ[(卖出合约卖出成交价 - 当日结算价) × 卖出合约卖出量 × 合约乘数] + Σ[(当日结算价 - 卖出合约买入成交价) × 卖出合约买入量] × 合约乘数 + (上一交易日结算价 - 当日结算价) × 上一交易日卖出持仓量 × 合约乘数 = [(3,075.00 - 3,200.00) × 2 × 1] + [(3,200.00 - 3,025.00) × 2 × 1] + (3,050.00 - 3,200.00) × 2 × 1 = -250 + 350 - 300 = -200

当日卖出合约买入平仓损益⑩ = 卖出合约当日盈亏 - 当日卖出合约持仓损益变动额④ = -200.00 - (-225.00) = 25.00

3. 当日无负债结算

借:结算备付金　　　-225.00(金额⑦[1])

　　贷:证券清算款　　　-225.00(金额⑦)

C组合

交易日期	2010-04-16						
成交汇总							
合约	买/卖	投机/套保	成交价	手数	成交额	开/平	手续费
IF1005	买	套保	3,000.00	4	12,000.00	开	61.82
IF1005	卖	套保	3,000.00	2	6,000.00	开	30.91

持仓汇总						
合约	买持仓	卖持仓	昨结算价	今结算价	当日盈亏⑤[2]	投机/套保
IF1005	4	2	0.00	3,050.00	100.00	套保

2010-04-16 账务处理

(一)买入合约:记录初始合约价值

借:其他衍生工具—套保买入股指期货—初始合约价值　　　4[3]//12,000.00[4]

　　贷:其他衍生工具—冲抵股指期货初始合约价值　　　12,000.00

(二)卖出合约:记录初始合约价值

借:其他衍生工具—冲抵股指期货初始合约价值　　　6,000.00

　　贷:其他衍生工具—套保卖出股指期货—初始合约价值　　　2[5]//6,000.00[6]

(三)交易费用

借:交易费用　　　92.73[7]

　　贷:结算备付金　　　92.73

---

① 金额⑦=当日买入合约持仓损益变动额③+当日卖出合约持仓损益变动额④=0+(-225.00)=-225.00

② 当日盈亏⑤=∑[(卖出成交价-当日结算价)×卖出量×合约乘数]+∑[(当日结算价-买入成交价)×买入量×合约乘数]+(上一交易日结算价-当日结算价)×(上一交易日卖出持仓量-上一交易日买入持仓量)×合约乘数=[(3,000.00-3,050.00)×2×1]]+[(3,050.00-3,000.00)×4×1]+(0-3,050.00)×(0-0)×1=-100.00-200.00=100

③ 买入开仓数量=4

④ 买入开仓合约价值(开仓价×买入开仓数量×合约乘数)合计=3,000.00×4×1=12,000.00

⑤ 卖出开仓数量=2

⑥ 卖出开仓合约价值(开仓价×卖出开仓数量×合约乘数)合计=3,000.00×2×1=6,000.00

⑦ 61.82+30.91=92.73

(四)日终结算

1. 买入合约日终估值

借:其他衍生工具—套保买入股指期货—公允价值　　200.00(金额③[1])

贷:公允价值变动损益—股指期货—套保买入股指期货　　200.00(金额③)

2. 卖出合约日终估值

借:其他衍生工具—套保卖出股指期货—公允价值　　-100.00(金额④[2])

贷:公允价值变动损益—股指期货—套保卖出股指期货　　-100.00(金额④)

3. 当日无负债结算

借:结算备付金　　100.00(金额⑦[3])

贷:证券清算款　　100.00(金额⑦)

交易日期	2010-04-19						
成交汇总							
合约	买/卖	投机/套保	成交价	手数	成交额	开/平	手续费
IF1005	卖	套保	3,075.00	4	12,300.00	平	63.37
IF1005	买	套保	3,125.00	4	12,500.00	开	64.40
IF1005	卖	套保	3,075.00	2	6,150.00	开	31.68
IF1005	买	套保	3,025.00	2	6,050.00	平	30.17
持仓汇总							
合约	买持仓	卖持仓	昨结算价	今结算价	当日盈亏⑤[4]	投机/套保	
IF1005	4	2	3,050.00	3,200.00	200.00	套保	

2010-04-19 账务处理[5]

① 金额③=当日买入合约持仓损益变动额=(当日结算价×合约乘数×当日买入持仓量)—(“其他衍生工具—买入股指期货—初始合约价值”当前借方余额+“其他衍生工具—买入股指期货—公允价值”当前借方余额”)=(3,050.00×1×4)-(12,000.00+0”)=200.00

② 金额④=当日卖出合约持仓损益变动额=(“其他衍生工具—卖出股指期货—初始合约价值”当前贷方余额+“其他衍生工具—卖出股指期货—公允价值”当前贷方余额”)-当日结算价×合约乘数×当日卖出合约持仓量=(6,000.00+0)-3,050.00×1×2)=-100.00

③ 金额⑦=当日买入合约持仓损益变动额③+当日卖出合约持仓损益变动额④=200.00+(-100.00)=100.00

④ 当日盈亏⑤=Σ[(卖出成交价-当日结算价)×卖出量×合约乘数]+Σ[(当日结算价-买入成交价)×买入量×合约乘数]+(上一交易日结算价-当日结算价)×(上一交易日卖出持仓量-上一交易日买入持仓量)×合约乘数=[(3,075.00-3,200.00)×6×1]+[(3,200.00-3,125.00)×4×1]+[(3,200.00-3,025.00)×2×1]+(3,050.00-3,200.00)×(2-4)×1=-750+300+350+300=200.00

⑤ 若当天同时存在开仓和平仓,先处理开仓,后处理平仓。

(一)买入合约:记录初始合约价值

借:其他衍生工具—套保买入股指期货—初始合约价值　　4//12,500.00

　贷:其他衍生工具—冲抵股指期货初始合约价值　　12,500.00

(二)卖出合约:记录初始合约价值

借:其他衍生工具—冲抵股指期货初始合约价值　　6,150.00

　贷:其他衍生工具—套保卖出股指期货—初始合约价值　　2//6,150.00

(三)买入合约卖出平仓

采用移动加权方法结转平仓合约的初始合约价值,先计算结转比例 q① =0.5

结转平仓合约的初始合约价值

借:其他衍生工具—冲抵股指期货初始合约价值　　12,250.00(金额①)

　贷:其他衍生工具—套保买入股指期货—初始合约价值　　4//12,250.00(金额①②)

(四)卖出合约买入平仓或到期交割

采用移动加权的方法结转平仓合约的初始合约价值,先计算结转比例 q③ =0.5

结转平仓合约的初始合约价值

借:其他衍生工具—套保卖出股指期货—初始合约价值　　2//6,075.00(金额②④)

　贷:其他衍生工具—冲抵股指期货初始合约价值　　6,075.00(金额②)

(五)交易费用

借:交易费用　　189.62⑤

　贷:结算备付金　　189.62

---

① 结转比例 q =买入合约卖出平仓数量/(上一日买入持仓数量 + 当日买入开仓数量) =4/(4 +4) =0.5

② 金额① = round(“其他衍生工具—买入股指期货—初始合约价值”当前借方余额 ×q,2) = round[(12,000.0 +12,500.00) ×0.5,2] =12,250.00

③ 结转比例 q =卖出合约买入平仓数量/(上一日卖出持仓数量 + 当日卖出开仓数量) =2/(2 +2) =0.5

④ 金额② = round(“其他衍生工具—卖出股指期货—初始合约价值”当前贷方余额 ×q,2) = round[(6,000.00 +6,150.00) ×0.5,2] =6,075.00

⑤ 63.37 +64.40 +31.68 +30.17 =189.62

（六）日终结算

1. 买入合约日终估值

借：其他衍生工具—套保买入股指期货—公允价值　　350.00（金额③[1]）

贷：公允价值变动损益—股指期货—套保买入股指期货　　350.00（金额③）

2. 卖出合约日终估值

借：其他衍生工具—套保卖出股指期货—公允价值　　-225.00（金额④[2]）

贷：公允价值变动损益—股指期货—套保卖出股指期货　　-225.00（金额④）

3. 确认平仓损益

借：结算备付金　　75.00（金额⑥[3]）

贷：投资收益—股指期货—套保股指期货　　75.00（金额⑥）

4. 当日无负债结算

借：结算备付金　　125.00（金额⑦[4]）

贷：证券清算款　　125.00（金额⑦）

C 组合资产负债表[5]

---

① 当日买入合约持仓损益变动额③ =（当日结算价 × 合约乘数 × 当日买入持仓量）-（“其他衍生工具—套保买入股指期货—初始合约价值”当前借方余额 +“其他衍生工具—套保买入股指期货—公允价值”当前借方余额”）=（3,200.00 ×1 ×4）-（12,250.00 +200.00）=350.00

② 当日卖出合约持仓损益变动额④ =（“其他衍生工具—套保卖出股指期货—初始合约价值”当前贷方余额 +“其他衍生工具—套保卖出股指期货—公允价值”当前贷方余额”）- 当日结算价 × 合约乘数 × 当日卖出合约持仓量 =（6,075.00 +100.00）-3,200.00 ×1 ×2 = -225.00

③ 金额⑥ = 当日盈亏⑤ - 金额⑦ =200.00 -125.00 =75.00

买入合约当日盈亏 = Σ[（买入合约卖出成交价 - 当日结算价）× 买入合约卖出量 × 合约乘数] + Σ[（当日结算价 - 买入合约买入成交价）× 买入合约买入量] × 合约乘数 +（当日结算价 - 上一交易日结算价）× 上一交易日买入持仓量 × 合约乘数 = [（3,075.00 -3,200.00）×4 ×1] + [（3,200.00 -3,125.00）×4 ×1] +（3,200.00 -3,050.00）×4 ×1 =400.00

当日买入合约卖出平仓损益 = 买入合约当日盈亏 - 当日买入合约持仓损益变动额③ =400.00 -350.00 =50.00 卖出合约当日盈亏 = Σ[（卖出合约卖出成交价 - 当日结算价）× 卖出合约卖出量 × 合约乘数] + Σ[（当日结算价 - 卖出合约买入成交价）× 卖出合约买入量] × 合约乘数 +（上一交易日结算价 - 当日结算价）× 上一交易日卖出持仓量 × 合约乘数 = [（3,075.00 -3,200.00）×2 ×1] + [（3,200.00 -3,025.00）×2 ×1] +（3,050.00 -3,200.00）×2 ×1 = -250 +350 -300 = -200.00

当日卖出合约买入平仓损益 = 卖出合约当日盈亏 - 当日卖出合约持仓损益变动额④ =（-200.00）-（-225.00）=25.00

④ 金额⑦ = 当日买入合约持仓损益变动额③ + 当日卖出合约持仓损益变动额④ =350.00 +（-225.00）=125.00

⑤ 所附表格旨在帮助理解总则第（八）条时参考，具体披露应遵照中国证监会有关基金信息披露 XBRL 模板等披露法规的规定。

资产负债表

会证基01表

单位名称:C组合　　　　　　　　　　　　日期:2010－4－30　单位:元

资产	期末余额	年初余额	负债与所有者权益	期末余额	年初余额
资产:			负债:		
银行存款			短期借款		
结算备付金	17.65		交易性金融负债		
存出保证金			衍生金融负债		
交易性金融资产			卖出回购金融资产款		
其中:股票投资			应付证券清算款		
债券投资			应付赎回款		
资产支持证券投资			应付赎回费		
衍生金融资产[注]	0.00		应付管理人报酬		
买入返售金融资产			应付托管费		
应收证券清算款			应付销售服务费		
应收利息			应付交易费用		
应收红利			应交税费		
应收申购款			应付利息		
其他资产			应付利润		
			其他负债		
			负债合计		
			所有者权益:		
			实收基金		
			未分配利润		
			所有者权益合计	17.65	
资产总计	17.65		负债及所有者权益总计	17.65	

编制人:　　　　　　　　　　　　　　　审核人:

注:衍生金融资产项下的股指期货投资净额为0。在当日无负债结算制度下,结算准备金已包括所持股指期货合约产生的持仓损益,则衍生金融资产项下的股指期货投资与相关的期货暂收款(结算所得的持仓损益)之间按抵销后的净额为0,为便于投资者理解,在报表附注中按下列格式,对衍生金融资产项下股指期货投资净额为0作相关披露和说明。

股指期货投资

代码	名称	持仓量(买/卖)	合约市值	公允价值变动
IF1005	IF1005	4	12800.00	550.00
IF1005	IF1005	-2	-6400.00	-325.00
总额合计				225.00
减:可抵销期货暂收款				225.00
股指期货投资净额				0.00

注:买入持仓量以正数表示,卖出持仓量以负数表示。

证券投资基金增值税核算估值参考意见及释义

(2017年12月29日发布实施)

证券投资基金增值税核算估值参考意见

一、总则

(一)为规范证券投资基金(以下简称基金)增值税的核算估值,根据《证券投资基金法》、《企业会计准则》、《证券投资基金会计核算业务指引》、《关于全面推开营业税改征增值税试点的通知》(财税〔2016〕36号)等法律法规和税收文件,制定本参考意见。

(二)基金管理人作为估值责任第一人,应当审慎评估本参考意见并自行做出估值判断,根据法律法规及合同约定,与托管人协商一致后实施营改增政策。

(三)基金的增值税应税行为包括贷款服务和金融商品转让。

(四)基金采用简易计税方法,按照3%的征收率缴纳增值税。简易计税方法的应纳税额,是指按照销售额和增值税征收率计算的增值税额,不得抵扣进项税额。

(五)基金管理人可以综合评估监管合规、基金估值、资金清算等因素决定合并或分别申报缴纳增值税,并根据中国证监会有关基金报表列报和信息披露的规定,披露增值税相关信息。

(六)税收政策调整与本意见不一致的,以税收政策为准,导致基金实际缴纳税金与基金按照本参考意见进行核算估值的应交税金产生差异的,不属于估值差错,基金原则上在相关税金调整确定时进行相应的估值调整。

二、计税项目

(一)贷款服务

基金将资金贷与他人使用而取得的具有保本性质的利息收入,按贷款服务缴纳增值税。

基金持有的各类存款取得的利息收入不征收增值税,持有国债、地方政府债、央行票据、政策性金融债券、金融债券、同业存单取得的利息收入免征增值税。

基金与金融机构发生的质押式和买断式买入返售取得的利息收入免征增值税,其中包括以中国证券登记结算有限公司为中央对手方的买入返售取得的利息收入。

(二)金融商品转让

基金转让有价证券、非货物期货和其他金融商品所有权产生的差价收入,按金融商品转让缴纳增值税。

基金买卖股票、债券①的差价收入免征增值税。

基金通过黄金交易所买卖黄金合约,未发生实物交割的,其差价收入免征增值税。

金融商品还本兑付、债券回售、债转股等行为,不属于金融商品转让,不征收增值税。

在相关税收法规明确前,暂不对基金转让、赎回证券投资基金计提增值税。

转让金融商品出现的正负差,按盈亏相抵后的余额为销售额。若相抵后出现负差,可结转下一纳税期与下期转让金融商品销售额相抵,但年末时仍出现负差的,不得转入下一个会计年度。

(三)执行日前估值增值

基金设置备查表,按单只证券计算2017年12月31日年末市价高于实际买入价的股票、债券(不包括采用摊余成本法核算的债券)、基金、非货物期货的实施日期初待抵扣增值额②。2018年起每个估值日按先进先出计算卖出备查表内证券对应的转出待抵扣增值额,当月转出待抵扣增值额抵减当月累计应税差价收入,计算当月应交增值税。上述操作待备查表内证券全部卖出后结束。

(四)执行日后估值增值

基金管理人应当综合评估实施成本、净值准确性和波动性、对投资者的影响等

---

① 债券,是指依法在境内外合法交易场所发行的、按约定还本付息的有价证券;包括国债、地方政府债、央行票据、政策性金融债券、金融债券、政策性银行债、企业债、公司债、中期票据、短期融资券、超短期融资券、非公开定向债务融资工具、可转债、可交换债、中小企业私募债、证券公司短期债、资产支持证券(优先级、中间级)、同业存单等。

② 不包括差价收入免征增值税的证券。

因素,对应税金融商品的估值增值计提预估增值税。若评估预估增值税对基金资产净值不产生重大影响,可与托管人协商一致,不进行预估增值税。

基金持有转让差价应税金融商品的估值增值,按金融商品转让计提预估增值税。基金持有的证券投资基金视为在终止确认时采用赎回的交易方式,产生的估值增值不计提预估增值税。

三、会计科目设置

编号	会计科目	明细科目设置	核算内容
222105	应交税费—应交增值税	“应交增值税”科目下设置“贷款服务”及“金融商品转让”科目进行明细核算。	核算当前纳税期内增值税应税行为产生的应纳税额。本科目期末贷方余额反映尚未交纳的增值税。期末贷方余额最小为零。
222106	应交税费—预估增值税		核算应税金融商品公允价值变动产生的预估增值税。本科目期末贷方余额反映公允价值变动可能带来的后续应交增值税。
222107	应交税费—附加税	“附加税”科目下设置“城建税”和“教育费附加”科目进行明细核算。	核算应交纳的附加税。本科目期末贷方余额反映尚未交纳的附加税。
222108	应交税费—预估附加税	“预估附加税”科目下设置“预估城建税”和“预估教育费附加”科目进行明细核算。	核算应税金融商品公允价值变动产生的预估附加税。本科目期末贷方余额反映公允价值变动可能带来的后续应交附加税。
610199	公允价值变动损益—预估增值税抵减		核算应税金融商品公允价值变动产生的预估增值税而应冲减的损益金额。
611199	投资收益—差价收入增值税抵减①		核算金融商品转让收益中因计提增值税而应冲减的收益金额。
680201	税金及附加	“税金及附加”科目下设置“城建税”、“教育费附加”等科目进行明细核算。	核算当期计提的附加税。
680202	预估税金及附加	“预估税金及附加”科目下设置“城建税”、“教育费附加”科目进行明细核算。	核算公允价值变动产生的预估附加税。

① 建立备查簿登记截至每日日终当年累计应税差价收入和当年累计待抵扣金融商品转让负差。

四、主要账务处理

（一）贷款服务

1. 计算原则

基金持有债券取得的应税利息收入按日计提增值税，计税基数为债券持有期间（含到期）确认的应税利息收入。

应交增值税计算公式为：当日应交增值税 = ROUND（当日利息收入科目的贷方发生额 ÷（1 + 征收率），2）× 征收率。

2. 会计凭证

借：利息收入

贷：应交税费—应交增值税—贷款服务

（二）金融商品转让

1. 计算原则

基金转让金融商品产生的应税差价收入在差价收入确认日日终汇总一笔计提增值税。应交增值税计算公式为：当日应交增值税 = MAX（ROUND（当期累计应税差价收入 ÷（1 + 征收率），2）× 征收率，0）– 当期期初至上一日“应交税费—应交增值税 – 金融商品转让”科目贷方累计发生额。

当期累计应税差价收入 = 本纳税期间转让金融商品产生的应税差价收入 – 上一纳税期结转的应税金融商品转让负差 – 本纳税期间转出待抵扣的增值额。

2. 会计凭证

借：投资收益—差价收入增值税抵减

贷：应交税费—应交增值税—金融商品转让

当日应交增值税若为正数，计入“应交税费—应交增值税—金融商品转让”科目贷方；若为负数，计入“应交税费—应交增值税—金融商品转让”科目的贷方红字。

（三）汇总计提附加税

1. 计算原则

基金按日汇总计算应交附加税。计算公式为：当日应交附加税 = 当期期初至当日日终“应交税费—应交增值税”贷方累计发生额 × 附加税率 – 当期期初至上一日日终“应交税费—附加税”科目贷方累计发生额。

2. 会计凭证

借：税金及附加

贷：应交税费—附加税

（四）金融商品估值增值

1. 计算原则

基金持有转让差价应税金融商品产生的估值增值在估值确认日日终汇总一笔计提预估增值税。

预估增值税计算公式为：当日预估增值税 = MAX｛〔当期累计应税估值增值 - 实施日剩余待抵扣增值额 + MIN（当期累计应税差价收入，0）〕÷（1 + 征收率）× 征收率，0｝- 估值日上一日“应交税费—预估增值税”科目贷方余额。

2. 会计凭证

借：公允价值变动损益—预估增值税抵减

　　贷：应交税费—预估增值税

当日预估增值税若为正数，计入“应交税费—预估增值税”科目贷方；若为负数，计入“应交税费—预估增值税”科目的贷方红字。

（五）汇总计提预估附加税

1. 计算原则

基金按日汇总计算应交附加税。计算公式为：当日预估附加税 = 当期期初至当日日终“应交税费—预估增值税”贷方累计发生额 × 附加税率 - 当期期初至上一日日终“应交税费—预估附加税”科目贷方累计发生额。

2. 会计凭证

借：预估税金及附加

　　贷：应交税费—预估附加税

主要参考税收文件：

1.《关于黄金税收政策问题的通知》（〔2002〕142 号）

2.《关于全面推开营业税改征增值税试点的通知》（财税〔2016〕36 号）

3.《关于进一步明确全面推开营改增试点金融业有关政策的通知》（财税〔2016〕46 号）

4.《关于金融机构同业往来等增值税政策的补充通知》（财税〔2016〕70 号）

5.《关于明确金融房地产开发教育辅助服务等增值税政策的通知》（财税〔2016〕140 号）

6.《关于资管产品增值税政策有关问题的补充通知》（财税〔2017〕2 号）

7.《关于资管产品增值税有关问题的通知》（财税〔2017〕56 号）

8.《关于租入固定资产进项税额抵扣等增值税政策的通知》（财税〔2017〕90 号）

《证券投资基金增值税核算估值参考意见》释义

目　录

一、基金行业营改增政策
二、起草目的
三、《参考意见》定位
四、《参考意见》主要内容
（一）明确基金的增值税应税行为
（二）明确简易计税方法
（三）明确纳税申报方式
（四）明确基金应交附加税的计算方法
（五）明确计税频率和计税依据
（六）明确基金投资标的增值税处理
（七）明确2017年12月31日切换时点基金持有的金融商品浮动盈利作免税处理
（八）明确基金会计日、纳税义务日和纳税申报日的拟合方式

尽管基金行业实施营改增政策与《基金法》第八条有冲突，但为保证基金行业估值工作顺利进行，避免估值引起行业混乱，托管与运营委员会估值核算工作小组（以下简称估值小组）根据行业意见制定了《证券投资基金增值税估值参考意见》（以下简称《参考意见》）。基金管理人作为估值责任第一人，应当审慎评估本参考意见并自行做出估值判断，根据法律法规及合同约定，与托管人协商一致后实施营改增政策。现将相关情况说明如下：

一、基金行业营改增政策

基金行业营改增政策推行至今，经历了以下几个阶段。《关于全面推开营业税改征增值税试点的通知》（财税〔2016〕36号）正式将金融行业纳入营改增政策实施范围，规定了金融行业增值税的纳税人和扣缴义务人、征税范围、税率和征收率、应纳税额的计算、纳税义务、扣缴义务发生时间和纳税地点、税收减免的处理、征收管理等内容。《关于进一步明确全面推开营改增试点金融业有关政策的通知》（财税〔2016〕46号）细化了财税〔2016〕36号文中金融同业往来利息收入的范围。《关于金融机构同业往来等增值税政策的补充通知》（财税〔2016〕70号）补充了同业利息收入范围，明确人民币合格境外投资者（RQFII）委托境内公司在我国从事证券买卖

业务,以及经人民银行认可的境外机构投资银行间本币市场取得的收入属于《过渡政策的规定》第一条第(二十二)款所称的金融商品转让收入。《关于明确金融房地产开发教育辅助服务等增值税政策的通知》(财税〔2016〕140 号)明确非保本收益不征收增值税,资管产品持有至到期不属于金融商品转让,资管产品运营过程中发生的增值税应税行为,以资管产品管理人为增值税纳税人。《关于资管产品增值税政策有关问题的补充通知》(财税〔2017〕2 号)再次明确资管产品管理人是增值税纳税人,并将资管产品增值税起征时间调整为 2017 年 7 月 1 日。《关于资管产品增值税有关问题的通知》(财税〔2017〕56 号)明确,资管产品运营业务暂适用简易计税方法,按照 3% 的征收率缴纳增值税。明确资管产品范围。管理人可以自行选择分别或汇总核算资管产品运营业务销售额和增值税应纳税额。资管产品增值税的起征时间调整为 2018 年 1 月 1 日。《关于租入固定资产进项税额抵扣等增值税政策的通知》(财税〔2017〕90 号)明确应税贷款利息的起息时间为 2018 年 1 月 1 日;明确转让 2017 年 12 月 31 日前取得的股票(不包括限售股)、债券、基金、非货物期货,可以选择按照实际买入价计算销售额,或者以 2017 年最后一个交易日的股票收盘价(2017 年最后一个交易日处于停牌期间的股票,为停牌前最后一个交易日收盘价)、债券估值(中债金融估值中心有限公司或中证指数有限公司提供的债券估值)、基金份额净值、非货物期货结算价格作为买入价计算销售额。

二、起草目的

金融业营改增一系列政策发布以来,资产管理行业不同主体、同一主体对不同资产管理产品缴纳增值税的标准理解不同。由于基金行业上位法最明确、运作机制最透明、估值及会计核算监管要求最严格、信息披露最充分,采取净值化管理,有别于其他行业。基金净值计算对系统依赖程度高,所有业务分类需要明确在系统中形成判断,急需制定统一标准。

财税部门与资产管理行业各自专业语言不同,为对接财税语言体系与基金运营语言体系,本《参考意见》对基金产品运营过程中增值税核算估值处理进行了全口径分析,促进财税部门与基金行业相互理解,加强基金行业与财税部门的沟通。

三、《参考意见》定位

本《参考意见》围绕识别证券投资基金(以下简称基金)增值税税目、设置增值税相关会计科目、明确基金估值及会计核算中的账务处理等核心内容,结合现行有关税收法规和会计准则,确保税收政策与基金运营的全口径转换,保障投资者的合法权益。

四、《参考意见》主要内容

《参考意见》分为总则、计税项目、会计科目设置和主要账务处理等四个章节,为基金估值核算中涉及增值税的各项交易，提供统一的会计科目和账务处理方案。主要内容如下：

（一）明确基金的增值税应税行为

财税〔2016〕36号文附件1《营业税改征增值税试点实施办法》中明确了资产管理行业增值税应税范围，基金的增值税应税行为包括贷款服务和金融商品转让。

1. 基金行业贷款服务范围

财税〔2016〕36号文附件1的税目注释明确：贷款，是指将资金贷与他人使用而取得利息收入的业务活动。各种占用、拆借资金取得的收入，包括金融商品持有期间（含到期）利息（保本收益、报酬、资金占用费、补偿金等）收入、信用卡透支利息收入、买入返售金融商品利息收入、融资融券收取的利息收入，以及融资性售后回租、押汇、罚息、票据贴现、转贷等业务取得的利息及利息性质的收入，按照贷款服务缴纳增值税。其中，基金行业涉及的贷款服务包括金融商品持有期间（含到期）利息（保本收益、报酬、资金占用费、补偿金等）收入和买入返售金融商品利息收入。

财税〔2016〕140号文明确，“保本收益、报酬、资金占用费、补偿金”是指合同中明确承诺到期本金可全部收回的投资收益。在合同设立时，合同中明确承诺到期偿还本金，金融商品持有期间取得的投资收益即属于保本收益，与合同到期后本金是否实际偿还无关。税务上强调的是合同设立时是否承诺偿还本金，“保本”指的是到期有无偿还本金的义务，并非有无偿还本金的能力。因此，金融商品违约风险的高低以及为降低违约风险所做的增信措施并不影响保本与否的认定。

若合同中未明确承诺期本金可全部收回，则不认为是“保本”，无需再实质判断合同内容。

财税〔2016〕140号明确，金融商品持有期间（含到期）取得的非保本的投资收益，不属于利息或利息性质的收入，不征收增值税。

2. 基金行业金融商品转让的范围

财税〔2016〕36号文件附件一明确，金融商品转让是指转让外汇、有价证券、非货物期货和其他金融商品所有权的业务活动。其他金融商品转让包括基金、信托、理财产品等各类资产管理产品和各种金融衍生品的转让。其中，基金行业涉及的金融商品转让包括转让有价证券、非货物期货和其他金融商品所有权。基金因结算需要被动发生汇兑损益不属于财税〔2016〕36号所称“转让外汇所有权的业务活动”，因此不属于增值税应税范围。

财税〔2016〕140号文明确，纳税人购入基金、信托、理财产品等各类资产管理产品持有至到期，不属于上述所称金融商品转让。由于金融商品还本兑付、债券回售、债转股等行为，并非是持有人之间金融商品所有权转移，而是发行人与管理人之间的交易行为导致的金融商品所有权灭失，不属于金融商品转让，不征收增值税。为避免重复征税，在相关税收法规明确前，暂不对基金转让、赎回证券投资基金计提增值税。

（二）明确简易计税方法

根据财税〔2017〕56 号文明确，明确资管产品运营业务暂适用简易计税方法，按照 3% 的征收率缴纳增值税。

（三）明确纳税申报方式

财税〔2017〕56 号文明确，管理人可选择分别或汇总核算资产管理产品运营业务销售额和增值税应纳税额。基金管理人可以综合评估监管合规、基金估值、资金清算等因素决定合并或分别申报缴纳增值税。

（四）明确基金应交附加税的计算方法

根据《城市维护建设税暂行条例》、《征收教育费附加的暂行规定》和《关于统一地方教育附加政策有关问题的通知》明确，缴纳增值税、消费税、营业税的单位和个人，是城市维护建设税、教育费附加和地方教育附加的纳税义务人，以其实际缴纳的增值税、消费税、营业税为计征依据，分别与增值税、消费税、营业税同时缴纳。

（五）明确计税频率和计税依据

1. 明确贷款服务的计税频率和计税依据

明确基金持有债券取得的应税利息收入按日计提增值税，计税基数为债券持有期间（含到期）确认的应税利息收入。

会计收入确认强调权责发生制，而增值税纳税义务发生时间强调收付实现制。会计上对债券、回购等计息资产均按照约定利率在持有期内逐日计提应收利息，而税收上在利息到账日确认该笔收入的纳税义务，二者的确认原则存在差异。为确保公平对待投资者，《参考意见》提出按日计提增值税，以债券持有期间（含到期）确认的应税利息收入为计税基数。

2. 明确金融商品转让的计税频率和计税依据

基金转让有价证券、非货物期货和其他金融商品产生的应税差价收入在差价收入确认日日终汇总一笔计提增值税，计税依据为上述转让差价，并逐日预估增值税，但管理人评估影响不重大的可以不进行预估。

（六）明确基金投资标的增值税处理

1. 明确各类存款、国债、地方政府债等投资标的的增值税处理

财税〔2016〕36 号文明确，存款利息属于不征收增值税项目。基金持有的各类存款取得的利息收入不征收增值税。财税〔2016〕36 号文、财税〔2016〕46 号文和财

税〔2016〕70 号文明确,基金持有国债、地方政府债、央行票据、政策性金融债券、金融债券、同业存单取得的利息收入免征增值税。

2. 明确基金投资股票的增值税会计处理

(1)明确基金买卖股票的差价收入免税

财税〔2016〕36 号文附件 3 第一条第二十二项第四款明确,证券投资基金(封闭式证券投资基金,开放式证券投资基金)管理人运用基金买卖股票、债券,属于免征增值税项目。因此,基金买卖股票的差价收入免收增值税。

(2)明确基金持有股票的股息红利收入不属于应税收入

股票投资获得股息红利收入不具有保本性质,不属于增值税应税收入。

3. 明确基金投资股权的增值税会计处理

(1)明确基金转让股权的差价收入不属于增值税征税范围

增值税以正列举方式明确征税范围,股权转让行为未包含在税目注释中,因此,股权转让应当不属于增值税征税范围。

(2)明确基金持有股权的股息红利收入不属于应税收入

股权投资获得股息红利收入不具有保本性质,不属于增值税应税收入。

4. 明确基金投资债券的增值税会计处理

(1)明确基金买卖债券的差价收入免税

财税〔2016〕36 号文附件 3 第一条第二十二项第四款明确,证券投资基金(封闭式证券投资基金,开放式证券投资基金)管理人运用基金买卖股票、债券,属于免征增值税项目。基金买卖债券的差价收入属于免征增值税收入。债券是指依法在境内外合法交易场所发行的、按约定还本付息的有价证券,因此资产支持证券(优先级、中间级)、同业存单属于债券。

(2)明确基金持有债券的利息收入属于应税收入

债券利息收入具有保本性质,因此属于增值税应税收入。

5. 明确基金投资股票期货、股指期货等金融衍生品的增值税处理

财税〔2016〕36 号文的明确,金融衍生品属于应税金融商品。持有金融衍生品转让、平仓、到期时确认金融商品价差收益,按金融商品转让差价收益计税方式计算缴纳增值税。

6. 明确基金投资商品期货的增值税会计处理

财税〔2016〕36 号文明确,金融商品转让,是指转让外汇、有价证券、非货物期货和其他金融商品所有权的业务活动。商品期货不是非货物期货,转让商品期货不属于增值税应税行为。

7. 明确基金开展债券质押式回购交易及债券买断式回购交易取得的利息收入

的增值税会计处理

财税〔2016〕46 号文明确,金融机构开展的质押式买入返售金融商品利息收入属于金融同业往来利息收入,不征收增值税。财税〔2016〕70 号文明确,金融机构开展的买断式买入返售金融商品利息收入属于金融同业往来利息收入,不征收增值税。上述交易以“买入返售金融商品”科目入账。基金与金融机构开展的质押式和买断式买入返售取得的利息收入免征增值税,其中包括以中国证券登记结算有限公司为中央对手方的买入返售取得的利息收入。

8. 明确基金投资黄金合约的增值税会计处理

财税〔2002〕142 号文明确,黄金交易所会员单位通过黄金交易所销售标准黄金(持有黄金交易所开具的《黄金交易结算凭证》),未发生实物交割的,免征增值税;发生实物交割的,由税务机关按照实际成交价格代开增值税专用发票,并实行增值税即征即退的政策,同时免征城市维护建设税、教育费附加。上述规定表明“销售标准黄金”是指销售的标准黄金对应的黄金合约,因此黄金 ETF 进行黄金现货实盘交易和黄金现货延期交收交易转让黄金合约取得的收入免征增值税。

(七)明确 2017 年 12 月 31 日切换时点基金持有的金融商品浮动盈利作免税处理

财税〔2017〕90 号文第五条明确,转让 2017 年 12 月 31 日前取得的股票(不包括限售股)、债券、基金、非货物期货,可以选择按照实际买入价计算销售额,或者以 2017 年最后一个交易日的股票收盘价(2017 年最后一个交易日处于停牌期间的股票,为停牌前最后一个交易日收盘价)、债券估值(中债金融估值中心有限公司或中证指数有限公司提供的债券估值)、基金份额净值、非货物期货结算价格(以下合称年末市价)作为买入价计算销售额。

根据上述规定,基金设置备查表,按单只证券计算 2017 年 12 月 31 日年末市价高于实际买入价的股票、债券(不包括采用摊余成本法核算的债券)、基金、非货物期货的实施日期初待抵扣增值额①。2018 年起每个估值日按先进先出计算卖出备查表内证券对应的转出待抵扣增值额,当月转出待抵扣增值额合计数抵减当月累计应税差价收入,计算当月应交增值税。上述操作待备查表内证券全部卖出后结束。

(八)明确基金会计日、纳税义务日和纳税申报日的拟合方式

基金在每个交易日进行的交易会相应产生纳税义务,因此,基金在交易当天需计提应交增值税。在纳税申报日,将当期计提的应交增值税汇总申报。为准确拟合

---

① 不包括差价收入免征增值税的证券。

纳税义务实际发生时间，同时减少因会计处理权责发生制原则与纳税义务收付实现制原则的差异带来的基金净值波动，估值小组明确了对计提和预估增值税的核算方式。

1. 明确基金计提应交增值税的核算方式

财税〔2016〕36 号明确：转让金融商品出现的正负差，按盈亏相抵后的余额为销售额。若相抵后出现负差，可结转下一纳税期与下期转让金融商品销售额相抵，但年末仍出现负差的，不得转入下一个会计年度。

因此，为使计提的应交增值税与当期实际税负完全一致，并有效地运用负差可抵扣的税收政策，且避免负差不能结转下一会计年度导致的会计年度末对负应交税费一笔冲回的产品净值大幅波动，当本期金融商品转让差价收入为负数时，不对该负差收入计提负的应交增值税，而是将该负数留在后期备抵。如果下期金融商品转让差价收入为正数时，先用前期留作备抵的负数抵减，若抵减后还有正余额，则以该正余额作为“当期累计应税差价收入”计算当期的应交增值税，但年末时仍出现负差的，不得转入下一个会计年度。

2. 明确基金计提预估增值税的核算方式

基金持有的金融商品在每个交易日的公允价值变动会产生浮盈和浮亏，产生浮盈当天由于金融商品未发生转让没有产生纳税义务，但该笔浮盈会在以后期间金融商品转让时产生纳税义务，因此为平滑基金净值，并充分拟合纳税义务实际发生时的应交增值税，在浮盈当日对浮盈冲抵实际负差（若有）后的金额在会计上计提一笔预估增值税。

当日预估增值税 = MAX{（当期累计应税估值增值 - 实施日剩余待抵扣增值额 + MIN（当期累计应税差价收入，0））÷（1 + 征收率）× 征收率，0} - 估值日上一日“应交税费 - 预估增值税”科目贷方余额。

3. 明确基金管理人可选择是否对估值增值计提预估增值税

估值小组对 ETF 联接基金和基金参与衍生品投资进行了增值税测试，结果表明增值税占基金净值比例很小，个别基金因金融商品转让取得负收益而未能产生增值税。测试结果表明预估增值税对基金资产净值不产生重大影响。

但应税金融商品未实现的估值变动会影响未来增值税金额，为保证基金净值公允，公平对待所有投资者，《参考意见》提出，基金管理人应当综合评估实施成本、净值准确性和波动性、对投资者影响等因素，对应税金融商品的估值增值计提预估增值税。若评估预估增值税对基金资产净值不产生重大影响，可与托管人协商一致，不进行预估增值税。